Sissi

Les forces du destin

Du même auteur

Aux Éditions Jean-Jacques Pauvert :
La Femme buissonnière, Éditions Jean-Jacques Pauvert, 1971.

Aux Éditions Bernard Grasset :
La Dernière Femme de Barbe-Bleue, Grasset, 1976, traduit en allemand.
La Marie-Marraine, Grasset, 1978, Le Livre de Poche, diverses collections,
Grand Prix des Lectrices de *Elle*, adaptation à l'écran sous le titre *L'Empreinte
des géants* par Robert Enrico, traduit en plusieurs langues.
La Guenon qui pleure, Grasset, 1980.
L'Écureuil dans la roue, Grasset, 1981, adapté à l'écran par Alain Maline sous le
titre *Ni avec toi, ni sans toi*, 1984.
Le Bouchot, Grasset, 1982, Le Livre de Poche, Prix du Livre Inter.
Le Tournis, Grasset, 1984, Le Livre de Poche.
Jardins-labyrinthes (avec Georges Vignaux), Grasset, 1985.
La Fille du saulnier, Grasset, 1992, Le Livre de Poche, Grand Prix de l'académie
de Saintonge.
La Jupière de Meaux, Grasset, 1993, traduit en tchèque.
L'Arbre à perruque, Grasset, 1995.

Aux Éditions Bayard :
Saint Expédit, le jeune homme de ma vie, Bayard, 1996.

Aux Éditions Flammarion :
Le Diable blanc (le roman de Calamity Jane), Flammarion, 1987, J'ai Lu, rééd.
Grandes Biographies, Flammarion, 1998.
La Garde du cocon, Flammarion, 1987, J'ai Lu.
Le Château d'absence, Flammarion, 1989, J'ai Lu.
Comtesse de Ségur, née Sophie Rostopchine, Grandes Biographics, Flammarion,
1990, Biographies Historiques, 2000, J'ai Lu.
Cléopâtre, la Fatale, récit, Flammarion 1998, J'ai Lu.
Moi, Néron, Flammarion, 1999, J'ai Lu.
Marie-Antoinette, la mal-aimée, Flammarion, 2001, J'ai Lu.
Au Vent fou de l'esprit, roman, Flammarion, 2002, J'ai Lu.

Aux Éditions du Rocher :
Salve Regina, Le Rocher, 1997.
Eléonore par-dessus les moulins, Le Rocher, 1997.
Le Perroquet de Tarbes, Le Rocher, 1998.
Colette, la vagabonde assise, Grande Biographie, Le Rocher, 2000, Prix de la
culture bourguignonne, J'ai Lu.
Un si grand objet d'amour, roman, le Rocher, 2001.
George Sand, la somnambule, Grande Biographie, Le Rocher, 2002, J'ai Lu, tra-
duit en tchèque.

Aux Éditions du Seuil :
La Cinquième Saison, dessins de Marc Daniau, Seuil Jeunesse, 1996, Prix Enfan-
tasia de la ville de Genève.
Charivari, dessins de Blutch, Seuil, 1998.
Mademoiselle Noémie, dessins de Blutch, Seuil, 2001.
Mon vieux Léon, dessins de Blutch, Seuil 2003.

Hortense Dufour

Sissi

Les forces du destin

Flammarion

© Éditions Flammarion, 2003.
ISBN : 2-08-068142-7

*À Bernard Cerquiglini,
délégué général à la Langue française
et aux Langues de France.*

À Georges Vignaux.

Chapitre I

LA JEUNE FILLE ET LES MORTS

Élisabeth, Sissi, future impératrice d'Autriche, est née princesse *en* Bavière. Le *en* signifie la branche cadette des Wittelsbach, qui n'était pas de lignée royale. La branche aînée des ducs de Bavière se dit « *de* » Bavière. La mère de Sissi, Son Altesse Royale Ludowika *de* Bavière, était la fille de la princesse Caroline de Bade, seconde épouse du Grand Électeur Max Joseph. En 1806, Napoléon Ier l'avait fait roi de Bavière sous le nom de Maximilien Ier. Ludowika avait épousé le parti le plus modeste, son cousin, le duc Max *en* Bavière. Un mariage que ne lui enviaient pas ses huit sœurs. L'aînée, Élisabeth, sœur jumelle de Sophie, avait épousé le roi Frédéric-Guillaume de Prusse. Amélie, la seconde, convolait avec le roi Jean de Saxe. La cadette, Marie, épousait aussi un prince de Saxe, le futur Frédéric-Auguste II. Sophie, née en 1805, l'aînée de trois années de Ludowika, s'était unie, en 1824, au plus beau des partis : l'archiduc François-Charles d'Autriche, un Habsbourg. Il était insignifiant, légèrement débile. Sa mère avait été surprise que Sophie, si froide, d'une foi catholique sans brèche, éclatât en larmes à la perspective d'épouser ce piteux archiduc.

— Que voulez-vous, ma fille, la chose a été décidée au congrès de Vienne.

Ce congrès de Vienne, mené de main de maître par le chancelier de Metternich, était la revanche contre Napoléon Ier. L'Autriche reprenait ses possessions, le Tyrol, la région de Salzbourg, le

Vorarlberg. Elle s'emparait de la Lombardie et de la Vénétie. Les Habsbourg triomphaient. Ils étaient, depuis cinq siècles, grâce en partie aux stratégies de l'impératrice Marie-Thérèse et de son fils Joseph II, les maîtres des territoires au long du Danube. Ils avaient chassé l'envahisseur turc, établi un empire catholique. La grande Allemagne serait autrichienne et non prussienne. Bismarck, député du Landtag de Prusse en 1847, ironisait sur l'habileté écrasante de Metternich, « ce cocher de l'Europe » – et de l'Autriche. Bismarck attendrait son heure – les autres peuples aussi – mais épouser un archiduc d'Autriche était un beau sort.

Sophie devint archiduchesse à dix-neuf ans. Elle durcit définitivement son caractère. L'individualité fut gommée de son esprit, le pouvoir y tint toute la place, seule façon de survivre dans son prodigieux isolement. Elle dédaigna sa beauté devenue inutile. Un front vaste et pur, la bouche délicate, les yeux taillés vers les tempes, verts sous les lumières, ardoise dans l'ombre ou le mécontentement. La chevelure, d'un blond foncé, est relevée en boucles selon la mode des années 1830. Un nez délicieux, des mâchoires puissantes, sans disgrâce. Le teint est clair, ce teint si frais des filles du roi de Bavière. Le cou de Sophie marque une force singulière, fondu dans la courbe exquise de l'épaule et du bras menu, sous la gaze rosée de la robe serrée sur une taille mince. Cette jolie fille de Bavière camoufla dans le pouvoir des frustrations sans nom. Metternich l'aimait peu mais l'appelait, à juste titre, « le seul homme de la Cour ». À cette époque, l'empereur François (le grand-père de François-Joseph) régnait depuis trente-huit ans. Selon la tradition, son fils aîné, Ferdinand, lui succéderait. Ferdinand est le frère de l'archiduc François-Charles. L'Autriche traversait une stabilité épanouie, au prix d'une main de fer sur ses possessions, son rude refus d'émanciper la Hongrie, la Bohême et l'Italie. Les haines s'attisaient. On épiait les faiblesses de Sophie : deux fausses couches en cinq années. Allait-on la renvoyer, humiliée et stérile à sa Bavière ? C'était mal connaître l'obstinée. Au prix d'une opiniâtreté guerrière, nocturne, elle conçut en ses flancs, six années après ses noces, le futur héritier d'un tel empire. Quelle force d'amazone-jument bravant le débile étalon entraîna Sophie à mettre au monde successivement quatre fils et une fille ? Chez les Habsbourg, comme chez les Wittelsbach de Bavière, on se plaisait à surnommer les enfants. François-Joseph, né à Schönbrunn, le 18 août 1830, sera « Franzi ». Un natif du Lion. Le feu du Lion ; son despotisme et sa puissance de labeur. Un accouchement épuisant, un excès de monde dans la chambre. Il fallut utiliser les fers. Vingt et un coups de canon annoncèrent à Vienne qu'un futur souverain était né. Trois frères succédèrent à François-Joseph. En 1832, Ferdinand-Maximilien, « Maxi », en 1833, Charles-Louis, Louis-Victor en 1842. En 1836, une petite fille, Anna Maria Pia. Elle mourra d'une fièvre aphteuse à quatre ans. L'ambition anesthésiait Sophie. Des ragots couraient sur elle. On disait que de sa passion pour l'Aiglon était né son second fils, Maximilien. Sophie dissimulait sa tendresse pour le malheureux fils de Napoléon Ier et de Marie-Louise. On chuchotait, peut-être à raison, qu'elle était amoureuse de l'orphelin prestigieux, ce duc François de Reichstadt, accablé de boucles blondes et de phtisie. Il bouleversait la dure archiduchesse. Elle lui rendait visite quotidiennement, dans ses appartements blanc et or, à Schönbrunn. Il cambriolait, au secret de cette âme, un débordement de mère et d'amante. Elle le protégea et le soigna, intrépide devant la contagion. Elle lui amenait son aîné, le solaire Franzi.

— Il a l'air, plaisantait l'Aiglon, d'une glace à la fraise surmontée de crème fouettée.

Elle acceptait tout de cet homme enfant, tendre, lettré, subtil, voué si tôt à la mort. Elle s'émouvait de l'abandon de ce pâle enfant trop beau, que la fièvre dévorait. Cet enfant en exil, abandonné par sa mère, surveillé par Metternich. Sophie et l'Aiglon se reconnurent. Deux exilés que des décisions écrasantes avaient emprisonnés dans ce semi-abandon. L'Aiglon (Napoléon II) mourut à Schönbrunn, le 22 juillet 1832. Il avait vingt et un ans, Sophie vingt-sept. Elle était grosse de Maximilien. Nulle preuve des ragots qui coururent. Quel adultère était possible dans l'étroite surveillance qui cernait Sophie et son infortuné protégé ? Une autre rumeur, plus probable, prétendait que l'Aiglon serait « descendu au tombeau sans avoir touché une femme [1] ». Bien des femmes à la Cour étaient amoureuses de lui dont l'actrice Pèche et la jolie comtesse Nadine Karolyi. Maximilien était né en plein deuil. Ses yeux d'un bleu trop clair, ses boucles identiques à celles du jeune homme mort, la préférence secrète de la mère pour cet enfant ne sont pas des preuves de paternité. Tous les enfants de Sophie eurent les yeux bleus et des boucles blondes. Sophie avait

---

1. *Élisabeth d'Autriche*, H. Vallotton, *op. cit.*, 1971, p. 41.

appris le dédain, l'empire sur soi, le calcul. Elle ne cacha pas son chagrin quand on ensevelit l'Aiglon dans la tunique blanche des officiers autrichiens, la culotte noire et or. Il avait reçu les derniers sacrements en public. Sophie demanda à partager avec lui cette triste cérémonie, au nom de l'enfant qu'elle portait. La mère de l'Aiglon, Marie-Louise, quitta précipitamment Vienne pour l'Italie et ses amours. Elle exécrait ce qui lui rappelait son mariage forcé avec le Corse – y compris son malheureux fils. Sophie regarda longtemps ce catafalque cerné de cierges aussi hauts que la garde qui entourait le gisant, que la mort embellissait de manière déchirante. Quelle différence entre le chagrin de perdre un ami très aimé ou un enfant né d'elle ? On se repaissait de voir enfin ses larmes. L'Aiglon fut inhumé dans la crypte des Capucins. L'archiduchesse tourna sa passion ambitieuse du côté de François-Joseph. Elle calculait la succession de son fils au trône d'Autriche, prête, pour lui, à renoncer à devenir impératrice. Elle observait la décrépitude mentale de son beau-frère Ferdinand dit le Débonnaire. Épileptique, secoué de tremblements, accroché dans les couloirs au bras de ses officiers, il errait, hagard devant son ombre. Il était stérile. Son épouse, une princesse de Savoie, lui servait d'infirmière. François-Charles n'était guère plus brillant.

Les espérances de Sophie portaient désormais sur son aîné, François-Joseph. Il régnerait sur quarante millions d'âmes. Elle avait choisi avec soin les deux prénoms qui symbolisaient la gloire de la maison d'Autriche et celle de Lorraine : François-Joseph. Il reçut une éducation militaire et bureaucrate. Son enfance se déroula dans les résidences impériales de Vienne. La Hofburg et ses deux mille pièces, Schönbrunn, aussi imposant. La résidence d'Ischl, dans les Alpes de haute Autriche, est le séjour de vacances. Une résidence aimable, où le protocole est moins pesant. Franzi aime Ischl mais, dès sa petite enfance, il a grand goût pour la vie militaire. Son grand-père, l'empereur, le chérissait. Tout enfant, Franzi avait droit à un attelage de six chevaux et les gardes lui présentaient les armes. L'enfant avait cinq ans quand son grand-père mourut, on le confia à la baronne de Sturmefelder. Elle était dévote, honnête et adora Franzi qu'on lui retirerait dès l'âge de six ans. François-Joseph eut, à cet âge, sa maison particulière. Sa gouvernante surveillait de près la nourrice (l'*aja*). Quel que fût le nombreux personnel autour du futur empereur, il était mal logé. Ses immenses palais étaient inconfortables.

La Hofburg, Schönbrunn étaient glacials une grande partie de l'année. En hiver, on cassait la glace dans les cuvettes. Le jeune prince et ses frères connaissaient des bronchites interminables. Ce froid avait d'ailleurs précipité le mal de l'Aiglon. À Schönbrunn, la chambre de Franzi était au-dessus des latrines de la garde. Il ne se plaignait pas des odeurs pestilentielles, plutôt à l'aise dans une ambiance spartiate à allure de bivouac militaire. Par goût, par nécessité, il se pliera à la dureté impitoyable du labeur quotidien. Levé avant le jour, couché avec la nuit, François-Joseph excellait par sa puissance de travail, un sens inné du protocole. Rien ne le révolte des obligations écrasantes de sa charge de futur empereur.

À six ans, plus de baronne ni d'*aja* mais un gouverneur, le comte Henri Bombelles et un précepteur, rigide bureaucrate, le comte Coronini. Franzi quittait brusquement l'enfance choyée. Il adorait les chevaux. Son éducation militaire et la discipline exemplaire allaient dans le sens de sa nature profonde. Le colonel von Hauslab lui enseigne l'art militaire et l'équitation. François-Joseph apprit vite à porter le sabre, sauter les obstacles, manier les armes, nager, concevoir l'ordre, cultiver l'esprit d'application. Il couche sur un lit de camp dressé près de son lit d'apparat. Dans le froid, il fait ses ablutions, s'habille en uniforme, et récite ses prières catholiques. Il boit un verre de lait froid. À six heures commencent les leçons. À neuf heures, il déjeune avec sa mère. Ses maîtres sont médiocres. On lui fait ingurgiter un programme surchargé. Sans discernement, il engrange les langues vivantes – français, anglais, hongrois –, l'histoire, la géographie, le droit canon, le latin. L'étude la plus ennuyeuse mais qui le satisfait pleinement est celle des rouages de l'administration, civile et militaire. Il sait lire chaque dossier sans sauter une seule ligne. Il veut tout contrôler, tout savoir. Il en oublie de considérer les réalités. Sa mère entend former ainsi un soldat et le chef d'une bureaucratie géante. Personne n'a songé à lui inculquer la stratégie militaire. Il est à l'opposé de Napoléon Ier. Sans génie ni intuition, il ne sait rien de l'art de la bataille. Il a du courage, mais à la guerre il demeurera toujours un bureaucrate, et perdra des guerres. En amour, il est aussi un bureaucrate. Beau, vif, sensuel, il excelle dans les plaisirs faciles, avec des femmes faciles, destinées à satisfaire ses élans. À vingt ans, il consomme « les comtesses hygiéniques », comme les appelait Sophie. Le comte de Bombelles se chargeait de lui dénicher ces jeunes femmes bien nées, saines et habiles. L'amour physique lui est clément, d'une simplicité militaire, sans imagination, sans complication. Une bureaucratie de l'amour. Le temps d'aimer est limité, le plaisir est un élan sans conséquence. En une demi-heure, shako, sabre, ceinturon, habit militaire sont quittés prestement pour la satisfaction rapide des sens. En une demi-heure – en étant large –, la comtesse hygiénique est prête à s'en aller. Ajuster ses vêtements, sa coiffure, à cette époque, prenait du temps. Jupons, corsets, cache-corsets, la comtesse, fût-elle hygiénique, telle n'importe quelle bourgeoise de Vienne, est aidée pour se défaire par une chambrière. Le jeune homme n'est pas un libertin et déteste perdre son précieux temps. Point de jeux de miroirs ou l'érotisation du vêtement ôté savamment. Il va à l'essentiel, vite, venu pour cela. La séparation est toute militaire. Réajusté, il claque des talons, s'incline, raide, la nuque un peu congestionnée. La comtesse s'en va à reculons, c'est le protocole, on se quitte, comme on se reverra : avec une politesse oublieuse. L'amour – cet assouvissement-là – est assimilé au besoin de boire, de se nourrir, sans jamais empiéter sur les exigences du travail et de son rang. François-Joseph, non dépourvu de sensibilité et de sentiments profonds, est incapable d'imagination. Oscar Wilde écrivait que le manque d'imagination est coupable de plus d'un crime.

Une jeune fille de seize ans, Sissi, ignorante, ne pouvait qu'encourir un grave effroi, une frigidité sans remède, à cet élan d'un bloc, sincère, passionné mais d'une parfaite ignorance des besoins ou des craintes de sa partenaire. Les comtesses hygiéniques ont satisfait l'exultation, elles n'ont pas inculqué au jeune homme (il ne l'eût peut-être pas souffert) que l'amour est aussi un art. La maladresse toute militaire de François-Joseph sera responsable, en partie, du tour d'écrou où s'enferma à mesure Élisabeth, sa petite épouse née *en* Bavière.

François-Joseph n'eut aucun goût pour les arts. La musique l'assommait. À l'Opéra, il lutte contre une terrible envie de dormir. Il froissa un jour Berlioz, persuadé de le complimenter, en lui faisant savoir que sa musique « l'avait bien amusé ». Napoléon III, plus doué en amour, médiocre à la guerre, n'aimait pas la musique. Il avait osé dire à Franz Lizst qui interprétait du Chopin à quel point « il imitait bien les roulements du tonnerre ».

Franzi est loin des arts, des artistes et des subtilités amoureuses. Sa nature pragmatique, ses grandes et grosses qualités, parfois un peu d'humour, étaient certainement, pour une femme, jeune ou moins jeune, consternantes à vivre. Ses convictions catholiques ne sont guère plus nuancées. L'Autriche et ses territoires sont le patrimoine héréditaire des Habsbourg. Le patriotisme est de respecter la dynastie. Ses sujets se doivent d'être soumis, sans nuance, à ce principe. La moindre dérogation serait rébellion. Franzi partage avec sa mère l'horreur de tout désordre. L'unique salut de son empire est dans l'absolutisme. Sans nuance et sans défaillance. Pendant soixante-six années (un règne aussi long que celui de la reine Victoria), François-Joseph accomplira les mêmes gestes. Lire et annoter sans relâche chaque dossier. D'une santé de fer, il ne s'accorde aucun repos. Il méprise la douleur, les malaises nerveux sont le lot des femmes. À lui, le rôle d'automate sacré empereur. Les deuils les plus affreux ne le détourneront jamais de sa tâche. Sa tâche vient du ciel. Dieu seul (et l'archiduchesse Sophie) sont au-dessus de lui.

Sophie avait méprisé le mariage de sa sœur Ludowika. Elle abhorrait son époux, le bohème, l'excentrique, le *paysan*, Max *en* Bavière. Sophie, par son rang et son autorité naturelle, régentait de loin ses sœurs et leur progéniture. Elle était fière d'avoir trois sœurs souveraines. Mais Ludowika ! Les sœurs s'écrivaient volontiers, bon moyen pour Sophie de tout savoir. Ce chèvre-pieds de Max était aussi un Wittelsbach. Nul n'avait réfléchi, en ces temps-là, à la tragédie scientifique de la consanguinité. Cousins, cousines, sur cette inquiétante carte génétique couvaient à petit feu de profondes névroses, des folies noires. Cousins, cousines. Se rassurer au lieu de s'effarer de lire la même moue lippue à la bouche de tant de Habsbourg. Tirer un funèbre orgueil, du décompte régulier de leurs malheurs dont une reine de France guillotinée. Une mélancolie suicidaire assombrissait les deux familles. On ne savait rien des conséquences liées à cette forme d'inceste. Le cousin est parfois l'oncle ou le neveu de sa propre épouse, elle-même chargée de ces liens, porteurs, à la longue, de tares. Ces Wittelsbach, tous amoureux de la Grèce antique, engendraient, çà et là, des égarés. Ils préfèrent nommer ces marasmes du nom fastueux, embelli de bas romantisme, de « malédiction ». La « malédiction » des Wittelsbach, celle des Habsbourg... Royaume ténébreux, fleuron coupant et noir ajouté à ces couronnes interchangeables, mal assurées, au jour des noces, sur un jeune front de seize ans, alourdi de nattes, et d'animale terreur. On évite de décompter les asiles qui abritèrent ces princes, les morts violentes, les errances, l'homosexualité inavouée, le grand opéra du suicide. L'angoisse de mort se taillait une part obscure, lancinante chez les Wittelsbach, aggravée du mortel narcissisme : le culte de la beauté.

Ludowika se sentait vassalisée par Sophie, culpabilisée d'un mariage que l'impérieuse aînée méprisait. Ludowika, mal assurée dans sa vie de femme, se soumettait à sa sœur d'Autriche jusqu'à la servilité. Pourquoi avait-elle épousé ce cousin de branche inférieure qui dès leurs fiançailles, à Munich, lui certifia qu'il ne serait jamais amoureux d'elle ? Ludowika partageait cependant avec Max *en* Bavière, le grand goût de la liberté. Ce bien leur semblait plus précieux que les entraves d'amour ou les contraintes d'une vie de Cour. Ils léguèrent à leur fille Élisabeth, ce philtre puissant qui allait saccager progressivement l'existence de la future impératrice d'Autriche. Ludowika s'était mariée, sûre qu'une bonne entente était l'essentielle pourvoyeuse. La liberté de cultiver ses fleurs, vêtue simplement, d'élever elle-même ses enfants. Ni elle, ni son époux n'étaient bigots. Ils étaient, affirmait la bonne duchesse, « protestantisés ». Le malentendu fut parfait. Les époux n'avaient pas prévu que des goûts identiques, sans amour, engendraient un sommet d'isolement – y compris physiquement. Max, petit, brun, bien bâti, la fine moustache sur la lèvre charnelle, l'éclat ardoise d'une prunelle inquiète, était instruit, excentrique, gai, convivial. Sans fortune, il dépensa sans compter. Il se repliait brusquement dans des crises de mélancolie et de misanthropie. Il fuyait chacun, se fuyait lui-même, voyageait au loin et longtemps. Il fuyait, à travers le Moyen-Orient et les mers déchaînées, l'image de l'épouse mal aimée, l'existence aussi incompréhensible que l'incompréhensible mort. Il entreprenait le tour de la terre pour fuir ce double qui portait un nom affaibli et gracieux : Max *en* Bavière. Il grimpait au sommet de la grande pyramide, à Khéops, flanqué de son ménestrel. Il jouait de la cithare et chantait des quatrains en patois bavarois. Il composa un poème dédié à sa cithare. « Elle est seule à me comprendre. » Il ne se sentait « bien qu'avec elle ». Funeste ressemblance avec les poèmes qu'écrira Sissi, des années plus tard ! Le père et la fille ne se sentent en harmonie qu'avec des objets d'art, au contact des lacs, de la lune, des forêts, des montagnes, de la mer, des chevaux, des chiens... Les hommes, tous, sont perfides et traîtres. Au Caire, Max acheta quatre négrillons qu'il fit baptiser. Il les avait achetés de la même manière qu'il collectionnait les perroquets et les chevaux. Ils étaient bien traités, il ne leur demanda pas si, en Bavière, ils ne crèveraient pas de l'absence de leurs repères. Il publia *Voyage en Orient*, une pièce de théâtre et d'autres médiocrités. Il lisait ses vers au milieu de quatorze compagnons – des roturiers – qu'il nommait ses « chevaliers de la table ronde ». Max présidait, tel le roi Arthur. Un de ses « chevaliers », Kaspar Braun, avait fondé un journal humoristique. Max eut un cirque, installé dans son palais à Munich où il exécutait en public des prouesses cavalières. Tout Munich pouvait applaudir son duc vêtu en cocher de luxe et parfois en clown. Il eut un café chantant où, au son des bandonéons, il chantait des grivoiseries. Il s'entourait d'artistes, de démocrates, de savants, issus du peuple. Il signait *Phantasius* ses articles prônant la démocratie. Que lui importait d'avoir reçu le titre d'« Altesse Royale » en 1845 ! Il insistait sur ses goûts républicains, mais entrait dans des colères féroces si on osait lui contester son titre. Sa bibliothèque regorgeait d'ouvrages d'histoire. Sa belle humeur était aussi célèbre que ses crises de neurasthénie et ses bourrasques de misanthropie.

Élisabeth, impératrice d'Autriche, célèbre par ses crises de neurasthénie et ses bourrasques de misanthropie.

Ludowika fuyait à sa manière. Elle s'immergeait au royaume limité de sa maison d'été, à Possenhofen. Elle aimait le jardinage, la pâtisserie, ses enfants, sa correspondance et une collection de montres anciennes. Ces humbles agitations maintenaient le pansement sur la blessure indélébile du mariage raté. Max l'avait épousée, le 9 septembre 1828, en la chapelle du palais, aux voûtes dentelées de saints. Il ne comprenait pas d'où venait son indifférence. Il aimait les filles, toutes les filles, lors de chaudes et intempestive étreintes au hasard de ses randonnées champêtres. Il aimait l'amour et ses plaisirs, au lit des passantes, sous une alcôve de feuillage, ou au satin floche d'un bordel oriental. Son plaisir était grand quand la fille était mal née. Il engrossa deux fois sa maîtresse, une petite bourgeoise de Munich. Il déjeunait à l'étage au-dessus de sa femme et de ses enfants avec elle et ses deux filles adultérines. Pourquoi n'avoir jamais désiré Ludowika, dont chacun vantait la beauté ? La plus belle des cousines Wittelsbach. Aussi grande que son époux, harmonieuse, aux saines couleurs. Un visage en forme de cœur, le trésor si rare de dents parfaites. Elle léguera à ses filles son œil long, profond, doré sous des cils

17

de soie. Sissi héritera de sa chevelure. L'ambre fauve, sauvage, épais des boucles éparses au lit de l'époux glacé. Une chevelure, le jour, sagement séparée en bandeaux et nattée sur la nuque.

C'était un temps où les femmes conservaient la même chevelure de la naissance à la mort. Il n'était pas rare qu'une chevelure, défaite, atteignît les chevilles. Il fallait du temps pour lisser, natter, épingler, onduler. Les cheveux devenaient vite un joug et une fatigue. Les femmes de mauvaise vie teignaient leur chevelure. On coupait les cheveux aux mêmes femmes en signe d'infamie.

À Vienne, au temps de Marie-Thérèse, on fouettait les filles publiques. La peine du fouet s'appliquait à Vienne dans les casernes, les écoles militaires, les collèges. En Hongrie, lors de la répression qui suivit les événements de 1848, on fouetta beaucoup de femmes en public. Des officiers impériaux se groupaient. Un carré parfait, militaire, une véritable exécution doublée de la honte. La femme aux vêtements arrachés jusqu'à la taille. Le dos nu, à genoux. La chevelure défaite. En cheveux. Les mains liées, le fouet appliqué si violemment que souvent ce supplice entraînait la claudication à vie. Le supplice s'achevait par la chevelure abattue.

Max concevait de l'humeur de ne pas être amoureux de sa femme, à la taille fine, aux hanches évasées, au ventre blanc où moussait un peu d'or. Ludowika, statue dénudée de la Vénus de Milo, qu'il avait admirée en Grèce, le laissait de marbre. Sissi, de marbre, au lit de son époux amoureux François-Joseph. Une nuit de noces ratée. Max n'acheva aucune nuit au flanc voluptueux de la jeune femme non désirée. Elle tremblait de honte, de froid, de solitude, d'une angoisse dont elle ignorait le nom : la frustration. Elle sanglota une journée entière, l'année suivante, au jour d'anniversaire de son triste mariage. Pas même grosse d'un enfant ! Le bruit avait couru qu'elle avait une idylle avec le prince Michel de Bragance, futur roi du Portugal. Cela dédouanait « le bon Max » de ses escapades. Un brave homme, disait-on, mais qui la rendit aussi malheureuse dans sa vie de femme qu'un authentique méchant. Un authentique méchant lui eût accordé la volupté pour mieux la lui reprocher. La duchesse fut privée de la volupté. C'était le sort ordinaire des épouses.

En 1834, George Sand avait publié en vain *Lélia*, revendiquant le plaisir des épouses. Mais lisait-on *Lélia* chez les Wittelsbach et les Habsbourg, *Lélia* qui avait soulevé un tel scandale en France ?

Le plaisir des épouses semblait aux hommes un désordre et une menace économiques. La frigidité était le grand moyen masculin de contrôler le patrimoine. Aux filles de rien et aux mâles, le plaisir. Ludowika, ses sœurs et leurs filles n'en avaient pas fini avec la névrose universelle des femmes de leur époque.

Le docteur viennois, inventeur de la psychanalyse, Sigmund Freud, ouvrit son cabinet à Vienne en 1886. Il était bien tard pour que ces femmes (et ces princes) aillent quêter les intimes réponses au célèbre divan. L'orgueil les en détournait. Sissi, *Sisi* en allemand et en signature de quelques-unes de ses lettres, n'y songea jamais. Une névrose porte en elle une jouissance. Que fût-il resté d'Élisabeth d'Autriche psychanalysée par le génial Israélite au long cigare ? Une femme ayant égaré son mystère, l'enchantement sulfureux de ses voiles de mouette en deuil. Sissi au divan de Sigmund eût précipité l'idole au bas de son socle de névroses. Plutôt la mort que l'expulsion médicale de la citadelle sans nom, où la troisième enfant de Max et de Ludowika errait seule, ivre de ses propres angoisses.

Entre 1831 et 1849, d'un assaut bref et sans joie, Max *en* Bavière engrossa huit fois son épouse.

Il s'enfuyait à nouveau. Il galopait des heures, prisant la halte à goût de vin blanc fruité, fleurant bon la Bavière méridionale, la chope de bière heurtée sans façon contre une main prolétaire et respectueuse. Max achevait son escapade à l'étage sonore et fleuri de l'auberge contre la chair généreuse d'une servante vermeille, à la chevelure en gerbes de blés mûrs. La belle affaire d'engrosser huit fois une femme non aimée ! Les enfants naissaient. À défaut du bonheur, les enfants répandaient la gaieté et le duc les aima tous. À chaque Noël, chacun avait le droit de décorer à sa guise son arbre de Noël, ce qui faisait huit arbres. Max aima particulièrement Sissi, la troisième. Le château de Possenhofen, sur le lac de Starnberg, à quarante kilomètres de Munich, résidence des beaux jours, était devenu « Possi ».

Voici les huit enfants qui marquent huit passages de Max *en* Bavière au lit de Ludowika :

Louis-Guillaume naît le 21 juin 1831. Hélène, dite « Néné », le 4 avril 1834. Élisabeth, « Sissi », future impératrice d'Autriche, le 24 décembre 1837. Charles-Théodore, « Gackel » (jeune coq ou poussin), le 9 août 1839. Marie-Sophie naît le 4 octobre 1841 ; Mathilde, « Moineau », le 30 septembre 1843 et Sophie-Charlotte le 22 février 1847. Le 7 décembre 1849, le dernier enfant, Maximilien ou Max-Emmanuel, « Mapperl ». Ludowika a trente-huit ans, une taille épaissie à mesure des naissances. Elle est ronde et fraîche dans son « dirdle », tenue des paysannes bavaroises dont elle habille ses filles en été. Le duc se contente à Possi (à Munich aussi) d'une tenue de chasseur. Une culotte en toile verte, la grosse chaussure de marche, la vareuse en feutrine et le chapeau orné d'une plume de coq. La duchesse est fort aise de se passer des encombrantes « cages » sous les jupes évasées, meurtrissant la taille suppliciée par le corset. Elle va, replète, le menton un peu gras, enfin débarrassée du souci de plaire, le sourire mystérieux des femmes vouées à une inguérissable paix des sens. Elle va à ses rosiers – des milliers de roses jaillissent du parc –, elle va, flanquée de ses aînés, cueillir des cerises, lier les glaïeuls mauves, jouer au volant, aux raquettes avec les plus petits. Elle va, agile, dans sa jupe en cotonnade fleurie, le tablier au crochet, en laine rose, noué dans le dos, retenant le corselet en velours noir sur le chemisier en mousseline blanche.

Ses filles sont vêtues de même, y compris Néné (Hélène) qui préfère la vie dans un salon, sa chambre, ses broderies, ses lectures, ses prières, ses études et son piano. Néné porte une robe décente et contraignante, à triples volants de taffetas. Les bras blancs, à la manière des filles très brunes, sont recouverts de la manche renflée à l'épaule, amincie au poignet. Néné porte des bas même lors des fortes chaleurs. En Bavière, au climat continental, certains étés rivalisent avec le grand Sud. Néné affectionne le chapeau à large ruban bleu ciel, les gants pour la moindre sortie ; la chaussure fine et étroite, destinée à fouler des tapis princiers et non l'herbe grasse, d'un vert joyeux, giboyeuse d'araignées et d'orvets argentés. L'herbe où Sissi s'étend en riant, guettant la chenille mordorée, le nid de fourmis, la trace d'une biche égarée.

Les enfants – « la marmaille » comme les nomme tendrement le duc – sont nés à Munich, au récent palais ducal, sur la Ludwig-strasse, nom tiré de celui du roi Louis Ier de Bavière, grand-oncle maternel de Sissi. Un protocole régit ces naissances, rare rituel auquel se soumet Max. Le palais royal est au cœur de cette ville bouleversée par des constructions audacieuses. Le roi Maximilien Ier, amoureux de la Grèce antique et de l'Italie, rêvait de transformer sa capitale en une nouvelle Rome. Des arceaux, des loggias et des fontaines chantantes. Le portail du palais est orné de lions en bronze et des armes des ducs de Bavière et de Lorraine. L'Opéra, dans le Palais de la Résidence, est cette niche de velours et de rutilance, où Mozart joua pour la première fois *La Flûte enchantée*. Quatre figures emblématiques brodent le portail : la Sagesse, la Justice, la Valeur et la Modération. Max est épris de justice et de ses intimes valeurs. Le Palais ducal fut bâti entre 1825 et 1835, afin d'installer le couple et sa future famille, sur le modèle du Palais Pitti, à Florence. Des fontaines à gueules de fauves, des ferronneries et des cours intérieures. La longue façade est signée de l'architecte Klenze. La salle de danse est riche de trente-huit mètres de parquets, une frise dédiée à Bacchus, œuvre du peintre Schwanthaler. La cour à balcons italiens contient le cirque et le café chantant – que blâment l'aristocratie munichoise et l'archiduchesse Sophie. Les étages nobles, la chambre où accouche régulièrement la duchesse ont conservé les portraits de famille, les velours et les mobiliers de la tradition.

La chambre de la naissance est vaste, alourdie de rideaux en velours frangés. Les miroirs viennent de Venise, les tapis sont orientaux, les meubles de marbre et de bois précieux. Les flambeaux sont lourds et d'argent. Les porcelaines arrivent de Saxe. Sous les rideaux largement ouverts pour l'occasion, le lit est nappé de lin blanc. Le feu craque dans la cheminée en marbre de Carrare. La sage-femme, ensachée d'un tablier immaculé, en bonnet, assiste la duchesse. Elle ignore – le médecin aussi – qu'il est vital de se laver les mains au moment de saisir l'enfant si proche de sa vie utérine. Des centaines de nouveau-nés meurent de cette absence d'hygiène. Chaque naissance est un haut risque. On l'accepte ainsi, ce sont les conséquences du péché originel. La volonté de Dieu. Quel péché supplémentaire de mêler le geste moderne, hygiénique, à ce qui touche au plus profond des tabous ! Que de fautes rachètent une couche douloureuse et un mort-né ! Se laver les mains, c'est le geste de Pilate. Un péché d'abandon et d'orgueil. L'infection atteint l'enfant et la mère, déclenche la fièvre puerpérale, la bactérie va bon train. On recense, fatalistes, vingt pour cent de décès. Un médecin, le hongrois Philippe Ignace Semmelweiss, obstétricien à l'hôpital de Vienne en 1840, eut l'intuition que se laver les mains au moment de l'expulsion de l'enfant anéantirait la bactérie foudroyante. Les mains non lavées, le médecin propageait les bactéries. Un tollé sceptique se leva contre Semmelweiss. Il demanda à comparer les résultats dans les deux maternités. Celle où l'on se lavait les mains, et une autre. La preuve fut évidente, vexa les « grands patrons ». On persécuta Semmelweiss. Le gratin médical européen réussit à l'exclure. Il mourut fou dans un asile, en 1865. Il avait quarante-sept ans. Il faudra des années pour que l'on se souvienne de cet obscur et prodigieux missionnaire. Des décennies plus tard, le docteur Louis Destouches, célèbre sous le nom de Louis-Ferdinand Céline, écrivit sa thèse de médecine sur le docteur Semmelweiss.

Ludowika – ses filles et ses sœurs – ont risqué leur vie et celle de l'enfant à venir lors de chaque accouchement. Aucune d'elles, ni la future impératrice d'Autriche, n'est capable de nommer la fonction précise de l'appareil génital et de ses différents organes. Il est probable qu'elles ne savent pas de quel mot nommer leur sexe – ou, impensable obscénité, celui de l'homme. À aucune, on n'a enseigné les termes et les étapes médicales de la reproduction humaine, la gestation du fœtus. Ce savoir est imparti aux hommes et aux médecins. Les femmes mariées déduisent, sans s'attarder sur l'offense des chairs, que la reproduction vient du rapport sexuel, sanctifié par le mariage. Il est séant d'engendrer. Sans la naissance, tout commerce charnel est, aux femmes, une abomination. On a retroussé au maximum la chemise festonnée sur le ventre de Ludowika, sous le drap étendu. La sage-femme, le médecin tâtonnent, empêtrés du respect protocolaire. Le médecin osera chausser ses lorgnons et approcher des chairs béantes à l'ultime moment de l'expulsion. Son bonnet de lit gêne Ludowika. Sa chevelure que l'on a nattée serré l'accable. Elle crispe ses mains de jardinière délicate où scintille le tourbillon d'une bague en diamants. Que dira-t-elle à ses filles ? Qu'un accouchement est une déchirure atroce ? Qu'un homme sans amour est un agresseur plus rude à la chair que la ronce au fossé ? Elle a envie de mordre les mains de la sage-femme qui la tient aux épaules. Les contractions s'intensifient, une source jaillit entre les cuisses soulevées par des coussins. Les eaux de la naissance, violent torrent salin, inondent le lit, le tapis, le plancher. Il faut éponger, soulever le corps que toute secousse torture, napper de linge brodé d'une couronne ducale les reins houleux. Plus de duchesse même si, d'un bout à l'autre, on la nomme « Votre Altesse Royale ». Elle est une bête en gésine, une vache qui meugle, la croupe soulevée, les beaux yeux affolés et obscurs.

— C'est une très belle couche, encourage le médecin, qui frémit à chaque fois, le vêtement noir, le tablier de boucher honorable, la montre à gousset qui chuchote au rythme, là-bas, d'un cœur affolé.

— Son Altesse Royale, par la grâce de Dieu, a des couches toujours heureuses, continuent les voix bienveillantes.

Ludowika n'entend pas, isolée dans un enfer de tenailles. Les femmes qui l'entourent envient sa facilité à mettre ses enfants au monde. Quelques heures suffisent. On n'aura pas recours aux fers en pinces abominables, à la menace d'une hémorragie fatale, au soudain et funèbre silence de la chambre. Les desseins de Dieu sont impénétrables, la chair des femmes, leur fruit, aussi. Un mystère où se croisent les ombres rougeoyantes d'un sacrifice. Ludowika froisse le drap et ne retient plus sa plainte. Que signifie la pudeur au sanglant orage de l'accouchement ? Dans un hurlement ultime, jaillissent l'enfant et ses satellites sanguinolents. Au médecin, l'honneur de tirer la tête, sans gants, ni s'être lavé les mains. Il examinera le sexe, il coupera le cordon qui parfois étrangle le cou, bleuit le visage fripé, retarde le cri. À la sage-femme de recueillir dans son tablier la boule de chair rougie. Sur une table préparée à cet usage on baigne l'enfant, on le frotte d'huile tiède, de vin chaud, de gros sel. Huit fois, Ludowika *en* Bavière traversa ces affres – et ces suites heureuses dont l'encombrement du lait et son poids mamelu. Parfois, un abcès au sein tourne mal. Quarante jours plus tard, ce sont les relevailles, le retour des règles. Rien ne retient l'époux égoïste et il arrive qu'une nouvelle grossesse s'ensuive alors que la mère allaite encore son nouveau-né. Les moins robustes meurent d'épuisement.

La chambre de la naissance est flanquée d'un boudoir blanc où attendent Max *en* Bavière, les ministres de la Cour, l'archevêque.

Au cri de la naissance a succédé un temps qui semble long au duc. Quand sa maîtresse accouchait, il s'était installé à son chevet, tout simplement. S'il s'écoutait, il bondirait dans la chambre. Impatient et fougueux, il veut voir l'enfant tout neuf. Cet excès de monde dans le boudoir l'étouffe, l'ennuie. Il a bien entendu – et tous avec lui – qu'il s'agissait d'une fille. Il préfère les filles. Un fils, c'est l'obligation de le pousser vers des écoles rigides, les punitions corporelles, les assommantes corvées militaires. Une fille ! Il est bien content, Max *en* Bavière, d'avoir une seconde fille. Il réagit en mère. Un garçon ne peut lui appartenir, une fille, c'est pour lui, du moins tant qu'elle n'est pas mariée.

Une fille, c'est son luxe de vagabond casanier, qui revient au gîte, embelli de fillettes. La sage-femme a surgi, cérémonieuse, avec son précieux fardeau de laine, de soie, de dentelles de Bruges. Chacun se penche, l'archevêque bénit à tour de bras. Le sexe est dûment constaté. C'est un dimanche, la nuit de Noël 1837. Un ministre en forme de notaire consigne l'heure exacte de la naissance : dix heures et quarante-trois minutes. La reine de Prusse est sa marraine, on l'appellera donc Élisabeth. Élisabeth, princesse *en* Bavière. Max contemple la créature minuscule et vive. Une dilection indicible s'empare de lui. Il a le coup de foudre pour la petite. Sissi, dit-il. Sissi. Autre prodige : elle a une dent, comme Napoléon Ier. Il est prêt à croire, lui, épris des Lumières, que c'est le signe d'un grand destin. « Je suis une enfant du dimanche », dira Élisabeth. Max brûle de fêter la naissance avec ses amis, les artistes et les cochers. Il est si content qu'il dépose un baiser sonore sur le front de Ludowika qui respire vite, à la manière d'une lutteuse qui émerge d'un rude combat.

Déjà remise, le linge propre au lit et à son corps libéré, la poitrine bandée en attendant le lait (Ludowika allaite ses enfants), elle sourit à ses aînés pâlis de crainte et d'ignorance. Elle sourit à Max, aux visiteurs respectueux, au lait chaud, parfumé de vanille et de cognac. Elle sombre dans le doux et obtus besoin de dormir longtemps.

Le sang d'Élisabeth est issu de ces princes excentriques, ces Wittelsbach qui, depuis longtemps, ont fait scandale. Ils ne régnèrent qu'à leur fugace manière phosphorescente. Ils ne régnèrent que sur des chimères, peu conscients des réalités. Ils régnèrent à la manière de leur cousin et roi, Maximilien Ier. Des châteaux en trompe l'œil, des règnes en trompe l'œil, où les armées étaient des troubadours, des poètes, des musiciens, des postiers, des vagabonds, des écuyers, de garçons filles-fleurs. Une monarchie bon enfant, une opérette, qui ravissait Élisabeth. Tout restait ouvert aux Bavarois : le parc de Possenhofen quand la famille ne l'occupe pas, le grand musée de Munich, la cour du palais, le cirque, le café chantant... Cela faisait sept cents ans que les Wittelsbach régnaient sur la Bavière – sans le titre de roi. Maximilien 1er aimait bien son cousin Max, né duc de Birkenfeld-Glenhausen, issu d'une branche Wittelsbach. Il lui donna le titre de « duc *en* Bavière », pour ne pas froisser la branche aînée. Le premier roi de

Bavière s'était marié deux fois et eut douze enfants, dont neuf filles. Sa première épouse, la princesse de Hesse-Dramstadt, fut la mère de Louis Ier, demi-frère de Ludowika et oncle maternel de Sissi. On trouve en ce prince les traits de caractère de la future impératrice. Le goût effréné des arts, de l'hellénisme, de l'amitié. Il écrivait des vers, il aimait follement la Bavière et la beauté. Un univers-théâtre, où la guerre et le pouvoir se taillaient moins de place que l'architecture de sa ville, la bouche habile d'une aventurière, l'actrice espagnole Lola Montès, les valses jouées sous un kiosque en bois peint. Il fit orner une galerie de son château à Nymphenburg de trente-six portraits de jolies femmes, issues de n'importe quel milieu. Ces portraits, signés du peintre Steiler, alignaient côte à côte une bouchère, sa fille l'archiduchesse Sophie qu'il trouvait ravissante, une Grecque voluptueuse, Catherine Botzaris, la femme d'un marchand de cochons. La beauté, rien que la beauté. Des années plus tard, Sissi collectionna des photographies des plus belles femmes du monde, issues de tous les milieux.

Son fils, Maximilien II, lui succéda après les événements de 1848. Il avait épousé, indifférent, sa cousine, Marie de Prusse. Elle se vantait de n'avoir jamais achevé la lecture d'un livre. Elle adorait le grand air et l'alpinisme. Deux fils survécurent à leur union, tous deux destinés à l'asile : le futur Louis II de Bavière et son frère Othon. Le roi de Bavière appréciait chez son cousin Max, son cirque où claquait le sabot des chevaux à grelots d'argent. La branche cadette était (relativement) pauvre. Les châteaux, les terres appartenaient au roi de Bavière, qui lotit généreusement sa parenté moins riche. Il avait offert au duc *en* Bavière son palais, dans la Ludwigstrasse, le palais Wittelsbach. Un palais pour qu'il mène le minimum de vie sociale et pour que naisse la progéniture. Le palais où naquit Élisabeth, un vivier de princes et de princesses *en* Bavière. Max, enrichi, libre de soucis monarchiques, se contentait magnifiquement de sa liberté. Il avait bien entraîné, en voyage de noces, Ludowika à travers l'Italie et la Suisse, mais la duchesse n'aima pas ce rythme étourdissant. Casanière, elle se préoccupa vite de marier ses filles. Elle consultait sa sœur Sophie. Un complot des mères pouvait orienter au mieux les mariages, tenter une progression vers d'autres couronnes que celle de la Bavière, tarie telle une source où l'on a trop puisé.

La Bavière, ce pays natal qu'aima tant Élisabeth, est une des régions les plus gaies du grand empire d'Autriche et d'Allemagne. La Bavière est petite. Elle vit à son rythme de saisons colorées, de fleurs opulentes, de blés mûrs, de lacs à la moire italienne. Une joie de vivre marque le paysage, les façades des chaumières. Partout s'élancent les volubilis, l'or des forsythias, les roses en grappes, cernant les volets aux couleurs éclatantes. Le climat entre pour beaucoup dans ce vif bonheur des sens. Un air pur, grâce à la ceinture des montagnes, les pics en glace étincelante, le Hochwarmer, le Dreitor et le Woener. Le grand lais de terres maraîchères, d'un vert de fondant à la menthe, s'étale jusqu'au profond des lacs. On y rencontre, en toute saison, l'arc-en-ciel des montagnes, un ciel d'azur, la bourre immaculée d'un nuage. Le lac de Starnberg est le plus beau. Il reflète l'ombre vive des roses, l'ombre vive d'une biche échappée à la forêt profonde, l'ombre si semblable à la biche, de la troisième enfant de Max et de Ludowika *en* Bavière. L'hiver est rude mais vermeil. Les Alpes égayent le pays, l'étayent de cette barrière découpée, qui tente le pas impatient, montagnard des enfants du duc. Élisabeth grimpe tel un chamois les pentes rudes, où fleurit l'edelweiss. Les soirs et les aubes resplendissent, léchés de pourpre. Le printemps est un ravissement. Les Wittelsbach, à la fois heureux et sourdement menacés, fêtent le printemps. Sissi aimerait goûter les herbes, les fleurs, les premières feuilles de la forêt, l'eau du lac. Une inquiétude imprévisible enténèbre ces joies. Brouet des sangs semblables, carrefour engorgé, choc de l'excès de ressemblance, dissolution des esprits en destins tragiques et asiles d'aliénés. Ces convulsions amères se contournent sous le nom élégant, fallacieux d'une légende. La malédiction des Wittelsbach. La « malédiction », chez les Habsbourg, a la forme d'une apparition féminine. Une goule fluide et blanche, une dame blanche sans visage, une errante des mondes interdits. La Dame blanche des Habsbourg apparaît au croisement des chemins, des velours, des escaliers, pour annoncer une mort prochaine. Sophie n'y croit guère, elle ne croit qu'aux manœuvres politiques, leur ratage, leur réussite. La « Malédiction » des Wittelsbach est aussi une femme. « La sorcière » chez Michelet ? Une femme désincarnée, gracieuse écharpe maléfique inclinée tel un cyprès sur une tombe. Elle porte un nom aristocrate. La comtesse d'Orlamonde. Ils aiment la mort, ces cousins, ces cousines, les catafalques et les fioritures mortuaires.

La comtesse d'Orlamonde ou la Dame blanche des Habsbourg est le fruit macabre d'une folie commune. Un romantisme à tendance gothique, l'horreur aristocrate de donner le véritable nom à ce qui ne se nomme pas. Il est mieux de maquiller en goule de salon la folie et ses satellites. Une poésie affreuse compose l'apparition féminine. La seule image maudite, nécessaire au fantasme funeste, se doit d'être une femme. Aucun guerrier, aucune armure vide et claquant de chaînes, n'alimente l'abîme intime de ces princes. Le signe maudit est femelle-Orlamonde ou Dame blanche – aussi mince que l'impératrice d'Autriche, couverte de voiles, furtive, mouette noire aux vents des orages mentaux... Rien n'est tranquille chez les Wittelsbach. L'existence champêtre de Max, de Ludowika et de leurs enfants est un enclos de roses, *en* Bavière, où s'ourdissent de noirs destins. Une goule ne vient que si on la suscite. La grand-mère n'eût pas mangé le chaperon rouge si, palpitante, érotiquement attirée, l'enfant n'avait confondu une vieille femme alitée avec un loup dévorant. Un loup au membre viril, couteau pourfendant la chair vierge de la petite qui ne savait rien excepté sa fascination des goules. La nuit de noces de ces princesses a transformé le prince en assaillant velu, loup au grognement de porc, déchirant le plus tendre secret de vie. Où puiser la consolation sinon de disparaître, aux rets embrumés de la Dame blanche qui se nomme aussi Orlamonde ?

Une autre goule dévore le crâne de ces Wittelsbach : la migraine. Sissi, sa mère, ses sœurs, ses tantes souffraient de la migraine. Un mal méprisé ; un mal de femmes, aussi indécent et banal que leurs fatidiques maux de ventre. Les princes de ces familles n'osaient avouer qu'ils souffraient aussi de la migraine. Certains quêtent le soulagement dans l'opium, la cocaïne. Les autres se taisent, stoïques, sous le bicorne. Que dire d'une crise de migraine lors d'une cérémonie de couronnement ? La migraine, brève mort sonore, sans repos, sans répit, aux entraves d'un essaim bourdonnant. Des guêpes noires, invisibles, déchaînées sous les tempes et les fins vaisseaux du sang qui devient bleu... L'étau serre le front et va le faire éclater. Oter cette couronne ! « Je n'ai jamais voulu devenir impératrice. » Raser le joug et le faix de cette chevelure accablante ! L'essaim crache son suc amer, abandonne son dard furieux dans la nacre alvéolée du cerveau si mal connu. La migraine. *Hemicrania. Douleur dans la moitié du crâne.* Un marteau sourd, derrière la tempe, côté droit ou côté gauche. La lumière est un supplice. Fermez ces rideaux, voilez le jour ! La nuée invisible bourdonne, oiseaux fous, stridulation sans fin. Un spasme courbe le corps dans l'humiliante nausée et sa bile incolore. La honte. La serviette trempée d'eau de Cologne. L'eau de Cologne ravive les marteaux, les essaims. La migraine ne supporte aucune odeur. Le marasme est complet si, aux alentours, la fumée des pipes en porcelaine et des cigares s'en mêlent. L'impératrice Élisabeth, en crise de migraine, suppliait qu'on attachât ses cheveux en nattes multiples à la gaze d'un plafond de lit. Pourquoi ne pas couper une telle entrave qui vit de sa substance ? Le crâne rasé des filles qui ont fauté. La migraine est une faute. La migraine est un simulacre pour refuser ses devoirs, au lit de l'époux, aux cérémonies. On devrait fouetter la migraineuse. La migraine est l'ombre misérable de qui en souffre. L'ombre blême de la Dame blanche et d'Orlamonde. Sissi, impératrice d'Autriche, vaincue dans la migraine, le teint jauni, les paupières fermées, frôle une agonie renouvelable. La migraine, la femme et ses nerfs, l'impératrice en migraine, la malade perpétuelle. Se cacher, s'isoler de plus en plus, envier la taupe et son antre fraîche, anonyme et obscure. La migraine, cet orage du crâne, dure parfois plusieurs jours. La migraine, déchéance d'une impératrice. La migraine ou l'autre goule. L'été, le temps si doux, le parfum des serres sont autant d'appeaux à la migraine d'Élisabeth.

Le temps si doux, la belle enfance de Sissi, « Possi » où Élisabeth parle le patois bavarois. La famille vit sans façon. Max et Sissi s'épanouissent, loin de la ville et de l'étiquette. La maison enchante Sissi. Simple, carrée, à peine un château, rouge à tours crénelées et volets verts. Le grand parc, au-delà des roseraies, dégringole jusqu'au lac de Starnberg. Le manoir est flanqué d'une chapelle, un vieux calvaire, les écuries, la ferme, l'étable. Les dépendances logent une domesticité dévouée à cette famille qui les traite avec le plus grand soin. Les étés sont brûlants, les enfants se baignent dans le lac. Sissi, en « robe de bain », nage vite et longtemps, les cheveux dans un bonnet. Elle fait trembler sa mère par son intrépidité. Max applaudit. Plus vite, plus loin ! La petite a su nager très tôt, avec la facilité d'un jeune chiot. On craint la fièvre, la pneumonie. Elle rit et ramène à terre sa chevelure humide, qui, défaite, l'enveloppe toute entière. Ses cheveux, ce prodige, ont grandi à son rythme. Elle séchera au soleil, elle séchera dans la lumière tremblée. Elle sort du lac à regret. Elle est capable de traverser cette eau profonde jusqu'à l'autre rive, à Berg, où se dresse, irréel, en brumes et découpes dentelées, médiévales, le château de son oncle Maximilien. Son corps si mince de longue fillette adore le mouvement, l'escapade sans frein que ce soit dans l'eau, à cheval, au cœur giboyeux de la forêt ou sur le raide chemin de la montagne. Au loin, arrive l'écho inquiet de la voix maternelle :

— Sissi, où es-tu ?

Allongée dans l'herbe haute, une tige fleurant l'étang et la gentiane à la bouche, elle sourit au soleil, à la solitude. Elle aperçoit, de son vif regard d'écureuil, sa mère inquiète, droite au milieu des rosiers, une main en auvent sur les paupières aveuglées de la trop vive lumière. L'Enfant, invisible, se terre. Sa peau boit les chauds rayons. Elle ne répond pas à ce cri ailé qui ricoche du toit tuilé, aux balcons fleuris de géraniums-lierres, jusqu'à sa tanière d'herbes hautes. Le sommeil l'engourdit, un chant lui parvient du chemin blond ou de la montagne.

— Sissi ! Où est Sissi ?

Elle inquiète Ludowika avec cette dégaine de garçon agile, flanquée de nattes qui battent ses jarrets, le visage long et fin, le torse plat, des accrocs à la robe, la griffe d'une ronce à la joue. Ces premières années sont une succession de bonheurs frugaux, complets, rustiques. Elle n'est jamais malade. La migraine l'empoignera vers la puberté. La vie est cette vallée de roses que cultive sa mère, là-bas, sous le grand chapeau de paille. Sa mère, solide comme ses rosiers que convoitent les chenilles. Une mère vaillante, si loin des peines d'amour. Une mère penchée sur ses enfants, un peuple aimable de fleurs et de bêtes.

Sissi raffole des bêtes et sait les soigner, leur parler. La volière multicolore, les chiens, les chevaux à abreuver. Elle aime leur donner du sucre, leur parler à l'oreille. Les grands chiens l'enchantent. Ils la suivent partout. Elle n'a jamais vécu dans un logis sans bêtes. À Possi, les chiens ont la permission de déjeuner à table, avec eux. « Un train de gueux », gémit l'archiduchesse Sophie. Pas d'obligation de repas pris ensemble, excepté, à huit heures, le petit déjeuner, où tout le monde, chiens compris, se retrouve dans la vaste salle simple et chaulée. On dévore le chocolat crémeux, les grosses tartines de confitures, la charcuterie opulente, la bière amère et douce. Pas de dame d'Orlamonde à Possi. Sissi est trop jeune pour la traquer au regard soudain assombri de son père qui, parfois, au milieu d'un rire, quitte brusquement la table – et Possi. Nul ne s'étonne plus de cette bougeotte aussi soudaine qu'une fièvre éruptive. Est-ce Orlamonde qui le chasse de sa maison, le bannit vers des mers agitées, la crémation des déserts, l'hypnose de jasmin et de pourritures des villes d'Orient ? Sissi aimerait suivre son père. Quand il revient, aussi imprévisible que ses départs, elle court vers ce voyageur dans l'œil duquel danse l'étincelle d'un brasier inconnu. Max est de retour, Sissi est reprise de l'indicible royauté d'enfance. Il est revenu, chargé du prestige d'avoir vu et atteint ce qui est inaccessible. Les Rois mages, les poulpes enlacés de perles, les dunes périssables. Partir si loin, toujours plus loin, quel beau sort. Elle s'assombrit de ne pouvoir partir au loin, sans escale, telle une mouette.

— On ne doit pas se traîner, lui dit son père, on doit avancer comme si on avait des ailes.

Il lui dit cela pour souligner une éducation destinée à quelque grand salon. Avoir des ailes, oui elle aimerait devenir une mouette. Si seulement elle était un garçon ! On *le* marierait, sans doute, mais il/elle irait au vent et aux nuages des océans sans fin. Au retour de ces voyages, Max a l'air apaisé. Son premier soin est d'emmener sa fille préférée en forêt. L'enchantement revient. Max lui enseigne le nom des arbres, des feuilles. Elle reconnaît le coq de Bruyère aux plumes mordorées, la bête furtive qui fend le feuillage et devine le chasseur. Elle déteste que l'on tue les bêtes. Elle ne peut éviter, hélas ! le coup de carabine, le cri de triomphe de son père, le flanc rougi du chevreuil abattu. Max lui accorde le meilleur cheval de ses écuries. À onze ans, elle monte un alezan difficile, ombrageux, aux yeux affolés, maquillés d'un losange fauve. Max l'encourage à galoper, sauter par-dessus la haie fleurie, en dépit de Ludowika. Elle soigne elle-même, à l'écurie, son cheval.

— Toi et moi, si nous n'étions pas des princes, nous serions des écuyers de cirque ! lui dit son père.

Max et Sissi déclenchent l'anxiété de la duchesse. Elle craint, plus que leurs jeux, ce pays inconnu qu'ils semblent héler, loin d'elle et de tout ce qui est humain. Des monstres, se dit-elle, cramponnant sa jupe en tussor **ra**yée, des sortes de monstres. Max, il y a beau temps qu'elle a cessé d'en souffrir, mais Sissi ? Que faire de cette longue fillette impubère, fraîche et point jolie ?

Que faire de cette enfant si dure à éduquer ? À Munich, elle l'emmène dans ses visites afin de l'entraîner à recevoir et être reçue. Sissi la désole ; elle ne sait pas tenir gracieusement une tasse de thé et ne cache pas son goût pour la bière et la choucroute. Elle est incapable d'étudier longtemps, les jambes lui fourmillent. Il est pourtant établi qu'après le petit déjeuner, les enfants étudient jusqu'à deux heures. Sa gouvernante, la baronne Louise Wulfen, ne sait que faire. Sissi déteste faire ses gammes au piano, abomine la romance de salon. La baronne de Wulfen l'assomme. D'un regard en biais, Sissi mesure l'espace entre la fenêtre ouverte et la pelouse. La baronne supplie, menace, rien n'y fait. Sissi lui rit au nez et, sur son cahier de dessin, la caricature. Elle dessine finement mais avec quelle insolence ! Néné menace de l'attacher sur une chaise pour l'obliger à un minimum d'attention. Que faire pour qu'elle contienne ses élans, sa tendresse intempestive, son intrépidité ? A-t-on vu une fille nager, galoper plus violemment que tous ses frères et cousins réunis ? Max et Sissi. La duchesse sent confusément qu'ils ne peuvent tenir nulle part en place. Max et Sissi se heurtent jusqu'au sang à la petitesse humaine. Quant à l'Amour, le grand Amour, nul ne le choisit. On y tombe. On s'y brise plus cruellement que de chuter de l'alezan sauvage aux yeux de femme. Sissi ne pense pas à l'amour. Elle s'amuse du matin à la nuit. Elle déborde d'affection, du petit fermier à ses frères et sœurs. Adèle est sa meilleure amie et Sissi s'est attachée à son petit frère, David Paumgartten. Dans la famille, Sissi préfère son frère Gackel (Charles-Théodore) et Néné, l'aînée. Elle entraîne Gackel à la nage ou en promenade. On n'entraîne pas Néné aisément sur les chemins. Sissi a besoin de sa sœur plus que de sa mère. Sa mère la remplit d'un vague effroi par son obsession à marier ses filles. Sissi se confie à cette grande sœur si brune, si belle qui la rassure et ne trahira jamais ses secrets. Néné souffre aussi d'atroces migraines. Néné lui enseigne la patience. Néné est capable du plus grand dévouement. Sissi devine que tout secours lui viendrait de Néné. Papa Max est sa passion, mais il fuit les malaises féminins. Quand elle a mal à la tête, Néné la soigne avec une attention maternelle. Ses mains légères peignent la chevelure trop lourde, soulagent le front accablé. Néné est sa petite maman. Néné a de beaux yeux noirs piqués d'or. Ceux de Sissi sont un mélange de châtaigne mûre et d'or clair. Les yeux de Maman. Papa Max a le regard ardoise, délayé au rythme des ascendances en prunelles azur chez les cadets. La chambre de Néné est une vraie chambre de jeune fille. Sissi a une jolie chambre, presque pareille, mais quel désordre dans son armoire où dort le chien ! Tout, chez Néné, respire l'ordre, les fleurs fraîches. Un univers féminin, prévisible, reposant. Le lit aux frais rideaux fleuris, le fauteuil bas, la chaise longue, les coussins ouvragés, la table cirée où s'alignent le matériel à écrire, à broder. Le miroir ovale, au-dessus de la commode, reflète le visage austère, ovale, et parfait de Néné. La robe à volants, vert pâle, les bras blancs protégés du soleil par l'ombrelle vite ouverte. Le piano est ouvert, Néné joue du Schubert. Quand elle n'est pas à la chapelle, ou à ses charités, elle étudie. Les langues vivantes, l'histoire, le dessin, la géographie. À quatorze ans, elle ne se révolte pas contre le mariage. Au contraire ! Le mariage lui permettra d'avoir des enfants qu'elle éduquera elle-même. Sur un « métier » à tapisser, coulent des fuseaux de soie multicolores. Néné brode au point de croix des rosaces bleutées. Sa voix est douce et posée, ses bandeaux sont lustrés, d'un noir d'hirondelle. Un prie-Dieu, le chapelet de nacre, les Évangiles à fermoir d'or complètent la panoplie de celle que tante Sophie appelle « sa nièce la plus parfaite ». Néné la Pieuse apaise, malgré elle, la turbulence de la petite prête à rejoindre le poulailler et ramasser dans son tablier les œufs de la belle poule de Guinée... Sissi s'amuse beaucoup quand Néné lui enseigne à faire la révérence selon les conseils du maître de maintien qui fait aussi office de maître de danse. La jambe gauche (la droite ?) en arrière, très loin, la droite (la gauche ?) pliée en une plongée savante, le corps et la nuque ployés. Les os vont-ils craquer ? Combien de temps la dame doit-elle demeurer ainsi courbée, tordue, brisée ?

— Le temps que Sa Majesté voudra, répond Néné, docile petit soldat fragile en manœuvre.

— Sa Majesté, rit Sissi, quelle majesté ?

— Sa Majesté le roi de Bavière... Sa Majesté le roi de Prusse... Sa Majesté le roi de Saxe... Sa Majesté l'empereur d'Autriche...

Néné se relève avec lenteur, sans raideur, en dépit du corset à couper le souffle. Néné la sage, la sérieuse, ne peut s'empêcher de rire. Sissi l'espiègle, se roule sur le tapis à la manière du poulain dans le pré. On n'a rien à reprocher à Néné. Elle est parfaite jusqu'à engendrer l'ennui. Maman lui fera certainement épouser une Majesté devant laquelle elle ploiera avec aisance sa belle jambe gainée de soie, son front pur de brebis fait pour l'étau capiteux d'un diadème royal. Qui épouserait Sissi ? Elle n'a que onze ans. On ne s'y prend jamais assez à l'avance, estiment Ludowika et tante Sophie quand il s'agit de prévoir une affaire aussi sérieuse. Sissi a bien ri quand Maman lui a fait entendre que, suite à des courriers avec sa sœur de Saxe, Sissi pourrait se fiancer au prince George, futur roi Jean. On s'était même rendu à Dresde. Les cousins avaient joué, insouciants, les mères chuchotaient, l'affaire n'eut pas de suite. Ludowika, mécontente, était revenue bredouille, agacée contre sa cadette.

— N'y songeons plus, disait-elle, ce n'était qu'une illusion.

L'attention de Maman se tournait vers Néné, objet d'un grand espoir. Tante Sophie lui écrit de Vienne. Fiancer un jour Hélène avec François-Joseph. Ludowika presse contre elle la lettre au cachet impérial, à l'écriture gladiolée. Sissi, insouciante, file vers le lac, Gackel sur ses talons. Ils vont pêcher un brochet. Sac et cannes à l'épaule, les enfants ont dévalé la pente. La joie est complète, papa Max se joint à eux. Ils émergent de la pêche, éclaboussés, les yeux pleins de soleil, le rire à leurs dents inégales. Néné a des dents parfaites – les dents de Maman. Sissi a les siennes un peu jaunes. Elle s'en moque, elle oublie de les brosser, qui va se soucier de ses dents ? Son teint est plus mat qu'il n'est séant à une enfant bien née. Le soleil, le vent, la pluie lui font ces joues de paysanne bien portante. Néné lui enseigne qu'il est prudent de garer son teint sous un chapeau, de se laver quotidiennement, de brosser sa chevelure et ses dents. Sissi s'ébroue dans le cuveau baignoire, savonne ses bras et ses jambes trop maigres. Pas plus de poitrine qu'une planche, des côtes sensibles, un grain de peau serré et brun, une taille si mince qu'elle la serre entre ses doigts menus, aux ongles courts. Elle n'aime pas le sacrifice d'un jour entier consacré à l'entretien de sa chevelure. Que d'heures dérobées au jeu, au plein air ! Elle déteste toute entrave, corporelle ou mentale. Si tout ne tenait qu'à elle, elle plongerait sa chevelure dans le lac et sécherait ainsi au feu de souches, ou au soleil. Néné et Maman déversent les brocs d'eau tiède sur l'or bruni répandu dans la cuvette profonde. Néné se gare des éclaboussures avec un grand tablier. Sissi ignore la force d'une telle parure, elle n'en voit que l'ennui, le cri involontaire quand le peigne d'écaille tire trop fort cette soie épaisse. Les serviettes chaudes se succèdent, elle renverse un front trop haut, bien accordé à ses yeux horizontaux, sa bouche délicate. Le nez surprend par sa grâce.

— À part son nez et ses cheveux, elle n'a rien de vraiment joli, se lamente sa mère. Que faire d'elle ?

Néné lui lave le cou et la petite pousse des cris sauvages. « Tu me chatouilles ! » Sa mère soupire. Quel éclat dans cette voix d'enfant joyeux, au ton semblable à celui de Gackel. Comment en faire une jeune fille ? Elle crie quand Néné parle de lui curer les oreilles. On la laisse aller, elle dévale le pré, les cheveux humides, un geste intolérant du cou qui est, sans que personne ne s'en doute, la perfection même. Elle s'est jetée en riant dans le chemin des roses. La vie a repris ce goût de miel.

Que d'amour, en ce temps-là, ce temps d'enfance ! Papa, maman, Néné, Gackel, mais aussi Louis, le plus grand de la bande, Moineau (Mathilde) si gentille, avec son teint de lait, Maximilien, aux grosses colères soudaines, endurant mal les plaisanteries... Que Marie est donc jolie avec ses yeux frangés longuement, et Sophie, donc ! Quelle fine Sophie est-ce là. Sissi se console aisément d'être la moins jolie. La beauté, cet encombrement, ne l'intéresse pas. Au psyché de la chambre de Néné, elle regarde sans déplaisir cette trop longue fillette, les tempes découvertes par les nattes serrées de rubans roses. Ses oreilles sont petites, cette coiffure est laide mais combien commode pour courir, sauter à la corde, « faire vinaigre », jouer à la marelle et suspendre le panier du goûter à ses nattes nouée en cordeaux. Elle entend Néné et sa mère chuchoter au salon des histoires auxquelles elle ne comprend pas grand-chose. Leur tante Marie, reine de Saxe, avait été obligée, au soir de ses noces, d'endurer que toute la Cour défilât dans la chambre nuptiale. Ses dames d'honneur se mirent à genoux et prièrent. On avait mis au lit tante Marie comme une poupée, en chemise de dentelles. Son époux avait attendu le départ des prieuses pour oser pénétrer dans la chambre et...

La suite manque au récit. Sissi est songeuse. Tante Marie était-elle nue sous sa chemise ? Une jeune fille au lit, dans la dentelle, soudain seule avec un jeune homme en chemise dont la venue avait fait fuir des dames en prières comme au chevet d'une morte.

— C'est cela un mariage royal, dit madame Maman.

La fillette s'ébroue, ravie de son éternelle enfance. Elle ne grandira jamais, elle cessera de manger si nécessaire. Ne plus manger pour ne pas grandir, c'est-à-dire subir l'enfermement d'une chambre étouffante avec un jeune homme inconnu que l'on nomme « Majesté ». Point de « majesté » si elle veut sauvegarder ce bonheur perpétuel. La roseraie attire les abeilles corsetées serré. Les abeilles forcent les fleurs d'un dard aigu. En exsuder les pollens, le suc miellé. Il n'est donc pas de moisson sans l'offense d'un assaut ?

Mars 1848. Sissi a onze ans, François-Joseph, dix-huit ans. Sissi est loin de s'imaginer ce qui se passe hors les frontières de roses qui composent ses enclos ouverts. 1848. La grande heure de Sophie. La grande heure féroce des révoltes et de l'éveil des nationalités. L'Europe soulevée d'un seul élan vers l'espoir de ses libertés. Sophie déteste les révolutions mais profite de ces événements pour se défaire de Metternich. Il la hait mais reconnaît en elle la puissance qui manque à son faible époux et son beau-frère. Le soulèvement du royaume Lombardo-Vénitien chassa le chancelier. Sophie, impassible, entrevoit son triomphe. Metternich avait fui Vienne où les émeutes furent tout à coup si graves que la famille impériale décida aussi de fuir. La Cour se réfugie au Tyrol, à Innsbruck et à Olmütz. La Hongrie se soulève avec une violence extrême. La Vénétie est prête à se proclamer une République autonome. Sophie abomine particulièrement la Hongrie et ses dirigeants. Sophie veillera à une terrible répression. Elle frémit d'imaginer l'Autriche soumise à la Prusse, égarant son omnipotence, ses terres danubiennes. Tout est, d'après Sophie, de la faute des Hongrois. Maudits Hongrois, maudit Kossuth, qui a pris la tête du parti indépendantiste de cette nation détestée. Sophie se rassure : elle peut compter sur la poigne du prince Félix de Schwarzenberg et de son beau-frère, le prince Alfred de Windischgrätz. Restaurer l'ordre, c'est restaurer la souveraineté autrichienne. La souveraineté de François-Joseph. Sophie félicite Alfred de Windischgrätz d'avoir maté, si efficacement (le sang et les exécutions), le soulèvement de Prague. Le moment de forcer le destin – l'abdication du débile l'empereur – est arrivé. Pas question de couronner l'époux de Sophie, ce François-Charles, aussi incapable que son frère. Que tout se fasse en faveur de François-Joseph. À dix-huit ans, il devient l'espoir du pays, l'espoir de l'ordre, de la prospérité, de l'avenir. Sophie le sait et renonce, quoi qu'il lui en coûte, à la couronne en faveur de ce fils qu'elle a élevé dans ce dessein éclatant. Sophie repousse d'un geste mental, sauvage, méprisant, son fragile époux et ce triste empereur malade. La maîtresse femme a su démontrer que seul François-Joseph est capable de devenir le souverain de cet empire agité. Le parti de l'ordre la soutient. François-Joseph sera couronné empereur. Son grand-oncle abdiquera en sa faveur. Sophie a magistralement su profiter de ce que l'on a appelé le « printemps des peuples » ou l'« année folle ». 1848 a décidé du destin de Franzi – qui serait, un jour, celui de Sissi. Sophie pourrait faire sien le mot de son ennemi Metternich : l'Autriche n'a jamais cessé d'être « la chambre des Pairs de l'Europe ». Un état absolutiste, féodal, assuré de son pouvoir. Malheur à ceux qui ont osé le braver. François-Joseph va se retrouver, si jeune, à la tête d'un des plus vastes empire du monde, ainsi délimité du congrès de Vienne à la Première Guerre mondiale :

Vienne est la capitale. Elle est située en Basse Autriche. Elle est le symbole de puissance et de gloire. À l'ouest, la Haute Autriche (capitale, Linz), Salzbourg et le Tyrol. Au Sud du Tyrol (capitale, Innsbruck), le royaume lombardo-vénitien (dont Milan, Trente, Venise). La Bavière est à l'ouest du Tyrol, cernée au nord par la Bohême, à l'ouest par la Suisse. Au nord de la Haute Autriche, la Bohême (capitale, Prague) et la Moravie (capitale, Brünn). Au nord-est, la Cracovie, la Galicie. À l'est, la Styrie (capitale, Graz), la turbulente et immense Hongrie (capitale, Buda-et-Pest), plus à l'est encore, la mystérieuse Transylvanie. Au sud, la Carinthie (capitale, Klagenfurt), la Carniole (capitale, Trieste), la Croatie (capitale Agram ou Zagreb), la Serbie ou Bosnie-Herzégovine (capitale, Sarajevo). Un monde trop vaste, fragile par ses identités mal connues, cerné à l'extrême nord par la sombre Russie, à l'extrême sud-est par la Roumanie (capitale Bucarest) et ses turbulents princes valaches... Tous ces peuples se doivent d'être des esclaves fidèles à leur empereur d'Autriche.

L'émeute hongroise avait le plus indigné l'archiduchesse. En septembre 1848, le comte Lambert, général en chef des troupes impériales, avait été massacré à Budapest. Le 7 octobre, les émeutiers avaient traîné dans les rues de Vienne le corps mutilé du comte Latour, ministre de la Guerre. La famille impériale et la Cour avaient quitté Schönbrunn, en toute hâte, pour Innsbruck. Vienne s'était également vidée de sa bourgeoisie. En Italie, le général Radetzki, âgé de quatre-vingt-deux ans, menait une répression impitoyable. Chaque condamnation à mort était prononcée, sans qu'il s'en doutât à ce moment-là, au nom de François-Joseph. L'état de siège fut appliqué en Italie jusqu'en 1854. Ce fut un régime de terreur. Les officiers autrichiens craignaient les complots. À Venise, ils suspectaient tout le monde. On arrêtait sans autre forme de procès des médecins, des avocats, des représentants de la bourgeoisie libérale. On les accusait d'être affiliés au parti révolutionnaire de Mazzini. Les prisonniers, enchaînés aux chevilles et aux poignets, étaient conduits rudement jusqu'à Mantoue. On les fusillait, on les pendait. L'année 1853 vit pendre sans sommation quarante-trois suspects. Le banquier vénitien Lazotti eut la douleur de perdre ses cinq fils en un seul jour[1]... Les vexations s'enchaînaient aux exactions. On taxait d'amendes énormes les plus grandes familles. Les Arese, les Visconti, les Borromée, les Boglioso, le duc de Litta – neuf cents familles furent ruinées. À la Scala, chaque représentation ressemblait à une garde à vue. Les officiers autrichiens pointaient les spectateurs de leurs fusils chargés. La terreur, l'horreur, la haine portaient le nom de l'archiduchesse Sophie. Il s'y mêla bientôt celui de son fils, l'empereur François-Joseph. L'Angleterre et la France s'émouvaient du sort de ces peuples. À Naples, à Turin, à Milan, la haine s'installait. Le roi du Piémont, celui de Sardaigne furent contraints de signer une paix en faveur du joug autrichien en dépit de leurs sujets. La langue allemande fut rendue obligatoire. François-Joseph, militaire dans l'âme, avait voulu recevoir le baptême du feu. Il se mêla, intrépide, à la bataille de Santa Lucia.

Le 6 mai 1848, il alla vers la bataille vêtu de ce costume qui semblait être sa seconde peau, et qu'il porta sa vie entière. Un soldat éclatant de beauté et de jeunesse, élégant, d'une minceur en muscles et harmonie. Une taille fine, des épaules larges, un visage bien fait, éclairé de prunelles d'azur, la moustache blonde qui deviendra à mesure des années d'épais favoris, la chevelure ondée, la lèvre sensuelle. Il alla à la bataille, il alla vers le trône et vers la femme aimée, vêtu de la tunique blanche brodée de rouge et d'or. Le pantalon est rouge, à bandes dorées. Le ceinturon, également doré, laisse pendre un sabre. Le bicorne foncé est orné de plumets verts. La chaussure, vernie noire, armée d'éperons est en fait une paire de bottes dans lesquelles il suffit de glisser le bas du pantalon. Voilà un cavalier tout prêt. L'ordonnance n'a qu'à

---

1. *Élisabeth d'Autriche*, H. Vallotton, *op. cit.*, 1971, p. 33.

rabattre le même pantalon au-dessus de la botte et l'empereur est prêt à fouler les tapis de ses palais. Du vert, du rouge, du blanc, de l'or, du noir... Les couleurs de l'Autriche, son immense orgueil dominant. Le peintre de la Cour, Anton Einsle, restitue ainsi ce premier portrait officiel de l'empereur. Le devoir de François-Joseph était de réduire ces révoltes. Il ne mesura pas l'impact atterrant que suscitait son nom en Hongrie et dans le royaume lombardo-vénitien. La pire répression eut lieu en Hongrie, à l'intense satisfaction de l'archiduchesse. Les familles les plus nobles soutenaient les révoltés. En janvier 1849, les insurgés abandonnaient Buda-et-Pest, se cachaient dans une terre de marais, à Debrecen. Tout semblait perdu. Le général autrichien Windischgraetz refusa de recevoir la délégation hongroise et son chef le comte Louis Battyány. Kossuth en profita pour restructurer ses alliés. D'une insurrection, on était passé à une guerre. L'Autriche avait été obligée de se tourner vers le Tsar Nicolas Ier. Les armées des révoltés hongrois réussirent à vaincre dix mille Russes menés par le général Luders. Les Autrichiens quittèrent précipitamment Buda-et-Pest. Windischgraetz était disgracié, le 14 avril 1849, la diète magyare osa déclarer l'indépendance de la Hongrie. Dans un élan que jamais l'archiduchesse Sophie ne pardonna, elle proclama la déchéance des Habsbourg. Kossuth devenait le chef de cette Hongrie en proie à l'opiniâtreté autrichienne et les bataillons du Tsar. Nicolas Ier était satisfait que Vienne devînt sa débitrice et de mater, dans la foulée, le soulèvement polonais. Trois cent mille soldats russes, menés par le général Paskievitsch, rivalisèrent de férocité. Les potences s'élevaient, les balles crépitaient, on tuait à l'arme blanche. On brûlait des maisons, les villages, sans discernement. Hommes, femmes, enfants, la répression allait, sourde, muette, aveugle. Une machine de guerre aux rouages de fer et de sang. Le général autrichien, Haynau, faisait fouetter parfois à mort des femmes en public. On le surnomma le bourreau de Brescia. La noblesse hongroise militante fut emprisonnée et leurs biens confisqués. C'était pour l'Autriche un coup de filet exemplaire. La Hongrie maudit les noms de l'archiduchesse, du général Haynau et celui de François-Joseph. La Croatie et la Slovaquie furent rudoyées au même titre que les Magyars. Le deuil des grandes familles hongroises atteignit son comble quand leurs représentants furent exécutés. Le président du conseil, le comte Battyány, en dépit de son suicide manqué – il s'était ouvert la gorge –, fut quand même fusillé. Ses treize généraux furent pendus à un vulgaire gibet. La Hongrie et ses rebelles, la famille Battyány, Deák, le poète Eötvös, Teleki, frémissaient de honte et de douleur. Lajos Kossuth s'enfuit en Turquie. Tous avaient pris en haine cette Autriche malfaisante associée au nom de ses généraux, de son archiduchesse et de son jeune empereur. Gyula Andrassy, un des meneurs du parti nationaliste, âgé de vingt-six ans, de haute noblesse, fut condamné à la potence par contumace. Il avait fui en Angleterre. On le surnommait, dans les milieux mondains anglais et parisiens, « le beau Pendu ». Ce séducteur tenait de sa race la souplesse du corps, les reins du parfait cavalier, la sensualité tzigane du regard sombre et des boucles noires. Il jura de se consacrer à la cause hongroise, de revaloriser un jour les droits de son pays accablé.

Quel souverain, quelle souveraine pourrait un jour suffisamment aimer la Hongrie pour la faire surgir de ses cendres sanglantes ? En France, on avait chassé le roi Louis-Philippe. Une fragile et éphémère Seconde République était proclamée. Le 2 décembre 1851, ce sera le coup d'État du prince président, Louis-Napoléon Bonaparte. En 1852, il sera proclamé empereur des Français sous le nom de Napoléon III.

Sophie était fière d'elle. En quelques mois, les révoltes étaient écrasées. Qui pouvait imaginer que le dessein de la future grande guerre de 1914 était amorcé ? Le grand chambellan Grünne, que Sophie destinait à son fils, ne jurait que par elle, « notre impératrice ». L'archevêque de Vienne, Mgr Rausche, applaudit la répression, d'un élan peu chrétien. Des morts, des pendus ? Qu'importaient ces broutilles au nom de la prospérité et de la paix ! Sophie avait inculqué à son fils l'aversion de la révolution, la méfiance de la Russie. La mère et le fils se souviendront longtemps de cet étrange couronnement, à Olmütz, le 2 décembre 1848, dans la salle d'apparat du palais épiscopal. François-Charles avait signé sa renonciation au trône. Le président du Conseil, Schwartzenberg, avait lu les trois documents indispensables à la passation du pouvoir. La déclaration de majorité de l'archiduc François-Joseph, l'acte de renonciation de son père, François-Charles et l'abdication de l'empereur François-Ferdinand. François-Joseph s'était agenouillé devant son oncle qui tremblait de faiblesse nerveuse. Il lui caressa les cheveux.

— Reste bon, dit-il. Dieu te protégera.

Sophie était vêtue de blanc. Elle portait le collier et les boucles d'oreilles de turquoises et diamants que lui avait offerts son époux à la naissance de Franzi. Sur son corsage de soie et de dentelles, une broche en forme de fleur. La seule défaillance de son fils fut sa pâleur, son élan dans les bras de sa mère et son murmure involontaire :

— Adieu ma jeunesse.

À dix-huit ans et trois mois, il devenait le chef de la plus puissante maison d'Europe, accablé des titres liés à ses territoires vertigineux, la complication d'un dédale de nationalités mal définies. L'empire de François-Joseph comprenait des Allemands, des Magyars, des Slaves, des Italiens, des catholiques romains, des catholiques grecs, unis, non unis, des Arméniens, des musulmans, des calvinistes, des luthériens, des peuplades haillonneuses redoutant les vampires, des juifs mal connus et mal reçus. Un empire avec comme seule frontière visible l'Adriatique. Un empire dont le lien unique, détesté, était celui de la langue allemande, et de la dynastie des Habsbourg. François-Joseph était le seul souverain au monde à se trouver à la tête de cet effarant échiquier et de ses conflits multiples. Il pouvait davantage frémir que se réjouir à l'intitulé de ses cinquante titres. Il était désormais, par la grâce de Dieu, François-Joseph Ier, empereur d'Autriche, roi de Hongrie et de Bohême, roi de Lombardie et de Venise, de Dalmatie, de Croatie, de Slovénie, de Galicie, de Lodomélie et d'Illyrie, roi de Jérusalem, archiduc d'Autriche, grand-duc de Toscane et de Cracovie, duc de Lorraine, etc. Il était aussi prince de Trente, Seigneur de Trieste, grand voïvode de la Voïvodie de Serbie ; duc de Haute et de Basse Silésie ; margrave de Haute et de Basse Lusace [1], etc.

Pouvait-on s'étonner que Bismarck trouvât ce jeune empereur « un peu sérieux pour son âge » ?

Il était, ce garçon si jeune, devenu le maître absolu d'une immensité glauque où Vienne rayonnait, ville-phare de cette Europe déchirée. François-Joseph Ier devenait aussi le parti matrimonial le plus convoité de son temps. Sa future épouse croulerait à son tour sous le joug des titres et des honneurs.

Son premier geste fut de rendre hommage à l'armée. Chef suprême tant des armées que de ses pays, décidé à gouverner en monarque absolu, sans constitution, sans parlement ni Premier

---

1. *Élisabeth d'Autriche*, Brigitte Hamann, Fayard, 1985, p. 15.

ministre, il était bien le fils de sa mère. Sophie avait réussi une prouesse digne de Machiavel et avait inculqué à son fils « l'idée impériale autrichienne ». Les petites nations trouvaient auprès de lui, l'empereur, la protection et la sauvegarde. Il était le « Père » tout-puissant que Dieu avait choisi pour administrer cette énorme « maison commune » dont il se devait d'être le maître attentif, rigoureux et juste. Il aimait à dire que sans l'Autriche « le sort de ces petites maisons serait misérable ». Il restait à le marier. Sophie allait tout programmer, sûre de gagner. Sa nièce Élisabeth n'existait pas dans son esprit.

Elle ne pensait jamais à la longue fillette aux nattes dorées.

Franzi non plus.

Le printemps de Sissi, en 1848, est un bon souvenir. Elle ne réalise pas les drames en cours et continue à s'enchanter de sa vie familiale, de la nature. À onze ans, elle ne sait rien de la sexualité. Elle se souvient, avec un léger dégoût, de sa mère enceinte des cadets. Sa mère large comme une tour, la poitrine regorgeant, un air de condamnée heureuse. Elle se souvient de la crainte confuse lors de l'attente à Munich, dans le boudoir contre la chambre des naissances. Elle avait peur de ce cri ailé, régulier. Qu'arrivait-il exactement à Maman pour qu'elle crie ainsi ? Elle sait tout de la vie des bêtes mais un enfant n'assimile pas la rusticité scabreuse des élans animaux avec la conception de la vie humaine. Nulle connivence, dans l'esprit de la petite, entre ce qui se passe au monde des bêtes et les accouchements de sa mère. Le sort de sa mère n'est en rien celui de la chienne qui met bas ou de la vache qui va vêler. Elle admet, avec simplicité, sans jamais s'aventurer au-delà de la grossesse visible, que toute vie se développe aux entrailles des femelles. Elle a vu Maman grosse d'un bébé dans son ventre. Le bébé la tourmentait pour venir au monde. Dans la prière catholique à Marie, il y a une phrase troublante : « Jésus, fruit de vos entrailles. » Le fils au ventre d'une jeune vierge. Né, comme elle, la nuit de Noël... Sissi repousse des images qui outreraient Néné. Le rôle du mâle. Elle a souvent vu le coq se jeter au dos de la poule. Il s'ensuivait un absurde cri guerrier et la ponte d'un œuf riche d'un délicat poussin. La poule couvait vingt et un jours. La naissance était charmante à voir ; la coquille fêlée, l'oisillon minuscule. Elle aimait moins la déplaisante et choquante entrave de la chienne croupée par le chien, leur clameur honteuse.

Trois mois plus tard, la chienne au gros ventre mettait bas. Il y avait aussi, le long matou rôdeur vassalisant en un feulement d'ivrogne la femelle bientôt grosse. Tout cela ressemblait à un combat où la femelle avait toujours le dessous, entre les pattes du mâle. Le chien, le taureau, l'étalon étaient les plus impressionnants. La fermière n'aimait pas que la petite princesse s'approchât de l'enclos réservé à cet usage. La petite s'enfuyait, choquée au spectacle de cet appendice mâle, soudain distendu, qui vrillait au profond des chairs une femelle qui semblait subir, souffrir. Une sorte d'assassinat. Cela se nommait, dans la bouche des fermiers, « la saison des amours ». Cette appellation poétique était une frénésie de cris, de sueur, de chairs forcées, de sang, de bave, de rage – et le bannissement soudain du mâle. On eût dit, son forfait commis, qu'il craignait soudain la compagne assaillie, grosse de son rapt, se cachant de lui pour mettre bas. La petite n'associe pas au monde humain ces sévices. Il y a longtemps qu'elle a cessé de croire comme cette gourde de Néné que les filles naissaient dans les roses et les garçons dans les choux. Sans le mariage, disent les voix des mères, des tantes, des aînées, pas d'enfants, pas d'issues pour les filles. Pas d'enfants ? Sissi se souvenait des malédictions de la fermière contre sa fille qui avait eu un bébé sans le mariage. Une faute, disait-on, une très grande faute. La honte. Pourquoi le mariage transformait-il le même événement (la faute, la honte) en une fierté et une joie ?

Les bêtes... Le rôle du mâle ; le rôle du père. Le mariage. La petite a mal à la tête. Une puissante et intime révolte repousse une vision incongrue, infâme, dont elle rougit. Papa et maman transformés en bêtes à la saison des amours afin que l'enfant s'accomplisse. Elle frémit, elle ira se confesser. Non, elle ne dira rien et refoulera au fond d'elle cette déduction affreuse. « Les bêtes ne vont pas au ciel. » Cela est suffisant pour admettre que les bébés se véhiculent du papa au ventre de la maman à la pure manière des pollens. Un rayon doré, par les airs, d'une fleur à une autre. Par où sort le bébé ? Quelle porte mystérieuse s'ouvre pour lui ? La petite tâtonne vers son corps si clos, si menu, si garçonnier qui ne la renseigne en rien. Le nombril l'intrigue. Ce tortillon de chair rosé contient peut-être la réponse. Oui, c'est peut-être cela le mariage. La permission au mari de déposer la graine venue de son nombril au nombril de sa fiancée, et... ? Non. Le mariage, est un sacrement qui suffit par lui-même. Il contient l'enfant comme l'hostie contient la chair et le sang du Christ. L'enfant se forme de lui-même dans les flancs de la jeune mariée. Un mystère. Pourquoi l'enfant s'est-il formé au ventre de la fille sans mari de la fermière ? Peut-être une graine, un pollen humain s'est-il égaré jusqu'à elle ? Elle l'a, qui sait, peut-être avalé ? C'est cela ! Elle avait osé embrasser sur la bouche le jeune homme qui disait l'aimer et ne l'a pas épousée. C'est par un baiser sur la bouche que la petite graine descend doucement dans le ventre de la maman. Le mariage c'est cela. On met au lit la mariée (sa tante de Saxe), l'époux entre dans la chambre, dans le lit, et dépose un baiser sur la bouche de la petite épousée. La graine se dépose, transfusion bénite par l'Église. C'est gentil et un peu dégoûtant. C'est cela le mystère de la nuit de noces dont on parle à mots couverts en éloignant les enfants ! Sissi plisse son front si haut, dégagé en arrière en nattes entrelacées. Le ventre fécondé de la jolie graine (comment est la graine ? Une forme minuscule de bébé fille ou garçon ?) se met à grossir. Quand le temps est venu (pour elle, ce fut une nuit de Noël), le nombril se dilate, cela fait un peu mal, et le bébé en sort, humide des entrailles. Qu'il soit béni, l'enfant, fruit de toutes nos entrailles. Mais pourquoi le curé, à la chapelle, lors de la messe dominicale parle si souvent du péché d'Adam ?

La chair, ce péché.

Quel péché ? C'est bien ennuyeux d'être issue, malgré elle, d'une terrible idée de péché. Elle n'oserait jamais affirmer qu'elle ne croit pas au péché, peut-être au destin, mais le péché ? Elle préfère, de beaucoup, feuilleter en cachette les livres d'art de papa Max. Elle s'émerveille des statues grecques, leur nudité si blanche. Ces dieux et ces déesses ont visité toutes les splendeurs de la terre, de la mer, de la vigne, du ciel et des étoiles. Ces dieux et ces déesses engendraient à leur tour des dieux et des déesses, en prenant toutes les formes, la fleur, le cygne, l'arbre, un taureau blanc, le tonnerre... C'est une conception ravissante et poétique. La petite admire la sveltesse de Diane chasseresse, Vénus en son coquillage, Achille le tant beau. La minceur extrême fait ressembler à une étoile filante. L'encombrement graisseux, les ventres lourds, les mamelles pleines, beurk ! La petite a horreur de la graisse. Elle veut demeurer lisse et mince, légère et sans souillure aucune. Y a-t-il dans l'Olympe quelque jeune dieu ailé qui s'éprendrait de sa minceur si chaste, ses longues tresses, son désir ardent d'embrasser la nature toute entière, sans halte, le jour, la nuit ?

Fleurs, fruits, bêtes, abeilles, miel, elfes...

Un autre secret l'humilie. On chuchote autour d'elle que Néné est « formée ». Sissi n'est pas « formée ». Elle n'avait d'abord rien compris à ce jargon. Maman, Néné, la baronne Wulfen s'étaient décidées à lui parler. On est si simples, à Possi, qu'elle avait eu peur de cette réunion de femmes. Maman avait l'air gênée. Elle avait expliqué tant bien que mal à la petite qui roulait une boucle autour de son nez à le rendre cramoisi, ce que signifiait « être formée ». Maman avait cru bon d'ouvrir l'armoire de Néné. Elle avait désigné la pile de linge plié, les jupons et les « pantalons » fermés, destinés « à recueillir le sang du mois ». La petite s'était sentie froissée. Néné lui avait caché qu'elle s'entortillait tous les mois de ces linges encombrants. Cette vilaine lessive s'en allait régulièrement à la buanderie. Maman, ses sœurs, la baronne, toutes les femmes y compris les servantes et les reines, ses tantes, saignaient tous les mois ? Le sang coulerait quand viendrait son tour, sans l'avertir ? Quelle horreur !

— Le Bon Dieu nous a ainsi faites, disait Maman. Cela fait partie de nos misères de femme. Cet inconvénient dure quelques jours par mois, pendant quelques années. Le temps aux femmes de mettre leurs enfants au monde.

Maman était devenue plus naturelle, la baronne pinçait sa bonne grosse bouche, Néné souriait. Sissi eut horreur de comprendre d'où coulait ce sang. La question de mettre l'enfant au monde se reliait à une image soudain précise et déplaisante. Ce sang autorisait une jeune fille au mariage et la rendait apte à devenir mère. Comment ce sang avait-il le rôle de la faire devenir mère ? L'orifice dont ces femmes parlaient, plaie inguérissable, jouait-il un rôle dans les naissances ? Décidément, l'idée du nombril était bien aimable par rapport à cette certitude dégoûtante ! Sissi mordait ses lèvres pour ne pas éclater en colère. Flouée ; elle se sentait flouée. Elle détestait soudain ces trois femmes qui lui souriaient bêtement. Voilà pourquoi Néné était régulièrement malade, accablée d'une migraine mensuelle, des cernes sous les yeux. Comment prolonger à jamais l'enfance ? Comment échapper à cette confusion du corps que, sereine, sa mère appelait « les règles », d'un air rengorgé que la petite, soudain, abhorrait ?

— La grande impératrice Marie-Thérèse, disait Maman, tenait

44

le carnet des règles de ses filles. Elle nommait cela « la générale ». Quand la future dauphine, Marie-Antoinette, fut enfin formée, à l'âge de quatorze ans, on envoya aussitôt un messager avertir la Cour de France. Les Cours d'Europe et la Russie le surent en même temps. On pouvait ainsi faire d'une archiduchesse une future reine de France.

Sissi a dévalé le grand pré. Révoltée. Maman serait-elle capable d'avertir tante Sophie et les Cours d'Europe des règles de ses filles ? « Une fonction d'état, dans les maisons princières », avait-elle dit. Elle avait déploré l'air satisfait de Néné d'être « formée ». Sissi ne veut pas qu'on étale ses secrets, qu'on livre sa vie à la curiosité insane des autres. Une peur vague, serre sa gorge, ses tempes. Son corps (de fille née d'une maison princière) n'est donc pas tout à fait à elle ? Où fuir si le sang vous rattrape régulièrement, si les Cours d'Europe s'occupent de ce joug désolant ?

— La révolution a éclaté à Vienne !

Des cris d'une autre espèce de peur ont éclaté. On ne parle plus de règles, ni de rien d'autre que la révolte à Vienne, en Hongrie, partout. Le duc décide que la famille retournerait à Munich. Sissi a repris sa gaieté. On va retrouver les cousins bavarois de Munich. Finies ces histoires de femmes, de sang !

La famille royale de Bavière s'était réfugiée au palais de Max. Sissi s'était réjouie de voir ses deux jeunes cousins si mignons. Que son cousin Louis est donc charmant avec ses boucles sombres et brillantes, sa belle bouche empourprée ! À trois ans, il a un grand front de marbre rosé, le regard d'un bleu presque noir, si grave. Elle a pris ses menottes, elle lui chante une comptine. Elle l'adore. Il se laisse faire, il l'embrasse avec emportement. Il ressemble à une fillette très jolie.

— Petit cousin, gentil cousin, Louis chéri...

Il applaudit, il aime être aimé. Son petit frère, Othon, est encore un bébé. Un bébé si beau, dans sa robe et son bonnet brodés. On habille les petits garçons en fille jusqu'à l'âge de trois ans. Des robes charmantes, des rubans, des bottillons en peau. Ils ont les cheveux longs roulés en boucles, tenus par des rubans. Othon est aussi ravissant que Louis. Othon qu'un asile ensevelira quand il sera devenu cet adulte en proie une démence furieuse et obscène. Othon, ce Wittelsbach, était en ce printemps 1848 le plus joli bébé que Sissi ait contemplé. Louis et Othon, rois maudits, agités de rêves grandioses et obscurs, précipités aux enfers sans issue... Leur mère, Marie de Prusse, est grave, belle et saine. Elle adore l'alpinisme. Elle soulève les épaules devant ces émeutes. Ils se calmeront un jour. Elle est calme, pacifique, pragmatique. Maximilien, son époux, est consciencieux, taciturne, non violent. Les événements le mèneront au titre de roi de Bavière : Maximilien II. Il régnera à la place de l'excentrique Louis Ier à qui on reproche, entre autres, sa liaison avec Lola Montes. Les rumeurs sont suffisamment agitées dans les rues de Munich pour que Néné, soudain, s'approche de la fenêtre.

— Quoi, pleure-t-elle, frères contre frères ?

On tue, on crie, on se fait du mal dans ces rues où depuis toujours tout a été calme, pacifique, aimable. Le 15 mai, tante Sophie est à Innsbruck avec ses trois fils, Franzi, l'élu, Maximilien, le petit chéri, et Charles-Louis qui a quinze ans. Les événements accélèrent les courriers entre les deux sœurs. Innsbruck est proche de Munich. À la prière de Sophie, Ludowika la rejoignit aussitôt. Elle partit avec Néné, Sissi et deux de ses garçons. Une excitation joyeuse reprend Sissi. Voir ses cousins de Vienne ! Elle adore ces ralliements familiaux où tout est prétexte à courir, jouer, manger des pâtisseries. Ludowika, dans la berline ducale, fait les gros yeux. Sissi est trop exubérante, penchée à la fenêtre, admirant les chevaux, le paysage à grands cris joyeux. Maman lui rappelle les fâcheuses péripéties qui expliquent ce rassemblement. La petite, distraite, n'écoute pas. Elle est décidée à saisir le meilleur de la vie. Elle a refusé à Munich de s'approcher de la fenêtre où Néné avait brusquement fondu en larmes. Le monde des morts, leur sombre royaume, ne tardera plus à empoisonner son âme. Elle ne le sait pas, elle est toute à sa joie de ce voyage, cette route si belle vers Innsbruck, ce temps radieux où la nuit tarde à venir. On est au début du mois de juin. Sissi grille d'impatience de connaître ces cousins qu'elle n'a encore jamais vus. Néné se tient posément. Une jeune personne de quatorze ans qui n'ignore pas les projets encore vagues de tante Sophie à son égard : la fiancer à François-Joseph. Sissi se penche à la portière, encourage les chevaux à la manière d'un jeune cocher et déboule, riant et mal coiffée, dans la cour du palais d'Innsbruck. Personne ne la remarque et elle s'amuse du matin au soir. Elle n'aime pas trop sa tante Sophie et son sec baiser sur le front. Un regard d'oiseau de proie, qui jauge avec mépris la tenue négligée, les nattes mal nouées, la dégaine trop affranchie. Elle se précipite vers Charles-Louis et l'entraîne dans le parc. Franzi, ce beau jeune homme si grave, de sept ans son aîné, ne la regarde même pas. Elle ne retient rien de lui, excepté qu'il sera empereur, qu'il porte de manière admirable un uniforme bien embêtant. Il empêche de courir, de sauter à la corde et de grimper aux arbres. Maximilien aux beaux yeux bleus s'empresse auprès de Néné. Sissi, dans le parc, rit aux éclats. Pas une seule fois, Franzi, hors sa politesse parfaite qui le mena à saluer sa jeune cousine, ne la remarquera. Elle a tôt fait de l'oublier. Elle est ravie de l'empressement de Charles-Louis. Un déjà petit jeune homme, un archiduc aux yeux clairs, au sourire tendre, à la dégaine militaire. Il est encore proche de l'enfant en dépit d'une ombre de moustache et de sa galanterie à lui baiser la main comme à une jeune fille. Élisabeth ne mesure pas que son rire si frais, son naturel ont séduit profondément ce très jeune homme. Charles-Louis aime chez cette longue enfant aux yeux dorés, ce mélange d'enfance, de liberté franche, d'harmonie corporelle, de simplicité délicate. Il aime en elle, tout ce dont il a été privé. La spontanéité, le partage aimable des jeux et de la conversation avec une fillette qui, à mesure qu'elle séduit le jeune homme, se colore tel un fruit, se pare d'une grâce féminine. Le jeune amoureux voit plus loin que les onze ans de la fillette. Il pressent le papillon qui surgira de cette fine chrysalide. Il la suit partout, en promenade, à pied, à cheval. Il est sous le charme. Il s'éprend de son sourire délicieux, sa chevelure de fée, son irrésistible turbulence. Il ne la quitte plus et, de loin, les mères supputent, qui sait, une double chance d'avenir pour leurs enfants. Sophie songe surtout à consolider l'empire de son aîné. La Bavière, après tout, dont elle est issue, est une terre solide, catholique. Son alliance peut s'avérer nécessaire afin de tenir au loin le joug possible d'une Prusse au chancelier trop gourmand... Charles-Louis a cueilli des fleurs et des cerises pour sa cousine. Elle a accroché en riant les cerises à ses oreilles. Il aimerait embrasser ses joues, ses lèvres si roses, ses petites mains si audacieuses quand elles tiennent, sans gants, les rênes d'un cheval ! Charles-Louis, à quinze ans, est bel et bien amoureux de sa cousine. Le jeune archiduc est souvent très seul. Sa mère est froide, son père indifférent. Ses frères occupent déjà une place dans les enjeux maternels où il se sent exclu. Qu'il serait bon de vivre auprès de Sissi, de sa famille aimable ! Quand ses cousines repartent en Bavière, Charles-Louis a obtenu la permission de correspondre avec Sissi. Ludowika jubile. Néné a été parfaite. Franzi semblait empressé, Sophie observait son Hélène. Elle se tenait si bien, à la fois à l'aise et modeste au salon de sa tante. Sophie la questionnait sur ses goûts, sa culture, sa piété. Elle souriait de haut à la jeune fille au front souvent courbé. Sophie ne risquait pas, avec une belle-fille de ce genre, de perdre son autorité dans le cœur de son fils et les affaires de l'empire. Sophie jugea prudent de ne rien engager lors de ce séjour. Ludowika cachait mal une intense satisfaction. Charles-Louis et Sissi étaient le miracle de cette glorieuse visite. Sissi, si peu jolie, avait conquis un archiduc. Les émeutes et les exactions importaient peu à la bonne duchesse. Le séjour à Innsbruck avait été précieux. Ah, vivement que Sissi soit formée, qu'Hélène ait au moins seize ans ! Pourvu, surtout, que Sophie ne changeât pas d'idée. Charles-Louis fut de parole. Sissi n'était pas plus tôt revenue à Possi qu'elle reçut une lettre printanière et romantique. Un cadeau lourd de sens suivait la lettre : une bague précieuse que la petite rangea dans son tiroir à crayons de couleurs. Ludowika encouragea la correspondance. Elle poussa Sissi à envoyer à son tour une bague au jeune archiduc. Cela ressemblait à des fiançailles. Sissi écrivit avec peine et des fautes d'orthographe une lettre de remerciement. Elle écrivait, l'épaule rentrée, une jambe pliée en amazone, mordant sa lèvre. Une lettre aimable, très éloignée de celle, pleine d'amour, de son cousin. Une lettre style rédaction « cousine remercie son cousin ». Une lettre gentille, enfantine, aimable. Une lettre vide. Ces quelques mots suffirent à enflammer davantage le malheureux archiduc. Il jura de porter sa bague jour et nuit. Sissi promet mollement de porter elle aussi sa bague. Son papier est joli, encadré de fleurs. Elle signe son nom, Sissi, dans une guirlande de roses. Elle décrit ses soirées au cirque de papa, elle parle (déjà) longuement de ses chevaux, des écuyers. La correspondance du petit archiduc s'intensifie. En octobre, Sissi reçoit de nouveaux cadeaux. Une montre et sa chaîne, des chocolats, des bonbons viennois. La petite remercie, ravie, lointaine. Elle s'amuse avec ses moutons, elle raconte ses bêtes, ses promenades, ses chevaux. Elle a douze ans. Elle se lasse de ces lettres où le ton, trop grave, de son cousin l'ennuie vaguement. Que dire quand elle reçut, un jour, un bracelet d'opales et de perles ? Elle s'applique sur son papier de jeune fille, fleuri et charmant comme elle. Elle remercie à la manière d'un pensum obligé. Elle finit, au grand dépit de sa mère, par ne plus écrire du tout. Jusqu'en l'année 1853, le bonheur est encore dans le pré de Sissi. Cette idylle épistolaire ne l'a guère incommodée. C'était charmant et Maman est occupée à chuchoter avec Néné sur le prestigieux projet des fiançailles avec François-Joseph. Tante Sophie est de plus en plus convaincue qu'une alliance avec la Bavière est le bon choix. La Prusse et la Saxe sont gourmandes. Il est temps d'affirmer la suprématie absolue de l'Autriche. La catholique Bavière est la meilleure carte pour l'avenir de François-Joseph. Sophie surveille de près les ambitions matrimoniales des autres souverains. Elle a honni l'idée que son fils bien-aimé puisse s'unir avec la fille du palatin Joseph de Hongrie. Ce qui est hongrois est vil. Elle s'irrite que son fils tolère les czardas à ses grands bals. Une danse de bohémiens, de sauvages, symbole de la révolte hongroise. On a rapporté à Sophie la malédiction que la veuve de Battyány avait proférée contre François-Joseph. Qu'ils soient maudits lui et sa descendance, frappés dans les êtres qui leur seront chers ! La Dame blanche avait pris la voix de cette Hongroise pour les maudire. Pas de mariage, jamais d'union avec ces saltimbanques haïssables. Elle n'en finira donc jamais avec eux ?

Le 18 février 1853, un attentat a failli coûter la vie de son fils. Il était midi. Franzi, d'un rempart, regardait défiler ses troupes. Soudain, un homme a surgi, un poignard à la main. D'un bond de fauve, il a sauté à la gorge de l'empereur. Une lame à deux tranchants. Par miracle, François-Joseph avait tourné la tête et la lame avait glissé entre le col et la tunique. Il saignait un peu, il s'en tirait avec une estafilade superficielle. On se précipita sur l'agresseur. « Ne le tuez pas ! », cria l'empereur que ses ennemis surnomment « le roi des bourreaux ». C'était un jeune Hongrois du nom de Janos Libenyi. Sophie, hors d'elle, ne comprend pas la clémence de son fils. Le conseil et les exigences sans répit de sa mère finirent par avoir raison de son envie de clémence. Janos Libenyi fut pendu. François-Joseph signa de sa large écriture régulière le document de mort. La suite de sa blessure fut un peu de fièvre. Il ne prit aucun repos et, le cou pansé d'eau salée, il travailla comme à l'ordinaire. Sophie avait frémi quand il s'était promené en calèche découverte, au Prater, dès le lendemain de son agression. Le Prater est la promenade la plus célèbre de Vienne, au long du Danube. La foule se presse, acclame le jeune homme. Sophie doit jouer serré. Le marier, le convaincre d'épouser sa cousine Hélène. *Tu Felix Nube, Austria.* Marie-toi heureuse, Autriche. Les espions de Sophie surveillent plus que jamais les démarches de son fils. Il entreprend quelques voyages afin de choisir lui-même une épouse. Elle tremble de le savoir en Prusse. À Berlin, Franzi s'était épris de la princesse Anna, nièce du roi Frédéric-Guillaume et de la reine Élisabeth, marraine de Sissi. Unir un Habsbourg avec une cousine née Hohenzollern, n'est-ce pas risquer le rapport de forces qu'attend perfidement Bismarck, au détriment de l'Autriche ? Sophie s'en mêle. Cette Anna, dit-elle, est trop âgée, elle a vingt-deux ans, quatre ans de plus que l'empereur. Cela ferait jaser. Elle était engagée auprès du prince de Hesse-Cassel. On ne va tout de même pas risquer de froisser ce prince et ses alliés. Sophie a cru jouer seule contre ce mariage. Le puissant rival, Bismarck s'en est aussi mêlé et n'avait pas raisonné comme l'avait supputé l'archiduchesse. Il brise dans l'œuf ce projet d'union avec la Prusse. Affaiblir l'Autriche commence par la repousser des affaires de Berlin, l'isoler de la puissance militaire prussienne. Bismarck aussi rêve d'une Grande Allemagne dont le centre serait prussien. La princesse Anna est protestante, insinue Bismarck, la Grande Allemagne sera protestante. Pas d'alliance avec ces catholiques et, un jour, un Très Grand Jour, une magistrale offensive prussienne. Sophie s'irrite, ses ennemis ont du poids. Quand elle tourne son regard vers la France, une moue de dédain pâlit sa bouche amincie. Elle méprise le mariage du prince Napoléon III avec cette Espagnole de médiocre naissance, Eugénie de Montijo. Un mariage d'amour est une abjection en politique. La Bavière... Hélène est la princesse idéale pour soutenir l'Autriche et conforter Sophie dans ses pouvoirs obscurs et inflexibles. Une bru idéale, soumise et muette, un *ventre* utile à la procréation, pendant qu'elle, Sophie, demeurera pour toujours la véritable impératrice d'Autriche.

Sissi a grandi. Elle a quatorze ans, sa mère s'affole : quoi, déjà un mètre soixante-huit en pleine croissance ? Elle est trop grande, trop maigre. Charles-Louis semble l'aimer toujours en dépit de l'insouciance d'Élisabeth. Ses lettres, tenaces, font foi d'un élan sincère. Quelques portraits de Sissi à cet âge montrent l'ébauche de toutes les grâces possibles, la bouche délicate, les traits fins, une gracieuse image entre l'enfant et l'éclosion d'une beauté singulière. Tout peut se figer dans une fadeur d'enfant poussée trop vite. On ne sait rien encore, Ludowika s'agite. À quatorze ans, elle n'est toujours pas formée et monte à cheval mieux qu'un homme. Un garçon manqué loin de la beauté classique, féminine, et modeste d'Hélène. Ludowika s'occupe plus que jamais d'Hélène, les courriers de Sophie se précisent. Une rencontre officielle est prévue à Ischl l'année suivante pour l'anniversaire de Franzi. Il aura vingt-trois ans, Hélène, dix-huit... Sissi allait traverser un premier grand chagrin.

Tout était printemps, ravissement, santé parfaite. Son amie Irène s'inquiétait pourtant de la pneumonie de David, son jeune frère dont Sissi raffole sans démêler ses sentiments. David a son âge, il tousse jour et nuit. La fièvre ne le lâche plus et l'incroyable éclate dans le ciel trop serein où la mort n'est qu'un trouble noir, impossible. David meurt de sa pneumonie. Sissi éclate en larmes amères derrière ce convoi incompréhensible où sous les fleurs est couché un très jeune homme qui lui souriait avec tendresse. Une angoisse sans nom l'avait saisie à l'image de ce jeune corps rigide. L'odeur des cierges, l'odeur des fleurs. L'encens funeste de la cire et des roses. Le corps disparu sous la terre, la terre dévorant les morts, la peine dévorant les vivants. Sissi se boucle dans sa chambre et se réfugie dans la poésie, essentiel exutoire, sa vie entière, de ses peines.

Tu es mort si jeune,
Tu es entré si pur dans l'éternel repos !
Oh, que ne suis-je morte aussi
Et au ciel, comme toi[1]*.*

S'agit-il d'amour ou d'une émotion traumatisante ? Pour la première fois, Sissi, griffonnant ces vers à l'encre rouge, est confrontée à la réalité de la mort. La mort saisit aussi les enfants de son âge. Elle ne pouvait détacher son regard de l'immobilité effrayante d'une dépouille qui hier encore était ce jeune garçon, qui dévalait les prés avec elle. À force de le regarder, il lui semblait qu'il remuait et que ses paupières remuaient, sa bouche s'ouvrait. Sa bouche que bientôt la terre et ses vers dévoreraient. Elle s'était enfuie, meurtrie de la certitude de l'anéantissement. Sa foi ne l'aidait guère. Une âme, était-ce un tourment de plus ?, tourbillonnait épouvantée et seule dans le noir. Dans son petit carnet de poésie,

---

1. *Élisabeth d'Autriche*, E. C. Corti, 1936, Payot, 1998, p. 26.

elle écrit, frôlant le désir de mourir à son tour. *Pour savoir.* Du tombeau à l'au-delà, comprendre la réponse. Rejoindre, qui sait, celui qui s'en était allé, l'errant au royaume des ombres de la comtesse d'Orlamonde. Elle écrit, s'exalte, sanglote. Elle bascule dans l'étrange érotisation mortifère. Les sentiments, la déchirure, l'imagination blessée atteignent une intensité hallucinée. Chaque décès, désormais, déclenchera chez Élisabeth cette commotion trouble dont rien ne la distrait. Comment dialoguer avec la mort et avec les morts ? Cette question et ses affreux silences la hanteront. David a été son premier mort. Son premier traumatisme suivi, quelques mois plus tard, d'une répétition tragique : le décès d'un jeune écuyer de son père dont elle s'était éprise. Pour distraire Sissi, son père l'emmena voir ses numéros de voltige à Munich. Son cirque était embelli d'un jeune écuyer bouclé d'or : Richard. Il ressemblait un peu à David. Une amourette silencieuse naît entre le jeune homme et la très jeune fille dont le cœur s'émeut, oscillant entre le souvenir, le chagrin et le besoin d'aimer. Richard. Elle croit aimer, elle s'approche de la rambarde du « cirque », elle applaudit les voltiges, le cavalier. Elle se réfugie dans la poésie. Elle embellit son idylle. Ludowika a deviné que sa cadette est amoureuse. Sissi ne peut, en aucun cas, s'amouracher d'un écuyer de son père. On éloigne le jeune homme. Sissi se révolte et ses poèmes prennent un tour tragique. La fin de l'amour, la dérobade de ce qui lui est cher, la nostalgie, le rêve solitaire. Comment annoncer à Sissi que le malheureux Richard, tuberculeux, mourait dans une caserne au fond de la Bavière ? Richard avait dix-sept ans. Les poèmes de Sissi expriment le désespoir.

> *Les dés en sont jetés*
> *Richard, hélas ! n'est plus.*
> *C'est le glas que l'on sonne*
> *O, Seigneur, prends pitié !*
> *La fille aux blondes boucles*
> *Se tient à sa fenêtre.*
> *Il n'est pas jusqu'aux ombres*
> *Que sa douleur n'émeuve*[1].

Elle entend son père :

---

1. *Élisabeth d'Autriche*, Brigitte Hamann, *op. cit.*, 1985, p. 25.

— Nous deux, si nous n'étions pas des princes, nous serions des écuyers de cirque !

Oui, elle aimerait être écuyère de cirque. Elle n'écrit plus mais dessine sous son poème un convoi funèbre qui sort d'une porte cochère et emmène l'Amour au tombeau. Heureusement, il y a ses chevaux. Ils la consolent de tout. À cheval, elle est plus rapide que le vent, l'orage, la mort. De ce galop sans frein, elle revient le corps soudain modifié : elle a perdu son premier sang.

Elle a quinze ans.

Chapitre II

TU FELIX NUBE, AUSTRIA
(MARIE-TOI HEUREUSE, AUTRICHE)

L'été 1853, Ludowika s'inquiète. Sissi a quinze ans et encore grandi. Elle s'enferme longtemps dans sa chambre, écrivant ses poésies mortifères. Le rendez-vous à Bad-Ischl est prévu pour le 15 août. On fêtera l'anniversaire de Franzi le 18. Les deux mères sont certaines de réussir les fiançailles de l'empereur avec Hélène. Ludowika décide d'emmener Sissi afin de la distraire. Elle ne sera pas bien gênante, cette trop longue jeune fille silencieuse que personne n'a songé à inviter. Ischl ou la « Kaiser Villa » est une résidence aimable et simple, dans un frais paysage verdoyant. Sissi aura tout loisir de se promener, s'apaiser aux sources vives, à la forêt sous l'ombre bleutée des montagnes. Elle reverra Charles-Louis, toujours amoureux. Deux mariages dans la maison des Habsbourg ! Ludowika n'osait rêver un tel triomphe. Tous ses soins tournent autour de l'aînée. La vêtir au mieux, prévoir une toilette en soie blanche pour la soirée décisive, une coiffure exquise pour la chevelure noire. On accélère l'instruction d'Hélène, en musique et en danse. Le plus difficile demeure l'équitation. Le cheval terrifie Néné. Pourtant, une future impératrice doit savoir monter à cheval. Néné, serrée dans son élégante « amazone » vert foncé, pâlit de faire un peu de manège. Que n'a-t-elle l'audace de Sissi qui saute en riant les obstacles les plus dangereux !

Hélène n'est plus disponible pour sa cadette. Sissi n'a plus qu'Irène comme confidente. Ses frères, ses sœurs, même son père, sont accaparés par le projet des fiançailles. À Munich, Sissi connaît quelques succès auprès de jeunes aristocrates reçus au palais. Des galanteries, des regards attardés sur sa fine silhouette, son sourire et ses longues boucles. Elle se replie, méfiante. Si, à leur tour, ses nouveaux admirateurs allaient mourir ? Porterait-elle malheur ? Elle veut oublier ces convois trop fleuris où gisait, par deux fois, un jeune homme trop beau, un fantôme d'amour. Ses chevaux, seuls, secouent la mortelle exultation des deuils. Ils lui font dépasser le vent lui-même. Au grand galop, s'évaporent les larmes. Son petit carnet de poèmes s'embellit de strophes rêveuses, de dessins où se croisent une branche de fleurs, un rayon de lune.

La préparation des bagages l'indiffère. Une voiture est prévue pour les malles et une femme de chambre. Elles voyageront, toutes les trois, dans une berline à part. Sophie a écrit à Ludowika que leur sœur de Prusse est arrivée. François-Joseph, au courant du projet, semble charmé. Il a conservé un excellent souvenir d'Hélène. Elle est jolie, cette cousine de Bavière, un peu fade peut-être ? Mais eût-il voulu une fringante comtesse hygiénique pour partager sa vie et lui donner des héritiers ? Des fiançailles... Quel dérivatif à ses noirs soucis politiques ! 1853, la guerre de Crimée. La Turquie perd les terres danubiennes convoitées par la Russie. Les troupes du Tsar occupent la Roumanie. Nicolas Ier trouve naturel d'envahir les territoires proches des siens. N'a-t-il pas soutenu l'Autriche lors du soulèvement hongrois ? N'est-ce pas une juste compensation ? Il propose à Vienne, en échange, les provinces turques de Bosnie et d'Herzégovine, ce qui déplaisait à l'archiduchesse et aux ministres. C'est se soumettre à cette Russie vorace qui se vante d'être indispensable au soutien autrichien. L'orgueil de Sophie est révulsé. L'Autriche est le noyau central d'un immense empire. Le maréchal Radetzky se montre le seul à trouver un intérêt à conserver l'alliance russe. Vienne veut rompre cette dépendance à la longue dangereuse. Vienne convoite l'amitié de l'Angleterre et de la France contre la Russie.

Cet été 1853, François-Joseph a le tort d'hésiter. Il se plaint à sa mère, ravie d'être la première confidente, de cette « crise orientale trop compliquée ». Il redoute les risques de guerre du côté de ces vastes territoires, trop lointains. L'expérience de trancher vite et sans scrupule lui manque. Cette hésitation s'avère funeste, mais il est jeune. Soixante-six années de règne l'endurciront. Régner, c'est savoir offenser sans hésiter l'allié de la veille. À la manière de sa mère. Des fiançailles, pourquoi pas ? Il frôle une envie de bonheur. Il est, à près de vingt-trois ans, fatigué de l'écrasant et quotidien souci de régner et a besoin de vacances. Un beau moment d'été, glorieux, d'une douceur unique. Il a envie de se transformer – un moment bien court, il le sait – en un jeune homme épris. Le temps du séjour à Bad-Ischl. Il presse le trajet, voyageant avec son fidèle comte Grünne. Il l'entretient des questions orientales et russes mais, fait rare, avec distraction.

De quelle couleur sont les yeux d'Hélène ? Sont-ils noirs, topaze brûlée ? Un bleu de source sous les épais cheveux noirs ? Il y a de très jolies brunes. Il plisse un front sévère que le comte pense lié aux affaires de l'état. Il tente de reconstituer les traits d'Hélène, le flou agréable d'une image délicate. Fouette cocher ! Dix-neuf heures de course sans autres arrêts que les relais, une traversée de lac, le mènent à Bad-Ischl, au lieu des trente heures nécessaires. Un tel empressement ressemble à un élan amoureux.

Il aime la fraîcheur de ce pays, au cœur de Salzkammergut. Une petite cité entourée de sources vives et salées, d'où le nom de la contrée et de sa capitale, Salzbourg, dont la racine signifie « le sel ». Les cures thermales y sont prisées depuis 1820. Le médecin Wirer, bien en cour, avait alors convaincu ses patientes que ces eaux stimulaient la fécondité et soulageaient bien des maux. Les familles huppées prirent l'habitude d'y prendre les eaux alimentées par les précieuses rivières, Ischl et Traun. Les « princes du sel » se retrouvaient, l'été, dans la cité thermale. La « Kaiser Villa », résidence de vacances de la famille impériale, est pour quelque chose dans ces rassemblements de curistes bien nés. On boit, le matin, quelques verres qui font grimacer, on loge dans des hôtels ravissants. On a les yeux tournés vers la résidence impériale. François-Joseph y fêtera régulièrement son anniversaire, le 18 août. On sait que tout un étage du meilleur hôtel a été réservé par l'archiduchesse pour sa sœur *en* Bavière et ses deux filles.

François-Joseph adore Bad-Ischl. Un parfum de vacances. Tout lui convient. La fraîcheur des eaux sous la verdure, la simplicité de la villa, sur la rive gauche de l'Ischl. Elle ressemble, avec sa quinzaine de pièces, davantage à un pavillon de chasse, qu'à un palais. À l'unique étage, une avancée de colonnes baroques, à l'antique. Tout, ici, honore le gibier sous forme de trophées sur les murs. La chasse est le grand dérivatif du jeune empereur. À treize ans, en compagnie de son père, il avait tiré son premier cerf. À Bad-Ischl, il revêt la simple tenue des chasseurs. Chasser cela veut dire aussi se promener longuement, se repaître des sentiers, des sous-bois, des frais ruisseaux gorgés d'écrevisses. À la villa, il se repose de Vienne. Au rez-de-chaussée, une vaste salle à manger. L'escalier central est éclairé d'une verrière. Du bois, un peu de marbre, un aigle empaillé... Au premier étage, un salon gris, vaste et simple, une salle à manger conventionnelle. Une table ovale, seize chaises marquetées. Contre le salon gris, une petite chapelle, où tout est bleu. Une galerie modeste, un salon rouge. Ces pièces ouvrent sur la terrasse, le ciel, les arbres au flanc d'une courte montagne, le Jainzen. Les chambres et leurs cabinets particuliers sont de proportion humaine. Un mobilier de soie rouge, des parquets à losanges. Des cabinets, style chinois, des petits salons peints en vert, des miroirs ovales.

Cet été-là, le rendez-vous n'est pas celui des chasseurs : il s'agit de fiançailles. La chaleur est accablante. Il est quinze heures, la berline de la duchesse roule lourdement. Ludowika et ses filles ne sont pas belles, ce jour-là. Elles ont la migraine et sont vêtues de noir, suite au deuil récent d'une vieille parente. La berline les secoue, on manque d'air frais, le mal de tête torture Hélène, saisie de crainte à mesure que l'on roule. Sa mère lui tend un flacon de sel. Un teint jauni, les lèvres pâlies sur une nausée retenue. La belle Néné est au bord de la laideur. Sissi s'ennuie dans cette robe noire, cette voiture échauffée. Sa mère et sa sœur, souffrantes, sont silencieuses. Elle se distrait à la portière du jeu des chevaux dans les montées et les descentes. De solides chevaux qui ont soif et dont on a caché les beaux yeux vite affolés par des œillères. Ils ont peur de leur ombre, ils n'ont pas peur d'Élizabeth. Jamais. On s'arrête enfin pour les abreuver à Roscheim. Elle a sauté au bas de la voiture et leur donne elle-même à boire. Qu'ils avaient soif ! Elle aimerait aussi plonger son visage dans ces seaux en bois cerclés de fer qu'elle a en partie renversés sur sa robe. Elle aime l'eau. L'eau a un goût. Un goût de menthe sauvage, du fer, du sel, du miel. Le goût de l'eau, le goût des larmes. L'eau apaise le mal de tête. Il fait trop chaud pour endurer les réprimandes de sa mère sur sa robe mouillée. Elle séchera au soleil, quel bien de sentir la fraîcheur traverser les bas sur ses mollets. Pourquoi porter des bas avec une telle chaleur ! Elle a ôté ses gants pour donner à boire aux chevaux. Elle ne les remettra pas. Maman est, heureusement, absorbée par Hélène. Pauvre Néné, que ce noir lui va mal ! Que pensera d'elle son prestigieux fiancé ? Néné a l'air sinistre, sans aucun signe de joie. Ludowika sent la migraine augmenter. Elle interroge le cocher. La seconde berline, celle des malles, des précieuses robes, est encore loin. Son mal de tête, celui d'Hélène, prolongent cet arrêt. Deux heures de retard sur le programme établi militairement par l'archiduchesse ! Tante Sophie sera furieuse, se dit Sissi. Ce voyage semble aller de travers. On arrive enfin à Bad-Ischl, tard, mal vêtues, mal coiffées, empoussiérées, sans bagages et en migraine. À l'hôtel destiné à les recevoir, il y a tante Sophie et son insipide époux.

— Enfin ! s'écrie l'archiduchesse.

Personne ne s'occupe de l'archiduc qui a pris l'habitude depuis des années de faire ses discours à ses chevaux. Il feint la surdité et laisse pérorer l'archiduchesse. Il la regarde de côté. Elle lui fait peur avec ce cou tendu, cette voix pointue, ce geste fait pour donner des ordres, accuser et ne jamais caresser. Les fiançailles de leur fils... Bien sûr, on ne l'a pas consulté.

— François-Joseph nous attend.

L'archiduc n'écoute plus, ces femmes ont l'air agitées et la pauvre Néné, accablée. La petite Élisabeth est bien gentille.

— Notre seconde voiture est en retard, nous n'avons ni robe ni personne pour coiffer Hélène ! gémit Ludowika.

La chambre est fraîche, attenant à un salon. Sissi rêve d'ôter cette vilaine robe, sauter par la fenêtre et courir vers la rivière. L'archiduchesse tend un bras rigide. Pas de voiture ? Pas de toilettes ? Que l'on aille quérir immédiatement une femme de chambre. Elle regarde Hélène. La pauvre enfant est terne. Qu'au moins on rafraîchisse son visage et sa coiffure ! Élisabeth de Prusse est impatiente de la voir, l'empereur davantage. Une fiancée en noir, en migraine, en retard... La femme de chambre de Sophie s'applique à recoiffer au mieux Hélène. Sophie contrôle le déroulement, agacée, inquiète. Décidément, Ludowika est totalement empaysannée. Ne pas prévoir la malle des robes à l'avance ! En une telle occasion, la toilette est d'une importance diplomatique.

Tout le monde a oublié Sissi. Elle se recoiffe seule. À son habitude, elle défait ses nattes, peigne, tresse, enroule et épingle le tout en triple bandeaux, sur la nuque. Ses gestes volent, gracieux, ailés. Elle a les joues roses, elle ira peut-être à la pêche avec

Charles-Louis. Tante Sophie ne la gêne pas, attentive à la coiffure d'Hélène. À l'aide des brosses et du fer à friser, la femme de chambre fait au mieux. Elle roule les boucles, ouvre une brèche entre les bandeaux noirs. « Cette coiffure est trop plate », s'irrite Sophie. Sissi chantonne à bouche close, achevant sa coiffure. L'archiduchesse, pour la première fois de sa vie, devient attentive à la petite. Elle a bien changé, depuis Innsbruck. Sophie considère cette taille élevée, si fine, la fraîcheur de son visage. Elle regardait, hypnotisée, les mouvements charmants destinés à épingler une chevelure en mousse dorée. « Elle est ravissante », s'étonne-t-elle. Hélène lui paraît terne, sans grâce, en comparaison avec sa cadette. Sophie croit rêver, voyons, où est passée Hélène, belle, austère, son choix, l'enjeu d'un projet immense ? Elle en veut à Hélène de la décevoir, d'être en dessous de la cadette, cette petite qui se coiffe comme on danse. Le noir ne va pas à Hélène. Cette robe pourrait bien être responsable d'un échec. Elle en veut aussi à sa sœur, cette imprévoyante, digne de son méprisable duc *en* Bavière. Ludowika a le don de faire rater les choses, s'agiter pour rien. Avec Sophie, jamais de retard, dans aucun programme, aucune toilette. Elle tente de se rassurer. Les malles finiront bien par arriver et Hélène redeviendra ce qu'elle en attend. Une impériale et parfaite beauté, dans la soie et la dentelle. Pourquoi, se demande Sophie, Sissi est-elle, même mal habillée, si jolie ? Elle parle avec humeur.

— Cessons de faire attendre l'empereur, ses frères, notre sœur de Prusse.

Sophie aime moins cette grande fille en noir, Hélène en Bavière, à la triste mine. On se retrouve dans le salon gris. Les fenêtres sont ouvertes. Sissi n'est plus à l'aise du tout. Trop de monde, austère et cérémonieux. Le parfum du chocolat, du thé de Chine, des pâtisseries viennoises flotte dans l'air. La porcelaine et les couverts étincellent. Et soudain, arrive une foudre, un jeune dieu inconnu, une suave déchirure. Un soleil inconnu enflamme les cristaux, marque une frontière d'ombres du côté des personnages et leur brouhaha de messe. Le temps se fige et les isole, lui et elle, Élisabeth *en* Bavière et l'empereur d'Autriche. Tout est banal. Tout devint transfiguré, cristallisé. À la manière dont Stendhal a analysé le coup de foudre. Une suavité si aiguë qu'elle modifie une existence. Rien n'explique, heureusement, le coup de foudre. Il secoue au fond de l'être l'imprévisible source qui gîtait, inconnue. C'est soudain la rutilance, l'objet d'amour identifié, magnifié d'éclats, d'aimantation. Le plafond peut s'effondrer, l'archiduchesse et les notables disparaître : il ne voit qu'elle. Poli, il salue Hélène après sa tante. Cette jeune fille qu'on lui destine disparaît comme si elle n'avait jamais existé. On se demande pourquoi l'empereur sourit ainsi, soudain radieux, dans le ravissement. Il est dans le ravissement en saisissant la main d'Élisabeth. Il a tout engrangé dans son cœur, dans sa chair. Elle est déjà dans son cœur, dans sa chair. Les ors de la chevelure, les longs yeux intrépides et sans arrogance, le sourire en fruit d'été, la taille mince, le cou si pur. La cristallisation va plus loin que ce visage, ces épaules délicieuses, cette main qu'il n'arrive plus à abandonner. Il savoure le choc, le traumatisme exquis de l'attirance invincible vers un être totalement différent de lui. Une fille fleur, libre, complément idéal de ce qu'il est. Un mâle régnant, militaire, rigide, sanglé jusqu'au cou, paré d'un sabre et de convenances. Il est tombé en quelques secondes au jardin de l'Eden. Il est tombé dans un Amour dont rien ne pourra le libérer. Une vie entière liée à ce moment d'adoration unique. Il a oublié le jeune homme qu'il était un quart d'heure avant, prêt à lier son sort à une cousine trop parfaite. Il était disposé à en obtenir quelques satisfactions nocturnes, une descendance honorable et une grande paix sociale. La femme de sa vie, la fille de sa vie, de sa chair, de son sang est cette enfant de quinze ans, dont il se souvenait à peine du prénom : Élisabeth. Sissi.

Hélène régresse dans l'ombre, l'oubli.

Sissi. L'aimer toute entière, mordre cette bouche en petit pot de fraises, défaire ces nattes, s'y lover, nu dans cette parure sauvage. L'enlever en quelque antre secrète, ôter cette robe noire, libérer ce corps gracieux d'une étreinte doublement consentie. Il a tout deviné sous les plis austères et noirs. La taille en gerbe fine, ployer cette taille, mêler aux siennes ces jambes minces, la courbe des reins charmants. Elle a raté sa révérence. Il se repaît de soutenir cette main, adore cette épaule, ce cou, cette fossette. Il s'isole, et la petite avec lui, dans un silence extasié qu'on finit par remarquer. Hélène est la première à comprendre. Le protocole exige qu'elle demeure en ce salut ployé mais sa poitrine se serre, le chagrin, la honte. Charles-Louis, toujours épris de Sissi, a également compris qu'un malheur se préparait. En une seconde, sans le vouloir, sans le savoir, Élisabeth *en* Bavière a mutilé deux existences et bouleversé le destin. À partir du salon gris, cet après-midi d'août 1853, sa vie ne lui appartient plus. On ignore si elle a aimé François-Joseph avec la violence qui s'est emparée du jeune empereur. Son premier souci est de regarder sa sœur. Néné, selon ce qui a été convenu, est placée à table auprès de Franzi. Il la regarde à peine. Néné est pâle, elle respire vite, son calvaire est commencé. L'archiduchesse fixe ses nièces, son fils, d'un œil d'aigle. Elle a fait placer Sissi en bout de table, entre Charles-Louis et sa gouvernante. Charles-Louis a la mine aussi terreuse que Néné. Il se renfrogne dans un silence jaloux. Sissi ne sait que dire. Hélène au sourire pétrifié surveille l'assurance de ses gestes. Sissi balbutie à sa gouvernante qu'Hélène a de la chance de savoir se tenir dans le monde. Elle n'a pas l'habitude, elle ne peut rien boire, ni avaler. Elle eût pourtant aimé les pâtisseries et le chocolat. Sa tante la fixe sévèrement. Sa mère est trop volubile. François-Joseph la met au supplice en ne la quittant plus des yeux. Ce trouble qui la gagne, au profond de son cœur trop agité, de son ventre, ces larmes prêtes à jaillir, est-ce l'amour, le désir dont elle ne sait rien ? Ses soupirants défunts, qui l'ont fait pleurer, lui ont inspiré tant de poèmes d'amour et de mort, ne sont plus que des ombres. Adieu, belles Ombres, face à ce jeune homme impérial aux cheveux fauves, à l'œil de cristal bleu, à la bouche en forme d'un baiser. Il est l'épervier ravisseur de la tourterelle, là-bas, qui n'échappera pas à ses serres voluptueuses. Tout s'est passé sans un mot. Elle le veut aussi, cet amour-là, ce feu qui n'a aucune pitié de ceux qui s'y étaient aventurés. Sa gouvernante la presse de goûter aux entremets, aux choux à la crème.

— Je n'arrive absolument pas à manger, dit-elle.

Le pur hasard a mené sur sa route d'enfant qui se croyait libre, y compris de souffrir à travers la poésie, une foudre si suave, si sombre qu'elle ne ressemblait ni à la joie ni au bonheur.

Tout va se jouer, les deux journées suivantes. L'archiduchesse n'a pas aimé, ce 17 août, la visite matinale de son cadet, Charles-Louis, pâle d'insomnie et de jalousie.

— Ma mère, Sissi plaît à Franzi bien plus que Néné... Vous verrez, c'est elle qu'il choisira.

— Tu te trompes, tu divagues. C'est une enfant.

François-Joseph n'est pas homme à attendre. Elle a cru décider de son cœur, elle aurait sans doute réussi si on n'avait pas invité

Sissi. Une vague amère envahit l'archiduchesse. Son fils tiendra bon. Elle se console sur sa demi-réussite. Elle souhaitait pour le trône d'Autriche une princesse de Bavière. Hélène, Élisabeth, qu'importe que ce soit l'aînée ou la cadette ! La personnalité ne compte pas. Elle saura réduire cette enfant, continuer à gouverner. La seconde visite, aussi matinale est celle de Franzi. Il n'avait guère dormi. Son air rayonnant assombrit sa mère.

— Je trouve Sissi ravissante.

Sophie, plus tard écrira à sa sœur de Saxe qu'elle « le pria de ne rien précipiter ». Leur dialogue s'accélérait, prenait le ton d'un rapport de forces.

— Apprends à mieux connaître Hélène. Ne la trouves-tu pas intelligente, de belle silhouette ?

— Elle a tout cela, ma mère, mais Sissi ! Ce mélange d'exubérance de petite fille mêlée à une telle douceur !

— Personne ne te demande de te fiancer tout de suite. Prends ton temps.

— Sissi est un ravissement. Je n'entends pas laisser traîner les choses.

Il quitte sa mère, en quête de Sissi, en dépit de l'heure matinale. Sophie a compris qu'il serait inébranlable. Elle ne sait rien de l'amour. Elle pressent, que jailli dans cette âme droite, militaire, bureaucrate, l'amour est un incendie que seule Sissi peut éteindre. Elle est impuissante devant cette enfant bien davantage que face aux armées rebelles. Elle avait bâti les enjeux futurs, ceux de son propre pouvoir sur la soumission d'une aimable et fade Hélène. Mais Sissi ? Elle la considère avec une attention nouvelle. Elle écrit à sa sœur de Saxe, pour une fois désorientée. Ludowika, qui ignore tout, l'irrite. Elle écrit, concentrée sur le visage adorable de la petite. La sincérité l'emporte sur son dépit, la tentation de justifier cette émotion. Elle s'étonne d'écrire des phrases de midinette. Une histoire de midinette. Un empereur amoureux comme un jeune sous-lieutenant.

L'empereur était transporté. « Vraiment comme cette Sissi est charmante ! disait-il. Elle est fraîche comme une amande à peine ouverte. Et cette magnifique couronne de cheveux autour de son visage ! La beauté et la douceur de son regard ! Et ses lèvres comme les plus belles fraises [1] ! »

---

1. *Élisabeth d'Autriche*, B. Hamann, *op. cit.*, pp. 28-29.

Franzi est si épris qu'il ne songe plus à chasser. Sa sœur de
Prusse glisse à Sophie, au déjeuner, que « son fils a l'air tout feu
tout flamme dès qu'il s'approche de Sissi ». C'est alors qu'elle
apparaît, en simple robe rose (les malles sont enfin arrivées), naturelle et délicieuse. La même scène se répète. Franzi ne regarde pas
Hélène, toujours à ses côtés, plus pâle que la veille. Sissi ne mange
rien, ce regard de feu, ce désir, cet amour visible, palpable, sont à
la limite du supportable. Elle rougit, elle sent s'échapper sa liberté
profonde. Comment quitter la table, la villa, dévaler les prés et
s'apaiser aux frais ruisseaux ? Quitter la table, la villa, avec lui, lui
seul... Ah, si seulement il n'était pas empereur !

Les heures ont passé à une vitesse étrange. Elle pressent un
grand choc, comme si la montagne bleue allait se fracasser à ses
pieds. Un foudroiement, un bonheur (un malheur) imminent.
L'estomac, le ventre, le cœur serrés. Tout se mêle dans cette
anxiété si nouvelle. Elle redoute la soirée de ce 17 août, le bal de
l'anniversaire. Hélène sourit, mais son regard est vide. Sa mère
sourit, inquiète, proche d'Hélène qu'elle tente de rassurer. Sophie
évite sa sœur. Hélène doit paraître à ce bal. Il sera bien temps,
hélas ! d'entendre l'empereur clamer son choix au moment du
cotillon ! Ludowika tente de persuader Hélène que rien n'a
changé. Elle sera la plus belle, parée des atours prévus avec tant
de soins. On ne dérange pas aisément les volontés de tante Sophie.
Franzi est timide, voilà pourquoi il lui a peu parlé. Sissi est si
spontanée, cela n'est pas étonnant qu'il rit à la regarder ! Hélène
sera déclarée la fiancée de l'empereur, qu'elle reprenne confiance,
voyons ! L'entrain de la duchesse, au teint trop échauffé, redonne
du courage à l'austère jeune fille. La magnifique toilette aussi. De
la soie blanche, du tulle brodé d'or, de la dentelle, les épaules et
la gorge dénudées. La jeune fille a la majesté d'un cygne, le front
orné d'une branche de lierre sur ses boucles noires. On n'avait
rien prévu pour Sissi. Elle est cependant bien jolie dans sa robe
en tulle et soie pêche, une flèche de diamants retenant ses boucles
longues... La soirée, pour des raisons opposées, est odieuse aux
deux sœurs. Hélène est accueillie poliment et froidement par
Franzi, en uniforme blanc et or. Il n'a de regards que pour Sissi.
L'angoisse la reprend, la même angoisse qui saisira l'impératrice
Élisabeth d'Autriche quand elle deviendra le point de mire général. Un étouffement, la gorge serrée. Une agonie invisible. La
Dame blanche et la comtesse d'Orlamonde liguées pour la faire

périr étouffée, sous le regard malveillant de sa tante. Sissi a horreur de la curiosité qu'elle suscite. Que faire pour que se desserre cette cage invisible qui l'enferme et l'asphyxie ? Sa tante la surveille sans relâche. L'orchestre donne le signal de la danse. Franzi la contemple sans répit, il ne l'aime déjà plus : il l'adore. Sophie commence alors l'éducation de celle qui deviendra, elle en est certaine, la future impératrice d'Autriche. La seconde danse est une polka. Voyons si cette enfant est capable de se mouvoir en public sans s'étaler ou se dandiner. La danse a une fonction sociale. L'archiduchesse a fait un signe à l'aide de camp, cavalier émérite. Qu'il fasse danser la princesse Élisabeth *en* Bavière. Sissi, qui n'a pris que quelques cours, en proie à la claustrophobie et à la chaîne invisible du regard sans relâche de Franzi, tente une pauvre ruse pour ne pas danser. Elle balbutie à l'aide de camp qu'elle ne saura jamais s'en sortir « sans maître à danser ». L'officier, le baron Weckbecker, se sait en service commandé. Poli, aimable, il offre son bras, non sans crainte. Il a compris qu'il fait danser la future impératrice. Il a peur de rater la mesure. Elle danse d'instinct, avec grâce, et si elle rate une mesure, la mesure se plie à son pas charmant chaussé de mules emperlées. Sophie est tout observation, glacée dans le velours et les perles. Son fils, d'habitude si courtois, n'a pas invité Hélène. Il regarde, immobile, ravi, l'enfant qui tourne, au bras de l'officier trop raide. Il est au spectacle le plus suave de sa vie. Il est dans l'amour et Sissi peu à peu tombe à son tour dans cet amour dont l'attrait ressemble à la peur. Charles-Louis est aussi pâle qu'Hélène, droite telle une fleur sur une tombe, sous son lierre trop sombre, dans sa robe trop blanche. Ludowika, épaissie dans la crinoline à volants, en taffetas vert, le cou cerné d'or, s'accroche au fol espoir du cotillon. La dernière danse collective où l'empereur offrira son bras à la fiancée que tout le monde pressent, que tout le monde attend. Le cotillon fut le coup de grâce pour Hélène en Bavière. Souriant, aérien, de sa démarche féline, François-Joseph s'incline devant Sissi. Elle est dans un songe, où leurs gestes sont une chorégraphie qui en présage de plus secrètes et voluptueuses. Les mains, les bras, les profils se croisent, s'effleurent. Un halo brûlant isole l'empereur et Élisabeth dans une crique de lumière. Un espace fragile où ils sont seuls, délicats, dans un prisme de cristal, et la musique de M. Strauss.

La danse est finie et un étrange silence plane tandis que l'on amène à l'empereur un bouquet de roses rouges. Selon la tradition, il l'offrira à sa future fiancée. Hélène se tient plus droite qu'une condamnée quand son cousin offre le bouquet à sa sœur. Il offre les fleurs, il offre sa vie, son cœur, sa couronne, tout ce qu'elle voudra. Elle lève les yeux sur lui, les roses pèsent un poids de plomb entre ses bras minces. Personne n'ose regarder Hélène qui sourit, si pâle, si droite, les yeux trop ouverts. Sophie n'a plus qu'à s'incliner, Ludowika presse un mouchoir contre sa bouche. Comment comprimer son cœur trop agité depuis trois jours ? Hélène la remplit de pitié, Sissi l'effraye vaguement, sa sœur, comme toujours, réveille sa culpabilité. On se détourne pudiquement de Charles-Louis, le petit archiduc blessé. L'inquiétude s'empare à nouveau de Sissi. Quand on lui demandera si elle s'était sentie comblée par le geste de l'empereur, elle répondra longtemps « qu'elle s'était sentie gênée ». Une gêne terrible ; le début de toutes ces affres à venir. L'amour était bien le poids de cette montagne éboulée sur le volant de sa petite robe rose... Une petite robe en tulle de soie, à volants délicats, qui lui allait si bien. Non, elle n'a rien fait pour dérober à Néné son fiancé promis. Elle s'était coiffée elle-même selon son habitude. Sophie écrira longuement ces détails à sa sœur de Saxe. Elle avait assisté à toutes les toilettes, il fallait parer Hélène, coiffer Hélène, miser sur Hélène, même si elle savait où se tournait désormais le destin. Cette enfant de quinze ans avait planté un grand peigne dans sa chevelure de manière à dégager son visage.

— Elle semblait un bouton de rose qui s'épanouit aux rayons du soleil.

Sophie s'étonnait de son lyrisme. L'enfant éveillait en elle un appétit de louve régnante. Elle se délectait de sa future proie. « Un bouton de rose. » Elle ne la déteste pas foncièrement, elle s'irrite d'avoir été contrariée. Elle oublie Hélène, elle n'aime pas les vaincus. Bien sûr, elle a observé les handicaps d'Élisabeth. Sa crainte visible de la foule. Hélène eût été mieux assurée en public. Il est ridicule qu'une future impératrice ait la gaucherie d'une rustaude en société. Son fils a l'enfantillage de s'offrir une romance ? Elle continuera à demeurer la véritable impératrice. Elle ne dormira pas cette nuit-là, ni aucun de ces personnages. Chacun est au vif d'une émotion violente. Hélène donnerait tout pour rentrer en Bavière. Bad-Ischl sera son plus cuisant souvenir. Un ratage, un rejet. Elle a remarqué à quelle vitesse se détournent les regards de celle que l'on pensait l'élue ! Ludowika oscille entre l'exaltation et le chagrin humilié de son aînée. Sissi serait prête à s'enfuir à Possi. Que tout cela ne soit qu'un songe, que sa sœur reprenne sa gravité heureuse et perde cette pâleur terne qui ne l'a plus quittée depuis trois jours. Seul l'empereur est heureux. Follement. Il ne se pose même pas la question d'un refus d'Élisabeth. Sa demande sera une pure formalité. Elle est à lui. Pour toujours. Bad-Ischl est devenue la première et exquise geôle d'Élisabeth *en* Bavière.

Le 18 août, une chaleur tremblée sur les lacs et la montagne. Le grondement caverneux d'un lointain orage d'été. Franzi a vingt-trois ans. On avait dit, autrefois, que l'archiduchesse avait guéri sa stérilité grâce aux eaux salées d'ici. Le bal, éclatant au cœur de l'empereur, les roses rouges ont fait le tour de la ville et, en peu d'heures, le pays tout entier a entendu parler de Sissi, la petite princesse née *en* Bavière. La nouvelle franchira les frontières. François-Joseph se précipite dès le matin vers celle qu'il appelle sa fiancée. Il a rédigé en bonne et due forme sa demande à sa mère et à la jeune fille. Le déjeuner se passe mieux que ne l'eût pensé Sissi. L'amour débordant du jeune homme est contagieux. Hélène semble apaisée, peut-être soulagée d'échapper à un avenir si lourd. Sissi est vêtue de soie et de tulle clairs. Un déjeuner de truites, de pâtisseries fines, un vin de Tokay, le café blanchi de crème. Sissi mange et boit, les côtes desserrées, étonnée d'aimer se sentir si proche du jeune homme. Elle l'aime, mais oui, elle l'aime. Tout est naturel, tout est convivialité, amour. Même tante Sophie lui a accordé un baiser sur le front et un sourire. L'après-midi, l'excursion en calèche découverte à Wolfgang, lui offre un paysage baroque, d'eaux vives, de montagnes boisées. On marche un peu à pied, Sissi eût volontiers bondi sur les chemins. Sophie est assise entre ses deux nièces. Elle échange quelques propos conventionnels avec Hélène. La jeune fille répond, simple et soumise, bien élevée. Sophie observe son fils, en face de Sissi. Il lui prend les mains, la dévore des yeux, lui murmure des mots d'amour. Sophie retient un soupir. Hélène eût été la belle-fille idéale. Il n'y faut plus songer. Les lettres de l'empereur ont été rédigées et, en fin d'après-midi, il presse sa mère d'annoncer à Sissi sa demande ; la lettre suivra. Même fou d'amour, François-Joseph respecte le protocole.

— Demandez-lui, ma mère, si elle veut bien de moi.

Sophie retient un haussement d'épaules agacé. Il ne manquerait plus que cette petite oie ne veuille pas de lui, lui convoité par les princesses du monde entier !

— Ma mère, ma tâche est si lourde, ce n'est pas forcément un bonheur de partager mon sort.

Sophie est au bord de la colère. Hélène était prête, elle, à aimer ce sort. Sa réponse est teintée d'ironie.

— Mon cher enfant, Sissi ne sera que trop heureuse d'alléger cette charge par son charme et sa gaieté.

Sophie redresse sa taille et son dos qui jamais ne s'appuie contre un dossier. Soit, que les dés soient jetés ! Elle se rend chez sa sœur et lui expose la demande de son fils. Ludowika, en réponse aux lettres officielles, est-elle prête à accorder la main d'Élisabeth à François-Joseph ? L'émotion est si vive que Ludowika a les larmes aux yeux. Quand les malles des robes n'étaient pas arrivées, elle avait douté de la réussite de son projet. Que son prestigieux neveu tombât amoureux de Sissi, embarquée au dernier moment comme une potiche, passe l'invraisemblable. Par pure forme, les deux mères se rendent, tôt, chez Sissi.

— Sissi, aimes-tu l'empereur ? demande sa mère.

Sophie hausse un sourcil en accent aigu. La petite s'enroue d'émotion.

— Lui, comment ne pas l'aimer ?

Elle éclate en pleurs soudain, pétrie d'ignorance, de bonheur malaisé, de scrupules. Hélène, il y a Hélène, au doux et sévère visage. Hélène, sa confidente, sa petite maman. Elle répète entre deux pleurs :

— Ah si seulement il n'était pas empereur !

Sophie a un haut-le-cœur. Quoi ? Elle aimerait mieux que Franzi fût un cordonnier, un muletier ? La petite a deviné les entraves d'un tel mariage. La séparation avec papa Max, Maman, Hélène, la fratrie, Possi... Une couronne est plus lourde que le boulet au bagnard.

— Comment l'empereur a-t-il songé à moi qui suis si insignifiante ? balbutie-t-elle, toujours en larmes.

Elle tente de gagner du temps. L'espoir fou, même s'il la fait souffrir, qu'il va se ressaisir, choisir Hélène. L'espoir fou de ne pas perdre sa royauté d'enfance. La peur vague de côtoyer chaque jour tante Sophie.

— Mon enfant, nous attendons votre réponse, avise sèchement l'archiduchesse. Envoyez-la-moi par écrit.

Elle disparaît dans un claquement de talon sec. Ludowika presse la petite plus sèchement qu'elle ne l'avait prévu :

— On n'envoie pas promener un empereur d'Autriche !

Ce fut le seul avis qu'elle osa avoir. Déjà, on lui tendait une plume et du papier et l'enfant en pleurs se pencha. Elle écrivit son consentement sous la dictée de sa mère. Elle reniflait et évitait de tacher d'un « pâté » sa signature : Élisabeth. Le bémol argenté d'une pendule marquait la demie de six heures.

Elle eût aimé se jeter dans les bras de François-Joseph, lui dire « je t'aime », et partager avec lui une vie simple, dans une chaumière fleurie, au milieu des bêtes et de la nature. Il n'était pas empereur, elle n'était qu'une jeune fille éprise, ils allaient, obscurs et heureux, par les sentiers de la montagne, à une table en bois bourru, à une couche fleurant bon le lin, la laine et le blé.

La duchesse envoie la réponse à sa sœur. À sept heures tapantes, Sophie la porte elle-même à son fils. À huit heures, il se précipite à l'hôtel. Il se heurte à sa tante qui lui confirme le consentement de Sissi. Il lui secoue les mains, fou de joie. C'est en jeune amoureux qu'il se précipite vers Sissi, en robe du matin, la chevelure aussi longue qu'elle. Il l'embrasse avec fougue, elle reçoit ce premier baiser d'amant : un choc suave et violent. Oui, elle l'aime, oui, c'est bien cela l'amour, ce besoin, cette envie de se blottir longtemps dans ces bras-là. Élise de Prusse avait suivi Sophie et s'était réjouie de ce baiser. Enfin un mariage royal sous le signe de l'amour ! Ludowika avait télégraphié à son époux que « l'empereur demande la main de Sissi et qu'elle a besoin de son consentement ». Le duc hausse les épaules, tout à son plaisir d'aller boire une chope de bière avec ses amis sans particule. Sa femme a fait une erreur. Il s'agit d'Hélène, pas de sa chère Sissi. Il envoie à son tour une dépêche pour éclaircir les choses. Hélène ou Sissi ? La réponse lui parvient en fin de matinée. Il serre les dents sur sa pipe en porcelaine. Sissi impératrice ? Il oscille entre la réjouissance et une révolte innée. Sissi sera très malheureuse dans ce rôle épouvantable à sa nature libre, simple, champêtre. L'enfant chérie, l'enfant de Noël lui ressemble. Quel malheur est-ce là, déguisé en succès éclatant ? Franzi est bon garçon, il aime la petite mais il est empereur. Sa mère, cette pie grièche, ne peut les souffrir, lui et « son train de gueux ». L'amour, il le sait, n'a jamais suffi à personne. L'amour s'usera au protocole en gant de fer, aux tenailles de l'archiduchesse, à la fatigue effrayante de la vie à la Cour. La prison de la Cour ; ses ragots, ses obligations. Max a néanmoins télégraphié son consentement et, celui, obligatoire, de son souverain, le roi Maximilien. Il grimace à la perspective d'enfiler son uniforme dans lequel il étouffe. Il se penche sur sa cithare. La vie est décidément un drôle de cirque. François-Joseph, dans son violent bonheur, ne se posa pas une seule fois la question de la réciprocité des sentiments. Il rayonne, il entraîne l'enfant de Possi dans cet élan unique. Elle l'aime, mais à la manière d'une enfant sur la route d'un prince charmant. Elle est trop jeune pour approfondir le sens de cette émotion. L'amour est ce beau jeune homme vêtu jusqu'au col de drap rouge, blanc, or, noir. Un uniforme, un sourire, des yeux bleus, gênants tel un soleil trop fort, des lèvres douces, seul élan charnel qui l'avait émue non sans violence. Franzi éprouve une passion qui sait jusqu'où vont les choses de l'amour. Il désire l'aboutissement sensuel des jeux de l'amour. À quinze ans, les élans de Sissi ne sont que des émois, non l'offensante réalité à laquelle l'expérience, l'aptitude donnent un goût. Ludowika réalisait les handicaps de la jeunesse de sa fille. Pourvu que son futur époux et surtout sa sœur soient indulgents envers cette spontanéité délicate... Ludowika a beau prétendre, non sans soumission, que Sophie « sera une seconde mère » pour Sissi, une ombre plane. Franzi est fou de fierté, pas une seule fois il n'a demandé tout bas, à l'oreille en coquillage : « M'aimes-tu vraiment ? » Il a dit, il a écrit, il a proclamé : « Je t'aime et te voilà ma fiancée. » Un savoureux diktat mais un diktat quand même. Vingt-six années après ses noces, l'impératrice Élisabeth, révoltée, confiera à sa dernière fille, Marie-Valérie, son avis sur le mariage :

« Le mariage est une institution absurde. On n'est encore qu'une enfant de quinze ans et l'on se voit cédée à autrui, on s'engage par un serment que l'on ne comprend pas, mais que l'on regrettera ensuite pendant trente ans ou davantage, sans pouvoir le délier [1]. »

Charles-Louis, élégant, avait été un des premiers à féliciter sa cousine et lui souhaiter ses vœux de bonheur. Franzi est tout à sa chance éblouie. Rien en Sissi n'est ambition ou intérêt. Son cœur est pur et délicat. Il s'empare de son bras et la mène à la Kaiser

---

1. Lettre à Valérie, le 21 août 1889 (B. Hamann, *op. cit.*, p. 35).

Villa. Elle ferme les yeux au souvenir troublant de leur baiser échangé. Il avait baisé ses lèvres et elle avait eu peur du choc élastique, choquant, de sa langue contre la sienne. Elle ignorait qu'un baiser d'amour est la première intrusion. Elle rougit violemment car les mères, trop de mères, l'entouraient. La bouche de l'homme ne se contentait pas de la chasteté aimante. Était-ce une première trahison ? Quelles seraient les autres découvertes humiliantes ? Ni son cher David, ni le malheureux Richard n'avaient approché leurs lèvres des siennes. Ces jeunes morts si beaux sous les fleurs étaient la poésie, rien que la poésie. L'inutile poésie. Le baiser de ses fiançailles n'était pas la poésie mais une force fouaillant une bouche close, non exempt de dents et de salive.

À onze heures, eut lieu la bénédiction dans la petite église de la ville. Sissi éprouve un second choc quand, sur le parvis, sa tante Sophie l'a laissée ostensiblement passer en premier. Elle a marqué ainsi la distance que signifiait le rang qui serait le sien. Nulle dame en Autriche et de tout l'empire ne passerait devant la petite impératrice, fût-elle la mère de l'empereur. Tout le monde s'inclinerait devant Élisabeth. L'archiduchesse, seule, conservait le droit de ne pas s'incliner et de baiser son front. C'est la hiérarchie impériale. Sissi, la gorge serrée, pénétra dans l'église aspergée d'eau bénite. Elle traversait une haie de gens, une foule amassée à la porte. Quand l'assistance chanta l'hymne national, elle frissonnait, une goutte invisible et glacée le long du dos. Ses mains gantées fourmillent d'un sang qui semble déserter son cœur. Un étau migraineux serre ses tempes. Les regards sont ces pièges à renard destinés à la faire mourir. Elle traverse depuis trois jours ces petites tragédies intimes. Comment fuir ? s'épouvante un double d'elle, ailé, sauvage et libre. Franzi est parfaitement à l'aise. Il mène la jeune fille devant le prêtre et le prie de les bénir « lui et sa fiancée ».

Après la bénédiction, les félicitations. Le comte Grünne tient à Élisabeth un discours élogieux. Bouleversée, elle balbutie à peine un remerciement. Ludowika sent augmenter son souci. Comment Sissi, si peu préparée, supportera-t-elle les obligations d'un tel rang ? La duchesse n'ose aborder le sujet avec Sophie, qui répondrait aigrement. Elle se tourne vers l'aide de camp Weckbecker. Son époux Max, décidément, n'est qu'une ombre quand elle traverse un dur moment ! Qu'il gratte sa cithare ! Est-il seulement en route pour Bad-Ischl ? « Ma fille est à peine sortie de l'enfance », dit-elle au baron. Il s'incline, poli, désemparé du choix de son empereur. La duchesse a raison de s'inquiéter. Tout le monde eût été soulagé s'il avait choisi l'aînée. Hélène a eu le courage souriant d'assister aux cérémonies de la matinée. Elle avait la prestance et la capacité sociale de ce rôle. Plus de solitude pour Sissi. Impossible de se réjouir en silence, seuls tous les deux, de leur bonheur fragile, si neuf. Son fiancé ne l'eût pas souffert et ne lui demande en rien son avis. Il croit la combler en enchaînant, toujours en public et en famille, la bénédiction à l'église par un déjeuner à Hallsatt. L'après-midi est réservé à une longue promenade. Voilà huit heures qu'elle vit au rythme d'une vie publique. Ses yeux se ferment. La calèche est ce doux balancement. Franzi semble enfin être seul à ses côtés. La trop lourde chaleur a diminué, l'orage menace. Le jour s'avance, en ombres fauves sur la montagne. Un besoin de source vive et de silence s'empare de l'enfant. Le secours de l'épaule aimée, de l'amour quand il appartient à la folle tendresse. Franzi est en quête de sa main, de son épaule, de sa joue aussi rose que sa robe. Son baiser se fait rapide, savoureux, un papillon au satin d'un pétale. La reine de Prusse se penche vers ses sœurs. Décidément, le spectacle d'un jeune homme si beau amoureux d'une jeune fille si belle est ravissant. L'orage a grondé, la pluie tombe en larges gouttes argentées et tièdes. Franzi a recouvert les épaules de Sissi de sa capote militaire.

— Je ne veux pas que tu prennes froid. Je suis heureux, tellement heureux.

Ils rient ensemble de la pluie, de l'orage, et de se croire, fallacieusement, seuls au monde de leur amour. Sophie enregistrait ce printemps des cœurs, balançait entre un sincère réjouissement pour son fils et une envie de dompter, vite, cette petite fille promue impératrice par un caprice du hasard. La soirée se déroule par un dîner embelli de lanternes, de lampions, de feux d'artifices. Au cœur de ces feux, projetés sur le flanc de la montagne, à la couleur de l'Autriche et de la Bavière, les artificiers avaient réussi à tracer les initiales des fiancés. F, J et E s'entrelaçaient dans les éphémères flammèches d'un tourbillon igné. Sissi, épuisée, fond en larmes. L'archiduchesse écrit à sa sœur de Saxe, son étrange délectation : « Tu n'imagines pas comme Sissi est ravissante quand elle pleure ! »

Elle n'avait pu s'empêcher de faire remarquer à son fils :

— Sissi est très jolie mais elle a les dents jaunes [1].

Même l'intérieur de sa bouche avait été repéré. Ce n'était qu'un début. Le corps de l'enfant serait fouillé en temps voulu. Ce ventre devait engendrer une descendance. Il appartenait à l'Empire. L'archiduchesse serait la voyeuse nécessaire au bon fonctionnement de l'Empire. À la troisième dépêche, Max quitta sa Bavière. Il oscillait entre l'orgueil paternel, le plaisir de savoir Franzi épris de sa fille et un doute profond. En Bavière, la nouvelle s'est répandue sous la forme d'une immense fierté nationale. Déjà circulent des portraits des fiancés. Chaque foyer aura son portrait ou sa statuette en porcelaine ou en bois, naïve sculpture des illustres amoureux. Une double figurine digne des contes de M. Perrault, quand le récit finit bien. Une image, une belle image figée, réplique de l'envie éternelle d'Amour. Cette double figurine est la forme idéale d'un fantasme général. On se met à croire à la paix, la prospérité. Personne n'envisagerait d'imaginer ces porcelaines s'altérer, s'avilir dans les deuils, les trahisons. Cette image qui se passe de la chair se passe de sa souffrance et de la mort. Ni la Bavière, ni l'Autriche ne connaîtront la souffrance, la folie et la mort.

On est dans l'illusion. Le plus crédule, le plus épris est l'empereur. Il déborde de sollicitude envers Sissi. De toutes parts et surtout de la sienne, elle est comblée de présents. Il lui offre une guirlande d'émeraudes et de petits diamants pour sa chevelure. Il a conscience de sa grande jeunesse et de ses goûts d'enfant. Il fait installer dans le parc de la villa une escarpolette. Elle a battu des mains, elle a dit : « Franzi, pousse-moi, haut, plus haut. » Il pousse l'escarpolette peinte de roses. Elle rit, les jolies jambes visibles sous le jupon blanc. Plus haut, plus haut ! L'escarpolette monte, descend au rythme du bras vêtu de drap à galons. Tout là-haut, elle est bien, encore mieux, la descente lui arrache un rire qui ouvre la bouche rose. Franzi fait des efforts pour préserver l'intimité dont elle a tant besoin. Il a remarqué qu'elle se sentait à l'aise avec le comte Grünne. Il prie son aide de camp de se faire cocher de leur calèche personnelle. Sissi aura affaire, en promenade, au même gentilhomme tout le temps de Bad-Ischl. Elle aime bien Grünne aux beaux quarante-cinq ans, attentif et discret. Elle a

---

1. *Élisabeth d'Autriche*, E. C. Corti, p. 36.

tout loisir d'admirer à haute voix les six chevaux pie qu'il mène si bien.

Le comte Grünne, qui, dans l'armée, a le premier rang après l'empereur, était chargé d'organiser, il y a si peu de temps encore, ses escapades amoureuses. Sissi l'ignore. Il y eut encore trois bals à Ischl. Les premières maladresses adorables de Sissi. La comtesse Sophie Esterhazy, de l'âge de Sophie, s'était inclinée si bas devant la petite qu'elle en fut follement gênée. La dame la remerciait, en termes officiels et longs, d'apporter tant de bonheur à l'empereur. Sissi la priait de se relever et « de lui accorder beaucoup d'indulgence ». L'entourage masculin de l'empereur lançait des pétards qui agitaient de migraine Ludowika, épuisée d'émotions. Elle se réfugia chez Sophie qui la regardait de haut et la laissait dangereusement s'épancher. Sissi était si jeune, elle riait sur une escarpolette, Hélène dépassait dix-huit ans, elle avait raté un immense mariage, quelles seraient désormais ses chances ? Que faire, Mon Dieu que faire ! Sophie déversait son fiel et envoyait ses flèches empoisonnées. Quand on a failli devenir impératrice, distillait la voix aigre, il est difficile de trouver preneur. Hélène resterait fille, assurément. Elle imposerait le dossier du protocole à Sissi ; elle serait tenue de l'apprendre par cœur. Ludowika frémissait, aspirait à rentrer chez elle. Hélène aussi. Sissi s'accoutumait tant bien que mal à veiller. À Vienne ; ce serait bien autre chose, voyons ! Bad-Ischl ne sont que des vacances, disait Sophie. « Tout a été la faute de cette vilaine robe noire », concluait-elle au sujet d'Hélène. Les autorisations officielles du duc Max et du roi de Bavière étaient arrivées. François-Joseph remercia chaleureusement la maison Wittelsbach.

— J'ai pu suivre, écrivait-il, mes sentiments les plus profonds.

C'était bien un mariage d'amour qui s'annonçait. François-Joseph dictait, avec une chaleur inconnue, ses courriers. Il écrivit au Tsar, « son cher et précieux ami », son bonheur sentimental. La déception de Nicolas Ier serait grande quand François-Joseph l'écarterait de son alliance. La guerre rebondirait, meurtrière. Une enfant vêtue de rose avait suspendu un bref moment les fureurs des hommes. Tout était encore ravissant, délicat, sans heurt. On oubliait l'archiduchesse ; Vienne semblait loin. Il fallut la dispense pontificale : les fiancés étaient cousins germains. Personne ne s'inquiétait depuis longtemps de tels liens. Le 24 août parut dans le principal quotidien viennois, la *Weiner Zeitung*, l'annonce officielle des fiançailles.

« Sa Majesté Impériale, Royale et Apostolique, notre très gracieux souverain et empereur François-Joseph Ier, a demandé la main de Son Altesse, la princesse Élisabeth, Amélie, Eugénie, duchesse en Bavière... »

En Autriche, la nouvelle fit plus sensation qu'en Bavière. Personne n'avait songé à la petite Élisabeth. Sissi s'ennuyait pendant la pause nécessaire aux portraits officiels. Franzi lui tenait compagnie, baisait ses mains, le temps passait, enchanteur. À la Cour de Vienne, dans le gotha, les langues allaient bon train. On comptait les quartiers de noblesse de la fiancée, avec mépris. On médisait sur sa mère, sur son père. Elle ne remplissait pas les exigences nécessaires à une entrée à la Cour. Quant à devenir impératrice, c'était à la limite de l'imposture. La Maison Arenberg, celle des ancêtres de Sissi, de bonne noblesse, n'était pas de maison souveraine. Quant au duc Max, son cirque, ses écuyers, ses articles, composaient un outrage flagrant. Les fiancés n'entendaient rien, rivés à cet amour en fruit d'été. Un lien profond composait leur attirance. Le goût de la nature, de la montagne, des beaux chevaux. L'idylle à Ischl, que l'empereur nommait en français « le divin séjour », dura jusqu'au 31 août. Il fallut prendre congé. On se quitta à Salzbourg. Aux relais, Élisabeth n'osa plus donner à boire aux chevaux.

Elle se souvient de leur au revoir ; la tendresse de son baiser. L'archiduchesse a baisé son front. Généreuse, elle mûrit le projet d'acquérir la Kaiser Villa en souvenir de ce « divin séjour ». Un immense effort, une délicatesse peu compatible à sa nature : faire ajouter deux ailes en forme de E (Élisabeth). Ce sera son grand cadeau de noces. François-Joseph et sa famille retournèrent à Vienne. Le bonheur est tenace. François-Joseph avait repris ses dossiers, son rythme impitoyable. Quelque chose attendrissait son être, ses mouvements, sa démarche. Il était amoureux, il semblait rêver, au-delà des documents sur la Russie, la guerre, les alliances, les mésalliances. Il dessinait au crayon une fine silhouette, une gerbe de boucles, une bouche florale. Il se levait, allait, venait, se rasseyait. Il n'en pouvait plus d'être séparé d'elle, l'enfant de sa vie... L'attente obligatoire d'une année minimum le transformait en jeune lieutenant piaffant. Elle lui manquait si fort qu'il prit plaisir, lui qui détestait perdre son temps, à poser pour son portrait qu'il lui ferait parvenir. Il souriait au peintre Schwager, ces heures immobiles lui rappelaient celles d'Ischl auprès de Sissi. Il se souvenait des baisers volés. Le temps du portrait était aussi celui de l'amour muet, du frôlement des mains, des sourires, des regards. Il se confiait ingénument à sa mère dont il ulcérait la jalousie maternelle. Toute son âme, disait-il se portait vers la Bavière. L'archiduchesse s'étonnait, effarée qu'il se fût adouci – amolli, pensait-elle – en politique. Il avait donné des ordres pour que fût levé le dur état de siège à Graz et à Prague. Elle pinçait ses lèvres à la lecture des courriers qu'il ne manquait pas de lui écrire de Schönbrunn :

« Quelle chute entre le paradis terrestre d'Ischl et cette existence de paperasses avec ses soucis et ses tracas [1]. »

Se moquait-il ? Un paradis, quoi encore ? Avait-il oublié, dans la niaiserie amoureuse, son sacrifice ? Elle avait renoncé à la couronne pour lui. Il y eut pire. On louait l'influence de la « rose de Bavière » (ainsi nommait-on Sissi), quand on retrouva, en ce début d'automne, la couronne de saint Étienne, premier roi de Hongrie. Elle avait été enterrée sous les ordres de Kossuth, chef des Magyars révoltés. On exhuma son or et ses pierreries intactes, mais sa croix avait été déviée par le choc. On la rapporta en grande cérémonie sur la colline de Buda. On voulut y déchiffrer, en Hongrie et même en Autriche, un signe divin de réconciliation. L'influence d'Élisabeth *en* Bavière touchait à une sorte de sainteté. On se mit à croire aux signes, aux prodiges, à Sissi, source lumineuse, pacifiante. Jusqu'à quand allait-on ainsi bêtifier ? se disait l'archiduchesse. Elle retenait son mépris, elle n'aimait pas cette confusion, lourde de sens profond, entre ce morceau d'or scoliosé, et une dangereuse réconciliation. Elle demeurait, plus que jamais, la dure impératrice dans l'ombre. Ce Kossuth de malheur et ses sbires auraient dû enfouir au plus profond de leur vilaine terre cette couronne. Il eût été encore mieux que l'armée du Tsar l'eusse piétinée.

De retour en Bavière, Sissi est étourdie, stupéfaite. Elle était

---

1. C. Corti, *Élisabeth d'Autriche*, p. 38.

partie insouciante, elle revenait lestée d'un destin inouï. Impératrice d'un empire immense, dont elle est incapable de nommer tous les pays. La petite fille est revenue fiancée et elle est habitée d'un prénom au rythme obsédant : Franzi. François-Joseph. Une catastrophe savoureuse. Hélène, magnanime, ne lui en veut pas, lui propose ses services. Répéter les révérences, incliner la tête, s'asseoir, se lever, traverser un salon, droite et sans jamais se retourner sur quiconque. Le temps est radieux, un camaïeu de bleus et de verts sous l'argent des nuages. La fenêtre est ouverte, Sissi n'a qu'une envie, courir, dévaler le pré. Elle s'émeut au bruit d'ailes de la volière, au claquement des sabots, au rire de sa mère, du côté de la hampe enflammée des premiers dahlias. Septembre est plus forcené de couleurs que le cœur de l'été qui décolore les fleurs d'une poussière invisible. Sur le visage de Franzi et ses lèvres d'homme, froissant les siennes, une poussière invisible. La liberté s'est enfuie... Il n'est plus question de plonger dans le lac, de courir les bois et de chevaucher seule, aux chemins bordés des premières baies. Descendre de cheval, se gorger de mûres et de cassis sauvages, essuyer sa bouche et ses mains aux feuilles et à sa robe si simple, où les accrocs sont des étoiles. La mélancolie a pris la forme d'une cage aux matériaux les plus précieux soudain refermée sur elle. Pourquoi, dans sa chambre, dont elle a brusquement clos les issues, pourquoi se pencher sur le carnet de poésies, celui de tout deuil indicible ?

Ô hirondelle ! Prête-moi tes ailes,
Emmène-moi au pays lointain ;
Que je serais heureuse de briser toute entrave
De rompre tout lien.
Ah ! Si je planais librement avec toi, là-haut,
Au firmament éternellement bleu ;
Combien je louerais avec joie
Le dieu que l'on nomme liberté.
Combien vite j'oublierais ma misère,
L'amour ancien, l'amour nouveau[1]*...*

Elle appelle « misère » son amour tout neuf. Une misère de chaînes et d'entraves. Elle ne chante pas une joie aveuglée. Quelle

---

1. *Élisabeth d'Autriche*, E. C. Corti, pp. 38-39.

femme, si jeune soit-elle, peut être dupe ? Même si, la seconde d'après, les bras de l'homme la font régresser dans ses illusions. C'en est fait de sa liberté. On entreprend de la former, vite, à ce rôle immense. Un rôle, une actrice, une poupée floche, plus jamais une personne. La peindre, d'abord. Somnoler d'ennui pendant la pause. Le peintre Kaiser a raté quelque peu son visage ? On relègue le portrait, l'empereur amoureux en exige un autre. Il lui a fait parvenir son portrait à lui, en médaillon cerné de diamants, fermoir d'un précieux bracelet. Des cadeaux d'amour, si marqués d'un sceau royal qu'une petite peur l'assaille. Un lien de plus referme la prestigieuse cage. Chaque cadeau est un licol, un mors à ses dents que l'archiduchesse trouve trop jaunes. L'archiduchesse, à son tour, envoie des présents. Les croquis d'Ishl transformé en résidence destinée au jeune couple. Il faut remercier, elle écrit sur son papier fleuri, spontanément, tutoyant sa tante. La remontrance protocolaire, à sa douleur, lui parviendra... de Franz. Il lui indique comment répondre à sa future belle-mère, qu'il convient désormais de vouvoyer :

« Bien Aimée et très Honorée archiduchesse... »

« C'est ridicule ! » s'exclame la petite à sa mère. Ludowika la rabroue non sans sécheresse : « C'est ainsi. » Elle est incrédule, tout s'arrangera quand Franzi viendra la voir. Elle a dit « tu » et « ma chère tante ». Elle a signé « je t'embrasse affectueusement ». C'est probablement la dernière et seule missive où sa spontanéité familière s'est exprimée. On l'assomme d'un programme surchargé d'histoire et de langues vivantes. Plus de promenades à sa guise, plus de guise tout court ! Néné va-t-elle l'attacher pour qu'elle écoute (et retienne) l'assommante histoire d'Autriche ? Ludowika s'empourpre, s'évente, s'essouffle. Quelques mois à peine pour combler ses lacunes. Aucun de ses enfants – sauf Néné – n'est cultivé, aucun ne parle de langues vivantes, surtout pas le français, outil diplomatique que Franzi et Sophie manient aisément. Sissi embrouille les verbes irréguliers, agite une jambe de cavalière impatientée.

Max eut alors une bonne idée : confier l'éducation de Sissi à un vieil historien de soixante-dix ans, déniché par ses amis journalistes. Le comte hongrois, Jean Majlath. Il survivait à Munich dans une pauvreté si digne que le duc ne se doutait de rien. Jean Majlath, vêtu de noir, chaussé de guêtres à l'ancienne, était fier de ses maigres droits d'auteur d'un ouvrage auquel il avait consacré sa vie : *L'Histoire de l'État impérial autrichien*. Il trouva un immense bonheur à enseigner sa science à la future impératrice d'Autriche. Il sut éveiller sa vive intelligence, sa compréhension intuitive. Un an plus tard, Élisabeth éclatera en larmes en apprenant son suicide dans le lac Starnberg. Il n'avait jamais osé avouer sa misère. La misère l'avait emporté. Il donnait ses cours à l'enfant de Possi, gratuitement. « Pour les beaux yeux de Sissi », disait-il. Élisabeth appelait ses frères et ses sœurs afin qu'ils profitassent d'un tel maître. La comtesse d'Orlamonde avait-elle rôdé ? Majlath s'était senti plus isolé que jamais quand Élisabeth s'en était allée. Il avait excité des jalousies. Les libéraux Hongrois le détestaient, ils confondaient son ouvrage et son rôle d'éducateur comme une trahison. La Cour d'Autriche le surveillait étroitement. L'archiduchesse détestait sans le connaître ce maître d'étude, un Hongrois ! Elle n'eût pas souffert de le recevoir à Vienne. Les portes, l'une après l'autre, se fermaient sur le vieil homme, qui jamais ne se plaignit. On était absorbé par Sissi, personne ne se souciait de ce savant de Munich qu'Élisabeth eût volontiers emmené avec elle à Vienne. Elle n'était alors qu'une enfant de seize ans à peine, personne, non plus, ne l'écoutait. Elle se souviendra, de longues années, de Jean Majlath. Il eut une influence dans l'amour qu'Élisabeth d'Autriche voua à la Hongrie. Était-il amoureux de la jeune fille aux longs yeux pailletés d'or ? Il perdait sa méfiance à mesure de ces semaines passées auprès d'elle. Il la voyait chaque matinée. Il osait prendre à son compte la mission follement rêvée : inculquer à la future impératrice un message d'amour pour sa patrie opprimée. Lui communiquer le goût, la nécessité, l'urgence d'aimer suffisamment la Hongrie pour la tirer un jour de ses chaînes. Il lui montrait des dessins de son pays, ses plaines et ses chevaux, ses cavaliers tziganes. Elle serait impératrice ; qu'elle n'oublie pas la Hongrie. Qu'elle offre sa compassion à son fier pays humilié. Il osait dire, quand ils se trouvaient seuls :

— La Constitution hongroise a été abrogée en 1849 par Sa Majesté l'empereur d'Autriche.

Elle écoutait, la tête serrée de nattes, en robe de percale à rayures bleu ciel. Elle écoutait, attentive, étonnée de se sentir en accord avec les propos du vieil homme :

— La république est, de loin, le régime le meilleur pour tous les peuples.

Le républicanisme inné d'Élisabeth s'exaltait ; proche de son père et de ses amis. Sur le point de devenir impératrice d'un État totalitaire, elle s'enthousiasmait pour Majlath. Elle savait, confusément, qu'elle suivrait ses idées, son idéal, que jamais une oppression, quelle que fût sa forme, n'aurait son assentiment. Elle devinait qu'il était prudent de taire ses échanges avec Maljath. Elle savait la haine de l'archiduchesse et des conservateurs contre la Hongrie.

— J'aimerai la Hongrie de toutes mes forces, promit-elle.

Majlath s'en allait, les yeux embués. Qu'importait de mourir obscur, seul. Bientôt, la mission était accomplie. Il avait semé dans cette âme franche et libérale l'éclaircie nécessaire de l'avenir. On embêtait Sissi avec le fastidieux trousseau. (*Trousseau* s'employait en français.) La gaver d'instruction, la gaver d'essayages. Du matin à la nuit. Une armée de mains habiles courait sur elle. Tout son corps était mesuré, rien n'était oublié. Les couturières, les lingères, les modistes, les gantières, les chausseurs... On inscrivait les mensurations de sa taille (cinquante centimètres), de sa poitrine, de ses hanches (soixante-cinq centimètres), la longueur des jupes, du corsage, des casaques, le tour du cou, des bras, la pointure des pieds, celle des doigts. On s'étonnait d'avoir ignoré jusqu'alors une si parfaite beauté. Elle était facile à vêtir, ce qui la soulageait et abrégeait les retouches. Pas d'embonpoint superflu, des jambes parfaites, quel charme créatif de vêtir une si harmonieuse minceur ! À genoux autour d'elle, des épingles dans la bouche, une foule de couturières se succédaient. On déployait les tissus en vagues, des aurores boréales de soie, de tulle et d'organdis roses, blancs, bleus, parme. Des ondes de velours rouges, orange, verts, noirs, des écumes fleuries, rayées, mouchetées. Elle avait mal à la tête, mannequin épuisé. Maman et Hélène assistaient aux essayages. Les modistes la fatiguaient. Il fallait supporter les chapeaux, les voilettes, les aigrettes, les fleurs, les capelines cernées de rubans et de voiles. Sa chevelure, cet or sombre et précieux, devenait un étau lourd. On essayait des résilles cloutées d'or. La chevelure modifiée à chaque coiffure, dénouée, renouée, frisée au fer, nouée à l'arrière en un lourd chignon. Sa tête de future impératrice exigeait le dur exercice du diadème. La coiffeuse et la modiste passaient une heure, deux heures à fixer aux épingles lourdes la parure entravée d'un voile de guipure. On nattait deux tresses en serre-tête, à l'arrière du front où moussait une onde fauve. On rassemblait la chevelure en une discipline de nattes et de boucles. Une coiffure dégageant le visage. Reconnaître l'impératrice de face, de dos, de profil. Sa tête crépitait d'épingles et des dangereux marteaux de la migraine. Hélène lui tendait un bonbon à la menthe. Elle avait envie de sangloter. L'insensée fatigue de cet enfer particulier de la toilette la saisissait.

— Enfin, Sissi, toutes les femmes t'envieraient ! s'exclamait Ludowika, sans précaution envers l'aînée.

On passait au supplice de la chaussure. Elle apprit qu'une impératrice ne porte qu'une seule fois une paire de chaussures. Elle s'en débarrasse auprès de ses femmes de chambre. Ces escarpins ne résistaient pas plus d'une soirée, semellés de peau trop fine. Des chaussures éphémères, en satin, en talons emperlés, un rêve de chaussure, aucune réalité solide. La pantoufle en vair de Cendrillon. Où fuir, où marcher de son pas rapide, au creux des beaux chemins avec ces chaussures destinées à un royaume de fées futiles, un bal flottant aux nuées d'une existence qui perdait ses repères terrestres ? Plus de jambes, désormais sanglées dans les bas de soie, plus de pieds dans les chaussettes en laine et les grosses galoches, elle, la montagnarde qui adorait gravir les rudes montées. Elle, la cavalière, assurée dans ses bottes de cuir solide. Chaque escarpin était assorti à chacune de ses robes. Elle titubait sur ces talons. Elle retenait une violente envie de tout jeter, rejoindre son pur royaume odorant. Elle avait parfois des élans de petite fille éblouie devant ces coffres aux trésors. Cet engouement s'éteignait vite. Sa simple robe sans apprêt ni corset lui manquait. Ces kilomètres de tulle, de soie, de satin, montés sur « des cages » l'entravaient. La taille s'amenuisait aux lacets impitoyables du corset. La psyché reflétait une fée-fille, un peu pâle, un camélia proche d'une secrète destruction. Où aller ainsi parée, hors un trône, un palais – une cage ? C'était trop, trop de robes, de symboles, de cérémonies qui voleraient ses heures, ses jours, qui sait, ses nuits. La robe du matin, la robe du déjeuner, la robe de l'après-midi, la robe de la promenade et celle de la visite, la robe du thé, la robe du dîner de famille, la robe du grand dîner. La robe de bal la laissait sans voix. Immatérielle et dénudant les épaules d'un bouillonné impalpable, elle était une blanche merveille de gaze filetée d'or, à la longue ceinture légère. Une fleur si belle, qu'elle semblait exsuder un mortel poison. L'apothéose troublante de ces toilettes était les chemises destinées à la nuit. Une brume, une aurore opalescente, couleur de la chair, la chair...

La nuit où se glisserait chaud, inconnu, noble mammifère et mus-
culeux serpent d'une caresse qui l'effarait, lui, l'homme qui veillait
à ce trousseau. L'empereur d'Autriche. Il fallut des semaines
avant que les notaires comptassent le nombre de toilettes. Elles
partiraient pour Vienne, scellées dans une foule de malles. Des
lettres de l'archiduchesse arrivaient. La grande écriture sabrée laissait saillir la remarque blessante. Elle lui demandait expressément
de se brosser les dents matin et soir. Sissi souriait sans gaieté à
son miroir pour observer cette denture critiquée. Ses dents mal
alignées, à l'ivoire jauni, en nombre serré, ne l'avaient jamais tourmentée. Quelle femme peut se vanter d'avoir toutes ses dents ?
L'archiduchesse ne souriait et ne riait jamais. Il était difficile, se
disait la petite, de compter ses chicots ! Il serait étonnant qu'elle
eût trente-six perles bien blanches ! Tous les Wittelsbach et des
milliers de gens avaient les dents jaunes, bien contents d'avoir
encore leurs dents. Que de mâchoires édentées, pas seulement
chez les pauvres gens.

— Très bien, se dit-elle, je ne sourirai pas, je ne montrerai pas
mes dents, j'ouvrirai un éventail devant ma bouche. À table, je
mangerai le moins possible ; personne ne s'occupera de mes dents.
Tante Sophie sera satisfaite.

Elle se mit à faire une petite fixation. Des dents jaunes ; ce
n'était pas faute de les brosser. Une brosse à dos d'ivoire, gravée
de l'initiale de son prénom. Que penserait Franzi de ses dents
jaunes ? Sa mère avait dû lui en parler. Elle rougissait, gênée
comme d'une impudeur. La bouche, l'intérieur de sa bouche. À
Vienne, on s'occupait aussi de l'intérieur de la bouche. Une phobie rôdait, ne plus ouvrir la bouche en public. Refuser de sourire
sur ses portraits à venir. Hélène et Ludowika s'étonnaient de la
voir pincer ses jolies lèvres.

— Sois plus gaie, Sissi, il faudra sourire à bien du monde !

Personne ne verrait ses dents.

Sa mère s'effarait de constater sa tristesse devant les attentions
dont elle était l'objet. Elle basculait à nouveau dans cette mélancolie qui froissait sa mère, assombrissait son père et indignait
Hélène. Qu'eût pensé Franzi des vers qu'elle écrivait, quand, à
Vienne, fou de bonheur, il exprimait sa joie d'adorer cette femme
enfant ? Qu'eût-il pensé de l'obsession de sa petite fiancée ?
Comment empêcher ce mariage, faire cesser ce cauchemar de soie

et d'or ? Comment se passer de son royaume de toujours, spontané, fleuri, vif comme un vif torrent de montagne ?

Adieu, salles de silence,
Adieu, ô vieux château,
Et vous, premiers rêves d'amour,
Dans le sein du lac doucement reposez !

Adieu, les arbres chenus,
Et les arbustes petits et grands.
Quand vous viendrez à reverdir,
Je serai loin de ce château[1].

Ludowika s'effrayait : ses règles n'étaient pas revenues. Sissi pâlissait d'horreur. Le carnet de ses règles était envoyé à sa tante qui en parlerait à son médecin et à son fils ! Il serait bon, écrivait Ludowika, de retarder le mariage d'une année. Elle fit part à l'ambassadeur de Belgique de ce souhait qu'elle n'osait formuler directement à sa terrible sœur d'Autriche. L'empereur accepterait-il de l'épouser l'été prochain, saison moins mondaine, en accord avec la grande jeunesse de Sissi ? Elle ne fut pas étonnée de la réponse outrée de l'archiduchesse. Quoi ? Un mariage impérial dans l'intimité ? Pourquoi pas une noce campagnarde à Possenhofen ? Cette petite oie blanche n'avait donc pas compris qu'elle allait devenir impératrice ? Ludowika se repliait, servile, devant la puissante aînée. La seule chose qu'accordait l'archiduchesse était le choix de la ville : Munich ou Vienne ? La diplomatie, soulignait sa missive, choisirait Vienne – où le plus puissant souverain d'Europe daignait épouser cette petite princesse *en* Bavière. Une sécheresse sans réplique. Ludowika gémissait qu'il fallait s'incliner. On n'envoie pas promener un empereur d'Autriche – ni ses entours les plus proches. Le monde entier avait les yeux tournés vers un si grand mariage : à Vienne. « Je préfère ne pas y penser », soupirait Ludowika.

En octobre, Sissi eut l'immense plaisir de revoir Franzi. Il se rendit à Munich, selon l'étiquette, afin de remercier le roi de lui avoir accordé la main de Sissi. Les fiancés se précipitèrent dans les bras l'un de l'autre. Elle oubliait ses craintes, elle riait à ce long

---

1. *Élisabeth d'Autriche*, B. Hamann, *op. cit.*, p. 45.

garçon au regard d'azur. « Franzi, Franzi. » Ils se disaient « tu », la crainte la quittait, elle était amoureuse. À Possenhofen, elle lui fit tout visiter. Qu'il était simple et épanoui dans cet univers chaleureux ! Il adorait chevaucher avec elle et s'émerveillait de ses talents de cavalière. Elle était belle dans son « amazone » sombre, le geste sûr, longue hirondelle fantastique quand elle sautait les obstacles. Ils s'arrêtaient à l'orée de la forêt. Il se penchait et baisait la jolie bouche haletant de grand air et de joie. Le court chapeau et son voile dégageaient ce visage en amande entrouverte... Il se troublait et, d'une main sans gant, caressait ses joues, ses cheveux. Son regard frôlait ce corps frémissant. Elle riait et oubliait cette histoire de dents jaunes. Il écrivit à sa mère : « Sissi a les dents tout à fait blanches. » Il avait revu Hélène avec gentillesse et naturel. Une famille pétrie de gentillesse et de naturel. Il se reposait, il était bien, loin de Vienne, loin des tracas assourdissants. Le protocole en Bavière n'avait rien de celui de Vienne. Le 15 octobre, anniversaire de la reine Marie, François-Joseph, Élisabeth et les siens se rendirent à Munich. Il y eut des fêtes. Une grande revue de camaïeu vert, noir, jaune, où jaillissait l'éclat des sabres, défila. À l'Opéra, on avait prévu de jouer *Guillaume Tell*. Le roi blâma ce choix. Cette histoire de rébellion frôlait l'indélicatesse vis-à-vis de l'empereur d'Autriche. On remplaça le programme par une œuvre mineure signée de Lacner, *Catherine Cornaro*. C'était pire. Une sombre idylle de fiançailles rompues par le suicide du fiancé royal. Élisabeth paraissait pour la première fois dans une loge d'honneur. Elle pâlissait, vêtue de soie blanche, coiffée de fleurs et de perles. Elle frôlait le bras de l'empereur, tourmentée de cet étouffement irrépressible. La foule, le vide sous la loge, le vertige, les regards... Franzi, si à l'aise, si heureux ! S'aperçoit-il de son angoisse ? Que faire ? La fuite ? Devant elle, l'ondoyant mouvement de la foule, à ses côtés, l'empereur, le roi, la reine Marie. À l'arrière, sa famille, tout autour, des gardes en figurants d'opéra. Existe-t-il une drogue opiacée qui calmerait cet effarant cataclysme intérieur ? Ses pieds serrés dans du satin lui font mal. Elle avait eu un moment de recul, jeune pouliche devant un précipice, quand il avait fallu entrer dans la loge au rythme de l'hymne national. Les Munichois s'étaient aperçus, émus, de son trouble. Un encens chaleureux l'encourageait. Des murmures d'admiration s'élevaient jusqu'à sa loge. « Une telle beauté... On nous avait caché cette grâce exquise... Digne d'un empereur...» Vienne n'aura aucune pitié de ses malaises, objets d'une noire délectation.

De fêtes, des bals. À Munich, chez elle, elle se rassure progressivement. Son père, sa mère, les êtres qu'elle aime la réconfortent. Le bras de Franzi est un puissant étai quand elle croit flancher. Elle a fait de grands progrès en danse. Sa robe si légère tourne autour de ses jambes visibles dont Franzi se repaît, délicatement. Il frôle tout ce qu'il peut d'elle. Sa joue, tout près de la bouche, sa main, son bras. Dans la grande salle de la résidence royale, elle reçoit les compliments des diplomates. Le doute la reprend. Elle est debout, elle a croisé devant elle ses mains gantées, elle redresse un front trop lourd sous le diadème. Elle souffre de l'immobilité forcée. Elle serre les lèvres sur ses dents. Ses dents jaunes. On entend à peine ses réponses. Ses mots s'évanouissent, éteints par la sombre obsession : fuir. Ces journées furent un succès pour les fiancés. L'envoyé prussien, seul, émit des doutes quant à l'alliance future entre la Prusse et l'Autriche. Le comte Grünne eût été, disait-il, méprisant envers les Munichois. L'aide de camp avait considéré avec quelque ironie la simplicité bon enfant des Bavarois. La future impératrice ne serait pas à la hauteur exigée. François-Joseph, radieux, n'avait d'yeux que pour son bonheur. Il écrivait à sa mère à quel point il débordait d'amour pour Sissi.

«Je l'aime chaque jour davantage [...]. Aucune femme au monde ne saurait mieux me convenir.»

Son coup de foudre perdurait, hypertrophique, unique, absolu. Une ligne droite que rien ni personne ne brisera. Enferré, sûr de lui, il n'entend rien des tourments possibles. Il aime, tout est bien. Max n'est pas mécontent du tournant que prennent les choses. Un mariage inespéré, intéressant pour l'avenir de sa « marmaille ». Franzi est beau garçon, il semble fou de la petite – qui assurément est amoureuse. Elle ne vivra pas le dégoût d'un époux à sa couche. Elle a de la chance. Ils ont de la chance. Il revoit, sans remords, son indifférence au lit de Ludowika. Bien sûr, il y a la Cour de Vienne et leurs simagrées. Rien n'est parfait en ce monde. Il troussera, sur sa cithare, un poème sur ce thème. Ses «compagnons de la table ronde» offrirent au duc une belle fête pour cet événement et pour ses noces d'argent. On choqua les grosses chopes de bière à sa santé et celle de la duchesse. Vingt-cinq années de mariage ! On but à la santé des fiancés et même à celle de l'archiduchesse. Max et ses compagnons étaient, à la fin de la joyeuse nuit, ponctuée d'airs de bandonéons, fin saouls. Le roi de Munich fit parvenir un sermon à son cousin. Le père de la future impératrice d'Autriche n'avait pas le droit de se comporter en simple individu privé, dispensateur d'une trop franche gaieté. Le duc répondit qu'il n'en avait cure et, pour la première fois de sa vie, il s'enchanta de son épouse : Ludowika fit la même réponse au roi. Rien, ni personne ne changerait leur manière de vivre.

Franzi envoyait des cadeaux de plus en plus précieux à Sissi. L'un d'eux la combla davantage que n'importe quel joyau. C'était un perroquet de la volière de Schönbrunn, installée du côté de l'aile ouest depuis 1742. L'empereur François II, épris de science naturelle, en prenait alors grand soin ainsi que de la serre tropicale. Un perroquet au bec jaune, vif, bavard, vêtu d'un manteau rose, chapeauté d'émeraude. Il ravissait Sissi, elle lui apprenait à siffler des airs bavarois. En décembre, elle allait avoir seize ans. L'enfant de Noël... Franzi lui fit la surprise d'arriver à Munich le 21 décembre afin de passer la nuit de Noël auprès d'elle. Au palais ducal, s'alignaient, en une féerie de guirlandes, de bougies, de boules givrées et d'étoiles immobiles, les huit sapins des enfants de Max et Ludowika. Sous l'arbre de Sissi, Franzi déposa un bouquet composé des fleurs les plus précieuses de la serre impériale. Le cadeau de l'archiduchesse était austère. Un chapelet de grande valeur, destiné à rappeler à la future impératrice ses devoirs. La prière, la confession, les rituels religieux, la soumission à Dieu, à son fils et à elle. À minuit, ce Noël-là, les jeunes gens échangèrent un long baiser où, peu à peu, la jeune fille savourait cette insistance d'une bouche tendre. Des cadeaux arrivaient sans cesse de Vienne mais Sissi n'était enchantée que de son perroquet. Il brisait d'un seul coup de bec un os de côtelette. Sa cage était installée dans sa chambre. Franzi s'était aperçu qu'elle craignait le froid, son manteau était trop simple. En janvier, il lui envoya une zibeline argentée, d'un grand prix. Il la pria de remercier l'archiduchesse, avec le ton respectueux qu'il convenait désormais de tenir envers son auguste tante. Aucune zibeline ne l'empêchera de grelotter légèrement de le sentir si lié aux exigences de sa mère. Elle écrivait péniblement, heureusement égayée par la stridulation irrévérencieuse de son perroquet :

— Bien Aimée et Très Honorée archiduchesse...

Ah, si seulement Franzi n'était pas empereur.

Il est l'empereur ; un empereur chargé de soucis. Elle eût aimé savoir que, sur le chemin du retour, il écrivait à sa mère : « La pensée de Sissi me hante. » Une bourrasque noire gonflait l'horizon de son immense pays : la guerre... Vienne est le point stratégique central de toutes les convoitises.

1854, la Turquie et la Russie se toisaient. Le sultan de Constantinople avait réussi cette gageure qui stupéfiait l'archiduchesse : s'allier la France et l'Angleterre. L'archiduchesse soupçonnait l'influence auprès de Napoléon III de son épouse espagnole, Eugénie la catholique. La France avait beau jeu de soutenir les catholiques en Orient contre les orthodoxes de Russie. Napoléon III avait convaincu la puissante reine Victoria de former une union commune. Ils freineraient ensemble la route de ces Russes que l'archiduchesse méprisait. Elle avait détesté leur empressement calculé à mater la rébellion hongroise. Elle s'était douté de ce piège, ce chantage. Nicolas Ier n'hésita pas à demander que Vienne payât sa dîme. L'empereur, qu'il avait aidé en des heures critiques et qui lui avait confié son amour fou lors de ses fiançailles, serait-il un ingrat, un faux frère ? Nicolas Ier rêvait d'étendre ses conquêtes aux confins de la Méditerranée. Qu'est-ce que Vienne quand on est le maître d'un empire si vaste, gorgé de guerriers qui se rient des loups ? Tous les tsars du monde avaient convoité les rives de la Méditerranée. Ses trésors de vignes, ses cités blanches, sa mer gorgée de poulpes et de coraux, le chant invincible des sirènes des légendes... 1853 avait été une année atroce pour la Russie. Les récoltes ruinées, la disette, la misère réduisant l'homme en cette bête sous des hardes, arrachant des racines pour survivre. François-Joseph tente d'enfermer à l'écrin précieux du cœur l'enfant adorée. Il se force à dicter un courrier fondamental afin d'éviter la guerre. Il se force, douze heures par jour, à faire son devoir. Des images radieuses balayent les épais dossiers inquiétants. La petite riait devant le perroquet insolent au ventre en bouton d'or. Elle secouait ses boucles, elle penchait ce profil de neige et de rose... Allons, il lui faut se concentrer sur les mots, un à un pesés, destinés au Tsar et au Sultan de Constantinople. Ces courriers parviendront, vite, sans égard pour les courriers à cheval, sans égard pour les chevaux écumants, échangés aux relais lointains, de moins en moins sûrs. L'archiduchesse le mettait en garde. Qu'importe si la providence lui a dévolu le rôle ingrat d'éteindre les illusions, qu'elles soient d'amour ou de fallacieux accord entre des peuples incompatibles, qui rêvent de les vassaliser ! Droite dans sa lourde robe de velours violet, au devant en dentelles, le dos dans l'armure du corset, le sautoir de perles et de diamants, elle s'adresse de haut à ce fils, refoulant toute tendresse :

— Franz, méfie-toi de la position de notre pays sur l'échiquier européen.

Elle le tutoie quand ils sont seuls. Il la vouvoie toujours. On est loin de la romance d'Ischl et du tendre séjour bavarois. Un vent glacé souffle dans les corridors de la Hofburg. Dans le bureau de l'empereur, la cheminée en marbre italien, finement ouvragée, tire mal. La pendule d'or, les chenets rutilants, les épais rideaux rouges, les fauteuils et les canapés de moire grenat parlent de solennité, jamais de repos ou d'intimité. L'archiduchesse se sent bien en ces lieux loin de toute volupté, où se chuchotent les secrets d'État. Les ministres sont entrés, annoncés par l'huissier. Ils évoquent une explosion dangereuse, imminente. L'archiduchesse n'aime pas la rêverie de son fils qu'elle a connu plus attentif. Elle a été outrée de sa récente et incroyable clémence. Il a levé le siège des villes les plus révoltées dont Prague et Graz. Il a gracié huit jeunes gens, des étudiants, condamnés à mort, tous des anarchistes.

— Je n'ai pas besoin, avait aigrement commenté Sophie, de te demander d'où vient cette faiblesse !

Le ministre de la Police, le baron de Kempen, appuie l'archiduchesse. L'empereur sourit, distrait, à l'enfant dont le portrait, signé Franz Schartzberg, est sous ses yeux, dans ce bureau destiné à démêler tout ce qui écrase, mortifie, épuise. Il aime ce portrait d'Élisabeth, touché de pastel, la chevelure relevée en boucles, le cou et les bras nus sous la dentelle. Sissi. Le miracle d'une tolérance dont il n'avait jamais éprouvé la douceur. L'archiduchesse contient son mécontentement. Sissi a obtenu pire encore. Mieux encore : l'abolition de la dure peine du fouet. La punition parfois mortelle qui cinglait tout rebelle, qu'il fût officier ou civil. En Hongrie, en Italie, elle le sait, des femmes avaient été estropiées, ou sont mortes des suites du fouet brisant la fragile colonne vertébrale. Elle avait les larmes aux yeux en plaidant la suppression de cette barbarie. Il avait souri, étonné de la maturité de sa plaidoirie. Quelque chose de suave se déroulait en lui : la clémence. Il avait besoin d'une compagne différente de sa mère trop séparée de l'esprit de douceur. Il avait aimé l'entendre s'enthousiasmer pour la clémence.

— La flagellation est une torture, disait Sissi. Tu ne peux en douter. Je ne saurais devenir l'impératrice d'un pays qui pratique une telle férocité. Abolir toute torture, gracier quelques jeunes gens dont certains ont mon âge n'est pas de la faiblesse mais de la grandeur. Cela se saura et on t'honorera davantage.

Le perroquet vêtu de rose, l'abolition de la peine du fouet, la grâce de ces jeunes gens avaient été ses vrais présents de noces. Elle disait : « Merci, Franz, merci », en baisant sa main. Il s'étonnait d'un bonheur si doux. Il adorait en elle ce mélange d'enfantillage et de gravité généreuse. Il n'aimait pas foncièrement la dureté. La bureaucratie l'avait mené à signer des mises à mort. Il signait, attentif, parfois attristé mais convaincu qu'il s'agissait, selon sa mère et ses ministres, du bien de l'État. Il dut lutter pour imposer cette surprenante clémence. L'archiduchesse revenait à la charge, il s'obstina. Ils se battirent froid. Elle réfléchissait, retirée dans ses appartements. Quand Élisabeth serait à Vienne, elle saurait anéantir de si folles intrusions dans la vie politique. Quant aux enfants à venir, il serait excellent qu'elle se chargeât elle-même de les éduquer. Elle ne laisserait pas à cette incapable petite oie l'éducation d'une progéniture impériale. Elle choisit, prudemment, le silence. Chaque chose en son temps. François-Joseph apprenait, près de Sissi, que la clémence exige plus de force que la cruauté. L'archiduchesse s'irritait. Que cette enfant s'amuse de la compagnie d'un perroquet, elle n'y voyait aucun inconvénient. Qu'elle-même continue à régner, décider avec son fils de toutes les hautes décisions de l'État. Quel danger si l'empereur mollissait, pire qu'un sous-lieutenant en goguette ! Le baron de Kempen l'approuvait.

Franzi souriait au portrait intérieur qui ne le quittait jamais. Le frais visage enfantin si suave, la bouche qui ignore son pouvoir, les longs yeux pailletés. Il n'a plus fait l'amour depuis son coup de foudre. Grünne s'est fait rabrouer (l'archiduchesse le sait) pour avoir osé une allusion à quelque comtesse opulente et généreuse. Personne ne touchera désormais à son corps, n'obtiendra ses faveurs et son plaisir. Il se donnera en entier à la petite dont les noces sont fixées pour le 24 avril 1854. Il ne peut pas, il ne veut pas attendre une année de plus. La guerre... Il s'éveille du songe exquis. Le Tsar, outré du renversement des alliances, se rend à

88

Olmütz. Il exige de s'entretenir « avec son frère bien-aimé, l'empereur d'Autriche ». Rappeler le puissant service lors des insurrections hongroises. François-Joseph le reçoit avec un maximum d'honneurs militaires. Batteries, bataillons, escadrons sont déployés. François-Joseph reste ferme et refuse d'entrer dans le conflit contre la Turquie. Il n'aidera pas l'allié de la veille. L'archiduchesse se demandait, dans ses insomnies, si Franzi non amoureux eût agi de même. Il se fût peut-être joint à la Russie pour mener l'hostilité contre l'Orient. Fiancé à Hélène, son cœur serait resté froid et il n'aurait pas dédaigné quelque comtesse hygiénique.

Le 4 octobre 1853, Constantinople a déclaré la guerre à Saint-Pétersbourg.

Le 17 novembre, peu avant le Noël radieux des amoureux, Franzi n'avait pas oublié la Sainte-Élisabeth. Sissi reçut une broche en forme de bouquets. Des fleurs de diamants, de rubis, aux feuilles d'émeraudes. Quatre-vingt mille florins sur la cassette personnelle de Franzi, si économe. François-Joseph s'intéresse à tout ce qui concerne Sissi, aux moindres détails du *trousseau*. Il avait longuement examiné la zibeline qu'on lui fit parvenir. Il avait demandé à voir les robes, le flottant chantier de dentelles de Valenciennes, les volutes soyeuses, multicolores. Il n'est pas sûr que ce trousseau, miraculeux aux yeux d'une enfant de seize ans, soit suffisant à sa fonction de future impératrice. Le souci d'économie de l'empereur est proverbial. Les finances sont affaiblies depuis 1848. Bien sûr, il avait apprécié le projet de sa mère d'acheter Bad-Ischl et de l'agrandir en forme du E bien-aimé. L'amoureux cohabite avec un homme pragmatique, spartiate pour sa dépense personnelle.

— La situation financière est serrée.

Les millions de florins de son futur héritage appartiennent toujours à l'ex-empereur Ferdinand. La rigueur est de mise même si l'amant rêve de combler la petite fille de sa vie. Se rendre en Bavière est alors toute une équipée. Il n'y a pas encore de réseau ferroviaire entre Vienne et Munich. Il fallait vingt heures pour rejoindre Prague, avancer au rythme de l'attelage jusqu'à Leipzig, atteindre Munich. Il y avait la fatigue, le temps passé loin des affaires de Vienne. L'amour donnait des ailes au trop lent attelage. L'amour carambolait avec la politique. Il fallait à Franzi une santé de fer pour franchir tant de kilomètres, gâter Sissi, répondre aux courriers des différents diplomates, sans oublier la lettre quotidienne à sa mère. Tenter de contrer une dernière fois la volonté du Tsar de franchir le Danube. Le comte Karl Buol, choisi autrefois par Metternich, ancien ambassadeur à Saint-Pétersbourg, détestait le Tsar. Buol répétait : « La guerre, Majesté, la guerre ! » François-Joseph se raidissait, la guerre, quel cadeau de noce ! La guerre, quand son cœur chante. La guerre contre la Russie. Un lourd conflit au sein de l'Autriche qui prépare ses noces avec l'enfant de la paisible Bavière dont l'hiver agite aux traîneaux des grelots argentés.

Sissi se renfrogne quand on lui parle de dot. Elle est loin de ces basses réalités. Le trousseau l'irritait mais ne manquait pas de charme. Les leçons l'ennuyaient mais il y avait son cher professeur hongrois, un petit goût républicain. La dot... Elle apprend les vilaines choses de l'argent, et qu'elle n'est pas riche. Elle est pauvre aux yeux des puissants de l'Autriche. On n'attendait pas une si maigre provende d'une future impératrice. Son père lui donne cinquante mille florins, ce qui semble énorme à Sissi et fait ricaner le gotha. Un noir cortège de notaires, d'hommes de loi – et même de médecins – défile à Munich, pour le contrat. Elle en tremble d'écœurement. Son futur époux lui offre cent mille florins. Pourquoi, elle qui allait les poches vides, Franzi doit-il lui donner tant d'argent ? Elle ne veut rien, que lui, son amour. Elle entend les sordides accords des alliances. Une clause particulière la remplit de honte et de stupeur. Le droit au *Morgengabe*. Cette jolie expression – « l'offrande du matin » – signifie bel et bien le prix de sa défloration. Le *Morgengabe*, au lendemain de la nuit de noces. Elle apprend, répugnée, que cette offrande sera dûment préparée par le ministre des Finances et remise dans un coffret précieux, sous forme de pièces d'or et d'argent, aussi neuves que sa récente virginité vendue. Elle a rougi, saisie d'images impures, un abominable chevauchement de bêtes emmêlées. Ce coffre bourré d'argent sera le fruit rendu public de l'effraction dont elle ignore tout excepté son obscure et honteuse menace. Une vilenie où va s'appliquer ce jeune homme si vif et si tendre. Elle se force, vêtue de satin crème, ceinturée de couleur pensée, à écouter la voix notariale. Cette énumération, à voix haute, l'assombrit à mesure que sa famille se réjouit. Hélène ressent-elle un petit choc à chaque annonce de fortune et de puissance ? La pension annuelle de cent mille florins offerte par l'empereur est destinée à ses toilettes, ses bonnes œuvres, sa dépense personnelle. « Que vais-je faire de tant d'argent ? Je m'achèterai un beau cheval. » Lui laissera-t-on approcher les chaumières et les misérables sur les chemins de sa nouvelle vie ? La voix notariale prévoit les hécatombes. En cas de veuvage, elle toucherait cent mille florins de rente. Le sort d'une impératrice passe donc par un argumentaire de biens divers. Pas un seul message d'amour. Qui remercier ? Franzi ?

« Honoré et Bien-aimé François-Joseph, empereur... »

En mars, le trousseau est achevé. Elle s'accroche, farouche, à ses vieilles robes aimées et plates, en toile. Elle enfile ses brodequins si commodes à la marche. Elle tord ses cheveux sans façon. Elle s'effare de la profusion étalée sur les lits, dans des armoires et des cartons ouverts, le tout destiné à s'en aller à Vienne, avant elle. On ne répétera pas la gaffe des fiançailles où les malles étaient arrivées si tard. L'archiduchesse fut intimement convaincue que la robe noire avait desservi Hélène – et le destin de son fils. Les notaires ont dûment pris note de tous les détails de cet étalage féminin, le trousseau de Son Altesse, la princesse Élisabeth, Amélie, Eugénie, duchesse *en* Bavière.

Une cinquantaine de robes. « Seigneur, que vais-je faire de cinquante robes ? » Des mouchetées, des rayées, des unies, à pois, une noire en cas de deuil officiel. Dix-sept robes de cérémonie, dix-neuf robes d'été, fleuries de guirlandes, assorties au même nombre de manteaux. Six robes habillées, quatorze robes montantes, pour la vie familiale. Quatre robes de bal magnifiquement travaillées. Du tulle de soie, de la gaze, du satin, de la guipure, de l'organdi. Une blanche, une bleue, une rose, une autre couleur dragée. Elle est si jeune qu'elle ne peut s'empêcher de tourner avec la blanche, sa préférée, serrée contre elle. Danser avec son cher Franzi, la grande valse de Strauss, ou ses polkas si gaies. Elle ignore que jamais l'empereur et l'impératrice ne dansent ensemble. Ils se doivent à leurs invités. Nul n'effleure leur personne sacrée. À la rigueur, ils dansent avec un souverain, une souveraine – un égal. Elle ne dansera jamais plus avec Franz. Leur unique danse fut celle, à Ischl, au moment du cotillon. Les chapeaux l'amusent et l'épouvantent. On dirait dix-huit oiseaux alignés, emplumés, cernés de rubans, de voiles, embrumés de voilettes. Les mantilles en dentelles de Bruges sont inconfortables à la peau du visage. Les cinq mantelets de velours sont ravissants, comment les porter, certains lotis d'un manchon en fourrure ? Six manteaux très lourds – y compris la zibeline – prouvent la rigueur des hivers là-bas. Il neige aussi en Bavière, mais elle s'est jetée plus d'une fois dans des batailles de boules de neige, riant et sans souffrir du froid sous une simple cape en laine bourrue ! Tout, dans ce trousseau, semble fait pour l'empêcher de fuir. Une femme qui court est à déconsidérer. Que dire d'une impératrice qui marche vite, court, s'endiable à pied ? C'est impensable. On ne peut courir avec des kilos de tissus que sous-tendent la lingerie entoilée, les corsets en côte de maille et les cages baleinées. Hélène a compté les chemises. Cent soixante-dix ! Et autant de paires de bas. De la soie, du tulle, la laine la plus fine. Elle en offrirait bien une grande partie à ses sœurs. Soixante-douze jupons et les culottes longues, serrées de rubans, au genou, remplissent un cabinet. Trente-six chemises de nuit et autant de déshabillés. Un lot de jupons destinés au sang du mois est plié dans une large panière à part. Que les rubans sont ravissants ! Il y en a une centaine, au moins. Elle aimait bien sa simple chemise en percale. Pourra-t-elle l'emmener ainsi que sa bonne robe de tous les jours ? Que faire de ces quarante bonnets en ruchés ! Le notaire compte à haute voix, le second notaire consigne sur des grands carnets en moleskine. Trente peignoirs de bain et, ô surprise, trois draps de bains. On se lave dont si peu aux palais impériaux ? Les quatre crinolines la font rire. Un garde manger en osier. Hélène, Maman et les notaires sont sérieux d'un bout à l'autre. Trop de gants (vingt paires), trop de chaussures, trop de pantoufles. Elle ne s'y retrouve plus. L'amazone pour monter à cheval la rassure. Elle ressemble, excepté son velours luxueux, à celle qu'elle met régulièrement. Elle s'attarde sur les six paires de bottes en cuir et celles en caoutchouc. Enfin des éléments qui évoquent le grand air, la promenade, le cheval. Les six parapluies et ombrelles l'ennuient. Hélène lui fait remarquer la beauté du coffret en ébène qui contient une mercerie merveilleuse. Les éléments sont en or pur ; des ciseaux, aux dés, aux aiguilles. Une profusion de boutons en or, en nacre, en perles, en jais, des fuseaux de soie multicolore, d'argent, d'or, des galons de perles, de moire, de fines passementeries. Dans un petit salon, on a rassemblé les présents. Un service de table d'argent et d'or, quelques tapisseries signées Aubusson, des châles de Perse, des tapis d'Orient. Lui seront réservés, pour son départ, voitures et chevaux de race. Sissi éclate de rire devant l'unique chausse-pied parmi tant de trésors. Le nécessaire à toilette, aux flacons en cristaux à son chiffre, aux brosses et peignes en dos de nacre et écailles blondes, contient un compartiment complet de brosses à dents. Elle grimace devant sa glace. Ah, courir jusqu'au lac !

— C'est ta leçon d'Histoire, dit Hélène.

Les notaires ont évalué en florins jusqu'à la moindre culotte. Son corps, qu'il soit de batiste, de soie, de la chair secrète du *Morgengabe,* est étalé jusque dans les gazettes. On a dit, on a lu, on a consigné que ce trousseau atteignait cinquante mille florins.

Si seulement, tu n'étais pas empereur, nous échangerions, dans un simple refuge de montagne, de tendres baisers sur une tiède couche de bois et de paille. Personne ne saurait rien de nous. Il te faudrait toutes les nuits et tous les matins du monde pour que, doucement, j'accompagne la chaleur de tes bras qui sentent la rose et le buis. Doucement, sans l'offense de la hâte, l'offense de forcer tout ce que j'ignore et que l'on exige de nous...

La tentation des champs la reprenait. Le printemps était un mélange de pluies raides et de soudaine douceur. Le 13 mars, François-Joseph vint la voir. Ce n'est pas un empereur qu'elle a envie d'envoyer promener, mais ces cinquante robes, chapeaux, ce déluge de choses et d'indiscrétions. Elle avait déjà surpris un policier derrière un arbre. On la surveillait. Elle était devenue la chose dont parlait le monde ; la chose publique, précieuse qui valait des milliers de ducats et de florins. Son poids menu était devenu celui d'un tas d'or et d'argent qui en faisait un objet à garder de près. Franzi lui donna avec émotion un très grand cadeau de la part de sa mère. Le diadème assorti de son collier et de ses pendentifs d'oreilles – diamants, émeraudes, saphirs – que l'archiduchesse avait portés à ses propres noces. La voix du notaire jaugeait le prix : soixante-cinq mille florins. Cela gâchait tout. Sissi devenait muette. Un vague dégoût l'éloignait de ces joyaux, leur joug de précieux matériaux, ces chaînes sublimes, impossibles à rompre. Elle souriait à Franzi, ne pas le blesser, il avait l'air si heureux en ouvrant ces écrins frappés de soie grenat et rouge.

Dans un élan spontané, elle s'écrie : « Je vais remercier Tante

Sophie ! » Elle s'étonne du léger froncement de sourcils de Franzi. Sa voix, si tendre avant, s'est durcie.

— Je te rappelle, Sissi, de ne jamais la tutoyer et de commencer ta lettre par : « Bien-aimée et Très Honorée archiduchesse... »

Un frémissement s'empare d'elle, colère, elle tremble. Franzi a-t-il le protocole en tête à tout moment ? La crainte d'une insolence de sa part ? Il n'est donc pas, à part entière, son allié ? Il donne d'une main, reprend de l'autre sous forme de la gifle invisible : la bonne tenue à ne jamais déroger. Qu'il le garde ce diadème, cet attirail de jument harnachée de diamants ! Elle a frémi devant ce sourcil froncé, cette réserve de fils gourmet, assujetti à sa mère, sa Bien-aimée et Très Honorée archiduchesse de mère. Ce n'était pas un cadeau du cœur, mais un rituel destiné à faire ployer à chaque seconde sa fierté et sa liberté aimante. Le 17 mars, son contrat était officiellement signé et son cœur se glaçait dans la grande salle de la résidence. Elle a remercié sa future belle-mère selon les termes ordonnés par le fils. Elle n'aimait pas l'obséquiosité fébrile de Maman, l'évanescence de son père, Hélène qui s'inclinait, le front trop bas devant celui qui l'avait dédaignée. Au palais de la Ludwigstrasse, c'est la réception des adieux en l'honneur de l'enfant qui s'en allait si longtemps. La salle du trône, la solennité où se complaît si bien François-Joseph. Ce lundi 27 mars 1854, Élisabeth doit prêter serment devant le roi de Bavière et la Cour de Munich de renoncer solennellement à ses droits de succession sur ce trône. De quoi éclater de rire si elle ne se sentait pas si oppressée. Quel trône, elle simple petite princesse qui court les champs ? Quel trône, quand, avant elle, s'éparpille ce jeu de quilles d'archiducs, de princes dont elle ignore le compte et le rang exact à la succession ! Quel ennui, cette cérémonie où il faut supporter la toilette pâle, trop serrée, signer et jurer ces inepties. Elle signe tout ce que l'on veut. Les adieux à la Bavière approchent. La séparation qui démarque l'enfance et la réalité sont, outre les soixante robes, un certain coffre destiné au *Morgengabe*.

Pendant ce temps, l'archiduchesse s'activait. Elle préparait avec une sincère générosité l'arrivée de la jeune fille. Elle écrivait à sa sœur de Saxe, décidément sa sœur préférée, des mots touchants, même affectueux sur Élisabeth. Elle soulignait sa simplicité et sa modestie de bon aloi. Elle avait offert Ischl mais s'occupa des appartements que devaient occuper les jeunes mariés. La Hofburg comprenait deux mille pièces, d'innombrables corridors et escaliers. Sophie avait du bon sens et du goût. Elle pensa, non sans délicatesse, qu'une aile aménagée en appartement plus intime ferait plaisir à la jeune impératrice. Dans ce dédale, ce palais-ville datant du XIIIᵉ siècle, elle choisit, sur la droite, l'aile de la Chancellerie, le premier étage, une avancée, à gauche du côté de l'aile Amélie. Un appartement aux proportions humaines. Sophie sut faire décorer avec raffinement les six pièces destinées au couple impérial. Elle fut attentive à tous les détails. Six belles chambres en enfilade. Une antichambre, un salon doré et blanc, la salle à manger, plus petite, aux couverts de vermeil et de cristaux, une inutile salle de glaces, mais l'archiduchesse ne perdait pas de vue qu'il s'agissait d'une future impératrice. Un cabinet de travail, la chambre à coucher. Les meubles, blancs, or, houssés de soies et de velours rouges, les bibelots en porcelaine de Saxe, les guéridons, les fauteuils et les sièges, les canapés doublés de moire, tout avait été prévu. Le cabinet de toilette fut loti de chaises percées comme tout le palais. Il n'y avait pas de baignoires mais un meuble de toilette raffiné avec ses brocs en porcelaine et ses cuvettes gravés d'or pur. Aucun confort. Ce n'était pas perversité chez Sophie, mais un mode de vie éternel, celui des plus grandes dames de la Cour. Quant à l'empereur, sa toilette procédait des gestes militaires. L'ordonnance baignait dans une cuvette son visage, ses mains, à l'eau froide. À l'eau froide, le reste du corps, et au savon noir. On le séchait avec une serviette nid-d'abeilles, on le rasait, on le peignait, on l'aidait à s'habiller. Il faisait ses prières à genoux, les pendules ne marquaient pas cinq heures du matin. L'archiduchesse avait déployé de grands efforts pour installer le jeune couple. Les repas se prenaient en famille. L'archiduchesse avait prévu une table ovale, de quoi rassembler les siens trois fois par jour. Il ne lui venait pas à l'idée que Sissi pût envisager un train de vie personnel, ne serait-ce que prendre seule avec son époux son café du matin. Sophie employa des artisans et des matériaux du pays pour encourager les industries. Elle n'hésita pas à faire transporter de ses appartements et salons, des pendules, des vases de Chine, des porcelaines, des cristaux. Ces trésors appartenaient à la Maison Impériale. Elle en fit volontiers la transhumance pour embellir le futur logement d'Élisabeth. Marie de Saxe écrivait à sa sœur de Prusse que Sophie était « l'abnégation personnifiée ». Depuis toujours, elle ne s'appartenait pas, elle se consacrait au bien de l'empire, de son fils, et des siens. Elle avait eu un élan pour la grande jeunesse de Sissi. Elle avait fait établir un décor plus convivial que celui immense et glacial où se complaisait la grande Marie-Thérèse. Ludowika, rassurée, rapportait ces détails à sa fille. Tante Sophie serait décidément pour elle une seconde mère ! Sophie s'était occupée de la literie. Des draps en fine batiste à la courtepointe en soie. Rien n'avait été oublié – excepté l'intimité toute simple qu'eût souhaitée la fille de Max en Bavière. Ludowika dissimulait ses craintes devant un tel trousseau, de tels arrangements. Il ne restait qu'à prier qu'elle demeure l'enfant de Noël, l'enfant de la chance, l'enfant du dimanche. Ludowika cachait sa peur tandis que le vendredi 12 avril, une trentaine de malles quittaient Munich pour Vienne. Le roi de Bavière offrit un concert pour les adieux. Sissi reçut les hommages du corps diplomatique, vêtue de soie claire, le cou et la chevelure emperlés. Elle n'arrive pas, en dépit de sa grâce, à dissimuler sa profonde tristesse ; le ministre du roi de Prusse consigne cette observation à son souverain : « Une ombre légère assombrit sa beauté éclatante. » Le 20 avril, Sissi doit quitter la demeure familiale. Elle n'a pas dormi de la nuit. Elle a pleuré, griffonné dans le petit carnet de poésies.

> *Adieu, pièces silencieuses,*
> *Adieu, vieux château.*
> *Et vous, premiers rêves d'amour*
> *Reposez en paix au fond du lac.*
> *Adieu, arbres chauves*
> *Et vous buissons et fourrés*
> *Quand vous recommencerez à reverdir*
> *Je serai loin d'ici*[1].

Une messe a été célébrée à la chapelle de Possi. Sissi a tenu à serrer la main de tous les gens de la maison de son père. Pour tous, elle a prévu un petit présent. Elle dit : « Au revoir, mes amis. » Elle ne sait pas que c'est la dernière fois qu'elle a le droit de serrer la main à des gens si simples. Sa première souffrance, à Vienne, sera de refuser sa main et sa spontanéité. Elle devra, désormais, n'offrir

---

1. *Élisabeth d'Autriche*, E. C. Corti, Payot, 1992, p. 47.

sa main à baiser qu'à quelques élus. L'archiduchesse a soigneusement préparé les épais feuillets du protocole. Sa première tâche est de lui faire apprendre « par cœur » la tenue en chaque occasion. Il est tôt, pourtant une bonne visite attend Sissi. Le roi Maximilien II et le vieux roi Louis, leurs épouses et enfants sont venus la saluer. Les deux rois sont vêtus, par égard pour son futur empire, de l'uniforme autrichien. Comment quitter tant d'amitiés sincères ? Dans le carrosse ducal tiré par six chevaux, il y a avec elle, sa mère, ses sœurs et, sur le siège avant, son frère, Charles-Théodore. Une seconde voiture les suit. Max et ses deux plus jeunes fils. Sissi est pâle, proche d'un vertige, vêtue de rose. Devant le palais, la foule est là. Pour elle, par amour pour elle. Elle se lève dans cette calèche découverte pour mieux leur tendre les bras, serrer les mains, envoyer des baisers aux enfants, à tous. On l'aime, la petite rose de Bavière, on l'aimera toujours, elle leur manque déjà. Quelle main amoureuse a lancé ce court poème signé d'un poète autrichien prénommé Jean ? Un poème d'amour qu'elle conservera toujours. Le billet a volé, plus léger que le pétale de l'amandier en fleur.

> *Rose de Bavière*
> *À peine éclose,*
> *Désormais tu fleuriras et tu répandras*
> *Ton parfum sur les bords du Danube [...]*
> *Tu ne saurais trouver*
> *Jardinier plus attentif.*

Il ne s'agit pas de juger la médiocrité de ces vers. On est en plein romantisme, on chantait l'amour déchiré. Ce 20 avril est rude à la politique de François-Joseph. Il s'était décidé – Sissi l'ignore – à conclure un pacte avec la Prusse pour chasser la Russie des principautés danubiennes. La guerre se préparait, des régiments autrichiens étaient envoyés aux frontières russes. Sissi s'en allait vers un pays qui ressemblait à un immense bivouac militaire. Elle éclata en sanglots quand la voiture s'ébranla.

Chapitre III

SPLENDEUR ET MISÈRE D'ÉLISABETH

Elle eût tout imaginé excepté l'étrange festin des larmes pendant l'interminable programme de ses noces. Une première prison l'attendait : Schönbrunn. Une façade de deux cents mètres, ocre, le jaune « Marie-Thérèse », aux volets verts. À l'origine, un pavillon de chasse. Marie-Thérèse (grand modèle de l'archiduchesse) appréciait ce palais en dehors de la ville, signé de l'architecte Johan Bernhard Fischer von Erlach, achevé par Nicolas Pacassi. La reine Marie-Antoinette avait adoré y passer son enfance.

Le bateau qui mène Sissi et sa famille, de la Bavière à l'Autriche, croule sous les guirlandes de roses. On les a cueillies, une à une, dans les célèbres massifs du parc de Schönbrunn. L'archiduchesse avait également veillé aux appartements d'Élisabeth à Schönbrunn. Elle avait vérifié que les lambris fussent astiqués à la perfection. Un triomphe baroque, un mobilier rococo et précieux. Elle voulait éviter à Élisabeth le lacis de mille deux cents pièces. Se perdre, tourner sur soi, s'égarer dans cette forêt d'escaliers et de corridors. Le palais où était né François-Joseph, où avait expiré l'Aiglon.

Sophie s'émouvait quand il s'agissait de Schönbrunn que réchauffaient mal les énormes poêles en faïence blanche. Sophie avait respecté le goût de la simplicité de son fils. Il aimait le style classique signé Biedermeier. Sur les murs, du reps couleur feuille morte, des fauteuils aux motifs en feuilles d'érable. Les cabinets de toilette et « les chaises » sont sommaires, mais la chambre à coucher est émouvante. Elle devint, selon le désir d'Élisabeth, une seule et même chambre conjugale. Son indestructible effroi de la chair ne joua pas. Elle *aimait* François-Joseph, elle aimait s'endormir près de lui. Au scandale du protocole et à la fierté aimante de son époux, elle demanda que l'on rassemblât leurs lits jumeaux sous un seul baldaquin. Vienne clabauda mais ce geste ravissait les gens simples. Il était d'usage au XIXᵉ siècle que même les bourgeois fissent chambre à part. Une impératrice exigeant de dormir auprès de son empereur émouvait les uns, froissait les autres.

La chambre est en bois de palissandre, à l'ombre ménagée. Un seul prie-Dieu, du bleu aux rideaux dont la soie vient de Lyon. Au mur, un tableau signé Carlo Dolci représente une Vierge et l'enfant. En attendant Sissi, un magnifique objet – cent mille florins – a été exposé au grand salon. Une couronne en diamants, cadeau de l'empereur, œuvre de Biedermann, grand orfèvre de la Cour. L'archiduchesse, fièrement, recevait les illustres visiteurs. On annonça l'impératrice Caroline-Augusta, veuve de François II, sa quatrième et dernière épouse. Elle avait soixante-deux ans, voûtée dans la dentelle noire. Elle tremblait de partout, saule sous le vent invisible de l'arthrose et d'un déséquilibre lié aux méandres mal connus du cerveau. Une maladie de Parkinson ? Caroline-Augusta est la demi-sœur de Marie-Louise, la mère de l'Aiglon, décédée en 1847. Elle se pencha, vacillante, vers la merveille. Ses dentelles accrochèrent une des pointes en diamants. Le redressement hypothétique de Caroline-Augusta entraîna l'édifice sacré sur le sol. Il est incroyable de violence, le roulement en roue de ferraille d'une couronne impériale sur le sol... L'assistance cria ; l'archiduchesse alluma le fanal meurtrier de son regard. Quel terrible présage est-ce là ? L'antique impératrice n'avait rien compris, était-ce un plafond éboulé ? La couronne aussitôt relevée, examinée, présentait quelques ébréchures. Vite, le grand Chambellan, le comte Lanckorowski, est dépêché auprès de l'orfèvre qui se hâte, le cœur dans la gorge. On a réparé les dégâts et dépensé d'autres florins.

Un dégât d'une autre espèce se prépare dans l'ombre : Bismarck joue la carte russe contre l'Autriche. L'Autriche ne s'emparera pas des bouches danubiennes. Les guerres se préparent au même rythme que ces Noces mondialement attendues. Les flottes anglaises et françaises sont entrées en mer Noire. La France et l'Angleterre déclarent la guerre à la Russie : la guerre de Crimée est imminente. Les Noces sont imminentes. Désormais, on agrafe sur les robes de cérémonie d'Élisabeth les décorations autrichiennes offertes par son impérial fiancé. Le voyage, trois cents kilomètres entre Munich et Vienne est commencé. Le trajet paraît interminable à la princesse. Quel monde l'attend de l'autre côté de ces hampes de roses ? L'archiduchesse est l'écueil, la Cour l'effraye. Elle n'a qu'un allié, qu'un ami, qu'un amour. Franzi. Un seul être, cela est peu au dédale qui l'attend. Un empereur que les tâches lui déroberont chaque jour et tout le jour. Les larmes ont pris source dans cet effroi lucide. La prémonition d'une colossale solitude. Les larmes ont commencé après qu'elle eut serré, droite et debout dans la calèche, ces mains amies. Elle frissonne en dépit du temps tiède, douée de fines antennes sensibles. L'intuition d'un sort qui ne lui convient pas et détruira jusqu'à cet amour qui a tout modifié.

Il reste quatre jours avant la date fatidique – le 24 avril – qui la fera impératrice d'Autriche. Quatre jours entre les larmes et l'épuisement, où, inéluctable, elle vogue vers son destin. Ce voyage, pour les paysans alentours, les villageois, est un triomphe dont elle est le ravissant symbole. Ils portent l'habit du dimanche pour lui faire bon accueil. Une rumeur enthousiasmée lui parvient des rives noires de monde. Sa mère la presse d'agiter son mouchoir en dentelle pour répondre à cette naïve ardeur. On l'aime, puisqu'elle est jeune, née d'une belle histoire d'amour. On veut apercevoir la petite rose de Bavière dont les portraits enchantent. On la confond avec une fée, une étoile. La foule, de tout temps, s'émeut des mêmes choses. Une princesse enfant, blanc pétale flottant parmi les roses, à la rencontre d'un prince charmant. Le besoin des fables éclate. Sissi est la radieuse fable ; la fée d'un conte merveilleux. La foule a besoin de ce merveilleux qui la dédouane de la rudesse du quotidien. Amour, adoration, même tremplin principal : la vision d'un pouvoir, un symbole déambulant sa grâce ou sa puissance exterminatrice. Élisabeth a l'horreur pathologique de la foule. Elle est, malgré elle, ce point de mire, ce miracle. Ses os fondent, sa chair, dévorée d'un excès de regards, tombe en poussière. Ce cannibalisme chaleureux l'étiole, la vide de son sang, elle fond en larmes. La foule ne voit pas ces larmes ou alors on les ajoute à sa gloire, on en fait les pierres précieuses de l'émotion. La foule à travers ses « Vive Élisabeth » érotise sa passion de pleurs. La foule a besoin d'une romance, une belle histoire d'amour. Ils ont besoin de Sissi. Elle est, avant l'heure, fourvoyée entre le roman-photo et l'univers de Kafka. Ce voyage l'étiole d'une fatigue douloureuse. Elle a égaré sa simplicité amoureuse. Franzi, sous l'arbre de Noël, baisant sa bouche rose, elle et lui, l'illusion d'un bonheur. Autour d'elle, les officiels ont la poitrine barrée de brandebourgs. Il va falloir embarquer sur deux « vapeurs » qui attendent à l'orée de l'évêché de Passau. C'est la première halte du trajet. La suite aura lieu sur ce confluent du Danube, la jonction entre la Bavière et l'Autriche, forme invisible d'une croix entre les deux rivières. Sissi monte à bord du premier vapeur, le *Ville de Regensburg*. Il vogue, entre les rives de la Bohême, où saillent les tours de châteaux si anciens, en ruines dentelées, jusqu'à Linz. Collines et pitons, fleuve au fond glauque et à la surface trop bleue, ainsi va l'âme inquiète d'Élisabeth. Elle a envie de presser son visage pâli entre ses mains gantées. Ne plus rien voir, égarer ces milliers d'yeux qu'elle devine, à la manière d'un incendie qui approche. Est-ce ainsi que fixent, de loin, les faucons, les pétrels, les corbeaux au passage de l'oiselle trop fine et trop faible ?

Il est six heures du soir, il fait encore grand jour. Elle est vêtue d'une robe couleur dragée. On est le 21 avril. Une surprise heureuse attend la princesse qui n'a rien mangé. François-Joseph a dérogé à tous les protocoles en se précipitant à Linz pour l'accueillir, impatient, amoureux. « Franzi ! » s'écrie-t-elle, enfin reprise de la joie d'aimer. Ils courent l'un vers l'autre, ils s'étreignent, ils s'embrassent. L'espace d'une seconde aérienne, pure, la joie s'élance, source jailli avant les soudains orages. Un fracas joyeux de cloches éclate, liesse des villes et villages alentours. Des drapeaux, des oriflammes, le noir, le jaune (les couleurs autrichiennes), une fête véhémente abolissent cette seconde si claire, ce silence délicat où, seuls au monde, un jeune homme tremblant d'amour embrassait une fille tremblant d'amour... Point de repos ni de halte à deux.

Un gala est donné en honneur des fiancés. On joue *Les Roses d'Élisabeth,* œuvre médiocre dont le titre a été choisi pour l'honorer. Il s'ensuit une retraite aux flambeaux qui déprime Sissi. Elle a horreur, horreur, horreur, il n'est pas trop de tripler ce rejet, des festivités publiques. Elle ne comprend pas, à ses côtés, son amoureux satisfait de ce déploiement. Levé à l'aube pour elle, il est déjà reparti à Vienne pour l'accueillir. Ce sentiment exaspéré, ce vide, ce jeune homme qui repart à peine frôlé. La solitude. Une visite éclair, importunée par les enfers du bon accueil. Elle a mal dormi dans une charmante demeure réservée selon l'usage à l'étape d'une auguste fiancée. Levée à six heures, il faut deux heures pour la vêtir et la coiffer. Elle est horripilée. Il y a si peu de temps, en une demi-heure elle était lavée, habillée, coiffée. Élisabeth et les siens sont conduits à bord d'un vapeur imposant : le *François-Joseph*. La fatigue accentuait sur son visage les défauts qu'elle n'aimait pas y déchiffrer au miroir. Un menton rebroussé vers la lèvre trop serrée, un front trop haut, le visage qui s'allongeait, des paupières qui s'enfonçaient, meurtries d'un halo cerné. La hantise de ses dents la reprenait. Elle ne souriait presque pas, ne parlait guère, avait à peine avalé un peu de lait. Ludowika, tristement renseignée sur ce qui advient aux filles, au soir de leurs noces, s'assombrissait. Comment cette petite, délicate, si difficile au fond, poursuivrait-elle sans dommage ce voyage dont le but était impensable à formuler ?

Hélène, en robe pâle, les doux cheveux noirs sous une capeline en tulle, souriait volontiers, répondait par des signes délicats aux amitiés de tous. Hélène, la parfaite impératrice, l'injustement répudiée. Ludowika s'affolait des larmes que versait la glorieuse cadette. Mon Dieu, comment l'empêcher de sombrer ainsi dans l'émotion exhibée ? Comment la mener à retenir ce flux déplorable ? Elle n'avait aucun empire sur ses nerfs. La jeunesse y était sans doute pour beaucoup – mais aucune excuse n'est admise quand on devient impératrice. La bonne duchesse redoutait l'imminente rencontre avec sa sœur Sophie. L'arrangement du *François-Joseph*, auquel l'amoureux avait veillé avec amour, en faisait un palais flottant de fleurs, un rococo à la limite de l'absurde. Un glorieux enfantillage, des arceaux de roses, un fauteuil-trône, sous un dais déverseur des roses de Schönbrunn. La reine des fées, la reine des fleurs, la reine des roses de Bavière et d'Autriche. La cabine où ne cessait de se réfugier Élisabeth, de velours rouge, était cernée de roses dont le parfum, en excès, lui soulevait le cœur. Les bêtes traquées cherchent l'ombre, le retrait, le fond des bois. Il lui fallait remonter sur ce pont flottant de pétales, au cœur de ces fragiles édifices. Le vertige la prenait, celui d'aller au rendez-vous du trône le plus puissant d'Europe. Elle eut un mouvement de repli.

— Sissi, semonce sa mère, reste dehors, je t'en conjure. Ne

vexe pas tes futurs sujets, entends comme ils t'acclament, fais-leur un signe, sois plus gaie ! Souris ! Montre-toi...

Le visage noyé de pleurs, elle agite, faiblement, ce mouchoir trempé. On l'a apprêtée d'une crinoline en satin rose, ceinturée serrée, un manteau flottant en soie blanche, un charmant chapeau en velours blanc, les insignes autrichiens à son corsage. Elle avait vu un jour, dans le jardin de Possi, mourir une mouette, venue de très loin, au-delà du lac, abattue de faim et de fatigue. Sous les plumes délicates palpitait un cœur soudain trop à l'étroit. Elle est la mouette palpitant d'étrange agonie sur ce bois flottant, écœurant de roses. Les plaisanteries de Max et de Gackel la dérident un peu. Ce mince secours n'a qu'un temps bref. Bientôt, ceux avec qui elle a partagé sa vie s'en iront.

À cinq heures, le vapeur atteint Nussdorf, faubourg de Vienne relié au fleuve, sorte de petit port. Une loge a été élevée pour la famille impériale au complet. La manœuvre nécessite du temps avant de toucher le bord où est déroulé un tapis rouge. L'amour, encore une fois, allège et magnifie les rites. Franzi se précipite vers le bateau et, d'un bond d'amoureux, atteint le pont des roses, la frêle silhouette blanche. D'un élan plus vif qu'à Linz il embrasse Élisabeth, son bien le plus précieux – quitte à la laisser tourbillonner seule, aux affres de ses larmes recommencées. On a bien aimé cette vivacité d'amoureux, on crie : « Vive Élisabeth ! », « Vive François-Joseph ! » Ils sont jeunes, ils sont beaux, ils sont amoureux. L'ovation est longue. Vêtue de sombre, suivant son fils de près, posément, l'archiduchesse est à bord. Elle surveille Élisabeth. Saura-t-elle lui baiser la main comme il convient ? Ses maîtres de maintien et de danse ont-ils été à la hauteur ? Mais oui, Sissi sait saluer avec grâce. Sophie l'abandonne à sa solitude au milieu de tant d'observateurs. L'archiduchesse ne bouge pas, n'aide en rien. Elle a bien vu les larmes et leurs traces sur le mouchoir. Une impératrice règne avec un esprit autrement plus ferme que les sottes larmes. Elle n'a pas, il est vrai, à régner. Elle est là pour épouser son fils, se taire et faire ce qu'ils auront décidé. L'archiduchesse n'a pas prévu que le charme et la timidité d'Élisabeth remportent une victoire plus grande qu'une impeccable sortie dédaigneuse. Les ennemis de François-Joseph – la classe marchande et libérale (l'opposition) – sont là, éparpillés dans la foule. Ils n'aiment pas cet empereur qu'ils ont surnommé « le mouchard rampant », « le prêtre fourbe », « le lieutenant en culottes rouges », « le bureaucrate ». L'opposition marque un temps indécis devant cette femme enfant. L'empereur l'a passionnément embrassée en public. Ce « soldat debout » aurait donc du cœur, la capacité d'amour ? Ils ne l'avaient jamais vu ainsi. L'Autriche va-t-elle atteindre un espoir d'humanité, moins de joug militaire grâce à cette fraîche enfant qui agite un mouchoir qu'elle porte, naïve, à ses yeux noyés ?

— Vive Élisabeth !

Ils ont crié son nom, eux, les humiliés, que l'archiduchesse considère en dessous de l'humanité. Il y eut l'éclatement des fanfares. Au cœur de la tribune surchargée de dignitaires, Sissi prit place, auprès de Franzi, sur un trône (encore) fleuri de roses. Elle avait du mal à écouter le discours trop long du prince archevêque, le cardinal Rauscher, surnommé « le cardinal bavard ». Il serait chargé du grand discours de leur mariage. François-Joseph présenta ensuite, l'un après l'autre, les éminents personnages de la tribune. Elle inclinait son visage qui pâlissait. Elle retenait l'immense envie de s'étendre sur l'herbe d'un pré, elle avait soif, elle avait sommeil. Que faire des plus simples besoins du corps souffrant d'un excès de contrôle ? La raideur de l'archiduchesse était la réponse. Une impératrice d'Autriche n'a pas de corps. « La Reine d'Espagne n'a pas de jambes » (étiquette espagnole). Le corps, cette indécence.

Il fait nuit quand Élisabeth et François-Joseph se rendent à Schönbrunn. Le premier carrosse mène l'ancien empereur et le duc Max. La seconde voiture est celle des fiancés et, leur faisant face, l'archiduchesse. La duchesse et François-Charles suivent en troisième position. La fin du cortège est composée en respectant les rangs familiaux et les honneurs. On traverse les faubourgs jusqu'à Schönbrunn. Sissi a cessé de pleurer. Elle admire les huit chevaux lippizans. Dressés à aller au pas (comme elle), dressés à être parés (comme elle), dressés à retenir leur élan (comme elle). Certains sont pris parfois d'une crise de folie soudaine, ils s'échappent en une course sans but (un jour, comme elle). Rien ne la console plus que la vision des chevaux. Son perroquet lui manque et les chiens fidèles de Possi. Ne pas y penser sous peine d'éclater encore en pleurs.

À Schönbrunn, une dure cérémonie commence. Le grand salon est ouvert, sous le cristal des lustres. L'archiduchesse, aux côtés de son fils, mène le ballet des présentations. Nulle compassion pour la fatigue de la jeune fille qu'ils encadrent de près. Elle entend à peine les noms trop nombreux des archiduchesses qu'on lui présente. Révérences, inclination de la tête ; jambes douloureuses, pieds comprimés. Elle est l'automate de soie, de cire, de chair abolie. François-Joseph lui dit à mesure les noms et titres des gentilshommes de la maison de Habsbourg. Saluts respectueux, à résonance militaire, inclination du petit visage dont la migraine commence à martyriser l'espace fragile entre la tempe et l'œil.

— Quinze archiducs ! commente fièrement l'archiduchesse.

Le plus jeune des fils de Sophie, Ferdinand-Maximilien, présente à sa cousine leurs parents les plus proches, nés Habsbourg et Wittelsbach. A-t-elle vu le désespoir dissimulé en pâleur raide de Charles-Louis, son amoureux, quand il s'est incliné vers elle ? Sa bague était charmante et ses lettres aussi. Elle l'eût volontiers embrassé sur la joue. Dormir, lancer (seule) à la volée ces vêtements qui collent à son corps, arracher « la cage » qui entrave les mollets crispés de « fourmis » ! Hélas, il y a la remise des cadeaux. François-Joseph la mène au salon où repose la couronne dûment réparée. L'ex-empereur Ferdinand offre un diadème venu de Prague. La mémorable tante Caroline-Augusta offrait à son tour une parure de diamants. D'autres cadeaux somptueux sont présentés à Sissi. Trop de diamants, trop d'or, trop, trop, trop... Le cristal des lustres, cristal, du grec *krysto* = glacial. La glace des lustres et des diamants. Le froid, le gel, les glaciales solitudes rutilantes. Sissi a un moment d'émotion allégeante. Enfin deux visages charmants, deux cousines bavaroises bien connues d'elle, deux compagnes d'autrefois (hier pourtant) ! Elle veut les embrasser, elle leur sourit et les appelle par leurs prénoms. Cela provoqua un petit esclandre. L'archiduchesse fit les gros yeux et on écarta les dames de Bavière. Sissi, froissée pour elles, se tourna vers son seul appui, sûre qu'il la défendrait. François-Joseph eut le ton de sa mère en raidissant sa réponse.

— Il est impossible d'embrasser ces dames. Cela ne se fait pas. Tu es la première dame de l'empire. Tu peux donner ta main à baiser. Une seule dame a le droit de t'embrasser sur le front. C'est ma mère.

Elle sent revenir le fâcheux flux des larmes. L'archiduchesse lui présente celle qui sera sa première dame d'honneur. Elle ne veut pas pour sa belle-fille un entourage bavarois mais un choix austère, autrichien, de haute tenue.

S'incline devant Sissi une pie-grièche de cinquante-six ans. Elle est trop âgée pour la petite fiancée. Une dame de confiance, une alliée fanatique de l'archiduchesse, l'espionne idéale de Sophie, chargée d'épier Élisabeth dans ses moindres mouvements. Tout rapporter à la Vénérée mère de l'empereur. La première dame d'honneur est la sèche comtesse Esterhazy née Liechtenstein. Une grande famille princière, un rang convenant à sa tâche – un rang qu'elle estime supérieur à celui de cette petite princesse née *en* Bavière. Sissi est rebutée, la comtesse Esterhazy la détesta du premier regard. Elle joua aussitôt un rôle de gouvernante, de surveillante de prison. Sa prisonnière, la petite impératrice, n'échappait ni à son regard ni à ses ragots sur les quartiers de noblesse des uns et des autres. Elle faisait partie de la composition suffocatoire, de la persécution chronique de la vie à la Cour qu'abomina Élisabeth.

— Vous n'avez aucune relation personnelle à établir avec vos dames d'honneur, insinuait Sophie, à mesure des présentations.

On lui amena ce que l'on nomme « la maison de l'impératrice ». Ses autres dames d'honneur, la comtesse Paula de Bellegarde et Caroline de Lambert. Elles lui parurent aimables et avenantes. Caroline de Lambert était la fille du général Lambert, assassiné par les rebelles hongrois. Ces dames l'aideraient dans toutes les tâches du protocole.

— Aucune relation personnelle ! répétait l'archiduchesse.

La maison de la future impératrice comportait quelques figures qui apaisaient ses craintes. Un secrétaire, jeune homme confondu de timidité. Une camériste régentait quatre femmes de chambre que subissait une soubrette. Elles portaient la livrée impeccable, amidonnée, de leur fonction. La robe noire, unie, le grand tablier immaculé, la coiffe en tulle raide scellant la chevelure tirée. Le portier était raide et muet, quatre laquais portaient perruque. Cette « maison » était modeste par rapport à celle, forcément plus nombreuse et compliquée, de l'empereur.

Dormir, boire de l'eau, s'asseoir.

— Venez au balcon, mon enfant, dit l'archiduchesse.

L'épreuve du balcon de Schönbrunn. Saluer, sourire, se montrer. Que tous la voient, que l'on détaille cette silhouette longue et mince, ce visage délicat et cette main charmante qui répète sans fin le salut enseigné. Dédoublée, elle revient, livide, au salon. La gazette de Vienne est élogieuse. Elle souligne qu'elle a été « d'une amabilité charmante ». Qui eût osé écrire le contraire dans cet empire totalitaire ? Va-t-elle s'évanouir quand on la change de toilette – crinoline de dentelle blanche aux volants de tulle d'argent, diadème, collier, pendants d'oreilles assortis ? On rétablit sa coiffure, des mains font claquer les fermoirs des bracelets à ses poignets. Des menottes de luxe. On l'apprête pour les deux heures du dîner de gala. Quinze plats, le vin de Tokay et les toasts portés à sa santé de future impératrice. Il est près de minuit quand, enfin, « on » la couche, ivre d'épuisement, dans cette chambre trop grande, ce lit inconnu, ces lambris qui lui font peur. Où est Maman ? Néné ? Franzi ? Elle aimerait bien voir, avec Franzi, la serre des fleurs si rares et la volière des perroquets roses. A-t-elle dormi ? Des voix respectueuses l'éveillent, on tire les rideaux. Visiter le parc, voir les bêtes et la volière. Il n'en est pas question, ce 23 avril, où on la prépare pour la traditionnelle traversée de la ville et les incessantes présentations. Sa robe faisait partie du trousseau, était-ce la blanche, cet organdi qu'un rien froisse, ceinturée de satin ciel dont l'essayage l'impatientait ? C'est dimanche. « Je suis une enfant du dimanche. » Ne rien faire, aller là où le vent mène les mouettes rieuses ? Elle n'avait pas imaginé la lourdeur en pierre tombale du protocole. Franzi l'aimait, il l'aiderait, elle n'en doutait pas, à ne *pas* subir cette oppression. Comprendrait-il qu'une telle aventure pour une enfant de seize ans, si libre, pouvait la tuer si elle ne l'enivrait pas ? Ce premier soir à Schönbrunn, elle avait reçu des mains de la comtesse Sophie Esterhazy un document concernant tous les détails du protocole. L'étiquette sur la cérémonie du mariage, à elle seule, remplissait dix-neuf pages. Cette liasse récapitulait en détail l'étiquette venue d'Espagne et demeurée à Vienne dans ses rituels les plus absurdes. Ce volume qu'elle reçut avec répugnance était intitulé : *Cérémonial de l'entrée solennelle de Son Altesse Royale la Sérénissime princesse Élisabeth.*

— Il conviendra à Son Altesse Royale d'apprendre par cœur ces pages, nasillait, non sans mépris, la dure comtesse, inclinée jusqu'au sol sur un genou arthritique.

Elle s'effare, elle se tourne vers Franzi près d'elle. Il savait qu'on allait lui remettre ce supplice écrit.

— N'y pense pas mon amour, lui glisse-t-il à l'oreille.

Une caresse de voix, des yeux d'azur, des lèvres tendres. Elle a deviné que son désir, justement, est qu'elle y pense. Elle doit le seconder en tout ; apprendre au moins les dix-neuf premières pages. Ne pas commettre d'impair à l'église des noces.

— Les Viennois t'aimeront, dit-il encore.

Elle a parcouru le texte. Une série d'impératifs sans réplique. Ils examinent tous les détails du comportement et du vêtement. Une étiquette qui remonte à Charles Quint. Elle sourit un peu en lisant ce que l'on disait à Possi concernant le devoir conjugal de l'empereur espagnol. Lorsque Philippe II usait du devoir conjugal, il devait, suite à une messe à cet effet, se rendre aux appartements de la reine, vêtu de noir, portant chapeau à plumes et l'épée au côté. Quatre hallebardiers l'escortaient, précédés du grand maître de cérémonie. Les laquais portaient les flambeaux. Une lueur macabre rougeoyait sur les murs. Les pas résonnaient dans les corridors sans fin, l'enfilade des pièces glacées. L'épouse vêtue de noir entrait dans le salon attenant, flambeau à la main, entourée de sa suite. On les laissait – relativement – seuls. Les murs et les plafonds, à la Cour, ont des yeux et des oreilles. L'empereur se débarrassait de peu de chose. Son chapeau, sa cape, son épée et sa culotte royale. La reine n'ôtait presque rien. Sous les atours noirs, les jupons raidis, brossés, jamais lavés, « l'ouverture conjugale » d'une certaine chemise suffisait. La position était dite « à la missionnaire ». L'époux sur l'épouse. On demeurait dans la semi-obscurité à la lueur fantastique des flambeaux posés de part et d'autre. Toute caresse contingente y compris un baiser eût été un crime de stupre. Le péché est dans un verre d'eau, selon saint Augustin. L'ouverture conjugale, le membre impérial raidi, militairement, au nom de la progéniture nécessaire, n'étaient pas le péché. Le sacrement du mariage, c'était cela. Un excès d'étoffes noires, difficiles à manœuvrer, le membre viril vrillant l'ouverture jamais contemplée, cette béance obscène, quelques secondes nécessaires au don de la sève impériale au ventre royal. L'acte conjugal avait lieu sur le lit de parade non ouvert. Aussitôt la semence jaillie, l'empereur se relevait, en chapeau, on lui remettait sa cape, son épée et on refermait, vite, ses chausses. La reine rabattait sa jupe de deuil éternel. Pas un seul mot n'était échangé, chacun retournait, flanqué de flambeaux et d'ombres funèbres à sa chambre et ses prières. Des nuits brèves, le lever à l'aube. Ne jamais manquer mâtine et la première messe. Ne jamais dormir ensemble. Ne jamais aimer. Ne jamais faire l'amour.

Sissi a frémi. Franzi va-t-il pénétrer ainsi sa chambre en habit militaire et... Elle rit, cela est grotesque, à la limite de l'ignoble. Et cette Esterhazy qui faisait les gros yeux quand elle a traité d'« inepties » ces pages ! À La Hofburg, l'étiquette espagnole était, paradoxalement, en 1854, plus stricte qu'à la Cour de Madrid. Sissi est assez sensible pour deviner les nuances et les dédains perçus chez l'antique dame d'honneur. Deux classes divisent, ici, les humains. Ceux qui sont dignes d'entrer à la Cour et ceux qui ne le sont pas. Élisabeth, née en Bavière, est-elle digne du lit impérial ? Vingt-cinq familles nobles sont admises à la Cour – dont deux cent trente dames. C'est peu ; on divise et subdivise en grande ou petite entrée, ce nombre restreint. Élisabeth doit assimiler au plus vite ces folles nuances. Les dames qui peuvent entrer dans les appartements de l'impératrice sans frapper, sont appelées les « admissibles ». Les autres, qui doivent frapper, quoique bien nées, sont les « attendantes ». Une « attendante » fait la révérence devant la porte. Elle ploie le cou, le front, gratte à la porte. Pas de coup de poing à la hussarde ou de frappement prolétaire ! Une « attendante » doit, comme l'indique son titre, « attendre » le bon vouloir de la très Sérénissime Majesté. La sadisation s'exerce à tous les niveaux. Laisser geler longtemps une « attendante » pour l'humilier, pendant qu'entrent les « admissibles », méprisantes – qui ouvrent, enfin, la porte. Chaque archiduc, chaque archiduchesse a sa maison, ses cloisonnements, ses « admissibles » et ses « attendants ». Herses et ponts-levis humains, gare à qui déroge : c'est la mort sociale, y compris de la famille de la maladroite. « Admissibles » et « attendantes » comptent quarante quartiers de noblesse. Un monde clos, un grouillement de bacilles humains. Une consanguinité sociale aussi dangereuse que l'inceste. Ces hommes et ces femmes, à la Cour, deviennent lentement fous. La Cour, à Vienne, est une sorte d'hôpital psychiatrique où, depuis le 21 avril 1854, on a enfermé toute vive la petite Élisabeth. Le document du cérémonial est vertigineux de sublime absurdité. Les cérémonies officielles, religieuses sont interminables ; impossible à soutenir pour le corps humain. « Une impératrice n'a pas de corps. »

Les cérémonies sont d'authentiques postes d'observation. On est loin de la simplicité chrétienne. Lors de la grande procession de la Fête-Dieu, le couple impérial suit, à une distance calculée au centimètre près, le Saint-Sacrement. À quelques mètres, derrière leurs Majestés, viennent les archiducs et ainsi de suite jusqu'au dernier « admissible ». Une ancienne coutume du droit divin perdure. Au jour du vendredi saint, l'empereur lave les pieds de douze pauvres (les douze apôtres). L'empereur déverse l'eau, les archiducs essuient les pieds d'un linge fin. Élisabeth apprendra à son premier « vendredi saint » d'impératrice que ces douze pauvres ne venaient pas de la misère. C'étaient douze dignitaires, soigneusement choisis d'après leurs quartiers de noblesse, les pieds lavés, les ongles bien taillés. Des « pauvres » bien lotis en palais, terres, serviteurs et florins, étrangement loin de ceux des Évangiles. Le Tsar avait une fois assisté à ce cérémonial. Ces pieds de « pauvres » étaient aussi immaculés que ceux des danseurs des grands ballets de Saint-Pétersbourg.

L'impératrice doit surveiller tous ses gestes. Ne pas boire spontanément ou s'emparer d'un couvert à la place d'un autre. Tout est prévu, jusqu'au nombre de galons aux manches des hommes, la couleur des robes des « admissibles » et celle des « attendantes ». On a calculé la longueur des traînes, la largeur des chapeaux, la coiffure. À table, Sissi meurt d'ennui. Personne n'a le droit de parler avant l'empereur. François-Joseph, préoccupé, peu gourmand, taciturne, prend ses repas à toute vitesse – quand il ne déjeune pas seul dans son bureau, entre deux audiences. Son menu, au bureau, est aussi frustre que celui d'un paysan du Danube. De la soupe, un plat de viande flanqué de légumes (le *Tafelspitz*), de la bière. À la table familiale, il pose parfois une question. Elle est brève et la réponse doit l'être davantage. « Oui, Majesté. » « Non, Majesté. » La conversation générale est interdite ; signe de mauvaise éducation voire d'anarchie. L'archiduchesse veillait à ces détails avec passion. Elle se taisait avec frénésie pour donner l'exemple. L'empereur finit de dîner si vite que personne n'a encore achevé son entrée. Les domestiques enlèvent à mesure les plats encore garnis. L'empereur se lève de table, tout le monde en fait autant, même si les hiérarchiquement derniers servis, en bout de table, n'ont ni mangé, ni bu. Les invités à la table avaient pris l'habitude de se précipiter à l'hôtel Sacher, près de la Hofburg, après ces dîners. Les archiducs se gavent et boivent tout leur saoul. L'après-dîner arrache des bâillements nerveux à Élisabeth. Son époux s'accorde de fumer un « virginie » et s'il se rend à l'Opéra, il somnole. Il achève sa dure journée en prenant un thé chez sa mère. Moyen pour elle de tout savoir et habitude pour lui de prendre conseil. Il se retire, en général, dans sa chambre à huit heures et demie. Il s'endort d'un seul trait jusqu'au petit matin.

Élisabeth traverse alors l'angoisse de l'ennui, cet amour en forme de bloc opaque, sous lequel il étouffe la moindre question. Il ronfle près d'elle, il l'adore sans questions, il n'aime qu'elle. Il est paisible et rigide comme un mort coriace dans un sol de sable. Un amour de mort, que rien ne peut attaquer, ni la grêle ni l'excès de soleil, ni les guerres, ni les fuites de l'impératrice, ses étranges maladies et sa frigidité. Il l'aime ; l'affaire est close de partout. Sissi est sa borne la plus grave, il se heurte à du marbre, une blessure mortelle. Sissi, l'arme mortelle fichée en cette âme close, bonne, obtuse, sans imagination. Obturée d'un amour fou. C'est à désespérer, il va désespérer, purement et pour toujours, l'enfant de Bavière. Sa punition sera sa solitude redoublée, triplée de travail.

À Possi, les soirées étaient charmantes. On se lovait comme bon vous semblait. On se roulait sur le tapis avec les chiens, on bavardait, on riait, on jouait, on faisait des charades. À Vienne, l'après-dîner respecte un ordre étudié. L'empereur s'assoit, toujours droit, contre la cheminée. C'est « la séance autour de la cheminée » où il fume son cigare. L'après-dîner est aussi glacial que le repas. Pas un mot avant que l'empereur n'interroge l'un ou l'autre. Les réponses, réduites à celles du dîner, « Oui, Majesté », « Non, Majesté », ressemblent à des hoquets retenus. Élisabeth d'Autriche sera la première à casser le rituel. Elle avait ôté ses gants, une impératrice ne doit pas dîner sans gants. François-Joseph sous un air impassible s'en amusait secrètement. Il avait aimé Sissi pour ce débordement si contraire à sa rigueur obligée. L'archiduchesse crut de bonne foi faire du bien et non provoquer un tel ravage en assujettissant Élisabeth à leurs rituels. Cela relevait du dogme de sainte Jeanne de Chantal prônant à ses filles, à la Visitation : « Laissez-vous tordre comme un mouchoir. » Sophie crut faire une belle œuvre en essayant « de tordre comme un mouchoir » cette nature aimante, libre. Elle inféodait cette âme spontanée, tenta de la réduire et faillit la rendre folle.

L'archiduchesse n'était pas une sainte mais dangereuse à la manière d'une sainte femme.

Le dimanche 23 avril, l'étiquette a rassemblé les dames d'Élisabeth dans son antichambre. Dès huit heures du matin, elles sont en grand habit du matin, crinoline au col fermé. Élisabeth va endurer quatre heures de toilette. Ce sera ainsi presque tous les jours. Que de monde autour d'elle, quatre heures pour ajuster les épingles, le diadème, la dentelle. Au cou menu, le poids des diamants. Quatre heures pour enfiler, sur les jupons et les cerceaux, la robe en moire doublée de dentelles, à traîne lourde, brodée de centaines de petites roses dont une perle figure une goutte de rosée... Les essayages, à Munich, ne duraient pas longtemps. Elle piaffait vite, les couturières s'en sortaient bien, les proportions de son corps harmonieux et fin, dessiné sur un patron, rendaient facile la confection. Un dernier essayage et la toilette s'en allait dûment scellée dans une des vingt-sept malles. Quatre heures où, en dépit de « la chaise » prévue derrière le paravent, elle se fige, la gorge nouée, le ventre serré. Sa mère est présente, sa tante aussi, hélas ! La barrière de tant de femmes, toutes ces femmes, ce complot de femmes. Ce mariage, une histoire de femmes ; l'empereur, entouré, cerné de femmes plus que de ministres. Quel poids ont-ils quand l'archiduchesse s'en mêle ? L'enfer des femmes. Sans les femmes, il n'eût pas connu Élisabeth. Tout a été de la faute des femmes, ces « admissibles » et ces « attendantes ». Toutes coupables puisque toutes des femmes. Élisabeth aussi est coupable puisque femme, adorant la liberté. Une surabondance de femmes la coiffent, l'habillent, tournent son corps de-ci, de-là, la blessent d'une agrafe, « Ô pardon, Votre Altesse Royale », des femmes l'épient, l'étouffent. Son sang si vif rebrousse vers son cœur. Son sang disparaît aux fleuves de ces artères invisibles, cette secrète hémorragie. Le sang, le sang des femmes. L'archiduchesse s'est enquise de la date de ses dernières règles. Rien depuis des semaines. Ludowika et ses mensonges de femmes ; des dates imprécises qui rassurent. Elle n'a que seize ans, les cycles deviennent réguliers « après le mariage ». D'abominables confidences de femmes. L'archiduchesse fixe à la manière d'une rebouteuse d'herbes fécondantes le ventre si mince de la petite enfin prête. Son ventre de femme est l'obsession de ces mères, ces « admissibles » à la plus ténébreuse intimité. Sissi a à peine bu et mangé. Ce n'était pas faute de petit déjeuner familial où, sur les coupes en cristal, s'amoncelaient des gâteaux annelés, des brioches, et autres viennoiseries. La cafetière et la théière en vermeil embaumaient. Il était très tôt et on lui avait déjà enfilé une robe de petit matin, rassemblé sa chevelure en une torsade décente. Elle se souvient du goût amer du café, de l'envie d'eau fraîche et de fuir ce regard si clair, tranquille et gênant de son fiancé à l'aise dans cette armure de tissus, son costume de *Feldmarchal*...

Depuis l'aube, il est à sa table de travail et a déjà dépouillé une partie de la correspondance du ministère des Affaires étrangères. La pile de dossiers préparés par la Chancellerie militaire attend. Le plus urgent, ces matins-là, seront les listes détaillées des remerciements aux innombrables félicitations. Il n'oubliera pas de répondre aussi à des anniversaires et des condoléances. Il n'oubliera rien, ce scrupuleux, ce chef d'empire, de l'Église et de la famille, ni son grand amour, ni sa dévotion filiale. Les fêtes de son mariage n'annulent pas son devoir. Au moment de la rejoindre, il a déjà travaillé trois heures. Elle se souvient, devant le regard si bleu, qu'à Linz, un orage violet avait éclaté. Elle l'avait savouré, le visage encore libre sous son ridicule petit chapeau en velours blanc. Cet orage avait la douceur d'une ondée désaltérante. Il lui dit qu'elle est ravissante et qu'il l'aime. Elle a besoin de l'orage bleu, violet de son regard penché sur elle. Tous ces apprêts sont destinés à la traversée de Vienne.

Vienne !

Elle ne sait rien de Vienne.

La plus belle ville du monde occidental – plus ravissante que Paris. Son nom est d'origine celte : *Vindobna* c'est-à-dire « Le château blanc » (*vindos* = blanc et *obna* = château). Elle devint *Vienne*, première ville impériale, en 1237, sous l'empereur Frédéric II. Une ville libre et en danger, menacée de convoitises permanentes. Trente ans plus tard, le roi Winceslas de Bohême s'emparait de Vienne et son fils Ottokar était élu roi d'Autriche. Vienne, flanquée de remparts. La ville intérieure naissait. En 1273, le comte Rodolphe de Habsbourg, landgrave d'Alsace, était élu empereur d'Allemagne. Vienne devenait le fief de son fils Rodolphe. Il opprima les Viennois. Jusqu'au XVe siècle, ce ne furent que rebellions, dont celle des Hussites. L'empereur, prisonnier de sa ville, fut libéré par le roi de Bohême, Georges Podiebrad. La Hongrie attaqua Vienne qui fit sa soumission au roi de Hongrie, Mathias Corvin. À sa mort, en 1490, Maximilien Ier, élu roi romain, délivra Vienne des Hongrois. Les Habsbourg de la branche d'Espagne régnèrent avec leur étiquette insensée dans la cité convoitée par les Turcs. Le temps passait, Vienne, désirée telle une jolie femme, entraînait guerres sur guerres. C'était à qui la posséderait. Il fallut, en 1683, l'attaque vigoureuse du roi de Pologne, Jean Sobieski, et de Charles V, duc de Lorraine pour se débarrasser des Turcs – sauver la chrétienté. On arrivait au règne de la grande Marie-Thérèse, épouse de François de Lorraine. Elle s'occupa beaucoup de l'embellissement de sa ville, qu'acheva son fils Joseph II. L'occupation des troupes françaises (Napoléon Ier), en 1805 et 1809, n'ôta jamais aux Viennois la certitude de leur autonomie particulière. Leur ville redeviendrait un des phares du monde. Le congrès de Vienne (1815) s'organisa et mit Napoléon hors la loi. On décidait alors du mariage de l'archiduchesse Sophie.

Vienne changeait lentement. Élisabeth allait découvrir une ville qui avait encore ses remparts. François-Joseph les fit abattre en 1857. Les faubourgs, de Schönbrunn au centre, sont très longs, à maisons uniformes et volets peints. Il est difficile à Sissi de découvrir la vieille ville. Elle va, au rythme si lent du carrosse en verre, aveuglée par la vague de cette foule aimable. Que de gens ! Comment font-ils pour surgir du sol, des murs, du ciel, des arbres à chaque fois qu'elle passe ? Au-delà de ces fossés et fortifications, organisés en promenades, tout verdoie. Vienne est une ville pimpante, son centre est petit, ouvragé de monuments précieux, de places ravissantes. Les fortifications sont devenues inutiles et ont perdu tout prestige de défense militaire. On ne se bat plus comme au temps des Turcs, il faut créer des grandes artères afin de mieux contrôler toute émeute. Ce principe sera travaillé en France, de fond en comble, par le baron Haussmann et Napoléon III. Les fortifications qu'Élisabeth a eu le temps de connaître enferment la ville dans un lacis de monuments et de ruelles. Architecture idéale pour des révolutionnaires, hantise de François-Joseph et de sa mère.

Le centre très ancien de Vienne ressemble au quartier du Palais-Royal, à Paris. Le centre, la *Stefansplatz*, porte le nom de la cathédrale Saint-Étienne *(Stefansdom)* qui en est le joyau. Une cathédrale rebâtie au XIVe siècle, suite à des incendies, par Rodolphe IV de Habsbourg. Elle s'ouvre sur cinq portes, si vastes, les « portes des géants ». Sa tour, gothique, est si haute que l'on voit le fleuve, les monts, les forêts, loin, en une brume perlée. La plus grosse des cloches avait été fondue en 1711 avec cent quatre-vingts canons turcs, marque de haute victoire. Au nord-ouest, la *Kaerntnerstrasse*, la *Singertstrasse*, quartiers très anciens, mènent à une jonction, la place *Stock-Im-Eisen* (« tronc d'arbre »). Un très vieux tronc d'arbre est niché au profond de ces anciens pavés entre ces façades de dentelles en pierre.

Sissi ne voit rien, ce jour-là, des détails gracieux de la ville. Le carrosse est parti de Schönbrunn, ce quartier du Belvédère, le long de l'interminable rue des Favorites. Franzi est auprès d'elle, l'archiduchesse, en face. Il lui nomme, à mesure, les rues, les places, les quais. Le *Stock-Im-Eisen* commence par le *Kaerntnerstrasse* (« beaux magasins »), quartier tout en vivacité coquette. Verra-t-elle, de ce carrosse où elle est, une fois de plus, l'attraction principale, les détails de cette place à fontaine jaillissante ? Tournera-t-elle sa tête encombrée de chevelure et de diamants du côté de la *Kapuzinerkirche* (« église des Capucins »), contre la Hofburg ? Là, s'alignent les tombeaux des Habsbourg. Elle dormira un jour et pour toujours au profond de cette cave grandiose, cette geôle sans issue, derrière son portail et ses barreaux. Une crypte gardée le jour, la nuit par des moines sans autre Pitié que celle consentie du Ciel. Des fontaines, derrière l'Opéra. La foule embrouille tout. Elle a à peine remarqué l'église des Augustins où auront lieu ses noces. Le carrosse étincelle, attelé de ces chevaux blancs, les Lippizzans, qu'elle a tant admirés. On a poudré d'argent leur crinière, leurs harnais. Elle est comme eux, pouliche harnachée, prise au mors d'une force à laquelle elle ne peut échapper. Que fait-on d'un cheval argenté qui s'échappe, chute, fou d'angoisse ? « Il convient de l'abattre », dirait l'archiduchesse. Le parcours, si long. La foule, si dense. Elle se souvient, cette enfant née un dimanche, que l'on est dimanche. On ne se marie pas le dimanche. Elle se mariera lundi. Qui rit dimanche, pleurera lundi, mardi et tous les autres jours. Il lui faut, pourtant, sourire et agiter une main gantée de dentelle à la portière. Elle ne distingue pas ces cavaliers qui les escortent. Les hallebardiers, les gardes à cheval et, dans d'autres voitures, l'archevêque de Vienne, primat de Hongrie, Papa Max, Maman, Hélène... Ils franchirent un pont que Franzi lui désigna d'une main gantée de blanc, boutonnée au poignet. Le pont Élisabeth. En son honneur. Elle le trouvait très gentil d'avoir laissé appeler un pont de son nom. Gentilles aussi ces quarante jeunes filles vêtues de blanc, qui lancent des pétales de roses sur son passage. Une secousse, un arrêt. On est devant la Hofburg. Elle n'a rien retenu des rues, des places, des architectures. Elle a peur de ce palais. Schönbrunn, qu'elle n'a pas aimé, lui paraît plus avenant que cette redoutable façade. Il lui arrive le même cataclysme que les jours précédents : les larmes.

Le carrosse, si largement travaillé de verre, est décoré par Rubens. Elle n'aime pas Rubens, ce solaire, cette peinture empêtrée de chair. Elle n'aime que la minceur extrême, la légèreté d'une ombre. Seule une ombre peut s'évader sans secousse. Ce carrosse, cette prison de verre, a fait d'elle ce papillon en vitrine que tout le monde contemple. Un papillon figé au milieu du corps par une aiguille invisible, qui la fait palpiter, encore vivante. S'endormir comme on meurt. Sans s'en apercevoir, là, avant de gravir ces marches. Avant que tout soit *consommé. Consumé.* Le corps sacrifié, immolé. Elle tremble si fort qu'en se baissant pour atteindre le marchepied, elle s'empêtre dans sa robe. Malheur ou présage, la bouche des femmes en a longtemps parlé, elle accroche son diadème à la portière. Il vacille, à la limite de rouler sur le pavé. D'un geste naturel d'enfant qui joue avec sa coiffure, elle le remet en place. L'archiduchesse a tremblé. Heurter son diadème ! Cela fait deux fois que la couronne destinée à cette dangereuse enfant a failli être mise à mal ! Elle la regarde avec un mélange d'irritation et de calme soudain.

— Décidément, Sissi est ravissante quand elle pleure.

Elle a été adroite, au fond, cette petite, en redressant son diadème. Elle n'avait pas l'air emprunté. Dans son journal, Sophie est plus tendre que dans la vie. Elle a noté que, ce jour-là, « la chère enfant... avait été parfaite, gracieuse, digne ». Sophie est prise aux rets de ses paradoxes. Quelque chose en elle s'enflammerait sans doute pour cette enfant. Le rappel de leur rôle réciproque à jouer est le frein absolu à toute faiblesse. L'archiduchesse croit, de bonne foi, que la tendresse avouée est une faiblesse. Adopter Élisabeth déclenche en elle la maternité des grands fauves. On ne peut élever (au rang le plus haut) qu'à coups de pattes griffues, de dents et de morsures nécessaires. Être dur, juste, ne signifie pas être méchant. Franzi couve Élisabeth d'un regard si aimant, si velouté, qu'elle trouve la force de lui sourire et gravir les marches de son destin. Tout, dans sa déambulation, est destin, c'est-à-dire hasard supérieur, y compris l'ébranlement de ce diadème. Franzi. Son bras où elle s'appuie. La solidité d'un amour sans défaillance. Il est la branche et l'arbre en même temps. Elle a moins peur. Elle est là pour lui. Elle n'a jamais fait un tel chemin pour une autre raison. Il la conduit à travers ce dédale à une chapelle de style gothique, séparée en trois galeries. Ils sont là pour se confesser. Elle distingue mal, à travers le grillage en bois, le profil de ce prélat inconnu. Quel est son péché le plus grave ? Ses larmes ? Son manque de joie ? Sa peur ? François-Joseph s'est appliqué à la confession avec son éternelle simplicité bureaucrate. Nul ne saura ce qui s'est murmuré en ces lieux. Ils reçoivent à genoux la sainte Communion. Une terreur puérile s'empare d'elle quand, *Corpus Cristi*, on lui tend, sur un drap déroulé, l'hostie si blanche. Ne pas la laisser glisser comme le diadème, ne pas bloquer ce mélange de farine, d'eau et de sel dans sa gorge. Où est sa foi ? Le goût du sel, le goût des larmes ? Un moment chaleureux bénit sa tristesse. Franzi la mène avec fierté et tendresse à leurs appartements. Elle redoutait de faire le tour de ces deux mille pièces, sait-on jamais ! Le diadème l'oblige à tenir droite une nuque qui faiblit. Les appartements sont accablés de luxe, mais chaleureux dans les couleurs, l'arrangement, la proportion. C'est là qu'elle va vivre, c'est là, dans cette chambre, qu'elle dormira, demain et les autres nuits avec lui, un homme. Elle a bien aimé, dans le premier salon, l'accueil chaleureux de ses futurs beaux-frères. Charles-Louis aux beaux yeux de chevreuil triste. Les deux frères lui offrent une garniture d'or et de pierres précieuses pour son bureau personnel.

— Aimes-tu cet endroit ? Demande tout que tu peux désirer, Sissi, dit tendrement Franzi.

Elle ne veut rien que cet espoir impossible : être seule avec lui. Elle a perdu à nouveau la notion du temps, du dîner, du coucher. Lundi 24 avril 1854. C'est le grand jour. La comtesse Esterhazy a marqué un point de sadisme pur en l'incitant la veille au soir à relire avec attention les rituels du cérémonial du mariage. Elle doit apprendre en premier lieu *le ton*. La sonorité de la voix, dédaigneuse, et sans élan. Le ton. Le bon ton d'une impératrice. Ces dames – attendantes ou admissibles –, Sissi s'embrouille déjà, portent, outre leurs titres nominativement très longs, les noms de *Sérénissime* ou *Très Sérénissime*. Sissi s'empêtre dans le nombre des porteurs de traînes. Le document concernant le mariage, intitulé *Très Humbles Rappels*, porte une connotation menaçante. L'interdiction de se tromper. L'erreur serait aussi grave que le diadème roulant sur le sol. François-Joseph a déjà tout assimilé. Ce n'est – quoique très émouvante – qu'une auguste cérémonie. Elle n'est pas plus difficile à intégrer que son couronnement. Il s'agit de son grand amour, la lier à lui, officiellement.

— Que dois-je faire ? s'était effarée Sissi.

Il avait ri, rompu à tant d'exercices officiels.

— Tout sera oublié aussitôt qu'accompli. Tu seras ma ravissante petite épouse et notre lune de miel aura lieu au château de Laxenbourg.

Le Laxenbourg, à une vingtaine de kilomètres du centre, au-delà du canal de Neustadt. Un château double, dont l'ancien, médiéval, construit en 1380 par le duc Albert III de Habsbourg, fut achevé en un second château par Marie-Thérèse. Cela donne une structure étrange, entre le médiéval et le baroque. Un parc aux chênes majestueux et allées rectilignes. L'étang, des dénivellations de ruisseaux donnent à l'ensemble un aspect d'île. Une île pour des amants, une lune de miel impériale, quelque chose d'humide, de faux, de glacé dans la muraille. Une ombre triste plane sur ces toits aigus et inclinés, ce parc marqué d'un mystérieux édifice, le tombeau des Chevaliers. Quelque chose de funèbre, trop d'eau, de muscs mêlés aux feuilles mortes, des ombres en excès, celles des nuits de noces, successives, au cœur des chambres trop froides... Des grottes, l'une d'elles se nomme la grotte de Sophie, un pont gothique. Contre le bassin des Poissons dorés coule une cascade argentée. De Schönbrunn, à la Hofburg, à Laxenbourg, Sissi a égaré tous les lieux. Elle n'habite plus rien, elle, l'habitante officielle de milliers de pièces. Elle n'a plus de chambre à elle. Quand Franzi lui avait demandé ses désirs, il avait (peut-être) lu dans ses yeux sa véritable demande. La grâce des condamnés à mort et l'abolition de la peine du fouet. Ce fut sans doute pour plaire à Sissi qu'il avait fait publier dans la gazette de Vienne un communiqué qui transformait la peine capitale de ces jeunes rebelles en forteresse à vie. On était loin d'une absolution mais le peuple fut sensible à cet adoucissement. Élisabeth avait insisté sur l'abolition de la peine du fouet. L'armée y tenait, ce supplice était un moyen de discipline. Les réactionnaires dont les partisans de l'archiduchesse furent choqués de cette clémence. Élisabeth obtenait, dans la foulée généreuse de son fiancé, la précieuse amnistie des insurgés lombards, hongrois et autres. Sophie frémissait, elle avait espéré que ce communiqué au moins ne passerait pas. La gazette de Vienne l'étalait en gros titre. L'empereur avait-il perdu la tête à cause de sa bluette ? Comprendrait-il les conséquences d'une telle faiblesse ? L'enfant de Bavière triomphait, l'archiduchesse se renfrognait. À la comtesse Esterhazy de mener une surveillance sans relâche, lui rapporter la moindre niaiserie de cette fillette à *sensiblerie* dangereuse. La vraie bonté régnante n'est ni sensible ni faible. Dieu n'est ni sensible ni faible. L'archiduchesse se sentit investie de la mission de veiller-épier sans répit. Élisabeth serait impératrice d'Autriche, à sept heures du soir, à l'église des Augustins, ce 24 avril. Les dés, qu'ils fussent de diamants, étaient jetés. L'archiduchesse veillerait. Le Christ était mort, *en partie* parce que ses compagnons les apôtres n'avaient pas su veiller. L'empereur était heureux et gratifia son peuple. Deux cent mille florins furent distribués aux plus pauvres de son empire – la Silésie, la Moravie, la Galicie, la Croatie, le Tyrol qui avait subi un sinistre en céréales. On donna 25 000 florins à la Bohême et autant aux pauvres de Prague. Un geste impérial, paternaliste mais on aima, chez ce parcimonieux, cette générosité attribuée d'instinct à Élisabeth. Dans les chaumières, les cabanes en bord du fleuve, les terres reculées, une population grelottant de fièvre et de bacilles auréolait la jeune fille de Bavière. Elle devenait la légende, le *conte*, le *merveilleux* nécessaire pour survivre. Elle était belle et bonne comme une fée, une étoile ; la rose d'un vitrail. Elle était surtout très pâle, ce 24 avril.

Toutes les églises de Vienne sonnent des cloches, y compris la grande cathédrale Saint-Étienne (Étienne, premier roi de Hongrie). Il y eut dès le matin, des messes dans la moindre chapelle. Une quête générale permit de lotir de 500 florins quarante jeunes couples qui se mariaient ce même jour. On offrit dans les villages et les faubourgs de quoi nourrir et vêtir les plus indigents. Cette fête générale portait un nom très doux, déjà familier : Sissi. Les plus pauvres disaient « Sissi ». Tout, pensait-on, venait d'elle, la nourriture, les vêtements, les communiqués adoucissant les peines. Il est probable qu'elle ne sut rien d'une grande partie de ces munificences. Cent mille personnes allaient venir, en habit de fête. Il fallut à nouveau quatre heures pour apprêter la mariée.

Parmi les malles acheminées à Vienne, il en était une particulièrement précieuse. La toilette de la mariée. Élisabeth, entourée d'Hélène qui avait peut-être eu un mouvement d'affliction, s'était tenue à peu près tranquille, à Munich, pendant l'essayage. Sa mère était là, quatre couturières s'émouvaient. Elles avaient joint les mains, à la manière d'une prière. Élisabeth, en robe de mariée, objet sacré. Figure, image, personnage, dépassement du réel sous l'excès de tulle et de brocart. Le blanc aveuglant. Un cheval Lippizzan, le plus beau d'entre tous, dont le mors appartient à l'impérial l'époux. Ludowika aussi avait joint les mains et essuyé une larme. Les femmes, souvent, fondent en larmes devant une mariée. Ces plumes d'ange, cet uniforme d'une vie qui ne sera plus jamais la même. Le sceau et l'assaut imminent de l'homme ; son joug ; la menace des couches parfois mortelles. Il y avait de quoi joindre les mains et pleurer. On habille aussi de blanc certaines mortes trop jeunes. La virginité, abolie, dans le sang. Immolation, agneau immaculé du sacrifice. Élisabeth se figeait à mesure qu'on l'étouffait sous des kilos de brocart, de moire, de dentelles, brodés d'or et d'argent. L'archiduchesse raidissait son émotion, Ludowika dominait ses larmes. L'archiduchesse s'étonnait de la beauté étrange de la jeune fille. La traîne, fort longue, amincissait encore une taille si fine. L'archiduchesse remarquait la forme exquise des épaules sous la dentelle, le corsage entièrement orné sur le devant d'un bouquet des plus rares roses blanches du royaume... Cette séduction l'étonnait et l'irritait vaguement. L'image devenait celle d'une impératrice, une figure de vitrail, une non-vivante, une Parfaite. Les bandeaux relevés retenaient le diadème, cadeau de l'archiduchesse. On l'avait dûment fixé aux épingles longues, petits poignards d'or, d'où s'échappait un voile plus long que la traîne. Il serait porté de part et d'autre par les jeunes sœurs de la mariée. Un voile travaillé à la main par les plus fines dentellières de Bruxelles. C'était l'usage, pour ces princes, de se marier à l'église des Augustins, près de la Hofburg. Marie-Thérèse y avait épousé, en 1736, François de Lorraine. Leur dernière fille, âgée de quatorze ans, l'archiduchesse Marie-Antoinette, y avait épousé, par procuration, en 1772, le futur roi Louis XVI. Marie-Louise, mère de l'Aiglon, s'était aussi mariée là, par procuration et en larmes. L'église des Augustins, au chœur allongé, aux vitraux violets, l'église de mariages royaux, impériaux, souvent maudits. François-Joseph, culottes rouges, veste blanche scintillant de l'ordre de la Toison d'or, avait précédé sa future épouse. Il était d'une exceptionnelle pâleur et d'un resplendissement étrange. Sissi apparut, encadrée par sa mère et l'archiduchesse. Soixante-dix évêques étaient dans le chœur dont le cardinal Rauscher chargé d'accueillir les futurs époux. Élisabeth obéit à l'étiquette. Son voile est relevé, son visage découvert. Leur amour, un grand amour, une incompréhension d'amour les retient, là, parallèles, égaux et inégaux, division dans cette osmose de cristal pur. C'est le sermon. Le cardinal Rauscher ne sait pas se borner, ni éviter l'indélicatesse. À moins que tout ne fût voulu par l'archiduchesse qui l'avait reçu longuement, la veille, dans sa chambre ? Le discours vexatoire du cardinal (« le cardinal bavard ») blessait Élisabeth et sa famille. On entendit sous la voûte des Augustins, à la satisfaction de la grande noblesse de Vienne, le cardinal tonner ces paroles de saint Augustin :

— Quand la femme aime l'homme parce qu'il est riche, elle n'est pas pure car elle n'aime pas l'époux, elle aime l'argent de l'époux. Quand elle aime l'époux, elle l'aime pour lui-même ; fût-il pauvre et misérable.

Un sermon si loin de la tendresse désintéressée de Sissi que sa pâleur devient une soudaine rougeur. Quelle honte révoltée d'avoir été soupçonnée de calcul ! Mais sonnent les trompettes, sous la voûte haute des Augustins. Un fracas d'harmonies, d'anges du ciel. La princesse Élisabeth, Amélie, Eugénie, duchesse en Bavière est devenue impératrice d'Autriche. La première dame de quarante millions de sujets. Le carrosse qui les ramène à la Hofburg est ce coffre de verre et d'or hissé trop haut, décoré au temps de Marie-Thérèse. Un excès de guirlandes florales, de médaillons, et, à l'avant, ces huit chevaux blancs qui apaisent son regard. Assise dans cet écrin frappé de velours rouge, la si jeune impératrice se demande comment ne pas périr mentalement étouffée par ces regards en excès. Un œil de cyclope, mondialement rivé sur elle. L'impératrice. L'amour se perd, où est-il ? Ce bel homme en face d'elle, qui sourit, salue, et qu'elle discerne mal à cause des reflets ? Il flotte, l'amour, pris en ces transparences, ces treillis d'orfèvreries, cette déambulation si lente qui la mène au troublant devoir du *Morgengabe*... Si seulement il la menait dans une chambre connue de lui seul, loin de ce piège suspendu entre les ors et les pavés de Vienne. La cérémonie est loin d'être achevée. Le supplice des présentations l'attend.

Cette nuit, si particulière, sacrée peut-être, est anéantie par l'obligation du protocole. Le poids de sa robe, de sa traîne, de ses bijoux, de son corps si léger devenu tout entier le plomb de la fatigue. La fatigue, cette maladie des misérables et des rois. Un carrosse qui pèse quatre tonnes, et combien de tonnes ces roses blanches sur sa poitrine, ce blanc qui se corrompt, hideux, au

121

linceul des jeunes mortes et des épousées d'une nuit ? Les harnais des chevaux étaient garnis de plumes d'autruche, mêlées à des glands or et rouge. L'autruche est un animal que l'on dit sot, qui enterre son col épouvanté quand on le poursuit, à mort, pour lui arracher sa parure. L'autruche est comme toutes les bêtes. Elle n'a que sa peau, ses plumes, et on la tue pour lui voler sa peau, ses plumes, sa chair. Élisabeth n'a que sa peau nue et progressivement glacée sous cet excès de moire et de dentelles. Lui acheter sa peau la plus tendre, son secret de chair contre une caisse d'argent. La grande salle des cérémonies, à la Hofburg. Deux trônes ont été préparés sous les écrasants dais en velours. Les lustres pèsent, le plafond pèse, le ciel pèse. Écrasée ; elle se sent écrasée, sous la robe, les roses, les lustres, le plafond, le ciel. Son amour, de profil. Comment toucher son bras, prendre sa main ? Les solitudes. Ah, si seulement il n'était pas empereur, mais un simple tailleur. Elle est assise à ses côtés. Pendant deux heures, un défilé de gens illustres s'incline dont elle ne retient rien. Saluer si longtemps est au-dessus de ses forces. Une immense envie de s'endormir. S'agit-il de dormir ? Sursaute un double d'elle, plus sage qu'elle, plus âgé qu'elle. La désolation. Elle a les larmes aux yeux, il s'irriterait, l'amoureux, si elle commettait des impairs. Dormir, par exemple. Elle sursaute vaguement à la dernière présentation. Elle se souvient, atterrée, des dix-neuf pages du protocole concernant les noces. Il faut traverser encore la ville, en impératrice, non plus en fiancée. Sa robe est une armure rêche doublée d'une cotte de maille douloureuse. Boire, dormir. Les roses de Possi. Le grand pré et le lac où plonger, en jupon quand il fait doux... La ville ; va-t-elle la détester, cette ville qui n'est que clameur, rumeur, allégresse ? La ville crie son nom, Élisabeth ! D'une unique bouche noire et invisible. Encore des fleurs sur son passage. Crient-elles, ces fleurs décapitées, encore si fraîches le matin même ? Le sang des fleurs. Les lanternes et les lampions tournoient dans ses prunelles qui, hier encore, reflétaient les chemins des bois. Le vertige, attention au diadème, à l'époux qui a trop l'air d'un empereur et non plus de son tendre amoureux. Il la surveille, tout en saluant. Elle pleure en silence. Un attentat de lampions, de guirlandes, de vivats. Le palais des Liechtenstein est écrasé de palmiers artificiels où l'on a accroché des lampes argentées. Tout cela n'est ni un rêve ni une fête mais un lent cauchemar. L'excès de monde a soulevé une poussière de charbon si dense dans ces rues camouflées en pistes de bal que dans la *Kohlmarkt* (voie du charbon), elle a pensé suffoquer. À dix heures du soir, elle craint de s'évanouir d'épuisement. C'est le dîner de gala ! Le lent, le long dîner où des toasts sont portés à sa santé. Après le dîner (elle n'a rien mangé), une torture de plus est prévue. L'impératrice doit animer la conversation, au centre des grandes admissibles. On l'épie, on note ses balbutiements. Un cercle de vieux cadavres de dames trop âgées. Elles s'inclinent, ces aïeules percluses, pour lui baiser la main. Sissi a une révolte soudaine. Elle se tourne vers son époux, debout, très à l'aise, parfait soldat de plomb et d'or.

— Comment me laisser baiser la main par des femmes plus âgées que moi ? Jamais !

Il la morigène avec douceur et fermeté.

— Tu dois respecter cette étiquette.

Son époux a une vague forme de hallebarde, de pic dressé, de lance en uniforme. Est-il désormais l'incontournable ennemi ? Il est très tard : on quitte l'histoire d'un homme et d'une femme très jeune qui se sont aimés et on bascule dans le roman noir des femmes. Il est plus de onze heures. Sissi est entourée de femmes. Il fait nuit. Des femmes indésirées. Sa mère, ce soir-là, est indésirée et sa belle-mère la pétrifie. Des femmes ôtent ses atours, un à un. Des mains de femmes ôtent en premier les bijoux. Des mains défont le voile, ouvrent le corsage, que de boutons, que de boutonnières, que c'est long, ces étoffes à ôter. La cage, les jupons, le corset à délacer. Combien de nœuds ? Les jarretières, les bas, la chaussure en satin blanc à la limite de l'extinction. Les yeux de sa mère, des yeux anxieux, évitent son regard. L'archiduchesse attend dans le cabinet attenant. On a défait ses nattes une à une et brossé sa chevelure. On l'aide à enfiler, les bras d'abord, ensuite la tête, la chemise de la nuit des noces. Une fine batiste, une aile de papillon, elle est ce raisin précieux dans un sac de gaze. Hélène avait regardé cette chemise d'un air grave et compliqué avant que ne se referme la malle fatidique. Où est la véritable imposture ? Où est Néné ? C'était à elle d'être déshabillée et mise au lit par ces femmes, tant de femmes, trop de femmes. Sa mère la recouvre du drap, de la couverture moirée. Elle n'aurait pas mieux fait pour une veillée funèbre. Où est Franzi ? Tout l'épouvante – y compris sa mère qui se détourne de sa fille comme d'un crime. Des femmes, des sorcières. Plus d'amant, plus d'amoureux mais une mère, cette surprenante ennemie, qui ose se tourner vers l'archiduchesse en ombre noire :

— La jeune mariée est prête.

Prête à quoi ? Elle a froid aux pieds ; elle tire jusque sur ses yeux le drap et la couverture. L'archiduchesse, dans le cabinet attenant, est allée chercher son fils.

La hallebarde, le pic, la lance, le pieu.

Que va-t-il se passer ? Où est-il afin qu'il la délivre de cette peur affreuse amplifiée par ces femmes, qui la fixent, la surveillent, observent cet affolement.

— Bonne nuit, mes enfants, dit-elle.

L'archiduchesse Sophie notera dans son journal comment était l'enfant au moment précis d'être abandonnée à sa nuit de noces :

« Je laissai [la jeune mariée] avec sa mère et m'établis dans le cabinet à côté de la chambre à coucher jusqu'à ce qu'elle fût au lit, et je cherchai mon fils et l'emmenai près de sa jeune femme, que je trouvai, en lui disant bonne nuit, cachant son joli visage inondé de la profusion de ses beaux cheveux dans son oreiller, comme un oiseau effrayé se cache dans son nid [1]. »

Les deux mères leur ont évité un excès de cérémonial pour cette mise au lit. Elles ont estimé que tout avait conservé un caractère intime. Pas selon Sissi.

L'histoire de *La Chèvre de M. Seguin* n'a pas encore été écrite par Alphonse Daudet. Cette première nuit avait quelque chose de la petite chèvre menant sa défense contre l'assaut du loup. Un loup aimant, une petite chèvre ignorante, qui, d'horreur et de terreur, se replie à l'autre bout du lit et, si elle l'osait, sous le lit. Elle refuse de se laisser ainsi dévorer. Un pugilat, même si le loup dit des mots d'amour. Dans le rougeoiement de la nuit et des rideaux, ses dents sont très blanches, ses mains sont des griffes, ses jambes sont poilues. Un loup, un homme, un mâle. Plus de Franzi ni de prince charmant. Une lutte, une peur si grande que l'époux, peut-être blessé, peut-être patient, disait : « N'aie pas peur, dors maintenant, nous avons le temps. » Peut-être... Aucun détail n'est susceptible de décrire ce qui est l'affaire de l'amour et de l'ombre. Les murs, les plafonds, les sols, les mères, de près, de loin, ont des antennes d'insecte aux aguets. Personne ne dort dans ce

---

1. *Élisabeth d'Autriche*, B. Hamann, *op. cit.*, p. 75.

SISSI, LES FORCES DU DESTIN

palais, cette caserne, cet immense taudis d'or et d'angoisse. On suppute, on attend. Ludowika tord son mouchoir contre sa bouche tremblante. Les pères ont disparu. Trappe mystérieuse du pouvoir des femmes et du pouvoir des fables d'où l'homme est banni. Ludowika a peur, dans son appartement trop loin de celui de sa fille. L'archiduchesse suppute le sens inné du devoir chez son fils. Elle ne doit pas être bien difficile à vaincre, cette enfant de seize ans, de plus amoureuse ! Sophie va et vient dans sa chambre peu éclairée. Sa nuit de noces à elle, ce dégoût, la folie soudaine en grognement de porc, l'assaut de ce malingre, ce minable qu'elle avait été contrainte d'épouser... Ludowika n'a guère de meilleur souvenir. Ils disent s'aimer, ces deux-là. Ce voyage que toutes les femmes et les garçons trop jeunes redoutent est commencé. « Ils disent s'aimer », répète à haute voix l'archiduchesse, en quête d'une bonne conscience.

L'aube glace les vitres si hautes du palais aux deux mille pièces.

Le matin, c'est le petit déjeuner pris en commun. La lividité de sa belle-fille et la pâleur muette de son fils n'augurent rien de bon. Elle a déjà pris ses informations. Les bouches sont celles des femmes de chambre, les préposées au lit, au linge ; la constatation des draps intacts. La constatation d'une petite jeune femme égarée, près d'un jeune homme qui n'a pas dormi, et n'a pas l'air heureux. Les deux mères pressent la petite de questions abominables. François-Joseph a disparu. Sa table de travail l'attend. Les dossiers, les audiences, une distraction terne, une rougeur encolérée sur sa bouche empourprée. Que faire de cette enfant qui, farouche, s'est enroulée dans le drap comme pour se cacher d'un assassin ? « Elle est si jeune, se dit-il. La nuit prochaine... » Elle baisse la tête aux questions des mères. Sa gorge se bloque, les larmes montent à ses yeux.

— Eh bien, mon enfant ? dit l'archiduchesse.

Le journal de Sophie est troublant de suavité maquillée.

« Nous avons trouvé le jeune couple déjeunant dans son joli petit cabinet de travail. Mon fils était rayonnant, l'image même du bonheur le plus doux (Dieu soit loué !), et Sissi paraissait tout émue quand sa mère la prit dans ses bras[1]. »

Elle a penché son profil d'oiseau, son oreille attentive. Ludowika est au supplice, ses yeux posent la même question. L'empe-

---

1. *Élisabeth d'Autriche*, B. Hamann, *op. cit.*, p. 76.

reur est obligé de les retenir à ce premier petit déjeuner. Le supplice de Sissi continue. Les regards, le viol des regards. Le palais, la ville, tout l'empire attendent la réponse. Le « non » de Sissi est murmuré, si bas que l'archiduchesse le lui fait répéter.

— Le mariage n'a pas été consommé, dit-elle nettement. *Matrimonium non consummatum est.*

La seconde nuit fut peut-être la pire.

François-Joseph ne lui voulait aucun mal. Il eût volontiers donné sa vie pour sauver celle de cette enfant qui s'épouvantait à mesure des heures. Il la saisissait telle une écharpe de soie, la liait contre lui. « Tu ne m'aimes pas, disait-il, dénudé, beau, fleurant le buis et le chêne. » Elle pleurait que oui, elle l'aimait. Elle pleurait, les poings contre les yeux. Il avait un mal fou à poser au hasard de ce visage fermé, de ce corps fermé, un baiser, une caresse. Il avait du mal à ne pas devenir violent. Il n'aimait pas sa peur qui s'installait, plus évidente que la première nuit. Il n'aimait pas cette colère qui montait par vagues. Elle le mettait hors de lui, c'est cela, hors de lui. « Prouve-moi que tu m'aimes, Sissi », disait-il. Il n'aimait pas supplier, il n'aimait pas qu'elle n'ait pas en elle ce désir fou qui l'emballait. Elle s'affolait de cet assaut répété, cette certitude que rien n'arrêterait l'inexorable. Une bataille, irréparable, un outrage, la blessure viendrait de l'être aimé entre tous. Les ombres de la chambre étaient des bras, des branches au fond d'une forêt trop sombre. À son corps défendant... Peut-être, étaient-ils, d'une certaine manière, en train de se battre. Son baiser devenait la morsure, son enlacement, la sangle d'un buisson de ronces. Elle se rejeta si violemment de l'autre côté du lit qu'il se leva. Il hésitait, pris d'un émoi coléreux jamais éprouvé de sa vie. Le désir, celui qui rend méchant. Il s'apercevait, effrayé, que l'amour ne veut aucun bien à l'autre. Il la voulait, c'est tout. Il en avait le droit, il avait tous les droits. Il tremblait, soudain proche d'une secousse mêlée de colère et de chagrin. « Tu ne m'aimes pas, disait-il. Tu ne m'aimes pas. » D'un mouvement brusque il a quitté le lit et s'est enroulé, en soldat rompu d'une campagne trop rude, sur le lit de camp, sous sa couverture en poil de chameau. Il a tenu à conserver dans cette chambre son lit de camp. L'étrange ennemi était cette petite qui l'aimait et ne pouvait rien pour lui. Aucun des deux ne dormit. Ils s'épiaient, mornes, malheureux.

Ce fut la seconde nuit.

— Eh bien, mes enfants ? interroge l'archiduchesse au petit déjeuner.

Les larmes de Sissi sont éloquentes. L'humeur du jeune empereur davantage. Une inquiétude plane. Va-t-on la répudier dans sa Bavière pour non consommation du mariage ? Serait-elle mal conformée ? L'archiduchesse est prête à faire venir des médecins, exiger un examen. Les questions pleuvent, indécentes et drues. Qui eût cru que cette grande dame austère fût capable d'un interrogatoire d'une odieuse précision chirurgicale ? Ludowika baisse les yeux, Sissi blêmit quand François-Joseph affirme d'une simplicité militaire que sa petite épouse est toujours vierge. Il lui en veut, ses refus, son rejet mettent en doute le point sensible de sa virilité. Ce n'était pas Franzi, cette nuit-là ni celle d'avant. Une bête méchante, fougueuse, à la limite de la hargne. L'étalon qui saille la jument, l'élan féroce du matou ou du chien. Une bête innommable. Elle se débattait contre ce qu'il voulait, ce qu'il tentait. Les gestes abominables. Il ne patientera pas une nuit de plus. Elle le sait. La nuit à venir sera celle de la honte et de la douleur. Il forcera ses cuisses de neige à s'ouvrir, il forcera son ventre, là, de ce membre dur, dressé, dont elle ignore le nom médical. Elle n'osait assimiler son tendre amour, son tendre élan à ce déploiement obscène. Cette nuit, il lui faudra vivre l'agonie de l'enfant qu'elle est encore. Une exécution, aux gestes sales, issue tout droit de la passion d'amour de l'homme. Elle haïra à jamais ces gestes-là, ces témoignages-là. Son corps glacé, blessé, pour longtemps, pour toujours. Les comtesses hygiéniques avaient grand plaisir quand il leur accordait cet assaut-là. Le plaisir. Elle ne sait pas plus que sa mère ou l'archiduchesse ce que signifie un tel mot. Plaisir, rite barbare où sonnera bien fort la récompense en ducats d'or et d'argent du *Morgengabe* ? Trois journées étranges. Trop de monde et des ragots sans fin. La honte jusqu'à sa lie amère. La honte, cette souffrance qui prend source, justement, au creux du ventre et reflux en sang soudain au visage. Elle savait que chacun ne pensait qu'à son ventre, au plus intime de son ventre. Elle ne mangeait pas, elle buvait à peine, elle endurait les mains des femmes qui l'habillaient, la déshabillaient, la coiffaient, la décoiffaient. Elle était devenue le perroquet rose, maintenant taciturne et qui ne mangeait plus, seul dans sa cage dorée. La Hofburg, sa cage dorée. La troisième nuit, celle du mercredi 26 avril au jeudi 27 avril, elle accueillit son époux avec le sourire flottant que l'on voit aux suppliciés trop longtemps exposés. Un assaut rapide, un viol soudain, la cognée du bûcheron contre l'arbre trop tendre. Le ahanement du bûcheron quand l'arbre trop tendre, étrangement, déploie une résistance insoupçonnée.

Et la sève coula et le sang coula.

Elle n'entendait pas ses mots d'amour fou. Elle cachait sa pâleur d'assassinée au creux de la dentelle froissée. Un lit froissé, souillé, une chair froissée, souillée. Un champ de bataille où le vainqueur déjà se levait, s'habillait, baisait ce front et cette bouche décolorés.

Tôt le matin. Le troisième jour.

Elle s'éveillait d'un bref sommeil. Elle sursautait, le cœur agité. Il avait repris la parure d'azur de son regard aimant, d'amant. Il baisait ses mains, il disait des mots tendres, il ne faisait aucun geste qui pût la blesser. Il l'aimait ; il l'adorait et elle eût bien voulu mourir, ce matin-là. Une nouvelle lutte s'engage. Elle refuse de se rendre au petit déjeuner à la table familiale. Cet étage à monter ou à descendre, elle ne sait plus, elle ne peut pas. Sa pudeur se révolte. Il répond par des baisers, son immense tendresse. L'archiduchesse, ce cauchemar, nota dans son journal que l'empereur était monté seul « en attendant que sa chère Sissi fût levée », elle était, en fait, à la porte de cette chambre bouleversée. Son fils négocie quelque chose qu'elle entend mal. Il dit : « Ma *femme* désire prendre son café ici, seule avec moi. » L'archiduchesse a un petit aboiement de triomphe. Peut-être l'exclamation maternelle a-t-elle suivi ? Les mères, ces traîtresses. Sissi secoue la tête, elle ne veut pas se rendre en public ce matin-là. L'archiduchesse parle à haute voix. Élisabeth d'Autriche a gagné le *morgengabe,* l'affreuse tombola. Un triomphe, un soulagement. Toutes les gazettes et les colporteurs de l'empire et du monde entier, vite, doivent répandre la grande nouvelle.

— Ton épouse, dit l'archiduchesse, doit prendre son petit déjeuner en famille. Plus d'enfantillage.

— Elle désire être seule, répète le fils dont la voix est déjà moins assurée.

— C'est impossible, réplique l'archiduchesse. Il lui faut se comporter en impératrice.

Jamais Sissi ne pardonnera à son époux la lâcheté d'avoir cédé à sa mère. Un tel matin, un matin affreux où le son maudit des ducats sonnait dans la caisse dûment apportée du ministère des Finances. Qui, à part les bêtes, a le droit de se cacher dans les émotions mortelles ? Il s'agissait bien de mort et non d'amour ? Pourquoi est-elle quand même allée à cette table familiale, cette humiliation ? Il obéissait à la véritable femme de sa vie : sa mère. Il faudra des années à Élisabeth d'Autriche pour avouer à Marie Festetics, une dame d'honneur hongroise qu'elle affectionnait : « C'est par amour pour lui que je l'accompagnai. » Au cœur même de l'amour elle tourbillonnait, seule, au plus prodigieux des abandons.

Chapitre IV

LES BEAUX VOYAGES DE NOCES

La Hofburg : le malaise. Les deux mères aux aguets. La solitude. À qui se confier ? L'une après l'autre, les cages de cristal et d'or se referment. Sa vie d'impératrice de trois jours commence par les obligations. Recevoir les délégations des grandes provinces de l'empire. On l'a vêtue de soie blanche. Elle porte son diadème. Une amnésie partielle l'anesthésie vaguement. Elle, à la vive mémoire, ne se souvient d'aucun visage. La fatigue dévore tout. Elle est cette prisonnière debout, stratifiée, entre deux sentinelles, son époux et sa belle-mère. L'archiduchesse l'épie. Sissi n'a aucun entraînement à ce sport impitoyable. Elle ignore tout de la technique de résistance des souverains. Des fauves, des requins, des autruches, des perroquets. L'archiduchesse constate les défaillances de la toute jeune femme qui pâlit à mesure que s'inclinent les représentants de la Haute et Basse Autriche. Ne pas tomber. La terreur d'une crampe au mollet. Une impératrice n'a pas de mollets. Ce premier exercice est long et lourd. Sophie le sait, elle observe. Elle attend. Elle s'évertuera (nouvelle mission) à rendre possible l'impossible. Voyons si cette enfant tiendra trois heures debout, sans la trivialité des besoins naturels. À déjeuner, elle n'avait pas faim. Elle avait l'air de bouder, parce qu'il faut la changer à chaque présentation, chaque dîner. Que croyait-elle ? Recevoir en robe de paysanne et galoches de montagnarde ? Elle avait osé protester pour conserver ses chaussures. « Elles sont encore bonnes. » Quelle réflexion de petite bourgeoise ! Des chaussures encore bonnes ! De quoi se faire mépriser des laquais et des servantes. Plus l'écart social est grand, plus la hauteur est indispensable pour se faire respecter des inférieurs. Sophie le sait. Il est urgent de l'inculquer à cette désastreuse enfant. Un lavage de cerveau, un gavage de principes. Sans relâche. Élisabeth a l'air ahuri d'une poupée de porcelaine à chaque toilette qu'on lui enfile. Le protocole est aux princes ce que le cilice est aux religieux. Le protocole la brise et c'est tant mieux, se dit l'archiduchesse. Dans quelque temps, elle ne ressentira plus ces inconvénients. L'après-midi, tout recommence. Debout. Saluer, recevoir. Un adoucissement à sa peine. La délégation hongroise. Elle sourit au souvenir de son cher professeur, Majlath. On dit qu'il fait une dépression, enfermé à Munich dans sa bibliothèque. La Hongrie... N'est-elle pas devenue à son tour une sorte d'opprimée ? On l'avait vêtue du costume national hongrois. Elle avait endossé elle-même la robe rose et son long tablier brodé, le corselet en velours noir ouvragé de dentelles. Ce vêtement, ironie, ne faisait pas partie du trousseau : c'était un cadeau de l'archiduchesse. Une toilette qu'elle mettra le plus souvent possible. Avec amour. Le seul pays de cet immense empire où le mot « amour » reprend son sens. François-Joseph, en costume de hussard, est beau à voir. Un couple de porcelaine et de fer. Le soir, un grand bal. L'épuisement reprend Sissi sous le flot de tulle et de diamants.

La nuit, encore la nuit. Elle et lui.

Qui peut prendre soin de leur amour sinon eux, à peu près seuls ? Un chaos de soie, de chair, de baisers.

Il va à elle avec les gestes pieusement faits, il va à elle avec les baisers et la nudité. Il va à elle dans le désastre et la flamme. Il éprouve très peu de plaisir. Elle ne libère jamais le cri de sa souffrance ou d'une extase improbable. Elle ferme les yeux, et, si elle les laisse ouverts, c'est pire. Une plaie invisible de bête mise à mort, son sang obscur. Il est perdu car il refuse d'appeler à son secours le souvenir obscène, béant, des comtesses hygiéniques. Il va à elle purement. Une cruauté céleste. Il est perdu et il ne le sait pas. Il est lié au marbre de ce corps, il est lié à la privation du plaisir. Elle est la plus forte. Elle est la victime. Elle le hante, il peut faire de ce corps ce que bon lui semblera. Elle est cette gisante glacée. Les années passeront, il restera pour toujours sur sa faim. Faim d'elle, la Redoutable ; la petite fille qui riait sur la balançoire, à Ischl, et qui pleurait dans un carrosse en cristal. Une enfant, une citrouille, une arme de mort. Elle qui n'a faim que d'Amour, l'insupportable Amour, a fait de lui un Affamé, un Inassouvi. Son bonheur gîte dans cette certitude de l'aimer passionnément. Où est le beau voyage de noces ? Toutes les femmes parlent du voyage de noces. Même Ludowika était allée en voyage de noces. Une impératrice serait-elle privée de lune de miel ?

Dès le matin, si tôt, Franzi s'en va à ses dossiers. Il a baisé son front, ses mains, sa bouche. Il a, au cœur même de son amour, quelque chose de cérémonieux. Ils ont déjeuné – quel luxe ! – dans le petit cabinet attenant. Petite fête de plus en plus rare, Sophie ne l'entend pas de cette oreille. Le déjeuner se sert en famille. La famille est aussi sacrée que la religion. Sissi ne peut compter sur la présence de Franzi. Ses dossiers lui prennent dix heures par jour. La question d'Orient le tracasse, il reçoit à ce sujet l'ambassadeur d'Autriche à Paris. Son air heureux frappe tout le monde. Il retrouvera Sissi cette nuit et toutes les autres nuits. Elle lui donnera le miel de l'amour. Il est radieux d'une attente, d'une extase d'attente. L'archiduchesse avait remarqué cette flamme. Sissi. « Pauvre petite, se disait-il en songeant à leurs trois nuits, le plus embêtant est passé. » La Cour épiait la jeune femme. On chuchotait que les noces avaient été enfin consommées. Quand elle avait dansé, si mal, dans le salon aux lumières qui éclataient dans sa tête, elle devinait le sens cauteleux, salace, de ces regards. Il lui restait le secours de sa famille de Bavière. Ils étaient là pour si peu de temps. Dans une semaine, ils partiraient, elle éclaterait en larmes. Seule avec l'amour, avec la Cour.

Franzi l'aime, elle n'a que cet amour – cette souffrance. Il a vu sa fatigue et, pour une fois, sa mère n'aura pas raison. Il exige que Sissi se repose une journée. Qu'elle profite de sa famille, du jardin, d'une promenade – de la solitude si c'est la seule fontaine qui la désaltère. Il a décommandé les réceptions du quatrième jour. Pourquoi ne pas l'emmener, en calèche, avec les siens au Prater, la grande promenade des Viennois ? Un bel espace vert, créé en 1766, par l'empereur Joseph II. Il est situé sur la grande île du Danube, au sud-est du quartier de Leopoldstadt. Des bosquets, des sources, des fontaines, des allées charmantes : la Venise de Vienne. On entre dans un premier parc, égayé de cafés, de kiosques où des orchestres jouent les valses et les polkas de M. Strauss dont *La Marche de Radetzky*. Une foule de petits théâtres, de guinguettes où coule le vin de Tokay, où se boivent les chocolats mousseux. Les femmes sont élégantes, la chevelure en vapeur dorée, sous les chapeaux fleuris. Les hommes sont en majorité des officiers. Le pays de François-Joseph est une immense caserne où la silhouette d'un amant est celle d'un militaire portant sabre et ceinturon.

Le Prater ; quatre kilomètres d'allées où l'on fait du cheval, sous les marronniers. Un jardin zoologique, un restaurant pour amoureux et gros bourgeois. Dans le Volks Prater, au sud, le rendezvous de la petite bourgeoisie. Le Volks Prater est à la foule ce que la grande salle de bal est à la Cour. Le cirque Renz y est installé. Il excelle d'acrobates, d'écuyères scintillantes, en jambes de tulle rose, sur des beaux chevaux. Des lampions éclairent l'ensemble. Sissi aime le cirque. Franz va lui offrir un spectacle au cirque Renz, qui, prévenu, a tout organisé pour recevoir de tels hôtes. Sissi est touchée d'une telle attention. Franz lui offrira des promenades, leur amour, un amour d'enfance. Le duc Max est enchanté, il s'amuse enfin. Il était mal à l'aise, dans son costume officiel, évitant de songer aux terreurs de sa fille préférée. Le cirque, le feu d'artifice, la gaieté du Prater, peut-être est-ce le début de leur voyage de noces ? Franz sourit de la voir enfin rire, applaudir avec des yeux d'enfant, des yeux confiants. Les yeux de la petite fille à qui il offrait un perroquet rose. Il se serait presque excusé d'y avoir ajouté un trône par-dessus le marché. Il a remarqué la complicité des deux sœurs. Elles se parlent en anglais, en riant, elles savent, les malicieuses, que ni lui ni sa mère ne maîtrisent cette langue. L'archiduchesse s'en irritait et Sissi riait sous cape. Néné aussi. Petits complots de jeunes filles, allégeance, escarpolette, enfance que tout va détruire... Qu'est donc Sissi sinon une très jeune fille ? Il n'est pas si naïf pour croire que trois nuits d'amour et de douleur suffisent à faire éclore une femme. Il est un peu jaloux du rire de Sissi. Elle n'a jamais ri avec lui depuis ces quatre jours. Ses baisers, pour compenser cette blessure, cette frayeur. Ses larmes à elle. Néné, sa petite maman. Néné, apparemment sans rancune d'avoir été évincée. Son regard de biche soumise effleure parfois le jeune empereur. Une interrogation ? Le bonheur de sa sœur. Qui s'est soucié de son bonheur à elle, Hélène ? Peut-être l'avait-elle aimé ? Il ne veut pas le savoir ; jamais Hélène n'avouerait. Un cœur noble et fier. Elle eût aimé son sort, leur ville, son pays, son mari, sa belle-mère, le protocole. Il n'y

133

aurait peut-être jamais eu de guerres inutiles (y a-t-il des guerres utiles ?), de deuils affreux, s'il avait choisi Hélène.

Au cirque, il regardait non la piste, non Hélène, mais Sissi. Elle croisait, d'enthousiasme, ses mains ravissantes quand un funambule, poudré d'argent, s'avança au-dessus du vide. Saura-t-il faire de sa vie une existence où ce vide s'abolirait ? Il est obligé de s'absenter de longues heures. Elle avance, au-dessus d'un vide inexorable, poudré d'argent. Seule. Il le sait. Il se tait. Lui offrir de beaux voyages de noces. Il pense, naïvement, que la sortir de la Hofburg pour le château de Laxenbourg constitue une lune de miel. La tradition de la lune de miel impériale : le château de Laxenbourg. Il refuse l'impensable : là où sera sa mère, il n'y aura jamais de lune de miel. Au Prater comme au cirque Renz, Sissi n'a pu éviter la foule, son enthousiasme. Au Manège d'Hiver de la Redoutensaal, un grand bal est donné. Il signe la fin de cette semaine festoyante. Épuisante. La famille de Sissi est repartie. Le seul allié, Franz, dévoré, dérobé tout le jour. La lune de miel au château de Laxenbourg va arranger les choses. Franz en est sûr. Ou plutôt la simplicité de Franz en est sûre. Il n'a pas prévu l'ennui colossal de la jeune femme. Sa dépression. La présence de sa mère au venin quotidien.

À Laxenbourg, Franzi se comportait en bureaucrate parfait. Il quittait trop tôt le château, la chambre où elle dormait, enfouie dans la chevelure en bouclier de soie. Il revenait, pour dîner, le soir, tel un notaire de son étude. À six heures tapantes. Sissi était seule, que d'heures longues, avec sa belle-mère. Surveillée, épiée, tyrannisée. Elle croyait s'échapper à cheval, dans la belle allée vers le tombeau des Chevaliers. Ces ombres derrière chaque arbre sont des policiers, des espions de l'archiduchesse. Elle ne peut appeler « compagnie » la comtesse Esterhazy, qui, aux ordres de l'archiduchesse, se rend *toutes les heures* chez l'impératrice pour relater ses gestes. Rapporter l'insignifiant, le détail, provoquer les remarques désobligeantes pour des riens. L'intrusion, à son tour, de Sophie elle-même qui relaie la dame d'honneur au mauvais sourire. Sissi se fait attendre quelques minutes à déjeuner ? Sophie s'exclame : « Elle contemple ses jambes dans la glace ? » L'angoisse monte sous forme de larmes et de migraine. Les autres dames d'honneur ont trop peur de l'archiduchesse pour tenter une approche, une discrète compassion. L'archiduchesse, une araignée qui tisse sa

134

toile, heure par heure, autour de la proie sensible, engluée : Élisabeth. Ses reproches sans fin.

— Vos dents sont trop jaunes, redressez-vous, baissez les yeux, ne les baissez pas, croisez les mains, ne croisez pas vos jambes, gardez vos gants, cessez de regarder à la fenêtre, de courir. Je vous vois, je vous entends, je vous observe. N'appuyez pas votre dos au dossier de ce siège, c'est vulgaire, préparez-vous à vous confesser, ne... pas... non... ne... pas... ne jamais... non... Inutile. Malséant... Inéduquée... Sans allure... Non...

Élisabeth s'isole dans le petit cabinet aux objets ravissants, où elle compose le poème *Nostalgie*.

Elle écrit, signe lugubre du mal de vivre. La Bavière et les siens lui manquent. Jusqu'au cri muet. Le cri de papier et d'encre. Son enfance n'a été que roses, elle en paye l'effarante dîme. Elle n'a pas été préparée à souffrir.

> *Que m'importe à moi le charme du printemps*
> *Dans ce pays d'exil.*
> *Je me languis de toi, soleil de mon pays.*
> *De vous, rives de l'Isar,*
> *De vous, arbres sombres*
> *Et de toi fleuve vert,*
> *Qui doucement la nuit, dans mes rêves,*
> *Murmurait ton bonsoir* [1].

Les bêtes la consolent. Son perroquet, ses chiens et sa volière de Possi que l'empereur a fait installer près d'elle. Qui se rend compte que de parler à ses bêtes et les aimer autant, chez un être si jeune, est un signe de rupture intérieure, de misanthropie, de dépression ? Ne plus rien attendre de bon de son semblable, rêver d'un monde de fleurs, de bêtes, d'où serait bannie à jamais la dure présence humaine... Élisabeth d'Autriche n'a de secours qu'avec ses perroquets, ses chiens et ses chevaux. Quand elle se penche à l'oreille de son cheval, on dirait une amoureuse. La lune de miel à Laxenbourg est mortelle. Le soir tombe, morne, comme cette lune et ce miel amer des baisers de l'époux. Elle est l'oiseau prisonnier dans la main de l'homme, la main de l'archiduchesse. Elle écrit *L'Oiseau captif*.

---

1. *Élisabeth d'Autriche*, E. C. Corti, *op. cit.*, p. 57.

En vain, sous le ciel bleu,
Je languis en prison.
Les barreaux, rudes et froids,
Insultent à ma nostalgie.

L'archiduchesse ordonne à la comtesse Esterhazy de fouiller ses tiroirs. Elle a lu les poèmes, elle s'agite sur l'avenir de la monarchie. Cette petite n'écoute que ses sottises d'enfant mal dégrossie. A-t-elle oublié qu'elle est impératrice ? Sophie serre d'un écrou son joug. Elle exige que, dès le matin, elle soit parée de ces robes qui empêtrent le corps de mille piqûres, trop de tissus, trop de boutons, trop de liens. Des robes qui empêchent de fuir. Les colliers l'étranglent, les bracelets pèsent aux veines de ses poignets. Les travaux forcés d'une impératrice.

— Mon enfant, dit l'archiduchesse qui contrôle la toilette du matin, soyez toujours prête à recevoir une visite, digne de paraître.

Le paraître, en dépit de l'être. Le vêtement plus important que le corps ; le corps plus important que le cœur ; le corps, le cœur méprisés. Le corps destiné à concevoir des héritiers.

De soupirs, bientôt, mon cœur éclatera :
Vous ne sauriez me retenir encore longtemps...

L'envie d'éclater en larmes, d'éclater tout court. L'archiduchesse a le ton coupant d'une cisaille. Néné et Maman la reprenaient avec une telle gentillesse ! Sissi ne comprend pas la brutalité, l'ironie. Tout se mêle, s'emmêle ; un écheveau mortifié de transes. Ses nerfs, ses muscles, sa peau délicate, sa chevelure, sa gorge, sa langue muette, tout devient douleur. Dans le parc, elle n'a pas la trêve de la solitude. On la surveille de la volière aux écuries. Le traitement que l'on applique aux quartiers de Très Haute Sécurité. La lune de miel sous triple verrou. Elle renonce à sortir. Mai s'est brusquement assombri d'orages et pluies glacées. Il fait froid. Le château n'est pas chauffé, la petite impératrice grelotte. Le gel du corps, celui du cœur. Une maison de fer, couleur murailles. Des fossés, tout autour. Où sont les roses de son enfance si proche ? Le grand pré, à Possi ?

Elle ne veut pas se plaindre à son époux. Le soir, la nuit, rien n'arrête sa fougue. Il l'aime éperdument. Elle résiste à ce plaisir que jamais il ne déchiffre à son abandon. Elle l'accueille avec moins d'effroi (croit-il), elle reçoit ses caresses, blanche comme une morte. Elle lui fait peur quand elle va à lui, simple et nue, parée de sa beauté, offerte telles les clefs d'une citadelle. Elle est la citadelle qui lui appartient, dont il peut saccager la moindre issue. Elle le rend inquiet. Quoi de plus inquiétant qu'une citadelle offerte, ses clefs précieuses sur un coussin couleur de sang ? Elle accepte sans dégoût comme sans bonheur ses élans. Le dégoût, peut-être n'en a-t-elle plus. Il est situé ailleurs, en ce flamboyant espace qui la détruit et le détruit.

Son premier voyage de noces, elle l'a passé, en quelque sorte, avec sa belle-mère. Tout a été consumé là. Jusqu'à la cendre. L'archiduchesse restituait chaque soir un être en cendres aux mains de son fils. Sissi a pris froid, en ces jours de vent et de pluie. La fièvre anime ses joues d'un fard trop vif. Elle tousse, une petite toux de rien, qui résonne aux murs étouffants. Une toux que l'archiduchesse écoute, perplexe, saisie d'une réminiscence dont elle refuse la pénible emprise. L'Aiglon toussait ainsi. Il pleut, il est vrai, mais qu'est-ce qu'un petit rhume ? Est-ce qu'elle tousse, elle, qui a le triple de son âge ? Elle en parle (un peu) à son fils, dans leur tête-à-tête qu'il ne néglige jamais. Il pourrait en profiter pour l'emmener avec lui, dans ses voyages d'été. Il en profiterait pour présenter à son peuple sa jeune épouse. Ce serait excellent, sa santé s'améliorerait. Sophie ne perd jamais de vue qu'à tout plaisir (le mot est grand) se joint l'utilité politique. Il tente de plaider la prière de Sissi : rejoindre seule Ischl, y retrouver sa mère et Néné.

— Franz ! Tu as perdu la tête ! L'impératrice à Ischl avec sa bande de Bavarois, sans toi, quelques jours seulement après tes noces !

Il est contrarié, perplexe. Il n'est pas loin de penser comme sa mère. Une pince inconnue mord son cœur. Quoi, elle a songé à le laisser seul si peu de jours après ce mariage qui est le baume de sa vie ? Il se rembrunit en refusant à Sissi sa demande.

— Je t'aime tant, dit-il.

Il se rembrunit davantage à ce regard profond, sombre, triste, définitif dans ce visage si proche de l'enfance. Elle n'est pas heureuse ; il en ressent une morsure inconnue. Une colère jalouse, une impuissance particulière. Elle n'ira pas à Ischl sans lui. Elle n'ira nulle part sans lui. Les mots ont du mal à franchir les lèvres de la jeune femme, ces lèvres, ces fraises qu'il a adorées.

— Ma mère fait pour le mieux, pour ton bien et le mien. Elle nous aime.

Il est sincère, il ne pense pas un instant que sa mère soit pénible à endurer. N'est-il pas là, fidèle, amoureux fou ? Les courriers entre les mères, les sœurs, dissimulent tout du malaise de Sissi. Les lettres de Sophie développent, sincères, le bonheur des jeunes amoureux. À Ludowika et sa sœur de Saxe, l'archiduchesse parle de « notre cher jeune couple ». Leur « charmante lune de miel » dans la solitude délicieuse et champêtre à Laxenbourg. Tout ici dans le spectacle du jeune couple « réjouit le cœur ».

Tout est faux.

Des années plus tard, la cadette de Sissi, l'archiduchesse Marie-Valérie, notait dans son journal que sa mère écrivait à sa famille des lettres désolées. Elle composait des poèmes navrants, dans ce bureau, entre deux fenêtres, où elle passa sa première soirée à sangloter.

Dans son journal, Marie Festetics, dame d'honneur hongroise, très aimée d'Élisabeth, note qu'à Laxenbourg : « Élisabeth allait de pièce en pièce, expliquant à quoi servait chacune mais sans autre commentaire – jusqu'au moment où s'arrêtant dans une pièce d'angle, où, entre deux fenêtres, se trouvait un bureau avec son fauteuil, elle resta plongée dans un profond silence, puis déclara soudain [...] "Ici, j'ai beaucoup pleuré, Marie. Le seul souvenir de cette période me serre le cœur. [...] Je me sentais abandonnée, si seule [...] L'empereur... partait tous les matins pour Vienne et ne rentrait qu'à six heures, pour dîner. Je restais seule en attendant, dans la crainte de l'instant où arriverait l'archiduchesse Sophie. Car elle venait chaque jour, pour espionner à toute heure ce que je faisais. J'étais entièrement à la merci [1] de cette méchante femme. Tout ce que je pouvais faire était mal. [...] La moindre broutille devenait une affaire d'état." [2] »

Tout lui est rapporté, on tremble devant « la véritable impératrice ». Elle gronde Sissi, mais aussi son fils tel un enfant. Sissi pleure, lui, il sourit. Elle n'est pas « une méchante femme » selon Élisabeth, elle est pire. Elle est juste, dure, sacrifiée. C'est leur tour, à ces enfants trop gâtés, de sacrifier quelque bien-être à celui du devoir. Elle n'aime pas sentir son fils trop amoureux de cette

---

1. En français, dans le texte.
2. *Élisabeth d'Autriche*, B. Hamann, *op. cit.*, p. 85.

petite impulsive. Le péché dans le verre d'eau est cette enfant trop simple, le cristal du péché est l'eau qui se gèle, à mesure, à cause de ce grand mal d'aimer trop, d'aimer mal. Sophie ne pardonna pas à son fils une feinte des amoureux qui l'offensa. Il agit en écolier qui a peur du maître. Il enleva un matin Sissi enchantée de leur petit complot. Il l'emmena une journée entière, sans le dire à sa mère, à la Hofburg. Fine et menue, elle passa une journée exquise, dans son bureau, à le regarder travailler. Il lui souriait souvent, le silence était le bonheur. Leurs baisers, le bonheur. Le repas partagé dans ce même bureau, simple et savoureux, la bière bue ensemble, le bonheur. Le voyage de noces fut cette journée charmante en dépit des dossiers, des audiences. Une journée où entre deux visites de ministres et d'ambassadeurs, il baisait sa bouche. Elle riait, elle aimait ses baisers. Elle l'aimait. Il s'était assis dans ce fauteuil où parfois il faisait une brève sieste avant d'enchaîner le long après-midi de paperasses. Elle s'était glissée, fine chatte sur le tapis, contre lui. Elle avait posé sa tête d'or bruni sur les genoux de l'amoureux, le tissu rêche du pantalon rouge, le tissu rêche de la veste blanche bardée de médailles.

Le paradis.

Ils avaient des réactions d'enfants et des rires étouffés d'écolier :

— Que va dire Tante Sophie ?

Ils cultivaient une petite peur, sûrs de leur amour, sûrs d'être ensemble dans la tourmente du retour. Ils ne s'attendaient pas à la véhémence de la sanction. L'archiduchesse alla jusqu'à courir à la voiture dont on déroulait le marchepied. Elle écumait de colère, les yeux injectés de sang. Ses clameurs indignées ravissaient bien des oreilles. Elle les traita pire que des écoliers qui ont fait le mur d'une noble institution. Elle s'en prit à Sissi avec violence et la taxa d'« inconvenante ».

— Je vous interdis de recommencer et d'avoir l'air d'une femme qui court après son mari !

Elle criait, cette femme grisonnante, elle gesticulait d'une rage sans âge. Sissi, qui souriait encore, s'était tournée vers Franzi, sûre qu'il la défendrait. Elle s'épouvanta devant le front ployé, rougissant, de son époux vaincu, ce petit garçon en faute. Un tour d'écrou supplémentaire. Défense d'aller à la Hofburg. Défense de s'en aller ainsi sans prévenir. Allait-elle l'enfermer à clef ? C'était possible. Ordre de continuer à la Laxenbourg la lune de miel.

La lune de miel a pour but sacré de concevoir un héritier.

À la Laxenbourg, l'unique repas ensemble était le dîner du soir. L'archiduchesse ne leur accorda jamais un repas en tête à tête. De cette escapade, elle fit une affaire d'état. Elle surveilla Sissi toutes les demi-heures. Sissi cauchemardait qu'elle épiait leurs gestes, elle rêvait d'ombres croches derrière les rideaux. On la menait insensiblement à une forme de paranoïa, de schizophrénie. Elle se repliait dans une tour non d'ivoire mais de souffrance, de pleurs intérieurs et extérieurs. La toux revenait. La folie guettait sa proie génétique : ce sang Wittelsbach mêlé à celui de ce cousin qui a peur de sa mère. Franzi fuyait aussi à sa manière. Il fuyait le conflit. Il avait été gêné de la scène (au fond si juste) de sa mère. Il chassait pour se détendre le coq de Bruyère. Il aimait bien que Sissi l'accompagne. Il se mit à préférer chasser seul. La solitude, une façon de supporter l'enfer de deux femmes qui ne s'entendent pas et occupent la première place dans sa vie d'homme, de fils, d'empereur. La chasse ; seul. Elle n'aime pas que l'on verse le sang des bêtes. Elle se débrouille pour agiter les branches, son chapeau, rire pour que s'envole le beau coq de bruyère. Elle se mit à guetter le retour du chasseur. Il était là, dans la grande allée, en costume vert sombre. Elle n'y tenait plus, elle se précipitait dans les escaliers, les corridors. Elle ignorait l'exclamation indignée de l'archiduchesse. Elle se précipitait, tordant ses talons fragiles dans l'allée humide. Elle se précipitait dans les bras du chasseur. Il était heureux du choc si doux.

— Franz, Franz comme tu m'as manqué !

Son amour, son amour unique, sa souffrance unique. Sissi ou Franz, source unique de leur malheur à venir. Il l'embrassait, repris de l'espoir absurde que tout s'arrangerait. Sa mère et elle, leurs nuits, sa chair enfin exultant de son élan. Dans son espoir se mêlait la torture obscure de ce lien lancinant, indépassable. Sissi, précieuse comme la vie, l'eau, la douleur. Incontournable telle la mort. Mais déjà surgissait l'archiduchesse.

— Je vous interdis de courir ainsi après votre époux, d'oser ces indécences en public, je vous interdis de...

Pendant le dîner, l'aide de camp Hugo von Veckbecker avait l'ordre de tenir la conversation à la petite impératrice. Un exercice comme on parle de manœuvres militaires. Elle se taisait de plus en plus à l'exaspération de l'archiduchesse, qui cassait ce silence qu'elle estimait être un processus de rébellion. L'intrusion de l'archiduchesse ne s'arrêtait pas là.

Le linge du lit conjugal était régulièrement visité par ces divinités subalternes : les lingères. Le linge amena le constat du retour des règles. La persécution. Sous la forme de deux vieilles femmes dont l'une, l'archiduchesse, menait le jeu. Sissi se mit à éprouver des maux indiscernables. Elle étouffait dans les escaliers de ce château détesté. Cinquante-quatre escaliers, trente corridors. Des dizaines de pièces. Le décor d'un somptueux cauchemar. Éveillée ou endormie, le cauchemar. Sissi ose garder ses chiens avec elle, l'archiduchesse pousse des hauts cris. Leur demeure, leur table familiale deviendraient un chenil ? Franzi fait la sourde oreille. Cette querelle n'a guère d'importance. Des chiens, des perroquets, où est le mal ? Le péché dans un verre d'eau. Le grain de sable dans la machine de fer, la machine Habsbourg. Il ne veut pas prendre parti. Il ne peut pas. Quoi que fisse Sissi, l'archiduchesse lui donnait tort. Après tout, elle est ravissante quand elle pleure. Élisabeth avait eu le tort suprême d'oser remplacer son choix à elle : Hélène. Elle n'est pas même grosse d'un enfant. À quoi est-elle donc bonne, à quoi sert-elle ? Élisabeth avait déjà fait éclater de colère l'archiduchesse avant l'escapade à la Hofburg. Elle était sortie seule, avec la comtesse de Bellegarde, pour marcher à pied, dans Vienne ! Elle avait osé entrer dans les boutiques, parler à chacun. Sa simplicité avait conquis tout le monde et sa robe n'avait pas résisté. Elle était revenue enchantée, les ourlets défaits, ses bas déchirés, sa coiffure dérangée, ses chaussures piétinées. Elle ne mesurait pas le danger d'une foule enthousiasmée. Le besoin insane d'adorer des idoles. Sissi, l'image, l'Idole. La découper en mille morceaux pour mieux l'avaler, la garder. Elle avait conté, en riant, cette charmante aventure à l'empereur. Il souriait avec bonté, une lueur inquiète verdissait ses prunelles paisibles. L'archiduchesse avait frôlé une attaque. Avait-elle perdu la tête ?

— Les Viennois sont si gentils, disait-elle avec douceur.

— Vous êtes dangereuse d'inconscience, pire qu'une rebelle. Une impératrice à pied, dans Vienne !

Son fils souriait, charmé, incapable d'un acte aussi fou, aussi simple, aussi chaleureux – aussi dangereux.

— Elle finira assassinée si elle ne nous provoque pas à demeure des attentats, disait l'archiduchesse.

Elle regardait ce ravissant visage, elle s'effrayait d'une panique encore jamais éprouvée. Une pensée très dure s'imposa à ce moment précis de leur relation. Une pensée qui avait mûri, fleur monstrueuse de ses certitudes.

— J'élèverai moi-même ses enfants – si Dieu en accorde à cette étourdie – pour leur bien, le repos de l'empereur et celui de l'Empire.

Cette pensée ne lui serait jamais venue envers la décente Hélène – à qui il ne serait jamais non plus venue à l'idée d'arpenter seule la ville de son royaume. Au temps de Marie-Thérèse, au XVIIIe siècle, Élisabeth eût été plus heureuse. Marie-Thérèse faisait régner un esprit bon enfant entre sa famille et son peuple. La grande impératrice recevait la foule des demandeurs, de modeste extraction, chaque mardi, dans le parc de Schönbrunn. Épaissie par seize grossesses, habillée simplement, une mantille sur la tête, debout dans l'allée, elle avait l'air d'une grosse nourrice aux joues rouges. Son œil bleu pétillait d'intelligence et d'attention. Elle écoutait, répondait, prenait note. Élisabeth eût volontiers agi de même. Elle était, hélas ! claquemurée dans le XIXe siècle, le plus dur aux femmes. Déjà Élisabeth se révoltait plus ouvertement. Il lui était arrivé d'oser déclarer que certaines règles du protocole étaient désormais « sans objet ». L'archiduchesse veillera. Jusqu'à son dernier souffle. Cette petite oie veut la guerre ? Elle l'aura. Franzi s'enfuit dans ses dossiers, la chasse, le lit conjugal. Il attend, patient, le merveilleux temps qui arrange tout, qui détruit tout. La paix reviendra, ses deux femmes, mais oui, ses deux femmes s'assagiront. Il tirerait bien un cerf ou quelque chamois.

Le voyage en Moravie et en Bohême, avec Sissi, est décidément une bonne idée. Elle alimente une flamme ardente dans cette âme lente, terne et bonne, qui s'engourdit de devoir. Il est, sans le savoir, l'esclave principal de son empire. Hélène aurait été une esclave si parfaite qu'il en serait mort d'ennui. Sissi est vive comme la vie, mordante comme la vie.

Le second voyage de noces eut lieu le 9 juin 1854.

Elle avait encore provoqué des rumeurs à la Cour. Elle refusa de garder ses gants au dîner. Elle exigea de la bière de Munich. La belle bonne bière, noire à mousse blonde, amère et douce, dans de grandes chopes en porcelaine, comme aux tavernes bavaroises. Elle exigea, scandale et encore scandale, une baignoire à la Hofburg. Une baignoire, telle une fille de ces maisons closes de partout, où gisent des créatures de stupre. Ces filles que la grande

Marie-Thérèse faisait fouetter en public ; ces filles-à-baignoire. Une baignoire ! On ne prend un bain qu'en cas de maladie, s'indigne l'archiduchesse. L'amollissement du corps dans l'eau tiède embaumée de parfums. Une baignoire quand tout un service honnête est en place depuis toujours, avec ses cuvettes, ses brocs montés quotidiennement. Son fils se lave à l'eau froide par tous les temps, l'archiduchesse aussi. Une baignoire ! L'archiduchesse dominait tant bien que mal sa tachycardie. Sissi obtiendra sa baignoire mais devra la payer sur sa cassette personnelle. La parcimonie de l'empereur se raidit à cette histoire de baignoire. Il n'osait régler lui-même cette dépense un peu outrageante. Une baignoire, une victoire – même si, derrière le paravent déployé, elle entrait en chemise dans l'eau chaude.

Ludowika, de loin, avait peur. Elle connaît sa fille. Elle connaît sa sœur. Elle se laisse aller à une lâcheté apparente quand arrivent les courriers de sa sœur. Ils lui assurent qu'on ne peut rêver couple plus gentil, et qu'il y a tout lieu de se réjouir de « ce bonheur chrétien du foyer de nos enfants ». Ludowika craint cette histoire de fugue, de baignoire, de surveillance. Tout se sait, tout s'envole d'une bouche à une autre jusqu'à Possi, jusqu'à la chambre de Sissi que la bonne duchesse entretient elle-même, par amour, par crainte vague et superstitieuse. Elle la fleurit des roses préférées de l'enfant au trop puissant destin. Elle la fleurit telle la chambre d'une enfant très chérie, disparue trop vite. Une plaie inguérissable. Une inquiétude incessante. La solitude maternelle. Hélène l'eût laissée en paix, glorieuse et comblée dans « son bonheur chrétien ». Hélène, ni fiancée, ni courtisée... Quand reverra-t-elle Sissi ? On dit qu'elle tousse et qu'elle pleure souvent. Ludowika a peur pour cette enfant du dimanche qui ressemble trop à son époux volatilisé dans un voyage oriental.

La mélancolie d'Élisabeth forge son œuvre obscure quand les bagages sont prêts pour le voyage en Moldavie et Bohême.

> *Je me suis réveillée dans une prison*
> *Les mains chargées de chaînes,*
> *Et ma nostalgie s'accroît toujours :*
> *Et toi, liberté ! Tu me fus ravie.*

François-Joseph aime faire l'amour à cette très jeune femme. Il aime tout d'elle et sans doute, au fond de lui, ses rebellions ; des enfantillages, peut-être, mais qui entretiennent son désir. Ses larmes sont graves – pas pour lui. Il n'a pas le temps de pleurer. Il ne pleurera que trois ou quatre fois dans sa vie : les grands deuils. Des larmes vite séchées ; le cœur brûlé, les apparences sauves. Il a trop de travail, un certain bonheur inné, bureaucrate. Rien ne le distrait autant, entre deux dossiers, que de lire l'annuaire des officiers. Ranger proprement son espace de labeur, Être au courant de tout, de tous. Les rapports, les dépêches ministérielles, la crise orientale, la Russie. Obliger le Tsar à évacuer les terres danubiennes. Ses corps d'armée sont chargés de refouler vers les Carpates les troupes russes aventurées en Galicie. La guerre est un terrible jeu, naturel depuis qu'il est né, où on aligne les pions sur des cartes aux couleurs vertes et bleues.

Le Tsar se sent trahi par cet empereur qu'il pensait un allié, un ami. De rage, il saisit le buste en marbre de François-Joseph, hésite à le fracasser au sol et, en signe d'humiliation, le donne à son valet de chambre. Que cela se sache, que soit maudit ce Habsbourg incapable de reconnaissance !

François-Joseph avait appris ces nouvelles avec bonne humeur. Il est amoureux, il rit volontiers, cet homme austère qu'on voyait rarement gai. Une fête permanente. Les larmes de Sissi ? Des larmes de petite fille nerveuse, rien du tout. Il est heureux, donc elle est heureuse. Ils sont heureux. Ils s'aiment, tout baigne dans le cristal du Danube enfin libéré de la menace russe, Sissi ne fait pas que pleurer, voyons ! À Laxenbourg, ils ont galopé tous les deux avec ivresse. C'est une cavalière hors du commun. Le comte Grünne met en garde François-Joseph sur cette liberté d'aller ainsi, seuls, au galop, tous les deux. Un attentat...

Ce bonheur, il est vrai, est rare. Le quotidien se referme sur eux. Sissi sombre à nouveau dans la détresse. Elle régresse dans le passé, elle, si proche de l'enfance. Elle pleure ses deux amoureux défunts. Elle confond ces jeunes morts couchés sous les étoiles, à sa détresse. Elle se replie dans la saveur amère du chagrin d'amour. Elle n'intègre pas qu'elle est au cœur brûlant d'un authentique amour. Elle savait tout des bêtes, des plantes, de la camaraderie fraternelle. Elle avait frémi délicatement du frôlement poétique amoureux : elle ne connaissait rien aux hommes. Elle est la femme d'un homme. Le plus puissant de son époque. Qu'aurait pensé François-Joseph de ce poème destiné au jeune disparu de sa grande jeunesse ? Lequel des deux ? Richard ? L'autre ? Elle confond ses morts en une seule et même détresse. La régression, cette couveuse du chagrin. Elle ne se souvient pas de leurs visages. Elle revoit deux mains croisées sous les fleurs, dans le satin funeste des funérailles.

Dois-je regretter cet amour dans mon chagrin ?
Trop courtes étaient les plus belles heures,
Tout mon espoir a disparu[1].

Ce voyage a une allure d'escapade puisque ni l'archiduchesse, ni la comtesse Esterhazy et ses rhumatismes ne seront là. La gaieté oubliée de Sissi. Le ciel redevient bleu, le temps est beau, enfin, et ses monstres familiers sont loin. Le 3 juin, on se met en route pour Prague. Elle s'émerveille de ce pays et ses châteaux étranges, ses monts, ses villages chaleureux où l'accueil est enthousiaste. Élisabeth reprend vie. Les larmes sont devenues le sourire, le rire. Tout la réjouit. Un troupeau d'oies sauvages, un élan de chevaux plus vifs que l'éclair. Le salut des gens simples, au bord de la route, des champs. La caravane impériale dont elle est l'étoile. Elle lance des baisers, d'un cœur vif et sincère. Cela se sent, cela se sait. Ils attendent tout de cette jeune femme si mignonne vêtue de blanc, d'argent, de rose, de bleu plus tendre que le ciel. La Bohême et son peuple endurent le joug de puissants féodaux locaux. Un peuple fier ; une jeune impératrice fière et simple. L'opposée de l'archiduchesse, l'opposée de cette Cour de Vienne qui de loin ou de près, bafoue leur orgueil. Sissi ne se sent plus ni malade, ni affaiblie, loin des jours enfermés. Elle entreprend, charmée, les visites de sa condition. Les hôpitaux, les orphelinats, les écoles de filles, les couvents. Elle remarque ce qui défaille, ce qui, est triste, ce qui demande du secours. Elle y met tout son cœur. Elle n'hésitera jamais à en parler à son époux. Qu'on améliore les espaces trop clos, mal tenus, la rigueur des règlements, la tristesse d'une pouponnière d'orphelins. Elle aima moins la noblesse orgueilleuse de Prague. Elle retrouvait un protocole, une arrogance qui lui rappelaient sa souffrance : la Cour à Vienne. La noblesse de Prague leur offrit un somptueux tournoi de chevalerie. Elle aima les chevaux, leur beauté affolée et réduite à coups d'éperons brillants. Les armures et les trompettes étaient solennelles.

---

1. *Sissi ou la Fatalité*, J. Des Cars, *op. cit.*, p. 96.

On admirait son élégance, sa chevelure unique, son sourire. Plus elle s'enfonce dans ces contrées inconnues, superstitieuses, fières, meurtries, pauvres, plus on aime sa simplicité. François-Joseph se rend compte que son charme lui gagne plus d'alliances que ses généraux. À seize ans, elle est le plus subtil diplomate qu'il eût jamais imaginé. Elle a le don suprême de gagner les cœurs. On sait qu'elle a admiré avec fougue la beauté de Prague.

Beauté baroque, palais immense, où quelque chose d'oriental se greffait aux ors et aux tapis.

Sissi doit supporter l'escorte militaire qui jamais ne les délaisse. Endurer le médecin choisi par l'archiduchesse, le docteur Seeburger. Elle a échappé à la comtesse Esterhazy. Les deux dames d'honneur, l'aide de camp et son secrétaire sont gentils. Loin de l'archiduchesse, une aisance naturelle, une respiration heureuse se forment. Franzi est de plus en plus amoureux. Elle attend leurs nuits sans hâte comme sans terreur. Elle l'aime, purement. Simplement. Elle l'aime d'un cœur profond, délicat, en jeune fille plus qu'en femme. Il l'aime d'une force si rare, si grave, que cela se voit. Tout le monde le voit. Les serviteurs, les coiffeurs de ces dames, les lingères, les couturières, le cortège des lares indispensables au déplacement de ces divinités vivantes. Ils n'ont pas voyagé qu'en voiture. Le transport connaît un progrès. De Brünn à Prague, il existait une voie ferrée qui ne demande qu'à se moderniser, prendre un essor de plus en plus développé. Sissi raffole de cette « ligne du Nord ». Son premier voyage en train. Un éblouissement, une révélation, une imprégnation. Elle ne serait pas loin de penser : « Quand je serai grande, je voyagerai des jours et des nuits en train. » Une locomotive, quelle merveille, cette machine d'acier qui souffle des naseaux tel un cheval de grand prix ! Une impression de grande vitesse. En vérité, il allait à moins de soixante kilomètres à l'heure, mais quelle ivresse de se pencher à la fenêtre ! Le vent, sur son visage nu, offert, quelle ivresse ! Quatre heures seulement pour atteindre la capitale de la Moldavie, dans un wagon, qui cahote mais l'enchante. La vitesse ; boire le vent, le soleil, la pluie, les nuages, frôler ces arbres penchés... Les Tchèques les ont très bien reçus. Sissi a eu droit aux arcs fleuris, aux jeunes filles en blanc qui lancent des fleurs. Elle a ri, à Brünn, au spectacle d'une course en sacs au milieu d'une grosse noce, si semblable à celles de la campagne bavaroise. Elle adora ces violoneux, ces chants, ces danses, cette simplicité goulue et aimable. Elle s'enchantait de ce cortège multicolore, ces mariés si gais, couverts de rubans dans une charrette bariolée et fleurie. Croiser l'impératrice est une chance, un signe de fertilité, de fécondité, de prospérité. La fête, comme au temps de Possi, opulente fête qui ne parle et ne pense qu'à l'amour.

Elle, qui se disait, quelques jours avant : « Il n'y a pas d'amour. »

Ou encore : « L'amour ne sert à rien puisque je pleure, puisque je souffre, puisque je peine. »

L'amour était là, cet été de ses noces, de son voyage de noces. Dans cette charrette bariolée, ces odeurs de choux, de vin et de roses. Le soir, sur une place illuminée de lampions, il y eut des funambules aux jambes scintillantes. Le grand vide sublimé, traversé au-delà de sa terrible bouche d'ombre faite pour broyer le corps maladroit.

La fatigue l'avait reprise à Prague. L'aristocratie orgueilleuse. Se bousculer pour la voir. Un excès de réceptions, de dîners et d'audiences. La station debout. La fatigue inhumaine, celle de la Hofburg, et ses autres geôles. La fatigue d'impératrice ; la fatigue du regard de sa belle-mère. L'archiduchesse ne se privait pas d'écrire chaque jour à « ses chers enfants ». Des lettres qui lançaient, de loin, ses cordeaux d'acier, ses rappels à l'ordre. Sissi eût supporté la fatigue au château de Prague, le Hradschin, sans les lettres de sa belle-mère. Le programme de l'empereur est toujours aussi écrasant mais Sissi renaît de se croire, par moments, seule avec lui. Elle assure une audience difficile. Une délégation venue exprès la supplier d'apporter du secours aux habitants sinistrés de disette, des pauvres montagnards de l'Erzgebirge. Attentive, les yeux embués d'émotion, elle bouleverse l'assistance peu habituée à une compassion sincère et efficace. Jamais on n'avait vu, à Prague, une impératrice pleurer sur les difficultés des pauvres gens. Elle n'hésita pas à puiser pour eux dans sa cassette personnelle. Elle eût aimé faire plus, faire mieux. On l'adorait.

— Ouvre les yeux. Aime-moi. Donne-moi ton miel et le lait de tes baisers.

Il marchait dans le feu et sa soif d'elle ne s'apaisait pas. Elle dépassait le gel de ses premières nuits. La funambule au-dessus d'un grand vide effrayant. Elle disait : « Je t'aime. » Il n'avait pas fait attention qu'aimer à ce point signait quelque part, avec le destin, un sceau de sang. Il n'avait pas fait attention. Il exultait. Il l'adorait. Il aurait dû avoir peur.

Elle s'était attardée, pensive, fascinée, lors de la visite d'un asile d'aliénés. Elle avait adressé la parole à des hommes et des femmes engoncés dans des camisoles de bure râpeuse liées dans le dos. Au moindre désordre, des ombres, solides tels des bouchers ou des bourreaux, chargées de fouet, s'élançaient. On attachait les furieux, on les immergeait dans des baignoires d'eau glacée. Un soin, un calmant. L'eau. Les liens. La baignoire-bac où les poings et le cou, seuls dépassaient. On ne lui avait pas montré ces baignoires ni la chambre-cachot, sans lumière, où le Furieux, la Furieuse, lié par un anneau et une chaîne à la cheville, se lançait contre les murs. Elle avait vu des hommes et des femmes se balancer en avant, en arrière, pleurer ou rire ou chanter ou aboyer ou fixer d'une prunelle extatique le vide. Elle se souvenait, un soir de spleen très fort à Laxenbourg, s'être balancée ainsi, recroquevillée dans ce fauteuil où elle écrivait tant de choses tristes. Elle s'était balancée en avant, en arrière, à la manière dont on berce une blessure invisible et très ancienne. Elle regardait les aliénés, quelque part ses frères, ses sœurs. Elle leur tendait la main, elle souriait. Ils souriaient, pris au charme d'un animal très doux. Un animal. Une fleur. Une caresse. L'amour. Ses dames d'honneur détournaient le regard et le médecin en chef était fier. L'impératrice devait trouver son asile parfait. Tout le monde se trompait. Élisabeth aimait les fous. Elle avait grande pitié de la folie. Elle aimait la folie ; cette alliée invisible, ce double étrange, cette Dame blanche ou d'Orlamonde qui flottait ici, partout, en tout, en tous – en elle. La vérité portait d'infâmes images qu'elle déchiffrait.

Eux aussi avaient perdu, à leur manière, leurs ailes de mouette, la divine, la sainte liberté.

On s'émerveillait de sa gentillesse. Le meilleur boulanger de la ville lui offrit le plus beau pain du monde cuit dans un four neuf. Il était rond comme la terre, craquant et chaud, fleurant la farine, le blé. Elle disait : « Merci. » Ce pain l'honorait plus que les magnifiques présents en matière précieuse.

Ce pain la comblait.

Les nuits, chaque nuit, leur amour. Sans elle, la vie de François-Joseph n'aurait plus de sens. La perdre serait aussi douloureux que ce beau pain égaré à jamais des bouches affamées. Quel est le sens de dominer un empire quand on a eu l'imprudence, l'impudence, de tomber dans un tel amour ?

La noblesse de Bohême fut charmée par la beauté et l'élégance de la jeune souveraine. Leur vieux complexe d'infériorité, soigneusement cultivé par l'archiduchesse, leur avait fait craindre cette visite. Dans le palais Waldstein, ils se sont ruinés en offrant ce tournoi digne de la plus pure tradition féodale. Ils ont voulu l'éblouir, offrir leur fierté. Leur honneur. Ils se trompent, ils en font trop. Élisabeth a désormais une aversion certaine pour les déploiements d'orgueil liés à tout protocole. Un instinct l'éloigne de cette aristocratie de Bohême qui méprise follement la Hongrie qu'elle aime. Ce mépris l'éclabousse personnellement. En Bohême, quelques puissantes familles admirent l'archiduchesse dont les Schwarzenberg, les Liechtenstein, les Kaunitz. Ils sont reçus à Vienne. Ils ont été les premiers à ricaner du choix de cette petite duchesse *en* Bavière. Une jalousie furieuse. Ils ne manquaient pas, ces familles, de princesses de grande lignée qui eussent pu devenir impératrice d'Autriche. L'archiduchesse s'était bien gardée de cacher à Élisabeth ces offenses. Sissi avait la sensibilité de la mémoire. La mémoire des bêtes aimantes, la mémoire des fous. Sissi n'oublie rien, douée de fines antennes, à la manière d'un oiseau fantastique. Elle ressent, elle retient chaque choc. Les aliénés savent, ressentent tout. Ils ne peuvent plus le dire. Alors parfois ils allument des feux dans des églises, étranglent leur médecin, construisent des châteaux en trompe l'œil, ou s'élancent dans le vide de la terre. La méprisante grande noblesse de Bohême, ses chevaux, ses armures trop bien fourbies, ses sabres plus lourds que des chaînes. Le malaise de Sissi. Il pleut. À Prague, les grandes parades militaires se déroulent sous des averses. Élisabeth se distrait grâce aux chevaux. La pluie ne l'ennuie pas, au contraire. La pluie, savoureuse ondée d'été. On ouvre sous la tribune, exprès pour elle, des ombrelles et autres protection. Son vrai désir serait de galoper tête nue sous la pluie. Voilà cinq semaines qu'ils sont mariés. Elle a assisté à des dizaines d'exercices et de défilés militaires.

L'archiduchesse fait surveiller le linge par les servantes, les laveuses, celles pour qui le corps, si auguste soit-il, a perdu ses secrets. À quel moment précis a-t-elle appris que Sissi avait un retard de règles, une poitrine gonflée, une pâleur particulière ?

Est-ce après la visite, à Prague, à l'ancien empereur Ferdinand, dans sa résidence d'été ? Ferdinand secoué de semi-folie, d'épilepsie. Sissi éprouve une infinie compassion envers lui et son épouse, l'ex-impératrice Marie-Anne. Elle s'occupe avec une vigilante attention de ce pauvre homme qui tremble, trébuche, l'écume aux lèvres. Quand on le relève, il y a, sous lui, des traces d'urine. Élisabeth s'émeut de sa taille trop petite pour sa grosse tête, sa souffrance trop grande pour ce corps malingre. Il joue des journées entières aux dominos. L'enfantillage funeste qu'entraînent des douleurs trop vives, nées dans le tourbillon si mal connu du cerveau atteint. Comme à l'asile des aliénés, Élisabeth, attentive, a décelé dans ce regard flottant, l'éclair soudain d'une intelligence vive, emmurée, détruite par secousses. Ferdinand ou sa bonté si légendaire qu'on l'appelait « le débonnaire ». Qui a mesuré son désespoir quand il a laissé son trône à François-Joseph ? Il souffrait trop et le savait. Le débonnaire, le dépouillé. Celui qui tremble et s'écroule, l'écume aux lèvres. Sophie aussi avait abandonné son trône à François-Joseph. Qu'avaient-ils tous à se liguer ainsi sans que la volonté profonde de Franzi ne soit consultée ? Y a-t-il en François-Joseph la même répulsion que Sissi d'avoir été obligé de régner ? Une culpabilité informe à mener ce rôle, cette image plaquée où, lentement, il devenait cette momie de plomb et d'or fondus. Un seul regard de la petite fille née *en* Bavière l'avait ressuscité et banalisé au rang printanier d'un amoureux ardent. Ferdinand son oncle, le débonnaire, lui en veut-il de régner à sa place, entre deux malaises ? Il n'était pas allé à leurs noces. Il se sentait si mal, ce jour-là. Plus mal encore qu'au jour du couronnement. Sa grosse tête avait tremblé, une crise le menaçait. Marie-Anne épongeait ce front en sueur. Il avait envoyé un magnifique présent. Un corps en paix, mort, qui enfin aurait cessé de trembler, d'écumer, de déchoir.

La rencontre, au château du comte Thrun, avec ses oncles, les souverains de Saxe et ceux de Prusse est une obligation politique incontournable. Le roi de Saxe s'évertuait à démontrer à François-Joseph le danger de sa politique antirusse. L'empereur dissimulait son irritation. Il refusait d'entendre, de comprendre. Chacun s'ancrait dans ses intérêts et il entendait montrer qu'il était l'empereur. Devinait-il, dans l'entourage du roi de Prusse, l'ennemi de poids, silencieux, l'ironique fumeur de cigares : Otto von Bismarck ?

La nuit, l'amour.

Ils dorment dans les bras l'un de l'autre. Ils dorment, des gisants sur une même tombe. Elle ouvre les yeux. Elle aime le regarder dormir. Elle était entrée dans le feu, mais elle le savait.

La fatigue de Sissi est différente de celle de la Laxenbourg. Une altération, un vertige, une langueur, la nausée plus vague qu'un parfum écœurant. Elle chancelle, un matin de leur trop court voyage. Quinze précieux jours à engranger dans une mémoire vive et fraîche, reliée à celle du jardin d'Ischl et son escarpolette. Elle n'a pas la force de continuer ce voyage dont les exigences publiques se resserrent. La Galicie, la Cracovie. Il sera moins à elle, il est déjà moins à elle ; son langage n'est plus le même. Il parle troupes, soldats, inspection militaire de ses armées disposées afin de refouler celles du Tsar. Le beau voyage de noces aura duré deux semaines. Lugubre, elle reprend le chemin de Vienne. Seule. Sa principale angoisse l'attend : l'archiduchesse Sophie.

Le dernier baiser de Franzi. Il ne parle guère dans ces nuits où tournoient le feu et la flamme et la soudaine mort qu'elle n'éprouve jamais. Il aime sa bouche, ses yeux, ses dents, sa langue, ses bras, ses chevilles, ses cuisses, son ventre, ses seins menus devenus plus voluptueux. Il aime ses poignets, il aime son dos, la sauvage parure de sa chevelure à peine humaine. Un animal inconnu, fauve, doux, doré, fleurant le buis, la fille, la vanille et le sang tiède des bêtes égorgées. À pleins poings, cette chevelure, s'y enrouler, s'en empêtrer, ce piège, cette douceur. Ce refuge l'affame et l'ensommeille. Il l'aime avec passion. Avec douleur. Il mord sa bouche, sa peau, il lui fait mal. Il attend ce cri qui jamais ne vient, généreux, de cette bouche qu'il force à savourer, comprendre, apprendre. Il lui est soumis tel un petit sergent au lit d'une reine, d'une paysanne plus belle que les roses, que les bêtes. Elle est plus belle que les roses, que les bêtes. Les inégalables roses, les inégalables bêtes. L'insupportable grand amour. Elle est sa blessure ; il ne le sait pas.

Il va, amputé d'elle. Soulagé. Vide. Détruit.

Elle ne le sait pas.

Chapitre V

LES ENFANTS VOLÉS

— Vous êtes bien maigre, ma fille.

Sa belle-mère, aux aguets. La Hofburg. Elle a maigri, c'est vrai. Elle a des nausées. L'archiduchesse exige du docteur Seeburger d'examiner l'impératrice. On écoute aux portes, aux murs, au plafond, le diagnostic du docteur Seeburger. L'archiduchesse est la première à être informée : Sissi est enceinte.

— Un heureux événement se prépare, a dit le docteur avec un bon sourire d'aïeul à la jeune femme pâle dans ses dentelles.

L'archiduchesse est enchantée, soulagée. Ce voyage de noces a été utile. Elle prend la plume. La mère et le fils s'écrivent beaucoup, et pas seulement en voyage. Ils s'écrivent d'un château à l'autre, parfois d'un appartement à l'autre. Sophie tient à annoncer la première la nouvelle à son fils. La lettre insinue que la vie sexuelle doit s'interrompre. Elle n'écrit pas « la vie sexuelle » mais parle de « ménager désormais l'impératrice ». Un ventre qui appartient à l'empire et qui porte la promesse d'un héritier doit être respecté. Finies les étreintes d'amants, l'archiduchesse n'a pas les yeux dans sa poche. Priver son fils du corps d'Élisabeth c'est le récupérer plusieurs mois. La Cour feint le ravissement. On eût préféré une stérile à répudier. On épie plus que jamais la future mère d'un futur empereur. Sissi se dérobe aux uns et aux autres en s'amusant avec ses chiens et ses perroquets. Elle leur parle et leur sourit – ce qui donne cette missive étonnante de l'archiduchesse à son fils :

— Mon cher Franz... Sissi ne devrait pas s'occuper de ses perroquets ; quand dans les premiers mois une femme regarde trop les bêtes, les enfants risquent de leur ressembler [1].

Qu'elle se regarde dans les miroirs, après tout elle est ravissante surtout quand elle pleure ! Sa belle-mère l'avait souvent surprise à ce petit jeu narcissique. Sissi, immobile devant le miroir... L'archiduchesse n'analyse pas que c'est aussi un signe du doute de soi. Se regarder, vaguement en stupeur, parce qu'on ne se reconnaît plus. Sophie n'en démord pas. Qu'elle regarde, plutôt que ses perroquets, son fils. Elle ourdirait en ses flancs un bel archiduc. Quand cessera-t-elle de « trotter après son mari » ? L'archiduchesse est satisfaite de cette grossesse. Généreuse, elle achète définitivement la villa d'Ischl, offerte au jeune couple. Élisabeth aura tout loisir d'y achever l'été en paix. Le bon air, les sources, tout cela est bon pour l'enfant à venir. Sissi a pourtant des sujets d'être consternée. Sophie augmente son pouvoir de décision. Elle écarte, sans la consulter, son grand chambellan, le prince Lobkowitz que Sissi aimait bien. La familiarité est un fléau à toute impératrice – de surcroît, enceinte. L'archiduchesse le fait remplacer par un exemplaire et impassible prince de Thurn et Taxis. La manœuvre de Sophie est toujours la même : l'isoler. Éviter les alliances, les amitiés. Ludowika est désolée. Que faire ? Mon Dieu que faire ? Sissi a besoin d'amour, d'amitié, de simplicité aimable. Supportera-t-elle sa grossesse sous un tel assaut de contrariétés ? Franz l'adore, c'est vrai, tout le monde le dit, Sophie la première, mais la bonne duchesse connaît sa fille. L'archiduchesse applique sa méthode d'isolation et de division également parmi ses fils. François-Joseph est écarté de ses frères, eux-mêmes séparés. Comment l'empereur peut-il comprendre la souffrance de son épouse, aguerri à ce système rigide qu'il impose à son tour à ses provinces ? À chacun son île, sa solitude. François-Joseph, au fil des années, finira par préférer sa solitude laborieuse au monde entier. Que son épouse adorée voyage au loin, d'une certaine manière, lui restituait le bain doux amer de la solitude. Il l'a bue, la solitude, non au lait maternel, mais à celui de ses nourrices et de son éducation inflexible. Une nourriture d'amertume et de force, une nécessité du savoir régner. Excepté les perroquets et les chiens, qui, hors Franz, aime Sissi impératrice ? Elle a peur pour

---

1. *Élisabeth d'Autriche*, E. C. Corti, Payot, p. 60.

son enfant à venir. On lui a laissé, heureusement, la compagnie du comte de Grünne. Il est sage, réfléchi, adroit avec les femmes. Il a su trouver grâce aux yeux de l'archiduchesse. Élisabeth erre du parc à sa chambre, la taille encore si mince en dépit du poids léger qui se forme. Le comte de Grünne, excellent cavalier, maître des écuries impériales, accompagne quelquefois Élisabeth au Prater. Il sait l'écouter avec patience. Elle se sentait, près de lui, moins mal. Son âge mûr lui rappelait son père. Les larmes lui montaient aux yeux. Son père et la charmante famille de Possi lui manquaient. Elle le disait à Grünne.

Un matin, sur l'ordre de Sophie, on ôta les cages des perroquets afin d'éviter que l'enfant ne ressemble à un volatile. Élisabeth éclata en larmes. Son époux n'interviendra pas, il sourit de son « enfantillage » et, au fond, donne raison à sa mère. Où est passé Franz, l'amoureux du beau voyage de noces ? La guerre, les soucis avec le Tsar. Les soucis envers cette enfant de seize ans et demi qui endure mal sa grossesse, les contraintes de son rang.

— Elle est si jeune.

Pensée constante, amour constant, trouble secret, paix égarée.

Il redouble de soins, à sa manière maladroite, pleine d'amour et d'incompréhension. Bien sûr, on lui rendra ses perroquets ! Pas tout de suite, sa mère a raison. Le plus important est son repos. Il va lui supprimer les fatigues officielles. À la messe du dimanche, à Ischl, elle avait dû quitter l'église. Elle s'évanouissait. L'empereur, inquiet, écrivit à sa mère :

« Sissi [...] était dans un état assez lamentable. Après avoir dû impérativement quitter l'église, elle s'est trouvée mal à plusieurs reprises ; souffrant aussi de migraines, elle a passé presque toute la journée allongée sur son lit [1]... »

Le soir, elle allait mieux. Il la rejoignit sur la terrasse et ils prirent le thé. Une soirée délicieuse, des malaises calmés. L'amoureux souffrait pour elle. « Elle est si jeune », pense-t-il. Jamais il ne dit : « Je suis si jeune. » Il est né, semble-t-il, âgé d'office, chargé de soucis et de favoris qui blanchiront à mesure des années.

La bonne duchesse écrivit longuement à Sissi pour la réconforter. Mieux encore, elle ira la voir à Ischl. Sissi l'en a tant priée, mais elle a souhaité écrire d'abord à sa sœur. Ludowika n'ose plus rien de spontané depuis que Sissi est impératrice. Elle craint sa

---

1. *Élisabeth d'Autriche*, B. Hamann, *op. cit.*, p. 94.

sœur, le mécontentement d'une initiative pourrait retomber sur sa fille. L'acquiescement de Sophie fut sec et froid. Cette tribu bavaroise, au fond, est aussi envahissante que les perroquets si chers à sa belle-fille. Ludowika arriva à Ischl avec deux de ses fils, dont Gackel, et le chien. Elle avait télégraphié de Possenhofen un petit texte signé « Mimi ». Il y eut un malentendu savoureux suite au télégramme. Il parvint, signé « Mimi » à l'adresse de l'« Impératrice Élisabeth », qui était, depuis le mariage de l'empereur, le nom du grand hôtel d'Ischl. La bonne duchesse arriva en chemin de fer, à la gare de Lambach, entourée de malles, d'enfants. Le chien aboyait. Personne ! Un employé de l'hôtel s'approcha, essoufflé, la toque galonnée, chargé d'une cage à oiseau destinée à recevoir un volatile et sa maîtresse. Le rapprochement entre « Mimi » et « Impératrice Élisabeth » avait embrouillé la poste – et la direction de l'établissement. « Mimi » était l'oiseau d'une dame fortunée qui descendait régulièrement prendre les eaux à Ischl. L'aventure fit beaucoup rire Sissi, notamment l'arrivée de sa mère, ses frères et son chien, entassés dans la voiture rose et verte de l'hôtel Élisabeth. Que c'était bon de retrouver la famille de Possi, leurs gaffes adorables, leur simplicité inébranlable !

Ludowika riait moins. Elle vivait, à sa manière, les mêmes craintes que sa fille. Elle redoutait un retour d'humeur de sa sœur à l'encontre de Sissi. Sophie avait détesté que « Mimi » fût la mère de l'impératrice et confondue avec une sotte histoire de volatile. À quoi pensait donc sa paysanne de sœur ? Mimi ! Une famille, décidément, impossible. Des perroquets, des perruches, des « mimis », tous indignes du trône d'Autriche. Elle n'aimait pas que son fils eût ri de bon cœur de cette histoire et du désordre joyeux qui régnait dans la villa dès le petit déjeuner. Il riait que sa petite épouse admît à table ses chiens. Elle leur cherchait les puces ; les puces sautaient dans les assiettes. Les rires redoublaient. Elle se penchait vers lui, ils s'embrassaient. On était heureux.

Un empereur heureux ? Grand signe de désordre. Ludowika réfléchit, dans la chambre tendue de tissus frais. Au loin, les montagnes et ces arbres, tant de beauté. Tant de soucis. L'écharde chronique de ce jeune couple était sa sœur. La ménager, la flatter, se soumettre. Lui laisser les pouvoirs. Elle se mêle de tout et de tous « pour le bien de ses enfants ». François-Joseph lui est plus soumis qu'il n'en a l'air. Sissi n'aura jamais gain de cause dans ce déploiement constant, militaire, de forces mentales, d'interdits.

Que faire, mon Dieu, que faire ? Sa fille ne se soumettrait jamais, des malheurs s'ensuivraient. On ne résiste pas impunément à l'archiduchesse Sophie. Enfant, déjà, Ludowika la craignait quand, dans leurs jeux, elle voulait avoir raison. Ludowika avait appris – sa nature s'y prêtait – la souplesse d'obéir. Un moyen détourné de conserver sa liberté intérieure. Une servilité apparente y compris dans son mariage. Elle avait sauvé le plus grand et le plus rude des biens, qui laisse seul et intact, jusqu'au fond de la solitude : la liberté. La respiration intérieure. Ne point aimer d'amour amoureux, ne jamais éprouver le goût du pouvoir. L'amour de ses enfants, ses bêtes, ses fleurs : sa respiration intérieure. Signer « Mimi », spontanément, c'était être libre. L'archiduchesse et la Cour avaient volé à Sissi sa respiration intérieure. L'inquiétude perturbait Ludowika depuis ce mariage. Ah ! Si seulement François-Joseph avait préféré Hélène ! Hélène et son esprit de soumission, choisie par la matriarche qui ne pardonnait jamais rien.

Ludowika observait que, dans l'ensemble, Sissi se portait assez bien, excepté ce teint trop terreux, ce manque d'appétit. Tout s'était compliqué quand Sophie avait débarqué. Sissi se retranchait dans le silence. Le rire s'éteignait sur les lèvres. Ludowika avait remarqué avec peine que Sissi, à Ischl, ne disposait pas d'appartements privés. Sans Sophie, cela importe guère, on est à l'aise. La présence de sa sœur aggrave le manque d'intimité. La surveillance reprend, la sentinelle en robe noire guette, fait ses remarques. François-Joseph se replie dans son bureau (à Ischl, il travaille aussi). La paisible villa et son charmant village deviennent un enfer d'observations. L'archiduchesse est là. Même l'air est modifié. Sissi se replie ; il n'est question avec l'archiduchesse que du déroulement honorable de la grossesse. On rapporte tout à l'archiduchesse. La moindre fantaisie, à Ischl, devenait une affaire d'état. Une rumeur dont Élisabeth faisait les frais. Ludowika était consternée de cette malveillance – autour de sa fille. Des espions, tous. Le plus jeune frère de l'empereur, l'archiduc Louis-Victor, a douze ans. Il s'empresse, pervers, d'écrire à sa mère que sans elle, tout va « de manière désespérante ». Élisabeth n'en fait qu'à sa tête. La pauvre comtesse Esterhazy « s'en tord les mains ». La comtesse de Bellegarde est gênée. Sissi se promène seule dans le parc, rend visite à ses volières, ses chiens, les chevaux. Digne et glacée, l'archiduchesse, flanquée de son époux un peu débile et qu'elle méprise, a débarqué à la Kaiser Villa.

Au nom de l'ordre, de la décence et du bien de l'Empire.

Il serait convenable, indispensable, qu'une impératrice grosse de trois mois et demi se montrât en public. La foule a le droit de savoir qu'elle n'est pas stérile (l'empereur non plus). Son ventre est aussi auguste qu'un monument public et sacré.

Sissi frémit et doit céder. « C'était affreux », confiera-t-elle plus tard à Marie Festetics ; affreux que sa belle-mère sans égard pour son extrême pudeur, l'obligeât, à son bras ou celui de son époux, à faire le tour du parc ouvert à tous. Elle se doit d'exhiber ce ventre glorieux, cette souffrance nauséeuse, sourire, saluer d'un léger signe de tête. La tristesse reprend le dessus. Le sinistre soulagement était de se retrouver « seule et de pleurer ». François-Joseph était reparti à Vienne. Une mauvaise nouvelle renforce ces crises de larmes. Le 9 août, on apprend la mort de Frédéric Auguste de Saxe lors d'une excursion au Tyrol. Une chute brutale, la mort, brutale. Marie, son épouse, écrivit à ses sœurs, Sophie et Ludowika, une lettre désolée. « C'est horrible », balbutie Élisabeth que l'annonce de toute mort précipite dans son angoisse. Un deuil, en elle, réveille tous les deuils. L'empereur revient à Ischl pour son anniversaire, ce 18 août où tant de bonheur avait un jour bouleversé l'existence d'une petite fille de quinze ans... La famille de Saxe avait été invitée à Ischl pour se distraire. Pour les vingt-quatre ans de l'empereur, ils offrirent un service à thé d'une grande valeur. Le vermeil, la porcelaine la plus fine, les initiales en or, ce service restera à Ischl, destiné au jeune couple en vacances. L'éternel jeune couple d'Ischl. Franzi chasse avec l'héritier de la couronne de Saxe, le prince Albert de Saxe, le fils devenu roi. François-Joseph repart à Vienne en dépit des larmes d'Élisabeth, qui endure de plus en plus mal de rester seule avec sa belle-mère. Son ventre est à peine arrondi, ses baisers sont tendres quand elle l'accompagne à sa voiture. Du balcon en bois, le regard sévère de l'archiduchesse. Quand donc cette petite, enceinte de surcroît, cessera-t-elle de courir après son époux ?

Ludowika avaient les yeux humides et la bouche souriante en quittant sa fille. Elle frissonnait de voir la dure silhouette auprès de sa fille. À Vienne, la vie est redevenue difficile.

Un entourage pire que celui des premiers jours. Une surveillance double ; elle et l'enfant tapi dans ses chairs. L'éloignement de l'empereur aux prises avec un excès de dossiers. Il est assombri, irrité, comme tout homme pris aux us immémoriaux de la mère contre l'épouse. Sa femme, enceinte, n'a pas dix-sept ans. « Elle est si jeune. » Ainsi excuse-t-il l'attitude de sa mère et celle de sa femme.

La question d'Orient. L'Autriche a signé un accord destiné à paralyser l'avidité de la Russie. Ce décret, appelé « les quatre garanties », avait été signé en juillet quand Sissi vivait l'amour, la tendresse et ses nausées. Ce décret est destiné à annuler l'ancien protectorat qui laissait à la Russie sa mainmise sur la Moldavie et la Valachie. Rien n'autorise désormais le Tsar à s'aventurer sur les provinces danubiennes. François-Joseph avait hésité. La colère probable de Nicolas Ier, le sentiment de trahir un ancien allié. Le ministre Buol avait emporté la signature définitive. Cette rupture est une raison d'état, la meilleure des raisons. Qu'importait la guerre. Quel affront ! éclatait le Tsar. Il n'est pas dupe de cet « accord », fallacieux prétexte de protéger des lieux saints catholiques et orthodoxes. Quelle protection, quand il est là, lui, le tout-puissant Tsar de toutes les Russies, l'ami et l'allié de l'Autriche et son empereur ? Vienne l'a trompé, l'empereur l'a bafoué. L'empereur des Français, de son côté, prenait sa revanche contre la Russie. L'Angleterre, comme toujours, et sa forte reine Victoria affirmaient leur supériorité. Était-ce une vengeance ? se demandait le Tsar. Une arrogance qui jouxtait contre lui l'Autriche, la France et l'Angleterre. La guerre de Crimée éclatait.

Le 14 septembre, Élisabeth devait abandonner tout corset, quand débarquèrent en Crimée les troupes franco-anglaises. Le siège de Sébastopol allait durer onze mois. Un climat affreux. Un pays en ravins et gorges dangereuses. Une épidémie de choléra et de dysenterie ravagea les troupes européennes. Les zouaves de France seront les héros de cette guerre. La comtesse de Ségur fera du sergent Moutier, le héros de son roman *L'Auberge de l'Ange Gardien*. Un zouave français, valeureux, qui a fait prisonnier à Sébastopol un grand général russe, le général Dourakine. Être zouave de France, la gloire, être officier autrichien, la gloire, être anglais, la gloire suprême et dédaigneuse. À quel prix ! Cent vingt mille morts en Crimée, presqu'île débouchant dans la mer Noire, en face de Constantinople. Un fumet horrible montait du sol, celui de la charogne et de la chair brûlée. La guerre de Crimée ou l'« abattoir ». Au cours de cette guerre, l'infirmière anglaise,

Florence Nightingale mit au point l'hôpital de campagne. La tente montée au hasard des massacres, où, sans chloroforme, on amputait, on cautérisait, on soignait au mieux ce qui était le pire. Les survivants avaient perdu jambes ou bras, ou la vue, l'ouïe, la face défigurée. La gloire de l'Autriche bâtie sur des monceaux de cadavres. François-Joseph endurait avec moins de patience les querelles entre sa femme et sa mère quand il apprenait que cent cinquante mille de ses officiers étaient morts, ou estropiés. Nicolas Ier compte sur ses officiers et leur sens de la guerre. Leur goût de la bataille. Leur stratégie. Le colonel Todleben avait fait fortifier Sébastopol. Une véritable forteresse quasi imprenable, tandis que la guerre s'enlisait, entraînant ses milliers d'hommes.

Élisabeth aurait souhaité être tenue au courant de cette guerre, des soucis profonds de l'homme qu'elle aime.

— Tu n'es qu'une enfant, entend-elle.

Un verdict délicat destiné à la repousser de tout pouvoir.

Une enfant qui porte un enfant.

On la tient à l'écart. Elle s'effraye de son impuissance. On la croit incapable de comprendre ce qu'on lui dissimule. On la prend, à la Cour, fatale erreur, pour une ravissante idiote. Elle devine que tout est grave, en Crimée. Des hommes meurent, par centaines. Des femmes et des enfants se retrouvent seuls, réduits à la misère. Qu'elle eût aimé aider et rejoindre Florence Nightingale ! Des garçons de son âge, plus jeunes sans doute, s'évanouissaient aux ombres rouges et noires de Sébastopol. Élisabeth sent les choses différemment de sa belle-mère et de son époux. Elle n'a pas, comme eux, ce sens politique de la suppression obligée. Elle ne sait rien ou si peu de chose ; et si elle pleure, ce n'est pas seulement de solitude, de malaises, d'outrages quotidiens, mais de son impuissance à être écoutée. Elle exècre tout ce qui tyrannise, toute mégalomanie sanglante. Elle déteste les guerres. Les sursauts anarchistes, rebelles, ont pris source dans les humiliations, les famines, les outrages.

Qui l'écouterait, quel peuple sentirait ses élans positifs, son besoin d'élargir l'épanouissement autour d'elle ? Quel pays, quelle cité feraient d'elle sa reine authentique, sa reine de cœur, au-delà des titres énormes et vides dont l'affuble son mariage ?

Sera-t-il heureux l'enfant qu'elle porte, sous le caraco de soie et de dentelles, la jupe élargie, la coiffure en nattes enroulées ? Elle ne prend plus de bains, interdits par son médecin. Une toilette au linge fin, à l'éponge, les brocs d'eau tiède se succèdent derrière le paravent déplié. Au sixième mois de sa grossesse, une brimade foudroyante se prépare. La chambre de l'enfant. Sissi était sûre de l'installer près d'elle. La place ne manque pas. Ses propres bras serviraient de remparts et de chaleur. Son amour croît pour sa créature invisible dont elle sent avec bonheur les premiers mouvements. Un enfant est loin de lui faire peur ! À Possi, elle a été à bonne école. Elle a aidé Hélène et sa mère à élever leurs plus jeunes frères et sœurs. Ses gestes étaient sûrs quand elle secondait les nourrices à changer les langes, donner le bain, porter une cuillère de bouillie à une jeune bouche édentée. Elle avait parfois donné à boire le lait au bout de la pipette en coton reliée au biberon en verre. Elle sait langer un bébé sans l'entraver de rubans, elle aime leur laisser les jambes libres, éviter les épingles qui blessent, les bonnets trop serrés.

Elle ne s'attendait pas à la nouvelle sentence.

L'archiduchesse avait tout programmé.

La pouponnière serait installée chez elle, près de sa chambre, à son étage, loin de la jeune mère. L'archiduchesse fit tout remettre à neuf, des peintures aux rideaux frais. Le berceau impérial, sa flèche lotie de tulle et de satin, fut préparé. Une quinzaine de corridors étroits, d'escaliers, des souffles d'air froid séparaient Élisabeth de la chambre de son futur bébé.

Élisabeth ne veut pas, ne peut pas assumer une telle tyrannie.

— Vous êtes bien trop jeune pour élever votre enfant, lance Sophie.

Se tourner vers son mari, pleurer, supplier, exiger d'avoir son enfant – leur enfant – près d'elle, près de lui. François-Joseph se dérobe. Elle blanchit d'une frayeur inconnue. On va lui enlever son enfant. Sa molle réponse accélère une arythmie soudaine.

— Ma mère agit pour ton bien, Sissi. Tu es si jeune. Elle a cru bien faire. Qui songe à t'enlever ton enfant ?

— Mais toi, crie-t-elle, enrouée de larmes, toi et ta mère !

Il lui faudra franchir ces corridors venteux, ces escaliers malcommodes, afin d'entrevoir, quelques minutes à peine, son enfant. Son enfant, sous l'aile de cette vieille femme de malheur, son entourage d'antiques et odieuses admissibles. Elles assombriront les plus jeunes mois d'un bébé, son bébé ! La voix de l'archiduchesse est ce marteau invisible qui cogne.

— C'est convenu ainsi, il n'y a pas à y revenir. Le choix de la nourrice (l'*aja*) a été arrêté, ainsi que celui du prénom. Rodolphe si c'est un garçon et Sophie, si c'est une fille.

Élisabeth sent un verrou douloureux bloquer sa gorge. Qui est cette *aja* ?

— La baronne Welden est excellente, elle n'a jamais eu d'enfants, elle est donc à l'abri de toute sensiblerie fâcheuse. Elle est la veuve d'un brillant officier, l'intendant général Welden qui s'était distingué en 1849 lors de la répression de ces affreux Hongrois.

Ainsi parle Sophie. Élisabeth pourra-t-elle au moins allaiter son enfant, lui donner son bain ?

— Vous rêvez, mon enfant. Bien entendu, elle sera avec vous les premiers jours. Quant à l'allaiter, lui donner ses soins, j'ai eu quelques entretiens très fructueux avec une parfaite bonne d'enfants, Léopoldine Nischer.

Le piège se referme, parfait. Les larmes de Sissi, plus amères que d'habitude. Des pleurs viscéraux. Franzi s'est durci et ne l'écoute pas. Sa mère a raison. Lui qui a osé tenir tête au Tsar, aux armées, à des foules de soldats, dit : « Ma mère agit pour le mieux. » Sissi s'épouvante, elle sait qu'on lui ôtera son enfant. Même amoureux – ses gestes, ses baisers, ses sourires le prouvent –, l'empereur est capable d'une distance à la limite de la cruauté quand elle demande de sa voix de petite fille qu'il aime assombrir d'un velours rauque dans l'amour :

— Franz, je t'en prie, empêche qu'on éloigne mon enfant.

— Tu es trop jeune, Sissi. Nos obligations prennent trop de temps.

— Une mère a toujours du temps pour son enfant.

— Tu es trop jeune et tu es impératrice. Cette mesure est destinée à t'aider.

— Tu ne m'as pas trouvée trop jeune pour m'épouser, ni pour me rendre mère. Pourquoi le serais-je pour élever mon enfant ? Pourquoi ta mère veut-elle me le prendre ?

— Personne ne veut prendre ton enfant, Sissi, mais te seconder dans une tâche écrasante.

Il devient fébrile. Il serait sur le point de lui dire : « Retourne t'amuser avec tes perroquets, tes chiens, va te promener au Prater avec Grünne. » Qu'elle fasse un petit tour à son bras, dans le parc où se pressent les Viennois. On verra son joli ventre, leur bel amour. Pas de querelle, tout ira bien. Il n'a pas soupçonné à quel point elle était touchée à vif. Obtenir son enfant auprès d'elle allait

161

devenir sa campagne de Crimée, sa guerre. Une guerre sournoise, où sans armée et sans alliés, il faudra combattre ou périr.

Il y a plusieurs sortes de morts. Elle se souvient de l'asile des aliénés, leur douceur hagarde, leur fureur soudaine. Aura-t-elle la force de lutter pour une cause que comprendraient toutes les mères hors cette féroce archiduchesse et son entourage de harpies ? Aura-t-elle la force d'accoucher, terme à cette grossesse de plus en plus pénible ? On l'habille de rose, de blanc, de mauve, de vert pâle. Un nouveau trousseau, celui d'une impératrice enceinte. Une jupe ample, une casaque large sur une chemise de mousseline. Une cravate en dentelles, les poignets assortis. Du beau linge, des tissus soyeux, l'eau de rose et une huile à l'amande douce pour le visage et les mains. Une grossesse élégante, une impératrice si mignonne, si jeune, en effet. Sa croissance n'est pas achevée, elle a encore grandi. Sur ses nattes, un voile gracieux flotte en nuage. Elle va, ainsi parée, la taille à peine épaissie. Quand il lui faut endurer la promenade au bras de sa belle-mère, son sourire s'éteint, son pas se raidit. Le docteur Seeburger l'examine régulièrement, en présence de l'archiduchesse. Un examen des plus simples. Tâter le ventre, la poitrine, cachés sous une chemise longue. Écouter le cœur et les poumons avec son stéthoscope si froid. Prendre le pouls, poser quelques questions. Pas de pertes de sang ou de contractions soudaines ? Si c'était le cas, le docteur se ferait un devoir de pratiquer un toucher vaginal. Elle dit : « Non, non », effarée. Elle n'échappera pas lors de son accouchement à la présence de l'archiduchesse, épreuve suffisante. Franz lui a expliqué, doucement, que la présence de sa mère n'était pas une indiscrétion mais une exigence du protocole et un dévouement sincère. *Une mère.* Le pire est que, sans doute, cela est vrai. Une abominable affection qui abolit la plus stricte intimité et ensuite lui volera le fruit de son ventre. Les malaises nauséeux, débite le docteur Seeburger, sont normaux. Un sucre dans de l'alcool à la gentiane, du citron dans de la limonade sont souverains. En cas d'évanouissement, les sels, la position allongée, les jambes surélevées. Un coussin sous la nuque. De l'eau fraîche et du vinaigre sur les tempes. Sa Majesté devrait manger plus de fruits, pas de gibier qui échauffe le sang. La choucroute et la bière provoquent des fâcheuses flatulences. Au coucher, un petit bouillon d'herbes ou de la fleur d'oranger. Au réveil, du lait chaud à la place du café qui fait palpiter le cœur. Penser à des jolies choses, ne jamais se préoccuper de la guerre et de la politique, lire peu de poèmes tristes, ils le sont tous, cesser d'en écrire et d'étudier le hongrois. Dormir davantage, se promener le plus possible dans les jardins, au bon air, avec son Altesse Impériale, la dévouée archiduchesse. L'empereur est si pris par ses soucis ! La messe, la confession ne font point de mal, au contraire. On fait dire des *Te Deum* dans les églises du pays. Bien entendu, pas de cheval ni d'escarpolette. Les perroquets éloignés ? Une nécessité provisoire. Ils ont des puces et donnent des maladies de peau. Il serait impératif que Sa Majesté cessât pour le moment tout devoir conjugal. « Oui, oui », disait-elle, la tête sur l'oreiller brodé de guipure. Acquiescer pour mieux se battre, se retrancher derrière une fallacieuse obéissance. Attitude de sa mère ? Elle est rose et jolie, elle sourit. La foule adore la voir, délicate vision, tourterelle aux serres de cette belle-mère dont on se doute, vaguement, qu'elle la tourmente plus que de raison. Cette petite impératrice est l'image d'une maternelle et fine espérance. Nul ne se doute que le rose à ses joues est la honte d'être exhibée. Le docteur Seeburger a prescrit quelques distractions. Le théâtre, à condition que la représentation n'entraîne aucune longue veille. François-Joseph est enchanté de la gâter à nouveau. Elle se réjouira de voir à ses côtés *Le Songe d'une nuit d'été*. Il connaît son engouement pour Shakespeare – en particulier cette pièce. Élisabeth s'identifie à la reine des fées, Titania, épouse du roi Obéron, camouflé sous une tête d'âne. Le célèbre acteur Beckmann tenait ce rôle. Cette Cour de Vienne, une tête d'âne. Elle sourit, elle applaudit, elle connaît certaines tirades par cœur.

« TITANIA.— Dors, je te bercerai dans mes bras. Sylphes, partez, dispersez-vous. Ainsi, le chèvrefeuille des bois et le chèvrefeuille parfumé des jardins s'enlacent si gentiment ! Ainsi le lierre entoure l'écorce de l'orme ! Ah ! Comme je t'aime ! Comme je suis folle de toi [1] »

François-Joseph a du mérite. Il s'ennuie mortellement au théâtre. Cette pièce, en particulier, l'entraîne dans une crise de somnolence irrépressible. Sissi adore l'art, la poésie, la musique, les artistes. Tout cela assomme l'empereur qui préfère la chasse, ses dossiers et l'annuaire des officiers. Que partageront-ils hors cet amour trop absolu pour donner du bonheur ? Sissi, les boucles

---

1. *Le Songe d'une nuit d'été*, Shakespeare, acte IV, scène première.

cernées du diadème en diamants, est fascinée, tandis qu'il ronfle légèrement, l'esprit encombré par Sébastopol. Sissi tient de ses pères, en Bavière, fous de l'art. Elle a lu des livres et des poèmes, écouté de la musique, contemplé des tableaux. Elle est plus cultivée que son époux, dévoré par son devoir qui ne laisse aucune place à ce qu'il pense être de la futilité : l'art en général. Il écrivit à sa mère que la pièce était « mortelle et niaise... Seul Beckmann, coiffé d'une tête d'âne, était amusant. » *Le Songe d'une nuit d'été*, pièce fétiche d'Élisabeth d'Autriche.

Sous le titre, Shakespeare avait écrit « Féerie ». Cela se passe au solstice d'été, le 25 juin, mais l'auteur avait décalé (tout est féerie, illusion) son histoire en mai. Pendant cette nuit particulière, ses personnages se livrent à des ruses pour s'emparer d'une graine de fougère qui rend invisible. Sissi, ou le rêve de l'invisibilité. Le prodige d'être la plus remarquée puisque invisible, fée, Dame blanche, d'Orlamonde ou mouette. Présente à la manière des fantômes, des fantasmes, des fées, des déesses, des anges. Immortelle et mortelle, mortifiée et triomphante. Déjà loin. L'impératrice invisible. Sa minceur à l'extrême ? La nuée, la vapeur, la fuite. La graine miraculeuse qui la ferait invisible à ce joug, cette geôle, ces liens – cette vie. Tout est songe, tout est illusion, tout est mortellement dérisoire. Même cette grossesse qu'on lui vole déjà. Une grossesse invisible, un enfant invisible. Elle est la fée aux prises avec l'âne-époux et une vieille sorcière, sa mère. L'illusion, la déception. Son puissant narcissisme s'éveillait dans son étrange malheur. Elle devenait Titania la reine des fées ; le droit à s'enfuir dans les nuées et les aurores battues d'écume... La reine des fées est la plus belle en son royaume et son miroir. Il devient normal que celui qui l'aime ait une tête d'âne. Tout est illusion, tout s'inverse. On l'abandonne à sa solitude, elle en fait son miel de poésies, de rêverie éveillée. À tous les potins qu'elle déteste, elle préfère l'étude de l'histoire, des langues, de la littérature. L'aide de camp Weckbecker s'était rendu compte – Grünne aussi – qu'elle était loin d'être « une petite oie illettrée ». Sa timidité, son malaise en public lui portaient tort auprès de la dure Cour d'Autriche, ergotière, souvent inculte. Le rôle ravageur de l'archiduchesse, les ragots de la comtesse Esterhazy avaient semé la malveillance chez ces « grands » convaincus que ces ducs *en* Bavière ne leur arrivaient pas à la cheville. Le prince Alexandre de Hesse méprisait Élisabeth. Une sotte, « une bûche ». Comment eût-elle échangé quelque propos confiant avec eux ? Sa conversation, en leur présence, se contentait des plus plates banalités. Cette timidité – cet orgueil – allaient croître avec les années et les déchirures. Seule sa beauté était universellement reconnue. La fée Titania. La beauté, sa force et sa faiblesse, sa particulière escouade devant laquelle on s'inclinait. On jalousait, on admirait cette grâce qui entraînait une tentation obscure, inavouée. La beauté se porte seule, aussi difficile à endurer qu'une difformité. Un monstre de beauté. Du verbe *mostrare*. Que l'on montre du doigt. L'Invisibilité afin de passer inaperçue, courir la terre et les mers. Même grosse d'un enfant, elle était svelte, délicieuse. Qu'elle fût cultivée l'entravait davantage. À la Cour, il n'est pas besoin d'être cultivée mais arrogante, brillante, méchante aux dépens de l'autre, occupée de futilités meurtrières. Snob, en un mot. À Vienne, il est plus important de savoir danser, lancer un bon mot que de savoir un poème. Même impératrice, Élisabeth n'appartient pas au clan des grands, ivres de suffisance. Il lui manquera toujours les seize quartiers de noblesse, ce que le sourire édenté de la comtesse Esterhazy lui rappelait sans cesse.

Sissi est au bord d'accoucher quand, le 2 mars, arrive la nouvelle de la mort du Tsar. Nicolas Ier est mort du cœur, un mal dont on dit tout bas qu'il se nommait la trahison « de son frère et ami l'empereur d'Autriche ». François-Joseph est ébranlé. La Cour prendra le deuil pendant quatre semaines. Quatre semaines de couleur sombre et de silence pour accueillir l'enfant nouveau. L'accouchement eut lieu à la Hofburg, le 5 mars 1855. L'enfant aurait été conçu le 5 juin 1854, pendant « la lune de miel » glacée où elle avait tant pleuré, à Laxenbourg. La nuit du 5 mars, Élisabeth ressent les premières douleurs. François-Joseph se lève et court chez sa mère. On a soigneusement écarté Ludowika de la Cour pendant cette période. L'usage était pourtant établi que la mère de l'impératrice assistait à la naissance. Humiliation sans borne : repousser la famille bavaroise d'un événement essentiel. À sept heures du matin, Sophie s'installa posément dans la chambre « de ses enfants », un « ouvrage d'aiguilles » à la main « pour passer le temps ». Effrayé, épris, François-Joseph ne quittait plus sa petite épouse. Elle gémissait sans trop de peine. Le docteur Seeburger craignait sa grande jeunesse et la minceur de ses hanches. L'enfant naîtrait trois heures plus tard, ce qui était rare pour une première couche. Le journal de Sophie narre en détail ce premier accouchement., émouvant et, au fond, de caractère assez intime et familial. Un accouchement à la manière d'une famille bourgeoise unie. Dans le salon attenant, quelques officiels dont l'archevêque de Vienne. Il convient de laisser les mots de l'archiduchesse, grand témoin de cette première couche d'Élisabeth d'Autriche :

« Sissi tenait la main de mon fils entre les siennes et la baisa une fois avec une tendresse vive et respectueuse ; c'était si touchant, cela le fit pleurer ; il la baisait sans cesse, la consolait et la plaignait, et me regardait à chaque douleur pour voir si j'en étais contente. Puisque chaque fois qu'elles étaient fortes, elles avançaient la délivrance, je le disais pour ramener le courage de Sissi et de mon fils ; je tenais la tête de la pauvre enfant, la femme de chambre Pilat, les genoux, et la sage-femme la soutenait par-derrière. Enfin, après quelques bonnes et longues douleurs, la tête vint, et voilà que l'enfant était né (après trois heures) ; il cria comme un enfant de six semaines. La jeune mère avec une expression de béatitude si touchante dit : "Oh, maintenant tout est bien, maintenant ça m'est égal d'avoir tant souffert !", l'empereur fondait en larmes, lui et Sissi ne cessaient de s'embrasser, et ils m'embrassèrent avec la plus vive tendresse. Sissi regardait son enfant avec délices, et elle et le jeune père étaient pleins de soins pour l'enfant, une petite fille grande et robuste [1]. »

C'est une fille. Va-t-on la lui laisser ? Comme elle est heureuse, comme ils s'aiment, même l'archiduchesse est émue, aimable, un air doux qu'on ne lui avait jamais vu. Elle avait baisé les joues de Sissi avec une tendresse sincère. On a habillé la petite Sophie. L'archiduchesse prend dans ses bras ce paquet de dentelles, et de rubans blancs. Elle regarde Élisabeth qui s'endort doucement. On l'a lavée, changée, elle s'enfuit dans un tendre sommeil, le délice d'un corps léger, la fin de toute douleur. François-Joseph contemple ces trois créatures féminines, dont la plus jeune lui arrache quelques larmes furtives. Le bonheur, le paradis.

L'archiduchesse et ses fils prennent le thé. Une joie bavarde s'élève en ce moment si rare de paix parfaite. François-Joseph fume un cigare et échange des plaisanteries avec Maximilien. Une petite princesse est née ; il est content. Il préfère les filles. Bien sûr, un fils sera indispensable à la succession, un fils donné à l'empire. Une fille, c'est une grande fête secrète à un père jeune et

---

1. *Élisabeth d'Autriche*, B. Hamann, *op. cit.*, p. 105.

aimant. Une seconde petite Sissi, une charmante Sophie : deux enfants à gâter. Il a maintenant deux enfants. Il sourit. Sissi sourit aussi dans son sommeil. Pourtant, déjà, d'un geste imperceptible, l'archiduchesse a donné un ordre. Des mains précautionneuses ont emporté l'enfant loin de sa mère, six cents mètres de corridors et d'escaliers. L'archiduchesse dosera la séparation : au réveil de Sissi, la petite sera à nouveau près de sa mère. Ainsi iront les premières semaines. Les lettres de Sissi à sa famille révèlent que la petite était alors presque toujours avec elle. Des lettres débordantes d'amour. À vingt jours, sa fille « fait sa joie et celle de l'empereur [...] cela m'a fait tout drôle d'avoir un enfant complètement à moi ». L'archiduchesse respectera ce temps si court. Pendant trente jours la petite sera avec elle. Elle veille à sa toilette, sa promenade. La douceur du temps le permet. Elle s'extasie longtemps sur sa créature. Les petites mains onglées finement, les pieds délicats, la peau si tendre et cette drôle de petite bouche où elle reconnaît la sienne. La joie, pure, contemplative, sacrée. La montée du lait a été un bonheur de plus. Elle avait porté spontanément la petite bouche avide à sa source. On laissa faire quelques jours mais, un matin, le docteur Seeburger (ordre de l'archiduchesse ?) avait préconisé de bander la poitrine. Il est temps de confier la petite à la nourrice.

— Sa Majesté a trop peu de lait.

Sissi s'étonne, tarir cette source essentielle à coups de purgations et de bandage douloureux la révoltent. Les arguments sont fallacieux. La fatigue d'allaiter la nuit, le repos nécessaire à la mère et à l'empereur.

— La chambre impériale n'est pas une pouponnière, conclut l'archiduchesse.

L'archiduchesse avait semblé, ces premiers jours après la naissance, d'une telle mansuétude qu'elle avait peut-être renoncé à son projet inhumain. C'était la méconnaître. Le temps de cette joie trop simple est passé. Une niaiserie de paysanne bavaroise, indigne d'une impératrice qui doit à *tout prix* apprendre le contrôle émotif. Sophie a un mois quand on l'emporte auprès de sa grand-mère qui est aussi sa marraine. La famille de Bavière n'avait pas été invitée au somptueux baptême et si toutes les cloches avaient sonné, c'était déjà un glas. L'enfant est volé à sa mère. Elle n'a pas accouché d'un garçon, elle n'a pas su vaincre la volonté de fer de sa belle-mère. L'empereur, tout à son devoir, son imperturbable amour tant pour Sissi, sa mère et l'enfant, n'avait pas bronché.

— Cela avait été convenu, dit-il. Ma mère t'a laissé longtemps Sophie, tu peux la voir quand tu le souhaites.

L'archiduchesse a commis la plus grave erreur de sa vie. Le début d'un profond malheur, une machine que rien n'arrêtera. Même la dure comtesse Esterhazy avait vaguement murmuré de laisser davantage l'enfant à sa mère. « Jamais ! » s'était emportée l'archiduchesse. Un « jamais » farouche, possessif, orgueilleux, passionnel, hors de raison. Elle s'aveugle, ce bébé est celui de son fils. Elle nie la mère. Elle a le sentiment, vague, qu'elle a raté quelque chose de fondamental avec Élisabeth. Elle n'a pas su s'en faire aimer, persuadée de lui rendre l'immense service de l'éduquer en impératrice. Un échec dont elle lui en veut, comme d'une ingratitude. Elle s'enferre. « Jamais », a-t-elle crié. Le processus mortel de l'hostilité se précipite.

Elisabeth-Titania fuit. Au galop, dans la forêt environnante, au galop dans les allées du Prater. Au galop, plus vite que le vent. La terre est carrée, soudain. Qu'elle se fracasse à une de ses limites : au galop. Un cheval à crinière de feu. La belle alliance de la bête et de la femme meurtrie. Au galop. Elle en veut à son époux. Comprend-il, lui qui ne l'a pas défendue, qu'elle a horreur qu'il l'approche, qu'il l'engrosse à nouveau ? On lui arrachera tous ses enfants. Un mois à peine à adorer cette petite fille, sa petite fille. Elle ne cherche même plus à la revoir. Le choc est trop violent. À quoi bon aimer, désespérément, l'enfant dérobé ? Un enfant, elle ne le savait pas, se perd si vite ! Au galop, les larmes sèchent toutes seules. Qui peut l'entendre quand elle crie dans le vent, d'un sanglot sauvage ?

— Rendez-moi mon enfant !

De loin, Ludowika frémit, pleure en cachette. Elle n'eût pas imaginé que sa sœur en vînt là. Les lettres de Sissi étaient pleines d'enthousiasme. Sa fille, elle le sait, est tout à fait capable d'élever sa petite.

— Que faire, mon Dieu, que faire ?

Elle fleurit la chambre de l'enfant dont on a volé l'enfant. Le poids d'un deuil. Son mari boit de la bière, jure, tempête, engrosse sa maîtresse, peste après sa tribu. Il est de mauvaise foi parce qu'il est impuissant à aider sa fille préférée. Il haïssait Sophie. Il avait

168

raison. Il n'avait pas aimé que Sissi devînt impératrice. Cette sotte d'Hélène, charmante d'ailleurs, eût fait l'affaire, mais Sissi ! Il ne peut rien. Sa fille endure l'enfer de ces soldats déchirés aux affres de la guerre. Cette vieille folle lui a ôté son bébé ? On lui a arraché un membre tout vif. La guerre, toujours, partout. Dans les familles. Des mots cinglants au cœur même des Évangiles :

« Je suis venu jeter un feu sur la terre [...] Pensez-vous que je sois venu apporter la paix sur la terre ? Non, vous dis-je, mais la division. Car désormais cinq dans une maison seront divisés, trois contre deux et deux contre trois, le père contre le fils et le fils contre le père, la mère contre la fille et la fille contre la mère, la belle-mère contre la belle-fille et la belle-fille contre la belle-mère. »

Un feu sur la terre. Que fait donc Dieu quand les conflits de famille éclatent ? Ce n'est pas son affaire, pas plus que la guerre. La famille, cette bouilloire d'enfer peut imploser sans lui, la guerre aussi. L'Héritage divin, promis, est ailleurs. À travers l'Esprit sublimé. Sissi a dix-sept ans et ne comprend pas une souffrance pareille. Une division pareille. Une injustice pareille. Elle se promène dans Vienne, à pied, avec la comtesse de Bellegarde et Grünne. Les Viennois ont pris l'habitude de la voir. Le bruit court qu'on l'a séparée de l'enfant. Elle sourit au petit peuple qui s'empresse, affectueux. Elle ne cache pas une larme furtive. Elle est hantée par l'espace inhumain qui la sépare de sa fille. Ces corridors venteux, ces escaliers, l'épuisement, dans ces robes trop lourdes, de monter, descendre ces marches, rejoindre enfin une nursery trop froide où l'attend sa belle-mère au regard glacé. La querelle monte vite.

— Où est ma fille ?

— Elle dort, tu la verras une autre fois.

— Dans mes bras, elle ne se réveillera pas.

— Je te dis qu'elle dort.

Elles se dressent l'une contre l'autre. La division. Elle a failli s'emparer de la petite et fuir. Un barrage de femmes rigides, averties, un barrage respectueux et insensible, s'était dressé. Sissi ne supporte pas la haine. Elle rebrousse chemin, en larmes, elle s'égare, elle traverse des galeries, des antichambres. Tout est froid. Elle trébuche, elle sanglote. L'empereur... Il lui faut mener cette lutte avec son aide. Que faire, mon Dieu, que faire ? songe, télépathiquement, la bonne duchesse. Des plis arrivent sur le bureau de

François-Joseph. Des louanges sur son épouse. On la trouve bonne, belle, charmante, simple. On supplie l'empereur de la laisser intercéder pour des causes douloureuses. On la remercie d'avoir demandé et obtenu l'abolition de la torture. On la remercie de mille adoucissements dont elle n'a peut-être jamais été informée.

Sa Majesté l'impératrice n'use d'aucune influence, répond le cabinet.

On repousse ainsi tout demandeur d'audience. Elle est la tendre image à laquelle bien des femmes et des hommes identifient leurs peines. L'image ; elle demeure une image.

Sa Majesté l'impératrice n'use d'aucune influence.

On l'isole aussi officiellement, sans le lui faire savoir. Cette phrase de convention est hélas ! juste : aucune influence dans la vie publique, aucune influence dans la vie privée. Si l'empereur ne l'aimait pas, ce serait à devenir folle. François-Joseph est loin de penser à cette histoire de nursery. La question religieuse le tracasse. Il consent, sans plaisir, à laisser à Rome le soin de la régler. Le Vatican surveille étroitement les écoles, la réglementation du mariage. Vienne la catholique n'échappe pas à cette puissance qui déplaît à cet empereur féodal, chef de symboles, y compris la religion et sa famille. Abandonner au pape tant de contrôles, est-ce un tard sursaut contre Bonaparte pourtant disparu, mais dont les fanatiques sont nombreux ? Cette ombre puissante flotte, au cœur des nostalgiques. L'Église allait tout surveiller, trop surveiller. Les protestants étaient mal vus. La Cour en voulut beaucoup à Élisabeth d'un geste en leur faveur. Elle avait payé de sa cassette personnelle un clocher au temple de la communauté d'Attersee. Elle avait proclamé, avec une énergie qui suffoquait l'archiduchesse, qu'en Bavière les protestants étaient aussi respectés que les catholiques.

— Ma famille comptait des protestants. La reine Marie de Bavière, épouse de mon grand-oncle le roi Maximilien était protestante.

Elle s'échauffait, galvanisée de la rage muette de Sophie. « Ma famille », avait-elle dit. L'archiduchesse n'était-elle pas aussi une parente de ces protestants honnis ?

— En Bavière, continuait-elle à table, sans baisser les yeux, clochers et temples cohabitent avec harmonie. C'est la tolérance. Il n'est pas question qu'en Autriche, on maltraite des protestants. En Autriche, dont je suis l'impératrice.

Son courage revenait. Elle lutterait pour sa fille ; pour ceux que l'archiduchesse ou l'Autriche opprimaient. Les cléricaux de Linz et le parti de l'archiduchesse avaient très mal pris ses propos. L'impératrice se rendit impopulaire dans les milieux bigots. Elle enchantait les libéraux – dont les protestants. François-Joseph souhaitait la paix avec la Russie. La mort du Tsar avait démobilisé ses troupes. Son successeur était Alexandre II. François-Joseph préparait un voyage militaire en Galicie pour contrôler ses armées. Un voyage trop ennuyeux pour Élisabeth. Elle le pria de la laisser aller en Bavière, chez ses parents. Seule consolation d'être séparée de lui. Il consent, peut-être ému, sans doute conscient que ce séjour calmerait l'ambiance familiale tendue depuis que le bébé est sous la garde de sa mère. On ne lui rendra pas sa fille, elle le sent et son époux le sait. Le moment n'est pas encore venu. L'empereur concentre son énergie sur des questions plus cruciales. La guerre, les armées, tenter un traité de paix. Non, il ne peut s'affaiblir dans ces disputes de femmes. Il ne peut ajouter aux craintes de sa tâche la peur de sa mère. Élisabeth partit à Possenhofen comme on fuit. Tout au long de la route, elle a pleuré. Sa mère et les siens ne verront pas sa fillette. Elle a quitté Vienne le 21 juin, au premier jour de l'été. Son bébé a trois mois. Elle a, depuis plusieurs jours, renoncé à monter ces escaliers, franchir ces corridors. À chaque fois, elle se heurtait au dur visage de sa belle-mère et un excès de personnages hostiles. Une barrière solennelle la troublait quand elle se penchait sur le berceau. Des mains lui ôtaient l'enfant. Des voix s'extasiaient froidement sur « Son Altesse impériale, l'archiduchesse Sophie ». Un bébé élevé déjà dans la vanité, le rang à tenir. La petite pleurait quand Sissi la serrait contre elle. Lui enseignait-on à redouter sa mère ? Ce doute anéantissait Élisabeth. Possenhofen ! Quelle joie de retrouver le berceau familial, la grosse maison aux volets verts, la prairie, le lac, les roses, sa fratrie bien-aimée. On l'entoure, on la presse de questions charmantes. Sa chambre d'autrefois. Elle s'exclame devant les bouquets dont la bonne duchesse ne manque jamais d'orner sa table. Comme c'est bon de revêtir ses vêtements si simples ; enfiler les chaussures faites pour la marche, la liberté. Elle n'a pas grossi, au contraire. Ses jupes sont un peu courtes, elle a grandi. On a installé aux étages Mme de Bellegarde et sa petite escorte. Ces dames ont un regard de dédain sur la trop modeste maison. Quoi ? Pas de palais, pas de laquais en perruques ? Les chiens à table ? On mange avec ses doigts ? La maîtresse de maison en costume de paysanne, l'impératrice aussi ? Quant au rythme de cette vie bruyante, gaie, rustique, ces Viennoises n'ont qu'un cri, celui qui traînait à la Cour et dans la bouche de l'archiduchesse :

— Un train de gueux.

Néné sourit de son bel œil de velours sombre. Chère Néné. Sissi a tant de choses à lui dire. Néné a bientôt vingt-deux ans, ni fiancé, ni mari. Pauvre chère Néné. Heureuse Néné ! Les questions pleuvent. L'impératrice est redevenue Sissi. Leur Sissi.

— Pourquoi n'as-tu pas emmené notre nièce ? demande Moineau.

Maman-Mimi fait les gros yeux, elle sait, hélas ! le dur traitement infligé à sa fille. Néné, Max aussi savent la vérité.

— Elle n'a que trois mois, elle est trop petite pour ce voyage.

On se promène. Max est le plus chaleureux de la bande. On va vers le lac, on s'enfonce dans la forêt qui chante l'été. Le soir, Néné invite Sissi dans sa chambre. Rien n'a changé. Les tambours à broder, les livres, l'ordre désuet d'une jeune fille rêveuse, cultivée, aimante. C'est l'heure des confidences, où Néné était alors sa « petite maman ». En dépit des purgations et des bandages, le lait monte encore à certaines heures. Il est le rappel si vif de sa mutilation, que Sissi éclate en larmes. Elle s'est enroulée dans le fauteuil bas où elle avait l'habitude de se tenir, aux pieds de son aînée. Sissi hoquette, un chagrin en balbutiements à peine audibles.

— Tante Sophie me tyrannise, elle m'a pris mon enfant.

Néné se penche vers la sœur blessée, elle baise ses joues mouillées.

— Franz t'aime. C'est le plus important.

Que fait-on d'un chagrin si vif, qui mord aux entrailles de toutes les femmes ? Que faire, mon Dieu, que faire ? dit si souvent Ludowika. Attendre. Prier. La Patience, la Divine Patience. Sissi est-elle douée de la Divine Patience ? N'a-t-elle pas hoqueté entre deux sanglots qu'elle s'enfuirait un jour de Vienne ? Elle l'air d'une enfant. « Elle est si jeune », dit l'empereur. Néné passe un linge humide sur le visage en pleurs. Elle a défait les nattes et peigne doucement la chevelure qui frôle le tapis. La douceur des mains de sa sœur, ses mains qui savent ôter la migraine, diminuer les tourments. Sissi s'endort, apaisée par ces mains qui la peignent, le lointain aboiement du chien fidèle, le rire de sa mère. Une odeur de tarte aux cerises flotte dans la maison. Les jours passent, heureux. Son père l'emmène en forêt, ses yeux ardents savent bien des choses. On n'en parlera pas. On évitera tout ce qui blesse. Sissi est là, à nouveau son enfant, pour si peu de temps. Les soirées sont gaies, Max joue au billard avec son cocher. Les dames de Vienne suffoquent, mais se détendent un peu. Le garde-chasse choque sa chope de bière contre celle du duc *en* Bavière, en costume de chasseur. L'impératrice ne se prive ni de choucroute ni de bière. Un rire que ses dames d'honneur ne connaissaient pas. À Vienne, on ne l'entend jamais rire ainsi – elle sourit à l'empereur mais si vite, toute joie s'éteint. À Possi, les dames de Vienne sont outrées mais, à mesure, charmées du regard brûlant et des propos gaillards du duc. Il leur fait la cour, il les amuse malgré elles. Néné a su parler à sa sœur. Sissi aime son époux. Qu'elle ne lui laisse pas une impression d'abandon. Elle sait, si jeune encore, à quel point l'abandon détruit. Sa tâche d'empereur est écrasante. Il a besoin d'elle. Elle lui écrit chaque jour, tendrement. Elle se force beaucoup à compléter sa missive avec une phrase respectueuse pour la « Bien-aimée et Très Honorée archiduchesse ». Elle lui baise les mains, n'est-ce pas, et l'assure « d'un respect éternel ». Elle rit et répète cette phrase à haute voix. Non sans malice, elle signe « Élise », un de ses prénoms. À Possi, plus d'Élisabeth d'Autriche ! Elle court à la cuisine, vaste et odorante, où sa mère cuisine pour elle des quenelles, un de ses plats préférés et de la crème fouettée. C'est un bel été hors la blessure qui sommeille, jamais abolie : l'absence d'une petite fille de quatre mois, qui grandit loin d'elle.

Que faire, mon Dieu, que faire ? songeait Ludowika.

Elle fouettait la crème et, sur son visage pensif, encore beau, flottait une ombre.

Août. L'anniversaire de Franzi. Il faut repartir. On se retrouve, heureusement, à Ischl. À la Kaiser Villa, « tout confort », selon l'archiduchesse. Franz a écrit que le bébé serait à Ischl. Le bonheur serait de ce monde ? Franzi, sa petite fille, à la villa ? L'été et ses nuits, les songes des nuits d'été. Titania enfin aimée, comprise, visible ou invisible. Ni tête d'âne ni lierre qui étouffe mais un jeune homme de vingt-cinq ans et une jeune femme de près de dix-huit ans. L'amour, la nuit, les aubes roses.

Des bonnes nouvelles éclairent le visage toujours soucieux de l'empereur. Le 11 septembre, Sébastopol avait été vaincue. Léon Tolstoï, officier d'artillerie, participa au siège. On lui doit une chronique âpre et sublime dans les *Récits de Sébastopol*. Le 9 septembre, le général Mac-Mahon avait triomphé de la tour de Malakoff. Inconscient des cinquante mille kilos de poudre qui gîtaient sous ses pieds, il avait crié, sabre au poing : « J'y suis, j'y reste. »

Ce mot fit, en français, le tour de l'Europe. « J'y suis, j'y reste. » Mot qui pouvait être celui de l'archiduchesse dans la vie de « ses chers enfants » : j'y suis, j'y reste. Les Russes s'étaient repliés. À leur manière de grands guerriers, prêts au sacrifice. Ils évacuaient leurs grands ports, soit, mais en faisant tout sauter et incendier sur leur passage. Le feu, la prunelle en fournaise. Ainsi est l'échec russe. Le goût puissant du malheur et de l'honneur. Le crime mais aussi le châtiment. Dieu seul, au-dessus de tout. Le général Rostopchine, gouverneur de Moscou, père de la comtesse de Ségur, avait, en 1812, incité à brûler la ville plutôt que de la céder à Napoléon Ier.

On était revenu à la Hofburg. L'automne commençait. Franzi ne se lassait pas de Sissi. Elle aimait qu'il dorme dans ce lit conjugal, double et unique à la fois. Aimait-elle davantage l'amour physique ? Elle se serrait contre ce jeune homme, sa jeunesse, son impétuosité. Elle fermait les yeux. « Ouvre les yeux, Sissi. » Il fleurait le buis, le lierre, le chèvrefeuille qu'adore Titania. Il faisait partie du songe de ses nuits d'été et d'automne. Le songe... celui qui évite de savoir que son bébé était à nouveau loin d'elle et que la guerre de Crimée, cette hécatombe, ramenait en Autriche ses soldats mutilés, dévorés du choléra. Le choléra rôdait dans Vienne, au-delà des remparts que François-Joseph avait récemment fait abattre. Le choléra, sinistre souvenir de 1831. L'épidémie avait alors ravagé la ville.

Que faire ? Élisabeth s'affole. Elle pense à sa fille, claquemurée chez sa belle-mère. La petite est souvent malade de diarrhées inexplicables. « Les dents », réplique, imperturbable, le docteur Seeburger. François-Joseph propose à Sissi de s'en aller avec l'enfant (et sa mère) à Schönbrunn. Petit exil, mais comment lutter contre un tel virus ? Les cinq cents médecins et chirurgiens de Vienne sont démunis. Vienne comptait alors cinq cent mille personnes.

Aucun vaccin n'existe contre ce mal. La panique s'installe. On finit par s'apaiser. Le choléra, cette malédiction, n'atteignit pas Vienne.

À la fin de l'automne, Élisabeth est enceinte.

Les malaises, à nouveau. La petite Sophie a sept mois. Elle se débat quand sa mère s'approche d'elle. Sa mère, cette étrangère. L'archiduchesse a réussi son œuvre. L'enfant est terrifiée par cette inconnue aux longs cheveux. Sissi n'avait pas prévu cette blessure insoutenable, le rejet de son enfant. Son enfant adorée pousse des cris perçants quand elle tente de l'embrasser. L'archiduchesse s'interpose.

—Vous l'effrayez. Vous ne savez pas élever un enfant.

Sa grossesse se passe plus mal que la précédente. Les nausées, les migraines, la désolation. Elle est plus que jamais cette étrangère sous son propre toit (est-ce son toit, ce palais glacé ?) ; étrangère à sa propre enfant (est-ce son enfant cette petite qui hurle dès qu'elle la touche ?). Franz fuit ce sujet brûlant.

Une nouvelle grossesse, un nouveau rapt. Quelque chose de noir flotte dans cette âme sensible, fourbue : l'envie de mourir. Elle se lance dans les imprudences. La vitesse en voiture. On lui interdit le cheval. La vitesse enivre plus fortement que le vin. La vitesse, cette drogue. Élisabeth est enceinte de trois mois quand elle frôle un accident mortel. Sur la route de Schönbrunn, le 14 décembre. La nuit noire, dès cinq heures. Une impression de semi-indépendance, de bienheureuse solitude. Elle a quitté la Hofburg pour Schönbrunn avec la comtesse de Bellegarde – la seule en qui elle ait confiance. Quatre chevaux attelés à la voiture fermée, quatre chevaux couleur de feu, qu'elle connaît bien, à qui elle donne, paume ouverte, du sucre. Tout va bien, au trot, jusqu'à la longue avenue, la *Mariahilfer Strasse*, quelques kilomètres jusqu'au palais. Soudain, les chevaux s'affolent. Ils prennent le mors aux dents et, dans un hennissement violent, partent dans un galop incontrôlable. Tout s'empêtre, les rênes, les sabots hallucinés sur le pavé. Le cocher a été arraché de son siège. Tué sur le coup. La comtesse de Bellegarde se jette contre la portière, tente de l'ouvrir. Élisabeth ne panique pas, loin de là. « Restez tranquille ! » crie-t-elle à la malheureuse dame d'honneur. Quand il s'agit de chevaux, elle est à son affaire. Elle est la cavalière, la cochère, la palefrenière, celle qui, debout à la place du cocher disparu, sait rassembler de ses mains sans gants les rênes multiples, leurs fortes tenailles. Elle crie aux bêtes les mots qu'il faut, fait les gestes nécessaires. L'attelage est trop emballé. Quel obstacle arrêterait une telle allure ? Le secours lui vient du hasard. Un voiturier avait vu de loin la voiture emportée. Il jeta sa charrette en travers de la voie, obstacle nécessaire à calmer le déchaînement. L'ombre redevient la réalité, l'épouvante des chevaux disparaît. Ils se calment, s'arrêtent, ils ont oublié cette folie soudaine, apanage de l'âme cheval. Dans un soudain craquement, le timon se brise, une secousse ultime renverse la voiture. On reconnaît l'impératrice, bousculée du siège vers l'intérieur. Indemne, miraculeusement. Un peu pâle, quelque désordre dans la chevelure et sa tenue. La comtesse de Bellegarde sanglote, elle aussi indemne. Les secours arrivent. Elles regagnent la Hofburg en fiacre. La nouvelle de l'accident les a précédées. François-Joseph s'est précipité dans la cour, fou d'angoisse, flanqué de sa mère et du docteur Seeburger. Vite, que l'on examine l'impératrice ! Le docteur Seeburger répète : « Sa Majesté a eu beaucoup de chance. » François-Joseph est près d'elle. Elle détourne le regard de celui de sa belle-mère. La main de Franzi. Quand elle accouchait, elle baisait cette main d'amour, cette main un peu lâche qui avait laissé sa mère la meurtrir au plus haut point. L'archiduchesse s'écrie :

— Vous auriez pu perdre la vie !

— Que ne l'ai-je perdue ! réplique la jeune femme.

La vie sans son enfant et sans doute privée de celui qui va naître. La vie si heureuse à Possi. La vie, auprès de l'homme qu'elle aime, de l'homme qui l'aime, soumis à sa mère, son bourreau quotidien qui entraîne ce cri, cette fureur désolée :

— Que ne l'ai-je perdue, la vie !

— Tu es si jeune, murmure Franz, les larmes aux yeux.

Elle est semblable à ces chevaux qui se sont emballés à en mourir (va-t-on les abattre ?). Un mélange de douceur soyeuse et de craintes farouches, de peurs viscérales, entreposées au noir royaume des Ombres auquel elle a échappé, par miracle.

Janvier, la neige, le froid.

Elle se moque qu'on lui interdise les bains. Ce matin-là, si noir, ce grand matin d'hiver où le ciel se brouille de gel et de flocons glacés, la paix est dans le bain odorant et chaud. La nuit, Franzi se glisse contre elle, dans ce lit jumeau, assez large pour leurs corps minces et épris. Il caresse son ventre encore plat, ces seins arrondis, généreux, au-dessus d'une taille extraordinairement fine. Comment aurait-il supporté de l'avoir perdue ? Des caresses, des baisers. Il n'ose guère s'aventurer dans plus d'ardeur. Il ménage cette jeune femme qui a eu dix-huit ans à Noël. Se lasserait-il de lui répéter qu'il l'aime ? Il lit parfois, dans les longs yeux mordorés, un éclair, une violence, une révolte. Il se lève plus tôt que d'habitude. En janvier, cela signifie le froid, la nuit obscure. La faible lumière du quinquet. Ne pas la réveiller. Baiser ses mains, sa bouche, sa poitrine, sa gorge. Dort-elle ou feint-elle le sommeil ? Il a fait ses prières, à genoux. Il a bu un verre de lait. On l'a rasé, on l'a vêtu de ce dur uniforme qui serre les épaules. Il s'approche du lit. Une petite main caresse ses cheveux. Une voix dorée murmure : « Franzi. » Elle est aussi matinale que lui – elle devine son départ qui correspond à sa profonde solitude. Il sourit et, dans ce sourire, le bleu des sources d'Ischl illumine la première heure de la fin de la nuit.

Le Tsar Alexandre II est prêt à négocier la paix. François-Joseph donne pour cet événement un grand bal, le soir du 16 janvier. Élisabeth y paraît, vêtue de rose, parée de perles et de diamants. La paix, chèrement payée de tous les côtés. L'Autriche, la France et l'Angleterre ont renforcé leur position. L'Italie est toujours circonspecte. La Sardaigne, réticente, était entrée tardivement dans cette guerre. Un congrès international allait se tenir à Paris, le 16 février. « Le traité de Paris » sera signé, définitivement, le 30 mars 1856. Napoléon III en recueillait le prestige final. La guerre de Crimée demeurait surtout le triomphe des zouaves français. La Russie, grande perdante, s'engageait à céder à la Turquie une partie de la Bessarabie et les bouches du Danube. Elle n'y établirait plus ses flottes ni ses armées. Elle renonçait, la mort dans l'âme, au protectorat qu'elle exerçait sur les orthodoxes de l'empire Ottoman.

À cinq mois de grossesse, Élisabeth est à peine épaissie. Elle n'a pas de malaises, peu d'appétit. Le lait, les oranges, un peu de thé. L'archiduchesse se tait, toujours gardienne de Sophie dont la santé n'est pas florissante. L'empereur avait été irrité que le traité de Paris ait eu lieu à Paris, non à Vienne. Le fils du célèbre Metternich, le prince Richard de Metternich, représentait à Paris l'Autriche. Il se souvenait du cynisme de son père, qui prétendait gouverner l'Europe mais « l'Autriche, jamais ». Propos ambigus. L'Autriche serait-elle trop puissante ou sans intérêt réel ? Le chancelier avait-il su jauger, déjà, qu'un jour, la Prusse serait la plus forte ? À quoi songeaient ces ambassadeurs, ces princes occultes et éclatants, dont Sissi, écartée de la vie politique, ignorait les fonctions ? Ils pensaient surtout à leurs ambitions personnelles. Ils changeaient de maître comme de chemise, de guerre comme de paix. Le songe, le songe de leurs nuits avides, avaler la graine de la visibilité, en tirer le meilleur : prestige, fortune, ambitions. Le pouvoir venait souvent de l'or impur et lourd d'une femme. La chair, impure et lourde de ces femmes loties parfois de seize quartiers de noblesse. Les rivales de Sissi, ces femmes dont Élisabeth ignorait souvent le venin et le rôle. La princesse Mathilde de Metternich intriguait sans cesse. Ces princesses, ces fortunes femelles, ambitieuses, dont les hommes jouaient sur l'échiquier de leur pouvoir. À la Cour d'Autriche, Pauline de Metternich lançait un divertissement pervers. Qui est la plus belle ? On jouerait, non sans grossièreté, à ébranler les derniers remparts de l'impératrice. Le prince de Metternich se réjouissait que les négociations aient eu lieu à Paris. Dans le salon de l'Horloge, un homme brun et massif, au visage énergique, le comte de Cavour, était ravi que l'on maltraitât Vienne. Cavour était le Premier ministre du royaume Piémont-Sardaigne. L'Italie dont la Lombardie, la Vénétie, ne songeaient pas aux Russes. Ils haïssaient la botte autrichienne. Ce traité servirait-il un jour la cause italienne ? Cavour parvint, non sans mal, à persuader la France – et l'Europe – que l'Autriche était le principal tyran. Metternich souriait et s'inclinait en propos sibyllins. Tant d'alliances se renversent parfois en une seule heure ! L'homme ne compte pas ; une vie n'est rien. Une femme peut-être... L'impératrice Élisabeth est moins niaise que sa belle-mère le laissait entendre. L'empereur est amoureux et sa beauté est éclatante. Elle serait bien capable, un jour, qui sait, cette petite oie de Bavière, d'obtenir une alliance plus dangereuse que toutes les autres. Il n'est pas si sûr, si on la laissait agir ou se montrer davantage que *Sa Majesté l'impératrice n'use d'aucune influence.* Le pouvoir des femmes, comme dans les fables, quand le corbeau perd son fromage. Bêtement. Le pouvoir d'Élisabeth, un tour magique de passe-passe dont Metternich flaire la puissance. L'archiduchesse Sophie avait su inverser la succession du trône, l'impératrice Eugénie avait su, scandaleusement, se refuser à Napoléon III : il l'épousa. Le joug de l'archiduchesse ; le complot des mères pour marier leur fils et neveu, l'empereur qui ne se doutait de rien. Elles sont capables, les femmes, de renverser des trônes, des pays, les mettre à feu et à sang. Napoléon III a le regard filtrant et lourd d'un Allemand sensuel. Il suffirait d'une intrigante envoyée par l'Italie, douée pour l'amour, envahie de syphilis généreusement transmissible, pour changer, encore une fois, la face du monde. Le nez de Cléopâtre, l'inquiétante beauté de Marie-Antoinette, la minceur altière d'Élisabeth d'Autriche, hélant, sans le savoir clairement, la République, la fin du despotisme des Habsbourg.

La Russie, impuissante, hostile, ne décolérait pas. François-Joseph, le 13 mars, écrivit à son ministre Buol qu'il est « contrariant » de maintenir la France dans son alliance. Les Français sont russophiles. Élisabeth serait-elle russophile ? À six mois de grossesse, on la rencontre en larmes dans les corridors qui mènent à la chambre des enfants. Sa petite fille d'un an tente aux bras de l'*aja*, et non de sa mère, de faire ses premiers pas. Elle croit, peut-être, que sa mère est l'archiduchesse. Elle a de beaux cheveux dorés, une petit nez charmant (celui de Sissi), une maigreur inquiétante. Elle tousse, elle vomit souvent, prise de fièvre. Ces affreuses mégères ne savent pas la soigner. Élisabeth s'essouffle à gravir tant d'escaliers. Un ventre lourd, des vêtements lourds, une peine lourde. Oublier Sophie pour oser survivre ? Comment peut-on oublier son enfant ? Épuisée, elle se laisse tomber sur une banquette, en sanglots. Nul n'ose l'approcher, lui parler. Les sentinelles du corridor sont plus muettes et sourdes que les murs. On ne parle jamais en premier à Sa Majesté.

Le 30 mars, le traité de paix est signé. La Russie, ulcérée, doit céder à la Moldavie leur province dite la Bessarabie. Alexandre II est outré d'être obligé de laisser circuler librement tout navire étranger dans la mer Noire. Fini, le rêve du Tsar d'un grand empire moyen-oriental dont il eût été l'absolu souverain. Une sombre haine, une malédiction jetée contre l'Autriche. François-Joseph a perdu un allié non négligeable. La guerre continue en dépit des traités de paix, ces parades de coqs dans l'attente des nouveaux pugilats.

À la Hofburg, entre l'archiduchesse et sa belle-fille, règne toujours l'impossible traité de paix. Quel combat peut mener Élisabeth, infiniment désarmée ?

L'enfant qui va naître sera aussi la guerre.

Le 15 juillet, dans la nuit, Élisabeth est saisie de vives douleurs.

Elle a perdu les eaux. La naissance se déroule comme la précédente, entre Sophie, l'empereur, le médecin, la sage-femme, la servante. Un accouchement sans problèmes majeurs, assez court, une délivrance plus rapide que la précédente. Quelques cris, qui exprimaient aussi une souffrance, celle de la présence de l'archiduchesse. Elle exige d'être la première informée du sexe de l'enfant.

— C'est une fille.

Sissi a peu embrassé la main de son époux, a souvent détourné et fermé les yeux. Elle retombe, épuisée, sur son oreiller. Une douleur fulgurante : c'est le placenta. On ôte le linge souillé de la naissance, on la change, on la félicite, peut-être l'embrasse-t-on. Une fille ! Qu'elle l'emporte, cette vieille fée, vite ! Elle ne veut pas la voir, elle ne veut plus souffrir autant. Pourquoi voler ses filles puisqu'une fille, n'est-ce pas, ne sert à rien ? À la naissance d'un garçon, on tire des coups de canon ; la chair à canon, vive le son du canon. On est loin de la confiance heureuse du premier accouchement. Une fille ; cela signifie recommencer encore, jusqu'à ce qu'un petit mâle surgisse de ses entrailles. Elle veut dormir, sombrer à la nuit obtuse qui suit l'effort surhumain de faire naître une créature qu'on va lui voler. Tout le monde est déçu sauf l'empereur, fou de bonheur et d'amour, qui dit à Sissi, de son humour sans grande finesse :

— Il eût fallu poser une prière hébraïque sur la porte de la chambre ; c'est un sûr moyen d'avoir un garçon.

— Elle s'appellera Gisèle, dit l'archiduchesse. En l'honneur de l'épouse du roi de Hongrie, canonisé saint Étienne. Ce roi païen, au Xe siècle, avait été converti par sa très chrétienne épouse, Gisèle, née de maison bavaroise.

Sissi regarde ce bébé tout neuf. Elle est robuste, différente de l'aînée. Des cheveux rares et drus, un visage rond et rouge, de la puissance dans le cri, l'œil très bleu.

— C'est tout à fait Franz bébé, dit la voix aigre.

Gisèle ressemble à son père. La force, les traits, le caractère. Gisèle sera très proche de son père. Une placidité identique, des goûts simples, contente de sa vie, de sa famille, peu attirée par sa mère, pragmatique. Gisèle n'a rien de sa mère. Le baptême fut de grande envergure, comme pour Sophie. Ludowika était la marraine. Elle ne fut pas invitée. Comment récompenser Sissi de son effort, de l'amour qu'il ne cesse de lui porter ? De son bonheur à lui ? L'empereur est sincèrement comblé de ces deux fillettes confiées à sa mère. François-Joseph propose un beau voyage en Carinthie à Sissi à peine remise de ses couches, la poitrine dûment bandée. Elle a l'air, les bras si vides, d'une chatte en quête des petits dérobés. Le syndrome terrible du nid vide. La source de lait si lente à se tarir. Il est inutile d'exiger les petites auprès d'elle. François-Joseph fait la sourde oreille. Il la trouve de mauvaise foi – lui qui sait à quel point la mauvaise foi est du côté de sa mère et de sa propre faiblesse.

— Sissi, tu peux voir tes enfants quand tu le souhaites. Tu t'imagines qu'on a volé tes petites. Tu exagères. Tu es si jeune.

Elle le déteste quand il parle ainsi. Sait-il l'épuisement de ce parcours entre les enfants et elle, la barrière de ces femmes, l'archiduchesse et sa malveillance, son guet de pie voleuse sur les berceaux ?

Sissi a changé. Ô, elle n'a encore rien gagné mais elle a changé. Elle a redressé sa taille mince que deux grossesses n'ont pas épaissi d'un centimètre. Elle a dix-huit ans. Un tableau de cette époque, peint quelque temps après cette seconde naissance, est intéressant à examiner de près. Scène de famille ou le faux bonheur. Une commande de l'archiduchesse au peintre de la famille impériale. Tous les personnages sont en scène. Deux femmes sont assises, au centre de cette peinture, sur fond de fallacieuse verdure. À gauche, la bouche pincée, les paupières baissées, le cheveu châtain en grosses boucles sous une dentelle sombre, l'archiduchesse. Elle tient sur ses genoux, bébé en robe blanche, Gisèle. L'archiduchesse est vêtue d'une crinoline en satin vert, les manches longues bouffant à trois niveaux du bras. Un long col en dentelle blanche, la même dentelle aux poignets. Un vague sourire sur la bouche mince, ce visage blanc comme une bougie, est penché sur le bébé. Elle ignore totalement sa voisine : Sissi.

Élisabeth l'ignore aussi. Son visage, rose et frais, est tourné vers son voisin, à droite du tableau : François-Joseph. Il n'a pas changé, mince, beau, la taille serrée dans la veste blanche à col officier, rouge. Des médailles, un double boutonnage en or, l'ondulation dorée de sa chevelure et de sa moustache. Il regarde sa mère et l'enfant. À ses pieds, Sophie. Une robe rosé en organdi, le fin visage encadré de boucles blondes, elle frôle de ses bras aux mains ouvertes un fauteuil d'enfant en velours rouge. Elle regarde en arrière, vers sa mère. Élisabeth porte une robe à peu près identique à celle de sa belle-mère, mais en soie rose. Le bouillonné des manches s'arrête à la saignée du coude. Une robe décolletée, ornée d'un volant où glisse un collier de perles. Le cou, les épaules sont d'une blancheur éblouissante. Une lumière dans cette peinture. La taille est d'une grande finesse. Sa main droite, ornée d'un bracelet à fermoir, est tendue vers Gisèle. Elle ne la regarde pas. Elle ne regarde aucune de ses filles. Elle interroge, perplexe, les yeux longs, un léger sourire sur la bouche close, son époux. La chevelure, auburn et dorée, est relevée en bandeaux ondés, bouclés, sur lesquels est accroché, en arrière, un court voile en dentelle blanche. À l'arrière, le sixième personnage est à peine visible. Un homme-accessoire, en costume militaire verdâtre, identique à celui du fils. Triste, effacé, c'est le terne époux de l'archiduchesse.

Sissi a changé. Elle va lutter plus ouvertement pour obtenir ses enfants auprès d'elle. Elle rassemble la force qu'elle avait eue quand elle tenait les rênes de ces chevaux devenus fous. À Laxenbourg, il y a deux ans à peine, elle pleurait sans cesse et écrivait des poèmes désolés. Plus de poèmes, plus de larmes. Une lutte échauffée, déterminée. La guerre ? Soit, c'est cela la guerre. Une stratégie composée de ruses et d'un guet sans relâche. Elle connaît l'ennemi, elle sait que son allié aime son ennemi(e). La soumission et les pleurs ne mènent à rien. Ils excitent le sadisme, y compris chez ses inférieurs. Il est temps de devenir l'impératrice ; en user, en abuser. Elle assure mieux sa situation au palais. Elle a su que nombre de requêtes arrivaient à son nom au bureau officiel qui répondait qu'elle « n'usait d'aucune influence ». Elle avait réussi à payer un clocher à cette communauté protestante. Elle n'avait pas eu peur. Opprimée, elle l'est. Elle usera de son pouvoir sur son époux. Sa beauté éclate ; le bouton de rose est devenu la rose. Est-ce si difficile d'aimer un peu plus, un peu mieux, cet homme épris, dont elle a appris à ne plus craindre les ardences ? Son pouvoir est dans cet amour. Cet amour-là. Il ne sera pas un simple songe, elle est Titania, à elle de savoir se rendre sensible au lit de l'époux. La plus belle en ce royaume, le royaume de son époux. Qui ne porte ce masque d'âne qu'en présence de sa mère. Son combat : la garde totale de ses enfants. Élisabeth se bat hors du songe, hors des larmes. Dépasser la terreur des murs, des verrous mentaux. Ne plus confondre le clair de lune et la tête d'âne enfantée d'une chouette nommée Sophie. Se battre pour arracher deux petites filles prisonnières d'une vieille femme et d'une muraille épaisse, tel un conte de sorcière. Elle peut dire aux sylphes ou au roi de la nuit des mots d'amour. Titania-Élisabeth font partie de sa particulière armure de guerre. Où parfois les dieux se vengent, emportant aux Ombres l'enfant. Elle est le lierre, le mur, l'orme, le sylphe, que chante Titania. Elle est à la fois, c'est aussi cela la guerre, l'amant, la maîtresse, la mère, l'impératrice, la petite fille qui chantait à Ischl, sur l'escarpolette des fiançailles. La fraude des fiançailles. Sa peau embaume le chèvrefeuille, l'écorce où pleure la résine des forêts de la Bavière.

Elle commença sa lutte quelques jours après le baptême de Gisèle. Élisabeth monta à la nursery. Elle entra avec une résolution si évidente que sa belle-mère se leva avec violence.

— Je veux mes filles.

L'archiduchesse s'enrouait.

— Non, Sophie vomit depuis plusieurs jours. Elle a la fièvre.

— On ne confie pas des enfants si jeunes à des pies-grièches.

Le ton monte ; l'archiduchesse suffoque, elle fait barrage de toute l'ampleur de ses larges jupes et de sa détestation.

— Vous êtes incapable d'avoir des fils. J'en ai eu quatre. Vous n'avez rien à dire. On vous voit à cheval au Prater, sans escorte, à pied dans les rues. Vous ne savez pas tenir votre rang.

Élisabeth n'en démord plus. La guerre. Sébastopol, Malakoff. L'explosion entre les deux femmes est en cours. « J'y suis, j'y reste. » Cinquante mille kilos d'explosifs dans la nursery. Élisabeth fonce chez l'empereur. Qu'importent ses audiences, ses ambassadeurs. Ils s'inclinent, suffoqués d'une intrusion aussi intempestive.

— Franz, il faut absolument que je te parle.

Elle le tutoie, elle le rudoie presque.

— Je veux mes filles près de moi. Chez ta mère, elles sont mal. Il fait froid, il fait sombre ; Sophie est constamment malade.

Il ne répond pas, agacé, peiné, vaguement choqué de sa véhémence.

— Je m'en irai si mes filles ne sont pas avec moi.

François-Joseph oscille entre l'ennui, l'inquiétude. À l'air de sa femme, il devine qu'elle est capable de s'en aller, elle, la première dame de l'empire. Il ne promet rien, il verra. Elle quitte brusquement son bureau. Rien ne l'arrêtera. La guerre peut être longue. Elle la mène sans relâche

— Je veux mes filles.

En septembre 1856, la situation n'a pas bougé. Gisèle grandit, grossit loin de sa mère. Sophie vomit toujours.

— Je veux mes filles.

Pour la première fois, l'archiduchesse, dont le fils semble se ranger du côté de Sissi, perd pied.

— Si tu cèdes, Franz, je quitte à jamais la Hofburg. Ce sera elle ou moi.

On est en plein chantage. Élisabeth va alors gagner, un triomphe de poids. Secouer le fils du joug de sa mère. François-Joseph promet de plaider la cause de Sissi. Au retour du voyage en Styrie, il ose semoncer dans une longue lettre l'archiduchesse qui n'en revient pas :

« Je vous prie [...] de vous montrer indulgente à l'égard de Sissi [...] Si vous voulez bien nous faire la grâce de considérer cette affaire calmement, vous comprendrez peut-être les pénibles sentiments que nous éprouvons à voir enfermées nos enfants dans vos appartements avec une antichambre presque commune ; tandis que la pauvre Sissi doit s'essouffler à monter les escaliers avec ses amples vêtements si lourds, pour ne trouver que rarement ses enfants seuls [...] Pour moi également, cela écourte les rares instants que j'ai le loisir de consacrer à mes enfants [...] cette manière de les exhiber et de les porter à la vanité me paraît une abomination. [...] En tout état de cause, il ne s'agit pas pour Sissi de vouloir vous retirer les enfants ; elle m'a expressément chargée de vous écrire que les petites resteraient toujours à votre entière disposition[1]. »

Il a dû lui en coûter, au fils soumis, d'écrire une telle lettre. Il a dû s'arrêter souvent, lever la plume, inquiet, agacé, et par moment surpris du mot « abomination » destiné à sa mère. Un flux noir, inconnu, une rancœur insoupçonnée déboulaient à mesure qu'il écrivait. Peut-être, la dernière phrase destinée à adoucir l'ensemble n'était-elle pas sincère. « Les petites resteraient toujours à votre entière disposition. » Le mari épris, le fils secouant des années de joug maternel s'exprimaient enfin. Une lettre où la critique était dure vis-à-vis de sa mère – qui ne pardonna jamais à Sissi une telle missive. Élisabeth gagnait une immense victoire. L'archiduchesse était au bord de la haine. L'envie sournoise qu'un

---

1. *Élisabeth d'Autriche*, B. Hamann, *op. cit.*, p. 110.

184

malheur arrivât afin de la hisser à nouveau dans son implacable despotisme triomphant.

Ce triomphe offrit aux époux un voyage heureux. Les tensions s'apaisaient, les paysages étaient grandioses. La Carinthie, à l'est du Tyrol, l'orient de Salzbourg, ces Alpes majestueuses avec trente-cinq cimes de trois mille mètres, vingt glaciers rutilants sous la lumière. L'amour éclatait, idéal, d'un simple élan marqué de jeunesse, d'ivresse. Élisabeth connaissait maintenant les secrets essentiels de son corps, de la maternité. Il lui était plus aisé de vivre le libre élan amoureux exigé par l'amant. Loin de la Cour, loin de sa belle-mère surtout, ses craintes s'évanouissaient. Elle aimait cet homme jeune et beau qui jamais ne se lassait d'elle. La promesse des enfants retrouvées, de vivre unis, ensemble, la beauté de la montagne, tout aidait à l'amour. Il lui était (peut-être) plus aisé de faire l'amour, de tâtonner vers la sombre merveille de la volupté.

Le plaisir d'escalader ensemble des chemins de montagne. Sissi et François-Joseph avaient ce point commun d'adorer la montagne. Ils s'offrirent le si rare bonheur de la randonnée. La joie de porter, l'un et l'autre, de grosses chaussures adéquates. Elle riait de leurs toilettes champêtres. Franzi, en culottes de toile, le chapeau de montagnard loti d'une plume de faisan. La jupe et la veste de Sissi étaient confectionnés de la même toile en loden. Un chapeau comme celui de Franz, ses nattes serrées en arrière. Plus de corset, plus de parures. Elle respirait à la manière d'un animal assoiffé le grand air, elle s'enivrait des cimes. Ils grimpèrent, flanqués d'une petite escorte d'authentiques guides de montagne. Ils mirent trois heures à atteindre le refuge nommé aujourd'hui le refuge de Glockner. Une montée en courbes, en brusques raideurs. Il lui prenait la main quand la montée s'avérait rude. Tout était un peu rude aux reins et au ventre d'une jeune accouchée mais elle se sentait si bien, avec lui, du côté des nuages, des cimes, la pureté de leur belle solitude ! Ils dormirent dans un gîte rustique. De la paille, un lit en bois, alentour les chants pastoureaux, le galop des chamois. Elle battait des mains, criait de joie ; la joie d'une enfant. « Elle est si jeune », se disait-il. Lui aussi redevenait jeune, libre de ses soucis si graves, d'une passagère et bienheureuse amnésie.

— Regarde, Franz, regarde !

Le ciel, les glaciers, les neiges scintillant sur le Grossglockner et alentour, ombrée de mauve, la montagne, le Pasterze, en courbes adoucies de nuées. Elle avait demandé quelque repos et l'on nomma l'endroit, en souvenir de l'excursion si rare de Sissi et Franzi, « Le repos d'Élisabeth » *(Elisabethrube)*. Une enfant, se disait l'empereur, à qui il avait rendu ses enfants. Une enfant de dix-huit ans, à la beauté jaillissante, edelweiss scintillant, au creux de la rocaille. Il embrassait ses mains, il la confiait à ces quelques hommes qui les entouraient. Il la pria de lui laisser continuer son escalade. Il avait aussi un rire d'enfant. Il redevenait un jeune homme libre, joyeux d'être là, avec elle, et, un peu plus haut, sans elle, atteignant un sommet aride : le Hoher Sattel. Le pic rutilait de la lumière de son voisin sous le soleil, le glacier du Pasterze. On baptisa ce glacier « Le sommet François-Joseph ». Des enfants, deux enfants. Tout là-bas, tout en bas, dans les replis obscurs de Vienne, de la Hofburg, la chambre des fillettes. L'archiduchesse leur sifflait, sans sourire, quelques mots durs sur leur mère. Les malaises de l'aînée s'accentuaient. Elle vomissait toujours, maigrissait et apprenait à ne pas aimer sa mère. Elle comprenait mal ce nouveau berceau débordant d'une grosse pouponne qui était, disait-on, sa petite sœur. La victoire d'Élisabeth allait déchanter dès le retour. Il en faudrait du temps, encore, pour qu'elle soit enfin maîtresse de l'éducation de ses enfants ! L'archiduchesse avait pour elle le soutien de toute la Cour et des conservateurs. Elle empoisonnait de loin ce voyage trop joyeux, en écrivant quotidiennement les plus mauvaises nouvelles. Elle décrivait la chute mortelle du fils d'un haut fonctionnaire dans l'un des glaciers de ce parcours. Beau lapsus mental, vis-à-vis de sa belle-fille et même de son fils. L'envie du malheur, de la punition, de châtier cette insolente qui avait manœuvré, contre elle, son fils modèle. Qu'ils soient punis ! Sissi, en dépit de la lettre de Franzi, son amour si évident, était seule. Il se sentait mal à l'aise envers sa mère, coupable d'avoir osé lui tenir tête et écrit le mot « abomination ». L'archiduchesse envoyait des bulletins de santé alarmants. Sophie était toujours malade. Le glacier qui attendait les amoureux au retour de cette escapade était l'archiduchesse.

Elle était décidée à reprendre son emprise. Ses espions lui avaient tout rapporté de ce voyage trop agréable. Son fils, lors de son escalade unique, avait reçu en cadeau un rituel collier de feuilles d'aulne. L'aulne est un arbre sacré, petit, aux branches tordues, nourri d'eaux vives. Le jeune couple était allé en pèlerinage à Heiligenblut, priant de tout leur cœur amoureux dans le sanctuaire en pointe effilée. La colère s'emparait de l'archiduchesse, brûlant de l'intérieur. Ont-ils oublié leurs insultes ? Elle écrivit à Graz où ils faisaient une halte. Une courte et terrible lettre destinée à rompre la paix de son fils et raviver les inquiétudes de Sissi : « Je quitte la Hofburg, c'est elle ou moi... Je vais m'en aller à jamais. »

Mais l'emprise de Sissi était alors immense dans l'âme et la chair de François-Joseph. Est-il las des querelles, pris d'une envie sincère de vie familiale loin de sa despote de mère ? Il est assailli de doute. Le doute de l'influence bénéfique de sa mère sur ses filles. Le doute, vague, que, s'il cède encore à sa mère, Sissi, déçue, pourrait s'enfuir de Vienne. Il ne répond pas au chantage de sa mère. L'archiduchesse continue son œuvre de destruction dans l'esprit de Sophie. La fillette éclate en larmes. On lui insinue que sa mère l'abandonne et ne l'aime pas. La fièvre augmente, elle a quelques convulsions.

— Les dents, répète le docteur Seeburger.

François-Joseph attend Schönbrunn pour répondre à la lettre de sa mère. On est le 18 septembre. Voilà deux mois que Sissi n'a pas vu ses enfants. L'empereur écrit lentement. Une lettre plus difficile que la précédente. Il s'agit de confirmer le désir de sa femme. Encourir le risque d'une brouille très grave avec sa mère. Rien, écrit-il, ne bougera sa décision : « Ma mère. Jugez Sissi avec indulgence. » Elle est une épouse aimante, une bonne mère. Elle a le cœur noble et délicat. Ses enfants doivent vivre auprès d'elle... et auprès de lui. La victoire de Sissi est plus éclatante que l'escalade de trois mille mètres de glaciers. L'amour de Franzi va-t-il enfin dénouer ce nœud de vipères ? L'archiduchesse, évidemment, ne quitta pas la Hofburg. Elle accorda, hautaine, quelques concessions. La chambre des enfants serait rapprochée de celle des parents. Après tout, si Franz veut transformer ses appartements en nursery ! Qu'on y remette les perroquets, si cette petite sotte le désire. Elle ne veut pas risquer son pouvoir. Ce n'est pas sans une amertume jalouse qu'elle assiste au déménagement des berceaux. Elle déteste le rire frais de sa belle-fille qui a le teint rose, et dont la petite Sophie, timidement, accepte les baisers. Elle maudit cette insolence. L'archiduchesse mettra tout œuvre pour briser l'influence d'Élisabeth sur les affaires autrichiennes. Quant aux enfants, rien n'est entièrement gagné. Elle est persuadée que Sissi est incapable d'élever des enfants. Elle risque, l'inconsciente, de les entraîner dans un malheur. Elle avalera alors plus de larmes qu'elle n'en a jamais versé. Dieu la punira de l'avoir humiliée à travers les paroles si dures de son fils pour lequel elle avait sacrifié sa couronne.

Malheur aux ingrats.

Chapitre VI

SECOUSSES

Rien de plus fallacieux, en politique, que les traités de paix. Le traité de Paris mettait d'une autre manière le feu à d'autres poudres. La Russie perdait son crédit auprès de la France mais son ancienne alliée, l'Autriche, devenait sa bête noire – à la grande satisfaction de la Prusse. L'Autriche avait méprisé, sans en comprendre les forces obscures, le rôle de l'Italie qu'elle soumettait avec dédain. Le mouvement de l'unité Italienne allait battre son plein. Cavour attisait les révoltes non seulement au royaume de Piémont-Sardaigne mais en Hongrie, où le feu rebelle ne demandait qu'à sourdre. Cavour jouait sur l'oppression des peuples leurs rancœurs contre l'Autriche. Napoléon III, sous l'influence de son épouse très catholique, pour qui le pape (Rome) est au-dessus de tout, manifeste de la bienveillance à la cause italienne. La Russie tente de manœuvrer la rancœur hongroise contre Vienne. Des Habsbourg – frères et oncles de François-Joseph – gouvernent la Toscane, Parme et Modène. Les armées autrichiennes sont omnipotentes en ces royaumes – y compris en Lombardie et dans le Piémont. La tiède bienveillance de François-Joseph envers ces provinces, martyrisées il y a si peu de temps par l'Autriche, n'illusionne pas les Italiens. Ils haïssent le maréchal Radetzky, l'empereur et l'archiduchesse. Ils ne connaissent pas Élisabeth, ils la détestent par préjugé. Elle est l'impératrice d'Autriche, ce pays abominable à qui ils doivent tant de malheurs. Ils ne sont pas dupes de la protection hautaine qui règne sur leur pays. L'ambassadeur de Suisse savait à quel point François-Joseph tenait à la Vénétie, au point de lui offrir, lui, le parcimonieux, jusqu'à « son dernier thaler ». C'est mal connaître l'âme italienne, ses finesses, ses ruses, ses capacités à savoir mourir et survivre, défaire des chaînes, quitte, apparemment, à en endurer d'autres. La militaire Autriche ne finassait guère et la coterie de l'archiduchesse rappelait avec satisfaction la défense « exemplaire » du maréchal Radetzky. François-Joseph songea, appuyé par sa mère, qui avait repris sur lui son emprise politique, à un voyage en Italie du Nord. François-Joseph s'enthousiasmait du rôle que pourrait y jouer Sissi. Quelle merveilleuse ambassadrice composait tant de grâce ! Il se souvenait du succès de leur voyage en Bohême. Elle saurait raviver ces cœurs blessés, rebelles. L'archiduchesse pinçait une bouche contrariée.

— Elle fera tout rater et défera ton autorité.

Son fils réalisait-il le rôle de Cavour, Garibaldi, et de ces peuples incommodes ? On se mit en route cet automne 1856 où Élisabeth avait enfin gagné ou cru gagner ses enfants. Elle avait d'abord résisté à ce voyage italien, au nom de ses petites qu'elle avait trop peu vues ces derniers mois. La santé de l'aînée n'était pas satisfaisante. Elle eût voulu se consacrer le plus possible à ses fillettes. Rattraper les jours, les semaines, ce qui ne se peut pas : la pousse perdue d'un petit enfant. Son époux insistait pour qu'elle l'accompagne. L'archiduchesse, brusquement, renchérissait.

— Vous êtes l'impératrice, votre devoir est d'être auprès de l'empereur.

Ah ! Si seulement il avait été un simple tailleur ! Elle comprenait une nouveauté révoltante. On utilisait son image. Elle savait qu'elle était charmante, mais elle se révoltait que lui, son bel amour, fût d'avis de la « montrer » pour servir sa politique. Pourquoi, en effet, admettait la voix sèche de l'archiduchesse, ne pas utiliser la beauté d'Élisabeth ? Elle disait : « La beauté d'Élisabeth », du même ton qu'elle aurait pris pour dire : « Nous avons des munitions suffisantes. » Élisabeth, une arme, un « objet stratégique ». Elle en voulait à Franz de la sacrifier, dans une certaine mesure, à ses intérêts. Sa beauté devenait déjà une légende aux moindres chaumières. Ceux qui l'avaient vue passer dans les rudes chemins de la montagne avaient été éblouis. Le bouche à oreille, ses portraits se répandaient. La beauté déclenche une exaltation mêlée d'idolâtrie et de cannibalisme. Le rêve éveillé, l'image idéale incarnée, la déesse faite chair, la vierge Marie, l'étoile, l'ange. La fée Titania. Élisabeth ouvrait ce chemin idolâtre que connaissent, jusqu'à la destruction, certaines actrices devenues des mythes. L'archiduchesse jeta sur la réticence de sa belle-fille sa froide âpreté. François-Joseph rusait, à la manière de tous les hommes aux prises avec toute femme.

— Que ferais-je sans toi ? Sissi, ne me laisse pas. Souviens-toi de notre si beau voyage. N'as-tu pas tes enfants comme tu le désirais ?

Elle flanchait, encore amoureuse, émue de ce voyage délicieux et de l'obtention de ses fillettes. Elle accepta de partir sous la condition d'emmener ses petites. L'archiduchesse le prit très mal. Il y eut à nouveau une querelle qu'elle gagna. L'archiduchesse vitupérait qu'on n'emmenait pas des enfants si jeunes en voyage officiel – surtout chez ces gens-là, capables d'attentats. Sophie était de santé délicate, Gisèle, un bébé. Sissi, décidément, était inconsciente.

— Franz, lança-t-elle à son fils, on dira que tu emmènes tes enfants en guise de bouclier !

Sissi obtint que Sophie, l'aînée, fût du voyage. Elle admit que Gisèle était trop jeune. Sa belle-mère eut un recul dégoûté. Le malheur ; il arriverait tôt ou tard. À cause de cette imprudente, dangereuse à son fils, à l'empire et à ses enfants. Le malheur n'avait plus qu'à suivre son cours, lent fleuve gorgé de goules invisibles. Un autre événement établissait la nécessité de ce voyage italien : Charles-Louis, l'amoureux transi de Sissi (il l'aimait toujours), s'était résigné au mariage. Sa mère avait choisi la fiancée. Il épouserait, à vingt-trois ans, le 4 novembre, sa cousine germaine, la fille du roi Jean de Saxe, Marguerite de Saxe. Elle avait seize ans et, de même que pour Élisabeth, il fallait une dispense du pape. Ce voyage italien incluait aussi une connotation familiale, la nécessité des alliances. Cousins, cousines, le sang des Habsbourg continuait son empoisonnement fatal. La Dame blanche rôdait et ils étaient tous complices, tous soumis, affaiblis à ce redoutable rituel consanguin. L'archiduchesse voulait accélérer les mariages de ses fils. Fiancer son bel aîné, Maximilien, tendrement aimé, celui dont la rumeur attribuait la paternité à l'Aiglon, à la fille du roi des Belges, Léopold Ier. L'archiduchesse, si peu tendre, raffolait de la jolie et richissime Charlotte de Saxe-Cobourg. Cette brune aux yeux verts était la petite-fille de l'ex-roi Louis-Philippe et de la reine Marie-Amélie. Une d'Orléans, orpheline de mère, ravissante, têtue, ambitieuse. Les fiancés, tels Sissi et Franz, fait rare en ce milieu, étaient amoureux.

Qu'importe après tout que Sissi emmène Sophie en Italie. Ce n'est qu'une fille ; Gisèle restera avec elle. L'important est que cette insolente mette enfin au monde un héritier. Si ce n'est pas le cas, Maximilien et la charmante Charlotte pourraient bien, qui sait, régner un jour...

Il fait froid, ce 17 novembre, quand le jeune couple et la petite Sophie quittent Vienne. Un long voyage de quatre mois. Quand elle reverra Gisèle, la petite sera au bord de marcher. Des semaines de séparation, sous l'influence de sa grand-mère, plus possessive que jamais avec cette dernière proie. Gisèle est à nouveau installée dans les appartements de la sombre aïeule, qui jamais ne rit ou n'embrasse, qui jamais ne chante de berceuses. Sissi évite de penser à ce qui lui avait déjà arraché le cœur. La présence de l'aînée la console. Elle est pâle, chétive mais peu à peu s'apprivoise. Elle sourit, elle rend ses baisers – elle qui ne savait pas embrasser – à cette jolie dame si tendre qui dit : « Je suis ta maman. » Vienne a organisé ce voyage dans tous ses détails. Un convoi de trente-sept calèches dont une dizaine réservées aux malles remplies, entre autres, des toilettes officielles et précieux accessoires. La première partie du périple eut lieu en chemin de fer. Quelques heures de Vienne à Laibach. Vingt-cinq bateaux à vapeur attendaient les voitures pour traverser le Danube. Ce fut à nouveau la route, ses secousses, ses lenteurs, ses risques.

L'Autriche possédait six cents kilomètres de voies ferrées. Le réseau ferroviaire devait beaucoup à la France. Des banquiers, les frères Pereire, avaient participé à cette opération prestigieuse à l'Europe. En 1851, on était en plein dans le progrès du chemin de fer. La ligne Vienne-Trieste existait depuis 1854, l'année du mariage d'Élisabeth. Elle avait adoré son premier voyage en chemin de fer. Au début, l'excès de tunnels, de viaducs, de vitesse (50 kilomètres à l'heure) avait provoqué son lot classique de déraillements et de morts mais on s'engouait, à juste titre, du chemin de fer. Le comte de Ségur, époux de la comtesse de Ségur inaugura, gare de l'Est, en 1854, le chemin de fer de l'Est. Deux éditeurs, M. Hachette et son gendre M. Templier, lui demandèrent s'il ne connaissait quelque auteur susceptible d'écrire des livres pour distraire les enfants lors des trajets trop longs. Réseau

ferroviaire, réseau littéraire, la comtesse de Ségur, née Rostopchine, entrait, grâce au chemin de fer, en littérature avec *Les Nouveaux Contes de fées* illustrés par Gustave Doré. Ainsi commença
la première « bibliothèque des gares ». Élisabeth, au fil de ses
périples, aura la passion du train. On la surnommera l'impératrice
Locomotive. Chaque membre de la famille impériale parrainait
son chemin de fer. Il y eut celui de François-Joseph, de Ferdinand-Maximilien et enfin « le chemin de fer de l'impératrice Élisabeth » (Vienne-Linz-Salzbourg). Les frères Pereire n'y suffisaient
pas, de nombreuses compagnies privées, des banquiers européens
s'en mêlèrent. Les banques d'affaire fleurissaient à Vienne dont
l'« Institut de Crédit autrichien pour le Commerce et l'Industrie »,
sur le modèle du « Crédit foncier » des frères Pereire. Quelques
grands noms de la noblesse n'hésitaient pas à s'allier à la haute
bourgeoisie financière dont le prince Adolf Schwarzenberg, chef
de l'aristocratie de Bohême. Ils siégeaient tous aux côtés du roi de
la finance internationale, Anselm Rothschild. Le chemin de fer
allait bouleverser le monde.

Les précédents voyages officiels d'Élisabeth avaient été valori-
sants. On l'avait aimée, acclamée. Elle ignorait à quel point l'Italie
haïssait l'Autriche. Son « charme » n'opérait pas sur des popula-
tions que tout avait froissé, appauvri, mutilé. Cavour et Garibaldi
étaient leurs héros, les Habsbourg, leur cauchemar. Qu'elle soit
belle, cette jeune femme née en Bavière, leur était égal. Une injure
de plus. Elle allait, parée de robes et de bijoux merveilleux ? Les
impôts dont on les accablait y pourvoyaient. Les réceptions
seraient éclatantes ? Oui, mais, préparées par les délégations autrichiennes. Rien d'italien n'en ferait parti. Le pays concocta de
montrer publiquement leur rejet de cette « vermine d'Autriche ».
Nul n'ôterait son chapeau quand ils oseraient défiler, bourgeon-
nants de luxe et d'orgueil sanguinaire. On se moquait bien d'apprendre que, le 20 novembre, l'impératrice d'Autriche avait joint
les mains d'admiration devant l'Adriatique et Trieste ! Que savait-
elle du quotidien de ce peuple, pour qui l'Adriatique était si souvent le symbole d'une pêche non miraculeuse, d'un vent fou, la
bora, mortel aux pêcheurs ? Les fonctionnaires autrichiens avaient
fait pavoiser l'hôtel de ville aux couleurs autrichiennes. Un incendie éclata soudain au moment où s'avançaient les souverains. Un
simple sabotage, ils en verraient bien d'autres. Elle en verrait bien
d'autres, cette jeune femme ravissante, vêtue telle sa fille, de

velours rose doublé d'hermine. On les emmena se promener (toujours la délégation autrichienne) dans la baie, sur une embarcation hérissée de drapeaux impériaux. Ils se tenaient sous un dais où était suspendu un énorme lustre en cristal en forme de couronne impériale. Soudain, dans un fracas épouvantable, le lustre pesant plusieurs quintaux s'effondra à quelques centimètres des têtes de l'empereur et son épouse.

— Un malheur, avait pensé l'archiduchesse.

Les brûler, faire exploser leur crâne en mille éclats, n'ont-ils pas compris à quel point on les abhorre ? Élisabeth fit preuve d'un grand calme, son époux aussi. Si elle avait les yeux humides, ce n'était pas de terreur, mais de compassion. Il en avait fallu des outrages pour arriver à tant de haine. Elle se souvenait des mois terribles auprès de sa belle-mère, à Laxenbourg, de l'humiliation sans relâche. Elle n'aurait pas détesté, elle, si pacifique, qu'un lustre coupant se rompît sur la tête de l'ennemie. Ils ne connaissent son époux que sous la forme d'un vieux maréchal sanguinaire et de condamnations à mort. Ces arrêts impitoyables portaient, hélas ! sa signature : ce prénom double qu'elle a contracté en un mot d'amour : Franzi. Elle avait trouvé ostentatoire et ridicule cette énorme couronne en cristal, signe du pouvoir arrogant de l'Autriche – de l'archiduchesse. Elle ressentait dans cette rébellion, une forme de sa propre révolte. À Venise, son cœur se serrait. Où puiser le plaisir de découvrir une telle cité quand tant de haine s'accumulait ? Quel nouvel attentat se préparait ? C'était « Venise la rouge », selon le cri enthousiasmé d'Alfred de Musset, accompagné, en 1834, de George Sand, qui avait écrit ces mots enchantés sur Venise :

« Venise est la plus belle chose qu'il y ait au monde. Toute cette architecture mauresque au milieu de l'eau limpide... Ce peuple si gai, si chantant, ces gondoles, ces églises, ces galeries de tableaux, toutes les femmes jolies et élégantes, la mer qui se brise à vos oreilles... Des cafés pleins de Turcs et d'Arméniens, de beaux et vaste théâtres où chantent Mmes Pasta et Donzelli... Les huîtres sont délicieuses, le vin de Chypre. Des poulets excellents et des fleurs en hiver. J'ai vu le carnaval de ma fenêtre [1]. »

Venise n'avait guère changé depuis 1834, date de cette lettre de Sand. Élisabeth ne trouva pas Venise la rouge, la gaie, la tant belle

---

1. *George Sand, la somnambule*, H. Dufour, Le Rocher, 2002, p. 238.

mais une cité rancunière, repliée dans son silence et une obscurité voulue. « Le carnaval » cruel était ces souverains, ce vieux maréchal portant la faux de la mort, flanqué de durs militaires prêts à exécuter. Le bonheur d'Élisabeth était la présence de sa petite fille. L'embrasser, la border le soir, dans son lit. Qu'est-ce qu'un lustre éclaté quand on est loin de l'archiduchesse ! 25 novembre. Une pluie froide enveloppe Venise de brouillard gris. La fièvre a repris Sophie, un rhume, de la toux. La mère, la fille sont vêtues de robes de velours émeraude, aux revers de soie et de dentelles. La coiffure d'Élisabeth est une torsade de nattes et de boucles, de perles emmêlées, une mantille en dentelles. Elle rayonne d'une beauté si évidente qu'elle entrave la haine, l'envie de la détruire. Sa beauté et cette petite fille blonde et menue, mignonne, accrochée à sa main, vers laquelle elle n'hésite pas à se pencher, lui glisser à l'oreille un murmure tendre, un baiser... « La beauté, ce n'est pas la politique, dira le consul britannique. C'est en dehors de la politique. » Était-ce si sûr ? Cette beauté et cette bonté surtout avaient créé un rempart mystérieux entre l'incendie et les éclats de verre. Si l'archiduchesse avait remplacé Sissi lors de ce voyage, elle eût probablement grillé avec son cher fils – ou péri sous les éclats de verre. Venise continue néanmoins sa résistance. On se refuse à bien recevoir ces souverains. Le palais de leur séjour a les murs tendus de rouge et de blanc, couleurs autrichiennes. Des mains malicieuses avaient déroulé un long tapis vert, ce qui composait – vert, blanc, rouge – le symbole de l'Unité italienne. Les trois couleurs des insurgés, Cavour et Garibaldi. Vert, blanc, rouge seraient un jour les couleurs du drapeau de la République italienne. Sissi subissait un lent moment difficile. Déambuler, droite, auprès de son époux, leur petite fille entre eux, sur la plus ancienne des gondoles du Doge de Venise. Des rameurs vêtus au temps de la Renaissance, de la soie, un dais de velours, deux trônes rouge. L'or, la brume, l'eau profonde et froide, le clapotis des rames. Une avancée silencieuse, la solitude. Au vu et au su de toute une ville, entre le rêve et le cauchemar, dans l'eau et hors de l'eau. Un tangage incessant, rien de sûr, rien de tiède et d'aimable. La vague envie de s'évanouir, le refus intérieur de trembler. Ces regards derrière des volets fermés, exprès, de tous ces palais. Une foule muette, plus inquiétante qu'un attentat éclatant. Le silence avant toute explosion. Ce silence affreux de l'archiduchesse quand elle épiait tous ses gestes, toutes les heures, avant de lancer le mot qui perce le cœur. Traverser Venise au milieu de la haine, quasi palpable dans le silence. Elle sourit, cependant, timide, si loin de la haine. Comment leur passer le message essentiel ? Que jamais d'elle ne viendrait le sang versé, la peur, l'horreur. Qu'ils la tuent, s'ils le veulent, elle ne tuera jamais. Elle ne fera jamais tuer quiconque. Ni un être, ni une bête, ni une plante. Savaient-ils, ces Italiens, qu'elle avait tant de fois mouillé de ses pleurs ses mouchoirs en dentelles ?

Elle se tient près de cet homme qui tremble pour elle et l'enfant, sur cette antiquité flottante, instable. Sa fille et elle sont habillées de velours bleu ciel doublé de zibeline. Un théâtre, des costumes, des images. Les perles et la dentelles encadrent ce visage délicieux, ce regard tendre, cette bouche émue. Une toilette ravissante et malcommode, le corset serré, la crinoline dure aux jambes, la chaussure bleue pâle que l'on jettera le soir même... La petite fille, selon la mode des enfants, porte des longs pantalons de dentelles blanches, dépassant les jupons empesés, des brodequins en peau fine, des bas de soie. Un large ruban bleu retient ses boucles blondes. Une émotion humaine se lit peu à peu sur le visage des matrones, en rangs serrés derrière les barrières et les militaires autrichiens. Cette princesse si belle, si blanche, et son enfant ont quelque chose de ces vierges vêtues de tissus précieux, que l'on sort à travers les rues pour prier le ciel et la terre de calmer leur fureur. Traverser la place Saint-Marc dans le silence glacial est une épreuve redoutable. Jamais Élisabeth, jamais François-Joseph n'avaient affronté la transe du silence – plus dangereuse que le cri. Pas un seul chant, pas un seul mot, en cette ville où l'on aime chanter et rire. Élisabeth ne recule pas. Elle avance vers la basilique, sous la nuée des pigeons, la petite fille, tendre lien entre elle et son époux. Qu'ils sont légers, immenses et fragiles, à la merci de toute une ville, un pays hostile !

Élisabeth vit cependant un étrange bonheur. Seule avec son époux et son enfant, sa famille, la peur et le chagrin s'envolent. Bien sûr, il manque Gisèle mais quand avait-elle éprouvé cette joie, ce cadeau, d'aller ainsi avec des êtres si chers ? Elle ne pense pas une seconde au malheur. Elle flotte dans une suavité personnelle intense – et sans doute, cela se sent, elle traverse sans dommage la muraille hostile et compacte. Les cloches sonnent. Ce voyage instruisait beaucoup Élisabeth. Elle tente de faire comprendre à son époux, outré, à quel point ce peuple a souffert pour en venir à ce rejet. Dans un premier temps, il ne l'écoute pas. Il se sent outragé, persuadé de n'avoir pas commis d'erreurs. Il est l'empereur, le chef incontesté de ces provinces qui se comportent mal. Régner, c'est conserver une maîtrise sans défaillance. Il ne peut pas, il n'a pas le droit d'être dans l'erreur. La dureté est un devoir, sinon il y aura la blasphématoire anarchie. Dans la basilique, la silhouette tavelée de médailles du vieux maréchal Radetzky le conforte dans ses convictions. À quatre-vingt-dix ans, le maréchal est droit comme une lance, la mémoire en partie avalée, réduite à quelques mots en l'honneur du souverain. François-Joseph le couvrit d'honneurs et d'une pension confortable. Il sentait qu'il devait éloigner ce terrible gouverneur de ce pays qui l'abominait. Le maréchal n'appréciait pas sa mise à la retraite. Il aimait son rôle, châtier, punir, détruire toute créature infidèle à son empereur. Il aimait le son des canons, les cordes des gibets et le cinglement des fouets sur les chairs révoltées.

Le palais des Doges est si mal chauffé que Sophie rechute dans la fièvre. Élisabeth est fatiguée du froid, de cette tension et des incessants changements de toilettes. Le 29 novembre est cette brume qui glace les poumons. Venise est imprégnée d'humidité obscure, une splendeur effritée où, sous les parquets magnifiques, courent des rats. Les canaux, d'un vert d'étang, exhalent une puanteur de vase et de grenouilles. Les avatars continuent. Le couple impérial reçoit au palais l'aristocratie de la ville. Il n'y a presque personne à cette réception, à peine quelques dames. La « quarantaine » continue. On les avait hués quand ils étaient arrivés dans ce palais de marbre, orné de tapis orientaux, de cristaux, de marbre blanc et rose. Une haine noire. Une pluie fine et grise. Le soir, à l'Opéra, ce joyau ravissant du XVIIIᵉ siècle, les insultes continuèrent. Personne ne se leva quand retentit l'hymne autrichien au moment où les souverains entraient dans la loge d'honneur. Tous les regards se fixaient sur la jeune impératrice, en robe blanche, les épaules nues, les diamants du diadème, la chevelure en copeaux dorés. Une image d'Opéra, moins importante pour eux que celle de *La Traviata*, qui était au programme. Les loges sont pleines ; quelques aristocrates autrichiens et italiens, mais la majorité sont les domestiques envoyés par leurs maîtres à leur place. Des cochers, des concierges, des cuisinières, des femmes de chambre. Certains mordent à belles dents dans du pain bourré de mortadelle. Ils lancent à haute voix des salutations, des plaisanteries, des trivialités. Jamais on n'avait ainsi insulté les Habsbourg.

On se venge.

L'impératrice, pourtant, incline son gracieux visage, ce salut si personnel, ce charme bien à elle, un léger sourire flottant – une bienveillance, qui, rapportée à l'archiduchesse, la faisait frémir. Oser sourire à ces gueux que le maréchal eût sabrés volontiers et avec raison ! La fille de Max *en* Bavière aime la provocation. Un malheur, le voilà déjà, le malheur. À cause d'elle. Sissi plaint son beau-frère, Maximilien, obligé de régner sur Milan la moqueuse, la rancunière, plus difficile que Venise. L'archiduchesse écrivait à son fils que Dieu les aiderait. L'adoucissement à ce voyage difficile, outre la présence de Sophie, fut la visite de Théodore, le frère de Sissi. À son retour en Bavière, il fit un récit consterné des événements. Sa sœur, en dépit de son courage, et de son indulgence naturelle, avait eu peur d'une telle hostilité. La moindre petite ville, Brescia, Vérone, Vicence, manifesta la même froideur dégoûtée. Tant de rejet la désemparait. La confondait-on avec l'archiduchesse ?

La nuit, au palais, dans leur chambre. François-Joseph éclate d'une colère trop contenue. Venise, l'Opéra gorgé de domestiques ! Sa surprise est grande quand Sissi, la chevelure défaite, en déshabillé d'organdi, le prie de l'écouter avec attention. Elle répète ce qu'il avait refusé d'entendre après la traversée de la place Saint-Marc. Ces mesures vexatoires sont normales quand on pense aux affres sanglantes dont avait souffert ce pays. François-Joseph représente ici le véritable bourreau, celui qui a signé des arrêts de mort, laissé faire des exactions insoutenables, qui a laissé tuer, châtier, ruiner, humilier. Avec la bénédiction de sa mère. Un peuple martyrisé, fier, avait raison de réclamer sa dignité, sa liberté. Il l'écoute ; pour la première fois elle tient jusqu'au bout un discours politique. *Sa Majesté l'impératrice n'use d'aucune influence.* Ce mois de novembre 1856, à Venise la lugubre et Milan l'insolente, elle use d'influence. Elle empêche que l'on maltraite davantage un peuple qui a choisi, à sa manière, d'exprimer sa révolte. À Milan, les Lombards avaient ourdi une insolence de plus. Ils accordèrent un bal... mais sans dames. Un bal avec uniquement des militaires. Un bal où pas une seule dame italienne ne daignerait s'abaisser à danser avec un Autrichien. Sissi était parée d'une crinoline de tulle, de soie blanche, en lamé d'argent, si vaste qu'elle écrasait les pieds de son voisin, le prince Alexandre de Hesse. Ses yeux brillaient, elle s'amusait comme l'eût fait son père. On souffletait ainsi, d'une certaine manière, sa belle-mère. La vexation de son époux la peinait. Il ne pouvait pas, elle le savait, partager ce difficile humour dont ils faisaient les frais. La comtesse Esterhazy, espionne outrée, envoyait dépêches sur dépêches à l'archiduchesse : « L'impératrice était du bord des révolutionnaires. » Sissi avait parlé longuement à son époux cette nuit-là. Il l'écoute : « Nous avons été trop durs », admet-il. Il l'écoute, elle est jolie, elle est fine, elle est humaine. Par amour, par élévation naturelle, elle a tenu son rôle de grande impératrice. Elle ne s'est dérobée à rien ni personne. Elle se tenait à ses côtés, prête à mourir avec lui. Elle a peut-être empêché, de sa présence délicate, qu'ils ne subissent un attentat féroce. Ces nuits de pluie fine, de honte et de fatigue prennent un sens transfiguré. Auprès de leur chambre, la petite Sophie dort. Il a connu la douceur d'embrasser sa fille chaque jour. Elle a fait de lui un père osant aimer simplement son enfant. Les secousses de ce voyage ont fortifié une union où s'ajoutait le fleuron de l'enfant. Il y a, bien sûr, les lettres de l'archiduchesse. Lourdes de menaces voilées : le malheur. Il est décidé à emmener Sissi et leur fille dans le plus difficile de ses pays, depuis les événements de 1848 : la Hongrie. Ces turbulents voyages n'étaient pas finis.

Le ministre de l'Intérieur, Bach, très lié à l'archiduchesse, affirmait à l'empereur la nécessité de maintenir sa souveraineté absolue envers ses provinces, surtout la Hongrie. Le dilemme italien devait conforter la dureté de Vienne. L'Autriche, disait Bach, se devait d'être, si besoin par la force, un seul empire unifié. Il faisait siens les propos de Cicéron jaugeant les victoires de Jules César. Le sous-développement des provinces conquises, obscures, reléguées, importait peu. L'essentiel était la puissance d'y régner et l'agrandissement de son empire. Ces descendants de César se doivent de continuer cette logique d'absolutisme. L'absolutisme est le contraire de la mentalité de Sissi et de sa famille en Bavière. Début 1857, Sissi a dix-neuf ans. L'empereur, poussé par sa mère et son ministre, avait délégué l'archiduc Albert, un Habsbourg, à devenir le gouverneur militaire de la Hongrie, « cette rebelle ». Élisabeth apprenait peu à peu les entraves de la politique impériale. Il y avait eu l'Italie, elle n'ignorait rien du dilemme hongrois.

Son vieux maître hongrois, Maljath, suicidé de désespoir, soutenait sa compassion. Sa belle-mère méprisait l'Italie mais abominait la Hongrie, raison inconsciente, du fol engouement de Sissi pour ce pays. Les biens des rebelles étaient toujours confisqués, en dépit d'une paix fallacieuse. Les Hongrois, à la différence des Italiens, n'ignoraient pas la maltraitance que l'archiduchesse avait imposée à sa belle-fille. Ils aimaient Élisabeth. Elle devenait, obscurément, un lien, une écoute – un espoir. Ils savaient qu'elle avait plaidé auprès de l'empereur en leur faveur. Ils lui devaient des adoucissements. L'Italie, trop morcelée, méfiante de nature, subtile, ironique, entraînée par Cavour, Garibaldi, aidée par la France avait été moins sensible au charme d'Élisabeth. On s'était ému, dans le petit peuple, de son humanité. Si elle était morte écrasée sous le lustre ou dans l'incendie, l'amalgame avec la vengeance eût été un seul fait. L'empereur, la botte autrichienne, le vieux maréchal criminel, une petite impératrice détruite, qu'importait !

Le 2 mars, le couple impérial avait quitté Milan pour Vienne – avant de rejoindre la Hongrie. Le prince Alexandre de Hesse était revenu rêveur de ce voyage en Italie. Lui qui, à Vienne, méprisait tant Élisabeth avait été séduit. Il s'était d'abord moqué de sa diction saccadée. Son vieux complexe des dents jaunes, sa timidité des jours anciens, ses chagrins jouaient sur sa manière de s'exprimer. L'atmosphère de ce bal mémorable était si tendue, qu'elle parlait à peine. Il s'était irrité que sa crinoline écrasât ses pieds. Il avait admiré, à mesure, sa beauté éclatante, la finesse de sa taille et la subtilité de son esprit. Elle faisait front, si jeune, avec une grande élégance à une situation pénible. Il écrivit à sa sœur la Tsarine à quel point l'impératrice Élisabeth était ravissante et spirituelle. Elle avait su calmer les menaces et la colère de l'empereur. François-Joseph avait découvert dans leur chambre des pamphlets et des accusations sanguinaires. Ce pays réussissait à le dérouter, ébranler ses certitudes. Il est difficile de manœuvrer l'Italie. Sans cesse envahie, convoitée, méprisée, l'Italie sait égarer ses envahisseurs. Elle les avale, les disperse de son ironie déconcertante, les réduit en poudre achevée aux ors de ses vitraux et de ses tableaux. Elle sait jouer, ruser, se moquer et même mourir. Elle sait tuer, prier sans illusion et ressusciter.

La Hongrie, plus frustre, plus naïve, amoureuse de la jeune impératrice maltraitée par l'ennemie commune, en attendait beaucoup. Elle descendait le Danube, avec cet excès de malles, d'escortes. Une joie nouvelle la transportait. Il s'était passé un événement qui charmait les Hongrois, enchantait Élisabeth et augmentait le rejet de sa belle-mère. Sissi avait exigé d'emmener en Hongrie non seulement Sophie mais aussi Gisèle. Elle avait gagné ce pari incroyable. Vienne et la coterie de l'archiduchesse suffoquaient d'indignation. L'archiduchesse menaça encore de plier bagage. Son cher fils faisait la sourde oreille, elle éclata, ce qui était rare, dans une colère effroyable. Elle écumait de malédictions confuses. Franz avait « encore une fois perdu la tête ». Partir en Hongrie, chez ces assassins, avec deux jeunes enfants, dépassait l'inconscience. C'était criminel. Il arriverait un malheur dont Élisabeth serait l'essentielle responsable.

— Tu ne vois donc pas, éclatait l'archiduchesse, que Sophie est revenue plus malade qu'à son départ ? Veux-tu la faire mourir ?

Malade, répliquait Sissi, elle l'était depuis des mois, faute de n'avoir pas connu les soins de sa mère.

On s'insultait, les mots sifflaient dans la chambre des enfants, glissaient en vipères le long des corridors. Il n'y avait plus de princesse, d'impératrice, mais deux noires femelles qui se disputaient les enfants. La petite Sophie éclatait en larmes, Gisèle aussi. Elles ne comprenaient pas une tension pareille.

— J'emmène mes filles, ne vous en déplaise, imposa Élisabeth.

La guerre, la lutte, la victoire. Ce qui s'affronte seul. Elle avait changé. Elle n'avait pas eu peur quand le lustre s'était fracassé à ses pieds. Elle n'avait plus peur de cette vieille femme dont le menton tremblait de malveillance. Elle emmena ses filles ; nul n'osa s'interposer. Elle était devenue l'impératrice d'Autriche. Sa belle-mère s'effaçait devant elle dans les cérémonies officielles ? Qu'elle s'efface lors de cette cérémonie meurtrière : la récupération de ses filles. L'archiduchesse répétait : « Le malheur » en fixant de haut la jeune femme qui la dépassait de plusieurs centimètres. Sissi achevait sa croissance, elle grandissait encore. Elle était non seulement la plus belle femme de la Cour mais la plus grande. Un triomphe pareil l'embellissait davantage. Elle franchit les corridors et les escaliers, elle avait des ailes. Une mouette emportant son trésor. Sa tendresse débordait. Elle aimait ses enfants, elle aimait son époux qui, silencieux, ne parla de rien. Elle veilla elle-même aux malles de ses petites. Le bonheur l'irradiait quand elle atteignit Presbourg (Bratislava, en Tchécoslovaquie). Elle n'avait rien fait de mal. Elle ne demandait qu'à aimer,

201

vivre en union simple et heureuse avec sa famille enfin au complet.
« Le malheur », pensait de loin l'archiduchesse. Une pensée si
forte, que sans raison, parfois, en route vers Budapest, Sissi frissonnait. Le docteur Seeburger était du voyage. Le 4 mai, il firent
un court séjour au château d'Ofen. Budapest était alors divisée en
deux villes (Buda et Pest), séparées par le Danube. Buda, sur la
rive droite, était ce lot de ruelles, de citadelles, de monuments
escarpés. Sur la rive gauche, Pest, ou la ville nouvelle, s'étalait
dans une plaine. Le château d'Ofen, à quelques kilomètres, était
d'une rare beauté. Le jeune couple préféra y laisser les petites sous
bonne et douce garde. On se retrouvait chaque soir, les journées
étaient trop lourdes d'obligations officielles pour des enfants si
jeunes. Élisabeth était attentive à tout ce qu'elle voyait de ces villes
qui avaient souffert. Elle se sentait à l'aise, même si la tension
envers l'Autriche était omniprésente. L'archiduc Albert avait organisé au mieux les réceptions, les parades militaires. Élisabeth avait
confiance. François-Joseph, paré de ses atours impériaux, allait à
cheval, sans protection particulière, en tête du défilé. Derrière lui,
en carrosse, bien visible, Élisabeth. Un murmure bienveillant
s'élevait et grossissait à mesure qu'on apercevait ce gracieux
visage, ce sourire chaleureux. On était ému de sa délicatesse vesti-
mentaire. Elle portait le costume national hongrois (offert par l'archiduchesse !), le corselet en velours brodé, précieux, le corsage
soyeux, le long tablier en dentelles, la coiffe assortie. Sa chevelure
la parait mieux qu'une couronne.

— La reine, criait la foule, la reine Élisabeth de Hongrie !

Ils anticipaient le plus noble de leur souhait. Monde visible,
monde invisible, l'amour se répandait, pollen fécond sur cette
foule qui éclatait en une seule ovation. L'aristocratie, en costume
rutilant, restait fière, distante. Ils n'oubliaient pas leurs marasmes
signés par l'Autriche. Élisabeth réussirait-elle à gagner la cause
hongroise, restituer sa dignité à ce peuple brûlé des cendres de
1848 ? Ils ont l'œil tzigane et chaud, ces Magyars rutilants, au
sang vif, séduits par cette jeune femme de dix-neuf ans, qui lève
au secret de leur chair ardente, qui fut meurtrie, le désir amoureux. Depuis l'Italie – et la récupération sans réplique de ses
filles – son pouvoir était étrange, politique, elle qui n'a jamais
songé à la politique. Elle possédait une arme que lui enviaient les
plus grands ambassadeurs : la séduction. Au grand bal, ce soir de
mai, en costume hongrois richement paré, elle déclencha l'adora-

tion quand elle dansa les czardas. Elle danse, sans se tromper d'un pas, à la manière de ces femmes et de ces hommes, ces pas tziganes et souples.

Au son des violons endiablés, elle vire, elle tourne, souple, charmante, la taille si fine, la jambe ravissante sous les jupons en guipure. Elle est cette cavale de luxe, cette fille-fleur-cheval-oiseau-fée qui enchante. L'empereur oscillait entre le désir et la jalousie, il voyait ces sombres regards enflammés d'une ardeur si proche de l'amour amoureux dont elle l'éblouissait, certaines nuits. Elle dansait ; elle eût voulu danser toute la nuit. Il pétrissait, jaloux, heureux, un de ses gants. Il se contenait pour ne pas l'arracher de la danse, ce cercle magique du désir. Elle était à lui, à lui seul. Elle riait, toute entière dans la danse.

La sensualité, chez Élisabeth ne procédait pas – ou peu – de la chair. Elle était dans le galop de la danse ou celui d'un beau cheval. Elle s'enchantait, physiquement, de la force du vent sur la peau, le parfum des roses, la tiédeur du lac où elle nageait, enfant. Elle s'imprégnait de la fine extase de l'odeur du blé coupé, des fleurs sauvages, des routes de forêts. La sensualité l'enveloppait à travers l'air bleuté des montagnes tandis que la main aimée l'aidait à franchir les rudes côtes. La sensualité était dans la lecture des poèmes et ces baisers où dominait davantage la tendresse que la soif trop exigeante du corps. Elle avait dansé, follement, comme on fait l'amour. Il était jaloux, la danse s'achevait, sa gorge palpitait, visible sous le corselet. Elle gagnait à leur cause la Hongrie simplement en serrant sa taille entre ses mains délicates et tournant au rythme d'un quadrille presque sauvage. L'archiduc Guillaume avait été son premier cavalier, ensuite le cousin de la comtesse Esterhazy – que seize quartiers de noblesse liaient à la haute aristocratie hongroise. Elle dansait ; elle obtenait les améliorations de la Hongrie. Elle influença François-Joseph en faveur des grands exilés. Que leurs biens soient restitués, que leurs peines si lourdes soient abolies ! Gyula Andrassy fut un des premiers qui bénéficia de « la grâce impériale ». Le « Beau Pendu » reviendrait dans toute sa gloire. Il était alors à Paris quand ces heureuses nouvelles lui parvinrent. On lui narrait le charme impétueux de la jeune impératrice. Elle montait de fougueux chevaux hongrois aux côtés du prince Esterhazy. Elle galopait, disait-on, avec une force rare, à mains nues, à la limite des plus hauts risques. Libre, à cheval, si vite si loin, si haut. La sensualité était à son comble, dans cette envolée de bête en sueur, de cuir, de vent fou.

Les Hongrois l'adoraient. Un spectacle ? Le cirque de son père ? Elle enchantait secrètement l'empereur. L'archiduchesse et sa coterie étaient révulsées. Quoi, l'impératrice osait, chez ces saltimbanques, déployer des talents d'écuyère de cirque et de danseuse de czardas ? Elle osait exhiber un corps moulé trop étroitement, le dos frémissant, les mains nues ? Sa chevelure, cette flamme le long du dos, ressemblait à la crinière de la bête.

— Un malheur, disait l'archiduchesse, il y aura un malheur. Avait-elle jeté un sort ?

Pourquoi ne pas entreprendre le tour de cet empire, se faire connaître, apprécier de manière différente ? François-Joseph s'enchantait du succès croissant de son épouse. Elle savait ouvrir des espaces, réparer des offenses, établir un lien naturel entre le symbole et la réalité. Il était temps, peut-être, de modifier la raideur qui pesait sur tant de provinces au nom seul de l'empereur et de l'archiduchesse. Gisèle tomba malade. Une fièvre brusque accompagnée de diarrhées comme en avait connu sa sœur aînée. Elle avait dix mois. Sissi resta à Ofen, près d'elle. On ne bougerait pas tant qu'elle serait souffrante. Le docteur Seeburger n'en démordait jamais : les dents. Dix jours plus tard, Gisèle allait mieux. Elle avait eu la rougeole compliquée d'un virus gastrique. Sissi l'avait veillée, soignée, la fièvre était tombée. On reprit le rythme des réceptions, des chasses, des parades. Les grands de Hongrie offrirent un cadeau symbolique à Sissi. Une coiffure brodée d'or, typiquement hongroise mais dont les rubans, bleus et blancs, étaient aux couleurs de la Bavière. Le 28 mai, une dépêche inquiétante arrivait à la Hofburg. Sophie était malade à son tour. Était-ce le virus gastrique de sa sœur, sa chronique entérite mal soignée depuis des mois, aggravée par la tension permanente qui régnait à la nursery ? En était-elle à une forme aiguë de typhus et de méningite ? Les vomissements étaient d'une rare violence. Rien n'arrêtait les diarrhées, ni l'eau de riz, ni l'eau de gomme qu'elle rejetait aussitôt. Déshydratée, affaiblie à l'extrême, elle sombrait dans des syncopes qui épouvantaient ses parents. Elle avait deux ans et sept mois, les yeux si graves des enfants condamnés. Elle criait de souffrance. Sissi et Franz la veillaient sans relâche. Les douleurs déchiraient ses entrailles, les vomissements la suffoquaient. Une soif inextinguible desséchait sa bouche. Le docteur

Seeburger s'affolait et ne parlait plus de dents. François-Joseph écrivait à sa mère qu'elle sommeillait à peine une heure par nuit et criait beaucoup. « Le malheur », répétait, amère, l'archiduchesse. Elle aimait à sa manière ses petites-filles, surtout l'aînée. Elle écrivit que si on avait laissé l'enfant à Vienne cette maladie si grave ne serait pas arrivée. Tout était la faute de Sissi. Elle éclatait de colère impuissante dans ces corridors glacés, du côté de la chambre des enfants. La chambre vide... Elle avait peur et, pour la première fois de sa vie, ses mains tremblaient quand arriva la dépêche fatale. Elle était datée du 29 mai 1857. Pendant onze heures d'affilée, Sissi avait tenu la petite serrée contre elle. Elle avait expiré, dans les bras de sa mère, après une ultime convulsion, à neuf heures et demie du soir.

Texte du télégramme de François-Joseph à sa mère :

« Notre petite est un ange du ciel. Nous sommes anéantis. »

Le désespoir de Sissi éclate. Elle crie, elle sanglote ; elle se cogne contre la soie des murs, elle ne veut pas qu'on lui prenne le petit corps rigide. Non ! Il n'y a pas de ciel, ni d'anges, il fait tout noir derrière les yeux vitreux de son enfant. Elle va disparaître, elle qui craignait tant la nuit, dans l'obscurité hideuse du tombeau.

— C'est de ma faute ! sanglote-t-elle.

« Un malheur », avait dit l'archiduchesse.

Elle abhorre cette femme qui l'a ainsi maudite et l'avait privée si longtemps de son enfant perdue.

Élisabeth sombrait au plus noir du deuil. La fin de l'enfant aimée, l'inconsolation absolue. Le deuil sans fin, une part saignante de soi arrachée. L'amour perdu, le précieux dépôt que l'on n'a su disputer aux ombres. À quoi sert l'amour, origine de cette effarante déchirure ? Elle ne veut plus rien, elle ne veut plus voir, plus entendre, plus comprendre. Elle veut son enfant. Le deuil est général en Hongrie. On pleure ce décès. On est consterné pour cette mère, ce père, déchirés. Le désespoir d'Élisabeth frôle la folie. Les Hongrois se taisent, navrés. L'enfant est morte sur leur terre. Est-ce, chez ce peuple superstitieux, un signe de malédiction ou, au contraire, le sombre prodige d'une alliance indicible ? Élisabeth, reine de Hongrie, mère éprouvée, bénie de leur peuple.

Élisabeth croyait avoir déjà beaucoup souffert. Elle ignorait la main du diable qui emporte les petits enfants pour torturer à jamais la mère. L'archiduchesse aurait-elle un cœur de pierre ?

Jamais elle ne parlait de la fillette qu'elle avait perdue au même âge que Sophie. Peut-être ce décès l'avait-il brisée au point d'en faire ce marbre glacé ? Sissi veille la petite morte, vêtue de blanc, couronnée de violettes, entourée de fleurs blanches. Non, non, elle ne veut pas qu'on la couche dans cette boîte, pas encore. En elle, morte, mourante, résonnent les vers de Shakespeare, le cri d'Hélène dans *Le Songe d'une nuit d'été*.

« Oh ! Triste nuit ! Oh ! Longue et interminable nuit ! Que tes heures s'écoulent ! Soleil, brille à l'Est, afin que je puisse retourner à Athènes, au lever du jour, loin de ceux qui détestent ma pauvre compagnie ! »

Elle sanglote sans relâche à la façon des paysannes de son pays, celles de la Hongrie, toutes les mères sensibles du monde entier devant l'enfant perdu (volé). François-Joseph l'a prise dans ses bras. Il la soutenue doucement et fermement pour que l'on ôte le petit cadavre de ses bras serrés. Quand il dit, en larmes : « Elle est si jeune », on ne sait s'il s'adresse à la petite morte ou à son épouse en sanglots. Le retour fut terrible. La lenteur du bateau à vapeur, cette petite caisse dans la cabine transformée en chapelle ardente. Élisabeth restait près d'elle. Elle avait exigé que l'on ne vissât pas le couvercle. Elle regardait, couchée au triste satin blanc des morts, la fine tête de poupée trop pâle. Elle baisait le front, les joues glacées. Elle baisait les petites mains mêlées de fleurs. Comment la réchauffer ? Est-ce possible que le bois du cercueil soit plus tiède que cet être adoré ? Le blanc, ce blanc aveuglant. On l'avait chaussée de blanc. Elle murmurait tout bas pour elle, une petite berceuse d'autrefois, qui venait de France et que chantait la bonne duchesse :

> *Allons dans la grange*
> *Voir la poule blanche*
> *Qui pond un bel œuf d'argent*
> *Pour ce cher petit enfant.*

Que signifiait, cette nuée de jeunes morts, qui éclataient en pluie de larmes aux yeux des mères ? Elle disait n'importe quoi, elle bégayait de souffrance. Elle n'avalait plus sa salive. François-Joseph avait pour lui la ressource de son labeur. Un pénible dérivatif à tant de peine. L'esprit accaparé par les affaires de l'état. Une tâche qui finissait par brouiller la trace des larmes. Le travail reprenait cet homme bon, qui se consolait à sa manière : il avait Gisèle. Elle lui ressemblait de plus en plus, il la préférait secrètement à la pauvre aînée. Il s'en voulait peut-être de cette affinité. Gisèle riait, cette grosse pouponne, elle lui tendait les bras. L'archiduchesse, à nouveau, se chargeait d'elle. Sissi semblait un fantôme, elle ne réclamait pas sa cadette. Indigne, indigne d'être mère. La culpabilité traçait son chemin hagard. Vêtue de noir, elle avait mal supporté la messe, le descente à la crypte des Capucins. Sa belle-mère avait voulu contempler la petite avant qu'on ne scelle la bière minuscule. Pas un mot, pas un regard, pas un reproche, pas une larme. Une douleur à blanc.

— Que faire, mon Dieu, que faire ? sanglotait la bonne duchesse.

Que faire pour Sissi ?

L'archiduchesse s'était cachée soigneusement dans ses appartements pour verser des pleurs sincères. Elle en voulait mortellement à sa belle-fille. La comtesse Esterhazy appuyait sur toutes les plaies. L'impératrice faisait du cheval et dansait la czardas tandis que la petite archiduchesse était si malade ! La Cour reprenait ces ragots. On se taisait quand on croisait cette errante, cette femme en noir qui pleurait sans les voir ni les entendre. Sa belle-mère la regardait d'un air glacé. Elle s'occupait en silence de Gisèle. Sissi ne luttait plus. L'archiduchesse avait tristement gagné. Gisèle était avec elle et Sissi était seule. L'empereur travaillait plus que de coutume. Il était devenu presque muet lors des déjeuners de famille. Pendant longtemps il eut du mal à se trouver seul avec Sissi. Sa détresse était si violente que même sa belle-mère s'inquiéta. La jeune femme se désintéressait complètement de Gisèle, passait des jours sans la voir.

À Possi, Ludowika et sa famille, consternés, s'inquiétaient. L'archiduchesse et François-Joseph, désemparés, prièrent Ludowika et ses trois filles cadettes de passer l'été à Ischl. François-Joseph s'était effrayé de l'entendre appeler la mort, certaines nuits d'insomnie et de larmes. Elle croyait voir sa petite fille partout. À Laxenbourg, elle se cachait dans les coins les plus sombres. Elle attendait, les mains croisées, le regard fixe. Elle ne mangeait presque plus. Elle voulut passer les premières semaines de son deuil dans le château où elle avait déjà tant souffert. Couleur muraille, couleur de larmes. Elle se punissait. On l'emmena à Ischl. Néné lui manquait. Elle était fiancée au prince héréditaire

SISSI, LES FORCES DU DESTIN

Maximilien de Thurn et Taxis. On avait caché à Sissi les ennuis de la famille. Louis-Guillaume, son frère aîné, avait épousé en cachette, le 28 mai 1857, la veille de la mort de Sophie, une actrice du nom de Henriette Mendel. La bonne duchesse berçait Sissi telle une enfant. « Allons dans la grange, voir la poule blanche. » Elle disait les mots qui injustement crucifient toute mère privée d'un enfant :

— Tu as un autre enfant. Pense à Gisèle. Tu lui dois ta santé, ta présence. Tu auras d'autres enfants, peut-être un garçon. Pense à Franz, ta douleur l'accable.

Elle lui tapotait les mains, elle baisait les joues trop chaudes.

— Mimi ! pleurait Sissi, Mimi !

L'archiduchesse, auprès de Gisèle, gardait le silence. Se sentait-elle, d'une autre manière, coupable de ce malheur ? Elle avait prévu, souhaité un malheur, telle une bonne leçon à une mauvaise élève. Elle n'avait jamais songé à la mort de cette petite fille qu'elle aimait. Gisèle était moins gaie, sa mère l'abandonnait. Décidément, songeait l'archiduchesse, la pauvre Élisabeth ne savait pas élever des enfants. Son devoir eût été de se rendre quotidiennement auprès de sa cadette, admettre chrétiennement ce deuil et envisager de donner plusieurs fils à l'empire. En était-elle désormais capable ? Sa maigreur effarait. Ce mariage avait été une immense erreur. Le malheur. Six mois avaient passé. Le chagrin de Sissi augmentait. Gisèle était plus souvent auprès d'elle. L'archiduchesse laissait faire. Elle supputait le bienfait de ce regain maternel. Il pouvait enclencher l'espoir d'une indispensable grossesse. Un soir, François-Joseph surprit Élisabeth en sanglots devant la petite chaise d'enfant de Sophie où était assise Gisèle, âgée de quinze mois. L'empereur écrivit à sa mère la tristesse écorchée de Sissi. Il n'avait pu, à son tour, s'empêcher de fondre en larmes.

— Hier, Gisèle était assise près de Sissi dans le fauteuil rouge de notre pauvre petite, celui qui se trouve dans le bureau et nous avons pleuré ensemble tous les deux, tandis que Gisèle riait gentiment de cette nouvelle place d'honneur [1].

Une petite fille pleine de bon sens, de joie de vivre. Le fauteuil rouge, une place d'honneur, près de sa maman. Un papa si gentil, qui l'embrasse et baise aussi les joues de cette jolie maman qui

---

1. *Ibid.*, p. 119.

208

pleure trop. François-Joseph, timidement, aimerait tant la mener à accepter l'avenir, son amour, la convaincre de lui donner un autre enfant. Le désespoir avait modifié l'allure d'Élisabeth. De mince, elle était devenue maigre. Ses yeux sont presque sombres, cernés d'un halo rougi. Sa bouche close ne laisse passer aucun sourire. Elle ne parle presque plus. Sa beauté est celle d'une fleur que l'on a trop noyée d'eau. Elle s'étiole. Le deuil, si lent, si long, ce rongeur d'âme, la détruit lentement. De la foi, elle ne retient que le supplice du calvaire. Elle est la proie de la comtesse d'Orlamonde ou de la Dame blanche, leurs voiles maléfiques. Ni sa mère ni ses sœurs n'ont pu la consoler. Possi est perdu.

Une enfant est morte.

Le pire avait été l'embaumement de la dépouille. L'usage exigeait que le cœur soit ôté et scellé en une église, les entrailles de même, en une autre chapelle. Des incisions, un bourrage d'aromates dans la plaie du ventre et de la poitrine recousus à gros points. Des urnes sinistres. Une dispersion des sources putrides. La pourriture organisée. Elle n'avait rien voulu savoir et voir de l'embaumement, lot de toute cette famille. L'archiduchesse fit des efforts. À Ischl, elle avait convaincu Sissi de se rendre au pèlerinage de Mariazell. Demander protection à la *Magna Mater Austriae*. La Vierge, la reine des mères, de toutes les mères. De toutes les filles qui ont une mère et de toutes les mères qui ont perdu la fille. Une Vierge si petite dans sa chapelle. Quarante centimètres de porcelaine blanche et bleue. Demander pardon, recevoir l'invisible et ineffable miséricorde. L'archiduchesse suggère, Élisabeth obéit. Pardon, pardon que la chambre des enfants soit à jamais privée de sa belle oisillonne.

Pardon d'oser survivre.

Chapitre VII

LA PUNITION

Sissi avait exigé le départ du docteur Seeburger. Elle le tenait pour responsable d'un tel malheur. L'archiduchesse l'imposa auprès de Gisèle. Le mariage de Maximilien et de la belle Charlotte de Saxe-Cobourg eut lieu, le 27 juillet, au palais royal de Bruxelles. Le couple était jeune et beau. En cinq jours de voyage, ils descendirent le Danube et rejoignirent Vienne. L'archiduchesse se prit d'amitié maternelle pour cette belle-fille idéale à ses yeux. Elle ne pardonnait pas la mort de Sophie. La Cour non plus. On se servait de cette nouvelle belle-sœur de l'impératrice pour mieux l'humilier. La fille du roi des Belges possédait les seize quartiers de noblesse qui manquaient à la fille de Max *en* Bavière. La Cour s'en délectait, Charlotte regardait de haut cette impératrice de vingt ans à peine, foudroyée. Elles ne s'aimèrent pas dès le premier coup d'œil. Sissi était fragilisée à l'extrême, Charlotte déployait un mépris qui rappelait fâcheusement l'archiduchesse. Charlotte se sentait aussi belle que cette petite impératrice mal vue, qui avait prouvé ses tristes inconséquences. Charlotte avait réussi un exploit : la conquête du cœur si difficile de l'archiduchesse. Elle ne tarissait pas d'éloges sur cette belle-fille qu'elle eût aimé, mieux qu'Hélène, voir épouser son aîné. Charlotte possédait toutes les grâces aux yeux de Sophie. La beauté sans ostentation, l'éducation, un effacement à crever les yeux, une aristocratie datant de loin et une belle fortune. L'archiduchesse s'en éprenait et en jouait pour se venger d'Élisabeth.

« Charlotte est belle, attrayante, caressante et tendre envers moi. Il me semble l'avoir toujours aimée », notait-elle dans son journal.

Sissi maigrissait, laçait à l'extrême ses corsets. Nulle amitié ne lui venait de Charlotte et de la Cour. On la fuyait, on la punissait en silence. Sa situation glorieuse frôlait l'abandon. La fin de l'été avait aggravé sa solitude. François-Joseph était parti seul tenter une alliance avec Alexandre II. Ils se retrouvèrent dans la ville natale de Goethe. L'Autriche était butée, la Russie d'avantage. Chaque puissance voulait éliminer l'ambassadeur commun. La guerre, peut-être, hissait à nouveau sa tête d'hydre. En Prusse, les événements n'étaient guère brillants. Le roi avait eu une paralysie faciale généralisée. Son frère, le prince Guillaume, devenait régent. Bismarck attendait son heure. Ils détestaient l'Autriche – qui ne s'en rendait pas compte. L'empereur était perdu dans des brumes d'inquiétudes, dont celle suscitée par la santé de sa femme. Elle n'était plus à ses côtés, ambassadrice de charme. Tout lui rappelait que leur petite fille était morte dans un voyage officiel. Il se sentait seul, absolument seul.

À Vienne, il tâtonnait vers elle, elle tâtonnait vers lui. Un jeu de colin-maillard douloureux où l'un avait besoin de l'autre. Ils se recherchaient, se perdaient, se retrouvaient dans une tristesse convulsive. Ils faisaient lit commun, elle s'accrochait à son cou, elle pleurait et disait : « Je t'aime. » Il l'aimait, ils faisaient l'amour. Il entrait beaucoup de désespoir dans leurs gestes. L'amour que font ces couples qui ont perdu, trop jeunes, un enfant très jeune. Élisabeth souffrait de maux diffus, un rhumatisme à la main. L'archiduchesse lui envoya d'autorité Seeburger. Impassible, incompétent, il prescrivit à l'impératrice qui souffrait d'un kyste sur la main de porter un bandage serré à l'extrême comprimant « deux pièces d'argent de vingt couronnes ». La pression du métal, selon ses déductions scientifiques, réduirait la petite tumeur. Il n'en fut rien. Élisabeth endurait une douleur si aiguë qu'elle jeta pièces et bandages. Elle refusa de revoir Seeburger. Que lui importait cette souffrance, elle avait perdu son enfant, elle châtiait son corps. Ludowika écrivait à sa fille et davantage à sa sœur. Elle avait peur. Elle imaginait la solitude d'Élisabeth.

En novembre, Sissi avait obtenu de déménager d'appartement. Il lui rappelait, jusqu'à l'insupportable, l'enfant perdue. Cette décision déclencha une dispute véhémente avec sa belle-mère. Élisabeth avait fait aménager l'endroit où elle survivrait, tant bien que mal, près de la chambre des enfants – près de Gisèle. Elle abolissait en partie la hantise de ces affreux corridors et escaliers. Elle occuperait avec l'empereur, une aile de dix pièces au premier étage de la Hofburg. François-Joseph, conservait le même bureau, le côté de la chancellerie. Le luxe était plus solennel. Les tentures lourdes et rouges, les parquets rutilants, un excès de tapisseries des Gobelins. Le rouge, le blanc, l'or, le cristal de Bohême à chaque lustre, tout était rutilance, tout était ce sanglot sans fin d'Élisabeth. L'archiduchesse décrivait à sa sœur ces dépenses, injectant une pointe d'humiliation à l'encontre de Ludowika. On parlait des excentricités vestimentaires et diététiques de l'impératrice. Six oranges par jour et un verre de lait. Elle faisait serrer à l'extrême les lacets de ses corsets. On épiait cette taille si mince – quarante-huit centimètres – qu'elle devenait légendaire. L'impératrice n'avait pas eu ses règles. Un signe de grossesse ? On était en décembre, Élisabeth avait eu vingt ans. Ni fête, ni joie – un Noël privé pour toujours d'une fleur délicate. Ludowika s'empressa de répondre à la lettre de sa sœur (preuve d'espionnage incessant) :

« Les espérances de Sissi m'ont apporté un grand apaisement et une grande joie. [...] Je suis très rassurée de savoir que Sissi est devenue plus raisonnable en ce qui concerne le laçage et les vêtements ajustés, car c'est là quelque chose qui m'a toujours préoccupée et tourmentée ; je crois même que cela peut influencer l'humeur. [...] Je voudrais pouvoir espérer que toutes les relations ont pris une tournure plus affable que l'année dernière et que tu as des motifs d'être plus satisfaite [1]. »

Une scène de l'histoire d'Autriche avait toujours bouleversé Sissi. La première fois, qu'en octobre 1740, à la Hofburg, la grande Marie-Thérèse s'était assise sur le trône, elle avait éclaté en sanglots, la tête entre ses mains. Trop dure était la tâche de cette jeune femme si seule que menaçait l'ennemi de tous les côtés. Son falot d'époux, François Ier de Lorraine, l'engrossera seize fois. Elle avait sangloté, sans honte, signe, peut-être, d'une farouche féodalité. Pleurer pour affirmer qu'elle irait jusqu'au bout du dilemme sidéral de régner, accoucher, et ne point périr avant que la tâche, sous le signe de Dieu, ne soit accomplie. Sissi avait aimé l'histoire des larmes de cette souveraine âgée de vingt-

---

1. *Élisabeth d'Autriche*, B. Hamann, *op. cit.*, p. 120.

deux ans, peu armée, mal entourée, humaine et inflexible à la fois, maternelle à la manière d'un fauve d'élite. Simple et bonne femme avec son bonnet en dentelles à cornettes, sa robe noire, mal taillée, ne dissimulant jamais son état de grossesse permanent. Une bonne femme au regard d'acier, militaire et pâle quand elle châtiait, mais qui avait su se faire adorer des Magyars et parler aux gens les plus simples. Elle avait pleuré en public sans déchoir.

Les larmes de Sissi se retournaient contre elle. Les larmes, de tous côtés les larmes. Les Italiens, les Hongrois, tant d'États que l'empereur ne pouvait ni ne savait manœuvrer. L'archiduchesse avait fait quelques efforts à la nouvelle de cette grossesse. Elle s'y prenait mal, comme toujours, envahissante, le mot blessant à la bouche. Sissi a renoué un contact plus émouvant avec Gisèle qui va sur deux ans, et pousse, vive et drue. L'archiduchesse avait repris son joug habituel. Finie, bien sûr, l'équitation. Pas de régime aberrant, ni de vêtements trop étroits. Sissi trouve de la douceur à se promener dans le parc au bras de son époux : Sophie le prend bien. Le public verra son ventre. Elle se moque que ce soit une promenade où vibre un amour sincère.

De la fenêtre, elle l'observe, mécontente de sa maigreur. Qu'elle est menue en dépit de quelques semaines de grossesse ! Atteindra-t-elle le terme sans accident ? Le temps s'est rafraîchi, est-elle assez couverte ? Il ne s'agit pas tant d'elle que du rejeton qu'on espère un mâle. Elle s'accroche à ce bras d'homme épris. Il l'aime de manière différente, une passion compliquée d'angoisse. Élisabeth distille en François-Joseph un malaise constant, diffus – cette anxiété qu'elle porte plus violemment que n'importe quelle grossesse. Parfois il l'embrasse, avec un total élan amoureux, comme ça, dans les allées. L'archiduchesse, derrière la vitre, suppute. Avec un peu de chance, peut-être auront-ils d'autres enfants... Quelque chose de confus, de révoltant l'éclaire. La faiblesse d'Élisabeth est le funeste atout qui domine l'empereur. Élisabeth mène le jeu. La force et le sacrifice maternels ne sont rien auprès des caprices et des évanescences de cette petite oie bavaroise. Elle pleure moins, à mesure des semaines, elle n'a pas trop de malaises. Elle est venue à bout de son exostose de la main avec des massages et des bains d'eau salée. Sa chevelure a légèrement foncé, un châtain auburn traversé de mèches dorées. Rien n'a changé de cette rare opulence, sa coiffure aux nattes multiples. Le front, les oreilles sont découverts. La bouche, close et triste. Sa mère lui écrit. À son tour, la bonne duchesse expose ses soucis. Que faire de ses filles ? Le fils aîné, déjà, a fait crier au scandale en s'éprenant de cette actrice. Néné est courtisée par le prince de Thurn et Taxis mais Ludowika s'inquiète. À vingt-quatre ans, Hélène n'a pas encore accordé sa main à ce prince. Elle est fiancée plus officieusement qu'officiellement. Pourquoi tant d'hésitation ? L'échec des fiançailles, à Ischl, avait-il mordu son cœur d'un affront à la douleur irréversible ?

— Elle s'enferme dans sa chambre, fait de la peinture et s'adonne aux bonnes œuvres dans les villages, gémit Ludowika.

L'obstacle à ce mariage est toujours relié à une histoire de quartiers de noblesse – cette fois-ci, le manque était du côté du « fiancé ». Le roi de Bavière tardait à donner son accord, le temps passait, Néné allait-elle vieillir sans époux ? Ludowika accélérait ses courriers à sa malheureuse et glorieuse fille. Elle ne s'adressait pas à Sissi mais à l'impératrice. Qu'elle intercède auprès de son époux, qu'il intervienne auprès du roi de Bavière ! *Qu'elle se rende enfin utile !* Hélène semblait aimer ce prince qui souffrait d'attendre. Élisabeth, pour aider Néné, « sa petite maman », reprit son énergie. Elle remua les uns et les autres, elle parla à son mari. Se sentait-elle coupable d'avoir autrefois « pris » le fiancé prévu à la pauvre Hélène ? Avait-elle besoin enfin « d'user d'influence » (contrarier sa belle-mère) et travailler au bonheur de sa sœur préférée ? Le mariage eut lieu le 24 août 1858 grâce à Élisabeth. Ce fut une union heureuse, Néné était aimée, elle aimait son mari ainsi que les enfants qui naquirent de cette union. Les fourches caudines du destin se divisaient. La paix heureuse avait penché du côté de la délaissée.

La véritable délaissée – hors son seul allié, son amour, l'empereur – était Sissi.

Marie (Moineau), la cadette âgée de dix-sept ans, était devenue presque aussi jolie que Sissi. Bien bâtie, plus petite, brune, vive, espiègle, elle devenait l'enjeu d'une alliance de poids. La bonne duchesse se lamentait des obstacles qui naissaient à chacune de ses filles à marier. Elle avait été peinée du deuil de Sissi, elle avait tremblé du sort trop lent de Néné. Max, comme toujours, la laissait se débattre seule. Il n'écrivait à personne, il n'intervenait pas, il vivait à son seul plaisir, ennuyé de ces histoires de mariages, ces assommants quartiers de noblesse. La bonne duchesse avait sur les bras un excès de responsabilités – qui dépendait toujours de sa soumission à l'Autriche (à sa sœur). Elle doutait du pouvoir de Sissi à la Cour. Le fiancé auquel on avait songé pour la vive Marie était le prince héritier du royaume des Deux-Siciles, prince royal de Naples, futur François II. Sa demande était parvenue en Bavière. Il était laid comme le derrière pelé d'un singe, l'air sot, vaguement difforme, un peu bègue, un peu borgne, ne parlant aucune langue hors l'italien, et avec beaucoup de fautes. Sa débilité active, transformée en piété excessive, l'avaient mené à une impuissance sexuelle. Nul ne l'avait jamais vu en Bavière ni en Autriche. Ludowika écrivait à Sophie de lui fournir quelques renseignements sur ce prétendant dont elle ignorait tout. Ludowika avait eu quelques détails par Sissi qui l'avait entrevu lors du mémorable voyage italien. Les termes de Sissi étaient adoucis. Élisabeth avait toujours un faible pour les fous, les difformes, les nains, les misérables, les anarchistes, la Hongrie, la république, les morts, les cryptes, les funérailles, les perroquets, la beauté, la minceur, les chevaux, les chiens, les roses rouges, le dieu Achille, les tempêtes et la mer, les trains qui ne s'arrêtent nulle part, le poète Heine, qui était juif, la fée Titania... Elle était fascinée par les extrêmes laideurs autant que par les beautés extraordinaires, féminines ou masculines. Elle n'avait donc pas décrit avec exactitude la hideur du prétendant destiné à Marie.

— Marie sait seulement qu'il n'est pas joli garçon, écrivait la pauvre duchesse à l'impassible Sophie.

L'archiduchesse était absolument indifférente que le fiancé eût l'air d'une bête, en éternelles génuflexions. Hélène tentait d'améliorer les faits. La piété de ce prince, après tout, aurait peut-être une heureuse influence sur l'étourdie Marie ? Elle ne songeait jamais à Dieu, manquait la messe, oubliait ses prières, adorait s'amuser. Sa chevelure brune scintillait, son cou charmant ployait dans la danse, un éclat charnel brillait à sa bouche rose. Elle avait hérité de la sensualité débridée de son père, pour qui Dieu n'est qu'indulgence à celui qui aime la chair et la bonne chère. Marie, si vive et gaie, vendue telle une esclave à un animal hideux mais portant titre et couronne. La maltraitance des femmes n'en avait pas fini, loin de là. La révolte de Sissi prenait source dans cette prise de conscience, aiguë depuis son mariage. On conclut les fiançailles. La gaie Marie s'amusait moins de l'aventure car on avait envoyé en Bavière, comme pour Sissi, une foule de précepteurs et de maîtres de danse (ça, elle aimait bien) afin de l'éduquer. La

215

future petite reine de Naples apprit à se tenir (elle riait encore), à parler un peu l'italien. Elle s'intéressait davantage à la chasse aux papillons qu'aux accords des participes et au *Credo* en latin.

— Une enfant, s'inquiétait Ludowika. Une enfant en forme de jolie femme, quoique pas encore nubile !

Il fallait absolument qu'elle eût ses règles, s'indignait l'archiduchesse. Au moins un cycle. On fit venir les meilleurs médecins de Munich et Marie riait beaucoup moins lors de certains examens honteux et quand on lui posa des sangsues. Ses premières règles eurent du mal à venir, sans doute s'effrayait-elle des réalités devinées. Pas de règles, pas de mariage. Un blocage se créait. Marie perdit un peu de sang, dûment constaté par acte médical signé et contresigné. On s'empressa de la marier en 1859 : elle avait dix-neuf ans. Le fiancé était venu la voir. Elle le trouva laid, mais pas trop. Il ne parlait pas, ils n'avaient rien à se dire, ne possédaient aucune langue en commun. Marie repoussait son effroi en calculant que de la timidité inhibée du futur époux, elle organiserait son indépendance. Elle avait un fort tempérament, autoritaire, vif, entreprenant. Elle dominerait aisément ce faible, balbutiant, rouge comme une tomate dès qu'il croisait son regard. Il bégayait quelques onomatopées, on eût dit un chien effrayé prêt à se cacher sous le tapis de la grande table. Une pensée, très vague, amenuisait la crainte de Marie. Peut-être, les hommes mal dans leur peau étaient-ils au supplice quand il s'agissait aussi de les marier de force ? Elle ne savait rien du mariage, il dormirait dans son lit, soit, quoi d'autre ? Reine de Naples ! C'était un jeu adorable. Elle entrait, enfantine et vaine, dans une image royale où l'autre n'était que ce fantoche falot, sans voix, qu'elle oubliait. Ludowika retenait des pleurs. Max était désagréable, brusque. Il n'était pas dupe du calvaire possible de Marie et du navrant fiancé. Il abominait ces histoires de mariages, qu'on en finisse ! Avec les femmes, il y avait toujours des problèmes. Sissi, sa préférée, était un problème ambulant. Sa fillette était morte, sa vie à la Cour était un désastre. Il n'aimait pas le chagrin ni les embêtements. Son fils aîné et son actrice, ce nouveau gendre napolitain à profil et esprit simiesques, que d'ennuis ! Ah, les enfants ne devraient pas grandir et les femmes ne jamais vieillir. La liberté était sa meilleure maîtresse. Il fuyait la famille, il voyageait, écrivait de mauvais vers et Ludowika s'attristait. Sa solitude s'épaississait dans la grande maison peu à peu privée de sa parure d'enfants chéris. Bien sûr, on n'envoie pas promener un empereur ni un affreux petit roi de Naples – ni aucun mari possible. La tragédie de la bonne duchesse était là. Sans le mariage, point de salut. La malédiction sociale. Rester fille, c'était peser aux bras appauvris d'une femme vieillissante. Ludowika n'en supportait pas la pensée. Mieux valait de mauvais mariages que pas d'union du tout. Elle soupirait et taillait ses rosiers.

Le fiancé de Marie avait une jambe plus courte que l'autre. Elle le savait.

François-Joseph retrouvait une forme de paix. Il aimait Gisèle, il adorait Sissi. Sa mère semblait moins dure à la jeune femme qui grossissait lentement. La politique, comme toujours, absorbait l'empereur. Il se passionnait des transformations de Vienne. Le baron Haussmann, à Paris, tenait l'immense pari de faire de la capitale de France la plus belle cité d'Europe. L'empereur d'Autriche, piqué au même jeu, était heureux de moderniser Vienne. Il avait déjà fait abattre, l'année de son mariage, les remparts qu'il jugeait obsolètes, comprimant les espaces de la ville. En décembre 1857, les grands plans de modernisation de Vienne se mirent à exécution. Sa ville deviendrait, autant que Paris ou Londres, la capitale d'un empire absolu. Il fit construire, embellir les monuments insuffisants. L'archiduchesse et les conservateurs étaient mécontents. La ville de sa jeunesse, de ses premiers pouvoirs de mère d'empereur allait être chamboulée. Son pouvoir à elle subirait, pensait-elle, l'ébranlement d'un tel changement à la pioche, à la pelle, à grands coups de pelleteuses en forme d'engins de guerre. Elle jugeait dangereux la fin des remparts, les ouvertures indécentes, les espaces si commodes aux rebelles. Ses idées étaient partagées par les vieux militaires et la Cour. Ils se méfiaient du changement et des risques qu'ils entraînaient. Sophie avait aimé ces antiques fortifications, prisées de la grande Marie-Thérèse, qui donnaient l'impression de contrôler (enfermer) les 450 000 sujets de la ville. Sa phobie des révolutionnaires revenait. Sans les bastions comment se préserver des attentats ? Ces grandes artères (disaient les vieux généraux) entraveraient toute lutte contre un assaut anarchiste. Elle se mit en tête qu'un tel chamboulement était la faute de Sissi. Elle avait dû insinuer ces idées folles à son faible époux. Une ville moderne, quelle horreur et quelle erreur ! Elle s'assombrissait et assimilait la mort de sa

217

petite-fille à ces idées extravagantes de chambouler *sa* ville. Élisabeth, en bouleversant le protocole, avait entraîné la mort de la petite Sophie. Allait-elle déchaîner, par ses absurdités, la révolution, la destruction de Vienne ? Elle refusait d'admirer les magnifiques institutions culturelles suggérées par les savants et les architectes. L'agrandissement des musées, une salle des archives, des galeries de peintures, plusieurs bibliothèques richement équipées. L'Opéra gagna en espace, acoustique, fraîcheur des tentures et des cristaux.

Un des grands chantiers qui faisait trembler l'archiduchesse et sa coterie était le futur boulevard circulaire, le Ringstrasse. Il entourait la cité dans le but d'y accéder avec aisance. François-Joseph avait écrit à son ministre de l'Intérieur, le baron Bach, d'organiser de tels plans. Tout serait étudié en détail. Un boulevard destiné au prestige. Là, déambuleraient les cortèges militaires, les grandes funérailles, les accueils officiels de puissants souverains. Il fallut une vingtaine d'années pour que Vienne fût achevée dans cet esprit rénovateur. Paris, comme Vienne étaient devenus de grands chantiers. De tels développements (on l'avait constaté pour le chemin de fer) entraînaient de positifs mouvements financiers, un essor économique. On ajouta à ces travaux des aqueducs nécessaires à assainir la ville, amener facilement l'eau si fraîche des Alpes, s'armer contre des incendies. Cet essor augmentait le pouvoir politique de l'empereur. Il le savait. C'était une bonne manière d'encourager le commerce, l'industrie, le libre échange. Il entreprit, après quelques hésitations, l'abolition des douanes intérieures. Il évitait sa mère dont la rancune retombait sur Sissi, à peine au courant de tant de projets. Vienne entrait, par décrets successifs, dans la liberté économique. L'agriculture ne fut pas négligée, on l'ouvrit aux lois du marché. Vienne s'enrichissait. Il n'est pas dit que les pauvres s'enrichissaient : la bourgeoisie s'enrichissait. L'ancien mot du ministre français Guizot, « Enrichissez-vous », aurait pu devenir celui de Vienne, cette année où Élisabeth portait, toujours ivre de deuil, sa troisième grossesse.

La naissance du troisième enfant d'Élisabeth eut lieu le 21 août 1858. Trois jours après l'anniversaire de Franzi. Il avait eu vingt-huit ans, Sissi en avait vingt. Ils n'étaient pas allés à Ischl en raison de l'accouchement. Élisabeth, n'assista pas, trop épuisée, au mariage d'Hélène, le 24 août 1858, à Possenhofen, avec le prince héritier Maximilien de Thurn et Taxis. Un mariage qui finit par satisfaire tout le monde. Ce prince détenait, en plus d'une fortune appréciable, le monopole des Postes. L'archiduchesse, devant l'imminence des couches de sa belle-fille reprenait sa haute surveillance. Si Élisabeth accouchait, enfin, d'un fils, elle se devait d'être vigilante plus que jamais afin de protéger le rejeton indispensable à la succession.

Cet accouchement, à Laxenbourg, fut un cauchemar.

Sissi était toujours emmurée dans sa culpabilité. L'archiduchesse reçut à la Hofburg, de Seeburger, selon ses ordres, la dépêche qui annonçait le début du travail. À dix heures du soir, des douleurs d'une rare violence avaient saisi Élisabeth.

« Sa Majesté l'impératrice est sur le point d'accoucher. »

Elle partit sur-le-champ à Laxenburg flanquée de la comtesse Esterhazy. Elle trouva son fils près d'Élisabeth. On entendait hurler la jeune femme. Élisabeth avait toujours eu des couches faciles. L'archiduchesse, agitée de tristesse sincère, de pressentiments funèbres, demanda à ce que l'on exposât à la chapelle le saint sacrement. L'archiduchesse reconnaissait mal la gracieuse jeune femme en cet être tordu de souffrances, hagard, ces cris inouïs, jaillis de ce torse menu, ces cris échappés de cette silencieuse, qui avait à peine gémi à ses précédentes couches. La chevelure en sueur, la chemise déchirée par ses ongles, les yeux fous, elle ressemblait à une suppliciée écartelée sur un chevalet invisible, torturée par des tenailles monstrueuses.

L'enfant s'était retourné en ses chairs. Il eût fallu pratiquer ce qui n'existait pas encore, une césarienne. Anesthésier, user des fers pour dégager l'enfant qui refusait de naître. La dilatation ne se faisait pas. L'enfant remontait. Coincé dans l'utérus comme au fond d'une grotte de mort. Les contorsions d'Élisabeth étaient celles du fœtus étouffé dans cette valve malmenée en spasmes violents. Comment le cerveau de l'enfant allait-il résister à l'impossibilité à trouver l'issue, la porte close d'une vulve fermée, prison volontaire, involontaire, souffrance double ? La mère, l'enfant, tous deux incapables de survivre à la vie pressentie trop dure. Les menus poings sur les yeux déjà ouverts, le cordon strangulatoire, l'utérus devenu ce pressoir à raisin... Le cri interminable d'Élisabeth était aussi celui de l'enfant au bord de mourir. La reine Victoria, à une de ses naissances, avait tant souffert qu'elle avait obtenu un peu de chloroforme – d'où l'expression « l'accouchement à la reine ». Point de chloroforme à Laxenburg, la douleur, inouïe, sans fin. La sage-femme, Mme Gruber, ne cachait pas ses craintes. L'impassible Seeburger blêmissait, inutile et ne se lavait pas les mains. L'affolement gagnait François-Joseph en larmes, à genoux près du lit, essayant de tenir cette main qui se convulsait. Le reconnaissait-elle, en proie au démon de la douleur extrême quand la naissance devient cette crucifixion ?

Pour la première fois de sa vie auprès d'Élisabeth, Sophie pleurait et priait, à genoux près du lit et la comtesse Esterhazy aussi. Ce n'était plus le lit de la naissance mais celui d'une agonisante. Une compassion sincère les saisissait, la reconnaissance du sort terrifiant des femmes. La douleur, à en mourir ; des hurlements à faire frémir. Sissi ne veut pas accoucher. Elle ne peut plus accoucher. Accoucher, c'est donner la mort. Sa petite fille, morte. Gisèle, si loin, dans la chambre des enfants. Les enfants volées. Pourquoi mettre au monde un enfant qu'on va lui voler ? Qu'ils périssent ensemble ! Ses hurlements épouvantent jusqu'aux oiseaux du parc. On prie de tous les côtés, à Vienne, dans toutes les églises du pays. En Bavière aussi. Une dépêche est arrivée à Possi, où la bonne duchesse, une fois de plus non invitée aux couches de sa fille, sanglote : « Que faire, mon Dieu, que faire ? »

Elle accompagne, de loin, sans dormir, cette souffrance qu'elle a si bien connue et qu'on prétend que les femmes oublient. « Le mal joli ? » Un mal affreux qui déchire les chairs d'une jeune femme trop éprouvée. La chaleur est accablante, Élisabeth a soif, on humecte ses lèvres, les heures passent, la nuit, le jour déjà, dix-huit heures de contractions sans répit. L'archiduchesse récite la prière des agonisants quand, enfin, dans un hurlement de bête égorgée, à dix heures et un quart d'heure du soir, les eaux, l'enfant, et les suites de la naissance jaillissent sur les linges bouleversés. La sage-femme n'a que le temps de saisir dans le large tablier ouvert un nouveau-né tout rouge, étranglé à demi par le cordon. C'est un garçon ! « Dieu soit béni », sanglote l'empereur. Un garçon, un fils. Il se penche sur Élisabeth, blême, à demi morte, soulagée d'une tel supplice. Elle murmure, perdue dans ses cheveux, secouée de spasmes inconscients.

— C'est encore une fille, n'est-ce pas ?

— Un fils, Sissi, un fils !

Un cri de triomphe, d'émotion, de joie si absolue que tout le monde pleure – y compris l'archiduchesse et la vieille comtesse.

Un fils ! Vivant ! L'impératrice, sauvée ! L'enfant a aussi poussé la clameur nécessaire à la vie. François-Joseph délire d'un bonheur si fou qu'il détache de sa poitrine sa propre toison d'or et en couvre le berceau de son fils :

— C'est un fils très fort et magnifiquement bâti, dit-il à Élisabeth. Il s'appellera Rodolphe.

Ont-ils oublié l'archiduchesse qui sincèrement se réjouit ?

Rodolphe. En mémoire du puissant ancêtre des Habsbourg qui avait triomphé, en 1278, du turbulent Ottokar II.

Rodolphe ! En plus toison d'or, le père comblé donne à ce nouveau-né à peine âgé d'une heure le titre de colonel du 19e régiment d'Infanterie. Cet acte allait-il déjà détruire cet être trop sensible, si semblable à sa mère qu'ils auraient bien du mal à se comprendre ? Élisabeth, dans ce refus d'accoucher, pressentait-elle le malheur de donner, malgré elle, un fils à cet empire militaire et dur ? Un militaire, un colonel, ce bébé à peine sauvé de sa tourmente, cet enfant délicat fait pour les arts, la liberté, l'amour ?

Rodolphe, le plus malheureux des enfants d'Élisabeth d'Autriche. Qui le mit au monde si triste des armes, des lois de l'empire, dans les souffrances les plus extrêmes.

— Rodolphe appartient à Dieu, et à la valeureuse armée de l'Empire, disait le père délirant de joie et d'inconscience, appuyé chaleureusement par l'archiduchesse.

On tira trente coups de canon à Vienne.

Un fils était né, le futur empereur. Les milieux libéraux avaient détesté que le père lui offrît la toison d'or et le rang de colonel. Le régime absolutiste n'avait donc pas bougé d'un cran. Rien de libéral ne se profilait à l'horizon. La plus libérale des créatures de la Cour, la jeune impératrice, avait failli périr de ces couches et sombrait, muette, endormie. Elle dormait, elle mourait encore, consciente qu'on lui volerait ce nouvel enfant. D'avoir accouché d'un garçon rehaussait un peu le statut flageolant d'Élisabeth. Elle était la mère d'un futur empereur. La Cour n'osait plus ses critiques. Au baptême, grandiose, François-Joseph offrit à Sissi, sur sa cassette personnelle, quatre rangs de perles d'une rare beauté : 75 000 florins. Dans son immense bonheur, il avait fait restaurer à ses frais le tombeau de Rodolphe Ier de Habsbourg, à Spire. La naissance de son fils correspondait à une foule de restaurations. L'archiduchesse était satisfaite. Elle fit aussi un cadeau de grand prix à Élisabeth, conjointement avec son époux. Elle lui donna, solennellement, le collier à rangs multiples et les longues boucles d'oreilles en turquoises qu'elle avait reçus à la naissance de François-Joseph. Qu'importait à Sissi tant de parures, elle voulait son enfant, ses enfants près d'elle. L'inquiétude la rongeait. Elle eut un bref moment de joie pure quand on posa Rodolphe, emmailloté serré dans ses bras. Des larmes s'échappaient de ses yeux, tombaient sur ce front, ces petits poings qu'elle baisait passionnément. La crainte, hélas ! trop justifiée, la saisissait. Elle retomba, lasse, sur ses oreillers.

Lasse, très lasse. Elle avait du mal à se rétablir ; le lait ne venait pas. Le docteur Seeburger n'eut pas à la purger ou bander sa poitrine. Elle ne pouvait nourrir l'enfant. Au baptême, parée de ces bijoux de perles, elle tenait à peine debout. Sa vieille peur l'avait reprise. Elle avait raison d'avoir peur. Le chagrin maternel de Sissi atteindra le comble – jusqu'à ce qu'elle trouve un jour la force de reprendre, amer succès, cette lutte dramatique au sujet de ses enfants. Voici le nouveau tableau que fit peindre l'archiduchesse sur le faux bonheur maternel d'Élisabeth. Son fils lui avait été déjà retiré quand le peintre exécuta cette toile, qui comporte quelques différences avec la précédente.

Élisabeth est seule en scène sur ce tableau-vitrine. Elle est vêtue d'une longue et large robe de moire couleur rosée, aux manches plissées, le col noué d'un nœud de soie, un châle à franges sur les épaules. Elle tient dans ses bras le nouveau-né, dans son nid de dentelle, un petit bonnet à ruché. Les mains minuscules sont probablement en mouvement. Sissi a l'air très jeune, si mince, un bonnet en dentelle, posé en arrière sur ses cheveux en bandeaux bouclés, plus foncés que d'habitude. Elle ébauche un pauvre sourire, le regard désabusé. Elle est à demi couchée sur un sofa de repos, la nuque soutenue d'un coussin brodé. À ses pieds, sur un tabouret rond, la chevelure courte, blond foncé, en petite robe à volants, les pantalons visibles et la bottine légère, Gisèle. Elle tourne sans doute son visage vers le peintre. Sur le mur du fond, dans un daguerréotype ovale, la petite Sophie disparue... Une fois de plus, Sissi ne regarde pas ses enfants. Trop grande est sa frustration. On dirait une jeune femme posée là, des poupées floches dans les bras, à ses pieds, sur le mur. La mort, présente, la mort d'une maternité écrasée. Derrière le sofa, un guéridon, quelques beaux objets. Un décor à ce qui se nomme la déchirure.

Sophie la morte, Gisèle tournée ailleurs, Rodolphe le bébé colonel impérial, Élisabeth en rupture intime. Personne ne regarde personne. Même la petite morte a les yeux tournés vers l'Invisible.

Élisabeth eut beaucoup de fièvre, après le baptême. Une nourrice moravienne, forte paysanne, Marianka, nourrissait le bébé. L'archiduchesse avait exigé de voir et tâter l'opulence des seins, ce lait « magnifique ». Élisabeth, déprimée, était alitée – allait-elle avoir une fièvre puerpérale ? L'archiduchesse oscillait entre la pitié et l'irritation. Le premier devoir d'une impératrice eût été d'avoir une santé de fer, résister à toutes les cérémonies, enfanter davantage sans faire tant de grimaces. Sophie s'empara aussitôt de l'enfant. Il serait sous sa garde absolue en attendant d'être éduqué de bonne et virile manière. Une obligation sacrée. Elle détenait le précieux dépôt de l'avenir de l'Empire. Elle doutait beaucoup que sa belle-fille enfantât d'autres héritiers. Sa vigilance devenait celle d'un oiseau de proie. Élisabeth ne luttait plus. Sa fièvre persistait, sa tristesse augmentait, ses larmes coulaient. L'archiduchesse hésitait ; elle finit par écrire à sa sœur (enfin) de rendre visite à Sissi.

La duchesse, toujours soumise à son auguste aînée, se précipita à Vienne avec ses filles cadettes. Elle avait eu la bonne idée d'emmener le docteur de leur famille, qui avait soigné Sissi enfant, le brave docteur Fischer. Élisabeth poussa un cri de joie en le recevant. Le docteur Fischer ! Mimi ! Ses sœurs ! L'archiduchesse méprisait ce Fischer, cette famille trop familière, dont la seule présence rosissait les joues de la malade. Seeburger était offensé d'être relégué par ce « confrère » né en Bavière. Le journal de l'archiduchesse regorge de détails sur les malaises de Sissi, mais sans précisions cliniques. La fièvre, le manque d'appétit, la faiblesse, la tristesse. On y lit un agacement inquiet. Sissi s'écoute trop, une fois de plus ses malaises ont quelque chose de fantasque qui lui déplaît – et justifie son acte d'élever elle-même le précieux héritier. Le séjour de la duchesse et de ses filles s'achevait. L'hiver approchait. La querelle entre Sissi et sa belle-mère reprenait. L'archiduchesse s'en plaignit sèchement à Ludowika, consternée. Les années n'avaient apporté aucune amélioration, même la naissance d'un fils précipitait la mésentente.

« Que faire, mon Dieu, que faire ? » Cette éternelle querelle, écrivait Ludowika à sa sœur, était « sa véritable source de chagrin ». Tous les prétextes déclenchaient, chaque jour, un conflit.

L'alimentation, la manière de vêtir le bébé, l'empêchement de le tenir dans ses bras, le câliner, l'emporter près d'elle. L'archiduchesse alla plus loin : l'interdiction d'approcher du bébé.

— Vous avez de la fièvre, vous pouvez le contaminer, le faire mourir. Souvenez-vous de Sophie.

Elle appuyait sur la plaie si vive et Élisabeth tremblait d'indignation et de faiblesse. François-Joseph, comble de sa souffrance, s'aligna fermement du côté de sa mère. Il tenait trop à cet unique rejeton mâle. L'enjeu était grave, l'enfant appartenait à l'Empire. Sa femme était trop fragile pour enfanter à nouveau. Ses malaises devenaient le prétexte de fuir son lit, son corps. Elle prenait en horreur l'idée d'une pénétration, du pénis poignard qui avait perforé avec violence son ventre, lors de la troisième nuit de ses noces de larmes... Il y avait eu – outre le rapt des enfants – l'horreur humiliée que sa chair la plus secrète, béante, torturée, fût exposée, à chaque accouchement, au regard de son ennemie. L'archiduchesse n'y voyait qu'un devoir. Élisabeth, impuissante, basculait dans le dégoût du corps. La naissance de Rodolphe marqua sa frigidité définitive.

Lui, il l'aimait à la folie, sans la comprendre. Il aimait, peut-être, sa révolte, il aimait sa présence, la forme de ce corps, de ces mains, cette chevelure, cette bouche, ces longs yeux affolés. Il aimait sans se poser de question. Il était son seul allié véritable, son pire ennemi sans le vouloir, incapable de la retenir, incapable de la défendre. De loin, Sissi l'aimait à nouveau. Ils étaient l'un à l'autre le sang de leur propres blessures d'amour. De loin, elle saura lui écrire de grandes lettres d'amour. Loin du corps, près du cœur ; elle épurait tout. Elle faisait de la chair la suprême négation. Elle régressait au frémissement horrifié de ses trois nuits de noces. Elle occultait que les choses s'étaient insensiblement modifiées jusqu'à, sans doute, le plaisir. Elle avait su tâtonner vers ce sexe d'homme, oser des gestes impensables, aimer, qui sait, ces gestes liés à l'amour. Mais il y avait eu la mort de la petite, l'abominable accouchement du fils. Fleur brisée, sang, douleur, honte, amour entravé d'incompréhension, enfants perdus. Elle ne veut plus coucher avec lui. Lui, la cognée violente de bûcheron contre l'arbre trop mince... Le ventre clos, maudit, l'horreur d'être une femme. L'horreur du sang menstruel, l'horreur d'être l'outil de chair dont on épie la production. Elle devenait, insensiblement, ce tombeau fermé ; ce sexe scellé à tout amour charnel. Dix ans plus tard, elle consentit « au sacrifice » d'enfanter une dernière fois : offrir un enfant (un roi ?) à la Hongrie bien-aimée. Dix ans plus tard ! Après la naissance de Rodolphe, Sissi avait vingt et un ans et le fougueux empereur, vingt-neuf ans. L'archiduchesse avait gagné cette manche terrible. Le saccage était fait ; leur amour flottait, cristal pur, au niveau de leurs âmes navrées, mais la séparation était, sans qu'ils le sachent encore, consommée. Elle lisait *Nouveau Printemps* de Heine et trouvait la réponse dans la nostalgie exaltée du poète :

> *Tu vois en bas, par la vie désertés,*
> *Prairies et bois comme entièrement rasés ;*
> *Autour de toi, l'hiver, en toi, l'hiver,*
> *Et ton cœur qui est gelé.*

Un cœur, un corps gelés. Elle lutta encore pour avoir son fils avec elle. Elle eut avec son époux une explication violente d'où elle sortit meurtrie, vaincue. Il perdait patience. Il lui reprocha presque le drame d'Ofen. Elle éclata en pleurs.

— Tu as choisi ta mère contre moi.

Elle sanglotait, les poing serrés sur ses paupières. Que lui importaient les bijoux, les attentions dont gauchement il lui parlait pour la consoler ? Voulait-elle un beau cheval, un perroquet plus rare encore ? Il s'enferrait dans sa maladresse issue de son cœur épris, borné, et bon. Il se fâchait à mesure de ses larmes. Si elle n'avait pas l'enfant auprès d'elle c'était à cause de sa maladie permanente, sa fragilité. C'était dans le but de l'aider. Pourquoi était-elle toujours mécontente, malade, guérie dès que sa famille de Bavière lui rendait visite ? C'était insultant pour lui, sa famille et son pays. Ne lui suffisait-il donc pas ? Leur immense amour n'était donc rien ? Une banale histoire de nursery allait tout détruire ? Il finit, lui si patient, par claquer la porte ce qui était un geste à la limite de l'insane dans ces palais où les portes, bosselées d'or, sont aussi hautes que celles des cathédrales et manœuvrées par de vassales mains invisibles.

Rodolphe demeura donc, avec Gisèle, dans la chambre des enfants, chez l'archiduchesse, sous la garde de la baronne de Welden, dite « Wowo ». La bonne volonté était sincère de tous les côtés et de tant d'attentions aimantes, l'enfer d'Élisabeth se pavait, pour toujours, d'ombres rouges et noires. Élisabeth d'Au-

triche, en cet hiver 1859, sombrait dans la maladie psychosoma-
tique (on ne lui donnait pas à l'époque ce nom-là). La maladie,
quelle arme, quel chantage ! Elle n'a rien d'autre à sa disposition
afin d'organiser sa fuite. Elle a deviné l'impact de l'anorexie (elle
ne connaît pas non plus ce mot-là), du corps qui s'autodétruit au
vu et au su de tout le monde. La maladie, seul jeu terrible afin de
faire basculer la situation, irrespirable, à son avantage. Quitte à
tout perdre y compris cette vie à laquelle elle croit ne plus tenir.
Perdue dans les affres, elle est prête à cette guerre étrange, sa seule
arme, la maladie. Inquiéter (visiblement) tout le monde, organiser
ainsi à la manière d'une prisonnière qui tisse une corde invisible,
un projet obsédant : la fuite.

Malade... Son entourage s'inquiète. Les culpabiliser à leur tour.
François-Joseph s'en voulut de son mouvement de colère. Il invita
la bonne famille de Bavière. Dès qu'ils arrivent, Sissi n'a plus de
fièvre, la toux cesse, elle mange un peu. On l'entend même rire
avec ses sœurs – surtout Marie, si joyeuse. On lui accorde
quelques quarts d'heure avec ses enfants, sa faiblesse s'estompe.
L'œil aigu, jaloux, point dupe, de l'archiduchesse remarque ces
modifications.

En janvier 1859, Rodolphe va sur cinq mois. Marie est à Vienne
pour épouser, solennellement, par procuration, son prince si laid.
Elle va passer quinze jours à la Hofburg, près d'Élisabeth. L'archiduchesse ne peut s'empêcher d'admirer la beauté de cette petite
mariée de dix-neuf ans, ses yeux de velours chaud, son rire charmant. Sissi gâta sa cadette pendant ces deux semaines. On eût dit
deux écolières en liberté, oublieuses du mariage et de sa menace.
Elle l'emmena partout, au théâtre, au Prater, en ville. Plus de
fièvre, deux fillettes en récréation. Au cirque Renz, elles eurent
quelques fous rires très remarqués, un échange de regards joyeux.
Un bal fut donné à la Hofburg. Il y avait des mois que l'on n'avait
revu l'impératrice à un bal. Elle fit sensation, au bras de son
époux, cérémonieux, dans sa tenue de colonel, convoité, de loin,
par un aréopage de comtesses hygiéniques. Sissi était vêtue telle
une nuée, une vapeur de soie, de moire, les épaules nues, la chevelure piquée de diamants et de perles. Marie était ravissante dans
la dentelle rose et blanche, gracieuse dans chaque danse, la taille
aussi fine que sa belle aînée. La Cour admirait, décidément, la
beauté indéniable de ces petites duchesses nées *en* Bavière.

Un souper fut servi, selon l'usage, aux cinq cents hôtes présents.

Un grand bal pouvait compter jusqu'à sept cents invités. On servait, par petites tables dispersées, l'immuable menu. Un consommé de crème d'oie en tasse, du brochet froid à la mayonnaise, du rôti et des pâtés, des petits pains annelés, des glaces et du champagne. Sissi ne mangeait rien, l'empereur, selon son habitude, expédiait vite cet en-cas – ce qui faisait cesser d'un seul coup le service et, à part le champagne, on restait sur sa faim. L'empereur se consacrait à la courtoisie de son rôle : aller de table en table, offrir un mot bref, poli et sans conséquence. Il rejoignait ensuite l'estrade où se dressaient les deux trônes et les sièges d'honneur destinés à ses proches. L'archiduchesse consignait chaque détail à sa sœur. Ludowika répondait, enfin soulagée de recevoir de bonnes nouvelles de ses filles. Les deux mères occultaient soigneusement que ce bref bonheur était un répit à la glorieuse mutilation de leur destin. Marie n'était chez Sissi que de passage. L'inconnu – et quel inconnu ! – était au bout de sa route encore odorante d'une enfance heureuse. Dans la chambre de Sissi, assises sur le tapis, le corset délacé, en peignoir d'intérieur, le dos contre le lit, les deux sœurs bavardaient joyeusement comme à Possi. Elles échangèrent des cigarettes turques, nouvelle audace de Sissi. Elle aimait fumer, ce qui faisait jaser et horrifiait l'archiduchesse. Au déjeuner de famille, Sissi écrasait plus que jamais les puces de son chien qu'elle prenait sur ses genoux. Les puces sautaient dans l'assiette du voisin. L'empereur riait sous cape ; il l'adorait ainsi, il ne détestait pas le hoquet dégoûté de sa mère. Le tabac, les puces du chien, les bavardages avec Marie, peut-être pourrait-il rejoindre sa couche et serait-elle enfin à nouveau gentille avec lui ? Il soupirait sur ces semaines de chasteté. Il n'eût pas fait tant de façons si elle l'avait attirée contre lui. Il rêvassait à la croupe de quelques comtesses hygiéniques qu'il manœuvrait autrefois, brièvement, et dans les sens les plus obscènes et satisfaisants. Il eût volontiers fait l'amour tous les soirs, dans tous les sens, à cette longue fille si jeune et si belle qui se refusait et faisait des crises de nerfs pour une sotte histoire de nursery. Sa taille était d'une finesse extraordinaire mais sa croupe, évasée, était celle d'une fille voluptueuse qui refusait, à le rendre fou, la volupté. Il abrégeait le repas, soudain irrité, le teint trop rouge, sans raison apparente. Ce qui le blessait le plus était de la voir rire avec les autres – jamais avec lui.

Un soir, à l'Opéra, où il s'apprêtait à s'endormir d'ennui (on jouait *Roméo et Juliette*), elle éclata de rire avec Marie. Il sursauta, vaguement en colère. « Moi aussi, je veux rire, de quoi riez-vous ? » Il devenait un enfant frustré du jeu, exclu du jeu. Rire. Jamais il ne riait ou si peu et elle osait, elle, l'endeuillée, la fille en larmes, rire avec les autres ? Cette scène – Sissi riant avec quelqu'un d'autre que lui – le tourmenta d'une jalousie métissée d'un émoi voluptueux. Un amour exaspéré. Peut-être perverse, vindicative, avec ce rire échangé près de lui et sans lui, Sissi exerçait-elle la plus noire science de l'amour : manœuvrer la frustration d'un homme jusqu'à une forme de castration ? Elle se fichait de la terre entière, continuait à fumer, à écraser les puces du chien. Elle n'avait plus d'enfants, bientôt plus de mari, ni de sœur. Dans les volutes du tabac à odeur de rose et de goudron, assise contre Marie, épaule contre épaule, elle riait. Marie menait décidément un étrange voyage de noces, sans époux, sans pays bien défini, sans palais réel. Elle avait oublié son mariage, pourtant dûment consigné par les actes les plus austères. Sissi se taisait sur le mariage. Elle avait peur pour Marie. Elle avait aimé son époux, et n'en conservait pas moins un souvenir terrifié de ses trois premières nuits. Marie avait à peine entrevu le mari si laid dont elle ne savait rien. La fumée de leurs cigarettes offusquait les laquais, l'archiduchesse marmottait qu'elles finiraient par mettre le feu. La courte récréation s'achevait. Marie dut partir vers son destin. Ludowika avait peur. Marie n'était pas docile, que signifie la docilité quand on vous mène à un abattoir fût-il prestigieux et couvert d'étoiles artificielles ? Ludowika se soumettait aux conseils de sa sœur, la supérieure, la véritable impératrice. Le mariage de Marie, pontifiait Sophie, devait beaucoup à l'influence de Vienne. Elle n'avait qu'à s'incliner et dire merci. Ludowika avait, au temps de ses épousailles, avalé plus de larmes que de baisers et de sourires. La vie, à mesure, avait apporté la solution. L'indifférence conjugale, les enfants, sa collection de montres anciennes, le jardinage, la paix des sens, la paix de vivre simplement.

Une future reine de Naples pouvait-elle vivre simplement ? La bonne duchesse accentuait les œillères nécessaires à sa tranquillité. Ce royaume des Deux-Siciles, sous un joug despote, était sensible, menacé d'attentats. L'insouciante Marie, sans culture politique, n'en avait rien prévu. Le père du fiancé, Ferdinand II, était violent quand on l'attaquait. Il avait fait tomber Messine, sans ménagement, en 1848. Il haïssait le moindre esprit libéral. L'absolutisme

régnait. Voilà où s'en allait la petite Marie qui riait et fumait gaie-
ment dans la chambre de sa sœur. Ferdinand II supputait les avantages de ce mariage et pas une seule fois il ne s'inquiéta de sa
future bru. Cette alliance donnait pour épouse à son benêt de fils
la belle-sœur de l'empereur d'Autriche. Cela seul importait. Les
résistants du Piémont, qui servaient Garibaldi, seraient matés. Le
vieux roi n'en doutait pas. Le jeune prince était muet comme une
carpe, terrifié par la date fatidique du mariage.

Les malaises d'Élisabeth revinrent quand il fallut se séparer de
sa sœur. Elle l'accompagna jusqu'à Trieste. Leur frère aîné, le duc
Louis, était du voyage. À Trieste, au palais du gouverneur, il y eut
un déploiement féodal pour accueillir « l'épouse » du futur roi de
Naples. On avait agencé la galerie du palais en espace symbolique.
Un cordon de soie aux couleurs des deux pays partageait la salle
au plafond si haut. La Bavière et Naples ; la séparation entre le
pays d'enfance de Marie et son pays à venir. Marie avait froid,
dans cette vaste salle et cet hiver 1859. Une longue table, sous la
cordelette symbolique, prônait le rituel de l'alliance jointe à une
forme de séparation. Deux pieds de la table étaient sis en « Bavière », les deux autres à « Naples ». Marie était parée de blanc et
d'argent, un diadème royal enserrant ses cheveux noirs, à la douceur soyeuse, en bandeaux roulés sur la nuque. Le comte
Rechberg la mena, par la main, du côté « bavarois » de la table.
De l'autre côté de la corde aux vives couleurs, le duc de Serra
Capriola reçut Marie. Il prit sa main et l'attira du côté italien, vers
sa condition d'épouse et de future reine de Naples. On ne franchit
pas à rebours ces cordelettes sous risque d'un *casus belli* — et d'un
couvent à vie pour la rebelle. Marie n'y songeait pas, prise dans
ce rêve-cauchemar éveillé. Elle tenta de dire quelques mots en
italien, elle s'aperçut, effarée, qu'elle avait tout oublié des cours
accélérés. Son époux n'avait rien retenu des leçons d'allemand.
Muets, sans échange, se parle-t-on par gestes quand on est roi et
reine ? Marie sentait ses jambes trembler à la manière d'un cheval
fourbu. Elle comprenait mieux le dilemme de sa sœur, mais au
moins François-Joseph était beau, amoureux et ils parlaient la
même langue. Quelle effarante solitude l'attendait ? Elle frémit
quand elle se trouva en présence de son futur époux. Son épaule
gauche remontait, à sa laideur se superposait le masque désobli-
geant de la terreur. Il tremblait de répulsion à l'idée d'être obligé
d'aller à la couche de cette jeune et jolie fille dont il ne savait que

faire, comment faire, ni dire et comment dire. Il était épouvanté de son impuissance, son horreur de la masturbation, son horreur de tout ce qui était cet appendice vide et mou, à peine testiculé. Il souffrait d'un phimosis. Il voulait être moine, il abhorrait le corps des femmes. Il n'avait, au grand jamais, approché ni osé imaginer leur sexe. Il croyait que c'était (peut-être) une bouche horizontale, en plus louche et sale. Il avait cru vomir quand son précepteur, plus mortifié que lui, avait tenté de lui expliquer les menstrues, nécessaires à une grossesse. C'était au temps où, à coups de sangsues, on essayait d'accélérer les règles de Marie. Imaginer les choses du sexe, c'était pécher mortellement. Ne pas consommer et engrosser l'épouse, c'était aussi pécher mortellement.

Il se sentait devenir fou.

Il était fou.

Le frère aîné de Marie eut en horreur ce mariage – comme aussi celui de Sissi – odieux à ses yeux. Il avait brisé le tabou en épousant, on le sait, le 28 mai 1857, l'actrice Henriette Mendel. On en fit une baronne de Wallerse, une union morganatique mais Louis perdit son droit d'aînesse, sa pension confortable. Seule, Sissi resta sa fidèle alliée et applaudit son courage. Curieusement, le duc Max fit la tête. Il voulait bien de la liberté – et des maîtresses de bas étage – mais ne jamais bafouer leurs titres. Le duc Louis se disait que mieux valait sa fausse baronne à ce qu'il avait entrevu, consterné, à Naples. Marie, désormais isolée, commençait à réaliser son sort. Elle ne cachait pas son effroi devant ce faciès de singe, ce garçon malingre, cet esprit entravé, épouvanté, en habits de soie et d'or. La nuit de noces donna cours au rituel d'usage. La mise au lit des époux devant la Cour. Ils étaient seuls (apparemment). Marie tremblait, à l'extrême bord du lit somptueux en forme d'une nef digne de l'Olympe. Elle entendit un feulement, une bête qui grattait, il grattait les draps de dentelle de ses ongles. Elle vit s'enfuir le malheureux en proie à un délire mystique. Il se signait, trébucha en chemise sur le prie-Dieu et récita des prières. Les noces ne furent jamais consommées. Les étranges aventures de la petite reine de Naples ne faisaient que commencer. Il y eut, peu de jours après cette nuit lamentable, le décès par contrariété cardio-vasculaire du roi Ferdinand II. Les funérailles, baroques, grandioses. Le sacre, baroque, grandiose, du prince débile (François II) et celui, conjoint, de la petite vierge de dix-neuf ans, Marie, reine de Naples.

Un odieux petit royaume de discorde, de menaces généralisées. Devant ces événements et le portrait du jeune faux couple, Marie pâle à faire peur, Ludowika s'était écriée :

— C'est horrible ! (« Que faire, mon Dieu, que faire ? »)

L'Italie devenait l'écharde de l'Autriche. Marie était en danger, s'alarmait Sissi. L'archiduchesse était impassible. Le devoir de Marie était de rester là où Dieu et les alliances l'avaient établie.

Tout allait s'enflammer.

Ce fut la guerre.

La politique de l'année 1859 poussait l'empereur des Français du côté de l'Italie. Il voulait aider l'Italie ce qui encourageait Cavour et Garibaldi. François-Joseph devenait l'ennemi. Le petit royaume de Naples était pris dans cette fournaise. Cavour se battait pour l'unité italienne. François-Joseph était outré. Il est empereur, militaire au fond de l'âme. Tout doit rester soumis à la grande loi impériale. Il avait détesté son voyage lombardo-vénitien. Le désastre matrimonial de sa petite belle-sœur et la situation de Naples compliquaient ses décisions. La Russie était devenue son ennemie. Il perdait des alliés et l'empereur des Français avait promis à Cavour « de faire quelque chose pour l'Italie ». Le prince Guillaume était régent de la Prusse : son frère dépérissait. Le régent était trop âgé face à tant de complications. Bismarck en profitait pour se rendre à Paris, mettre au point une ruse double pour paralyser l'Autriche et affaiblir la France. Que pensait faire Napoléon III pour aider l'Italie, vaincre l'Autriche ? L'unité italienne, unir le Sud et le Nord, il le sait, est une gageure, un puzzle trop complexe à mener à bien. La guerre contre l'Autriche sera nécessaire afin de l'expulser de l'échiquier. Napoléon III et la France n'aimaient guère le despotisme de Vienne sur les royaumes de Toscane, de Modène, des Deux-Siciles, de Vénétie, de Milan et de Parme. Ces garnisons militaires, ces exactions déplaisaient à cet empereur qui se souvenait des humiliations de son oncle prestigieux.

Napoléon Ier avait été acculé à la disgrâce à cause du congrès de Vienne. Ce rattachement, par la violence, des États lombardo-vénitiens à l'Autriche, révulsait l'Italie. La France et la Russie y trouvaient leur compte pour concocter leur vengeance contre cet empire d'orgueil des Habsbourg. La France devenait italophile et russophile. En Russie, les hommes se taillèrent la barbe à la manière de Napoléon III. La reine Victoria refusa fermement de se mêler à ce conflit. Elle ne veut pas de guerre avec la France et la Russie. D'orgueil et de force, l'Angleterre demeure dans « son splendide isolement ». Bismarck suit avec une passion froide cette affaire, qui fera à la longue de la Prusse la puissance dominante. Le souhait conjoint de Bismarck et de la Russie est la guerre contre Vienne. Napoléon III veut aussi cette guerre, pour enfin s'emparer de Nice et de la Savoie. Napoléon III commet l'erreur de s'identifier à son mythique grand-oncle dont il ne possède en rien le génie militaire. Embrasser la cause des peuples afin de mieux les asservir au nom de la démocratie illusoire dont aucun Italien, même vaincu, mourant, n'est dupe. Napoléon III cache, sous son masque d'homme calme au regard filtrant et lourd, l'intime jubilation d'avoir lui aussi « sa campagne d'Italie ».

Ce sera un désastre.

En janvier, il commence son action. Il oblige son cousin, le prince Jérôme Bonaparte, surnommé « Plon-Plon », à un « mariage politique ». Il devra interrompre sa liaison amoureuse afin d'épouser, à Turin, la fille du roi de Piémont-Sardaigne, la princesse Clotilde ; pauvre Clotilde. Plon-Plon est grossier, violent et n'en a que pour ses maîtresses. Il se soumet en ronchonnant. Ce mariage fait partie du pacte français contre l'Autriche. La guerre dans la corbeille des non-noces de Marie, reine de Naples. La guerre, partout. Sissi est rentrée à Vienne où elle n'a pu accompagner la percée de la première dent de Rodolphe. Elle approche en tâtonnant de ce bébé de quelques mois, au regard profond. Un regard habité de tristesse et d'amour. Elle ose à peine le prendre dans ses bras. La surveillance de l'archiduchesse frôle la garde carcérale. Rodolphe se porte mal, une entérite qui ressemble à celle qui avait emporté Sophie. L'angoisse est si grande, le regard de sa belle-mère si farouche, la préoccupation politique de son mari si totale, que Sissi, seule, préfère s'enfuir à cheval, au galop, loin, longtemps. Qu'elle le garde, son enfant, cette vieille fée maudite qui a tout saccagé en elle, autour d'elle ! Elle avait failli mourir en accouchant, elle ne peut être mère, une malédiction l'en empêche, elle, pétrie d'amour et de spontanéité. Qu'elle le garde, son fils, et puisque c'est ainsi que jamais l'empereur, cet homme qu'elle a vraiment aimé, ne la touche, ne l'engrosse ! Le cheval, la fuite, les larmes à nouveau, le manque d'appétit et une étrange modification dans sa maigreur. Son seul, immense et fragile capital, sa beauté, est menacé. L'excès de privations, son régime draconien ont provoqué des œdèmes aux chevilles, boursouflé son visage. Un portrait d'elle, à cette époque, montre sous l'organdi et les perles, une jeune femme aux traits gonflés. Un emplâtre de larmes figées. Non, Sissi n'est plus « ravissante quand elle pleure ». Elle devient cette misérable chrysalide qui refleurira, éclatante, la plus belle en cet empire – mais son repliement, sa solitude accélèrent ce ternissement physiologique. Où est son rôle, sa place, sa vie ? Elle n'est rien, inutile, encombrante quand elle erre vers la chambre des enfants. Dès qu'elle les voit, elle fond en larmes. Ce qui les pétrifie et agace sa belle-mère, qui lui en veut de son refus d'engendrer d'autres enfants. L'archiduchesse la compte pour rien et le fait sentir. Gisèle, gaie, solide, fuit cette grande femme trop triste que sa grand-mère déteste. Dans la chambre des enfants, les conversations reprennent comme si elle n'était pas là. Manière de la bafouer. Elle s'en va, lasse, dans ces couloirs sans fin. Elle n'ose plus entrer, intempestive et aimante, se lover dans le bureau de son époux, accablé par cette guerre imminente. Élisabeth se replie dans *Le Songe d'une nuit d'été*. La plainte d'Hermia (fille d'Égée, amoureuse de Lysandre) devient la sienne.

« Jamais je n'ai été aussi fatiguée et jamais aussi malheureuse ! Je suis trempée par la rosée, et déchirée par les ronces ! Je ne puis ni marcher, ni me traîner plus loin. Mes jambes n'avancent pas comme je le voudrais. Je vais me reposer ici jusqu'au lever du jour. Le ciel protège Lysandre s'ils se battent ! »

La guerre ; la guerre dans son semblant de maison, Marie dans la guerre, la déchirure et si peu de forces... La sensibilité d'Élisabeth se penche vers tout ce qui est faible, humble, des pauvres gens à la bête, à la plante. Signe de son absence totale de vanité et de son immense orgueil. Cet orgueil, une colère sublimée. Cet orgueil, hypertrophique, elle l'a ourdi dans sa royauté secrète qui est le culte de soi. Elle est mûre pour quelque chose qui lui échappe encore, un destin qui s'exultera à travers un sacrifice très personnel. Elle déteste le pouvoir, elle tâtonne vers la gloire, le mythe (le sien). Il lui faudra régner par ce corps, cette image, châtier, priver, exercer ce corps jusqu'à l'épuisement. Il sera le plus mince, le plus beau marbre, la statue parfaite, glacée, la plus extraordinaire de toutes les sculptures de cet empire trop vaste.

Un orgueil immense ; l'orgueil de souffrir ; la souffrance de la beauté démesurée, oriflamme implacable. La mouette prépare un envol, sa funèbre escapade. Météore, étoile, errance, déesse du deuil, princesse d'Orlamonde et Dame blanche, tout est lié, relié. Titania, fée, elfe, femme-centaure, chaste et brûlante icône, à la chevelure de noyée. La tragédie sera nécessaire à parfaire l'image, le mythe d'Élisabeth d'Autriche. Elle mettra tout en œuvre pour reconquérir la beauté.

La guerre se prépare à grand train. Napoléon III a fait publier une brochure *Napoléon III et l'Italie.* Un mélange de mise en garde et d'amitié envers les Italiens, une main tendue au Piémont. La reine Victoria est choquée. Elle n'aime pas, cette matriarche que les kilos enrobent en éléphante à mesure qu'Élisabeth maigrit, elle n'aime pas que la France eût osé penser l'entraîner dans une guerre qu'elle a refusée. Elle méprise la brochure de Napoléon III. On ne manœuvre pas ainsi la reine Victoria. Élisabeth n'a aucun poids politique. Victoria avait proposé à ses ministres un accord avec François-Joseph. L'archiduchesse appréciait ce plan et la poigne de la reine d'Angleterre. La brochure de Napoléon III avait déplu à tout le monde. Cavour y devinait un relâchement fâcheux dans les promesses de la France. L'hésitation française était en grande partie alimentée par l'entourage de l'empereur. Son épouse, Eugénie, craignait d'offenser le Vatican. Le Piémont est au comble de l'excitation et prépare armes et hommes. Le Piémont, la Sardaigne sont galvanisés par l'alliance, même litigieuse, de la France. Le 9 mars 1859, l'Italie est prête. À Vienne, l'ambiance est lugubre. François-Joseph adresse à Turin, le 21 avril 1859, son ultimatum. Trois jours plus tard, c'était l'anniversaire des cinq années de mariage du couple impérial.

L'empereur tente de donner le change. Élisabeth, tenue à l'écart, suit à peine le déroulement du conflit imminent. Sa belle-mère exige qu'elle joue son rôle représentatif, qu'elle apparaisse aux courses de chevaux, fête appréciée au Prater. La cérémonie a lieu à sept heures du matin. Il faut trois heures pour apprêter l'impératrice que tout le monde désire voir. Depuis quatre heures du matin, on a démêlé et natté sa chevelure, on la pare d'une amazone de velours de soie. L'impériale écuyère, l'attraction principale, d'un grand cirque destiné à périr. On assortit les perles, les plumes du chapeau, le voile, aux couleurs de sa tenue. Du blanc, de l'argent, de l'or ; la voir de loin, la voir de toute part. Un éclat plus vif que le soleil voilé si tôt le matin. François-Joseph l'a suppliée de venir. « Ne me laisse pas, Sissi, je suis si seul. » Elle l'aime toujours, au chemin de la chasteté d'amour. Il a besoin d'elle à ses côtés, ils savent l'un et l'autre que chevaucher ensemble est un ballet harmonieux dont leur alliance secrète, encore une fois, a une chance de triompher. Au Prater, l'impératrice était chargée de menus honneurs ; donner quelques médailles, des récompenses honorifiques, ces hochets, dont le sens rejoint l'absurdité du sang versé. Le ministre Cavour avait refusé l'ultimatum de l'empereur d'Autriche. Dissoudre toute tentative de rébellion, éviter la guerre. Accepter l'autorité naturelle de cette Autriche que l'Italie exècre à grande vitesse.

Nul ne songe à Sissi.

Il est bien tard pour que François-Joseph, et ce fut une de ses graves erreurs, demande de l'aide à la Prusse. Bismarck était satisfait : affaiblir l'Autriche était le grand but. L'empereur ne s'en doutait pas encore. La Prusse lui était foncièrement plus hostile, dévoratrice que les autres pays d'Europe. Les troupes de François-Joseph envahissent un Piémont haineux, armé. Ils n'ont plus affaire, ces Autrichiens, à de petits rebelles méprisés, mais à une puissance qui se lève, ouragan effréné, doublé du secours des troupes françaises. L'orgueil des Habsbourg ne l'avait pas prévu. Le dédain était trop fort. François-Joseph avait besoin d'argent pour ce qui devenait, en effet, une grande guerre. Les impôts, les taxes accablèrent les Viennois très mécontents. Tous les beaux projets d'embellissements interrompus, les bibliothèques, les galeries, les musées durent fermer faute de subventions. L'art, ruiné, les hommes, ruinés, blessés, tués. La rude épreuve de la guerre se mettait en place. Avec ses phases aiguës, son masque hideux d'épidémie. Les premières places menacées sont la Toscane et Modène où les princes sont des Habsbourg. Ils demandent en toute hâte la protection de Vienne. À la table familiale, Élisabeth, souffrante, migraineuse, est souvent absente. L'archiduchesse y puise un amer triomphe, l'empereur est déjà un homme seul. À cette table, s'ajoutèrent ces princes, cousins, frères, et leurs épouses, rapatriés à Vienne, dont les récits effrayaient. « Leurs peuples n'avaient plus rien d'aimable. » Des dîners trop longs, des plats trop lourds – une vingtaine de couverts – écœuraient Élisabeth. Les huîtres, la soupe, les rôtis, les volailles, du poisson en gelée, des glaces. Les vins changeaient à mesure des plats et le dégoût de la nourriture serrait la gorge de l'impératrice. Elle haïssait la table, ce supplice des anorexiques. Elle haïssait de plus en plus la sexualité. Son amour pour son époux se passait du sexe. Une foule de laquais en perruques allaient et venaient entre les plats rutilants. On servait les vins différents, d'une luxuriante monotonie. Le chablis avec les huîtres, la bière avec la soupe, le vin du Rhin et le bordeaux avec le poisson, un vin de Tokay ou un lacrima-christi avec le dessert. Nauséeuse, silencieuse, le corps glacé, exilée, endeuillée de ses enfants, trop loin, sur tant de plans, de l'homme qu'elle aime d'une chasteté dangereuse, elle s'enfuit dans ses appartements. On dit : « L'impératrice est souffrante. » On en prend l'habitude, on se passe d'elle, on l'oublie peut-être. « Elle est si jeune », pense l'empereur.

Le ministre Buol avait poussé François-Joseph à présenter son ultimatum, menace humiliante, au roi Victor-Emmanuel. Cavour, plus fin que ne le supposait l'Autriche, sait que ce piège n'a rien à envier aux subtilités de Bismarck. L'Autriche, à grand-peine, a équipé ses troupes. Les terres perdues, l'honneur offensé, c'est la ruine assurée. Avec quels impôts, quels sacrifices nouveaux remonter une pente ensablée, de toute pièce échafaudée par les ruses italiennes, leurs souffrances exaspérées ? Un engrenage, un empereur trop jeune, François-Joseph, mal conseillé, « outré de la trahison de la Prusse » qu'il comprend mal.« Cette racaille prussienne », finit-il par dire.

Il est dans la situation d'un duel où la France, gouvernée par un homme mûr, aventureux dans l'âme, est soudain la plus puissante. Cavour avait bien calculé. Bismarck, mieux encore. Le 3 mai 1859, la France déclare la guerre à l'Autriche. Elle est « dans son tort » selon ses ennemis. Le piège se referme. Élisabeth est tenue à l'écart de ce qu'elle n'eût sans doute pu éviter mais tenter de repousser. L'abandon de Sissi se double d'un mépris supplémentaire, qu'elle n'attendait pas. La Bavière se range du côté de la Prusse et devient l'ennemie de l'Autriche. Pas un seul État allemand ne se rallie aux côtés de Vienne. L'isolement d'Élisabeth est extrême. Elle s'aventure vers la nursery. Rodolphe a la fièvre, mal remis d'une entérite provoquée par ses premières dents. On se tait (brièvement), on s'incline (à peine) quand elle pénètre dans la chambre des enfants. Le silence est hostile. Une étrangère, une ennemie, une mal-aimée de l'archiduchesse – dont l'ombre n'est jamais loin. Sissi a saisi l'enfant, elle le berce, il tâtonne vers le cou emperlé de cette longue femme dont il a vaguement peur. Elle tremble, il faut le quitter, tenter de l'oublier si elle ne veut pas périr de chagrin. Il se débat, il a besoin sans le savoir de sa présence. Ce petit homme en miniature appartient à l'empire. Elle se détourne, elle fuit, y compris les appels de Gisèle. Les portes s'ouvrent et se referment, tout redevient une longue galerie d'or obscur où le froid, quelle que soit la saison, gèle ses os, la brûle d'une toux nerveuse. Ses larmes s'échappent toutes seules, le seul apaisement serait de caresser, en aveugle, la tête d'une bête fidèle aux naseaux tièdes. Son époux, absorbé par cette guerre imminente, n'est plus accessible. Où errer en ces dédales où elle se cogne aux étouffantes issues ?

Elle a vingt et un ans et tout semble consommé.

François-Joseph et son cabinet ont mal choisi le général destiné à mener les troupes contre Turin. Le général Giulay est brave mais sans aucun sens stratégique. Il eût fallu envahir Turin, vite, paralyser toute tentative. Le général Giulay est un militaire autrichien, lent, dont seule compte la hiérarchie des ordres, jamais l'initiative. Personne, en cette année 1859, n'avait en Autriche de génie militaire.

L'archiduchesse s'en mêla. L'argent, d'abord. Sophie donna de sa cassette personnelle 500 florins aux troupes qui occupaient le Piémont... et des cigares pour leur remonter le moral ! Ils ont faim, manquent du nécessaire. Ils vont, affaiblis, vers une guerre féroce. L'archiduchesse a supputé que la fumée du cigare calmait la faim, stimulait le moral. L'ennemi est aguerri, habitué aux privations, soutenu par la France. Les forces, déjà, sont inégales. Des cigares ! Il est probable qu'ils ne furent jamais fumés. François-Joseph a pris une grave décision. Se rendre en personne à la guerre, à la tête de ses armées, à la manière de ses glorieux ancêtres. Au risque de mourir, tomber au champ d'honneur, couvert de sang, de poussière et de gloire. Avec ses hommes, en père impérial de ses enfants sacrifiés. Absurde symbole des batailles, sanglante cour de récréation des mâles couronnés, ivres de suprême devoir. Passer leurs troupes en revue, sans fin, jusque dans l'Éternité, ce boulet de nuages de grêle, de suie, de pluie, carrefour des mondes obscurs de l'infernale gloire. Le vieux chancelier Metternich avait en vain répété : « Pas d'ultimatum, surtout pas d'ultimatum. » On ne l'avait pas écouté. Élisabeth avait tremblé. Reverrait-elle l'amoureux d'Ischl qui poussait l'escarpolette, le compagnon si tendre de leurs rares escapades, l'homme au visage durci de désir et d'offenses inconnues lors de leurs trois premières nuits ? Tout la déchirait, tout s'embrouillait. Elle allait de moins en moins du côté de la chambre des enfants. On lui avait rendu son perroquet rose. Son seul allié s'en allait vers des chemins peu sûrs et son pays natal était devenu hostile à celui de son mariage.

— Franz, ose-t-elle dire, Franz, laisse-moi t'accompagner là-bas.

Aller avec lui, vers on ne sait quel camp où claque la mitraille, éclate l'explosif, scintille l'arme blanche tôt rougie. Qu'importe de périr avec lui – l'horreur est de rester là, en ce palais gelé, les bras ballants, vides, chancelante, suivie de sa chevelure, pavillon de deuil. La scène entre les époux, « Franz laisse-moi t'accompagner là-bas », avait fait suite au testament que François-Joseph avait rédigé en cas de disparition. Ce n'était pas une « scène » au sens de dispute, mais un acte de tragédie où l'amour, mêlé de solitude, de frustrations diverses, éclatait en un flot de larmes et d'appels. Était-ce dans leur chambre, quand l'aube est si froide qu'elle ressemble à l'agonie d'un être cher qui ne peut atteindre le jour ? Ou peut-être dans ce bureau où, du temps de sa triste lune de miel, elle avait osé se réfugier, lovée contre lui, seule avec lui ?

— Reste, Franzi, au nom de l'amour, de la raison, reste !

— C'est impossible, Sissi. Impossible.

Peut-être est-il au bord des larmes ; la quitter ; elle détient un charme puissant, la quitter est « impossible ». Le mot « impossible » est lié au double dilemme. Il a frémi d'amour et de contrariété mêlés quand elle a eu ce cri de femme intrépide, amoureuse, inconsciente. Le cri de ces filles qui suivent les armées et que l'on méprise, qui ne quittent plus le soldat aimé, dorment sous une couverture de cheval, traversent les combats sans autre terreur que celle de perdre l'amant.

— Je t'accompagne ; je n'ai peur ni du danger, ni d'un bivouac. Je ne t'encombrerai pas. Nous vivrons ou périrons ensemble.

Elle parle par saccade, le souffle court, la chevelure en ondes fauves, les joues trop rouges, les yeux gonflés. Un long fauve doux, obstiné, à qui il doit refuser ce qui fait ses raisons de vivre : lui, leurs enfants. Il secoue la tête, il l'aime, il l'adore, elle complique sa vie, elle le déchire. Elle n'est pas sage. Il n'est pas sage de l'avoir aimée à ce point. Marie, sa sœur : en danger, à Naples. Elle est reine depuis le décès de son beau-père. Qu'elle se rende utile au moins auprès de sa sœur ! Une impératrice capable d'action, d'entraide. Que cesse enfin ce statut d'éternelle mineure sous la coupe de sa belle-mère. Près de lui, elle pourrait, elle en est sûre, se rendre utile.

— Sissi, tu es impératrice, ton rôle, ta place sont ici.

« Elle est si jeune », pense-t-il, soudain très malheureux.

Elle est au bord d'éclater. Non, elle n'est pas jeune. Elle a le regard définitif de ceux qui savent que tout est joué, perdu, pour eux. Quelque chose d'essentiel, de précieux a été saccagé.

— Ils sont trop forts, ils m'ont tout pris.

Elle a déjà franchi les frontières des grandes douleurs. Elle a été mortifiée dans son âme et dans sa chair. Non, elle n'est pas jeune.

— Non, Sissi.

Il refuse pour elle cet univers de fondrières et de feu. Elle avale ses larmes, elle a déjà tant pleuré. Elle fera au mieux pour alléger la peine de ce départ, elle fera au mieux pour protéger – mais comment ? – cet homme qui s'en va à la guerre. Une balle perdue, une agression, la mort ? Elle a vu le malheur sous sa forme définitive quand sa petite fille aimée se raidissait, pour toujours, dans ses bras. La mort de son enfant ; champs de bataille, carnage complet au cœur maternel. Non, elle n'est pas jeune, elle est vieille de toutes les souffrances d'avant et de toujours. Elle se redresse. À elle sa force visible et invisible, cet orgueil qu'elle a commencé à forger, en griffe d'épervier, en souplesse de louve qui échappe au piège qui a rompu sa chair. Elle se redresse.

Les ministres de l'empereur – excepté Buol – blâmaient ce départ trop exposé. Un éclair fugitif avait traversé le regard de l'archiduchesse. La mort de l'empereur... le pouvoir. Même s'il revenait à son fils cadet, même si Élisabeth devenait tutrice des enfants, le pouvoir véritable serait à nouveau entre ses mains couleur de vieil ivoire.

Le 29 mai est décidément une date qui sonne le glas. Sa petite fille est morte un 29 mai et c'est ce 29 mai 1859 que, désolée, Sissi accompagne aussi loin qu'elle le peut son époux. Ils ont passé ensemble cette dernière nuit. Elle répétait : « Emmène-moi. » Il avait besoin d'entendre ce délire amoureux, il disait « non » avec une douceur voluptueuse. Ce cri d'amante, « Emmène-moi », le dédouanait de ses dérobades. Il reviendrait, il le jurait. Ils se disaient les mots de tous les amoureux du monde ; peut-être, en cette nuit du 28 mai, l'ont-ils fait à nouveau, cet amour, refusé, évanoui peu à peu, vapeur dissoute, désir dissous. « Jure de revenir. » « Il ne faut pas jurer, disait sévèrement l'archiduchesse, c'est un péché. »

Il jurait de revenir. Le péché, elle le frôlait en permanence : le désespoir.

Au mépris de l'étiquette, elle est montée dans le train impérial. Un train destiné à emmener des guerriers dont leur chef. La voix aigre de sa belle-mère s'évanouit à mesure des kilomètres :

— Quand cesserez-vous de courir ainsi après votre époux ?

Droite, raide en ses atours sombres, trop chauds pour la saison, sans larmes, elle avait regardé le fils, le militaire, l'empereur s'en aller vers ce que le Ciel déciderait. Elle n'avait pas jeté un seul regard à Élisabeth en tenue de voyage. Une inconsciente, une indécente, une perturbatrice. Les adieux de Franz et de Sissi : deux amoureux en pleurs. On se sépara à la petite gare sur la ligne de Summering. Le comte Grünne accompagnait son maître. Élisabeth le supplie de veiller sur lui. Elle lui dit des mots nécessaires, apaisants. Elle ira voir ses enfants tous les jours, sans histoires, simplement. Oui, elle baisera chaque jour les joues si roses de Gisèle aux beaux trois ans, elle baisera les menottes de leur fils si cher. Leurs enfants. Leur amour, leurs enfants conçus dans l'amour. François-Joseph ne sait plus si les pleurs de Sissi, ses baisers, sa présence l'ont aidé ou brisé. Il a perdu les forces de la guerre, il a gagné la certitude qu'elle demeure le grand et unique amour de sa vie. On ne peut parler de bonheur, c'est autre chose ; le grand amour, le grand malheur, la guerre déchirante de son âme d'empereur et d'amoureux. Une longue femme en noir – déjà en noir – sur un quai de gare, à peine entourée, seule. Une passante qui envoie des baisers de ses mains dégantées à son amant. Une femme ordinaire, croit-elle, ainsi s'accroît son orgueil – endure la séparation en amoureuse ordinaire, telles ces milliers de femmes dont les maris, les fils, les frères, les amants sont déjà sur le front italien. Une belle histoire d'amour reprenait entre eux sous la forme de lettres d'amour. À peine séparés, ils s'écrivirent aussitôt. Il signait ses lettres « Ton petit » et l'appelait « Mon ange ». « Ton petit », peut-être au sens où, quand un soldat agonise sur la terre écarlate, le ventre perforé à la baïonnette, il

SISSI, LES FORCES DU DESTIN

dit « maman ». Traumatisante régression, culminance fatale quand tombe le soldat aux champs difformes, absurdes, en feu, en sueurs, en sang, en charpie. « Maman. » « Ton petit. »

Aucun courrier de François-Joseph à sa mère n'était signé « Ton petit ».

À Vérone, François-Joseph, effaré de la désorganisation de ses troupes, écrivait à Sissi.

« Je profite de ces premiers instants de ma journée pour te dire à nouveau combien je t'aime et combien je me languis de toi et de nos chers enfants. Surtout porte-toi bien et ménage-toi comme tu me l'as promis [...] Cherche à te distraire et ne sois pas triste[1]. »

Ne sois pas triste. Aime-moi... L'amour... Ton petit... Chaque jour, une lettre. Chaque jour, des attaques, des combats, des erreurs, des terreurs, des morts. À la Hofburg, Élisabeth oscille entre des prières sincères, un besoin d'énergie que l'on a soigneusement paralysé dans une vacuité d'office. Elle évite sa belle-mère, ce qui est difficile. Elle déserte la table commune, elle se nourrit à peine, elle fait du cheval, elle écrit la nuit en fumant cigarettes sur cigarettes. Insomniaque, elle écrit son amour à Franz, elle écrit à Grünne de convaincre l'empereur de revenir.

« Je veux croire que vous tiendrez à chaque instant votre promesse de bien veiller sur l'empereur. Mon seul réconfort, en ces terribles instants, est de penser que vous ne l'oublierez jamais, en aucune circonstance[2]. »

Élisabeth traversa une phase si forte de dépression qu'elle effrayait ses proches. Elle pleurait sans retenue, elle s'enfermait seule, elle ne dormait plus, se sustentait d'un peu de thé. Elle allait peu chez ses enfants, submergée aussitôt de sanglots si violents que les petits éclataient à leur tour en larmes. La gouvernante s'effarait que Gisèle, si gaie, devînt à son tour mélancolique, en pleurs. Rodolphe aussi pleurait. Gisèle sanglotait « pour son gentil papa ». L'archiduchesse méprisait Élisabeth et résistait à la compassion. Ce chagrin était indécent, dangereux à des enfants si jeunes, élevés dans le souci du contrôle de soi. L'incompréhension frôlait, de part et d'autre, la haine. Elle savait que Sissi fumait comme un sapeur et écrivait la nuit des lettres d'amour (quel danger d'affaiblissement pour son fils !). Elle ne mangeait rien,

---

1. *Sissi ou la Fatalité*, J. Des Cars, *op. cit.*, p. 143.
2. *Élisabeth d'Autriche*, B. Hamann, *op. cit.*, p. 131.

241

comment assumerait-elle la seule chose qu'elle attendait d'elle, les nécessaires grossesses ? Un seul fils, une seule fille, autant dire presque rien pour assurer le trône. L'aînée, déjà, par la faute de cette écervelée, était morte. L'archiduchesse resserrait son guet sur les enfants. À Possi, la bonne duchesse, entre le sort de Marie et celui de Sissi, son constant souci, soupirait : « Que faire, mon Dieu, que faire ? »

À Vienne, on souffrait. La gouvernante Nischer et bien des femmes en ville et dans le pays avaient un être cher dans cette armée menacée. La gouvernante perdit un frère à Magenta, son fils survécut, estropié, à Solferino.

La nuit, Sissi, dans sa chambre.

Elle a bu un verre de lait, unique nourriture de sa journée où elle a galopé au-delà du possible, le vent séchant à mesure ses larmes. Elle va ainsi, accompagnée d'un seul écuyer qui a du mal à suivre ce galop d'enfer. L'archiduchesse a des palpitations d'énervement, irritée aussi des lettres de sa sœur. Son devoir était de lui écrire que sa fille n'allait pas bien. Les lettres de Sissi, répondait maladroitement la bonne duchesse à sa sœur, « sont délavées de ses larmes ». Ludowika blâmait le départ de l'empereur. Sophie est exaspérée contre Élisabeth. Qu'elle galope, qu'elle se casse le cou, qu'elle ne mange rien ou mette le feu aux rideaux avec ses cigarettes ! N'a-t-elle pas, cette folle (ses espions ont lu la lettre), écrit qu'elle rejoindrait François-Joseph à la guerre ? Elle prie, l'archiduchesse, de manière austère et dure. Tranchante tel le glaive de la Bible. Elle prie pour la victoire de son fils, le sacrifice de ces milliers d'hommes. Elle prie d'avoir la force d'élever les enfants de l'empereur. Franz s'effare de la missive où Sissi supplie, encore et toujours, de la laisser venir auprès de lui.

« Il m'est hélas impossible d'accéder à ton désir pour l'instant, quelque envie que j'en aie. Dans la vie mouvementée du quartier général, il n'y a pas de place pour les femmes et je ne puis donner le mauvais exemple [...]. Je t'en supplie, mon ange, si tu m'aimes ne te tourmente pas tant, ménage-toi, cherche à te distraire le plus possible, monte à cheval [...]. Conserve ta précieuse santé afin que, à mon retour, je te trouve très bien et que nous puissions être très très heureux [1]. »

---

1. Les extraits de cette correspondance ont été puisés dans les livres de J. Des Cars et de B. Hamann. Leur fréquence m'emmène à souligner cette remarque

Il lui parle comme à une enfant très aimée. Elle fume désormais partout, en voiture, sur la terrasse, dans le parc – la nuit, dans sa chambre. Le ministre de la police Kempen savait tout cela de la bouche du capitaine qui véhiculait l'impératrice d'un château l'autre, cigarette à la bouche, dans sa main dégantée. Même la reine Victoria en avait eu vent ce qui avait violemment contrarié l'archiduchesse. Élisabeth, une fois de plus, dépassait les bornes. Elle puisait dans le tabac un secours, une euphorie passagère – et quel magnifique coupe-faim ! Elle atteignait l'amer plaisir de sentir sa taille fondre entre ses mains si minces. La minceur extrême, le plus étrange des plaisirs – la victoire était, pour elle, de gagner une journée de plus sans nourriture. À peine vivante, loin du sol, sur le cheval au galop, mince, mince... Une forme de mort, l'envol d'une mouette, le mépris de ce qui alourdit, dévore, détruit. La chair, l'horreur de la chair, l'amour foudroyé, la guerre, la Cour, les autres. Dans la légèreté indicible, toute peine devient cette vapeur, ce vide dont la nature a horreur et dont Élisabeth se sustente. Aucune prise, désormais, sur ce corps à demi évanoui de légèreté. Un nuage de tabac fin, une nuée, l'envol du pur-sang au triple galop. Un sourire avait déridé l'empereur quand on s'était empressé de lui écrire que Sissi fumait plus que jamais. Il aimait bien, au fond, qu'elle fume, qu'elle fût si naturelle, si spontanée. Il adorait la voir galoper à cheval. Il avait peur de son régime et de ses insomnies. L'archiduchesse attendait de lui qu'il la sermonnât sur ces points consternants. Elle se doutait qu'Élisabeth était en train de lui échapper – de leur échapper. Franz, ennuyé, lui écrivit quelques conseils.

« N'oublie pas, mon amour, de te rendre à Vienne pour visiter des institutions. C'est là un point auquel j'attache la plus grande importance [...]. Je te conjure, au nom de l'amour que tu m'as promis, de te ressaisir, de te montrer souvent en ville, de visiter les institutions. Tu ne soupçonnes pas à quel point tu m'aiderais en agissant ainsi. Cela rendra courage aux gens et entretiendra à Vienne de bonnes dispositions, ce dont j'ai absolument besoin. Veille aussi, par l'intermédiaire de la comtesse Esterhazy, à ce que l'association de secours fasse tous les envois possibles, en particu-

---

afin de ne pas lasser le lecteur par un excès de notes. Toute référence, bien sûr, sera précisée dans la bibliographie.

lier des bandages de charpie pour les nombreux, très nombreux blessés et peut-être aussi du vin. »

Le nombre des officiers morts ou blessés, écrit-il, « est effarant ». Elle eut un sursaut de reprise dans le réel. Elle veut entreprendre une action positive. Soigner les blessés, transformer ces palais inutiles en hôpitaux. Il lui a demandé de « la charpie » – des linges usagés et doux pour bander les blessures.

« On compte des monceaux de morts », lui écrit-il.

Un massacre, un carnage.

Le docteur Seeburger, blessé de l'antipathie d'Élisabeth, se venge à coups de ragots. L'impératrice, dit-il, est tout sauf une impératrice. Elle ne fait rien, fume honteusement, ne mange pas, chevauche à la folie, ne rend aucun service. Elle a oublié ses enfants. Sa santé déplorable empêchera d'autres grossesses.

La charpie, faire de la charpie. Affreux travaux de couture des femmes. Même l'archiduchesse et toutes ses dames font de la charpie. Sissi, principale charpie de toutes ces langues déchaînées. Elle pleure ? C'est de sa faute. Elle ne pleure pas ? Elle est sans cœur. Elle ne mange pas ? Elle commet un crime contre sa santé qui appartient à l'empire. Elle évite la nursery ? Elle n'a jamais été capable d'être une mère et en a déjà fait périr son aînée – même si ce n'était qu'une fille. De la charpie ; une impératrice disséquée, en vils chiffons destinés à torcher la mort. À Paris, au moins, l'impératrice Eugénie avait été nommée régente en cas de décès de Napoléon III. Ils n'avaient qu'un seul fils, très jeune. Élisabeth, rien. Personne. De la charpie.

Le 4 juin, à Magenta, la guerre s'aggrava. L'empereur des Français avait failli être prisonnier mais, à neuf heures du soir, il remportait la victoire avec les Piémontais. La victoire française de Magenta. Les pertes, du côté de François-Joseph : dix mille morts, trente mille blessés.

La charpie humaine, écarlate.

La terre boit le sang.

Le général Giulay, d'une incompétence frôlant la cour martiale, continue ses petites soirées. Le 11 juin, s'éteint le vieux et sage Metternich. Le 18 juin, François-Joseph prend en personne le commandement de ce qui lui reste d'armée. Élisabeth écrit fiévreusement des lettres d'amour fou où elle a joint les portraits de leurs enfants et des fleurs séchées, des edelweiss, cueillies lors de leur si rare promenade en montagne.

« M'aimes-tu encore ? »

Elle donne enfin des détails réconfortants à son époux. Elle a ouvert, de sa propre initiative, un hôpital de fortune à Laxenbourg. Mesure-t-elle l'angoisse immense de l'empereur aux prises d'un tel carnage ? Autour de lui sifflent les balles, tonne le canon, scintillent les armes blanches. François-Joseph a fini par démettre le désastreux Giulay. En dépit du chaos, il reçoit les lettres de Sissi tous les deux jours. Ce courrier est son rare bonheur, un peu d'azur dans un tel cloaque. Il lui répond qu'il lit ses lettres « au lit ». Un lit de camp, si simple, il n'a jamais eu le goût du luxe, une couche pas plus confortable que celle de ses officiers, dans le danger et l'odeur de la poudre. Elle lui écrit, la nuit, cigarette à la bouche, qu'elle le rejoindra. Il lui manque trop. Il refuse toujours. Il aime son insistance amoureuse.

« Mon amour, mon bel amour, mon ange. »

Des lettres d'amour. Un amour de guerre, d'enfer, de nuages, d'absences de part et d'autre. Un amour pétrifié d'une image intacte, déjà lointaine : une petite fille de quinze ans qui riait, amoureuse, sans rien savoir de l'amour, sur une balançoire, à Ischl... Autour de lui, des cadavres, et, si vite, une odeur pestilentielle. On ramène à Vienne, en cet hôpital de fortune de Laxenbourg, beaucoup de blessés. On manque de linge pour emmailloter ces plaies si vives, abominables, ces moignons, ces tronçons rougeâtres d'où jaillissent des hurlements. Élisabeth croise des amputés, des manchots, des têtes enturbannées où saille l'éclair d'un œil unique, fou de douleur. Elle croise le terrifiant spectacle de cette mêlée difforme des héros de la future grande guerre de 1914. L'archiduchesse ne manqua pas de jeter son venin et d'écrire à son fils que Sissi chevauchait seule avec l'écuyer Holmes. Qu'importait le carnage épouvantable, l'action généreuse d'Élisabeth, qui s'occupait des blessés, la consternation de son fils ? L'archiduchesse en était toujours à ses tracasseries protocolaires. Avait-elle jeté, sciemment, l'aiguillon de la jalousie en son fils ?

« Mon amour, je ne puis te laisser seule avec Holmes ; ce n'est pas convenable [...]. Tu te fatigueras [à faire] trop de cheval, et deviendras trop maigre. »

Il s'affolait de ses insomnies :

« Je te conjure de changer bien vite ta façon de vivre et de consacrer tes nuits à dormir ; la nature les a faites pour le sommeil, non pour la lecture et l'écriture. »

Il avait aimé son initiative, son humanité d'établir un hôpital à Laxenbourg – ce qui agaçait l'archiduchesse et sa Cour.

« Installe les blessés où tu voudras [...]. Ils seront très heureux sous ta protection. »

Elle n'hésitait pas à franchir les minces espaces entre ces couches de fortune, réconfortant l'un, prenant la main de l'autre, se penchant, amicale, vers de faces défigurées, enfiévrées, gémissantes. Ils apercevaient ce visage ravissant, ils reconnaissaient l'impératrice et la douleur devenait un éclair transfiguré. Elle offrait le philtre de sa pitié sincère, son indicible présence quand tout manquait : la charpie, le chloroforme, les chirurgiens.

23 juin, la bataille de Solferino.

Si sanglante que le médecin Henri Dunant, consterné, eut l'idée de fonder la Croix-Rouge.

Solferino, depuis l'aube d'une journée qui fut cuisante de chaleur et de douleurs à la nuit rougeâtre. À Solferino, le capitaine Colette, le zouave audacieux, père de la future grande romancière, perdit une jambe. Solferino ou la défaite magistrale de l'Autriche. La moquerie circula ensuite à leur sujet. On disait des Autrichiens « ce sont des lions menés par des ânes ». Les ânes, Obéron, l'époux de Titania, sous une tête d'âne. L'empereur, sublime tête d'âne amoureux de l'éphémère fille-centaure.

À Vienne et dans tout le pays, c'est le désespoir, l'humiliation inguérissable. On s'en prend à l'empereur – à la tête d'âne. Tout est de sa faute. Que sonne la défaite générale afin que cesse ce massacre inutile ! La révolte gronde à Vienne ; se lève déjà, en Hongrie, une rébellion nouvelle. Tout est chaos, poussière, pestilences, ruine, désolation. Solferino, une plaie généralisée, sang et charpie ; têtes coupées, troncs ouverts. Hennissements lamentables de chevaux aux pattes brisées. Lointain coassement des oiseaux noirs, friands de la charogne. Solferino, la soif, les mouches sur ces lambeaux de chair palpitants. La guerre, la charpie, le cri de ces hommes qui supplient « la mort » ou « maman », en ce désert violent, violet. À Vérone, François-Joseph a ordonné la retraite, cette honte. Il écrit à Élisabeth la plus lugubre de ses missives :

« Je dus ordonner la retraite [...]. Je partis à cheval [...]. Voici la triste histoire d'une journée épouvantable [...]. Ma seule consolation, ma seule joie est maintenant d'aller te rejoindre, mon ange. »

Élisabeth le presse de signer la paix. C'est la première fois qu'elle prend une initiative politique. François-Joseph se raidit, froissé que ce conseil vînt d'une femme – qui ne fût pas l'archiduchesse. Il s'était dérobé, mal à l'aise. Son idée n'était pas mauvaise, répondait-il mais le secours, en un tel marasme, lui viendrait, il en était sûr, de la Prusse et des États allemands. Rien ne vint. Comment s'obstinait-il dans une telle ignorance de ses véritables ennemis ? Sa dernière lettre à Sissi avant la déshonorante paix soulignait qu'il fallait « s'en remettre à Dieu, expier les erreurs ». Les erreurs : soixante-dix mille blessés à Vienne. Laxenbourg ne suffit pas, il faut ouvrir les couvents, les églises, les écoles, les casernes. Les hôpitaux sont dérisoires. Élisabeth se dévoue, déchaînant la Cour. Sa mère elle-même s'était indignée qu'elle ait osé se mêler de politique, approcher de trop près les blessés.

« La présence des enfants devrait remplir une bonne part de ses journées », écrit platement la bonne duchesse à sa sœur. L'archiduchesse est mécontente, elle eût voulu être la seule à pousser l'empereur vers la paix (la défaite). Comment relever l'honneur, la confiance ? Il n'y a que « des monceaux de cadavres ». La presse autrichienne ne se privait pas de montrer son mécontentement. On lit, fait nouveau, des insultes au sujet de l'empereur, traité de « pitoyable gringalet ». On lui met sur le dos ces milliers de morts, cette gifle monumentale des Italiens et des Français. Tout le monde – sauf Élisabeth et l'archiduchesse – s'acharne contre l'empereur. « La paix, écrit Sissi, il ne reste que la paix. » Il biaise encore, lui répond qu'il « s'est enrichi de beaucoup d'expérience en découvrant ce que peut éprouver un général vaincu » ! C'est la défaite de l'orgueilleuse Autriche. Napoléon III lui en impute toutes les erreurs. Les Autrichiens, bons soldats, auraient sans aucun mal vaincu à Solferino s'ils n'avaient été menés par des généraux aussi lamentables et un empereur nul « sur le terrain ». Le courage ne suffit pas ; Napoléon III doute, non de la valeur de François-Joseph, mais dit-il, « il lui manque, malheureusement, l'énergie et la volonté ».

François-Joseph était mortifié au plus profond de lui-même d'avoir à traiter avec Napoléon III, « cette canaille, cette fripouille ». Il refusa d'écouter Élisabeth qui lui suggérait de relever – provisoirement – Grünne, dont l'impopularité grimpait à mesure des problèmes, de ses fonctions. La presse le traitait de « dictateur », un sous-empereur plus dangereux que François-Joseph.

« Grünne, rétorque-t-il sèchement, conduira les choses pour le mieux [...]. Je te prie de ne pas accorder foi à ce qu'écrivent les journaux. »

Il est furieux après lui, injuste avec elle, désolé de la défaite. Il est froissé qu'elle ait lu la presse le traitant aussi mal. Il est angoissé qu'elle comprenne si vite la portée du désastre, le pénible remède de savoir survivre. Il l'aime, au fond, fragile, enfantine, soumise, *incompétente*, un peu folle, et qui sait, en larmes. À sa seule dépendance, et à celle de sa mère qui abomine la moindre idée républicaine. Sissi aimait le peuple. Sa sympathie envers les journaux rebelles à l'absolutisme révulsait sa belle-mère. Elle œuvrait déjà, sans en prendre conscience, à la fin des Habsbourg, la fin de l'empire. Elle n'accusait pas son mari mais elle pensait ouvertement que l'absolutisme réactionnaire de l'archiduchesse et de son entourage étaient responsables d'un tel effondrement. Il faudra bien la signer, pourtant, cette fallacieuse paix, en boire jusqu'à la lie sa coupe amère.

À Villafranca.

La honte de Villafranca eut lieu à neuf heures du matin, le 11 juillet 1859. Elle se déroula au premier étage d'une maison modeste, dans cette petite ville si terne. Rien n'y glorifiait la redondance sinistre qu'impliquait la rencontre entre l'empereur vaincu et le triomphant Napoléon III, allié de cette Italie, en partie, relevée. La bouche amère, François-Joseph refusa même une gorgée de thé ou de café qu'on apporta aux deux souverains. Une rencontre agitée. Napoléon III, « ce misérable », tenait tête et tenait bon. François-Joseph allait perdre la Lombardie, le Piémont, la Sardaigne, Mantoue, qui revenaient à la France. La Vénétie restait sous l'autorité autrichienne, ce qui était peu quand on songe à ce que possédait l'empire lors du voyage impérial en Italie, lourd, déjà, de lugubres prémonitions. Les duchés de Parme, de Modène, de Toscane revenaient à leurs souverains d'origine. On organisa une confédération italienne sous l'égide du pape, clause qui laissait à l'Autriche quelques pouvoirs sur le reste de l'Italie. On n'en avait pas fini avec les révoltes de ces pays hantés par les idées d'unité et d'indépendance. Sourdement, se préparaient l'anarchie, les attentats. La Vénétie demeurait, malgré elle, à l'Autriche. Que lui importait « la parole d'honneur » de François-Joseph « de ne jamais la maltraiter ! » Le mal gangrenait tout, partout. Napoléon III, impassible, concluait « que son accord avait été donné car il avait affaire à un chevalier ».

Villafranca, un mélange de féodalité, de paroles sacrées, de fourberies et de haines couvant sous la braise mal éteinte de la bataille. En Hongrie, les esprits s'agitaient. Dans la chambre des enfants, l'archiduchesse frissonnait. Elle l'avait prévu ; tout est, au fond, de la faute d'Élisabeth. Une mésalliance, un malheur de mariage. Elle s'en veut d'avoir en partie édifié cette union. Que lui avait-il donc pris d'aller chercher pour épouse à son fils une fille de sa sœur la plus méprisée ? Le docteur Seeburger ne se privait pas de déverser son fiel. Dans la moindre des auberges, disait-il à Sophie, on se moquait de son fils, on le détestait. Son père, le fantoche François-Charles cultivait sa surdité, son égoïsme et sa débile indifférence. L'archiduchesse aussi était seule. Le ministre de la Police, Kempen, découvrait des projets d'attentats à la Hofburg. Des anarchistes déguisés en laquais voulaient poignarder l'archiduchesse et son fils. Ludowika se lamentait et s'indignait, incapable d'aller plus loin dans son analyse – ou n'osant s'y aventurer. Sissi est plus seule que son époux et sa belle-mère. *Sa Majesté l'impératrice n'use d'aucune influence.* Sait-elle, avec les détails nécessaires, que des affaires de corruption éclataient dans le milieu des officiers ? Désespéré d'être soupçonné par son souverain, le ministre des Finances, Bruche, allait se suicider. L'archiduchesse parle de l'esprit « candide, naïf » de son fils. Un homme de devoir, pur et droit, incapable de bas mensonges, anéanti par Villafranca, Magenta et Solferino. Il est sous pression, obligé de se passer des services de ses ministres les plus chers, Buol, Bach et Kempen. On conserva Grünne avec le simple titre de grand écuyer. Élisabeth le consolait de paroles amicales. Elle n'avait pas totalement saisi, elle, l'anticléricale, la libérale, la républicaine foncière, le rôle conservateur, voire dictatorial, de Grünne. Elle respectait l'amitié qu'il lui avait manifesté en ses heures les plus solitaires. Elle dénombrait tout bas l'enchaînement morbide des défaites. Tout se figeait dans le brouet d'une unique défaite : celle de leur couple mêlée à celle de l'Histoire. Il était seul. Il n'avait que sa mère pour le soutenir et le conforter dans ce qu'il supportait si mal : la perte de sa souveraineté absolue. Un nerf est touché dans la fragilité d'Élisabeth. Le goût invincible de quitter la cage. Partir ; devenir le perroquet rose qui a enfin lacéré les barreaux de la cage en or. Devenir la mouette prête à l'envol. Que nul homme, jamais plus, ne l'engrosse, ne la touche.

Le retour de François-Joseph va déclencher cet excès de frustrations, de colères retenues, d'hystérie croissante. Aimer, ne pas aimer. Rester, s'en aller. La névrose, la coupure en deux tronçons contradictoires. Abandonner cette Cour qu'elle abomine, cette ville, assimilée à sa belle-mère – et, hélas ! aussi à son époux. L'autre double est aérien, sauvage, excentrique, solitaire, aimant, libre, ivre de poésie et de voyages. Elle reconstituera son image, elle idolâtrera sa chevelure et son corps. Elle rompra tout lien charnel. Mourir d'orgueil puisqu'elle est morte, à vingt ans, d'amour brisé. Ils se sont retrouvés sans la joie escomptée. Il a remarqué sa faiblesse, la fièvre latente. Elle a refusé son corps. Elle ne peut pas, elle ne peut pas ! Il n'insiste pas, lassé, peut-être soulagé de retrouver un voluptueux corps de comtesse hygiénique. Une fille, à la chair exultante, offrant l'oubli exultant. Élisabeth est une vraie-fausse malade, chancelante, toussant, pleurant sans cesse, ne mangeant rien, ne dormant pas. Elle a repris l'expression traquée de leurs premières nuits de noces. Vienne, la Cour, sa mère (peut-être lui aussi) sont devenus infernaux à Élisabeth d'Autriche. Six semaines d'absence et de malheurs ont tout changé. Il y a quelque chose de pourri dans le royaume d'amour si difficile de Sissi et de Franzi. L'empereur d'Autriche a perdu la guerre, des États, la considération générale – et la petite fille d'Ischl.

Il n'y a plus d'amour, mais des grands charniers désolés dans toutes ces âmes.

Chapitre VIII

LA FUITE IMMOBILE

Il a bien tenté de la reconquérir, d'en faire son unique alliée en s'enfermant avec elle à Laxenbourg. La guerre la plus insidieuse, qu'il ne supporte plus – lui aussi est à bout, qui s'en soucie ? –, éclate à nouveau. La discorde aggravée entre Élisabeth et sa mère. Une véritable mitraille dès son arrivée. Les communiqués de la chambre des enfants, signés de Sissi ou de sa mère, parviennent sur son bureau, insolubles, contradictoires. Un été affreux où son anniversaire, à Bad-Ischl, est gâché. Un vieillard de vingt-neuf ans. Les deuils s'enchaînent. Le roi de Prusse, Frédéric-Guillaume IV, est mort le 7 août. Bismarck est irrité de l'incompétence du vieux prince régent. Il ne lui a pas permis l'intrépidité de fonder un « royaume d'Allemagne » qui vassaliserait à jamais l'Autriche. Bismarck accepte une belle revanche : le poste d'ambassadeur en Russie, auprès du Tsar Alexandre II, ennemi de l'Autriche. Élisabeth étouffe, en proie à des crises de toux, une agitation sans répit. Elle commença par une fuite immobile. Brouiller, sur place, les cartes du jeu qui la mine, celui des images exigées, des hiérarchies. En créer d'autres, les siennes. Déstabiliser à son tour l'entourage plus dur qu'une muraille. L'archiduchesse est devenue aussi impopulaire que son fils – ce qui redonne du pouvoir à Élisabeth. Une légère galvanisation l'incite à manœuvrer son époux. Elle n'a pas le goût de la politique, mais une telle envie de réduire sa belle-mère qu'elle persuade François-Joseph du bienfait de la tolérance et du libéralisme. C'était impensable avant la guerre. Mais il y a eu la défaite, la dépression inavouée de l'empereur dépossédé. Les dérobades physiques de son épouse aggravent cette détresse. Elle manœuvre une double frustration. La sienne à elle, la sienne à lui. La démission des ministres si chers à l'empereur et à sa mère est en partie l'œuvre d'Élisabeth. Bach, Buol, Kempen, ces absolutistes sans compassion. Élisabeth et François-Joseph restèrent à peu près seuls, à Laxenbourg, jusqu'à fin septembre. Le pouvoir d'Élisabeth sur son empereur fatigué est composé d'une persuasion douce et têtue, de présence, de frôlements, de demi-mots, de silence. Il y avait cette chevelure défaite, cette peau diaphane, cette épaule dénudée. Ils étaient souvent dans leur chambre. Il lui arrivait de dormir près de lui, contre lui, s'enfuyant quand il la pressait trop. Sa voix dorée, sa lassitude d'homme, les champs de bataille. Il savait qu'il irait coucher un peu ailleurs, se réfugier près de quelque belle chair facile, offerte. Son empire, si menacé fût-il, regorgeait de créatures offertes. Il n'avait qu'à choisir. La chair, exultante. La chair, écœurante. La charpie, écœurante. Sa vie bafouée, écœurante. Les rumeurs couraient sur lui, aggravées d'insultes publiques :

— Abdication ! Vive l'archiduc Ferdinand !

On ne voulait plus de François-Joseph empereur. Son épouse ne voulait plus de sa peau facile au plaisir, vite échauffée contre cette longue femme trop mince qui disait « non », les paupières closes. À l'Opéra, un soir, personne ne salua l'empereur et sa mère ; tout le monde applaudit Élisabeth. Leurs enfants étaient toujours sous la coupe de l'archiduchesse.

Il tâtonna brièvement à la couche d'une comtesse hygiénique, qui le mena, bouche goulue, à la jouissance, brève comme foudre, au cri généreux, d'où il émerge encore plus dépouillé. La femme de sa vie, de son malheur, son douloureux bonheur : Élisabeth.

— Le libéralisme, disait-elle, fumant, les pieds nus, les nattes dénouées, ne mène pas forcément à l'anarchie, au contraire.

Il s'irrite, mal à l'aise d'avoir couché ailleurs, mal à l'aise que sa mère boude, dignement retirée en ses appartements. Soumis depuis son enfance, ses conseils, sa présence lui manquent. Il s'aventure chez l'archiduchesse. Elle l'attendait, elle le baise au front et ne fait aucun reproche. Elle sait tout de ses escapades amoureuses. Un mari a ce droit-là, loin d'elle l'idée de le lui reprocher ! Son amour exclusif pour Sissi a quelque chose d'insane. Il n'est pas mauvais – sauf, hélas, pour assurer une postérité – que

SISSI, LES FORCES DU DESTIN

cette petite gourde se refuse. L'empereur eut le tort de lier une amourette avec une ancienne amante, une Polonaise, la comtesse Potocka. Élisabeth le sut. Elle le détesta de porter sur lui une photographie (on était au début de la photographie) de cette massive et belle femme « avec une lourde tresse de cheveux enroulée autour du bras comme un serpent ». Le goût sensuel de François-Joseph était décidément la chevelure abondante. La gaie Polonaise le distrayait de son bavardage futile, ses jeux dignes d'un lupanar de luxe. Il était sensuellement comblé, il vivait le charivari de ce corps facile, léger et lourd, en tous les sens manié, réponse à ses plus troubles demandes – mais la faille, la douleur se creusaient davantage au doux surnom ravageant sa paix : Sissi. Lui aussi vivait une fuite immobile au ventre profond de la Polonaise munificente. Élisabeth endura la Polonaise tel un coup de poignard. La trahison. Elle sentit, brièvement, sa raison chanceler. Son corps, jamais révélé, avait fait d'elle une magnifique gisante de marbre clos. La fierté de mâle et d'empereur de François-Joseph n'eût pas conçu qu'il fût en partie responsable d'un tel échec sensuel. Sa gaillarde polonaise était frénétique en amour. Il était donc capable, ce militaire, cet amoureux, ce cœur simple et inébranlable, de donner ce plaisir dont personne à cette époque ne parlait jamais ? Il eût volontiers offert à la femme aimée toutes les caresses imaginables – lui, sans imagination. La Polonaise et les comtesses hygiéniques avaient l'imagination sensuelle. Élisabeth galopait, si on peut dire, non vers une phtisie dont elle semblait avoir quelques symptômes, mais vers une frigidité galopante.

Le docteur Freud, en cette année 1860, n'avait que quatre ans. Il faudra bien des années – des siècles ! – pour que les femmes osent un jour s'étendre sur le célèbre divan de l'homme au cigare et évacuer tant de complexes. La fuite immobile d'Élisabeth était son horreur progressive de la sexualité confondue avec son rejet de Vienne. Elle l'a remplacée par le narcissisme, la dangereuse poésie, le corps magnifié, n'exultant jamais. S'aimer, purement, à la manière de l'enfant d'Ischl qui avait un amoureux – et quel amoureux ! Elle ne savait rien du corps, sinon les belles ombres fallacieuses, les mains de l'homme qui poussaient une escarpolette... Quand elle penchait la tête en arrière, qu'il saisissait ses nattes, baisait sa bouche et implorait « Sissi », c'était le Paradis. C'était suffisant pour s'aimer à jamais et avoir des enfants. Elle avait compris, au fil des mois et des douleurs, pourquoi elle avait

253

tant sangloté le jour de leur mariage. L'escarpolette s'était soudain brisée sur le sol, la laissant disloquée, poupée obscène, livrée à une obscure agression. S'aimer, se perdre... Pire que la trahison, elle avait très mal pris les entretiens, sans elle, de l'époux avec sa mère.

L'hiver 1860 est étouffant de conflits, de malveillance, de solitude(s). Elle préfère ne pas voir ses enfants que de se contenter d'une heure par jour sous contrôle. L'archiduchesse, de bonne foi, trouve Sissi une « mère excellente ». Personne ne trouve à redire à une situation mentale qui mène l'impératrice au bord de la folie.

Elle va réagir en osant s'offrir une vie privée à la Hofburg. Elle va donner, dans ses appartements, de sa seule initiative, des bals. Le champagne coulera, elle veillera et dansera jusqu'à l'aube.

Elle n'a invité ni son époux, ni l'archiduchesse. Personne de leur coterie. On n'avait jamais vu cela. Les bals de Sissi commencèrent – six en tout – en avril 1860. Elle lança des invitations – une vingtaine par bal – à sa guise, sans consulter le chef du protocole, ni la comtesse Esterhazy. Elle invitait des jeunes gens à l'arbre généalogique impeccable, simplement parce qu'elle n'avait pas eu l'occasion d'en rencontrer d'autres. Elle invita les plus jeunes et les plus beaux. Ceux qui lui plaisaient. Elle les pria de venir accompagnés de la jeune fille de leur choix. Elle refusa, scandale, la présence des mères de ces jeunes filles. Elle s'était mise à abominer les mères, ces faucheuses de rêves. Il n'était pas d'usage qu'une jeune fille allât au bal non accompagnée de sa mère. Sissi nommait ces bals si personnels « des bals d'orphelins ». Le seul mot d'ordre était de s'y amuser sans contrainte. L'impératrice jouissait d'une intime satisfaction : montrer sa beauté. Jouir de sa beauté, quelle que fût la maltraitance qu'elle avait infligée à son corps, les traces de ses larmes, ses quelques gonflements épars, sa beauté avait résisté. Elle offrait, lors de ses bals, la gloire sans défaillance de sa stature si rare, si bien faite, à une époque où les femmes étaient petites et souvent grasses. Elle choisissait avec le plus grand soin sa toilette, vaporeuse, une robe de fée – la fée Titania. Dans sa chevelure scintillait la parure de seize étoiles en diamants. On connaît l'allure, la robe et le parfait visage de l'impératrice grâce, entre autres, à trois portraits célèbres du peintre des cours d'Europe, Franz Winterhalter.

En 1860, Winterhalter était prisé des grandes princesses d'Europe et de Russie. Sa notoriété était venue de France et d'Angleterre où il avait réussi parfaitement les portraits de la reine Victoria et de ses enfants, celui de l'impératrice Eugénie entourée de ses dames d'honneur. On était dans la veine romantique, le portrait « pompier », mais les ressemblances étaient saisissantes. On n'en demandait pas davantage. Le portrait le plus connu d'Élisabeth est celui en robe de fée, les nattes longues parées de seize étoiles en diamants. La robe est en gaze blanche, dorée, semée d'étoiles, les épaules décolletées à l'extrême, blanches et rosées. Un collier de pierres précieuses, une écharpe de tulle bouillonne gracieusement des poignets aux hanches. Tout est aérien y compris les gants, l'éventail léger. On la sent à l'aise en cette parure qui rejoint son fantasme intérieur : la fée Titania. Un léger sourire flotte sur la bouche rosée, sans maquillage. Une peau aussi précieuse au naturel que sa parure. Elle détestait les fards, les parfums lourds. Habillée d'une chair légère, sans un pli, d'une blancheur chère aux poètes de l'Antiquité.

Revenons à la robe. La crinoline, en ces années 1860, atteignait la plus extrême des ampleurs. La taille est d'une finesse excessive, la jupe si vaste s'allonge d'un début de traîne. La silhouette tellement fine d'Élisabeth ne crée jamais l'engoncement que subissent les femmes plus rondes. Elle flotte, nuée sur une nuée, étoile parmi les diamants de sa chevelure de rêve. Les longs yeux mordorés témoignent sans arrogance d'une assurance, une obsession : elle est la plus belle. Au temps de fiançailles à Ischl, l'ampleur des jupes venait des jupons crinolisés, c'est-à-dire raidis par un mélange de crins de chevaux dans le tissage. C'était une invention du maréchal Oudinot, pour maintenir droit le col des officiers. Un tissus si pesant qu'un autre inventeur eût l'idée de coudre dans l'étoffe des cerceaux de baleines dont l'ampleur se fit de plus en plus extraordinaire. La cage était née, ajustée au supplice du corset « capable d'entraîner la mort », d'après le caricaturiste Cham. Baudelaire écrivait, au sujet des crinolines portées dans la haute société ou la riche bourgeoisie, que « la femme accomplit une espèce de devoir à paraître magique et surnaturelle ». Cela convenait tout à fait au narcissisme d'Élisabeth.

À ce bal en reine des fées, si vivante et séduisante sur ce tableau, elle est « surnaturelle ». On (les femmes) ne se lasse pas de la regarder. Elle est dans l'« invivable », ce rêve qui porte chaque femme vers une image régressive, enfantine, féerique. Baudelaire avait trouvé les mots justes : « le devoir à paraître magique et surnaturelle ». Au jour de leurs noces, des milliers de filles se parent de tulle, de failles, de dentelles, authentiques ou synthétiques, de soie orientale, de jupons, de boucles, de fleurs et de perles vraies ou fausses... sans parler des chaussures fragiles qui ne se portent qu'une fois. Le rêve éveillé ne se vit qu'une fois. Une seule fois devenir la fée qui va, blanche, à peine vivante, vers on ne sait quels vertiges moins nobles.

L'industrie textile, en 1860, était en pleine expansion, d'où ces mètres de tissus précieux. Le grand couturier qui lança en France cette mode adressée à la haute société est Frédéric Worth. Sa maison de couture était rue de la Paix. Mme de Metternich, surnommée « Mme Chiffon », car folle de mode, épouse de l'ambassadeur d'Autriche, l'avait déniché. Elle osa paraître à une soirée aux Tuileries, vêtue d'une large robe couleur parme, audacieuse, légère, rutilante de rubans, de fleurs, les épaules nues. L'impératrice Eugénie, de naturel austère et pieux, fut séduite : Worth était lancé. Mme Reboux était la grande chapelière. Le chapeau gagnait aussi en ampleur, rubans, voiles, fleurs. Worth, le premier, dénonçait cette mode difficile à porter, humiliante aux corps si souvent mal faits. Worth soulignait les défauts et la tyrannie de la crinoline de luxe. Elle passera de mode en 1867. Un chroniqueur des années 1860 écrivait la rude vérité qui se cachait sous cette ampleur exagérée.

— Il n'y a guère, écrivait-il, qu'en robe du soir que la femme est excitante ; en toilette du jour, c'est un paquet.

La comtesse Esterhazy, l'archiduchesse, toutes ces admissibles qui narguent Élisabeth sont des « paquets » de chiffons prétentieux sous lesquels gigotent avec peine de lourdes jambes cellulitées, ou à la maigreur variqueuse. Pour la marche et ses sports bien à elle, Élisabeth porte de simples robes noires, sans jupons empesés. Elle rit sous cape de l'essoufflement de ces dames à ne pouvoir la suivre, entravées du carcan des jupons. Winterhalter pria l'impératrice de poser pour deux portraits plus intimes. La femme apparaît sans abolir la fée.

Premier portrait intime :

De profil, en peignoir du matin, une épaule, la droite, entièrement nue et troublante. Les sourcils, le nez, la bouche, le menton, le cou adorable sont fins et fiers. Une lumière de chair. La chevelure est défaite en boucles auburn, traversées d'or, au-delà des hanches. Une sensualité discrète éclaire l'ensemble, un feu irradiant si tenace que l'empereur, jaloux, à peine le portrait achevé, s'en empara pour son bureau, à la Hofburg. Il levait les yeux, il atteignait du regard la bouche, l'épaule, le cou, la chevelure sauvage et libre.

— Enfin un portrait qui lui ressemble vraiment ! avait-il dit.

Second portrait intime :

L'impératrice est de face, en saut-de-lit battu de neige, le visage plus enfantin, une chair de lune et d'étoile. La chevelure est nouée en deux câbles épais et brillants, sur la poitrine. Rodolphe adorait cette chevelure qu'il comparait à un tapis magique. Il aimait, tout enfant, se coucher dans ces boucles et ces nattes. Peut-être suffisait-il à l'empereur d'avoir le droit de saisir à pleins poings amoureux cette parure incroyable, s'y lover jusqu'à l'apaisante mort bienheureuse d'une forme de plaisir subtil ?

On a décrit très souvent cette chevelure. On eût dit, que seule, vivante, en pleine santé, elle n'appartenait pas à cette âme et ce corps malades. Elle vivait une vie à part, une Gorgone singulière, une source qui rutilait en toutes saisons, même quand la Porteuse de cette parure inouïe se sentait mourir.

— Je suis l'esclave de mes cheveux, dit-elle.

Elle choisissait avec le plus grand soin l'officiante (la coiffeuse) à qui elle confiait son plus précieux dépôt, l'élément capital à la construction de son image. Il s'agissait, pour Élisabeth, de bâtir une œuvre, la seule qu'on ait laissée à sa portée : une beauté légendaire. Une survivance éternelle. Elle repoussa les coiffeuses de la Cour et choisit Mlle Fanny Angerer. Elle coiffait les plus belles actrices au théâtre de la Hofburg, le Burgtheater. Elle coiffait Ophélie, Titania, Juliette, les héroïnes de Shakespeare, l'univers qu'adorait d'Élisabeth. Elle tressait, bouclait, ajustait à ravir les nattes des actrices célèbres applaudies chaque soir. Élisabeth avait besoin d'entrer dans son théâtre personnel. Il lui faut les mains habiles de Fanny Angerer. Qu'elle fasse d'elle la fée toujours prête à entrer dans la scène du visible et de l'invisible. L'esclave impériale est prête à endurer les trois heures quotidiennes que nécessite ce haut sacrifice. La chevelure, la force de Samson, la force mythique, structure d'une image qui perdure, tenace, indépassable. Mettre en scène sa beauté passera par la coiffeuse. Une cérémonie sacrée. Aucun humour n'eût terni les heures destinées à la coiffure. La chevelure de Titania. L'engagement d'une coif-

SISSI, LES FORCES DU DESTIN

feuse auprès de l'impératrice était une affaire d'état concernant plusieurs enquêtes du protocole – et bien entendu les accords de l'archiduchesse. Une coiffeuse d'impératrice n'avait pas le droit d'être mariée ou d'avoir un amant. Élisabeth choisit, en dépit du scandale, Fanny Angerer. Une coiffeuse d'actrices. Élisabeth lui fit jurer de quitter le théâtre, d'être à son seul service (au service de ses cheveux). Elle lui offrit des appointements exorbitants sur sa cassette personnelle. Il y eut des remous à ce sujet, jusqu'à la Cour de Russie, mais on admira le comble raffiné de la coiffure d'Élisabeth, qu'en vain ces dames essayaient de copier.

La cérémonie tenait du rituel. On en a les détails par le journal du professeur et lecteur grec, Christomanos, qui lors du lavage et du coiffage si longs, lisait à Élisabeth des poèmes en grec ancien et moderne, *L'Iliade* et *L'Odyssée*. Elle s'était alors entichée de l'Antiquité. Le lavage a lieu, mais avec des différences, toutes les trois semaines. Mlle Angerer tient à tenir secrète la mixture mousseuse qui lave l'impériale chevelure. Il s'agit d'œufs battus dans du cognac, mêlés à certaines huiles essentielles dont ne sait rien. On ne connaît pas davantage la marque du cognac, sauf qu'il venait de France, et des plus grandes maisons. Mlle Angerer sépare-t-elle le blanc du jaune et quelles sont les poules qui pondent ces œufs incomparables ? Mystère. Mlle Angerer avait parfaitement compris ses avantages et comment manœuvrer l'impératrice au seul joug de ses mains habiles. Mlle Angerer devint la drogue quotidienne dont ne pouvait plus se passer l'impératrice. Voici le spectacle que contempla le grec Christomanos, fasciné par l'impératrice, et la cérémonie troublante de la chevelure :

« Je vis des cheveux en vagues, des cheveux atteignant le sol et s'y répandant, et coulant plus loin ; de la tête dont ils révélaient la grâce délicieuse [...] ils s'écoulaient sur le blanc manteau de dentelles qui couvrait ses épaules, sans que jamais le flot tarît. »

Quelques témoins intimes à cette scène – où ne vient jamais l'empereur. Le professeur, le chien Shadow (Ombre), et, derrière l'impératrice, l'ombre de la coiffeuse. Mlle Angerer avait encore gagné une insupportable faveur aux yeux de la Cour. Amoureuse de son amant, un employé de banque, elle obtient de sa maîtresse – qui le demande à l'empereur, n'osant rien refuser à Sissi depuis qu'il la trompe – la permission de se marier. Le couple,

258

sans le moindre quartier de noblesse, est donc reçu dans l'intimité prestigieuse d'Élisabeth d'Autriche.

La Cour pâlit de jalousie. Les admissibles et les non-admissibles frôlent la crise cardiaque. Les rejets montent contre Élisabeth, la consternation de l'archiduchesse est à son comble. La coiffeuse a tout compris. Elle tient sa proie par les cheveux. Elle a compris la « cérémonie » nécessaire à cette demi-folle, qu'elle ne respecte guère et dont elle tire d'immenses profits. Elle la coiffe divinement, c'est vrai, et Christomanos en témoigne :

« Derrière la chaise de l'impératrice se tenait la coiffeuse, en robe noire et longue traîne, un tablier blanc de toile d'araignée attaché devant elle [...] de ses mains blanches, elle fouillait dans les ondes des cheveux, les élevait en l'air et les palpait comme du velours et de la soie, les roulait autour de ses bras (ruisseaux qu'elle eût saisis parce qu'ils ne voulaient pas couler tranquillement mais plutôt s'envoler) ; enfin elle partagea chaque onde en plusieurs autres avec un peigne d'ambre et d'or, et sépara ensuite chacune de celles-ci en innombrables filets, qui à la clarté du jour devinrent de l'or filigrane [...] de ces vagues, elle trama des tresses pleines d'art, qui se transformèrent en deux lourds serpents ; elle éleva ces serpents et les roula autour de la tête, et en forma en les entrelaçant au moyen de rubans de soie, une magnifique couronne diadémale... »

Élisabeth ne supporte pas de perdre un seul cheveu. La rusée Fanny a doublé le peigne d'un ruban adhésif et cache dans sa poche la plupart des cheveux tombés, car la cérémonie comporte un rituel sacrifice visuel : la présentation des cheveux tombés. Morts ; peu, très peu. Élisabeth d'Autriche dont le narcissisme atteint une frénésie digne de la Dame blanche quand il s'agit de sa chevelure, ne supporterait pas une vision, une charpie pire que Solferino et Magenta réunis : le cadavre de sa chevelure.

« Sur un plateau d'argent, elle présenta les cheveux morts de sa maîtresse. Et les regards de la maîtresse et ceux de la servante se croisèrent une seconde, exprimant chez la maîtresse un amer reproche, chez la servante publiant la faute et le repentir. Puis le manteau de dentelles glissa et l'impératrice, pareille à une statue divine, surgit de l'enveloppe qui la cachait. Alors la souveraine inclina la tête, la servante s'abîma sur le sol, en murmurant tout

SISSI, LES FORCES DU DESTIN

bas : "Je me prosterne aux pieds de Sa Majesté." Le service sacré était accompli[1]. »

La coiffeuse exploita à fond les faiblesses de l'impératrice. Elle savait son horreur des représentations publiques. Mlle Angerer était grande et mince. Élisabeth finit par l'utiliser pour la représenter à des cérémonies officielles où elle périssait d'ennui. La coiffeuse portait ses robes, ses bijoux, un long voile sur le visage, et cachait son sourire de singe derrière un éventail déployé. Cette mascarade n'était possible qu'à l'étranger. Elle rendait, à mesure, la coiffeuse arrogante aux intimes d'Élisabeth. Son pouvoir s'accroissait au rythme de ces mystifications. Elle descendait, royale sous ses voiles, des escaliers destinés à l'impératrice. En 1885, elle remplaça Sissi sur un bateau, à Smyrne. La coiffeuse recevait les hommages et les faisait peut-être siens (le complexe du tapis rouge ?). Élisabeth visitait, pendant ce temps, tranquillement, la ville. La même scène se répéta, en 1894, à la gare de Marseille. La fausse impératrice prenait le train et saluait, hautaine. La coiffeuse exploitait ces services douteux.

C'était vraiment prendre l'empereur pour une tête d'âne. Le grand vertige du couple est commencé. La fuite immobile rejoint la rébellion appliquée. On ne sait comment François-Joseph supportait la coiffeuse à la place de son épouse. Se souvenait-il que la reine Marie-Antoinette avait fait rater la fuite à Varennes, perdu la tête et celle de son époux en confiant ses secrets et sa cassette personnelle à son coiffeur Léonard ?

Les bals privés suffoquent la Cour.

Élisabeth, coiffée à ravir, mince et vêtue en fée, entrait dans la danse. Cette insomniaque dansait longtemps, avec une fougue qu'on ne lui vit plus jamais. À vingt et un ans, elle en paraissait seize, en dépit des altérations de sa santé. Elle dansait en riant, elle qui pleurait si souvent. Elle ne ratait aucune figure, abandonnait ses mains dégantées à celles de ces jeunes gens sous son charme. Sa chevelure brillait sous les diamants, le tulle et la soie la paraient de grâces mouvantes. Elle aimait être le centre d'un quadrille, d'une polka endiablée, d'une valse où elle rivalisait avec les lustres et les lumières, étoile filante, étoile unique. Elle sentait – c'était son plaisir – l'admiration amoureuse qui la cernait. Elle souriait, elle qui si souvent se cachait derrière un éventail.

---

1. *Élisabeth d'Autriche*, B. Hamann, p. 207.

Elle avait la cheville visible et légère au rythme d'une polka de M. Strauss. On cessait de danser pour mieux l'admirer. Même les femmes l'admiraient. Quand elle s'asseyait, à peine essoufflée, elle penchait la tête, de cette manière royale, inimitable, pour prendre congé d'un admirateur après lui avoir offert, don suprême, quelques mots. Elle buvait le vin de Tokay ou le champagne de France. Elle enchantait chacun, elle dispersait le pollen invisible du désir sans aucune chance de réponse.

Ses bals furent son premier théâtre où elle était l'étoile, la reine entre toutes les reines, l'inaccessible dont l'image, tenace, ne s'estompait plus jamais. La Cour critiquait. Son époux s'en allait chasser, très tôt le matin, même quand elle se plaignait de souffrir. Six bals privés de la Hofburg à Schönbrunn ! L'empereur se taisait, l'archiduchesse aussi. La Cour l'isolait dans une malveillance accrue. Elle poursuivrait cette fugue particulière. Nul ne l'excusait, on trouvait normal les aventures et les chasses d'un mari. Les bals de l'impératrice indignaient tout le monde, y compris Ludowika et ses sœurs. Personne ne se souvenait qu'elle avait murmuré à son fiancé, à Ischl : « Si seulement tu étais un simple tailleur ! » Élisabeth n'avait donc pas invité de mères à ses bals privés. Elle détestait le sort de sa propre mère constamment trompée, soumise, dont le mari ne s'était pas privé d'engendrer des bâtards. Elle avait eu le tort d'aimer d'amour son époux. Elle avait eu le tort de croire en cet amour, unique, inquiétant, fragile et inaltérable en quelque source profonde. Elle avait soif, elle était seule – lui aussi, même chez sa Polonaise, se sentait seul et avait soif. Ils étaient perdus. La naissance des enfants n'avait rien arrangé, au contraire. Il n'y avait pas de remède. Ils ne pouvaient vivre ni ensemble ni séparés. Elle s'en irait donc, c'était le plus aisé. Elle s'en irait, lourde du poids immobile, étouffant de tant d'amour et de tant d'absence. Deux solitudes enlacées en un seul blason qui n'avait rien à voir avec un quelconque quartier de noblesse. Elle vivait son monde à elle, et les commérages allaient bon train. Elle refusait de dépasser cinquante kilos – pour sa taille de un mètre et soixante-douze centimètres. Elle se mit à prendre chaque matin, dans sa baignoire (payée sur sa cassette) un bain froid. Manger lui était insupportable, excepté les verres de lait et quelques oranges par jour.

À la Hofburg, dans sa salle à manger privée, elle fit installer une salle de gymnastique. Onze agrès furent ajustés sur un portique, des anneaux au bout d'une corde au montant de la porte du couloir. La salle est tendue de velours rouge, les parquets reluisent et cet attirail sportif avait quelque chose de fou. L'empereur ne disait plus rien. Il ne déteste pas surprendre cette longue femme vêtue d'une robe d'amazone, noire, pantalonnée serré, au genou sec et fin. Elle se hisse aux agrès, en totale apesanteur, se renverse et tourne en grand oiseau de nuit, les jambes parfaites, le ventre mince, le bouillonné du jupon léger répandu en nuage. Elle est son bel oiseau, son insupportable mouette. La chevelure traîne en serpents de nattes sur le parquet. Un oiseau-faune-jument ou encore la plus fine des chauve-souris géantes. Une mouette en plein envol. Elle court autour de la salle, plie un genou telle une biche dont elle a le saut parfait pour retomber bien droite, sous l'anneau auquel elle se suspend et tourne encore. Elle travaille sa souplesse, son endurance à la manière de certains prisonniers qui veillent à ne pas rouiller leur capital musculaire dans le but de s'évader par une corde invisible...

Peu avant son premier divorce, l'écrivain Colette travaillait ainsi son corps au trapèze et aux agrès, inquiétant signe d'évasion. À la Hofburg, on n'avait jamais, au grand jamais, vu une impératrice faire de la gymnastique, toutes jambes révélées ! La mode, était faite dans le but d'entraver l'évasion des femmes. Où courir avec une cage, des jupons raides, des cols fermés, engrossée souvent, accablée de cheveux et du corset ? Si elle tient à ses cheveux, Élisabeth d'Autriche a commencé la destruction de sa prison. On chuchote qu'elle est peut-être devenue folle. Ce serait préférable, songe l'archiduchesse, à ces excentricités indécentes, bêtement tolérées par son fils. La matinée d'Élisabeth, levée à l'aube, s'est déroulée en exercices physiques, lectures diverses tandis qu'on la coiffe – point de lectures pieuses mais des poètes, du grec, du hongrois. L'après-midi, elle chevauche à l'excès ou pire encore, s'en va à pied, courant presque (le jogging déjà ?), pendant quatre heures. Elle épuise ses dames d'honneur qui suivent à grand-peine sur des ânes. À pied il est impossible d'endurer le rythme de vingt kilomètres que s'impose quotidiennement l'impératrice quand elle ne chevauche pas. Les policiers chargés de sa sécurité qui l'agacent au plus haut point, en sont malades. Elle est vêtue d'une robe plate, souvent à même la peau, trois paires de gants superposées, ses chaussures de montagne. Quelquefois, esclandre suprême, elle ne porte pas de bas. Vienne et ses environs finissent par s'habituer à cette longue silhouette qui va, on ne sait vers quelle issue, quel bout de la terre trop ronde pour elle... Elle a changé totalement sa manière de vivre. Elle préfère que l'on installe chaque soir, au pied du lit conjugal, un lit de camp. Refermé dans son coffre, il a l'air d'un cercueil. Il est léger, prêt à voyager avec sa passante. Un lit très mince, comme elle, pas de place pour deux, une couche de nonne, de soldate, de sentinelle prête à la relève. François-Joseph en a pris son parti. Il devine en elle une force plus forte que toutes les forces (la folie ?). Il n'ose la contrarier. Un jour, il est entré dans ces chambres et il a vu les agrès, les anneaux, le lit de camp. Il a vu qu'il l'avait perdue. Il fit installer à son tour, dans son bureau, son unique refuge réel, un lit de fer, spartiate et simple comme lui.

Tous les deux, sur des lits de camp.

Les tourtereaux sont morts, chacun gît en son bivouac. Ne pas le rencontrer, ne pas croiser ce regard qui s'est sans doute miré au regard de l'autre femme. Errer seule, en ces palais où l'attendent les agrès, les mains de la coiffeuse, les lectures et les courses effrénées. Éviter la chambre des enfants. Sa douleur est endormie ; ne pas la réveiller. Pas encore. Ses enfants sont les agneaux sacrifiés au pouvoir abominé contre lequel elle ne peut rien – sinon sa singulière révolte.

La revanche – sa vengeance – est sa beauté. Elle en paye le prix fort. On se scandalise et, cependant, même Kempen remarque que « la beauté de l'impératrice attire à la Cour de Vienne des gens qui ne seraient peut-être jamais venus ».

Élisabeth d'Autriche est devenue la plus belle femme d'Europe dont le portrait fait le tour de toutes les cours, de toutes les chaumières – même en Orient. Le monde entier sait qui elle est. Elle le voulait.

Et Marie, à Naples, sa sœur Marie ?

— Que faire, mon Dieu, que faire ? tremble la bonne duchesse.

L'archiduchesse en a de l'inquiétude, sans plus. Marie n'est pas capitale dans l'échiquier politique. Son fils est accablé de soucis plus graves. Élisabeth frémit pour cette sœur bien-aimée. Qu'advient-il de Marie de Naples ? Marie (toujours vierge) et son fantoche d'époux, François II, sont traqués par la violence des insurgés dans leur propre demeure. Le danger a pris forme en mai 1860. Garibaldi et ses troupes profitent de l'affaiblissement autrichien pour attaquer la Sicile. Soumettre Palerme et ces souverains méprisés. La ville de Naples, assiégée. Marie, assiégée. Une opération dérisoire. C'était sans compter avec l'énergie farouche de la petite reine de Naples qui fait figure d'héroïne. Elle décide, seule, de résister jusqu'au bout, à Gaëte, dans la citadelle. Élisabeth avait reçu de sa sœur une missive priant l'Autriche de venir à son secours. Début juin, les deux frères de Sissi et de Marie, Louis et Charles-Théodore, s'étaient rendus à Vienne pour plaider la cause désespérée de Marie. Que l'empereur envoie une troupe ! Ils ne se doutaient pas de la lassitude découragée de François-Joseph – tant de ses hommes ne sont pas revenus...

— Je ne peux pas, dit-il d'une voix qui, pour la première fois, est proche d'un sanglot, je ne peux pas.

— Nous ne pouvons pas, réplique, en dur écho, l'archiduchesse, ni militairement, ni financièrement.

Marie, abandonnée à son destin. La coiffeuse de l'impératrice coûte des sommes folles et on ne peut financer une armée pour secourir Marie de Naples. Marie est seule dans cette citadelle où cognent le soleil et les orages. Marie sans peur. Élisabeth sanglote de fragilité nerveuse. Marie ! Élisabeth pleure sa foncière inutilité, ses ailes rognées. Marie ! Dans un élan fou, elle décide de s'en aller quelques jours à Possenhofen avec ses frères et Gisèle. L'archiduchesse garde Rodolphe en otage. Elle s'en va chez ses parents sans permission impériale, vite, à la sauvette. Personne ne la retient, ce qui est peut-être pire. Il y avait cinq années qu'elle n'avait revu les siens. Juillet ; à Possi, les roses embaument. Le lac scintille, le ciel est d'azur relié aux montagnes argentées. La nervosité d'Élisabeth ne la quitta pas du voyage. Elle avait emprunté la nouvelle voie ferroviaire de Vienne à Munich, qui devait un jour porter son nom. L'archiduchesse, dégoûtée, regagnait son pouvoir auprès de son fils. La déserteuse n'est plus là.

Possenhofen n'a pas apporté le réconfort que Sissi escomptait. Elle en avait gardé l'image agrandie, magnifiée, que les enfants ont du lieu natal. La vision s'est rabougrie, ce qui était un parc immense aux pièges savoureux n'est qu'un beau jardin banal. Le château carré, une simple demeure où l'innocence s'est envolée. Hélène n'est pas là. Sa mère, Mimi, la déçoit. Une dame vieillie qui pontifie. Ludowika s'occupe surtout de Gisèle. Sa chambre de jeune fille rappelle à Sissi les poèmes endeuillés sur ses amis disparus. Sa déception augmente quand elle se rend aux écuries. Ses chevaux, dit-elle ont été si mal montés qu'ils ne présentent pas d'intérêt. Il faut tout reprendre pour les mener au galop et au saut d'obstacles. Le cheval n'est plus une consolation – ou si peu. Ses Lippizzans merveilleux n'ont rien à voir auprès de ces bêtes fidèles, plus lourdes, moins rapides. C'est pourtant encore à cheval qu'elle trouve un peu de paix. Gisèle ne lui suffit pas, elle est loin de cette enfant qui n'en a que pour son père, sa grand-mère et la bonne duchesse. Elle a perdu Gisèle. Elle s'affolerait d'admettre que le cœur n'est point égal ; peut-être aime-t-elle peu cette petite fille, trop semblable à ceux qui ont tissé sa cage. L'aînée perdue avait eu son adoration, première secousse sur tous les plans. Elle a rejoint les morts de toujours. Élisabeth court après les ombres. Les vivants la font souffrir. Sa petite fille ne suffit pas à remplir et borner son univers baroque, fantastique, détourné de ses sources respiratoires. Plus de connivence avec son père, le duc Max, ennuyé de tout ce dérangement. Il est outré, ce libéral, que sa fille ne soit pas à sa place d'impératrice. Il muse un peu les comtesses de sa suite et s'amuse à scandaliser ces pies-grièches par quelques propos égrillards. Élisabeth, Marie, quel ennui ! Heureusement il revient d'un long voyage au Brésil. Il a, sur son parcours, admiré une île lumineuse où poussent en toute saison des camélias plus roses que les roses de Possi. On y parle portugais, le vin est délicieux, les melons couleur de figues. Il en parle au déjeuner qui rassemble son monde. Il repartirait volontiers en voyage. Madère, c'était bien beau, et la mer, donc ! Déchaînée, admirable !

Marie est le grand sujet de conversation et d'inquiétude.

Élisabeth se réfugie dans la correspondance. Elle écrit à Grünne, elle écrit à son époux – des lettres d'amour puisqu'il est loin. Un amour d'absence, d'immenses châteaux d'absence. La date du 18 août – l'anniversaire de l'empereur – approche. Il va avoir trente ans. Il lui faut rejoindre Ischl. Là ou ailleurs... Il n'y a qu'à Vienne où elle se sent périr de lassitude extrême. Même le chant du coq de Bruyère lui arrache des migraines.

Marie, qu'advient-il de Marie ?

La situation avait empiré. Garibaldi avait vaincu sans peine. Le lamentable François II tremblait de tous ses membres, les mains crispées sur la tête, récitant des psaumes. Marie le saisit rudement par la manche, il criait : « Non, non », elle le traîna tout en haut de la citadelle de Gaëte. Elle fit savoir que, seule en cette place

265

forte et dérisoire, elle commençait la résistance. On l'admirait en Italie et en Europe. On nommait cette petite reine de vingt ans (toujours vierge) « l'héroïne de Gaëte ». Elle résista au maximum. Élisabeth avait peur ; rejoindre François-Joseph à Ischl avait davantage pour but de plaider la cause de Marie que de satisfaire l'époux délaissé. Elle n'eut pas loin à aller. L'indéfectible amoureux, à qui elle manquait déjà, la rejoignit à mi-chemin, à Salzbourg. Il saisissait dans ses bras Élisabeth, Gisèle. Elles étaient accompagnées de Mathilde et de Charles-Théodore.

Garibaldi et ses troupes étaient en grande supériorité face à la citadelle de Gaëte. Ils envoyèrent à François II un ordre d'abdication. Sa peur était telle, qu'il était incapable d'y répondre. Il avait honte, face à sa farouche petite compagne qui menaçait de mener le siège « jusqu'à la mort » si nécessaire. Sissi sera à Madère quand Gaëte tombera en février 1861. On ne fit aucun mal à Marie et à son fantoche d'époux. Ils se réfugièrent à Rome, sous la protection du pape. Sissi était au comble de l'angoisse et sa mélancolie empirait. La douleur l'emportait, l'action s'abolissait. L'archiduchesse considérait ces événements avec son implacable lucidité. Le royaume des Deux-Siciles était une perte ajoutée à tant de pertes.

— Notre dernière consolation, la dernière gloire du principe monarchique, écrivait-elle en son journal, a disparu aussi !

La santé d'Élisabeth flanchait encore. Des œdèmes apparaissent, plus gros que de coutume à ses genoux et ses chevilles. Elle a encore maigri. Sa toux est inquiétante. Elle n'a d'assurance qu'à cheval, mais elle revient de ses sorties prise de fièvre. Elle continue son régime insensé. Comment aiderait-elle son époux qui, en plus de ses soucis, a reçu des lettres anonymes où il a lu : « Que l'infortune du roi de Naples te serve de miroir » ? La lutte hargneuse qui a repris entre Sissi et sa mère le fragilise. Nulle paix, nulle part. À sa mère et non à sa femme, il confie l'essentiel de ses tourments politiques, sa haine de cette « fripouille de Garibaldi » et de cette « canaille de Napoléon III ». La consolation, cependant, il la puise en Sissi. Il lui confie l'étau qui « serre sa pauvre tête ». Elle l'entoure de ses bras si blancs, elle embaume la bête à l'haleine trop chaude. Elle est malade et fragile. Il serre ses poignets contre lui, il ferme les yeux. Il l'aime, oui, il l'aime... Elle sait l'écouter, l'encourager quand son orgueil se révolte : il a été obligé de souscrire, à l'automne 1860, au « diplôme d'octobre ». C'est un pacte (une concession) de l'ennemi aux Autrichiens en grand danger de perdre toute liberté de contrôle militaire. L'archiduchesse a compris l'impact désastreux sur l'Empire de ce « diplôme d'octobre ». On y déchiffre, écrit-elle dans son journal « la ruine de l'empire, vers laquelle nous avançons à grands pas ».

Élisabeth, un matin, s'écroule, en proie à une faiblesse. Pâle, maigre, on la porte en ses appartements. L'archiduchesse, pour une fois, s'inquiète. Elle demande au docteur Skoda, spécialiste en phtisie, d'examiner l'impératrice. « Partir », murmure-t-elle plus blanche que ses dentelles. Il la regarde, perplexe. Il a écouté au stéthoscope ses poumons qui résonnent d'un bruit confus. Il l'écoute tousser, il prend son pouls agité. Il examine ses œdèmes. Il pose quelques questions. « Madère », dit l'impératrice. Le docteur Skoda pense qu'elle a un peu de délire mais que Madère est en effet une île chaude. Un climat doux est nécessaire à la santé de l'impératrice. L'archiduchesse tient à être la première avertie du mal dont souffre sa belle-fille. Le docteur Skoda est pessimiste. La poitrine... Sa Majesté souffre de la poitrine... À l'époque, ces mots « souffrir de la poitrine », qui cachent le terme « phtisie », étaient un signe de mort. Sophie est consternée. Sissi est malade, probablement contagieuse. Elle n'a que deux enfants. L'avenir du trône est peu assuré. À son tour elle croise les mains et en silence songe. « Que faire, mon Dieu, que faire ? »

— Madère, répond le médecin, sans doute influencé par son auguste malade.

A-t-il deviné que la contrariété était plus grave qu'un mal réel des poumons ? Il existe sans doute des lieux de cure plus proches de Vienne, au doux climat. Pourquoi pas Méran, célèbre station pour soigner les poumons ? Le responsable de cette idée saugrenue – Madère – est encore ce duc *en* Bavière ! Cet inconstant a fourré cette idée dans la cervelle ébranlée de sa fille ! Madère ! L'archiduchesse se sent soudain si seule, chargée de deux jeunes enfants, des soucis de son fils liés à l'empire menacé. Une fatigue immense l'assaille, elle a tant lutté ! Elle aurait eu tant besoin d'une belle-fille (Hélène ? Charlotte ?) secourable et discrète, à son poste et dans son rôle. Découragée, elle sait qu'il faudra se plier à l'exigence de cet éloignement insensé. Madère ! Cela signifiera des mois de séparation – d'abandon. L'archiduchesse relève un fier visage ridé. Elle fera face, elle a l'habitude, ses dernières forces seront pour son fils, ses jeunes enfants et l'empire. Elle cache à tout le monde ses propres malaises, des palpitations, des insomnies, ses chagrins. Même à l'heure de sa mort, elle ne se plaindra pas. Elle accouchait en mordant ses poignets pour qu'aucun cri ne sorte de sa bouche. Elle a écrit à ses sœurs – à Ludowika. Sissi a également envoyé une lettre à sa mère sur son état et la décision qui s'ensuivra. Elle ne s'attendait pas à la réponse vigoureuse, pleine de bon sens, plus exaspérée qu'apitoyée de Ludowika. La bonne duchesse perce à jour une partie du « mal » dont souffre cette fille difficile, engendrant plus de tourments autour d'elle que de joies. Ludowika avait dû grandement observer sa fille à Possi. Sissi détesta la lettre de sa mère :

« Mon enfant, il y a deux sortes de femmes : celles qui réalisent leurs vœux et les autres. Tu appartiens, je le crains, à la seconde catégorie. Tu es très intelligente, tu es une contemplative et tu ne manques pas de caractère. Mais tu ne fais pas assez de concessions. Tu ne sais pas vivre ni faire la part des exigences de la vie moderne. Tu es d'un autre âge, celui des saints et des martyrs. Ne te donne pas trop des airs de sainte ou ne te brise pas le cœur en imaginant que tu es une martyre [1]. »

Élisabeth croit entendre sa belle-mère. Cette lettre ne la secoue pas dans un sens positif, au contraire. Personne ne l'aime. Elle ira à Madère. Loin... Très loin... François-Joseph est au désespoir. Madère, six ou sept mille kilomètres de Vienne, sur la côte Atlantique. Combien de mois avant de se revoir ?

— Ce séjour est sans doute nécessaire à la santé de Sissi, finit par admettre l'archiduchesse.

Elle oscille, elle ne sait plus où est la vérité, le devoir. La santé ébranlée d'Élisabeth est préoccupante. Son éloignement de Vienne peut aussi amener le calme dans cette famille déchirée. Peut-être reviendra-t-elle enfin heureuse de retrouver les siens ? Elle est pour son fils un constant tourment. Il a besoin de paix pour gérer cet empire turbulent. Si elle a les poumons malades, il ne faut pas qu'elle contamine ses enfants – surtout Rodolphe, l'unique héritier. Personne ne pouvait alors donner le véritable nom à sa maladie : la névrose à tendance anorexique. L'archiduchesse maudit le traitement que Sissi a infligé à son corps. Cette gymnastique indécente, ce galop et ces marches par tous les temps, ces bains froids, le ventre vide... De quoi tuer n'importe quelle femme sensée. Élisabeth est insensée, voilà le mal se dit

---

1. *Sissi ou la Fatalité*, J. Des Cars, *op. cit.*, pp. 159-160.

Sophie. Qu'elle aille donc à Madère. Madère, au nom doré et mortifère.

Dans son journal intime, elle éclate d'une peine sincère :

« Elle sera séparée de son mari pendant cinq mois et de ses enfants sur lesquels elle exerce une si heureuse influence... [J'ai été] anéantie par cette nouvelle [1]. »

« Le voyage de Sissi me préoccupe beaucoup », écrivait Ludowika à sa sœur de Saxe.

Elle avait bien remarqué la maigreur et la toux de sa fille, sa fatigue et sa nervosité excessive. Elle en prenait le meilleur parti possible :

« Le séjour à Madère sera très calme [...], fort ennuyeux, j'espère qu'elle ne trouvera là-bas aucune occasion de corruption. »

À quelle corruption avait songé Ludowika ? Il est établi qu'Élisabeth d'Autriche n'eut jamais au grand jamais un seul amant. La corruption... Un entourage aussi vulgaire que la coiffeuse Fanny ? Le scandale des bals privés ? Ce voyage – cet exil – finissait par soulager ces mères harassées d'une fille si imprévisible. L'archiduchesse avait appris de la comtesse Esterhazy que la soi-disant mourante riait aux éclats, le 7 novembre, quand on préparait ses bagages et une nouvelle garde-robe pour Madère. Une simulatrice ? Elle avait, offense suprême, refusé que la comtesse Esterhazy soit du voyage. Elle choisit Mathilde Windischgrätz, jeune dame d'honneur dont elle s'était entichée. À la Cour, où chacun blâme Élisabeth et plaint son époux, on s'étonnait que cette jeune femme abandonnât aisément son enfant en bas âge pour suivre l'impératrice dans une telle équipée. Le départ est fixé le 17 novembre. François-Joseph, saisi de lassitude, ne l'avait pas rejointe, ce matin de novembre où elle riait, alors qu'on la disait si malade. Il avait préféré la chasse ; sans doute supportait-il mal ces coffres débordants, ces apprêts plus sinistres qu'un deuil. Il tirait le cerf, il ne sentait pas le froid. Elle osait rire, celle qui s'en allait. Le cœur lui fendait et le silence intérieur le glaçait.

Sur Vienne, tombaient les premiers flocons de neige.

---

1. *Élisabeth d'Autriche*, B. Hamann, *op. cit.*, p. 150.

Chapitre IX

L'ÉCHEC AU SOLEIL

La famille de l'empereur se réjouissait du départ d'Élisabeth. Les repas de famille auraient lieu à nouveau chez l'archiduchesse. La comtesse Esterhazy se délectait. Le règne de la véritable impératrice recommençait. Personne – excepté l'empereur, le peuple et sa famille bavaroise – n'éprouvait de la compassion pour Élisabeth. Une déserteuse, qui osait délaisser époux, enfants, et son rôle. « Ses enfants consolent (l'empereur) », disait l'archiduchesse. Les gens simples, surtout les femmes, la comprenaient. Cet amour si printanier, une belle jeune femme et un jeune empereur si épris, s'achevait dans un exil catastrophique. On la sentait exposée, fragile, humaine. On l'aimait. Ce départ déchaîna les gazettes et des ragots dans toute les Cours d'Europe – jusqu'en Russie. On ergotait sur le mariage, le rôle de l'épouse, d'une mère, d'une impératrice, le droit des femmes – même à un rang si élevé. Souffrir avec ostentation était une indécence.

Quel navire trouver ? Vienne, l'Allemagne ne possédaient que quelques bâtiments de guerre. Sissi se fût contentée d'un rafiot quelconque, il n'en était pas question. La reine Victoria proposa, gracieusement, son yacht personnel. L'impératrice et sa suite embarqueraient au port d'Anvers. Sa belle-mère la baisa au front, avec une émotion à laquelle Sissi ne s'attendait pas. Les adieux de Sissi à sa famille. Ils passaient l'hiver à Munich. François-Joseph l'accompagnait. La bonne duchesse observait attentivement sa fille. Elle la trouva pâle, maigre, mélancolique. Elle toussait. Une souffrance incompréhensible. Elle n'avait plus envie de la morigéner. Elle était navrée de la voir immobile, contre une fenêtre. Perdue.

« Sissi est amaigrie... Et son apparence est moins florissante que l'été dernier. Sa toux s'est beaucoup aggravée... Un climat plus chaud lui sera en effet salutaire [1]. »

L'empereur, aussi pâle que son épouse, était résigné. Le train file vers le nord de la Bavière, Nuremberg et Bamberg où les époux se sépareront. François-Joseph est ce pauvre homme épris qui remet à Élisabeth, en avance, son cadeau de Noël. Leur premier Noël séparés, elle aura vingt-trois ans loin de lui. Il lui glisse entre les mains une broche de la part de sa mère. Une délicatesse de l'archiduchesse. Tout la fait pleurer – y compris, à Vienne, les adieux à ses enfants. Une déchirure de soie et de sang. François-Joseph, méticuleux, avait tout organisé au mieux pour le confort de « son ange », son inébranlable passion. Il allait endurer, l'amoureux d'Ischl, le supplice imprévisible de trente-six années de ce genre de fuites ! Élisabeth abandonne, sur le quai de la gare de Bamberg, un malheureux homme de trente et un ans, les mains vides d'elle.

À Anvers, deux navires attendent. Le *Victoria and Albert II* et le *Osborne,* destiné aux bagages et aux domestiques – une suite de trente personnes dont son médecin. Le yacht anglais est équipé de roues à aubes, plus rapides que les hélices. Cent mètres de long, une vitesse de quinze nœuds. Le prince Albert avait lui-même organisé la décoration. Des meubles et des parois en acajou, des rideaux et des tentures verts. Le tissu vient des Indes. Le baldaquin du lit, sur une estrade, est tissé de petites roses. La salle à manger est le comble du raffinement, avec sa table ovale aux huit couverts, un salon attenant. Des canapés, des fauteuils, des guéridons en acajou, un piano. Douze cabines logent les dames d'honneur – qui ont leur propre salle à manger. L'équipage, deux cent cinquante marins et officiers, sont silencieux, courtois, commandés par un neveu de la reine d'Angleterre.

La traversée est affreuse. Tout le monde est malade sauf... Sissi, brusquement réanimée. Le grand air ! Elle monte sur le pont, ivre d'embruns, de secousses, de bonheur pur ! Plus d'entraves (croit-elle), la liberté (croit-elle). Devenir une mouette qui déploie ses

---

1. *Élisabeth d'Autriche*, B. Hamann, p. 151.

ailes, légère, sans mémoire, sans souffrance ! À part les marins, elle est la seule à oser s'aventurer ainsi. L'Océan, elle l'aime ; un des dieux de l'Olympe ; le ciel, les nuages, l'orage, l'écume, la pluie, que de merveilles ! Elle offre sa peau asphyxiée à tant de splendeurs débordantes. Elle est trempée d'eau de mer, son médecin s'épouvante, elle risque une pneumonie. Jamais, elle en est sûre, elle ne sera malade en cette nature grandiose. François-Joseph ignore ces détails, soucieux de contrôler le trajet des navires. Il n'était pas question, à l'impératrice d'Autriche, de croiser n'importe quel bâtiment. Le chemin logique jusqu'à Madère eût été d'embarquer à Marseille vers Gibraltar. Anvers avait été choisi – les navires de la reine Victoria attendaient là – mais le bon usage (respecté à la contrariété de Sissi) fut de rendre visite au roi des Belges, Léopold Ier, père de l'archiduchesse Charlotte.

La tempête, le voyage.

Élisabeth a choisi son entourage intime, qui dîne à sa table personnelle – provoquant la jalousie des dames à quartiers de noblesse. Sissi s'entoura d'un couple de Hongrois, mal vus à la Cour, le comte et la comtesse Hunyady, d'une ancienne famille. Il y avait aussi le comte Nobili, le comte Louis Rechberg. Imre Hunyady, beau et bien fait, devint amoureux d'Élisabeth. Deux autres soupirants l'adoraient. Le prince Liechtenstein et le comte Spazary. Ils sont jeunes, séduisants, la moustache bien taillée, le canotier de paille, la canne et la nonchalance affichées. Elle comptait autant d'amoureux (platoniques) qu'elle rencontrait d'hommes. Elle les a tous rendus malheureux. Ils ne l'oubliaient jamais, ils se sustentaient, éblouis, de ce « charme » qui avait du mal à s'effacer. Une frustration brûlante. Elle savait, obscurément, que l'on retient un homme (à qui on plaît) davantage en se dérobant qu'en lui donnant satisfaction. Ils emmenaient avec eux, l'empereur le premier, un silence intérieur qui portait son nom doux et ravageur. Séduire conforte son narcissisme malmené ; elle abomine le sexe. Elle est de marbre quand les élans de ces hommes osent une certaine fébrilité. Elle disparaît. Une ombre évanouie. Elle n'est pas dans la fidélité, elle est dans la frigidité – le culte de soi. Insistons encore sur la dépression d'Élisabeth d'Autriche, moteur de son comportement, articulation de sa légende.

La dépression, c'est l'enfer. Une tristesse intérieure sans relâche, jusqu'au fond des rêves, glauques, en spirales, même éveillée (elle dort très peu). Une éternelle angoisse diffuse. La gorge se bloque quand il y a un public à affronter. Fuir, se cacher. Le monologue intérieur tourne sur lui-même, dévorant sa proie palpitante. La claustrophobie, la phobie en tout genre. La fatigue et son cortège de fourmis noires sous la peau. Même le chant d'un oiseau fatigue Élisabeth. La migraine en rechutes régulières, d'étranges sifflements d'oreilles – les acouphènes – qu'elle est seule à entendre. Le vertige quand elle longe un couloir qu'elle s'attend à voir se refermer sur elle. Plus d'issue. Pas de sommeil, les larmes débordantes sur la peau fébrile. Des palpitations, l'étouffement. Des maux d'entrailles, des menstrues trop longues ou absentes. L'impression de s'évanouir devant le sang. Le goût des funérailles et de tout ce qui touche, en art, à la mort. Un sentiment de viol si l'Autre s'approche, dénude le corps saisi d'effroi originel. La douleur en faisant l'amour et la douleur de ne plus jamais faire l'amour. L'horreur de l'immobilité. Une agitation sans fin, cheval, marche et nage intenses. Violenter ce corps qui emprisonne la chose ; comment évacuer la chose ? Prendre goût à la chose, magnifique chantage à toute contrariété. Ne pas contrarier Sa Majesté. La prostration. Les membres glacés, les nerfs ébranlés, le tremblement. Le tic répété de se cacher derrière un éventail. Se faire oublier en devenant le centre du monde. La dépression, hémorragie de l'esprit. Maigreur et boursouflures mêlées. Sans l'errance et sa beauté, la chevelure détruite, peut-être fût-elle morte rapidement, à la Hofburg, d'un cancer ou de tuberculose. Elle était anorexique, elle eût pu aussi basculer dans la boulimie, avaler des quintaux de nourriture, devenir obèse. Mourir du dégoût de tout, du dégoût de soi. Elle a l'attraction du suicide et des grands suicidés. L'attraction des fous. La dislocation du langage dans le sens mortifère. Élisabeth résiste grâce au capital extraordinaire de sa beauté. Son narcissisme est en partie sa bouée de sauvetage.

Sa dépression, d'après les entretiens du philosophe Cioran, passionné d'ironie et de désespérance, est celle du prince Hamlet (Shakespeare). Ce chaste aime Ophélie avec qui jamais il ne consomme. Il dialogue avec une tête de mort et un bouffon. Sa grande et pire question est : « To be or not to be. » L'éternelle interrogation sans réponse d'Élisabeth face à sa mort et ses morts, ses fuites en avant. À la fois morte et vivante, être et ne pas être. Élisabeth d'Autriche « hamlétise » (Cioran). D'après le philosophe, « elle était née déçue ». Elle puise son ironie dans les bouffons de Shakespeare et disait volontiers : « La folie est plus vraie que la vie. » Les entretiens avec Cioran, *Sissi ou la vulnérabilité*[1], développent cet « hamlétisme ». Elle est incapable de passions réelles, elle entre dans le jeu y compris celui de la poésie sur ses morts. Son amour pour l'empereur a participé à du jeu. Il s'était follement épris d'elle ; mais quelle fut la réciprocité ? La suite du « jeu » (devenir impératrice à seize ans) sombre dans la tragédie. Son orgueil la pousse à détester tous les hommes excepté les artistes, les fous, les pauvres, le pêcheurs, les idiots, les difformes. Elle dévie sa phobie des contraintes sociales en préférant à tous les bêtes, les plantes, les éléments. Elle est désabusée, coupée du monde, coupée d'elle-même au point qu'elle ne s'apercevra pas, au jour de sa mort, qu'elle a été poignardée. Aussi morte qu'Hamlet ergotant, lugubre et ironique, rien ni personne ne satisfait cette âme perdue. Le monde et ses réalités ? Ils l'écorchent vive. Cioran a cerné la désespérance d'Élisabeth, son idée personnelle de la mort qu'elle définissait ainsi :

« L'idée de la mort purifie et fait office de jardinier qui arrache la mauvaise herbe dans son jardin. Mais ce jardinier veut toujours être seul et se fâche si des curieux regardent par-dessus son mur. Ainsi je me cache la figure derrière mon éventail pour que l'idée de la mort puisse jardiner [jardiner = travailler en allemand] paisiblement en moi. »

Sentait-elle la folie des Wittelsbach s'installer en elle et y puisait-elle un orgueil hypertrophique, que ses catastrophes intimes réconfortaient ? Il y a une jouissance dans le constant malheur du prince Hamlet ou l'ironie désespérée du roi Lear. Élisabeth est la sœur d'Hamlet et du roi Lear quand, à mesure de ses exils, elle finit par rejoindre d'exaltants dialogues avec les Ombres. Ses confidents ? Un cheval, son chien Shadow (Ombre), l'océan, un arbre au parc de Gödöllö, en Hongrie. L'Océan devenait « son confesseur », l'arbre son « confident et son meilleur ami ».

« Il sait tout ce qui est en moi et tout ce qui se passe pendant le temps où nous sommes séparés. Il ne dira d'ailleurs rien à personne. »

De la névrose, elle frôlait la psychose, la paranoïa (l'arbre ne

---

1. *Sissi ou la vulnérabilité* (propos recueillis en langue allemande par V. von der Rynsch, Paris, janvier 1983, version française de B. Lortholary, in *Vienne 1880-1938, L'Apocalypse joyeuse*, éditions du centre G. Pompidou, Paris, 1986).

répéterait pas ses secrets). Elle incarnait, à la fin du XIXᵉ siècle, une Autriche pourrie de l'intérieur, un empire prêt à exploser, en milliers de morts à venir. Elle incarnait, Cassandre sous ses voiles noirs, la forme abjecte de son pays qui fut, trente ans après sa mort, en proie au démon nazi. Peut-être fuyait-elle ces images inconscientes, ces monarchies en charpies, remplacées par des explosions encore plus atroces. Elle a quelque chose d'un tocsin qui sonne, à mesure de ses passages si brefs, de pays en îles. Une messagère ? Elle porte l'Angoisse sur ses épaules si minces afin d'en soulager, qui sait, la terre qui saigne.

Madère fut un échec.

Élisabeth ne se pose aucune question matérielle. Qu'une villa-palais, ravissante, l'attendît à Madère, était normal. Sa vie est un songe, sous ses pas surgissent les palais, les serviteurs, les vaisseaux, les malles débordantes de robes et de parures. Le comte Carvalho, grâce à sa haute influence, avait installé cette hôtesse illustre et surprenante sur les hauteurs de Funchal, dans l'ancien palais tout blanc de la Quinta Vigia, perdu dans une végétation tropicale. Elle aima la hauteur escarpée, volcanique de l'île. Les terrasses, les serres luxueuses de la demeure, où elle fit établir des volières débordant d'oiseaux multicolores, de perroquets. La cascade des bougainvillées, violettes, rouges, les hortensias, les camélias géants lui furent un cautère. Enfin, une cure de solitude, dans cette splendeur de couleurs et de parfums – le jasmin, la vanille. L'église Nossa Senhora do Monte, verte et blanche, a plus l'air d'un château de fées que d'une église. Madère était alors très isolée, découpée en amphithéâtre. Funchal, un village de pêcheurs. Les maisons, blanches, peu accessibles, tuilées de rouge. Les curieux n'abondaient pas. Élisabeth aima ces chemins raboteux, dominant des précipices de falaises roses. L'illusion d'une solitude éblouie s'installa. De sa terrasse, elle voit la mer cousue au ciel. L'illusion tracera, insidieuse, une petite souffrance à la longue intolérable : l'ennui. À la Quinta Vigia, au-delà des volières et des bananiers, il n'y a rien, que soi-même. On n'emporte jamais que soi dans ses bagages. Le « moi » d'Élisabeth était une torture savamment agencée comme sa coiffure. La coupure avec Vienne, au début, améliora sa santé. Elle devenait enfantine, riant aux perroquets et au passage d'une carriole bariolée, attelée de poneys. Elle se passionne quand on lui offre des papillons bleus, froissés de velours émeraude. La petite fille de Possi ressuscite. Elle adopte un crapaud à la voix perlée. La toux cessant, à la surprise du médecin, elle exige de prendre des bains de mer. Elle horrifie sa suite qui la regarde, coite, du rivage, en se jetant dans l'eau, en simple « robe de bain ». Un bain, à l'époque, surtout pour une grande dame, était toute un affaire. On n'est plus à Possi, elle n'a plus dix ans, elle est impératrice. Un bain : il fallait éloigner tout le monde, prévoir une cabine roulante jusqu'à l'eau. Le médecin accompagnait la dame ensachée jusqu'au cou d'une robe éponge, entrait avec elle dans l'eau, la tenant par le bras tout habillé. Il prenait son pouls. On lui laissait faire quelques brasses, sous haute surveillance. La dame regagnait aussi vite la cabine roulante, dûment refermée. Séchage et frictions se faisaient à l'abri des regards. À Dieppe, on tirait un coup de canon quand l'excentrique petite duchesse du Berry, Marie-Caroline, nièce de Louis XVIII, en se baignant lança la mode des bains de mer. À Madère, point de coups de canon ni de cabine roulée. Élisabeth se jette à l'eau, nage vite et loin. L'ennui... Elle le trompe (et se trompe) en jouant aux cartes, grattant de la mandoline. Le roi du Portugal, Pedro V, était venu lui souhaiter la bienvenue, seule corvée sociale en ces cinq mois d'exil doré. L'ennui... Elle en parle en ses courriers ce qui lui vaut un autre cadeau d'Angleterre : le beau chien, cet aire-dale tout blanc, aussi haut qu'un veau, si attaché à ses pas qu'elle le nomme Shadow. Elle descend, parfois seule, à Funchal. Les maraîchers et les pêcheurs la saluent. On devine une grande dame étrangère avec sa robe en belle indienne fleurie, sa capeline, son ombrelle. À la différence des paysannes de la montagne, qui vont nu-pieds, elle porte des chaussures. À Madère, après la visite du roi du Portugal, la rumeur affirma que cette dame au palais, là-haut, était l'impératrice d'Autriche. On est fruste, ici. On ne sait pas lire ni écrire, ou si peu. Tout appartient à des puissances invisibles, quelquefois, une de ces « divinités » descend au palais blanc. On a le fatalisme insulaire. Quand la dame étrange se promène à Funchal, on apprécie sa politesse, sa simplicité. Elle a la paix, ici, et, pourtant, la chose n'est qu'assoupie, même si elle mange mieux, ne tousse plus, s'amuse de petits riens. Noël, d'après le comte Nobili, « a été fêté de manière traditionnelle ».

À Vienne, on a fait venir à Laxenbourg un sapin de Bavière, selon l'usage. Sa fête et Noël ont eu lieu sans elle. L'empereur et les enfants sont silencieux. L'archiduchesse est morose. Il y a les messages et les lettres. Il y a les espions. Ses faits et gestes sont épiés, rapportés en Autriche. La mélancolique « rose de Bavière » suscite un engouement romanesque en Europe. Le poète Peter Rosegger la dessine, seule, éplorée sous un voile, sur une terrasse face à la mer. Le dessin – la caricature romantique – fait le tour des gazettes. François-Joseph, inquiet, envoie des express au médecin. Sissi a écrit à sa mère des lettres navrantes. La solitude, la mélancolie d'être séparée de ses enfants.

— Sans doute, écrit la duchesse à sa sœur, est-elle sincère et voit-elle de manière déformée ce qui causait sa peine.

Les nouvelles se croisent, contradictoires. Elle semble se plaire ici. Louis Rechberg souligne le contraire : l'impératrice se morfond de mélancolie. Sa santé physique, certes, s'était fortifiée, elle se promenait, mangeait et ne toussait plus mais « son moral était au plus bas ». « Elle s'enferme, fait-il savoir, presque toute la journée dans sa chambre pour pleurer. »

La dépression, l'ennui de vivre, Hamlet et sa tête de mort, la mort immortelle, bienheureuse ; le bleu invivable, la beauté invivable des îles. Quelque chose de putride sous la fragrance des orchidées.

En janvier, Élisabeth retomba dans l'anorexie. Le protocole à table, était toujours le même. Quatre plats, quatre desserts, le café. En vingt minutes, Élisabeth quitte la table, excédée devant la nourriture. Ses compagnons sont obligés d'en faire autant. Ils ont faim ; on n'est pas à Vienne pour se sustenter en douce en quelque gargote. La capricieuse, d'un égoïsme fou comme les grands dépressifs, se soucie mal de son entourage. Sa mère, inquiète, finit par persuader Hélène de se rendre à Madère. Hélène était mariée, heureuse, mère de deux jeunes enfants. Elle aimait son mari et ses enfants dont elle s'occupait entièrement. Ce séjour lui parut forcé et détestable. Elle ne prenait pas encore au sérieux « la maladie » de sa sœur. Elle demeura quelque temps auprès de Sissi qui sembla aller mieux. Élisabeth envoie à ses enfants et aux siens des menus cadeaux. Elle écrivait à Gisèle qui, loin d'elle, reprenait une place d'absente, une place d'amour :

« Tu sais déjà les beaux petits oiseaux que je te rapporterai, dans une jolie cage, et puis je te ferai de la musique et je t'apporterai aussi une toute petite guitare pour que tu en joues. »

L'entourage de Sissi prend Madère en grippe. L'ennui devient féroce. Le comte Nobili déteste Funchal, selon lui, bourgade

277

SISSI, LES FORCES DU DESTIN

laide, sale, aux pavés malcommodes. Il n'y a rien à faire – hors les sempiternelles promenades, ces plages où l'on s'embête, cernés de ces quintaux de mer. On se jalouse, aussi. On se déteste, on frôle la dépression. On trompe le temps à écouter l'impératrice gratter sa mandoline et jouer quatre heures par jour aux cartes. Rien, hors cette anxiété désœuvrée et les crises de larmes d'Élisabeth. Qu'a-t-elle à dire et à faire en cette vacuité effarante, ce gouffre ? Ses lettres à son époux parlent de ses chevaux, son chien, la volière, les poneys. Une distraction dangereuse l'égaye un peu. Le grand photographe Angerer (son nom n'a aucun lien de parenté avec Fanny Angerer) avait débarqué à Madère. Sissi se fait photographier, palpitant d'angoisse quand apparaît le cliché. La photographie était à son début. Les éclairages sont ratés, les visages trop blancs, les costumes trop sombres ou trop clairs. Les traits sont marqués. Une photographie d'Angerer prouve l'ambiance débilitante de cette équipée.

Assise au centre d'un petit groupe de trois femmes, Sissi, un châle sur les épaules, une résille (ou un béret de matelot) retenant sa chevelure, tient une mandoline. Elle est flanquée, de part et d'autre, de Mathilde Windischgrätz et de Lily Hunyady. Lily brandit une longue-vue. Elles sont debout. Hélène est assise aux pieds de Sissi, sérieuse sous un chapeau de paille. La végétation est luxuriante, mal définie. Les quatre femmes portent des corsages identiques à manches longues, des jupes larges. Cette photographie déclencha bien des ragots à Vienne. Au début de cette année 1861, Élisabeth apprend par Hélène que leur sœur Marie est en sûreté à Rome. Élisabeth déteste rester longtemps quelque part. Elle parle de retour ; les médecins renchérissent qu'il serait catastrophique de revenir à Vienne en hiver. Il faudra attendre mai. Les distractions se réduisent encore. Elle écoute sans relâche une boîte à musique, cadeau du dévoué mari. Une mécanique répète, inlassable et lassante, l'air célèbre de *La Traviata*. Elle eut un sursaut salvateur. Elle se mit à lire beaucoup, approfondit son étude du hongrois avec le comte Hunyady. Il n'arrivait plus à cacher sa passion, quelque courrier sournois en informa Vienne. On rappela sans façon le bel amoureux. Pas de corruption rôdant autour de l'impératrice dont le séjour a pour but sévère une guérison. Il est étonnant de voir, à cette époque aux communications difficiles, à quel point les nouvelles allaient vite. Quelle nuée mal-

278

veillante filait plus rapidement que le vent du côté de l'oreille impériale ?

L'archiduchesse avait toujours excellé dans l'espionnage, bas allié de tout pouvoir. Vienne savait tout ce qui se passait à Madère où Sissi se croyait à l'abri. Sa liberté est celle du perroquet rose en cage, à qui on offre un perchoir de plus. Elle avait ses alliés qui télégraphiaient ses messages. Sa chasteté, quasi maladive, mettait à l'abri son honneur. Rien n'est plus surveillé, depuis toujours, que le ventre d'une grande princesse. Se débarrasser des Hongrois est l'obsession de Sophie. Le maladroit adorateur s'en alla, avec son épouse, sans autre forme de procès. Élisabeth tira un certain plaisir de la passion qu'elle avait provoquée. Elle avait repris quelque confiance en elle. Elle se savait très belle, en dépit de l'agression provisoire de la maladie. Mieux nourrie, ne serait-ce que de soleil, de grand air, de mer, sa peau est éclatante. Elle marche avec l'aisance de l'enfance, elle sourit parfois, elle ne pense plus à ses dents jaunes. Un navire russe était en rade à Madère. Sa Majesté l'impératrice invita les officiers et leur amiral à dîner à la villa-palais. Elle se fit coiffer et habiller de manière ravissante. Le dîner et le petit bal éblouirent tous ces hommes. Ils repartirent, amoureux de l'impératrice d'Autriche. Une chevelure indépassable, un sourire, une silhouette, une robe, des propos exquis. Ils emmenaient avec eux le précieux témoignage d'une beauté unique. Les portraits, les dessins, les photographies faisaient foi. Ces officiers rejoignaient la cohorte éblouie qui avait vu de près l'impératrice. Elle était, disait-on, la plus belle femme du monde.

Ce n'est pas rien une réputation de cette sorte. Elle remue en profondeur des troubles, des fantasmes plus véhéments que les pouvoirs de guerre et de gloire. Le rêve éveillé, le désir inassouvi, la nostalgie inaccessible d'une belle image... L'empereur était stratifié dans ce trouble. L'absence de la Belle décuplait sa passion au lieu de l'éteindre. L'assurance d'Élisabeth se marque dans sa correspondance avec Grünne. Le ton a changé. Grünne est âgé, il a été le confident des premières heures. Elle employait avec lui un ton simple et filial. Elle lui écrit de Madère, avec une certaine coquetterie qui dut le surprendre et le gêner.

« Je suis persuadée que vous pensez beaucoup à moi, et que, surtout, si vous êtes à Vienne, je vous manque quelque peu...

Vous avez été souffrant, ces derniers temps, je serais très heureuse d'apprendre de vous-même comment vous vous portez. »

Plus que son époux et ses enfants, elle lui fait part de sa tristesse d'être séparée de ses chevaux.

« Faites-moi savoir, comment vont nos chevaux, je n'en peux plus d'attendre l'instant où je pourrai retrouver Forrester et Belle Rose[1]. »

Elle se languit, continue-t-elle, de son cheval favori, Gypsy Girl, d'autant plus qu'elle a « un chapeau assorti à lui » ! Elle veut repartir, ne pas retourner directement à Vienne. Le mouvement, confie-t-elle à Grünne, seul, l'apaise.

« Je voudrais toujours aller plus loin ; à chaque bateau que je vois partir, j'ai envie de me trouver à bord ; peu m'importe d'aller au Brésil, en Afrique et au Cap, le tout est de ne pas rester installée si longtemps au même endroit. »

Vienne est sa phobie. Ses chevaux et ses enfants lui manquent (et son époux ?) mais le mal absolu, aggravé par la distance, est sa belle-mère. Elle éprouve, à son seul nom, « une immense aversion ». Elle se replonge dans la lecture de Dante, de Shakespeare et de Heine – ses *Dialogues avec la mort,* ses poèmes dont *Secret* :

> *Avec sa douleur muette il repose*
> *Au fond sanglant de notre cœur ;*
> *Même s'il bat la chamade dans le cœur indompté,*
> *La bouche, elle, reste désespérément close.*

François-Joseph est à demi rassuré par les nouvelles de Madère. En Prusse, le nouveau souverain, Guillaume Ier, soixante-cinq ans, soldat dans l'âme, se couronne lui-même à Koenigsberg. Bismark, en Russie, mène son jeu. Berlin se rapproche de la France, Vienne est menacée d'isolement. La Hongrie est agitée. L'archiduchesse a repris son influence. Budapest, dit-elle, est une ennemie, à soumettre sans pitié. « Le diplôme d'octobre » a été un échec. Un autre texte est péniblement mis au point par un juriste à tendance libérale, Anton Von Schmerling : « La patente de février ». Il paraîtra le 28 février 1861. Il souligne un retour net sur le centralisme constitutionnel. L'archiduchesse fronce les sourcils. Le Parlement impérial (le Reichsrat), deux chambres pour cent quarante-cinq

---

1. *Ibid.,* p. 156.

membres, a fait respectueusement remarquer que la responsabilité
des ministres n'est pas en compte. L'empereur conserve ses pouvoirs principaux : militaires et fiscaux. Il a écrit lui-même sa
conclusion. Le Reichsrat n'interviendra pas dans les Affaires
étrangères ni dans celles de l'Armée. L'archiduchesse frémit au
danger du libéralisme. Elle persuade son fils de maintenir Budapest et la Hongrie dans la dépendance. Un allégement, certes,
mais « cette patente de février » est comme Madère : un écran de
fumée. La Hongrie est toujours étranglée par Vienne.

C'est alors que, surprise, Élisabeth va intervenir en politique.
On l'a sous-estimée, une partie de sa révolte (de sa maladie) est
liée à cet isolement où délibérément on la tient, son époux en
premier. *Sa Majesté l'impératrice n'use d'aucune influence.* Les
secousses ont étiolé sa vitalité, sa gaieté naturelle. Elle avait su
assumer son rôle lors des périlleux voyages officiels en Italie et en
Hongrie. Elle avait su faire fonctionner un hôpital de fortune à
Laxenbourg pendant la guerre d'Italie. À Madère, en grattant de
la mandoline, jouant aux cartes, rien ne dit qu'elle n'abominait
pas ces lamentables passe-temps. Elle avait, peut-être, réfléchi à
une solution pour intervenir dans la vie politique, reprendre ses
enfants. Un excès d'entraves et de deuils l'ont paralysée, abêtie.
L'archiduchesse la ravale au rang de ses perroquets. Elle allait
mieux, son charme jouait sur les hommes, elle lutterait. Il est inutile, elle le sait, d'obtenir des informations politiques par son
époux. Elle se souvient, lui qui la nomme son « Ange » et la prend
pour une enfant, qu'il avait éludé ses excellents conseils d'engager
la paix après Solferino. Elle avait su désarmer des rejets et des
méfiances en Hongrie, en Bohême et en Vénétie. Elle connaît ses
faiblesses, ses fatigues. Elles portent le nom si dur de l'archiduchesse, la mort de son enfant, la Cour. À son tour de ruser, d'où
le choix de choisir Grünne pour correspondant. Elle en fera, habilement, son informateur. Elle commence par des lettres enfan-
tines, des confidences naïves. Elle durcit d'un cran son courrier.
Elle a besoin de voir clair dans ce qui se passe à Vienne, contre
cette Hongrie, détestée par sa belle-mère. La Hongrie, pays où
elle a été aimée d'un peuple confiant, où sa petite fille est morte.
Ces liens comptent fortement. Il faudra, si elle veut prendre soin
de la Hongrie, retourner à Vienne. Elle frissonne à l'idée du « supplice du foyer ».

« Je vous en prie, écrit-elle à Grünne, écrivez-moi où en sont maintenant les choses, s'il faut s'attendre à quelque campagne militaire... J'espérais que les choses s'arrangeraient en Hongrie... Finalement cela éclatera plutôt là-bas qu'en Italie... Vous n'imaginez pas combien il me serait désagréable de me trouver encore ici au cas où il y aurait une guerre. C'est pourquoi j'ai prié l'empereur de me laisser avancer mon départ. »

L'archiduchesse avait-elle, de son côté, changé ? Peut-être, nul ne l'a jamais dit, avait-elle, à sa manière si raide, traversé aussi une dépression ? Elle ne s'attendait pas à une volonté d'éloignement aussi faramineuse chez Sissi. Elle avait compris qu'elle n'était pas faite pour les obligations d'un tel rang. Elle se bat sur plusieurs plans (il y a aussi ses autres enfants) et se sent vieillir. Lucide, elle craint de n'avoir pas la force d'assurer l'éducation de ses petits-enfants. Rien ne lui échappe, pas même la tristesse de son fils éloigné de son « Ange ». Elle sait, le cœur serré, jaloux, que même si son influence politique est intacte, nulle femme ne sera plus adorée de son fils qu'Élisabeth. C'est injuste mais c'est ainsi. Son rôle est inhumain, sévère, plus tragique que celui d'Élisabeth. Qui en conviendrait ? Qui l'a aimée ? Ses enfants ? François-Joseph ? Maximilien, peut-être. Qui connaît ses larmes bien cachées ? La solitude, elle l'a endurée depuis toujours, sans se plaindre. Des rhumatismes, l'oppression cardiaque la torturent. Elle ne laisse rien voir. Son dévouement extrême, sa vigilance, son sacrifice ont volé en éclat quand Sissi est entrée dans leur vie. Elle a cinquante-six ans. Comment soulager la tristesse des enfants, dont la mère est si loin ? Rodolphe a des fièvres fréquentes, une nervosité proche de celle de sa mère. Sissi... Elle ne la déteste pas, loin de là. Elle a tenté d'en faire une impératrice. Elle avait sincèrement pleuré et prié lors de son terrible accouchement. Elle voit souffrir son fils et se demande jusqu'où le mal empire chez Sissi. Elle fait un geste, touchant et d'une maladresse digne de cette âme droite comme un fer de lance, empesée d'interdits. Elle fait envoyer à sa belle-fille une statue de saint Georges. Louis-Victor est chargé de remettre le présent. Ce sera une visite pour agrémenter la solitude de Sissi. Présent et beau-frère débarquent en avril. Sissi éclate de rire et de colère mélangés. Elle prend très mal l'étrange cadeau. Saint Georges écrasant le démon ! Sa belle-mère veut-elle lui signifier que saint Georges est son seul recours pour vaincre ses démons d'insoumission ? Ces deux femmes, perturbées l'une par l'autre, ne peuvent que tout interpréter de travers.

— Je ne vais pas lui écrire, dit-elle à son beau-frère, gêné. Mes lettres doivent l'ennuyer et je n'écris plus qu'à ceux qui m'aiment.

Huit ans de lutte et de larmes. L'archiduchesse et Élisabeth se sont perdues à jamais. De saint Georges ne triomphe, vivace et cruel, que le démon de la discorde. Madère à Pâques la déçoit. Le froid, le vent, la pluie, des secousses atlantiques. Les îles ne sont agréables qu'en songe. Leurs belles saisons sont brèves et la fragilité des demeures rend plus glaciale qu'à Vienne la lourde pluie septentrionale. Le 28 avril 1861, soulagée, Élisabeth quitte Madère. La revoilà à bord du yacht de la reine d'Angleterre, dans le même confort. Les retrouvailles des époux sont prévues à Trieste. Six mois de séparation. Une exaltation la saisit en mer, mouette en plein air. Une panique fébrile à l'idée de retrouver « l'enfer du foyer ». Qu'on lui accorde le répit de visiter l'Andalousie si proche. François-Joseph ne sait que faire pour la satisfaire. Soit, il se morfondra quelques jours de plus. Il lui accorde Cadix comme il lui a offert sa boîte à musique. « Elle est si jeune. » L'angoisse d'Élisabeth était de mesurer ce fil à la cheville qui la lie à Vienne, où qu'elle aille. Le *Victoria and Albert II* et le *Osborne*, mirent deux jours pour atteindre Cadix. Cette arrivée déclencha une curiosité générale. Élisabeth a acquis la prudence animale de se dérober. Elle réussit la prouesse de visiter Cadix, incognito, accompagnée de deux dames. Cet exploit l'exalte, elle concocte de prendre le train à Séville, rouler à travers cette terre inconnue, en simple particulière. Elle ne manque plus de complicités – la difficulté est la rumeur. Dans la rade de Cadix, ces deux magnifiques navires ont soulevé la curiosité. L'impératrice d'Autriche est là ! La nouvelle parvient au roi d'Espagne. Il veut honorer une telle visiteuse. Il envoie à la gare, en ambassadeur, son plus jeune fils, époux de l'infante Isabelle de Castille. Élisabeth arrive tranquillement à la gare, le prince et une foule de dignitaires huppés l'attendent. Une fanfare éclate. Elle est consternée. Elle est à peine aimable, suffoquée de cet éternel dilemme. De nos jours, elle eût été le gibier des paparazzi, des médias en tout genre. Le malaise la reprend devant ce déploiement exécré. Elle offense la famille espagnole en refusant leur invitation à Aranjuez. Elle assiste à une corrida. Les rapports pleuvent sur son compte à Vienne et à Madrid. Les Espagnols sont enchantés de sa simplicité et de sa beauté. Une corrida ! Ce n'était pas la place d'une impératrice mais la fierté nationale et populaire s'en réjouit.

Sur une mer calme, elle atteint Gibraltar, Majorque, Malte. Corfou apparaît, perle découpée, rose et bleue, poudrée de vert... Le 15 mai, toujours à quinze nœuds de vitesse, le navire royal, à sa demande, s'arrête dans le port de cette île où la légende a fait naître Nausicaa. L'île a les reflets d'une perle d'orient. Corfou est soumise à l'Angleterre depuis 1815. L'escale sera brève, éblouissant Élisabeth d'une trace durable : elle y retournera. La littérature grecque l'attirait et joua un rôle dans cet engouement pour Corfou – au point d'y faire construire, en 1890, le palais de marbre blanc, l'*Achilleion*, en l'honneur de son héros préféré, Achille, ce demi-dieu fragile, qui préfère à la réalité l'existence rêvée. Elle fut enivrée des senteurs de cyprès, d'oliviers, d'hibiscus, le bleu violet de la mer, du ciel. En face, la côte albanaise, non loin, Capri. Le total mirage d'une île méditerranéenne. Un fascinant mélange d'art grec et vénitien. Corfou avait autrefois appartenu à Venise. Gastouri et la capitale, Kerkira, sont bâtis de citadelles et de remparts rosés, de style vénitien. La Hongrie, la Grèce ancienne : Élisabeth entre dans des palais et des pays, des mirages qui la couronnaient davantage en déesse qu'en reine.

Trieste. Le 18 mai.

Un mélange d'appréhension, une petite toux oubliée. L'homme qui l'aime est là. L'homme qui partagera sa chambre, sa couche.

Le *Victoria and Albert II* se range, contre celui de l'empereur d'Autriche, *Fantaisie*. Fantaisie ! Deux navires parallèles, deux amours parallèles, deux regards parallèles. Deux lignes parallèles qui ne se rejoignent jamais. Le frôlement, à distance, de l'amour. Une passerelle entre les deux, un tangage, un tournis. Il avance vers elle à grands pas, il est souple, il est beau, sa tenue diffère à peine de celle de l'amiral en toile blanche à boutons d'or. Des boutons bien alignés. Elle va vers lui, six mois de séparation changent la forme de l'ombre. Ils s'adorent de loin, ils ne cessent de s'écrire et se le dire. Son baiser est fougueux mais il bouscule son rêve éveillé. Elle avait oublié le protocole. François-Joseph en est le rappel. Pas d'escapade d'amoureux mais l'obligatoire visite à Miramar, chez son frère Maximilien et son épouse Charlotte. Elle n'a jamais aimé Élisabeth et critiqué ce voyage. Miramar est un château d'opérette, en haut d'un piton, au-dessus de l'Adriatique. Une splendeur de jardins et de terrasses. L'effroi s'empare d'Élisabeth. Elle a vécu des semaines à peu près solitaire, à son goût, éprise de silence, d'échanges innocents. À Miramar, la conversation mondaine, où Charlotte jette son venin, le déjeuner interminable la bouleversent. Les malaises l'assaillent. Maximilien, inquiet du mépris trop affiché de son épouse, est affectueux avec Sissi. Charlotte ose rappeler sa haute naissance. Quelle bonne épouse de roi, d'empereur eût-elle été, elle, fille et petite-fille de rois ! Elle n'eût jamais abandonné son époux, elle l'eût suivi n'importe où. Elle est faite pour un trône à partager sans défaillance, avec l'homme qu'elle aime et qu'elle aidera de toutes ses forces. Les allusions frôlent l'insolence. Élisabeth, toujours muette, pâlit. Les maris, gênés, se taisent. Charlotte lance une réflexion désobligeante au sujet de Shadow. Sissi a près d'elle, à ses pieds, son fidèle chien blanc. La délicate, la très bien née Charlotte de Saxe-Cobourg fait remarquer à Élisabeth qu'un tel chien est vulgaire. La belle Charlotte (moins belle que Sissi) veut accentuer sa démonstration. Elle saisit dans ses bras son minuscule griffon. On en est au café, Élisabeth n'a toujours pas desserré les dents. Le griffon, aussi hargneux que sa maîtresse en crinoline émeraude et longues boucles noires, se précipite pour mordre Shadow. L'immense doux chien l'égorge d'un placide coup de dents. Élisabeth se leva, manière de prendre congé, alors que Charlotte poussait des hauts cris et attendait, visiblement, des excuses.

— Je déteste les petits chiens, lança l'impératrice d'un ton qui incitait à une confusion gênante.

Charlotte de Saxe-Cobourg, misérable griffon aux dents de la Belle Ombre qui s'éloigna sans jamais se retourner.

Vienne.

Sissi s'est précipitée chez ses enfants. Elle se jette sur le tapis, ouvre les bras, reçoit le choc si doux de Gisèle et Rodolphe. Il a deux ans, le visage mystérieux et inquiet de sa mère. L'ombre croche, bien connue, est devant elle.

— Bonjour, mon enfant.

Quatre jours seulement passèrent, et la toux s'empare de Sissi avec une violence inouïe. La toux, le long des couloirs, au plafond des chambres et leurs ors, la toux. Elle ne dort plus et, pour la première fois, ferme sa porte conjugale à l'amoureux désolé. Elle ne supporte plus même sa présence sur le lit de camp, près du sien. Elle préfère Shadow sur la descente de lit. La bonne duchesse, à qui l'archiduchesse a déjà envoyé ces nouvelles, s'inquiète auprès de sa sœur de Saxe.

« Rien ne va, l'empereur est si seul et déjà Sissi est malade... Puisse-t-elle, après cette longue séparation, apprécier son bonheur. » Quel bonheur ? François-Joseph est aussi dans l'angoisse. La terreur de la voir mourir l'emporte sur toute analyse. Elle est cette rose privée d'eau, de soleil. Il est égaré par cette idée insupportable de la voir mourir. Dix jours ont passé. Le ministre des Affaires étrangères, Rechberg, assiste à son chagrin quotidien. Il lui parle, avec respect, c'est à peine s'il semble écouter. La Hofburg prend l'allure d'une immense chambre funéraire. La dépression d'Élisabeth a capté toutes les ondes, paralysé les énergies. Elle est le centre d'un malheur confus, irrespirable. La désolation règne. On parle à mi-voix, les pas sont étouffés. Hamlet à la chevelure d'Ophélie est de retour. La toux, insoutenable, mêlée de sanglots. Elle ne mange rien, boit un verre de lait. Des douleurs diffuses, articulaires, paralysent ses membres. Elle peine à se lever, bouger. Ses genoux et ses chevilles gonflent encore. Elle songe à la mort, et, autour d'elle, on y croit. L'empereur mène seul ses devoirs mondains. Une Cour lugubre. Elle ne bouge plus de sa chambre. Sa chevelure, ses vêtements lui pèsent. Sa beauté s'éteint à nouveau, les larmes ont rougi ses paupières. Ses mains tremblent. Elle fixe le vide. La folie ? À la mi-juin, le docteur Skoda est pessimiste à l'extrême : « Phtisie galopante. » Veut-elle retourner à Madère ? « Corfou », dit-elle au docteur Skoda, qui, perplexe, s'entretient avec l'archiduchesse et l'empereur consternés.

— Corfou s'avérerait salutaire ; le climat est plus chaud qu'à Madère d'où Sa Majesté était revenue pour ainsi dire guérie.

Corfou, un caprice de mourante. Que peut-on contre la phtisie galopante ? Les courriers partent en Bavière. Il y a peu d'espoir de sauver Sissi. Ludowika éclate en pleurs. Les deux sœurs jettent la faute sur les médecins dont se plaint Élisabeth. C'est à n'y plus tenir pour ces mères. Madère. Corfou. Quel mal lui a-t-on donc fait ? se demandent ces deux femmes, qui jamais ne mettraient en cause le système qui a précipité Élisabeth en ce marasme. « Je suis anéantie », répond en écho Ludowika à Sophie. La crise est violente. Élisabeth en est à évoquer la nécessité de mourir, cesser d'être « un fardeau, une misérable créature » à son mari, à tout le monde.

SISSI, LES FORCES DU DESTIN

« L'empereur, écrit-elle à sa mère consternée, pourrait se remarier, trouver un vrai foyer, avoir d'autres enfants. »

La duchesse, désespérée, écrit à sa sœur que peut-être Sissi veut s'en aller à Corfou pour éviter à son époux le triste spectacle de son agonie. Elle semblait si heureuse de quitter Madère, retrouver son mari et ses enfants ! Jamais on n'avait vu à la Hofburg l'archiduchesse en pleurs, s'avouant « anéantie », comme si l'impératrice eût été déjà ensevelie. Son journal déborde d'égards affectueux envers Sissi (elle la nomme toujours « Sissi »), mais n'analyse jamais son mal. Sans doute, n'y comprenait-elle rien au sens clinique. Le diagnostic « phtisie galopante » touchait son entendement. Soit, qu'elle aille au soleil. Elle fait pitié. Elle s'est rendue dans sa chambre. Elle espère – son fils aussi – adoucir ses souffrances en lui accordant Corfou.

« Tendre et bien triste congé, hélas, peut-être pour la vie, de notre pauvre Sissi. Elle pleurait et était extrêmement émue, me demandant pardon pour le cas où elle n'eût pas été vis-à-vis de moi telle qu'elle aurait dû être. »

Il est possible qu'elle fût morte de rester à Vienne. Elle s'enterre elle-même, elle pleure ses propres regrets, elle dessine son nom et son visage dans le temps éternel. Elle recommande à la gouvernante des enfants, la baronne Nischer, de prendre un soin particulier des enfants. « C'est tout ce qui restera à l'empereur », dit-elle. À Vienne, on s'émeut. Des bruits courent, incohérents. Elle a peut-être la syphilis, on la dit à l'agonie. On se met d'accord sur la tuberculose, mal si grave que les Viennois sont sûrs de sa mort prochaine. Elle est si faible, prise, de surcroît, d'une angine, qu'elle n'a pas eu la force d'assister, le 5 juin, à Munich, au mariage de sa sœur Mathilde. À dix-huit ans, Moineau épouse le comte Louis Trani, prince des Deux-Siciles, frère du lamentable roi de Naples. Marie (toujours vierge) est encore à Rome. Les docteurs de la Cour, Skoda et Fischer, sont enfin du même avis : l'impératrice a la tuberculose. Ils n'espèrent que quelques mois de survie, dans un climat chaud. L'ambassadeur de Bavière a le triste devoir de prévenir son roi de l'état de l'impératrice.

Son départ, le 21 juin, a pris l'allure d'un grand enterrement. La foule, silencieuse, en vêtements sombres, se presse à la gare de Vienne. On entend sangloter des femmes, les hommes ôtent leurs chapeaux. Le silence est général. « C'était un cortège funèbre qui avançait », note un témoin. Le narcissisme dépressif d'Élisabeth

287

est comblé. L'empereur, catastrophé, monte dans le wagon de son épouse. Persuadé de sa mort prochaine, il l'accompagnera à Corfou. Il ne retient pas ses larmes, quel don a-t-elle de l'enchanter et le détruire ! Trieste à nouveau. Plus de querelle avec Charlotte, se querelle-t-on avec une mourante même si elle tient en laisse son affreux Shadow ? En mer, le yacht anglais. La mer ou la terre se sont ouvertes sous les pas de l'empereur. Il est veuf d'une femme en voie de s'éteindre. Comment survivre à l'enfant d'Ischl, la petite fille qui riait, en robe rose, les nattes dorées ?

Le 27 juin, avec une suite de trente-cinq personnes, les voilà à Corfou.

La toux a disparu, la mourante est debout, le teint vif, le sourire aux lèvres. La vie coule en elle, à grandes lampées oubliées. Un doute plus douloureux qu'un adultère ébranla l'empereur. Gifler à la volée celle qui riait, voleuse de sa vie à lui, la tirer par les cheveux, s'emparer de force de ce corps qui lui sembla tout à coup, dans la lumière, un mensonge de toute beauté. Il repartit vite. Il était mal. Il ne fut pas étonné des bonnes nouvelles qui ne tardèrent pas à arriver de Corfou. Étrangement, il ne s'en réjouissait pas. Elle l'avait désespéré. Il l'avait laissée dans un palais dominant la mer, prêté par le haut-commissaire anglais de l'île. Le docteur Skoda est désarçonné. Sa mourante va brusquement bien. Elle se baigne, mais oui, les douleurs ont disparu, la voilà en barque, de nuit, pour admirer le clair de lune ! Elle se nourrit et dort mieux. Ces nouvelles dépassent l'archiduchesse. François-Joseph n'ose pas admettre la vérité atterrante : Sissi abomine sa ville, ses palais, sa Cour – peut-être lui aussi. Depuis combien de mois n'a-t-il plus fait l'amour avec elle ? Que fait-elle de l'honneur de sa Maison ? Sa fugue le bouleverse. Il commet une maladresse. Il envoie, en médiateur, pour la convaincre de revenir, Grünne en qui, il le sait, Sissi a toute confiance. Elle prit très mal la visite au point de se brouiller avec Grünne. Il fut d'une lourdeur rare et elle s'en méfia autant que de l'archiduchesse. Était-il devenu un traître, un espion ? Il n'avait rien compris à son exil, sa santé retrouvée, ni à la mission de l'empereur. Il pensa, de bonne foi, que l'empereur voulait s'assurer qu'elle n'avait pas un amant. Ce voyage si éloigné cachait peut-être une romance. Il la pria d'être habile et discrète si elle entretenait quelque galanterie. Il crut astucieux de lui suggérer de ne jamais se compromettre. Il lui conseilla « d'envoyer plutôt une natte de cheveux qu'un mot écrit ». Elle, si loin de la moindre tentation charnelle, eut un sursaut dégoûté. Perdait-il la tête ou tentait-il de la compromettre ? Offensée, elle le rabroua et ne lui pardonna jamais ce qui était, à ses yeux, une suprême insulte. Grünne se fâcha à son tour. Il transpirait dans son habit trop lourd et repartit vite, blessé, mécontent de lui, d'elle. Il ne l'avait jamais vue aussi violente. Elle avait rabroué le vieil ami, son conseil stupide, mais bienveillant. L'échec de cette médiation rejaillit sur François-Joseph. Elle en veut à son époux de la faire espionner et se replie dans son île, reprise de fièvre. Sissi n'écrit plus. François-Joseph hésite et se lance dans un long courrier à Ludowika. Où est la solution ? Ludowika le persuade que la vraie médiatrice apaisante serait Hélène. Elle avait détesté Madère mais elle est sûre que son aînée accepterait le grand sacrifice d'aider sa sœur – surtout si cette prière venait de l'empereur. François-Joseph était gêné de prier Hélène de se rendre à Corfou. Néné aime sa sœur ; elle la devine en mortel danger. Tient-elle sa revanche sur ce glorieux cousin qui l'avait autrefois rejetée ? L'empereur, d'après Ludowika, « l'a suppliée » d'aller à Corfou. Sissi embrouille les sentiments de tout le monde. Néné alla donc à Corfou, ébranlée et pensive. Sa sœur pouvait, en effet, mourir. Hélène a deviné de quel mal souffrait Sissi. Son amélioration intervient dès qu'elle quitte Vienne. La médiation est là, gênante, offensante, indispensable : exposer à l'empereur, le plus franchement possible, les entraves qui détruisent son épouse.

Le 23 août, Hélène rejoignait le palais si blanc et ses lauriersroses, inquiète de ce qu'elle y trouve : Sissi, « les traits bouffis, la mine blafarde ». Le regard est fixe sous la chevelure brillante. Un ravage de l'âme, un ravage des traits. Néné va à l'urgent. La mettre en confiance, l'obliger à se nourrir. Elle lui parle doucement, lui caresse ses mains, elle l'entraîne à se confier, comme à Possi. Sissi éclate en sanglots. Hélène savait par cœur ce qu'elle allait dire. La tyrannie et l'espionnage de sa belle-mère, les contraintes et les avanies de la Cour, le rapt des enfants. François-Joseph est trop attaché aux rituels qui la détruisent. Vienne est son enfer. Plutôt mourir que d'y retourner. Elle n'a pas d'amis, excepté ses chevaux et son chien. Néné la berce comme une enfant. Que faire, mon Dieu, que faire ? se demande à son tour Hélène. Divorcer ? Impensable. Demeurer à Corfou ? Impossible.

Hélène réfléchit. Elle ira parler à son cousin, elle le convaincra, calmement, que la vie à la Cour est en train de tuer Élisabeth.

Ensemble, ils trouveront une solution. Il ne sert à rien de se voiler la face. La phtisie galopante avait cessé dès l'éloignement. Le mal est moral. Hélène est la seule qui osera évoquer, courageusement, cette réalité. La bonne duchesse avait eu une intuition juste en songeant à elle comme ultime recours. Hélène écrivit longtemps. Elle pesait ses mots. Elle détaillait à l'empereur, avec respect et fermeté, les affres de sa sœur, analysant les causes.

— Ma sœur ne supporte plus les contraintes, les vexations.

Hélène a semé au mieux. Elle quittera Sissi, réconfortée, fin septembre. Ludowika reçoit des bulletins de santé rassurants. Sissi mange de la viande, tousse moins et fait avec sa sœur de longues promenades. François-Joseph recevait ces nouvelles avec soulagement et irritation. Il avait fort à faire devant l'imminente rébellion hongroise. Quel temps perdu, cette correspondance à Corfou, pour qui, pour quoi ? Les rumeurs humiliantes, à la Cour, sur « les nerfs de l'impératrice » l'assombrissent. Ludowika, gênée, ne prenait plus le parti de sa fille. Elle écrivait à Sophie que tout était la faute de Sissi. Ses imprudences, son incapacité « à écouter quiconque d'entre nous ». Hélène a promis à Sissi d'aller en personne parler à l'empereur. François-Joseph l'écoute. Ils sont seuls, elle l'en a prié. Il regarde cette belle jeune femme aux traits sévères et purs. Elle est bonne, intelligente, l'âme élevée. S'il avait pu l'aimer... En dix mois de séparation, il n'a vu Sissi que quatre semaines. Hélène le persuade de se rendre lui-même à Corfou. Il en ressortira sans doute un surgeon bénéfique. Il manque à Sissi, elle en est sûre. Elle ose suggérer que la présence de sa mère entraînerait une rechute. « Un mal moral », dit-elle. Il se raidit plusieurs fois lors de son discours mais elle lui sourit et insiste : « Ne vous en déplaise, Franz. » Il ira à Corfou, grande victoire d'Hélène et de Sissi.

Corfou, cette petite île, mi-italienne, mi-grecque, sans aucune distraction, sinon un opéra minuscule, à Bellisario. Quelques beaux édifices, une végétation luxuriante, un port où grouillent des matelots anglais, grecs. Athènes était férocement opposé au protectorat anglais. Corfou n'est tranquille qu'en apparence. L'empereur s'y rendra, avec son aide de camp général, le comte Grenneville. Il n'ose affronter de face sa mère mais lui écrit de Laxenbourg :

« Je voudrais profiter des premiers jours d'octobre pour me précipiter chez ma chère Sissi[1]. »

L'archiduchesse fonce à Laxenbourg.

— Franz, tu n'y songes pas ! La Prusse te guette, la Hongrie
s'agite ! Tu ne dois pas quitter Vienne en ce moment !

Il ne l'écoute pas. Il va, l'amoureux d'Ischl, il va vers la frêle
image perdue. Il est étonné, quand il débarque le 13 octobre, de
trouver non pas une mourante mais une jeune femme presque en
bonne santé. Il écrivit à sa mère qu'elle « avait encore le visage un
peu boursouflé. Mais de bonnes couleurs. » Moins de toux, quant
à ses nerfs, « elle est beaucoup plus calme ». Il se promena avec
son épouse, enchantée de le retrouver loin de Vienne. Il s'intéressa
davantage aux fortifications, aux navires de guerre, aux
manœuvres des marins anglais. Lui aussi s'était réfugié dans les
domaines qui lui étaient propres. Ses illusions sont minces sur
l'amour qu'elle peut avoir pour lui. Il connaît son sens de l'honneur, sa présence indéfectible quand il traverse des moments trop
durs. Est-ce la bonne mesure comparée à sa passion repoussée ?
Il n'ose rejoindre sa chambre. Il doit repartir à Venise. Qu'elle
l'accompagne et lui soumette ses désirs. (Il n'a pas oublié l'entretien avec Hélène). Elle pose ses conditions. Elle ira à Venise si ses
enfants les rejoignent – sans l'archiduchesse. Elle a trop souffert
loin d'eux. « Pense à ta maman », leur écrit-elle. Elle exige le ren-
voi définitif de la comtesse Esterhazy. Il a lu dans les yeux de Sissi
une inquiétante panique quand il a évoqué le retour à Vienne. Il
a promis des concessions. Il écrit à sa mère d'envoyer les enfants
à Venise, sans la comtesse Esterhazy. L'archiduchesse éclata. Les
enfants à Venise ! « Quel sacrifice pour leur pauvre père ! » Se souvenait-elle, l'inconsciente, de la mort de Sophie ? L'Italie, ce sup-
pôt d'attentats ! Venise et ses eaux dégoûtantes, qui feront mourir
d'entérite leur unique rejeton mâle ! Pour la rassurer, François-
Joseph fit venir des tonneaux d'eau de Schönbrunn. L'indignation
de l'archiduchesse augmentait. La comtesse Esterhazy, dévouée
depuis huit ans à l'impératrice, congédiée telle une servante !
Ludowika renchérissait. Sissi était brutale, « manquant de déférence », incapable d'analyser la nuisance de son attitude. L'empereur
n'avait guère le choix, il devinait des forces sourdes, implacables,
chez cet être en apparence si frêle. Elle avait été capable d'être

---

1. *Sissi ou la Fatalité*, J. Des Cars, *op. cit.*, p. 174.

mourante, de s'enfuir. À lui de l'apprivoiser ; l'amener doucement à revenir à Vienne. Corfou l'avait séduite. « J'y reviendrai », dit-elle. Un rêve phobique, l'impossible alliance avec elle-même.

Chapitre X

VULNÉRABILITÉS

La comtesse Esterhazy avait pleuré dans le giron de l'archiduchesse. Élisabeth fit ses choix. Paula de Bellegarde, épouse du comte Konigsegg-Aulendorf, devint sa première dame d'honneur. De petite noblesse, Paula était dédaignée. Le rang de première dame d'honneur prévalait sur toutes les dames de la Hofburg. L'archiduchesse et la Cour furent ulcérées. Venise ne fut pas un voyage d'agrément. Élisabeth y arriva le 26 octobre, à bord du *Lucia,* une frégate à vapeur. Elle fut reçue par trois archiducs dont Jean-Salvator et le savant Louis-Salvator. L'atmosphère était tendue, on se souvenait de Villafranca. On ne pardonnait rien à l'Autriche. La place Saint-Marc, illuminée par ordre du maire, resta vide. Gisèle et Rodolphe rejoignent leur mère le 3 novembre. Sa joie était grande mais les enfants, si souvent sous l'influence de l'archiduchesse, avaient du mal à répondre à cet amour. François-Joseph arriva fin novembre – pour ne revenir qu'en mars. Sissi se ronge d'ennui et ne cesse d'écrire à sa mère. Ses enfants ne comblent pas cette mélancolie récurrente. Elle sent l'hostilité de la ville ; elle redoute une rechute. Ludowika, d'un élan spontané, remplaça Hélène et se rendit à Venise avec son fils Charles-Théodore et le docteur Fischer. Elle veut voir de ses yeux l'état de sa fille, qui, décidément, dérange tout le monde. Ludowika souffrait de migraines, mais elle avait l'esprit de famille. Elle trouva sa fille améliorée mais s'inquiétait de sa pâleur et du gonflement de ses pieds. Son bon sens, son entrain ne l'empêchaient pas de mener

293

son enquête auprès des médecins. Elle s'impatientait de leurs contradictions. Elle faisait confiance – Élisabeth aussi – au docteur Fischer. Il examina Élisabeth, palpa attentivement ses œdèmes. L'affection pulmonaire semblait résorbée. Le pire était passé, elle souffrait d'anémie et de « chlorose ». Ludowika s'irritait. La chlorose, qu'était-ce encore ?

— Hydropisie, conclut le docteur Fischer.

Sissi montrait sans façon ses pieds enflés et ses chevilles à sa mère, à son frère et aux archiducs.

— Suis-je hydropique ? s'inquiétait-elle.

Allait-elle devenir un monstre bouffi ? L'enflure était telle que, pendant de longs jours, elle ne pouvait marcher. La dénutrition avait fait son ravage. Venise, hostile, Vienne, redoutée. Sa mère se désolait. Dans ce palais si beau, humide, et triste, obligée à l'immobilité et l'enfermement, le mal de vivre reprenait. Ludowika écrivait à sa sœur que « Sissi était bonne et charmante avec elle », mais, hélas, sa tristesse gâchait la vie de l'empereur, des enfants – de tout le monde. La crainte d'être « un fardeau » à l'empereur la hantait à nouveau. Sa mère se donnait beaucoup de mal à l'encourager, l'égayer. Rien n'y faisait. Elle est seule à Venise. François-Joseph est obligé de retourner à Vienne. Mesure-t-elle la fatigue de son époux, écrasé par ses devoirs ? Il vint la voir deux fois en six mois. Un fardeau, peut-être... À Venise, il échappe à ses pleurs, ses phobies, en visitant les armées, les fortifications. « C'est un malheur pour lui et le pays », constatait la bonne duchesse. Peu de visiteurs à Venise. L'ennui la malmenait à nouveau. Ludowika et son fils étaient repartis. Que faire de ces longues journées où rien ne se passe ? Attendre qui ? Quoi ? Confinée, elle joue aux cartes. Elle lit et se distrait en agrandissant une étonnante collection de photographies.

« Je collectionne, écrit-elle à son beau-frère, des photographies afin de constituer un album de beautés mais je ne prends que des portraits de femmes. Si tu peux dénicher des jolis visages chez Angerer ou chez d'autres photographes, envoie-les-moi [1]. »

Elle pria – et embarrassa – le ministre des Affaires étrangères, Reschberg, de lui faire parvenir au moyen des ambassadeurs d'Autriche délégués auprès de toutes les cours, des portraits de jolies femmes. Elle ajouta aux photographies prises à Madère, les por-

---

1. *Élisabeth d'Autriche*, E. C. Corti, p. 108.

traits de sa famille. Elle mélangea diverses servantes, elle et son chien Shadow, des inconnues dont elle aimait le visage, sans distinction de rang social. Uniquement des portraits de femmes. Abhorrait-elle les mâles au point de frôler une (chaste) homosexualité ? Comparer ces milliers de visages au sien. Quêter en ces miroirs humains la réponse obsessionnelle : était-elle (même hydropique) la plus belle ? Que lui importent ces cinq mille figures féminines, c'est elle qu'elle cherche, elle... Elle ne possède, croit-elle, que ce capital : la beauté. On ne lui accorde que le don d'une belle image.

Elle avait les goûts de son oncle, Louis Ier de Bavière, hanté de portraits de beautés diverses. Elle regardait à la loupe ce singulier «album de beautés», dont la ravissante Marie de Naples, très populaire depuis Gaëte. Sissi n'en était pas jalouse. Elle regardait ces Anglaises, ces Françaises, ces Russes, ces Italiennes, ces Allemandes, ces Hongroises, cet excès de femmes – qui ne répondaient pas forcément au critère de la beauté à Vienne. Elle avait effaré l'ambassadeur à Constantinople : elle réclamait les portraits des femmes de harems turcs. Quel embarras ! Comment un satrape oriental allait-il concevoir une telle demande, révéler ces créatures cachées pour son seul plaisir aux yeux de tous ? Elle eut de la chance. Le sultan de Constantinople tint à complaire à la belle impératrice. Les clichés s'amoncelaient. Elle regardait, fébrile, soulagée devant ces visages lourds, nourris de pâtisseries orientales, aux grasses formes sous les voiles et pesantes parures, le khôl charbonnant des yeux très noirs. Elle détestait la graisse et le maquillage. Elle se rassurait. Les canons de la beauté en Orient n'étaient pas la minceur, peu s'en fallait. Les diplomates, mi-fâchés, mi-émoustillés, choisissaient au hasard des possibilités et de leurs fantasmes érotiques personnels. Les femmes grasses, petites, mamelues, en courbes rassurantes, grenier d'abondance du mâle, abondaient.

De Paris, lui parvinrent des photographies destinées à l'insulter. Cette avanie était signée de sa pire ennemie, la princesse Pauline de Metternich – dite « Mauline Metternich » (*Maul* = mauvaise langue, *petzerm* = dénoncer). La commère avait eu vent de cette affaire. Elle méprisait et détestait Élisabeth. Pauline-Mauline se sentait infiniment supérieure à l'« oie de Bavière » par la naissance. Pauline-Mauline se disait la meilleure amie de l'impératrice Eugénie, et créa un blocus des portraits. Sissi ne reçut aucun portrait de la Cour impériale française. À la place, arriva une collection de comédiennes, filles de joie, écuyères, acrobates dénudées, parfois en postures licencieuses. Pauline-Mauline avait pris une joie maligne à rabaisser ainsi Élisabeth, à rappeler son vil goût du cirque, semblable à celui du fâcheux duc Max. À son retour à Vienne – en 1870 –, elle nuisit ostensiblement à l'impératrice. Son allusion méprisante lors de l'affaire des photographies haussait l'impératrice Eugénie au premier rang de beauté et de distinction.

« Les princesses royales ne connaissent pas le monde et la vie aussi bien qu'Eugénie... Et que l'on songe seulement à l'archiduchesse Sophie ! Malheureusement, les choses ont changé du tout au tout[1]. »

Élisabeth s'étonnait toujours de la malveillance. L'empereur, pour rien au monde, ne se fût mêlé de ces sordides jalousies. Il ne dit rien de cet « album de Beautés ». Il s'en amusait, peut-être, et restait sourd aux indignations de sa mère. Une impératrice penchée sur des portraits de femmes dénudées et sans qualités !

Elle aima de plus en plus la photographie. Elle rassembla sa collection et exposa, plus tard, à la Kaiser Villa, sur des paravents à huit panneaux, les portraits de sa fille préférée, Marie-Valérie. À Bad-Ischl, elle se sentait chez elle. Sur une colline, dominant la Villa, elle fit construire, en 1869, un pavillon de marbre rosé, au cœur de la forêt. Elle s'y réfugiait pour lire et écrire. Les photographies abondent dont un porte-photos en cuir rouge et or qui fait défiler les portraits (tous à son effigie) au moyen d'un système à mollette. Élisabeth était en avance sur son temps sur bien des plans, dont le goût de la photographie. Paul Morand disait qu'elle avait les qualités et les défauts des femmes de notre époque. Elle eut, en 1862, outre ses fuites, l'intrépidité et l'imprudence de l'« album de Beautés ». Elle passa six mois à Venise. Il y avait plus d'une année que les Viennois ne l'avaient vue. Elle créait un sentiment d'abandon, la fin d'un monde. Le peuple l'aimait et la réclamait. On détestait l'archiduchesse, on était frustré de l'impératrice. Elle quitta Venise pour des cures d'eaux. Au mot « Vienne », la toux revenait. Elle passa l'année 1862 à Reichenau, Bad-Kissingen, en Franconie, au nord de la Bavière. Le docteur Fischer l'accompagnait. Elle abhorrait les médecins de l'archiduchesse. Le diagnostic de Fischer ne variait pas : hydropisie. Elle

---

1. *Élisabeth d'Autriche*, B. Hamann, p. 197.

se révoltait mais il ne cédait pas. Il ne tenait qu'à elle de manger de la viande, boire du sang de bœuf. Elle avait somatisé le mot « hydropique ». Ses mollets et ses cuisses étaient enflés. Sa beauté, mon Dieu, sa beauté ! Elle luttait mal, convaincue (névrose anorexique) que manger détruisait mystérieusement ses vraies forces. Fischer hochait la tête : « Mangez ! bougonnait-il, ou vous allez devenir une enflure généralisée. » Les eaux à boire, les douches, la faisaient grelotter. Pour ne pas mouiller sa chevelure, elle subissait les douches comme dans sa baignoire à la Hofburg : la tête glissée dans une espèce de heaume en cuivre troué.

À Bad-Kissingen, il y avait des membres de la famille bavaroise. On la reçut avec chaleur. Elle était devenue susceptible. Elle supporta mal les remarques d'une tante, qui, sans venin, insistait sur la nourriture afin de stopper son problème dentaire. Élisabeth se froissa : une offense de « lèse-majesté ». Sissi avait atteint un point de non-retour sur des commentaires rappelant, ceux, détestables, de sa belle-mère sur « ses dents jaunes ». La malnutrition avait déchaussé plusieurs de ses dents, certaines étaient tombées. Cette réflexion déclencha une rechute. L'empereur s'irrita, angoissé, et tança vertement ces cousins en Bavière, stupéfaits. Son épouse était une grande malade, que signifiait cette familiarité indélicate ? Il exigea des excuses. Que cette famille ducale se tienne à sa place ! Il devenait irritable. Il avait assumé, seul – ce n'était pas fini, loin de là – un excès de difficultés.

Madère, Corfou avaient aggravé ses finances. Il oscillait entre plusieurs tentations. L'aimait-il malade, mourante, ou en belle santé ? Quand il la retrouvait, il était repris de ce charme quasi maléfique. Elle le perturbait avec une violence plus sombre que la passion charnelle. Il devinait, obscurément, qu'il lui appartenait. Il s'en effarait, aucune femme ne possède jamais un homme, à plus forte raison, un empereur. La tenir enfermée à Vienne ? Enferme-t-on une mouette, un pur-sang ? Elle le menait à toutes les formes d'impuissance, pieds et poings liés à cette chevelure de bronze, ce ventre clos dont il rêvait l'approche de plus en plus improbable.

À Vienne parurent des articles ironiques, anonymes, où on caricaturait le couple impérial. On se servait de faits anodins pour brandir la moquerie. L'empereur s'était fait couper ses favoris roux ? L'impératrice le trouvait trop vieux avec sa barbe. Ludowika s'agitait. Sissi était responsable de ce manque de respect. Ces gazettes insinuaient, entre les lignes, les dures réalités de l'empire tout en décrivant la moindre promenade en bateau de Sissi, ses toilettes, ses malaises. Elle s'était fâchée pour une histoire de dents jaunes ? On compte par milliers les chômeurs édentés, les famines, les enfants aux ateliers. Des pères de famille mendient une journée de labeur pour un croûton de pain. Sa Majesté parle de se faire construire une villa à Corfou ? Son chien airedale a le dégoût de sa pâtée ? La mendicité, le chômage et les crimes ont augmenté de moitié dans les campagnes. Les cures, les trains privés, les nerfs de Sa Majesté l'impératrice ruinent ces mondes où les hommes pleurent pour gagner le pain du jour, plus amer que la pâtée de Shadow.

L'abîme entre la Cour et la misère, le repli sur soi et la souffrance des peuples dont elle est l'impératrice sont immenses.

Élisabeth n'entend rien.

La dépression est un vacarme.

Le docteur Fischer décupla de patience. Elle aimait la marche et l'équitation ? Cela signifiait diminuer l'hydropisie, accepter de se nourrir. On ne sortait pas de cette solution. Si elle marchait à nouveau, à sa sportive cadence, elle ne grossirait jamais. La plupart des femmes autour d'elle étaient grosses par manque d'exercice. À elle seule de se reprendre en mains. Il l'aiderait – à condition qu'elle l'aide. Le pire était éloigné. Si elle persistait en ses régimes draconiens, l'hydropisie deviendrait une disgrâce pire que l'obésité – la privant, en outre, de ses chers chevaux. Elle mangea de la viande, but du sang de bœuf, grignota des pâtisseries. L'été 1862, elle se promenait, enfin légère, vêtue de mousselines fleuries. Elle devenait moins sauvage, acceptait un peu de compagnie. Sa guérison enchanta la ville thermale qui organisa en son honneur un feu d'artifice. Elle se crispait à cette perspective. Le docteur Fischer n'avait pu s'opposer à la liesse de convention d'une ville qu'une telle malade, guérie, hissait au niveau d'une grande cure thermale – aux belles retombées économiques. Elle n'était pas seule. Sa mère, son frère aîné, le duc Max, qui aimait prendre les eaux, et courir les belles curistes, étaient avec elle. Les courriers de Vienne devenaient pressants. Elle s'agitait à la vue du cachet impérial. Elle supplia ses parents de l'emmener quelque temps à Possenhofen. Le duc était enchanté, mais une ombre ternit sa réponse.

298

SISSI, LES FORCES DU DESTIN

— Tu trouveras quelques changements. Tes sœurs, Marie et Mathilde, sont à Possi. Elles se sont enfuies de Rome. Aucune de mes filles n'est faite pour régner. Moi non plus.

Possi débordait de ses frères, ses sœurs, les brus, les gendres (pas tous), les enfants ; la domesticité d'usage. La suite obligatoire d'Élisabeth était nombreuse. On dut louer les meilleures auberges environnantes pour les loger. À Possi, on n'aimait pas ces Autrichiens, trop méprisants. Paula de Bellegarde et de rares intimes demeuraient à Possi. La suite s'offusquait que la duchesse mange à table – telle Sissi – flanquée de ses chiens. Elle aussi leur cherchait les puces pendant qu'on servait la choucroute et les saucisses. On s'indignait d'entendre rire cette fratrie, à tous les étages, se tutoyer et s'appeler par des surnoms. On s'offusquait de la toilette sans apprêt de l'impératrice. Le duc sifflote, en costume de chasseur. Il lance des œillades à ces dames, qui, à leur grand dépit, sont ravalées au même rang que le personnel. La cuisinière, les jardiniers, les servantes, les braves entours de la duchesse qui ont vu naître ses enfants. La suite autrichienne s'ennuyait, campée sous des ombrelles, sur les pelouses, auprès du lac. À qui parler ? On n'aborde pas l'impératrice d'Autriche, fût-elle vêtue en paysanne bavaroise. Un autre scandale laissa sans voix les Autrichiens – et galvanisa Sissi.

Marie et Mathilde étaient là, en effet. Elles avaient fui, l'une et l'autre des maris et un pays détestés. Sissi trouva Marie étrangement épaissie. Le duc, la pipe en porcelaine à la bouche, gouaillait :

— Madame le reine de Naples est grosse d'un enfant que lui a fait un garde pontifical.

Marie (plus du tout vierge) était enceinte. Elle avait vingt-quatre ans, Moineau, vingt. Sa tante de Saxe avait renseigné l'archiduchesse qui frôla une syncope. Ce scandale dépassait tous les autres et rejaillirait sur l'empereur. Maudites filles de Ludowika ! Marie était exaspéré de son époux, lâche à Gaète, lâche d'un phimosis qu'il avait peur de faire opérer, et qui accentuait sa terreur sexuelle. Marie avait pris la fuite de deux manières. Un amant, dont elle était grosse, et quitter Rome avec Mathilde. Fugue romanesque et sans issue – hors la demeure natale. Mathilde avait horreur de Rome et de son époux, le prince de Trani, plus gaillard que son frère, et qui la traitait avec la plus grande désinvolture. Marie et Moineau ! Que de confidences, de fous rires, assises sur

299

le tapis de leur chambre d'autrefois... Comme c'était bon de se retrouver ainsi, dans une famille unie, ne les jugeant pas, en dépit de l'énorme dilemme qu'elles avaient provoqué. Une femme adultère fuyant le domicile conjugal était passible de prison. Que dire de la fuite d'une ex-reine, grosse d'un officier ? « Que faire, mon Dieu, que faire ? » s'était exclamé la bonne duchesse quand la voiture des fugueuses s'était arrêtée à Possi. Ses filles « italiennes », couvertes de poussière, dont l'une était enceinte. Deux mariages complètement ratés. Quant au mariage de Sissi, il était devenu son perpétuel tourment. Sissi regardait Marie, son charmant visage, peu altéré, sa taille élargie sous la casaque en toile à rayures.

— Je suis tombée amoureuse folle d'un bel officier de la garde pontificale. Un comte belge. Il nous a aidées à fuir. Il sait que je suis ici. On l'a renvoyé dans son pays. C'est un miracle qu'on ne l'ait pas assassiné.

Elle éclata en larmes.

— Que va-t-on faire de mon enfant ? Où aller ?

— Ce sont des choses qui arrivent, bougonnait le duc. Assez de piauleries.

Il avait organisé les issues. Marie accoucherait discrètement en lieu sûr. L'enfant serait remis à sa famille paternelle que l'on alerterait en temps voulu. Marie sanglotait et se tournait vers Sissi, impuissante. Le duc s'exaspérait. Ses filles l'irritaient, dévorant sa précieuse paix. Il ferait au mieux pour les sortir de cette situation épineuse, mais qu'elles ne se fassent pas d'illusions : chacune rentrerait au bercail. Il était choqué de voir une femme fuir la demeure conjugale. Il était large d'esprit mais se fâchait devant de telles inconséquences. Il n'hésitait pas à rendre visite à ses bâtards, c'était un homme, c'était normal. Ces femmes – ses filles – n'avaient pas à singer le comportement masculin. La prouesse chez l'homme devenait déshonneur pour la femme. Marie s'était comportée comme une putain, voilà tout. La maladroite était grosse, c'était le plus embêtant. Elles retourneraient toutes chez leurs maris. C'était un ordre. L'aide de camp de l'empereur, Grenneville, était à Possenhofen. François-Joseph recevait ces nouvelles. Sissi allait bien et il s'impatientait de son retour. Les aventures de ses belles-sœurs l'ennuyaient. Il détestait ce scandale, il approuvait les arrangements du duc. Quelque courrier de sa part apaiserait les maris offusqués. On ne ferait aucun mal aux sœurs de son épouse, ce serait offenser l'empereur d'Autriche, mais elles retourneraient à Rome. La diplomatie minimum l'exigeait. Il l'exigeait. Seule, Hélène était heureuse. Sophie, la cadette avait quinze ans. Libre, mais combien de temps ? Quel sort lui serait réservé ? Marie accoucha en novembre 1862. On la fit transporter à Augsbourg, au couvent des Ursulines. À grands cris, près de sa mère, elle mit au monde une fillette que la famille du père naturel embarqua aussitôt pour la Belgique. Marie demeura encore six mois chez ses parents. On parla de santé compromise. L'ex-roi de Naples, ébranlé de cette affaire, fit opérer son phimosis. Marie, la mort dans l'âme, avait rejoint Rome, avec Mathilde. Ferdinand II avait-il été galvanisé par l'aventureuse infidèle et le succès de son opération ? Il prit goût à la couche de son épouse et leur union, mystère, prit bonne tournure. Marie survécut à tout le monde et mourut en 1925. Elle avait beaucoup vécu, y compris, si jeune, ses coups de folies. La révolution, la résistance, la fuite, un amant, une bâtarde, l'exil – la grande guerre 1914-1918. Marie, qui fut de Naples, avait aimé la vie. Le comte de Trani reçut Mathilde avec gaillardise et indifférence.

Élisabeth a beau supplier, le duc resta ferme. Elle rejoindrait son époux. Août approche et le traditionnel anniversaire à Ischl. L'empereur va avoir trente-deux ans. Sissi s'enferme dans sa chambre. Elle ne veut pas voir sa belle-mère. Le comte de Grenneville s'impatiente. Les femmes, décidément, couronnées ou non, sont sans cervelle et capricieuses.

Sophie était à Ischl. Élisabeth, le 14 août, rentra brusquement à Vienne. Elle veut voir seule son époux. Elle a pris le train, avec Paula de Bellegarde, essayant de passer inaperçues. La locomotive se nommait *Schönbrunn*. L'incognito fut impossible. On avait télégraphié à l'empereur. On avait pavoisé chaque petite gare et la locomotive des couleurs de la Bavière et de l'Autriche. Le retour de l'impératrice après des mois d'absence fut ressenti telle une immense fête. Elle ne s'y attendait pas. On la contrariait à l'extrême en croyant lui complaire par des bruyants hommages. François-Joseph tressaillait d'espoir. Elle était guérie, elle revenait de plein gré à Vienne ; sa ville, leur ville. À mesure des ovations, elle allait mal, très mal. Comment affronter Vienne et l'excès de monde ? Son époux va à sa rencontre, prêt à la combler de toutes les attentions. Il a prévu pour elle un magnifique pur-sang. Des centaines de personnes, des acclamations, une fanfare l'attendaient. La migraine la torturait. Elle avait pleuré de quitter Possenhofen, ses sœurs. À l'aube de son départ, elle avait dévalé seule le parc jusqu'au lac. Elle avait fait ses adieux à Possi. Le sommeil, à nouveau, la quittait. François-Joseph avait écrit à sa mère son bonheur de retrouver Sissi. L'archiduchesse se raidissait, seule à la Kaiser Villa. Elle avait abominé le scandale de ses nièces « italiennes ». Le cri de joie de Sissi devant le pur-sang à Schönbrunn console François-Joseph. Elle n'a pas évité son baiser fougueux, mais elle préfère le cheval, caresse ses naseaux de velours fauve. La gazette de Vienne, le *Die Morgen Post*, mêle perfidement ses bons souhaits aux nouvelles des misères accrues. Que ce retour puisse marquer celui d'une postérité effilochée de tous les côtés !

À Ischl, elle est seule. Ses enfants sont à Reichenau pour leur santé. François-Joseph, découragé de cette éternelle mécontente, qui ne donne rien, si peu de baisers, pas du tout son corps, part seul à la chasse. Les repas sont vite expédiés. François-Joseph rejoint son cabinet de travail, comme toujours, à quatre heures du matin. Son premier geste est de consulter les baromètres et thermomètres du balcon. Il aime à s'enquérir du temps. Il passera soixante étés à Bad-Ischl, plus à l'aise que partout ailleurs. Il partagera avec sa femme ce goût commun. Dans la demeure, sur son bureau, partout, des bustes et des portraits de Sissi. Dans son petit salon, au fil des années, Élisabeth accumule une quarantaine de portraits de chevaux, ses favoris, des scènes de chasse, des torrents, des montagnes – signés du peintre Christian Maly.

Charles-Théodore est un compagnon fidèle mais l'ennui reprend l'insatisfaite. Le goût de la bougeotte est un moyen de déplacer le mal. Elle va et vient, entre Vienne, Ischl, Reichenau. À Passau, sa mère et sa cadette font une cure thermale. Elle les rejoint mais les quitte aussitôt pour ses enfants. Le contact passe mal, elle ne s'attarde pas à Reichenau. Elle a remarqué la pâleur et la nervosité de son fils ravissant. Elle fuit la tristesse de ce regard où elle reconnaît ses affres. Elle fuit, en cet enfant si précocement sensible, le miroir de son intime souffrance. Elle n'est à l'aise qu'avec Hélène qui la rejoint à Vienne. L'empereur est resté chasser à Ischl, silencieux sur son malheur. Sa mère est omniprésente. Hélène n'a pas entièrement réussi sa mission. Comment exiger du fils respectueux une mise à l'écart de la matriarche à qui il doit la vie et la couronne ? Hélène, patiente, persuade Élisabeth d'accepter son existence. N'est-elle pas aimée ? Elle doit mieux se nourrir, demeurer auprès de son époux, ne pas le décevoir. Elle se confie à Néné, plus qu'à nul autre. Ces mois de séparation, de réflexions, de désolations, d'ennuis, de souffrances, ont, bon an, mal an, modifié son caractère. Elle a perdu toute docilité, toute humilité envers ceux qui ont cru la dominer, briser sa spontanéité. Elle a acquis une intime assurance dans sa rébellion. Elle a réussi, à son corps éprouvé, à fuir Vienne, effrayer son époux, l'amener à céder – tout n'est pas gagné et ses enfants, quel effroi, ont grandi sans elle. Elle refusera les entraves. Elle n'a plus d'illusions. L'adolescente est morte pour toujours. L'impératrice d'Autriche est née. On l'accepte ou non, rien ne modifiera ses volontés. François-Joseph le sait. Sa patience est un mélange de passion et d'infortune. Il ne sait comment épanouir cette âme, ce corps glacé. À force d'être refusé, il ne désire même plus approcher sa couche.

L'amour est-il mort ?

Elle exècre toute surveillance. Il défend à ses policiers de se poster derrière les arbres. Elle s'en était aperçue et il eut peur de la scène qui s'ensuivit.

— Je vous prie de suspendre le système de surveillance qui nous entoure, écrit-il à son aide de camp.

L'archiduchesse ne reconnaît plus son fils. Lui, si militaire, rigide, qui trouvait naturel ces précautions, se mettait à penser comme sa femme : « Nous sommes des prisonniers d'État. »

Son fils devient fou. Ils se feront assassiner. Sa Maison, leur table familiale, quelle pétaudière ! Pire que Possenhofen. Élisabeth usa de la complicité du docteur Fischer quand l'archiduchesse et François-Joseph évoquèrent la nécessité d'une grossesse. Fischer fit parvenir son rapport consternant. Sous peine de danger grave, Sa Majesté l'impératrice ne devait concevoir aucune grossesse, sauf à suivre des cures régulières à Bad-Kissingen, pendant quelques années. Quelques années ! C'était à devenir fou pour l'empereur et à sombrer à son tour dans une dépression. Il chasse, travaille, assure ses devoirs, couche, ô si peu, de-ci, de-là. Un seul héritier mâle dont la nervosité inquiète la gouvernante. Dans deux ans, songe l'empereur, il confiera Rodolphe à un gouverneur digne de former un futur empereur. Sissi s'enfuit à cheval et en longues promenades. Les dames autrichiennes aux seize quartiers de noblesse raillent ces promenades solitaires. L'impératrice est « dans son petit jardin », dit-on, au lieu d'occuper son salon, prendre le thé en haute compagnie. Elle exigea de traverser seule la longue galerie de l'oratoire, ce qui était un affront inouï au protocole. On la voit rarement, sauf à la Fête-Dieu, auprès de son époux et à quelques grands bals. Son narcissisme se réjouit d'être, un moment, l'étoile principale, la flamme, l'apparition. Les critiques à son sujet sont vives et opposées mais tout le monde s'accorde sur sa beauté.

Une des filles de la reine Victoria assista à un grand dîner et écrivit à sa mère que la beauté d'Élisabeth, quoique irrégulière, atteignait le mystère de la perfection. « Il est impossible de ne pas l'aimer », concluait la princesse, même si elle se montrait « farouche, bizarre ». Elle envoûtait qui l'approchait. Le jour de ses vingt-cinq ans, elle éblouit tout le monde, en robe blanche semée de diamants légers, la chevelure en couronne, piquée de camélias blancs. « Sissi est vraiment ravissante », reconnaissait l'archiduchesse. La beauté, un atout politique ? L'empereur est fier de sa femme. On approche de Vienne comme d'un phare dont elle est la lumière. On l'a tellement prise pour une ravissante petite oie, qu'elle joue ce jeu afin qu'on la laisse en paix. En public, le complexe de ses dents revient. Les meilleurs dentistes ont tenté de la soigner. Les techniques étaient barbares et sans grande issue. On pouvait à la rigueur ajuster un dentier, prothèse lourde et pénible. La douleur était vive, en dépit de la poudre de cocaïne sur les gencives. Sissi se résigne à ses dents jaunes ou absentes. Elle s'oblige à parler les lèvres fermées, ce qui donne d'étranges dialogues.

Elle ne chante évidemment pas, n'étale pas ses connaissances, ne joue d'aucun instrument, ne parle même pas de ses enfants. « Sa conversation, dira d'elle l'ambassadeur de Belgique, est moins brillante que sa figure. » Ils ont voulu d'elle ce programme insane qui a failli la rendre folle. Il eût suffi d'un peu de douceur et de compréhension, et tout aurait été différent. Sa revanche est d'avoir acquis une libre circulation, à son gré. Bien sûr, on ne lui rendra pas aisément ses enfants, la mutilation est gravée en elle (en eux) pour toujours, mais elle luttera encore. Elle va, cygne sur les eaux putrides d'une Cour mortifère qui l'a écorchée vive mais n'a pas réussi à la faire mourir.

Chapitre XI

RESPONSABILITÉS

Elle est attentive à toute souffrance. L'épouse de son beau-frère l'archiduc Albert, Hildegarde née Wittelsbach, mourut jeune. Sissi se rendit à son chevet et passa la nuit à la veiller, la consoler. Elle avait reçu les sacrements. À trois heures du matin, la main dans celle d'Élisabeth, elle s'éteignit. Elle contempla longuement ce fin visage, elle eût tant voulu une réponse, un signe, quêter l'instant où s'envole, dit-on, l'âme enfin libre. Que se passait-il derrière les paupières d'ivoire abaissées ? Cette princesse n'avait été qu'une ombre à la Hofburg. La voracité de Dieu n'avait pas de limite, il lui fallait toutes ses créatures, y compris les enfants. Il réclamerait, en temps et heure, sa vie de simple terrestre, de malheureuse impératrice égarée. Y avait-il faute et péché à avoir vécu ? Élisabeth ne vit pas le matin entrer dans la chambre aux grands rideaux fermés. Charles-Louis avait aussi perdu son épouse, vite oubliée, la fille du roi Jean de Saxe. Il s'était remarié après le temps imparti à son veuvage. Il épousait une jeune Marie Annunziata, une des filles de l'ex-roi de Naples Ferdinand Ier. Élisabeth eut pitié d'elle quand elle s'évanouit lors de la cérémonie nuptiale. Elle revoyait ses seize ans en larmes sous le diadème de ses noces. On murmura que ce malaise était un mauvais présage. Le 18 décembre suivant, un garçon, François-Ferdinand, naissait. François-Joseph avait un neveu. Le mauvais présage était écarté... Jusqu'au 28 juin 1914 quand ce même archiduc François-Ferdinand sera assassiné, avec son épouse, à Sarajevo, marquant le

305

déclic d'un conflit mondial. La guerre 1914 et la fin des Habsbourg.

Un deuil, un mariage. L'archiduchesse, agitée, bourdonnait et querellait Sissi. Elle avait blâmé sa compassion auprès de la mourante. Ce n'était pas la place d'une impératrice. Élisabeth tenait tête avec véhémence, les deux femmes criaient. L'archiduchesse se heurtait à une femme qui la dépassait d'une tête et rétorquait. Les murs entendaient des propos jamais formulés à la Hofburg. L'impératrice tournait les talons, évitant les réponses, le rebond des disputes, qui, elle le savait, usent les nerfs, la santé. Sa belle-mère était forte à ce jeu, Sissi se savait encore proche d'angoisses extrêmes. Elle fuyait cette vieille femme dont les menaces la poursuivaient dans ses nuits sans sommeil. Elle galopait longtemps, sur ce pur-sang de grande beauté. Elle le manœuvrait avec l'habileté d'une grande écuyère. Pour sa fête, l'empereur lui avait demandé quel cadeau elle souhaitait. Elle réclama de visiter un asile d'aliénés à Vienne.

On le sait, elle aimait les fous. Elle se sentait leur marraine universelle. Elle fit une visite intelligente, aux interrogations précises, qui la rendit extrêmement populaire. Les médecins et leur équipe (davantage des solides hommes de main que des infirmiers) étaient gênés et flattés de ses questions, de sa gentillesse envers ces égarés. La folie, une maladie de la honte. La folie, une malédiction, un signe du diable. L'impératrice s'arrêtait dans cette cour, souriait à une femme qui tendait les poings vers le ciel. Elle constata un univers à la limite du carcéral, comme en Bohême. On liait « les furieux » dans des sacs fermés, ou des baignoires d'eau glacée à carcan. On battait certains « agités », on les verrouillait dans des cellules. Ils se jetaient parfois la tête contre les murs pas toujours capitonnés. Elle comprenait cette tentation. Ne l'avait-on pas dite folle, à la Cour ? Dans la salle commune, régnait la puanteur. Des hommes et des femmes – séparés en deux endroits – se souillaient, inconscients. On les rudoyait ou on les oubliait. Élisabeth se souvenait de sa lutte pour faire ôter les chaises percées de son appartement et les remplacer par des « lieux », avec un système d'eau courante. Quelle histoire avait déclenché cette innovation – appréciée de l'empereur ! Le cœur serré, elle donnait quelques conseils humains. Plus de douceur, ne pas gaver comme une oie cette malheureuse, chauve, qui refusait de se nourrir, vomissait à mesure, mordait, s'étouffait... Elle

SISSI, LES FORCES DU DESTIN

soulevait la question des autres soins. Soulageait-on les douleurs, les plaies des grabataires ? Il n'y avait pas de réponses. « Ils sont fous », disait-on. Un mal atroce, sans remède. Élisabeth donna de l'argent pour adoucir leur quotidien. Elle eût volontiers acheté cet asile. Elle y retrouvait les âmes perdues de l'univers de Shakespeare, le frôlement de son intime détresse.

Elle recevait de discrets messages d'ambassadeurs hongrois. On savait l'amour qu'elle portait à ce pays dont elle parlait si bien la langue. Elle pressent qu'on attend d'elle, en Hongrie, un très grand rôle. Elle se sent « hongroise » et bavaroise, jamais autrichienne. Elle imposa définitivement de la bière à tous ses repas. Auprès des verres en cristal de Bohême, l'archiduchesse endurait ce large verre à bière au chiffre de cette insolente, impossible à mater.

La question, en 1863, tournait autour du maintien du servage en Pologne. Sissi plaidait l'abolition de tout servage. Les Russes alliés aux Prussiens (Bismarck) écrasèrent sauvagement cette révolte à laquelle François-Joseph crut sage de ne pas se mêler. La France restait du côté de la Pologne – sans intervenir. Aider des malades, aider la Hongrie. Elle tâtonne, si seule, vers de grandes actions. Elle commence, humblement, par prendre soin de son entourage, lors de sa cure annuelle à Bad-Kissingen. Elle a remarqué cet aveugle aux cheveux blancs, seul dans son fauteuil. Elle s'approche spontanément et propose son bras pour l'emmener en promenade. Il est bouleversé, ce duc de Meklembourg, enfermé dans sa nuit. Jamais une dame n'avait pris ainsi soin de lui depuis sa cécité. Les fous, les aveugles, les grands blessés, les agonisants, les paralysés...

Sissi propose son bras, sa présence. De son aveugle, elle va à un Anglais, Mister Collett, hémiplégique qui s'ennuie à mourir sur sa couche de douleur. Qui est cette belle dame qui se penche, toute en cheveux et yeux veloutés, prend sa main, sans façon et avec tact ? En quelques jours, il était amoureux fou. On lui chuchota le nom et le rang de sa protectrice. Un tel miracle aggrava sa passion. Il lui écrivit un grand poème. Il la priait d'une rare faveur : lui offrir une boucle de ses cheveux. Ce trésor serait son cautère, son miracle lors des nuits si longues aux malades. Sissi souriait, navrée de refuser. Elle ne donnerait à personne une mèche de sa chevelure. « Mes cheveux ne m'appartiennent pas. » Il soupirait, l'aima jusqu'à son dernier souffle. Il fut bouleversé

307

qu'elle le suppliât, elle, la Belle, plus souple qu'un nuage, de « prier pour elle ». Elle craignait le rebond de sa souffrance. Elle l'autorisa à correspondre avec elle et lui décrivit l'agonie d'Hildegarde.

« [C'était] la première fois que je voyais mourir un adulte. Cela m'a fait une terrible impression ; je n'aurais pas cru qu'il fût si difficile de mourir, que le combat avec la mort fût si affreux. [...] Oui, la vie est une vilaine chose dans laquelle rien n'est certain que la mort[1]. »

Fin août, elle revint à Vienne. L'archiduchesse ne tenait plus en place. La Diète de Francfort s'était réunie le 15 août autour d'une grande conférence sur l'Allemagne unie. François-Joseph, en qualité d'empereur d'Autriche, en était le président. Les souverains l'acclamèrent mais il fut impossible d'établir un acte d'unité. Un grand absent, sans lequel on ne pouvait rien résoudre, manquait à l'appel. La Prusse – Guillaume Ier – dont l'habile Bismark avait manœuvré le retrait. Le 17 août, l'empereur écrivait à sa mère – et non à Sissi – après le dîner qui comporta vingt-neuf plats :

« C'est la dernière tentative pour unifier l'Allemagne... Le dernier moyen de sauver les souverains d'Allemagne de la chute devant la révolution croissante[2]. »

En 1863, eut lieu l'affaire mexicaine. Napoléon III avait proposé la couronne du Mexique à Maximilien, en compensation de la Vénétie perdue. Charlotte, d'une folle ambition, le poussa à accepter cette périlleuse gageure qui effrayait l'archiduchesse. Elle se doutait, à juste titre, d'une catastrophe possible, en ce trop lointain pays, mal connu, troublé. Napoléon III avait promis une armée pour protéger son fils et sa femme, mais serait-ce suffisant ? Qui recevrait Maximilien et Charlotte, souverains imposés à un peuple non consulté ? C'était si loin, le Mexique. Maximilien et Charlotte n'aimaient pas François-Joseph. Ils s'estimaient lésés, dans leur dérisoire Miramar, écartés des grands royaumes. La couronne du Mexique était le magistral coup de pouce du destin. L'expédition aurait lieu le 14 avril 1864... Le dernier dîner pris en famille, ressemblait, d'après l'archiduchesse, « à un dîner de condamnés ». C'en était un, ils ne le savaient pas. Le drame final.

---

1. *Élisabeth d'Autriche*, E. C. Corti, p. 117.
2. *Sissi ou la Fatalité*, J. Des Cars, p. 189.

SISSI, LES FORCES DU DESTIN

Charlotte rayonnait, émue de la gentillesse de Sissi qui tentait de lui faire comprendre qu'une couronne n'est pas le bonheur. Charlotte n'écoutait pas, le navire fatal partit vers un sanglant mirage. La mort de Maximilien et la folie de Charlotte. Élisabeth avait depuis longtemps pardonné les insolences de Charlotte à son encontre. En 1857, les dames de la Cour, excitées par Pauline-Mauline de Metternich, afin d'humilier l'impératrice, avaient osé un concours de beauté où Charlotte avait été élue « la beauté de la Cour ».

1864. Les conflits, manœuvrés par Bismarck jusqu'à la guerre des duchés, ébranlèrent l'empereur et son armée. En novembre 1863, le roi du Danemark, Frédéric VII, était mort. Il y eut la complication de sa succession. Ses pouvoirs s'étendaient à des landes ingérables, au nord de la Baltique, les duchés autonomes de Schleswig et de Holstein. Bismarck convoitait ces pays stratégiques. Le Danemark dépendait, par le traité de Londres, de l'Autriche et de la Prusse. Le Danemark détestait ce « droit de regard » que ne se privaient pas d'exercer ces grandes puissances. La rébellion couvait ; la succession était confuse. Deux rois pressentis pour le Danemark, l'indépendance des duchés, que de fragilités exploitées par Bismarck ! Se tourner vers l'Angleterre ? Albert Ier, l'époux de Victoria, était mort. Bismarck vit le moyen de tirer une magnifique épingle pour son jeu obstiné : faire de la Prusse la souveraine de la Grande Allemagne. Il déclencha la brutale « guerre des duchés » et y entraîna l'Autriche. Un pacte collectif engloberait ce petit pays dans la puissance prussienne et autrichienne.

Le Danemark avait à peine rejeté « l'ultimatum » du chancelier qu'il était envahi, en février 1864. François-Joseph dut pourvoyer l'armée prussienne. Vingt mille soldats danois se battirent avec vaillance contre ces armées parfaitement rodées. Les divisions de Prusse étaient commandées par des généraux redoutables, Moltke et von Roon. Bismarck gagnera sur tous les plans. La soumission du Danemark et l'élimination de l'Autriche. Il connaissait les fragilités de François-Joseph, accentuées par son dilemme conjugal.

Sissi reçut les blessés de l'armée d'Autriche comme elle l'avait fait après Solferino. Elle se penchait sur des estropiés, des visages brûlés. Elle ne connaissait sans doute rien en politique, mais le mépris dangereux de Bismarck ne lui avait pas échappé. La population était bouleversée de sa compassion active. Un fait sensible,

309

qui allait porter loin, émergeait. Elle prit un soin particulier des blessés hongrois. Elle les consolait en leur langue. Elle lisait couramment les poètes hongrois, Eötvös et Jókai, elle approfondissait l'histoire de leur pays. Elle souhaitait, au dépit de la Cour, une dame de confiance hongroise. Elle chargea la comtesse Almassy de dénicher une perle rare, dévouée, discrète, intelligente. La comtesse Almassy avait établi une liste de dames hongroises de haute noblesse. Sissi se méfiait de l'arrogance de toute grande noblesse. La comtesse Almassy enquêta auprès d'une vieille amie hongroise, Marie Ferenczy. Marie appartenait à une bonne maison, pauvre et digne, les Klecskemet. Le frère de Marie avait cinq filles et un seul fils malade. Marie apprit à l'impératrice l'existence de la petite Ida Ferenczy. Élisabeth avait immédiatement biffé les noms trop éclatants de la liste et coché le nom des Ferenczy. Il lui serait aisé de s'attacher à une jeune fille simple, n'aimant pas l'étiquette, sans l'orgueil odieux des quartiers de noblesse. La comtesse Almassy fournit une photographie et des renseignements qui enchantaient Élisabeth. Ida convenait à son projet qu'elle eût tremblé, autrefois, de concevoir. Le père d'Ida, bouleversé, fit dire que n'ayant aucun fils à donner aux armées de l'empereur, il était fier d'offrir sa fille au service de l'impératrice.

Les Hongrois aimaient Élisabeth, ce choix pansait des blessures, ravivait la fierté nationale. Ida avait vingt-trois ans. Elle n'était pas très jolie, petite, menue, brune, agréable, la physionomie ouverte et fraîche. Elle adorait son pays et aimait l'impératrice. Elle fut effarée d'un choix aussi écrasant. Elle tremblait quand, en novembre, on la présenta à sa souveraine. Elle rougissait, émue, quand la comtesse Königsegg la mena, de corridors en galeries, jusqu'à l'impératrice. Elle n'osait lever les yeux sur cette idole, cette souveraine ravissante qui souriait, cravatée de dentelle, flanquée d'un grand chien de berger blanc, Horseguard. Elle était loin de soupçonner qu'elle correspondait à l'idéal de fidélité que se faisait Élisabeth. Une âme hongroise, sensible, humble sans servilité, les joues roses de grand air et de timidité, vêtue d'une modeste amazone en serge sombre. Sissi, touchée de sa révérence si gauche, cette jeunesse si spontanée, la releva avec quelques mots affectueux en hongrois :

« Vous me plaisez, nous serons beaucoup ensemble [1]. »

---

1. *Élisabeth d'Autriche*, E. C. Corti, p. 120.

Comment en faire, vite, une dame d'honneur, elle, hongroise, d'origine modeste ? Élisabeth la fit nommer chanoinesse, afin d'acquérir le titre de « Madame » et celui de « lectrice de Sa Majesté ». Se consacrer au service d'Élisabeth ressemblait à une prise de voile. Fidélité, obéissance, chasteté. Ida allait vivre sur ces trois difficiles sommets. Élisabeth insista sur un point crucial : qu'Ida ne la trahisse jamais en rapportant ses propos à quiconque. La discrétion d'une tombe, jamais d'espionnage ni de bavardages. L'impératrice avait l'intention de l'emmener dans ses voyages, la mettre dans ses confidences. L'enjeu était grave. La moindre dérogation serait une félonie. Qu'elle maintienne en tout le silence absolu si on tentait de la faire parler. Ida promit et tint sa promesse. Les pièges ne manquèrent pas dès qu'elle fut admise auprès d'Élisabeth. La jeune Hongroise était haïe des grandes dames de la Cour et de l'archiduchesse. « Confiez-moi ce qui concerne l'impératrice, ses moindres propos. »

La vie fut dure, au début, à la petite Ida qui résista, inflexible aux tentations, aux étourderies. Elle allait, bouche close, le visage fermé. On la détestait, Élisabeth s'épanouissait. Ida aimait passionnément son impératrice et jamais ne faillit. Elle partageait, à sa manière, la solitude de sa souveraine. Elle s'y consacra comme au culte d'une divinité. Élisabeth avait enfin trouvé une amitié discrète, une confidente à toute épreuve. Élisabeth ne se passait plus d'elle et la tutoyait, lui demandait mille services, au grand dépit de la coiffeuse dont le mari se dépêcha de se montrer aussi indispensable que son épouse – à l'égal de cette Ida dont ils redoutaient l'influence incontestable.

Le mari de la coiffeuse, Hugo Feifalik, augmenta sa fortune et son grade. Fanny accompagnait Sissi dans tous ses déplacements, Hugo aussi. Il devint le secrétaire particulier de l'impératrice, l'intendant de ses voyages. La fortune du couple Feifalik dura trente années. Le mari de la coiffeuse fut nommé conseiller au gouvernement et chevalier, ce qui aggravait l'arrogance de la coiffeuse envers la suite hongroise. Elle se méfiait d'Ida, la préférée de Sissi, méprisait Marie Festetics et la comtesse Sztaray – deux dames hongroises que Sissi ajouta à ses intimes. Ida, la grande favorite, joua un véritable rôle dans le rapprochement d'Élisabeth et de la Hongrie. Ida préparait le chemin de la future reine de Hongrie. L'archiduchesse était consternée, appuyée par la landgrave Furstenberg, grande admiratrice de Sophie dont elle vénérait « la culture, l'indulgence, la curiosité éclairée » et sa fermeté devant toute tentation qui eût fragilisé sa Maison. C'était une critique absolue des choix de l'impératrice. Sissi exigeait tout de ses dames hongroises. Les marches forcées, le célibat, une écoute permanente. Trois vestales, des confidentes de tragédies, dignes des servantes qui se tuèrent en même temps que leur reine Cléopâtre. Le plus dur était de suivre la cadence sportive d'Élisabeth. Ida avait un souffle au cœur. Sissi consentit à lotir ses amies de montures ou d'une voiture quand elle allait, presque en courant, de Vienne à Munich ! En dépit de cette tendre tyrannie, elles l'adorèrent. Sa mort les tua à toute autre vie. (Les Festetiks, eux, s'en sortirent fort bien.) Elles survivraient pour honorer, adorer la mémoire de leur idole.

« Le meilleur d'elle-même nous appartenait, sanglotait Marie Festetics... Personne ne nous le prendra, c'est notre trésor [1]. »

Elles avaient eu la garde d'un trésor. Elles étaient les sentinelles et les abeilles d'une reine unique, d'un culte unique.

Il y avait eu un grand dîner à la Hofburg lors des inquiétantes négociations de la guerre des duchés. Bismarck regardait, goguenard, Élisabeth, que l'on disait, à juste titre, si belle. Il la jaugeait au prix où l'on cote une jument. Elle n'avait que deux enfants vivants en neuf ans (un seul mâle), et des crises de nerfs. Ce n'était pas une bonne jument. Son comportement était souvent déplorable. Il en profiterait pour faire main basse sur cette Autriche affaiblie par les humeurs d'une femelle. À la place de l'empereur, Bismarck l'eût mise au pas cadencé d'une fantassine soumise et engrossée tous les ans. Sa malveillance misogyne paraissait si fortement dans son regard bleu, glacé, qu'Élisabeth quitta brusquement la table, prise de douleurs. Bismark était satisfait. Il détestait la présence des femmes à une réunion d'hommes – même à des dîners. Élisabeth confia à Christomanos que « le chancelier était le genre à parquer les femmes dans leurs appartements ». Les douleurs d'Élisabeth firent croire à une grossesse. Son médecin et Grenneville savaient d'où venait ce mal. Elle prenait des bains froids tous les matins pour rester mince. Le culte de sa beauté la malmenait à nouveau. Elle se nourrissait d'un verre de bière, de blancs d'œufs battus dans du sel. L'anorexie revenait. Quand elle

---

1. *Sissi, l'impératrice anarchiste*, C. Clément, p. 101.

avait à paraître, elle faisait serrer son corset au maximum du supportable afin réduire sa taille à quarante-huit centimètres. Il fallait une heure pour le laçage, deux heures au moins pour la coiffure, autant pour changer de robes. Tout cela laissait froid Otto Eduard Leopold Bismarck Schönhausen, luthérien, dictateur, sûr de la grandeur de la Prusse et d'une vaste épouse veillant sur ses terres, en Poméranie. Les femmes ne comptaient que pour un rite précis, soulager (vite) des reins guerriers, assurer la reproduction. La beauté de Sissi avait, cependant, ébranlé le général Moltke – un an avant ce dîner raté. Il écrivait à sa femme :

« L'impératrice est ravissante, plus attirante encore que belle, d'une manière singulière et difficile à décrire... Après le repas, les convives ont fait cercle autour d'elle et cela, m'a-t-il semblé, ne lui était pas désagréable. Quand le moment est venu de conclure, elle fait une gracieuse et assez profonde révérence et l'on sait qu'elle a signifié son congé [1]. »

L'empereur Guillaume II serait ébloui par sa grâce. Elle commit l'erreur de fuir ces dîners où on l'espérait. Elle se déroba à l'invitation « très respectueuse » de l'impératrice Eugénie, qui eût aimé la rencontrer à Bad-Kissingen. La belle Eugénie, agacée par Pauline-Mauline de Metternich, voulait comparer sa beauté à celle que l'on disait incomparable. Rien ne tyrannisait autant Élisabeth que cette sensation de voyeurisme et de possession. Les Viennois, fiers de la beauté de « leur impératrice », estimaient avoir le droit de la contempler. La voir à tout prix procédait du papillon de velours précieux qu'un effleurement met à mort. Un jour où elle se promenait sans faste aucun, reconnue, poursuivie, elle se réfugia au fond d'une sacristie. Elle sanglotait, à mesure des voix qui approchaient. On voulait la voir, la frôler. La charpie, de la charpie : voilà ce que fait une foule quand elle touche son idole. Marie Festetics avait tenté de la consoler. Cette curiosité était une marque d'affection. Elle répondit, sans illusion, amère, « qu'ils iraient tout aussi bien voir un singe, ou un piano mécanique ». Elle souffrit si longtemps de cette agression, qu'elle écrivit, en 1887, un poème révolté intitulé *Aux badauds* :

Je voudrais que les gens me laissent
Tranquille et en paix,

---

1. *Élisabeth d'Autriche*, B. Hamann, p. 201.

Je ne suis, à coup sûr,
Qu'un être humain comme eux.

La moutarde me monte au nez
Quand ils me fixent ainsi ;
Je cherche une coquille d'escargot
Pour y ramper et y crever de rage.

J'ai même aperçu des jumelles d'Opéra
Sournoisement braquées sur moi,
Avec quelle joie j'aurais vu
Jumelles et curieux anéantis sur-le-champ !

À la fin, je m'amuse trop follement ;
Rien ne peut plus me retenir ;
Je leur fais un pied de nez
Et leur montre mon derrière [1].

Les malaises de Sissi entraînèrent le désastre diplomatique que Bismarck escomptait. En juin 1864, le Tsar Alexandre II avait offert une soirée où il comptait sur la présence de la belle impératrice. L'atmosphère était tendue ; on attendait Élisabeth. Le ministre Rechberg pâlit quand elle fit dire qu'elle était souffrante. Le Tsar en voulut à l'Autriche et François-Joseph à son épouse de cet échec diplomatique. Ses malaises avaient la même cause, entretenir la minceur à coups de bains froids, de linges mouillés sur ses hanches. Des crampes s'ensuivaient. Sa dérobade froissa le Tsar et coûta l'alliance russe. Le gouffre financier de la guerre des duchés s'aggrava. François-Joseph est bien seul, à Karlsbach, grande station thermale, en Bohême, où il rencontre Guillaume Ier et l'indéfectible Bismarck. La présence d'Élisabeth eût (peut-être) assoupli la voracité ennemie. Elle eût, en tout cas, conforté son époux qui se perdait en inutiles négociations. Le chancelier déclare à la place de son roi qu'ils continueraient la guerre. L'orgueil malmené, l'empereur s'abaissa en offrant à Bismarck les insignes de grand-croix de l'ordre de Saint-Étienne. Le chancelier remerciait, ironique, cet empereur perdant qui décorait son pire ennemi. Les absences d'Élisabeth, en ces moments cruciaux, le

---

1. *Le Journal poétique de Sissi*, pp. 126-127.

mortifient. Il est trop tard, on l'a trop souvent mise à l'écart, *Sa Majesté l'impératrice n'use d'aucune influence.* Elle était, à Bad-Kissingen, en proie à une amitié fascinée : son cousin le roi Louis II de Bavière. Leur aïeul commun était le roi Maximilien Ier.

Juillet est radieux, son beau cousin aussi. Bad-Kissingen était devenu le rendez-vous thermal de tous les grands princes, on y voyait la tsarine Marie et sa fille. Louis II était le plus jeune et le plus beau parmi ces rois. Louis II et Sissi se retrouvent sur un même plan psychologique. Elle ne lui demande pas si son père a souffert de cette guerre des duchés. Louis II est également indifférent à la politique et aux guerres. Il est d'une beauté étrange que l'on pourrait comparer, en homme, à celle d'Élisabeth. À dix-neuf ans, il mesure un mètre quatre-vingt-dix, il est mince, bien fait, la chevelure noire, ondulée gracieusement. Les yeux d'un bleu profond, cillés longuement, interrogent l'Invisible. À vingt-sept ans, Sissi l'éblouit. Ils échangent, ravis, des goûts communs pour les mêmes poètes et les tragédies. Ils détestent le sexe. Louis II est vierge, aucune femme n'a approché sa couche. Il fait la cour aux amies de sa mère, mais on ne lui connaît ni maîtresse, ni fiancée. La Bavière déplore son étrange engouement pour le musicien Richard Wagner. Criblé de dettes, il avait fui ses créanciers. « Seul un miracle peut me sauver ! » disait-il. Ce miracle avait été le jeune mécène royal.

Louis II était, sans se l'avouer, amoureux du terrible génie. Il finançait les caprices de son égérie mâle qui savait le manipuler. Wagner menait à Munich un train de vie princier, dans une demeure de sultan. Il affichait sa liaison avec Cosima, fille de Franz Liszt, mariée à son chef d'orchestre. Wagner ne cachait pas ses idées libérales. Le discrédit retombait sur le jeune roi. D'un château l'autre, sa folie d'architecture achèvera sa ruine mentale et financière. On doit à ce mécénat les plus grands opéras de Richard Wagner mais au prix d'une débâcle financière où s'abîmait le roi vierge, jusqu'à faire construire un opéra pour lui tout seul. Sissi et son cousin sombrent, l'un et l'autre dans le chaste coup de foudre. Le miroir confondu. Une passion artistique partagée, le paroxysme de la folie rôdeuse des Wittelsbach. Ils se reconnaissent au premier regard, ils s'adoptent, ils s'aiment à leur étrange et évanescente manière. Sissi avait enfin un ami, un frère qui comprenait ses élans, ses envols, sa solitude, les extrêmes attirances vers « l'album de beauté ». La mort et la beauté. Le culte de la mort, le culte de la beauté. Leur propre culte. Ils se contemplent, indissociés, ils échangent leurs songes merveilleux. Il est le roi de tous les mirages impossibles, elle est la fée Titania, errant sur son empire où, invisible, elle se fond aux nuées de la Dame blanche. Ils se sont trouvés ; ils ne sont plus seuls. Il est le Vaisseau fantôme des amours interdites (l'homosexualité). Il est, elle est, ils sont chacun le cygne qui va, condamné et glorieux, Lohengrin qui, dans le plus beau des chants, annonce que tout est consommé... Il est, elle est, ils sont incapables de régner. Il est, elle est, ils sont la proie idéale d'un assassinat. Fascinés l'un par l'autre, ces esthètes sont à des années-lumière du dur chancelier prussien et du militaire empereur d'Autriche. Loin de ces chefs de guerres, régentant des armées, des finances, des alliances, des rudes devoirs. La musique particulière des canons et des mitrailles sont une autre sorte d'opéra qu'abominent le roi de Bavière et l'impératrice d'Autriche. Ils se comportent, jusqu'à leur perte, en personnes privées. Les charités d'Élisabeth, celles de Louis II ne seront jamais programmées et ostentatoires. Elle puisait dans sa bourse, au cours de ses pérégrinations (lui aussi). Elle déposait parfois de l'argent à la porte de chaumières avant de disparaître. Une belle et bonne fée.

À son retour, Sissi pria son époux de s'installer à Schönbrunn. Elle ne supportait plus la Hofburg où séjourne sa belle-mère, Laxenbourg, pétris de ses larmes. François-Joseph, affaibli par ses échecs, sous le charme dès qu'il la voit, accepta. Le roi du Danemark avait renoncé à ses duchés. La Prusse (Bismarck) a gagné. L'atmosphère familiale à Schönbrunn est tendue. L'empereur en veut-il à Sissi de ses absences, de son amitié avec ce roitelet de Bavière alors qu'il se débattait seul contre ces rapaces ? Il était temps que s'achève une guerre qui ébranlait Vienne. Une partie de la victoire, fallacieuse, revenait à l'Autriche. Un détestable engrenage avait commencé. À Schönbrunn, l'empereur avait invité le roi de Prusse pour honorer cette paix menteuse. L'impératrice, une fois de plus, avait quitté le dîner. Le docteur Fischer la réprimanda fermement. Ces bains glacés la tueraient, sans parler du danger social de ses absences.

En 1865, Élisabeth était au point culminant de sa beauté. Elle avait assisté, le 14 février, à Dresde, au mariage de son frère préféré, Charles-Théodore. Il épousait une jolie Sophie de Saxe, âgée de vingt ans. Quand Élisabeth parut à la Cour de Saxe, on s'ébahit, on s'exclama, on l'entoura. C'était merveilleux et atroce à la fois. Elle portait une robe à traîne, parme, brodée de feuilles de trèfle argent, le manteau en dentelles argent. Worth avait modifié la crinoline remplacée définitivement, en 1867, par « une tournure ». Un jupon plat sur le devant du corps, renforcé dans le dos par un système baleiné. Le laçage intérieur permettait d'en manœuvrer la saillie et la finesse de la taille. Une deuxième jupe, traînant à l'arrière, était maintenue par des cordons « à la polonaise ». Le corsage était placé par-dessus la jupe. L'impératrice ne modifia jamais sa coiffure, mais des franges bouclées apparaissaient. À ces noces, Élisabeth avait orné ses nattes de sept étoiles en diamant lotis d'un rubis (cadeau de l'empereur). Elle éblouissait ; on en oubliait la mariée. Hélène, vêtue de blanc et d'argent, semblait terne aux côtés de la ravissante cadette. Gackel, cependant habitué à la beauté de sa sœur, s'exclamait :

— Je n'ai jamais vu quelqu'un produire un tel effet. Les gens restent bouche bée... Ils ont raison.

La reine de Saxe s'enthousiasmait de même sorte :

« La beauté de l'impératrice... Je n'ai jamais vu nos calmes Saxons en tel émoi : jeunes et vieux, grands et petits, graves et frivoles, tous en étaient fous et le sont encore [1]. »

L'archiduchesse avait compris que son pouvoir s'étiolait devant cet astre montant. Louis II de Bavière avait enfin rencontré une Fée vivante. Dans le train du retour, Élisabeth demanda l'heure à quelqu'un de sa suite.

« Il est, dit-il, une minute après le coucher du soleil [2]. »

Elle déclenchait la poésie. Un astre, une étoile, elle avait dépassé les bornes de la splendeur.

Elle s'arrêta brièvement à Munich, chez les siens. Elle rendit visite à son étrange cousin. Le roi de Bavière la reçut dans sa chambre à coucher inouïe de luxe insolite, au château de Hohenschwangau, un de ses nids d'aigle. À son coucher, des ballets et des musiciens accompagnaient la fresque peinte sur les paravents. Il dormait dans du satin bleu ciel, de l'or et de l'argent. Le ministre autrichien Blome, qui avait assisté à un de ses couchers en musique, le vit sangloter. Le jeune roi suivait son rêve,

---

1. *Sissi ou la Fatalité*, J. Des Cars, *op. cit.*, p. 198.
2. *Idem.*

SISSI, LES FORCES DU DESTIN

s'émouvait d'un chant, d'un vers. Plus de réalité mais l'opalescence d'une incroyable lampe de chevet qui fascina sa cousine. Il avait conçu cette veilleuse en forme de lune, précieux matériaux s'allumant à mesure du rythme nocturne de l'astre. Un quartier, une rondeur améthyste, dont la lueur retombait sur un ingénieux jet d'eau. Blome avait observé le caractère dangereusement susceptible de cet homme-roi-enfant :

« La nature l'a doué de plus d'imagination que de bon sens, et, dans son éducation c'est le cœur qui a été le plus négligé. Un orgueil exagéré, de l'obstination et un manque absolu d'égards se manifestent de façon inquiétante. Le roi n'admet aucun conseil qu'il n'ait demandé. Il donne de préférence audience aux artistes et aux hommes de lettres et néglige les autres classes de la population... Il est absolument dépourvu de dons musicaux. Le poème de *Lohengrin* et les autres livrets d'opéra de Wagner, inspirés du cycle des vieilles légendes germaniques, ont éveillé chez lui le goût de la musique de Wagner [1]... »

Élisabeth s'affligea de son impopularité dans les milieux conservateurs. Le duc Max n'aimait guère ce roi dont l'indolence rêveuse, l'ignorance de toute gestion, la passion suspecte pour le brutal musicien l'agaçaient. La presse bavaroise publiait des pamphlets. Plus de limite dans la folle générosité de Louis II, amoureux du compositeur. Plus de limite dans les insolences de Wagner qui brandissait, moqueur, les lettres du roi qui le tutoyait, l'encensait à la folie. Wagner clabaude, rudoie, crée, obtient... La presse en fait ses choux gras. « Siegfried ! » soupire Louis à Élisabeth. Un amour obscur, dévorant ce regard aux reflets améthystes de la lampe. Élisabeth l'invita au palais de ses parents. Elle n'oublia jamais sa singulière arrivée. Un carrosse, quatre chevaux blancs, harnachés de plumes et de dorures, assortis aux valets en perruques, vêtus de bleu et argent. Un équipage digne d'un opéra. Il pleuvait. Le roi était vêtu d'un insolite uniforme autrichien (en l'honneur de Sissi ?). Il avait ouvert un grand parapluie et tenait son chapeau à la main. On l'avait ondulé et frisé, il ne voulait pas déranger sa coiffure. Il s'était inondé de parfum de Chypre. Élisabeth fronçait son nez charmant, aux narines argentées. Elle détestait les parfums lourds. Il se précipita vers elle, baisa ses deux mains enfermées dans les siennes, si longtemps qu'elle riait. La

---

1. *Élisabeth d'Autriche*, E. C. Corti, p. 123.

bonne duchesse fit cesser cette effusion extrême. Ils parlèrent de leurs poètes favoris, de musique, de tissus, de mode, de coiffure. Il admirait la chevelure de sa cousine, la « tournure » de sa robe, les perles à ses oreilles et à ses poignets. Pas un mot sur la guerre des duchés ou les tracas d'un souverain – et d'une épouse d'empereur. Ludowika s'effarait en silence. Deux enfants hors norme, incompatibles à la fonction régnante. « Que faire, mon Dieu, que faire ? » Ludowika caressait en secret un vaste projet : fiancer ce roi à sa cadette, Sophie. Élisabeth invita son cousin à Bad-Ischl. Elle se sentait mieux, lasse des cures thermales. Le roi ne vint pas. Il avait une peur phobique d'être hors de la Bavière. Ils se contentèrent d'échanger une correspondance. Elle marchait en forêt pour éviter « la foule à ses trousses ». Il aimait ses promenades en traîneau, la nuit. Il glissait sur la neige poudrée, on entendait le grelot des chevaux, il croisait quelques rares montagnards, qui le saluaient, éberlués. On s'habituait à croiser le roi solitaire, sous la lune chargée de nuages – à peine différente, en ses songes éveillés, de sa lune – lampe enchantée.

Cet été 1865, un incendie s'était déclaré, la nuit, à la Kaiser Villa. La rumeur courait ; des laquais ivres auraient mis le feu. L'incendie avait détruit une vingtaine de maisons. Les murs de la Villa avaient été atteints pendant le sommeil de Gisèle et Rodolphe. François-Joseph n'avait pas le temps de s'apitoyer sur ce malheur. On le réclamait pour signer les ultimes accords de cette guerre des duchés où la Prusse était la grande gagnante. Une semaine plus tard, on fêtait à Bad-Ischl, dont on reconstruisait les maisons et la façade de la Kaiser-Villa, les trente-cinq ans de l'empereur. La foule s'empressa, amicale. L'empereur, de bonne grâce, traversa l'esplanade. Enfin, il n'était pas seul. Élisabeth était à ses côtés.

À Bad-Ischl, un peuple aimable l'avait adoptée depuis ses fiançailles. François-Joseph avait présenté son fils âgé de sept ans, dans un attelage délicieux, tiré par des petits ânes. L'empereur tenait à montrer ainsi un signe de pérennité de sa Maison. Vienne devenait une capitale moderne. Sissi accompagna son époux lors de cette visite. On les acclamait, une angoisse envahissait Élisabeth : Rodolphe était souffrant et malheureux. La santé de son fils la préoccupait. Rodolphe était souvent renfrogné, fiévreux. Il traversait, à la manière de sa mère à qui il ressemblait trop, une dépression. Élisabeth mesurait l'impuissance criminelle où l'avait reléguée sa belle-mère, assurant, rigide, âgée, la surveillance de cet enfant hypersensible. On la disait malade, si loin, avait-il frémi de la perdre ? Elle avait durement conquis – avec sa beauté, son pouvoir sur l'empereur – une force intérieure, celle de ses choix. Elle atteignait l'âge (bientôt le trentaine) où on ne meurt plus de personne. Comment soulager son enfant des jougs qui le menacent ?

En 1863, on avait cru bon de lui cacher, la jugeant trop fragile, un accident de son fils. On était fin juillet, à Bad-Ischl. Rodolphe allait sur cinq ans. Il avait grimpé à un arbre. La branche se rompit, il tomba, assommé, sur le sol. Gisèle et l'entourage hurlaient, on accourut, l'empereur en premier. On étendit l'enfant, effrayés de le voir si longtemps sans connaissance. On fit venir en hâte les deux médecins délégués aux enfants. Rodolphe revint à lui ; il avait frôlé la mort.

En mai 1865, il eut une diphtérie dangereuse. Il guérit encore. Il s'étirait, pâle et transparent tel un coquillage, le visage aux regard triste et doux, la chevelure opulente, ondulée, la bouche délicate, gracieuse. Il était d'une rare intelligence. Sa mère n'était pas tranquille. Il avait quitté la nursery. Elle frémissait de l'éducation que l'on concoctait de lui infliger – sans la consulter. Elle devinait sa délicatesse, il souffrirait à la moindre rudesse. Rodolphe était le contraire de sa sœur, la gaie et robuste Gisèle. À l'âge de cinq ans, il se faisait déjà comprendre en quatre langues : allemand, tchèque, français, hongrois. Il décevait son père qui préférait la solidité de Gisèle qui lui ressemblait si fort, simple, peu cultivée, remplie de bon sens, d'une blondeur bien allemande, les joues fraîches, charmante, sans être belle ni jolie. La nature s'était trompée. Rodolphe n'était pas fait pour être militaire – ce pauvre bébé que son père avait nommé colonel dès la naissance ! Élisabeth ne s'inquiète pas pour Gisèle, toujours contente, rarement malade, protectrice avec son petit frère. Elle aimait profondément son père, moins cette mère que sa sensibilité limitée comprenait mal. Elle avait pu souffrir de ses absences, on lui avait parlé de sa sœur décédée. Rodolphe était son seul compagnon de jeux. Elle s'était, à la manière de son père, fait une raison. On pouvait bien, il le fallait, vivre sans l'impératrice. Rodolphe était son inséparable petit compagnon de jeux. Les deux enfants s'aimaient et affectionnaient l'archiduchesse. Elle les aimait à sa manière, fière de la précocité intellectuelle de Rodolphe. L'avenir de la couronne dépendait de cet enfant. Elle craignait son excessive délicatesse de corps et d'esprit. Il frôlait la maigreur, des cauchemars liés à une trop vive imagination. Il était triste. Son père crut bien faire en le confiant à un éducateur énergique. En faire un homme, un soldat courageux, endurant la fatigue, le froid, la solitude, l'affrontement. François-Joseph commit la plus lourde erreur de sa vie. Il n'avait rien compris aux fragilités de son épouse, il récidivait ses erreurs sur son fils. Sa décision éducative fut sans finesse, sans appel, aux conséquences fatales. Les grandes souffrances de Rodolphe allaient commencer en août 1864.

Quand il eut six ans, sans consulter sa mère, on le sépara de sa sœur. Il poussa des cris déchirants. Gisèle pleurait. La baronne Welden (Wowo) aussi. On le traîna de force à l'autre extrémité de la Hofburg. François-Joseph, au même âge, avait eu sa maison personnelle, typiquement masculine et militaire. Il trouva juste et nécessaire de faire de même pour son fils, brutalement séparé de ses tendres habitudes. On le posa sans douceur dans un appartement austère, face à un homme-ogre qui le terrifia et le détesta du premier coup d'œil. Son précepteur était le comte Léopold Gondrecourt, à la limite d'une folie sadique, créature de l'archiduchesse. Gondrecourt, sorti de Saint-Cyr, ancien général d'origine lorraine, était entré au service de l'Autriche en 1838. Son attachement passionné à la rude armée autrichienne avait convaincu l'archiduchesse et son fils. Gondrecourt s'était illustré lors de plusieurs batailles. Puritain, violent, hypocrite, il feignait de lire un psautier quand il passait sous les fenêtres de l'empereur. L'armée, la religion, l'empereur et sa mère sont satisfaits. L'enquête de Sissi sera longue et ardue pour libérer – tard – son malheureux fils. Gondrecourt déploya aussitôt sa méthode féroce sur l'enfant. Il se chargerait de l'éduquer en « futur souverain, chef des armées ». Il le dépouillerait, de force, de sa sensiblerie de fille. Il suivrait à la lettre les instructions de l'empereur : peu de vie intellectuelle, plus d'actions d'endurance, « le traiter avec dureté... afin que le corps aille au même pas ».

Une photographie de cette époque livre un gracieux visage de page, un regard de détresse, muet sur la souffrance, la dignité silencieuse d'un enfant martyr. Il fut, pendant des mois, l'enfant martyr de Gondrecourt. La maltraitance commença aussitôt. Le petit prince dormait dans une chambre sans chauffage, sur un lit de camp. Gondrecourt le réveillait en pleine nuit, en hurlant.

L'enfant mal éveillé, terrifié, endurait le spectacle de cet homme-loup-garou qui tirait des coups de revolver au plafond. Méthode pour l'endurcir à tous les dangers futurs. Il neigeait, c'était l'hiver. Gondrecourt l'obligeait à marcher, courir, ramper dans la neige, le froid, sans protection ni couverture. La charpie, de la charpie – ou « un soldat endurant ». Personne n'osait révéler à François-Joseph l'étendue de la folie du précepteur. Il pensait son fils – l'archiduchesse aussi – entre des mains dures mais justes et nécessaires. L'enfant essuyait angines sur bronchites, Gondrecourt redoublait de zèle insensé. Courir en pleine fièvre, porter des poids, sauter des obstacles, ramper, grimper-crever. Il l'appelait « Prince » d'un ton menaçant et ajoutait : « Prenez garde. » Il l'enferma, un soir, dans le parc de Lainz. La nuit tombait, il l'avertit qu'il le laisserait seul avec un sanglier prêt à le charger pour le défaire de sa « fâcheuse faiblesse ». Rodolphe frôlait des convulsions, Gondrecourt redoublait ses coups de revolver nocturnes. La terreur de Rodolphe se traduisait par des angoisses, la fièvre, des insomnies, des tremblements, une minceur dangereuse. Il deviendra ce prince à jamais ébranlé psychiquement. De nature secrète et enfermée, il se replie davantage. Sa fierté, son amour pour sa sœur, la bonne Wowo, sa mère l'empêchent de se plaindre. Qui l'entendrait ? Son père laisserait sans doute Gondrecourt le fouetter pour mensonges. Il était prêt, si jeune encore, à se laisser mourir. Élisabeth se doutait que rien n'allait pour son fils. On lui avait rapporté les courses sous la pluie glacée, dans la neige, les coups de revolver. Les rares fois où elle peut le voir, elle est frappée de sa pâleur, son angoisse, son silence. Elle avait écrit à Hélène sa mortelle inquiétude :

— Les méthodes de Gondrecourt feront de Rodolphe un crétin : vouloir faire d'un enfant de six ans un héros par des cures d'eau et le recours à la terreur, c'est de la folie.

Que faire, mon Dieu, que faire ? Elle va et vient, sa prison l'accable. La partie sera dure, mais elle n'abandonnera pas son petit garçon. Elle avait désormais des alliés qui osaient lui parler de l'enfant maltraité. L'empereur avait très mal pris et évincé l'excellente Wowo qui s'était jetée à ses pieds en pleurant pour le convaincre de séparer son fils de ce bourreau. Ah, ces femmes et leurs histoires ! L'archiduchesse avait plaidé, mollement, contre la dureté de Gondrecourt.

Dans son journal, elle parle de la faible constitution de

Rodolphe, jamais des méthodes monstrueuses de Gondrecourt. Il y eut enfin, auprès de l'impératrice, le courageux entretien du colonel comte Latour de Thurnberg et du docteur Hermann Weiderhofer. Latour, indigné, dévoila chaque détail à Élisabeth, ulcérée de colère et de chagrin. Elle le sauverait de ce démon. Elle se précipita chez l'empereur. Elle fut le salut de son enfant qui toute sa vie sera reconnaissant à sa mère de l'avoir arraché au monstre policé qui l'eût sans doute fait mourir. Le mal était cependant fait, il resta, jusqu'à sa mort, fragile, anxieux, les idées opposées à celles de son père. Sa fin tragique fut une des conséquences de ces graves traumatismes d'enfance.

La méthode Gondrecourt dura une année. Rodolphe avait sept ans quand sa mère le sortit de son enfer. Une lutte sans répit ; en 1864, d'après Marie Festetics, l'empereur traversait une crise d'« insensibilité ». Avait-il été trop délaissé, frustré de ce corps qui sans cesse se dérobait ? 1865 dessinait la beauté éclatante d'Élisabeth, sa santé retrouvée, une détermination sans réplique. Il y avait onze ans qu'elle avait ployé sous mille maux que l'on disait imaginaires. La souffrance de son enfant n'était pas imaginaire, son intervention non plus. Elle exigerait, elle menacerait, elle fuirait à nouveau – ce qui susciterait, l'empereur s'en doutait, un scandale sans pareil quand on saurait les raisons de sa fugue : la maltraitance du prince impérial. Elle irait jusqu'à lui accorder son corps, sa couche. Il l'aimait et la trouvait belle ? Il ne tenait qu'à lui qu'elle lui témoignât sa reconnaissance. Ce fut un pugilat de mots dans le bureau de François-Joseph. Ils étaient à Bad-Ischl, Rodolphe avait une fièvre grave. L'empereur se raidissait, offensé qu'il eût pu se tromper à ce point, confier ce bien précieux à un fou pareil. Sissi élevait la voix, lui aussi. Leurs griefs volaient, de l'un à l'autre. Une si violente scène de ménage qu'il en tremblait. Elle le rendait fou, elle avait jeté au sol ses dossiers, elle s'en alla sur un cri qui résonna dans toute la ville et jusqu'à Vienne :

— Ce sera Gondrecourt ou moi !

Il criait : « Sissi ! » mais ne bougeait pas, les poings serrés sur son bureau, le front barré d'une première ride. Il était en colère et malheureux. Elle partirait et ce serait pour toujours. Gondrecourt continuerait à maltraiter son fils et ce serait pour toujours. Son orgueil refusait la réalité. Il n'ignorait pas la méthode du précepteur. L'intention avait été d'endurcir l'enfant vers son rôle futur, non de le maltraiter. L'intention... Sissi avait crié : « Gondrecourt ou moi. » Il se sentait las à l'extrême. « Elle est si jeune », balbutiait-il. Il tremblait, jamais plus ils n'auraient d'autres enfants, d'autres nuits. Elle avait couru à sa chambre, le feu aux joues, le cœur visible sous son châle à franges en soie. Elle écrivait à son bureau, d'un mouvement furieux, à faire craquer le papier. Elle tachait d'encre ses doigts fins, capables de mener fermement les montures les plus difficiles :

Je souhaite que les pleins pouvoirs me soient reconnus pour tout ce qui concerne les enfants, le choix de leur entourage, le lieu de leur séjour, la direction complète de leur éducation, en un mot, il me revient de tout décider seule jusqu'au jour de leur majorité. De plus, je souhaite, qu'il me soit reconnu de décider seule de tout ce qui touche à mes affaires personnelles ; entre autres : le choix de mon entourage, le lieu de mon séjour, les dispositions relatives à la maison.

Élisabeth, 27 août 1865[1].

Jamais elle n'avait employé un tel ton, une violence si absolue. François-Joseph ne céda pas tout de suite. Il arpentait son bureau, il oscillait entre la colère, la crainte de se tailler une réputation détestable, l'envie qu'elle disparaisse et l'envie de la garder à tout jamais avec lui, contre lui. Il fallut plusieurs semaines avant qu'elle ne gagne sur tous les plans. L'empereur était à Ofen, elle fut prise d'une crise dépressive. Sa belle-mère, le zèle inopportun de Grünne, Rodolphe en proie à son geôlier... Elle s'en alla brusquement à Munich, sans avertir quiconque, excepté sa chère Ida. De la maison paternelle, elle promettait de revenir pour Noël. Il n'en fut rien. Elle avait mal à la gorge, Fischer la soignait. Elle se rendit, discrètement, chez Louis II. Son château, à Berg, sa locomotive et son train personnels étaient agrémentés de machineries compliquées de cygnes mouvants, en plâtre doré. Partout, des jets d'eau, des plafonds constellés d'étoiles, l'or et le bleu, les couleurs favorites du roi. Le succès de *Tristan* l'avait transporté d'extase pendant cinq heures. La presse montrait du doigt « l'Ami » suspect qui ruinait les finances du pays. On abhorrait Wagner de la manière dont on avait honni Lola Montes. À Munich, on frôlait l'émeute. Le cabinet royal concocta l'exil du musicien qui se réfugia en Suisse. Sissi trouvait son cousin, de bleu et d'or vêtu,

---

1. *Rodolphe et Mayerling*, J.-P. Bled, Fayard, 1989 p. 17.

inondé de parfum, au bord de la crise nerveuse. Il était, comme elle, toujours prêt à quitter brusquement sa capitale pour des sites isolés. Il narrait à Élisabeth sa dernière fête sur le lac. Son aide de camp, vêtu de l'armure de Lohengrin, avait vogué sur une barque tirée par des cygnes en carton, sous les feux d'artifice. Munich le détestait, personne ne le comprenait. « Cher cousin, disait-elle, je n'aurai jamais envers toi le moindre ressentiment. » Elle aimait ce cousin confondu à son amour pour sa chère Bavière. Elle n'était plus dans un songe quand elle avait écrit l'ultimatum. La vie de son fils était en jeu. Sa vie à elle, aussi. Elle était au bord, en cas de refus, de ne plus revenir. Demanderait-elle l'hospitalité à son cousin ? François-Joseph, affolé, devinait cette détermination. Comment un tel amour l'enferrait-il à ce point ? Sa beauté ? Une force d'aimant, indicible ? Qu'elle revienne. Qu'importe Gondrecourt, ses enfants, sa mère, Vienne, cette dure couronne qu'il n'a jamais demandée ! Il fallait qu'elle revienne...

Elle arriva le 30 décembre, avec sa mère, inquiète. Elle avait gagné. Ses étrennes étaient sa demande dûment accordée, signée. Gondrecourt avait été renvoyé. Rodolphe fut confié à Latour, qui détestait la tyrannie. L'enfant s'épanouit, le prince acquit une vaste culture, en littérature, langues vivantes, histoire, géographie, sciences naturelles. Le catéchisme passait par un prêtre. Latour était d'esprit libéral, Rodolphe s'entendait au mieux avec un tel maître éclairé. Il se borna à lui laisser faire quelques exercices physiques et de l'équitation. Sa mère s'enquerrait beaucoup de son développement... jusqu'à ses prochains exils. Rodolphe demeurait en proie au lancinant mal de vivre. L'angoisse ne s'estompa jamais. Il s'éloigna de plus en plus de son père, aux opinions opposées. Sa mère voyageait à nouveau.

L'empereur avait cédé sur l'essentiel. Une victoire éclatante. Elle avait lutté de toutes ses forces, y compris de sa beauté. Elle lui accorda sa chambre et leur lit commun. Elle avait scellé cette immense victoire d'un signe de renouveau dans leur couple difficile. Quelques nuits et ses tendres faveurs. L'archiduchesse s'étonnait. Son fils avait l'air radieux, son regard bleu rappelait celui « du jeune lieutenant amoureux. » « Il semble réuni à Sissi », disait l'archiduchesse. Décidément, elle n'entendait rien à l'amour. Il passait, l'Amour, telle la guerre, par des ultimatums, des traités, des blessures, des alliances ? L'impératrice avait gagné un avantage immense qui la reléguait, elle, d'un seul coup, loin de ses pouvoirs. Il allait falloir compter avec Élisabeth, qui n'a plus rien, elle le sait, d'une « petite oie de Bavière ». Élisabeth écrivit des années plus tard, un poème, « *L'Eden détruit* ». Ces strophes brûlantes rendent compte de nuits absolues – celles des années 1865 ?

> *Quand je m'appuyais sur ta poitrine*
> *Combien profond et intime était le regard*
> *Où j'imaginais mon Paradis,*
> *Que de chauds battements mon cœur te renvoyait*
> *Nous nous embrassions, oublieux du monde*
> *Comme si nous devions échanger nos âmes !*

> *Je revois tes cils noirs s'abaisser*
> *Sur l'éclat de tes yeux.*
> *Comme si tu voulais, sans être épié,*
> *T'abîmer tout entier dans ton bonheur[1]...*

Elle a joué de sa splendeur en échange de la liberté de son fils et de la sienne. Elle a aimé Franzi, au-delà de tant d'abîmes. « Tout ce que je voulais, ce que je désirais, c'était t'entourer de plus en plus de douceur. »

L'« Eden détruit » refleurira-t-il ?

---

1. *Le Journal poétique de Sissi*, p. 111.

Chapitre XII

ERZSEBET, REINE DE HONGRIE

L'amour d'Élisabeth pour la Hongrie prenait source dans l'aversion de sa belle-mère pour ce pays. On s'était moqué de Sissi quand, depuis Madère, elle apprenait cette langue aux embûches grammaticales. Sissi, à part l'anglais, n'était douée pour aucune langue et pourtant, à la surprise générale, Élisabeth faisait des progrès stupéfiants. Ses intimes hongrois, dont Ida et son professeur, le père Hommoky, confortaient ce penchant. La majorité des grandes familles, à la Cour, venaient de Bohême. Cet engouement hongrois de Sissi ressemblait, une fois de plus, à une rébellion. À la Cour, Élisabeth avait maintenant ses partisans. Un soir, au théâtre, elle osa une provocation. La déférence était de se tourner, debout, vers la loge impériale quand entrait la famille impériale. L'archiduchesse avait sa propre loge. Il y eut un étrange mouvement, elle ajusta ses jumelles. Scandale ! On ne se leva ni pour elle ni pour son fils, mais pour l'impératrice parée de la coiffure des grandes dames hongroises, de dentelles et d'or. On l'acclamait, à la colère de l'archiduchesse. Sissi quitta brusquement le théâtre. François-Joseph, gêné, se trouvait seul, au-dessus d'un parterre agité. L'engouement de Sissi pour la Hongrie prenait une tournure vertigineuse. Élisabeth s'était entichée, possessive, d'Ida. Elle supportait mal d'en être séparée.

« Ma douce Ida, écrivait Sissi, l'été 1865, à Bad-Kissingen, je pense beaucoup à toi pendant les longues séances de coiffure, pendant mes promenades et mille fois dans la journée... Ne te marie

SISSI, LES FORCES DU DESTIN

pas en mon absence, ni avec ton Kalman, ni avec aucun autre...
Reste fidèle à ton amie [1]. »

La suavité d'une amitié féminine. Il n'y a rien à dire à un
homme. Elle avait appris, d'abord terrifiée, désolée, malade, que
l'amour est une partie de colin-maillard, où chacun tâtonne vers
l'autre, le heurtant sans l'atteindre. Plus le désir est puissant,
moins la parole n'est possible. La conversation est un art délicat,
qu'elle découvrait, ravie, avec Ida. Néné avait été la confidente
maternelle. Ida devenait le pur bonheur confiant de l'échange.
Dialoguer avec l'empereur ? Autant choisir une hallebarde. Ses
chevaux et ses chiens avaient meilleure écoute. Élisabeth découvrait cette loi originelle, muraille invisible entre le mâle et la
femelle. L'amour était le contraire de l'écoute. François-Joseph
l'adorait, il ne parlait jamais, vraiment, avec elle. Sa mère, ses
sœurs, toutes les femmes du monde étaient seules. L'amour de
l'homme, ses baisers, accentuaient ce bâillon. Élisabeth aura
déversé auprès d'Ida, ses amies hongroises, ses sœurs, des confidences que jamais n'entendit François-Joseph – ni aucun homme.
Les femmes assomment les hommes quand elles revendiquent une
conversation. Elle avait lu au glacial regard de Bismarck cette
vérité odieuse, typiquement masculine.

L'archiduchesse ne parlait à son fils qu'en cercle très privé et
circonscrit. Elle persécutait Sissi, et ses inférieurs (beaucoup de
monde), elle n'eût jamais tenu ouvertement tête au chancelier.
Son mari ne lui avait jamais accordé une conversation. Il en était
incapable. Ses fils la respectaient, l'écoutaient, mais le seul
homme qui lui avait tendrement parlé était l'Aiglon. L'archiduchesse était isolée dans les silences obligés. Cela n'empêchait nullement les commérages, au contraire : une affaire de femmes. Elle
avait détesté les répliques de Sissi, qui osait « courir après son
mari ». *Sa Majesté l'impératrice n'use d'aucune influence* signifiait
l'interdit de la parole active, auprès de l'homme. Les perroquets,
les ragots, les prières, les cris de l'accouchement, quelques mots
de convenance... Sissi refusait, farouche, ce lot débilitant. Le hongrois, mieux qu'une langue, fut le code secret de sa révolte. L'archiduchesse avait abominé Ida, confidente de l'impératrice. Parler
était le plus haut risque d'une maison impériale et ses symboles.
François-Joseph adorait Sissi, maladive, belle, dépendante, silen-

---

1. *Élisabeth d'Autriche*, E. C. Corti, p. 125.

328

cieuse derrière son éventail ouvert. La bouche cachée, close. Leurs échanges tournaient à vide ou en larmes amères. Leurs enfants avaient été un sujet de discorde, non de dialogues. Il était pétri du désir d'amour qui fausse tout. Il n'y avait pas les mots. Sissi s'échappa par le hongrois. Sa passion de la Hongrie fut son unique et éclatante victoire politique. Après le décès de l'impératrice, Ida Ferenczy brûla presque toute la correspondance de son idole. Les traces de ces trente-quatre ans d'entente parfaite sont précieuses. Ida était devenue l'espoir des Hongrois qui tentaient de libérer leur pays du joug autrichien. Gyula Andrassy, surnommé « le beau pendu » pour avoir été condamné à mort par contumace, en 1849, et le penseur Franz Deák, travaillaient auprès d'Ida, sorte d'agent double sublimé. Elle leur communiquait l'envie de la souveraine de restituer leur patrie humiliée dans ses anciens droits. Elle favorisa, en dépit des espions de l'archiduchesse, les contacts d'Élisabeth avec les libéraux hongrois. Ida sut établir ces dangereuses passerelles sans jamais trahir la confiance de sa souveraine. Elle avait pris son risque. Elle fut incorruptible aux pièges de l'archiduchesse. Ida, Marie Festetics, la comtesse Sztaray, « le parti de l'impératrice », resserraient leur dévouement. Lily Hunyady, l'amie de Madère, avait épousé un prince autrichien, donc perdu sa nationalité hongroise. Ida agissait dans l'ombre pour le futur couronnement d'Erzsebet, reine de Hongrie. Pendant les séances de coiffure, Fanny Angerer enrageait, exclue du dialogue entre les deux amies, dans une langue qu'elle ne comprenait pas.

François-Joseph avait le titre (entre autres) de roi de Hongrie. On le pressait de conclure une paix très relative avec ce pays, et de se rendre à Buda-et-Pest. Ida était depuis peu au service de l'impératrice et persuada Sissi d'accompagner son époux. Il était alors impensable qu'Élisabeth imposât quelque souhait politique. Elle chargea le général Benedek, un Hongrois à la Cour, de présenter sa demande à l'empereur. Benedek fit diligence. François-Joseph était allé seul à Buda-et-Pest, l'été 1865. Sissi était en cure. Il avait accordé à la Hongrie des modestes concessions. La suppression de la juridiction militaire, quelques amnisties. Ces broutilles froissaient les libéraux et les Hongrois de Vienne. Tous attendaient – comment ? – « une convention » à part entière. Ida, Andrassy et Deák s'activaient. Franz Deák, en 1848, était ministre de la Justice au cabinet du comte Battyany. On avait exécuté honteusement Battyany. Sa veuve avait maudit la maison d'Autriche.

Franz Deák incarnait le sage de la nation, l'idéal libéral. Disciple de Tocqueville, son idée était une double monarchie accompagnée d'une reforme libérante. Il écrivait ses articles dans le journal national, prônant la nécessité de restituer la Hongrie dans ses droits. Son article le plus célèbre, adressé à l'empereur, parut avant sa visite officielle. L'archiduchesse s'indignait, Deák insistait sur une constitution hongroise, séparant à jamais son pays de la constitution strangulatoire autrichienne. Les Hongrois, Ida vénéraient Franz Deák. Ida l'avait rencontré chez son père. Elle avait un portrait de lui. Elle le pria, respectueusement, d'y écrire quelques mots à l'intention de l'impératrice. Sissi accrocha ce portrait au-dessus de son lit, à la Hofburg, signe absolu de rébellion. Ce portrait resta à cette place jusqu'à sa mort. Deák vieillissait, il délégua sa mission à Gyula Andrassy. Andrassy orienta adroitement son action à travers une correspondance amicale avec Ida. Ils avaient, disait-il, un idéal commun : rallier l'impératrice à leur cause. Ida et Andrassy furent les puissants intermédiaires entre la Hongrie et la future reine qu'ils espéraient. Grâce à la confiance de l'impératrice, ils gagnèrent une première manche exceptionnelle. En octobre 1866, une cérémonie de grande envergure eut lieu à la Hofburg. On y reçut, fait unique en ce palais, la délégation hongroise, menée par Gyula Andrassy. Les Hongrois souhaitaient présenter leurs vœux à l'impératrice et l'inviter à se rendre dans leur pays. Gyula Andrassy était dans l'éclat viril de ses quarante-trois ans. Il avait été amnistié en 1858 et avait épousé une riche et belle Hongroise. Il était séduisant, épris de femmes, sachant les conquérir, capable de manipuler des situations périlleuses, amoureuses ou politiques, souvent mêlées. Il savait sa puissance de charme, sons sens du jeu, de la mise en scène, sa faculté à jouer avec la Fortune et les passions. Il avait su échapper à la mort et à la ruine, subjuguer chacun au service de ses causes intimes ou éclatantes. Il aimait son pays, il admirait passionnément Élisabeth. Il calculait. Il sut être amoureux en tenant ses distances. Il sut brûler sans devenir la cendre – et peut-être enflammer sans faire perdre l'honneur de l'Élue : Erzsebet. Il avait tout compris de son rôle et de celui de la « belle Providence » (Élisabeth). Il devinait son goût du théâtral sublimé. La délégation devait offrir à la future reine un aspect sauvage, raffiné et somptueux. Une délégation de magnifiques chevaux de race. La liberté en marche vers la fée, l'étoile, l'idole... Tout théâtre a son costume. Andrassy y réfléchit. L'impératrice avait le culte de la beauté. Ils porteraient, lui et ses gentilshommes, l'Attila, l'ancien costume d'apparat des Magyars. La sensuelle parure masculine, serrant ces corps bien faits, souples, mêlant les ors, la botte de cavalier, longue, noire, la culotte moulante, la peau de tigre sur l'épaule. Andrassy avait le sûr instinct d'une coquetterie virile nécessaire pour séduire cette impératrice hantée d'images sublimées. Les informations d'Ida avaient été précieuses. Tout allait réussir ou rater à partir de leur premier contact esthétique. Andrassy et ses hommes arpentaient les galeries et les antichambres, dédaignant la haie des gardes, à la manière d'un ballet prestigieux. À leurs oreilles, la mâle boucle en or des guerriers anciens. Andrassy était doué pour ces coups de théâtre où se jouaient la vie, l'honneur, la fortune ou l'amour. Il allait, chaleureux tel un tzigane, mordant comme un grand seigneur, souple tel un fauve, un idéal d'amant. Il se devait d'être le troubadour de la plus belle dame du monde pour en faire, vite, la reine unique de son pays unique. Il ne tenterait aucune approche sexuelle. Ce serait une immense erreur. Elle serait à la fois rassurée, peut-être éprise, rivée à cette faim dont il devinait très bien la cause. La Hongrie allait à Élisabeth, sous forme de ce quadrille ardent, paré dans le sens qu'elle aimait, le contraire de la raideur militaire autrichienne. La Hongrie utilisait sa fragilité, lui offrait un amour absolu et frustrant. La fougue d'Andrassy comportait un fond de froideur nécessaire à cette fabuleuse aventure. Il portait fièrement sa haute stature et sa rare élégance. Son visage était ouvert, l'œil fauve, brûlant, quoique illisible sous la paupière bistre, un sourire charnel, une musculature troublante de grand cavalier. La chevelure, noire, bouclée, s'harmonisait avec la moustache bien taillée. Il parlait plusieurs langues, les femmes l'adoraient. Il n'était plus « le beau Pendu », mais Andrassy le magnifique. En un tour de main, il referma le piège sur l'Impératrice.

Le piège : hisser la Hongrie avec un tel éclat affaiblirait l'Autriche. L'archiduchesse s'indignait. Préférer la Hongrie, c'était ignorer la jalousie furieuse de la puissante Bohême, la mortification des pays voisins. La Hongrie était le couronnement du fantasme de la révolte d'Élisabeth. Un caprice époustouflant, passionnel – non un calcul. François-Joseph se taisait, affaibli, entraîné dans cette aventure pleine d'éclat qui redorait ses heures sombres. Les Hongrois, familiers de l'impératrice, l'adoraient, ce qui n'exclut pas qu'ils la manœuvrèrent. Sissi n'était pas la puissante reine Victoria, qui eût sans doute dédaigné ces tziganes et privilégié des ruses avec Bismarck. Andrassy savait qu'il fallait agir vite. Le parti libéral comptait sur lui. L'impératrice allait raffoler de cet intermédiaire chevaleresque. Bien des Viennois le détestaient à la Cour. Hubner le traitait de « beau parleur », de « beau menteur ». La délégation avançait, glorieuse, dans les froides galeries de ce mois de janvier 1866. C'était la première fois qu'Élisabeth rencontrait cet Andrassy dont Ida avait su l'entretenir. Élisabeth s'était préparée avec le plus grand soin. Un spectacle, un cirque, la connivence des atours, la mise en scène de son désir. Elle serait la plus belle aux yeux de ces Hongrois. Elle n'eût pas mieux fait pour recevoir un homme aimé. Elle accepta les heures de coiffure et d'apprêt. Elle portait le costume traditionnel hongrois offert par sa belle-mère, embelli de pierres précieuses. Elle attendait, debout sous un dais, dans la solennelle salle d'audience, entourée de ses dames, le cœur visible sous le corselet de velours noir richement brodé. Un long tablier en dentelle rare, assortie à celle de sa coiffure retenue d'un diadème en diamants. Elle attendait, un collier, lui aussi de diamants, à son cou dénudé jusqu'aux épaules, la jupe longue, en soie blanche, la chevelure en ondes fauves. Elle attendait, elle entendait le pas de ces hommes, la cadence de ces chevaux pur race. Elle pâlissait, le ventre serré d'un émoi inconnu, ce désir dont elle ne savait rien – confondu à sa passion pour la Hongrie. Elle était dans le plaisir de l'attente, elle en savourait les ondes troublantes. Elle entendait la voix du grand Chambellan, ils étaient au bord d'entrer, ils entraient, ils allaient vers elle, ils s'arrêtaient à la distance requise. Le vent, les chevaux, immobiles, pour elle, devant elle.

Andrassy éprouva-t-il un choc émotionnel aussi grave que celui de cette jeune femme de vingt-huit ans qui en paraissait vingt ? Ses hauts dignitaires entouraient un évêque rutilant, à la coiffe orthodoxe accrochant la lumière. Andrassy surpassait tout le monde par sa prestance. Il était à la Hongrie, en homme, ce qu'Élisabeth, en femme, était à l'Autriche. Ils s'aimèrent dans les symboles, la force des prodiges, l'agencement d'un magnifique mensonge. Le Sublime activait cette palpitation du statuaire effleurant le sacré. Andrassy n'eût jamais fait l'amour à Élisabeth. Il n'était pas naïf. François-Joseph avait été naïf dans son ardent élan amoureux et le payait chèrement. L'excès de beauté, l'incarnation du Mythe ôtent l'appétit. Andrassy était soulagé d'adorer cette icône sans aucun désir ordinaire – qui eût enfin satisfait ce corps glacé. On ne couche pas avec cette image sidérante qui représentait la mère patrie. Elle était l'idéal, la vierge à la cathédrale Saint-Mathieu où elle serait couronnée reine de Hongrie. Couche-t-on avec une entité sacrée, une vierge parée d'or, d'adoration et de flambeaux ? Approche-t-on d'un ange, souillé du trouble désir ordinaire ? Andrassy n'était pas là pour la chair. Il possédait tout ce qu'il fallait pour mener au plaisir sa femme et ses maîtresses. Élisabeth d'Autriche, future reine de Hongrie, vénérée, inquiétante de splendeur et de symboles, était le contraire de ces femmes rassurantes qui l'entraînaient à des prouesses ardentes. Il fut soulagé de l'adorer sans désir. Il se savait sauvé de rester immobile, ébloui et froid devant cette femme-cathédrale, la future reine de Hongrie. Il avait, lui aussi, osé le risque de l'amour banal et éperdu qui aurait tout compromis. Nul ne dira ses craintes et ses dangers quand il avançait vers la merveille. Elle éteignait les lumières, les élans, à force d'éblouir. Il pouvait agir. Élisabeth avait gagné en une seconde sa couronne et perdu toute chance d'un amant aux vertus probablement très fortes. Elle était bouleversée, hantée par la Hongrie, repoussant un trouble inconscient – cet homme de chair, ardent. Elle était heureuse qu'il fût beau. Elle continuait à jouer, à la manière du prince Hamlet. Elle aussi était rassurée. Elle restait seule.

L'un et l'autre étaient dans le fasciné.

Le théâtre continuait. Elle s'adressa à eux, en hongrois et avec aisance. Elle remerciait le prince primat de son invitation.

« Depuis que la providence m'a liée, grâce à Sa Majesté mon époux bien-aimé, au royaume de Hongrie par des liens aussi tendres et indissolubles, le bien-être de ce royaume a fait l'objet de ma plus vive et constante préoccupation... Recevez ma sincère et profonde gratitude, et présentez aussi là-bas mon salut cordial à ceux qui vous ont envoyés ici, dans l'attente du moment où j'aurai la joie de paraître parmi eux, conformément aux souhaits du pays, aux côtés de mon illustre époux[1]. »

Jamais Sissi n'eût osé, autrefois, cette assurance aimable et ferme, cette prestance de grande impératrice. Sans l'accord discret de l'empereur, rien n'eût été possible, mais elle avait acquis une

---

1. *Élisabeth d'Autriche*, B. Hamann, p. 227.

beauté exceptionnelle, une volonté accrue depuis son succès auprès de son fils. Elle avait changé, ses vieilles peurs s'endormaient. Elle évitait sa belle-mère, son entourage lui convenait, sa santé s'améliorait. Elle atteignait l'âge où on ne meurt plus pour personne ni de personne. Elle ne pleurait plus comme au temps du lamentable voyage de noces. L'adolescente brisée avait disparu, les illusions enfin perdues, les chagrins consommés. Quand elle eut achevé son discours, elle frémit de joie aux « *Eljen !* » (vivats) qui retentirent longuement. Elle avait bouleversé ces hommes, ils repartiraient en Hongrie, répétant ses mots, décrivant son sourire, sa beauté. La Hongrie avait sa reine. La journée n'était pas achevée, il fallait une autre robe pour la soirée. Elle changeait de toilette tel un guerrier change d'armure. Elle était au cœur impétueux d'une passion, une intervention qui portait son nom. Elle accorda le plus grand soin esthétique à chaque parure qui servirait son dessein. Elle composait son véritable trousseau de noces avec la Hongrie. Au dîner de la délégation, elle apparut en robe blanche, à traîne, travaillée de fleurs et de perles, la chevelure piquée d'étoiles et de perles. François-Joseph marquait quelque distance, la Cour davantage. Après le dîner, au moment du cercle, Élisabeth s'adressa en hongrois à Andrassy.

« Quand les affaires de l'empereur vont mal en Italie, cela me peine, quand il en va de même en Hongrie, cela me tue [1]. »

Andrassy s'inclinait. On était dans l'adoration courtoise. L'archiduchesse s'éventait, révoltée. Elle devinait que Sissi réussirait à manœuvrer l'empereur vers ce rapprochement, toujours odieux à ses yeux. Ida et Andrassy soutiendraient cette mission aux rouages subtils, qu'un rien, une maladresse, un décès, pouvait rompre. François-Joseph hésitait à se rendre en Hongrie. Élisabeth, galvanisée par ces « Eljen », trompettes glorieuses, sous la voûte de la Hofburg, à son intention, le persuada de tenir sa promesse.

Au dépit de l'archiduchesse, le 29 janvier, en équipage croulant de malles, le couple impérial s'en alla à Buda-et-Pest. On le reçut au palais royal, sur les hauteurs de Buda. Sissi était revenue au pays où était morte sa petite fille. Sophie aurait douze ans... L'enfant disparue sommeillait au cœur de la mère déchirée et elle n'osait l'éveiller. Elle était revenue, l'espoir au cœur, les larmes

---

1. *Élisabeth d'Autriche*, E. C. Corti, p. 136.

aux yeux. La Hongrie l'aimait, avait partagé son deuil, ses peines. L'irréductible Kossuth, l'orateur du parti anti-Habsbourg ne la haïssait pas personnellement. À Vienne, sa belle-mère, la Cour l'étouffaient à en mourir. Aimer, détester, son âme sensible avait frémi à tant de chocs. En Hongrie, Élisabeth ressuscitait. On avait entouré le cortège impérial de Magyars à cheval, hommes et chevaux d'une rare beauté. La tâche demeurait complexe. Les Hongrois menés par Kossuth, offensés par la dure répression de 1848, ne pardonnaient rien. La rébellion était leur quotidien. Les fonctionnaires hongrois, ostensiblement, refusaient de porter le costume autrichien. Couronner Élisabeth – donc l'empereur – c'était enferrer le joug autrichien. On attendait une garantie, une constitution hongroise. Au déplaisir de l'archiduchesse, Élisabeth et son époux allaient rester plusieurs semaines en Hongrie. La popularité d'Élisabeth (Erzsebet) augmentait. Le programme officiel était lourd à suivre, Élisabeth s'y plia sans trop de difficultés. Son idéal l'aidait à supporter les longues stations debout. À Vienne, elle s'écroulait de malaises et l'empereur avait assumé souvent seul sa tâche sociale. En Hongrie, il y avait toujours, près d'elle, l'ombre haute, chaleureuse, d'Andrassy.

Des ragots couraient sur leur liens. Une liaison ? On surveillait de si près de tels personnages, qu'une liaison, même s'ils l'eussent voulu, était impossible. Andrassy redoublait de prudence. La moindre erreur serait fatale. Il voyait l'impératrice toujours en compagnie. Ils ne s'isolaient jamais. Ils ne s'écrivaient pas. Un sûr instinct guidait leurs mots, leurs attitudes. Tous les deux avaient un idéal commun, un amour sublimé : le couronnement d'Élisabeth. Andrassy décuplait sa courtoisie exemplaire. Ida veillait. Grenneville devenait un danger. Il était dépité quand l'impératrice parlait un quart d'heure, en hongrois, avec Andrassy. Une impératrice n'avait pas à converser aussi longtemps avec un dignitaire, surtout cet étranger si suspect à la Cour. L'entourage autrichien du couple détestait la Hongrie et se moquait de leurs costumes, leurs coutumes, des « Eljen » à chaque apparition de l'impératrice. Des saltimbanques de cirque. On s'offusquait, au château d'Ofen, du goût de l'impératrice pour les czardas. Son succès personnel était immense. François-Joseph lui en était reconnaissant. Il écrivait à sa mère, plaidant le rôle de réconciliation qu'avait entrepris Sissi :

« Sissi m'est d'un grand secours, grâce à sa courtoisie, son tact ;
enfin sa bonne connaissance du hongrois [1]... »

La fatigue la reprenait. Son ancien mal la submergeait, le corps
ne suivait pas les grandes intentions. Un soir, elle grelotta de fièvre
et de larmes. La fatigue, la terrible fatigue, agonie camouflée. Qui
eût osé se soucier de la fatigue comme d'un grand mal ? On méprisait la fatigue, on méprisait la dépression. On méprisait les
femmes, on méprisait, à Vienne, l'impératrice. Il fallait changer
de toilettes sans cesse, rester debout, parler, surtout. Sissi l'écrivait
à ses enfants – à Rodolphe, en février 1866 :

« Si vous étiez là tous les deux, je passerais encore volontiers
l'hiver ici... Je trouve bien ennuyeux de passer mon temps à m'habiller ; la réception des dames a été très pénible, c'est si fatigant
de rester debout et de parler longtemps... même si elles ne parlent
pas davantage le hongrois que l'allemand [2]. »

L'archiduchesse, de loin, avait bien compté sur cette fatigue,
son incapacité à endurer la vie publique. Dans l'ensemble, Sissi
avait triomphé. Sa beauté éclatait. Les courtisans se mirent à
bafouiller un peu de hongrois. François-Joseph était lent, méfiant.
Il n'accordait pas aux Hongrois tous leurs désirs. Il fit restituer
leurs biens confisqués, accorda des allégeances que les Hongrois
attribuaient, à tort, à la seule volonté de Sissi. L'influence de l'archiduchesse et des ministres se fit sentir. François-Joseph émettait
sa réticence sur « une constitution hongroise ». Il s'irritait pourtant
de la malveillance de Vienne, qui « redoublait de demandes de
faveurs » sans répit.

En Hongrie, on ne réclamait qu'un peu de justice. Sa Cour le
harcelait d'une avidité sans répit. Cette hostilité redonna de
l'énergie à Élisabeth. On pouvait jouer impunément de ses
malaises pour anéantir son projet. Elle mit tout en œuvre pour
affirmer sa position pro-hongroise. Elle fut même odieuse, quand
elle croyait déceler une hostilité anti-hongroise. Elle visitait les
institutions de la ville. On lui présenta une institution de jeunes
filles anglaises. La supérieure était une Italienne, très cultivée. Elle
ne parlait pas le hongrois. L'impératrice le prit mal. Elle s'adressa
à elle, en hongrois. La malheureuse, affolée, ne comprenait rien.
Élisabeth la cingla d'un reproche aussi injuste que violent : elle lui

---

1. *Élisabeth d'Autriche*, B. Hamann, p. 229.
2. *Élisabeth d'Autriche*, E. C. Corti, p. 134.

ordonna de lui répondre en hongrois à sa prochaine visite. La supérieure, redoutant une telle visite, tomba malade. Elle était alitée quand Élisabeth entra brusquement dans sa chambre et exigea de cette pauvre femme quelques mots de hongrois. La malheureuse restait muette, épouvantée. L'impératrice claqua la porte et la fit renvoyer. C'était suffisant pour se faire haïr de l'Italie. Que pouvait penser l'Italie, abominant l'Autriche de cette brutalité allemande, despote, absurde, injurieuse ?

Marguerite Yourcenar, dans son livre, *Le Temps, ce grand sculpteur*, évoque, dans le chapitre consacré à Élisabeth, les confidences d'un vieux cocher qu'elle avait connu à Corfou. Il était alors au service de l'impératrice, et confia à Marguerite Yourcenar les brutalités verbales qu'elle lançait à son personnel, quand elle se croyait contrariée dans quelque idée fixe. La persécutée pouvait, imprévisible, devenir persécutrice.

Kossuth et ses irréductibles, exilés en Italie, s'opposaient aux libéraux, à Gyula Andrassy. La vraie demande fut présentée à François-Joseph : accorder à la Hongrie un gouvernement indépendant de Vienne. Les Viennois boudaient « la nouvelle patrie » de leur impératrice, qui, décidément, ne les aimait guère. Le bal qui avait tant fatigué Élisabeth comprenait six cents invités. À chaque fois, son apparition se passait de gestes, de paroles. Elle éblouissait. Une robe blanche, à traîne, semée de diamants en poussière fine, sculptait de près un corps parfait, la chevelure en boucles longues... On était devant un monstre sacré, une munificence faite femme. La statue animée du plus beau des jardins royaux, une figure de proue, une vierge de la Renaissance. Un prodige. Une catastrophe. La fatigue revenait, elle s'en allait trop vite, frustrant ses adorateurs. Son corps peinait, la desservait en crampes diffuses, étourdissements, migraines. Elle avait envie de pleurer. Les courriers de l'archiduchesse cultivaient cette anxiété. Elle développait le mécontentement suscité par le libéralisme. François-Joseph répondait, scrupuleux. Il osait rendre un hommage à Élisabeth que n'avait pas prévu sa mère :

« Il est des remontrances que le peuple accepte plus volontiers dans sa langue et venant d'une jolie bouche[1]. »

À toutes les fêtes, Élisabeth rencontrait Andrassy. Il l'enveloppait d'un respect brûlant, elle n'y était pas insensible. Il semait

---

1. Sissi, J. Des Cars, *op. cit.*, p. 217.

habilement ses messages dans cet esprit vif, sensible. Il allait dans le sens espéré par son peuple – et par elle. La Hongrie aurait sa reine. Il fallut se quitter pour rentrer à Vienne. Le 5 mars, Andrassy et sa délégation accompagnèrent les souverains à la gare. L'au revoir vint de Sissi, spontané, en hongrois :

« J'espère revenir bientôt dans ma Hongrie bien-aimée[1]. »

Elle avait appuyé sur « bien-aimée ». Les assistants avaient les larmes aux yeux. Andrassy eut pour elle un regard au-delà de l'amour. Andrassy savait, par Ida, plus de choses qu'il ne convenait sur l'intimité du couple impérial. Les mots d'Ida, leur but : aider sa Patrie. Élisabeth enfanterait-elle un roi pour la Hongrie ? Peu de relations sexuelles, pour ainsi dire aucune – dans ce couple épris et séparés en même temps. Élisabeth semblait incapable de franchir ce traumatisme du corps. Son dernier accouchement avait été un cauchemar.

À Ofen, le couple ne menait pas une existence d'amoureux. Les mauvaise langues affirmaient qu'Andrassy n'eût pas demandé mieux que de concevoir un futur roi avec son idole. Il prenait garde à ne pas s'éprendre d'elle à la folie. Sissi n'était pas Marie de Naples. Sa manœuvre, désormais, serait, après le couronnement et une constitution nouvelle, de l'amener à l'idée d'engendrer un futur souverain pour la Hongrie. Il procédait par étapes. Il évitait de s'attarder sur l'interdit absolu : le corps d'Élisabeth. Sa terreur de la sexualité, son comportement l'aidèrent à contenir le moindre élan préjudiciable. Il savait qu'elle maltraitait son corps au nom de la fallacieuse beauté. Les bains froids, les régimes draconiens, les massages, la gymnastique, les marches et l'équitation excessives. Elle en était à fair coudre sur elle certains vêtements pour paraître encore plus mince. Elle porta des bas en peau trempés d'eau froide pour affiner davantage ses jambes. On lui posait des linges mouillés sur les hanches. Une grossesse ? L'Europe les observait, à l'affût d'un banal et douteux scandale. Andrassy redoublait de vigilance. La chair, ce guet-apens. Le destin d'Élisabeth se passerait du plaisir. Un mari aimant, pas de plaisir, Andrassy lui offrait une couronne, pas le plaisir. Elle gîtait, seule, au comble de la beauté.

Le retour à Vienne lui était toujours difficile. On s'irritait qu'elle eût été adulée à Buda-et-Pest. L'archiduchesse faisait surveiller

---

1. *Elisabeth d'Autriche*, E. C. Corti, p. 136.

Ida Ferenczy par la police intérieure. Ah, la confondre comme espionne, délatrice auprès des libéraux de gauche, ennemis de l'empereur ! Ah, faire condamner à la pendaison cette maudite fille de rien, infiltrée dans l'esprit débile de sa belle-fille ! L'archiduchesse était amère, anxieuse d'une autre menace préoccupante. Bismarck avait habilement allié l'Italie contre l'Autriche.

En avril 1866, la guerre se profilait. On en oubliait la Hongrie. En Bavière, Louis II, indolent, répugné, ne se préoccupait guère de son armée où se trouvaient les frères de Sissi. L'étrange roi, frustré de l'Ami (Wagner), s'éprenait follement du pianiste Bülow. Il répétait, politiquement invivable : « Je ne veux pas la guerre » alors que de pressants courriers autrichiens lui demandaient son appui.

Élisabeth avait su tenter une action avec la Hongrie, tenir enfin un rôle régnant, auprès de son époux. Le roi vierge, épris d'art, d'opéras vides, du satin bleu de sa chambre, s'enfermait dans ses tours d'ivoire et d'or, où clignotait sa lampe couleur de lune... Élisabeth n'eut pas le temps d'aller à Possenhofen où on s'inquiétait de la santé du mari de Néné. La bonne duchesse était absorbée par les projets de mariage de sa cadette. Marier Sophie-Charlotte. Une demande partit chez le prince Philippe de Wurtemberg. Il refusa. La Prusse avait-elle ruiné le projet ? Le jeune fils de l'archiduc Louis-Victor s'était déplacé à Munich, tenté par la jolie Sophie. La bonne duchesse favorisa la rencontre à Possenhofen. Sophie n'aimait pas ce petit archiduc, sa dureté, son arrogance. Elle avait, en discret, ce qui composait la beauté exceptionnelle de Sissi. Les longs yeux, le nez fier, la chevelure opulente, plus brune, la minceur et la finesse, la peau éclatante. Ils se regardaient en silence, une subtile hostilité entre eux. Ils ne s'aimaient pas. Il n'y aurait pas de mariage. La bonne duchesse gémissait. Ses filles étaient difficiles, excepté l'exemplaire Néné. L'archiduchesse, peu désireuse de récolter à la Cour une autre fille de Ludowika, était soulagée. Élisabeth aussi, pour d'autres raisons. Sa sœur, écrivait-elle à sa mère, avait refusé un mariage sans amour. Elle échapperait à Vienne. Qui pourrait aimer la jolie Sophie ?

Galvanisée par le succès hongrois, Sissi supportait assez bien Vienne. Elle veillait à l'éducation de son fils, au bien-être de Gisèle. Elle refusait d'abandonner son époux que la guerre menaçait. Elle se sentait plus sûre d'elle, les pouvoirs de sa belle-mère s'étiolaient. La guerre... Bismarck avait su envenimer les rapports européens contre l'Autriche. L'isoler, la réduire ; vieille obsession. Bismarck embrouilla la convention de Gastein, renversant la situation à son profit. Guillaume Ier réclama terres et pouvoirs, François-Joseph protesta que c'était illégal. Tout avait été convenu, disait-il et il était l'empereur. Bismarck, sans scrupule, ourdit ses attaques. Il avait gagné les duchés à coups de mensonges. Il s'allia à l'Italie au moyen d'un faux traité commercial, camouflant une authentique alliance militaire. Bismarck proposait à la Diète de Francfort une Constitution fédérale avec un Parlement – il y serait élu – sans l'Autriche. Ce piège prussien bouleversa l'empereur. Bismarck intensifiait sa mauvaise foi : il y avait, disait-il, violation de l'ancien traité de Gastein puisque l'Autriche refusait tout assouplissement de suffrage. Cet énorme mensonge aboutit à ses fins. La Prusse avait joué à la victime, belle raison pour envahir sans permission (systématique méthode du chancelier) les duchés administrés par Vienne. Guillaume Ier, François-Joseph auraient voulu éviter la guerre. Le chancelier se comportait en souverain despote. Il veut la guerre, il l'aura. Le Tsar proposa à la Prusse sa médiation avec l'Autriche, à la grande humiliation de François-Joseph. Le 15 mai 1866, on était au bord d'un conflit généralisé, ou d'une soumission aux conditions prussiennes.

François-Joseph a été manœuvré. Le chancelier est habile, l'aventure hongroise lui avait permis d'agir dans l'ombre. Les alliés de l'Autriche sont peu nombreux. La Bavière et son jeune roi hagard, capable de renvoyer un ministre si son parfum lui déplaît, le Hanovre, si petit, la paisible Saxe, la modeste province du Wurtemberg. L'Autriche a perdu sa toute-puissance. La Hongrie est en train de se construire, elle ne compte pas encore comme alliée efficace. Élisabeth persuada la Cour de s'installer à Schönbrunn. La Hofburg l'effrayait.

« Cet état est déprimant, écrit-elle à sa mère. Le mieux vaudrait peut-être une triste certitude que cette éternelle appréhension[1]. »

On quitta Vienne en mai, Sissi avait échappé, le 1er mai, à la traditionnelle promenade au Prater.

« Je ne fête pas, écrit-elle à Ludowika mécontente, le 1er mai selon l'odieuse coutume ; ma toux me sert de prétexte pour rester tranquille ici, et c'est, sans conteste, infiniment plus agréable que

---

1. *Élisabeth d'Autriche*, E. C. Corti, p. 137.

de monter et descendre l'allée au trot en compagnie de l'archiduchesse et d'être examinée par mille personnes... Je ne veux pas laisser l'empereur seul quand la guerre est à la porte [1]. »

La guerre. Napoléon III et le Tsar ont décidé d'abandonner l'Allemagne du Nord et celle du Sud. Qu'elles se battent l'une contre l'autre, les issues seront fructueuses aux autres puissances. Élisabeth a le cœur serré. Ses frères, dans l'armée bavaroise... « Frères contre frères », disait autrefois Néné. Sissi alla avec ses enfants au pèlerinage de Mariazell. Un temps radieux, une menace noire. Comment faire aboutir le grand projet hongrois, éviter cette sombre traverse ?

La mode a resserré les jupes sur le devant, amenuisé les chapeaux ajustés de voilettes. Elle va, parée de clair tissu mauve, brodé de fleurs vert pâle. La voilette est une buée bleutée sur le clair visage aux lèvres sérieuses. Kossuth, toujours en Italie, négocie avec la Prusse. Elle frissonne, à quoi a servi son amour fou pour la Hongrie ? À Bad-Ischl se déroule un été d'attente, de doutes. L'empereur va sur ses trente-six ans, quelques fils blancs dans les favoris. Il se souvient avec effroi de Solferino et Villafranca. Son armée, ses officiers sont élégants, vêtus à l'ancienne, bottes rutilantes, boutons et ceinturons astiqués. Les Prussiens, en rude toile verdâtre, pétris de fer, sont autrement redoutables. L'empereur le sait. Il n'a pas, à ses côtés, des généraux hors lignes comme Moltke et Roon, ni un chancelier de fer et de bronze. À la mi-juin, la majorité des États fédérés a voté en faveur de la Prusse contre l'Autriche. Finie la confédération née du Congrès de Vienne ! Sissi, comme toujours dans les heures graves, aidera son époux. Elle détesta la conduite de Louis II qui s'était réfugié dans l'île aux roses, berceau délirant, baroque, grevé de roses, îlot absurde et ravissant au cœur du lac de Starnberg. Le roitelet avait fait emmener piano, pianiste aimé et orchestre. Étendu sous un arceau de roses enrubannées, il écoutait ses airs favoris et fit tirer un feu d'artifice – au moment où l'Allemagne frôlait le gouffre. Élisabeth hésitait. Elle se résolut à laisser les enfants à Bad-Ischl afin d'épauler son époux. Rodolphe a sept ans. Il prie pour son père, sa mère, sa sœur, son pays. Il prie avec des mots d'adulte, des yeux trop graves dans ce fin visage enfantin que la souffrance a marqué de cernes définitifs.

---

1. *Élisabeth d'Autriche*, E. C. Corti, p. 137.

341

Fin juin. Élisabeth est à Vienne, les troupes autrichiennes, menées par l'archiduc Albert, ont écrasé les armées italiennes, près de Vérone. Sinistre rappel, pour l'Italie, les Sardes, des exactions de Radetzky. Modeste victoire quand on apprend que la Prusse a anéanti les troupes au Hanovre et en Saxe. L'artillerie autrichienne, la vaillance des troupes sont incontestables, mais la stratégie militaire prussienne est supérieure. La Prusse inaugure une arme moderne, redoutable, le fusil à aiguille, qui se recharge, vite, par la culasse. Le puzzle des nationalités ébranle l'équilibre des troupes de François-Joseph. Quelle unité établir entre de lointains Roumains, les Serbes musulmans, un excès de peuplades qui ont trop souvent changé de maître au fil de l'Histoire ? Les Italiens ont toujours détesté l'Autriche, les voilà alliés à la Prusse. Bravo, Kossuth. En Bavière, un détachement vénitien hurla, défiant son dérisoire encadrement autrichien : « Vive la Prusse ! Vive l'Italie ! » Le chef de tant d'ethnies, l'empereur, devenait dangereusement isolé.

Élisabeth, à ses côtés, avait la vaillance de Marie à Gaëte. Elle étonnait quand on se souvenait de sa fragilité. Elle étonnait, quand, intrépide, bonne et simple, elle visitait les blessés, établis par ses soins dans tous les hôpitaux de fortune. Elle dominait ses malaises, devant le sang, les humiliations des corps vaincus, la répulsion des odeurs, la saleté. La charpie, faire de la charpie. Elle retrouvait l'énergie qu'elle avait déployée lors de Magenta et Solferino. Elle eut un grand sang-froid quand elle aida ce soldat à accepter l'amputation du bras droit. Elle franchissait les allées encombrées, elle allait de brancards en lits de mal-fortune. Elle se penchait sur ces malheureux, suivie de sa première dame d'honneur. Elle allait, vêtue de noir, le visage et les mains nus. Elle avait entendu les cris de ce soldat qui préférait la mort à l'amputation. Elle avait lu dans ses yeux la douleur, la peur, la désolation. Elle lui parla en sa langue. Il venait de Bohême. Le choc le rendait muet. L'impératrice ? Elle lui promit qu'il serait endormi au chloroforme. La vie d'un simple soldat lui était aussi précieuse que celle d'un grand de la Cour. Il s'apaisait à ce visage, ce regard, cette douceur. On opérait sous une tente, sur une table nappée de blanc ; des religieuses aidaient les infirmières et le chirurgien dont le tablier était celui d'un boucher. Le malheureux consentit « à condition que l'impératrice assiste à l'opération ».

Elle promit, serra sa main valide. Il se laissa emmener. Il s'endormit dans un nuage de nausées rougeâtres, un vague sourire à sa bouche décolorée. Il y eut le déchirement ensanglanté de la scie au cœur de la chair et de l'os. Il avait quitté sa terre, ce soldat, obligé d'aller à la guerre sans rien comprendre. Sa vie – son bras – appartiennent à l'Autriche qu'il ne connaît pas. Il n'a rien entendu à ce foudroiement des balles, cette douleur de couteaux aux extrémités brûlantes, aussi absurde que ce ravissant visage penché sur lui. L'impératrice ? Peut-être lui a-t-il offert son bras, puisqu'il ne possède rien ? Élisabeth avait exigé qu'on vînt la chercher quand le soldat se réveillerait. Dès qu'il ouvrit les yeux, il la vit. Il aurait le courage de survivre.

— Je m'appelle Féher, je suis fantassin, balbutiait-il, le teint lilas et vert des cadavres oubliés au champ d'honneur.

Son malheur serait lié désormais à une soudaine douceur. La guerre était aussi un songe. Il emporterait, en son reste de vie, son corps sacrifié et sa belle histoire qu'il jargonnerait sans cesse dans son village. On le dirait fou. Élisabeth écrivait à Gisèle et à son fils un courrier attentif, signé d'un nuage de baisers. Elle allait voir son mari, simplement, à l'improviste, plusieurs fois par jour. Elle restait quelques secondes, il la regardait, il s'étayait à ce regard unique, cette chevelure qui sentait la bête, la fleur et le chloroforme. Leurs nuits, trop courtes, étaient leurs retrouvailles. Ils avaient repris, côte à côte, leurs lits de camp. Ils attendaient l'aube pâle, et parfois, si peu, elle le laissait dormir contre elle. Il s'endormait d'un seul coup, à la manière d'un soldat en armes, face à l'ennemi. Au cœur de la nuit, elle se levait, écrivait à Latour : « La situation n'est pas très favorable. » On atteignait juillet, une forte chaleur. Les blessés gémissaient de soif, certains, la mâchoire fracassée, avalaient un peu d'eau à la pipette, dans d'atroces souffrances. Une odeur de gangrène se répandait. Un sec télégramme arriva à la Hofburg, apporté par Grenneville :

« Bataille de Koeniggraetz, armée battue, en fuite vers forteresse, en danger d'y être enfermée[1]. »

Ce combat décisif, mortel, s'était déroulé en Bohême, au nord de Prague. Quarante mille Autrichiens furent tués, blessés, en déroute, prisonniers. Un désastre. La maigre compensation était, au sud, de rares victoires. À n'importe quelle heure, n'importe quelle nouvelle pouvait surgir, jusqu'à leur chambre sans repos.

---

1. *Élisabeth d'Autriche*, E. C. Corti, p. 141.

SISSI, LES FORCES DU DESTIN

L'archiduchesse ne dormait pas davantage. Elle songeait aussi à Maximilien, menacé au Mexique. Au milieu de la nuit, le roi de Saxe, livide, se rendit au palais. En sept semaines, la Prusse (Bismarck) avait anéanti les armées d'Autriche et d'Allemagne du Nord. La Vénétie se ralliait à l'ennemi. Vienne devenait la proie. Sadowa, pire que Solferino. Les frères de Sissi sont-ils vivants, blessés ? Elle écrit chaque jour à Rodolphe et à Latour pour qu'il mette l'enfant au courant, avec précaution, d'un tel malheur.

— Qu'adviendra-t-il ? Nul ne le sait.

C'est l'aube. Ils se regardent, de tels désastres ouvrent la déchirure, attisent leur lien. Qu'importe sa toux, ses peurs, ses phobies. Tout est dépassé. L'archiduchesse les a rejoints dans leur chambre. Une nuit particulière. Les vieilles querelles sont assoupies. Les deux femmes se serrent la main sans parler. Leur préoccupation commune (leur lien indivis) est cet homme trop raide, la joue ombrée d'une barbe non faite. Elles s'indignent, prétexte à ne pas meurtrir cet homme touché d'une plaie invisible, de l'inconsistance du roi de Bavière. Les Bavarois ont capitulé à Kissingen ; nul n'a vu le roitelet, caché au satin de sa couche de roses... L'archiduchesse et Élisabeth ont les larmes aux yeux. Leur patrie les a abandonnées. Les Prussiens avancent, préparent-ils leurs fusils à aiguille pour anéantir Vienne ? Rien n'est impensable à l'effroyable fable des guerres. Sissi est d'un calme absolu, à la sympathie (réservée), de sa belle-mère. Elle écrit à sa mère :

« Je n'ai aucune idée de tout ce qui peut arriver [...] Le mieux, maintenant, est de n'avoir pas le temps de penser ; d'être toujours en mouvement. Je passe mes matinées dans les hôpitaux et j'aime souvent à m'arrêter auprès des soldats hongrois. Ces pauvres diables n'ont personne ici qui puisse leur parler[1]... »

Ces démarches irritent la première dame d'honneur, qui dédaigne le hongrois. Elle est l'espionne de l'archiduchesse. L'impératrice a conversé trop longtemps, à Laxenbourg, avec un blessé hongrois, le comte Bethlen. La seule douceur, écrit Sissi à sa mère, est le soir, dans la chaleur moins étouffante, « de prendre un peu d'air au balcon avec son mari ». Sa présence empêchera qu'il saisisse sa tête entre ses mains, osant un bref et dur sanglot d'homme, sur tant de ruines. L'archiduchesse marche à grands pas. Elle mord ses lèvres, châtiant ses larmes. Ses fils, seigneur,

---

1. *Sissi*, J. Des Cars, *op. cit.*, p. 221.

344

ses fils... La bonne duchesse, à Possi, pleure en secret. Que faire, mon Dieu, que faire ? Le mari de Néné a eu un grave malaise. Sissi, en ses insomnies, a cru voir rôder une ombre en voiles blancs. La Dame blanche, celle d'Orlamonde, l'annonceuse de mort ? La Hongrie est-elle un espoir évanoui dans la charpie triomphante ? Pour la première fois depuis des années, l'archiduchesse admire l'activité bénévole de Sissi, sa présence auprès de son fils. Elle écrit à Rodolphe, s'interdisant d'avouer que ses petits-enfants et leur tendresse lui manquent.

« Quelques mots en hâte, mon cher enfant, pour te dire, en guise de consolation, que Dieu merci, ton pauvre papa est en bonne santé et que ta chère maman le soutient comme son bon ange, qu'elle est toujours près de lui et ne le quitte que pour aller d'un hôpital à l'autre, et apporter partout aide et consolation[1]. »

Tous les espoirs de l'archiduchesse sont au bord de l'effondrement. Que va devenir cet immense empire, qu'elle a donné, oui, donné, à son aîné ? L'Italie, une partie de la Hongrie sont alliées à l'ennemi. Elle a peut-être mal jugé sa belle-fille. Son orgueil se révolte. Sa sagesse soupire. La landgrave Furstenberg, si hostile à l'impératrice, reconnaissait sa généreuse intrépidité, sa fidélité à l'empereur pendant ces semaines infernales. 9 juillet. L'ennemi avance. La panique, l'exode de la Cour commencent. L'archiduchesse, morose, se préparait pour Bad-Ischl. Elle faisait emballer, prudente, son argenterie, ses bijoux, ses porcelaines, ses bibelots. On ne peut emporter, hélas, de telles demeures. Excès de biens est une nuisance. Maudits Prussiens ! François-Joseph cache son effroi. Protéger Sissi. La confier à la Hongrie, à Ofen, sûre citadelle aimante. La chaleur est écrasante, Sissi consent à partir, à condition d'emmener ses enfants et de visiter, là-bas, les blessés. La Hongrie, chevaleresque, flattée que l'empereur daignât leur confier son épouse, est prête à tout pour accueillir sa « belle Providence ». À l'amour se joignait la politique. Andrassy, Deák s'activaient : ils auraient leur reine... Son mari, à Vienne, serait bien seul. La guerre – la défaite – a ébranlé, à nouveau, sa popularité. On lui en veut des morts et des blessés. La notoriété bienfaisante d'Élisabeth augmentait, à mesure de l'isolement de François-Joseph. On en était à évoquer une régence de l'impératrice.

Le 10 juillet, Élisabeth séjourna brièvement à Buda-et-Pest.

---

1. *Ibid.*

L'archiduchesse, avait mal pris qu'elle emmenât les enfants. La Hongrie ! Ses eaux mauvaises, la mort de Sophie, les attentats ! Bismarck tentait, à coups de soldes et de promesses, de s'octroyer une armée recrutée en Hongrie. Il comptait sur l'opposition hongroise. Il avait connu l'impératrice prise de malaises au moindre dîner, elle déployait une énergie redoutable. Sissi allait gagner la Hongrie contre lui, l'homme de fer. Il enrageait. Les Hongrois ne cachaient pas leur ravissement de la recevoir. Leurs journaux la comparaient à la grande Marie-Thérèse.

À la gare de Vienne, elle avait ostensiblement, sincèrement, baisé les mains de son époux pour montrer à tous qu'elle était à ses côtés. Elle confiait, par ce geste, aux Viennois son précieux bien d'amour fidèle. L'archiduchesse peinait. Les nouvelles du Mexique étaient inquiétantes, confuses. La révolution avait éclaté à Mexico. Ce pays était trop loin, une menace mortelle planait. On parlait du retour précipité de Maximilien et de Charlotte. *Carlotta* pour les Mexicains. Charlotte avait mené un semblant de vie impériale à Mexico. Elle avait invité, avant le drame, au palais, la chanteuse cubaine, Concha Mendez, célèbre au théâtre de Mexico pour *La Paloma* – qu'adorait Charlotte. Elle puisait en cette *habanera* le sens de la passion qui la liait à Maximilien.

À Vienne, l'impopularité de François-Joseph éclatait dans ce cri : « Vive Maximilien ! » et même : « Vive la Prusse ! » Les baisers d'Élisabeth à son époux n'avaient été que passagers. Pendant une seconde insensée, il eût tout donné, y compris sa sécurité, pour qu'elle restât avec lui. En Hongrie, Andrassy et Deák s'étaient précipités pour la recevoir avec ses enfants. Deák eût trouvé lâche de l'abandonner, dans un tel moment. L'opportunité d'un couronnement et d'une constitution se précisaient. À Buda-et-Pest, l'effervescence régnait. La Hongrie était divisée : accepter l'Autriche à part entière, ou non. Élisabeth allait demeurer deux mois en Hongrie. La rumeur se levait, nauséabonde, chez les libéraux hostiles. La soi-disant liaison entre Élisabeth et le bel Andrassy. Tout était si trouble, les plaies saignantes, les cendres chaudes. La Hongrie agissait sur Sissi en philtre bienheureux. Elle écrivait quotidiennement à l'empereur, se souciant peu de ses angoisses. Elle était retombée dans sa passion pour la Hongrie. Elle le fatiguait par son absence, il tâtonnait vers ce vide, vertigineux, qu'elle savait créer. La Hongrie. Elle le harassait, il la haïssait, il l'adorait, elle manœuvrait magnifiquement son harcèlement qui remplaçait celui, occulté, jamais atteint, jamais comblé. Tant qu'elle lui demandait quelque chose, il pouvait être la clef d'une satisfaction. Elle voulait la Hongrie ? Il lui accorderait ce plaisir. Il n'aimait guère ce pays, ni Andrassy, ni Deák dont le portrait, au-dessus de son lit, l'irritait. Fallait-il qu'il l'aimât pour se taire et encore se taire ! Il la voulait dépendante de son ultime décision. L'homme épris lisait, seul, ses lettres d'amour envers ce pays qui l'indifférait. L'empereur se raidissait quand le chancelier hongrois, à la Cour, porteur de lettres d'Élisabeth, demandait audience. Il s'appelait Majlath comme son cher professeur disparu. Élisabeth faisait feu de tout bois et le bois brûlait en ces hommes, tous épris d'elle, tous des têtes d'âne aux yeux de Sissi-Titania. Se vengeait-elle ainsi des trois nuits de viol conjugal, crime muet, légal, irrémédiable offense ? Il lui fallait l'accord de son époux pour arriver à ses fins (la Hongrie). Ses poèmes, dans les années 1880, en disent long sur sa tendresse méprisante. L'empereur était pour elle certes un « petit âne pur-sang », qu'elle cajolait avec affection, mais un âne. Il n'avait su émouvoir ce corps aussi amputé, d'une certaine manière, que celui du fantassin né en Bohême. Ses amoureux, cet excès d'admirateurs, tous épris, tous des bêtes, tous des ânes. Le plus entêté était l'empereur. Il signait de plus en plus ses courriers « Ton petit homme », « Ton petit », « Ton petit homme solitaire », « Ton pauvre petit ». Elle répondait « Mon cher petit », « Mon pauvre petit », « Mon petit homme ». Elle était exaspérée de cet obstiné si lent à la satisfaire. « Même minuscule, il est pour moi la pire croix. Un âne jusqu'au moindre de ses crins », confie-t-elle à son journal poétique. Il faut passer par l'âne (l'empereur) pour obtenir la couronne de Hongrie. La rebelle piaffe d'impatience, le corps trop mince inassouvi, toujours en mouvement, vindicatif.

Tu me parus
Alors
Justement par ta tête
Grise,
Ressembler absolument à l'âne,
Jusqu'au moindre de
Ses crins [1].

---

1. *Le Journal poétique de Sissi*, pp. 54 et autres (poèmes entre 1880 et 1890).

« Soyez notre sauveur », écrivait-elle à Majlath. Il s'agissait de l'avenir de Rodolphe. Qu'il insiste sur la nécessité de cette alliance ! Il faisait chaud, les charniers de Sadowa empestaient de mouches et de bacilles. Elle écrivait la nuit, elle fumait, les pieds nus dans les mules brodée, le bras magnifique jailli de la robe d'intérieur, couleur d'aurore. Elle durcissait son courrier, jusqu'à l'audace politique. Elle priait Majlath que l'empereur nommasse Gyula Andrassy ministre des Affaires étrangères. En Hongrie, la nuit d'été était bleue, reflet mauve sur les rideaux du palais. En bas, si près, si loin, le long fleuve argenté et noir, son odeur d'étang, de fleurs et d'égout.

« Si l'empereur n'y était pas disposé, il devrait du moins nommer Andrassy ministre des Affaires hongroises ; car l'essentiel est en ce moment d'apaiser le pays... ne partez pas du moins sans avoir brisé l'influence du comte Esterhazy [1]... »

Elle n'avait jamais agi avec cette violence déterminée – sauf quand elle avait sauvé Rodolphe de la maltraitance. Il y avait l'influence quotidienne d'Andrassy, beau, chaleureux, calculateur. Il la voyait en tête à tête, elle ne le cachait pas à son époux.

« Je t'en conjure, lui écrivait-elle, au nom de Rodolphe, ne laisse pas passer cette dernière chance. »

Un âne obstiné, et, à Buda, au palais, un homme beau, ardent, décidé. Ses lettres prenaient une tournure de vague chantage, elle pressait cet homme trop lent. Elle exigeait des réponses télégraphiées ; elle s'exaspérait. Son impuissance de femme soumise à la décision du mari la révoltait. C'était à pleurer. François-Joseph résistait. Comment refuser ? Il craignait sa fuite, sans le prétexte de la maladie. Une fuite qui le meurtrirait, une fuite vexante dont l'Europe se gausserait. Il finissait par avoir peur d'elle. Céder à Andrassy, ces Hongrois, lui déplaisait. Elle ne lui avait jamais autant écrit. Ce n'était pas des lettres d'amour, mais des ultimatums, une obsession : la Hongrie. Il faiblissait, en dépit des clameurs de l'archiduchesse et de ses ministres. Il se décida à recevoir Deák discrètement, et la pria de ne « pas trop s'engager avec Andrassy ». Elle avait gagné, elle le sentait. Mais gagné quoi ?

La fatigue la menaçait. Il devenait jaloux. Des espions lui avaient rapporté que la porte en verre de son cabinet de toilette n'avait pas de rideaux. Il se révoltait que son précieux bien, sa

---

1. *Élisabeth d'Autriche*, B. Hamann, pp. 240-241.

chevelure, ses épaules, elle enfin, ne fussent pas à l'abri des regards indiscrets. « On » pouvait la voir pendant ses ablutions. Une image intolérable. Il oubliait la Hongrie, il levait les yeux sur le portrait préféré, à l'épaule dénudée, la chevelure défaite. La jalousie revenait, mordante.

« Fais donc poser un grand rideau sur cette porte », écrivait-il.

Elle eut gain de cause. Le 17 juillet, Andrassy fut enfin reçu à Vienne par l'empereur. Il apportait une lettre d'Élisabeth. François-Joseph s'entretint une heure avec lui. Il observait, à la dérobée, la dégaine de ce trop bel homme. La jalousie revenait, supplice complet. Il n'aimait pas ce tzigane, il accepterait des concessions pour complaire à sa difficile passion. Il s'empourprait, humilié. Pourquoi, à la fin, n'aimait-elle pas coucher avec lui ? Pourquoi cette dérobade à certaines secondes précises, précieuses, de leurs nuits ? « Ton pauvre petit homme. » Voilà ce qu'elle faisait de lui. Une idée absurde le pétrifia. Il avait perdu toutes ces guerres peut-être parce qu'elle détestait coucher avec lui. La défaite était là, l'humiliation était là, sous la forme radieuse de la plus belle femme du Monde. Sa femme, son empire : une double détresse dont il était le maître sans puissance. Loyal, il reconnaissait à Andrassy son courage. Il le soupçonnait de faiblesse, de manque de suivi. Il n'aimait pas qu'on le force à accorder une constitution typiquement hongroise. C'était précipiter la Hongrie vers une dangereuse gauche libérale. Accepter le couronnement en Hongrie, leur constitution, serait-ce suffisant pour se faire aimer d'elle, un peu mieux ? Il avait épousé Sissi sur un coup de foudre. Il avait fait une énorme bêtise. Sa mère avait raison. Il était malheureux avec elle et malheureux sans elle. Élisabeth insistait.

Le 19 juillet, la Hofburg recevait « le vieux Deák ». C'était un triomphe pour la Hongrie. L'empereur préféra de beaucoup Deák au bel Andrassy. Il le trouvait plus ferme, profond, ne s'abaissant pas à plaire. La Hongrie demandait beaucoup. Que pouvait offrir, en échange, ce pays que l'empereur estimait peu fiable, sans garantie ? Élisabeth s'irritait d'attendre. Une chaude exaspération d'amoureuse. L'empereur s'assombrissait. La fatigue la saisissait. Elle fit venir à Ofen le docteur Fischer. Il n'aimait pas cette pâleur. Elle toussait. Il proposa un urgent repos à la montagne. La correspondance entre les époux se croisait, intense, sans se comprendre. Le ton était à l'adoration – comme à chaque éloignement et dans une surdité absolue sur l'essentiel. « Mon Ange », lisait-elle. « Mon adorée. » Il signait : « Ton pauvre petit homme. » Elle mordait un ongle, au bord des larmes, exaspérée. Elle n'eût pas osé donner son nom à son puissant malaise. François-Joseph se retrouvait dans une immense solitude. L'Autriche devait payer, en plus de son échec, une amende de vingt millions de thalers à la Confédération germanique. À quatre heures du matin, le 28 juillet, dans son bureau, à Schönbrunn, le cou raidi dans le col trop serré, il suppliait Sissi de revenir.

« Si tu pouvais venir me voir, cela me ferait tellement plaisir... Je me languis tellement de toi... Tu pourrais laisser les enfants là-bas, provisoirement... ce serait pour moi une grande consolation[1]. »

Il n'a pas compris la férocité féminine contre celui qui n'a su révéler son corps, et avoue ses défaites guerrières. En Hongrie, sa révolte sourd, orage refoulé, prêt à éclater. Elle saura le mener à une forme de soumission supérieure. Elle se moque de son erreur politique de privilégier un pays que déteste la puissante et jalouse Bohême. François-Joseph lui écrit des mots d'amour, il recule le moment de céder. Ah, que n'avait-il su la mener à quémander le prodige qui appartient à l'homme, l'ombre et l'amour ? Elle était froissée, ses amis hongrois aussi. Andrassy mesurait ses victoires. Il avait été reçu deux fois par cet empereur qui, il l'a deviné, ne l'aime pas. Ma bien-aimée Hongrie, avait dit Élisabeth. L'empereur se refroidissait à mesure de ses soucis, de l'exaltation trop aimante de son épouse à ce pays. Enfin, elle le rejoignit à Schönbrunn.

Elle est là, il l'aime, il veut baiser sa bouche mais elle éclate en une violente dispute. Accablé, impassible en apparence, seul, il regarde la jolie bouche véhémente qui ne craint plus de montrer ses dents. Sont-elles si jaunes ? Des pensées absurdes le traversent. Que dit-elle, au fait, cette ravissante harpie, pointant son bras charmant vers sa poitrine emmurée de toile aux boutons astiqués ? Elle exige qu'il nomme Andrassy à un très haut poste politique. Il répond mollement, sa voix est sourde. La Hongrie n'est pas l'urgence de sa préoccupation. La Hongrie, la dernière roue d'une charrette (l'empire) surchargée d'ennuis. Ce refus est pour elle une offense personnelle. *Sa Majesté l'impératrice n'use d'aucune*

---

1. *Sissi*, J. Des Cars, *op. cit.*, p. 277.

influence. Elle s'éloigne, les portes se referment sur son ombre longue et soyeuse.

Elle écrit à Andrassy. Le papier craque sous sa colère. Il n'y a plus d'espoir, dit-elle, de voir « ses efforts couronnés de succès ». Les larmes jaillissent, elle se lève, elle applique sa méthode usuelle : la fuite. Il s'y attendait, il soupire et se tait. Il ne la retiendra jamais de force. Elle ira ainsi, vers ses coups de tête. Inconsciente – ou méprisant le destin qui frappe violemment toute princesse osant errer sur les chemins non officiels.

Le 2 août, la revoilà à Buda-et-Pest. Elle a laissé un sec message à son époux. Elle rejoignait les enfants. François-Joseph évitait sa mère, le silence s'épaississait en ses aubes lourdes, à l'incessant labeur. Elle continua sa querelle, sa lutte, à travers ses courriers. La Hongrie : elle n'en démordait plus. Il s'affolait, elle attisait de loin des feux qu'il était incapable, quand il la voyait, d'apaiser. C'était encore une fois, leur enfer. Leur enfer d'amour. De part et d'autre, des lettres inachevées, cent fois recommencées. Il ne signait plus « Ton petit homme qui t'aime ». Il ne l'appelait plus son « ange ». Ils se vouvoyaient, se tutoyaient, se toisaient. Comment lui faire entendre que privilégier la Hongrie était une désinvolture injurieuse envers tous les pays en souffrance, que cela signifiait « négliger son pays » ? Sa présence était nécessaire en Autriche, pas en Hongrie. Lui venait-il à l'esprit, qu'il avait besoin de repos, de se rendre à Ischl où, ne lui en déplaise, il aurait bientôt trente-six ans ? Se souvenait-elle que les troupes de l'armée du Nord étaient épuisées, décimées ? Le choléra s'était déclaré dans les rangs prussiens. La mort contre la mort. L'empereur s'irritait, elle ne comprenait donc rien, cette enfant qui frôle la trentaine avec un corps et un visage d'adolescente ? « Elle est si jeune », plaide en lui la part aimante, indéfectible, *l'âne* tendrement borné.

« Nous sortons, écrivait-il, entièrement de l'Allemagne. Après l'expérience que nous avons faites avec nos chers alliés allemands, j'estime que c'est une chance pour l'Autriche. [1] »

Pas un mot sur la Hongrie. Louis-Victor écrivait à l'archiduchesse des lettres déprimantes. La paix se signerait, au détriment de l'Autriche, les troupes étaient épuisées. Des provinces entières subissaient l'effarant envahisseur prussien. « Cela déchire le

---

1. *Élisabeth d'Autriche*, B. Hamann, p. 246.

cœur », écrivait François-Joseph à Sissi – dont le cœur était en Hongrie. La perte de la suprématie autrichienne, les dettes, suscitèrent une désolation haineuse de l'Allemagne. On arrivait à des paradoxes atterrants. Survivre avec honneur et entrevoir un avenir étaient possible si on oubliait d'être allemand. L'empereur suppliait Sissi de revenir. Qu'elle examine avec lui ce désastre, les maigres issues. Il la conviait enfin à une participation sérieuse. Rien n'y faisait, elle était butée dans son projet. L'avenir passerait par la Hongrie glorifiée. Elle semblait avoir oublié tout le reste. La folie des Wittelsbach grondait-elle, fantasque, précise néanmoins, rivée à un idéal plus rêvé que réel ? Sissi et sa Hongrie, Louis II et ses lits de roses, sa lampe couleur de lune, ses opéras vides, pendant que ses soldats mouraient ?

Elle revint à Vienne, pour recevoir, audacieuse, Andrassy à Schönbrunn. Le bel Hongrois n'était pas dupe. C'était en son nom à elle, sa « Hongrie bien-aimée », qu'il était dans ses appartements, aux pieds de cette femme si belle, vêtue de parme, les épaules bouillonnant de fleurs mousseuses, le cou cerné des perles rosées, cadeau de l'empereur. Elle puiserait la force de gagner. Andrassy savait – les Hongrois savaient – que leur avenir reposait sur cette princesse chatoyant de tulle, de perles, de minceur extrême. Elle mangeait toujours aussi peu, entretenait sa peau de bains d'huile d'olive – l'un d'eux, trop chaud, faillit la brûler. Elle appliquait sur son visage des masques de fraises, des tranches de veau cru. (La viande était rare aux familles ordinaires.) Le culte de sa beauté devenait une arme de guerre. La coiffeuse était, plus que jamais, cette ombre liée à celle de la chevelure qu'on lui confiait, précieux dépôt entre tous. Les craintes justifiées d'Élisabeth galvanisaient Andrassy. Il profitait de cette grâce incroyable d'être reçu en ce palais si longtemps inaccessible. Il insistait pour obtenir des audiences auprès de l'empereur. Il présentait, sans relâche, la volonté respectueuse de son pays de revisiter le dualisme monarchiste.

La volonté heureuse de son pays de couronner son roi (François-Joseph) et sa reine bien-aimée, Erzsebet, impératrice d'Autriche et reine de Hongrie... La tension augmentait. L'empereur la trouvait d'un égoïsme stupéfiant. Elle le délaissait aux affres de la défaite. Rien n'était conclu, ni la paix avec l'Italie, rien avec la Prusse qui dévorait tout. Sissi frôlait une sécheresse rare envers « son petit homme solitaire ». Elle rejoignit brusquement les enfants à Buda-et-Pest. L'empereur lui écrivait son découragement. Elle lisait, hors d'elle, cette humilité résignée. Elle lui en voulait terriblement.

« Ainsi donc, je dois me faire une raison et continuer à supporter patiemment cette longue solitude. J'ai déjà beaucoup enduré à cet égard, et on finit par s'habituer [1]. »

Triste lettre, triste défaite intime. Il était donc incapable d'aller la chercher d'une chaude poigne amoureuse ? Sissi accrut la mise en scène de sa passion hongroise. Une grande figure du passé la séduisait. En 1741, l'impératrice Marie-Thérèse, menacée de dépossession par l'empereur de Prusse, Frédéric II, avait harangué ses palatins magyars à Brastislava, alors capitale de la Hongrie. Elle portait dans ses bras son dernier-né. Elle osait ce coup d'état politique et sentimental. Elle offrait son fils à la protection de la Hongrie. Elle souleva l'enthousiasme chevaleresque des Magyars envers « le roi Marie-Thérèse ». Elle pénétra dans Presbourg et présenta, en grand souverain, son épée aux quatre points cardinaux, jurant protection à la Hongrie. Un arc de triomphe portait ses titres : « *Domina et rex et sanguinem pro rege nostra Maria Teresa.* » Le roi Marie-Thérèse, la mère chargée de bébés, la femme, l'intelligence politique, l'intrépidité avaient fanatisé le dévouement magyar. La Prusse recula. Sissi s'identifiait à ce geste. Les Hongrois, Andrassy, Deák, espéraient d'elle le nouveau surgeon de la grande Marie-Thérèse. Le contexte avait changé. La Hongrie n'était plus à son apogée qui avait permis à la puissante impératrice d'assurer ses forces dont la reconquête de la Silésie. Sissi, en se montrant à Buda-et-Pest avec ses enfants, ravivait la théâtralité (calculée) de ce geste unique dans leur histoire. Marie-Thérèse en avait la virile envergure. La puissance d'Élisabeth était d'une autre essence, personnelle, émotionnelle où la beauté jouait son rôle troublant. Sa science politique n'arrivait pas à la cheville de Marie-Thérèse – ni même de l'archiduchesse. Sissi n'ira jamais plus loin que son glorieux dessein hongrois. C'était déjà extraordinaire quand on connaît l'oppression qu'elle avait subie. Élisabeth gagna une manche magnifique mais ne fut pas la réplique de Marie-Thérèse. Elle réussit cependant à entraîner, enfin, François-Joseph à ses côtés. Le journal hongrois, le *Pester Lloyd*, confir-

---

1. *Élisabeth d'Autriche*, B. Hamann, p. 249.

mait la conscience nationale que celle « qui modifia leur statut était bien l'impératrice d'Autriche ».

« Qui pourrait ne pas voir que l'amour de la nation va aussi, puissant et unanime, à l'impératrice ? Car cette femme si charmante est considérée comme une véritable fille de la Hongrie. On est convaincu que dans son noble cœur brûle l'amour de la patrie qu'elle a fait sienne non seulement par la langue hongroise, mais la façon de penser hongroise, qu'elle a constamment été une fervente avocate des souhaits de la Hongrie[1]. »

François-Joseph était consterné de devoir rassembler les vingt millions de thalers exigés par les Prussiens ; seul moyen de les faire déguerpir. Il fallut pratiquer des économies féroces. On licenciait à tour de bras dans les administrations, à tous les niveaux. Au chômage s'ajoutaient la famine, des disettes, des épidémies. On pillait les derniers thalers des plus pauvres. Élisabeth était loin de se douter de ces réalités. Elle changea trois fois de demeure. La somptueuse villa louée à Buda-et-Pest remplaçait le palais trop vaste. Elle trouvait Ofen trop petit, elle pria ses chers Hongrois de lui trouver une résidence à la campagne. On s'empressa de la loger avec ses enfants dans le ravissant château de Gödöllö, à trente kilomètres de Buda-et-Pest, le Schönbrunn hongrois, qu'adorait Marie-Thérèse, et qui connut une histoire tumultueuse.

En 1849, Lajos Kossuth y avait réuni ses rebelles pour proclamer la déchéance de l'Autriche. Le château souffrira pendant la Seconde Guerre mondiale de l'occupation de l'armée rouge. Pendant un temps sinistre, Gödöllö avait été un camp de concentration pour femmes. La demeure devint, dans les années 1960, un hôpital psychiatrique. Ce n'est qu'en 1998 que Gödöllö fut réaménagé dans sa splendeur baroque.

Sissi y avait fait installer les blessés. Elle tenait ses promesses. L'empereur adoucissait ses lettres. De loin, l'amour tendre affluait. Il l'encourageait dans son rôle de bienfaisance, qu'il préférait lui voir tenir et qui convenait à sa paix. La capricieuse s'enticha de Gödöllö, au point de le demander à l'empereur accablé de dettes. Sa réponse fut celle d'un mari bourgeois qui refuse à l'épouse une fantaisie déraisonnable :

« Ne considère pas que nous puissions acheter ce château, car nous n'avons pas d'argent en ce moment... Nous sommes

---

1. *Sissi, l'impératrice anarchiste*, C. Clément, Gallimard, p. 88.

contraints à de terribles économies. Les Prussiens ont aussi
dévasté de façon effroyable les domaines familiaux... Il faudra
vendre presque la moitié des écuries et vivre très parcimonieuse-
ment [1]. »

Il a signé « Ton triste mari ». Elle galopait follement dans la
campagne et la forêt. Ida Ferenczy eut l'adresse de la convaincre
de soutenir son époux accablé, de revenir près de lui. Il était son
« pauvre petit homme », prisonnier des serres d'une mouette
soyeuse. On était en août, il lui écrivait être « déprimé et mélancolique ». Elle se rendit à Ischl pour son anniversaire. Une atmosphère lugubre. Il perdait toute illusion. Elle n'avait emmené
aucun bagage, ni cadeaux. Sa fluide présence lui serrait les
tempes, le cœur, les entrailles. Son humeur était instable, irritée.
Elle ne resta qu'une journée. Le lendemain, elle partait en Hongrie. Où puisa-t-il la force de ne pas la retenir par les poignets,
avec violence ? Il devinait trop bien la source de ses fuites. Il
redressait un front humilié. La fierté forçait sa bouche à se taire,
ses yeux à demeurer secs. Elle avait disparu, couleuvre brillante
dans l'herbe, eau vive mêlée aux sources cachées. S'il eût ému ce
corps de plus en plus somptueux, de plus en plus glacé, de l'ordinaire merveille, la volupté, il n'y aurait jamais eu la Hongrie
magnifiée, l'errance magnifiée. Il ne sait pas, il ne peut pas, il est
trop tard. Ils se sont cognés au mur trop dur de l'incompatibilité
physique. Il écrit ce qu'il faudrait taire.

— Essaie d'être bonne avec moi... Tu me manques...

Elle lui a ôté jusqu'au goût des corps faciles, généreux, de ses
comtesses hygiéniques. Elle lui a ôté le goût de la chair. Oserait-
on dire qu'elle l'a rendu, à son tour, frigide ? Il a fait son devoir,
lui écrit-il, il a été honnête. « Nous avons été très stupides », sou-
ligne-t-il. Il associe ce drame politique à leur drame intime. « Nous
avons... un espoir d'être ensemble. » Elle a été si proche quand
Sadowa était cette effarante clameur ! Ne pourrait-il compter sur
sa tendresse que lorsque le vent tourne, lourd de désastres ? Élisabeth avait-elle conscience de la désolation de son époux ? Se vengeait-elle de sa souffrance humiliée de très jeune femme ? « Sissi
est ravissante quand elle pleure », disait sa belle-mère. Il souriait,
indulgent, au lieu d'empêcher ses larmes. C'était terrible, quand

---

1. *Élisabeth d'Autriche*, B. Hamann, p. 250.

elle y pense. En Hongrie, personne ne la faisait pleurer. Il fallut le choléra pour qu'elle revînt à Vienne.

Septembre était de feu. Les blessures aussi.

Sont-ils maudits, ces Habsbourg mêlés de si près à ces Wittelsbach ? L'archiduchesse ne dissimule pas un chagrin profond. Les nouvelles du Mexique sont menaçantes. Charlotte, *Carlotta*, enceinte de quelques semaines, s'est enfuie pour demander secours et protection à Napoléon III. La traversée est dure à la jeune femme qui s'épouvante. Où sont leurs alliés ? Elle ira à Paris supplier l'empereur des Français qui les a menés à une telle aventure. Le navire, le train, un trajet de cauchemar, de nausées, d'anxiété extrême. Peu d'appuis, une seule dame d'honneur. Napoléon III et l'impératrice Eugénie la reçoivent d'une manière fuyante, ennuyés par cette visiteuse encombrante. Napoléon III a déjà donné ordre au général Bazaine de rapatrier les troupes françaises. Maximilien va se trouver absolument seul. Vienne n'interviendra pas, au désespoir impuissant de l'archiduchesse. Charlotte tremble, bégaye. Elle ne songe pas à Élisabeth qu'elle n'aimait guère et qui eût pourtant, sans doute, compris sa détresse. Vienne l'effraye, tout l'effraye. Qu'elle rejoigne Miramar, conseille l'empereur des Français. Elle tente une ultime lutte pour sauver son mari. Elle se rend à Rome, hagarde, essoufflée, confuse. Deux infirmiers et un médecin sont du voyage. Elle a forcé la porte du pape qui la reçoit, ennuyé lui aussi, bienveillant, vague. Il lui fait comprendre (elle n'écoute pas) qu'il ne peut rien dans cette affaire. Une révolution, si loin de l'Europe ! Le pape tenait à être complaisant envers la catholique Eugénie. Napoléon III redoutait une intervention des États-Unis dans cette affaire si glauque dont il est, en partie, responsable. Le conflit se retournerait contre lui. Interloqué, le pape voit soudain Charlotte tremper ses doigts dans sa tasse de chocolat... Devient-elle folle, cette malheureuse femme, à la taille épaissie, au beau visage figé, aux lèvres tremblantes ? Sa Sainteté la fait raccompagner à Miramar. Le charmant palais devient sa geôle. Les fenêtres sont grillagées ; les infirmiers sont aussi des gardiens vigoureux. Charlotte a basculé dans des crises graves, violentes. Elle ne saura rien de la mort de son mari. Elle accouchera dans cet état affreux, fin janvier 1867. Un garçon, qu'on lui ôtera aussitôt, pour l'emmener en Belgique. La Belgique recueillera à son tour la pauvre Charlotte. Son fils, le fils unique de Maximilien et Charlotte, sera le futur général Weygand, compagnon du maréchal Foch... contre l'Allemagne, pendant la Grande Guerre. Charlotte s'éteindra soixante-dix années plus tard, complètement folle, en 1937. Soixante-dix années où la mort ne la prit pas en pitié. Soixante-dix années de fureurs, d'abattements, de maux diffus, d'un noir et atroce chagrin, emmurant cette âme noble, ambitieuse, exaltée – qui aima son mari et ne connut point son enfant. La folie qui fascinait tant Élisabeth avait frappé. Charlotte avait perdu la raison en apprenant l'exécution de son mari. À Vienne, l'archiduchesse, malade d'inquiétude, n'avait pas pensé une seconde que ces Indiens maudits, cette racaille, oseraient traiter ainsi un Habsbourg. Les partisans de Benito Juarez, le rebelle, ancien avocat, tenaient captifs le malheureux « empereur », dans une cité sans grâce, Querétaro, au nord de Mexico. Le 19 juin 1867, on le fusilla avec deux amis fidèles, le général Miramón et Mejía. On les avait jugés, hâtivement, de manière grotesque, dans un théâtre. Le condamné portait une culotte noire et une chemise blanche. Aucun insigne d'archiduc ou d'empereur. La mort, dérisoire, en rafales violentes. Le rêve mexicain des Habsbourg s'écroulait, la raison de Charlotte aussi. Élisabeth venait de vivre, le 8 juin, la gloire de son couronnement en Hongrie, quand la Dame blanche ou celle d'Orlamonde apprêtaient leurs voiles trop blancs, funèbres... On restitua à l'Autriche le corps de Maximilien, suite à de sordides paperasseries. Une caisse, au fond d'un navire, des jours de mer et de chemin de fer, une dépouille qu'outrageait la putréfaction. Le désespoir de l'archiduchesse fut terrible. Elle ne connaîtrait jamais son petit-fils, né dans ces transes. La vie, peu à peu, l'intéressait moins. Il y avait, sans cesse, en son dur, étroit et loyal chemin, la mort, le sang, les folies. Elle était désespérée. Le couronnement de Sissi l'avait humiliée, la mort de Maximilien, effondrée. François-Joseph avait eu le pénible devoir de lui annoncer la tragédie. Napoléon III avait osé envoyer une dépêche de condoléances. « C'est l'assassin de mon fils », criait-elle, sauvage. Qu'on ne lui parle plus jamais de cet homme haï. Elle se sentait mourir, le cœur agité, la vue brouillée. Sissi avait pleuré longtemps. Sa pitié pour Charlotte commençait. Elle pleurait un malheur simultané. La dépêche fatale était arrivée à Ratisbonne où Sissi et son mari assistaient aux funérailles du prince de Thurn et Taxis. Le mari de

Néné, pauvre Néné, avait succombé. À trente-trois ans, Hélène se retrouvait veuve, en proie à un chagrin cruel. L'amour était mort.

Revenons à septembre 1866. La Holfburg était devenue une ambassade permanente de la Hongrie. À la demande d'Élisabeth, circulaient librement ses amis hongrois. Le nouveau ministre des Affaires étrangères était un Saxon, le comte de Beust. On s'étonnait, mais, disait-on, Beust était habile. « Je suis, ironisait Beust, la blanchisseuse de l'État autrichien. » Sissi s'impatientait. Ses désirs envers sa chère Hongrie avançaient peu. Elle osa un acte unique dans les archives viennoises : elle fit libérer un prisonnier nationaliste libéral. Elle avait appris son arrestation par Ida. Il était juif, se nommait Max Falk. Sissi en fit son professeur d'écriture hongroise ! L'archiduchesse éclatait. Max Falk deviendra directeur du journal de Buda-et-Pest, le *Budapest Loyd*. Son influence sera considérable dans la conclusion du couronnement d'Élisabeth. Sissi était sous le charme intellectuel de Falk, seul Juif parmi son entourage. Elle appréciait sa franchise absolue sur ses fautes d'orthographe, ses défaillances linguistiques. Elle partageait ses idées avancées. Il sut, habile, intelligent, armer Élisabeth d'arguments pour convaincre son époux.

L'archiduchesse se retirait, c'était trop de désagréments – de malheurs accumulés. Maximilien lui manquait. La Hofburg avec ces Hongrois, ce Juif anarchiste, devenait, à cause de Sissi, une pétaudière.

En octobre, François-Joseph avait visité la Bohême, dévastée, humiliée par la préférence impétueuse de l'impératrice pour sa voisine méprisée. Élisabeth était, disait la Bohême, aussi leur reine. Leur nationalisme s'exaspérait de son dédain. Elle n'avait pas accompagné l'empereur, elle ne consola pas ce peuple blessé, susceptible. L'inspection des champs de bataille était horrifiante. Une planète éclatée, en cendres rouges. Les terres cultivées étaient piétinées, détruites, les ruines fumaient, empestaient. Un attentat eut lieu à l'Opéra de Prague. Sissi admettait sa responsabilité dans ce geste dangereux, elle n'en voulait pas à ces rebelles, elle acquiesçait à l'exclamation de l'empereur : « [Nous sommes] sur un baril de poudre. » Elle avait fait un choix, qu'importait la facture. Gyula Andrassy confortait la stratégie en place. Ida Ferenczy était la messagère de ces allées et venues entre Vienne et Buda-et-Pest. Falk correspondait avec Eötvös. La Hongrie prenait une place vertigineuse. À la Cour, on en voulait terriblement à l'impératrice. L'archiduchesse pressentait de grands malheurs. Elle détesta la nouvelle incongrue que lui écrivait Ludowika : les fiançailles de sa cadette, Sophie-Charlotte, avec Louis II de Bavière.

Sophie avait vingt ans et Louis, vingt-trois. On fut surpris à Munich. Le roi aimait donc les femmes ? Ses amours imprudentes n'avaient été que pur délire ? Louis II accentuait le malentendu. Il était dans un transfert d'amour esthétique. Sissi, Sophie, un miroir à facettes sublimes où il retrouvait, éparses, discrètes, sur la gracieuse cadette les splendeurs de l'aînée. Il confondait Sophie avec une héroïne de Wagner. Il allait, seul, bouclé au fer, parfumé d'eau de Chypre, en son carrosse de plumes et d'or, scandant le nom de Sophie mêlé à celui de Brunhilde, Isolde, *Élisabeth*. Il l'appelait aussi Elsa. L'amoureux de la beauté, rien que la beauté, abominait la chair des femmes, leurs fatidiques misères. Adorateur de la grâce parée de précieux atours, aussi fugaces que sa lampe couleur de lune, il entrait dans son rêve éveillé. Il trouvait étouffant l'amour de sa mère, la reine Marie. Sa sourde vérité lancinante était l'Ami-Wagner. Il eût tout donné pour satisfaire sa passion avec le grand musicien, amoureux des femmes. Mon royaume, mon royaume pour un baiser de Wagner ! Il avait cru, peut-être, vaincre la souveraine homosexualité en jouant au fiancé épris. Il était épris d'un rêve, d'une image, non de la réalité. Ce projet matrimonial était appuyé par le cabinet ministériel. Marier son roi, espérer peut-être une descendance. On se méfiait, circonspect, de ses escapades d'art et d'amours interdites, parmi les roses et le satin d'une folle nacelle dansante sur le lac... Il traitait curieusement sa fiancée. Il la comblait de présents insensés et d'une éternelle absence. Il lui offrit un soir, en août, son opéra vide. On y jouait *Tannhäuser*. Il installa Sophie-Elsa seule, dans une loge latérale à la sienne. Il avait longuement approuvé sa toilette en soie blanche, les fleurs dans sa chevelure en bandeaux sombres, cette vapeur couleur de perle.

La jeune fille éprouvait un grand malaise, sous le cristal des lustres, le rougeoiement des velours, la musique de Wagner et la solitude extraordinaire de cette coque refermée sur elle, sur lui. Il était trop particulièrement beau, fermant une longue paupière extatique, perdu dans un halo améthyste, à peine réel, à peine vivant. Louis II avait fait de surprenantes démarches auprès des parents de Sophie. Une cour étrange. Il ne cachait pas son admiration passionnée pour Élisabeth. Quel était cet engouement soudain pour la petite duchesse aux robes claires et aux longues casaques sur le corsage en mousseline blanche ? Il avait été ému de la défense vigoureuse que Sophie avait prise de Wagner chassé de Bavière. Elle avait même joué les entremetteuses pour qu'ils se rencontrent en secret. Finirait-il par l'aimer à travers sa passion pour le musicien indifférent et calculateur ? Elle aimait ce cousin délicieux, difficile, attentif, si vite évanoui en ses nuées personnelles, inavouables... Elle était devenue son amie préférée, sa confidente, la cousine chérie. Il lui offrit une énorme broche de diamant et de saphir (les couleurs de la Bavière). On frôlait des fiançailles, aux muets encouragements de la bonne duchesse. Il avait invité Sophie-Elsa dans sa demeure fantastique. Elle avait entendu près de lui la musique de l'Ami. Le bien-aimé. Ils échangeaient leur enthousiasme pour le musicien et concoctèrent son retour officiel. Louis admirait le charmant visage, la bouche animée, la grâce des mousselines, sa gentillesse. Il se sentait en confiance. L'épouser serait une manière de l'installer décemment en ses palais, sa musique, son île aux roses, ses promenades en traîneau argenté. Elle serait l'éternelle confidente, l'amie, la très charmante – le miroir à demeure de sa suprême idole, Élisabeth, l'oreille attentive de sa passion : Wagner. Il épouserait, chastement, purement, sa sœur Sophie-Elsa, jamais souillée de la bestiale consommation. Il rêvait, comme toujours. Purement, dangereusement. Pétrifié dans la confusion des sentiments. Wagner, Sissi, Sophie, l'amour chaste, un sourd élan mâle et impur, la musique, les sublimes sépulcres sous les roses... Il baisait ses mains charmantes, sous la dentelle couleur de peau. Il serait son fiancé chevaleresque. La bonne duchesse s'agitait. Quel beau mariage pour sa cadette ! Reine de Bavière ! Elle n'approfondissait jamais la folie, les dangers de ces « fiancés » entraînant ses filles aux limites des ténèbres. Le mariage était vital, Ludowika ne sortait jamais de ce sillon étroit, en forme de tombe ouverte. Néné était veuve, mais elle avait été mariée et avait des enfants. Tout était bien.

Louis II s'exaltait, à mesure qu'il fréquentait la jeune fille, cette héroïne de Wagner. Il ne voyait plus en elle la charnelle jeune fille, mais un cygne, un lys, un elfe. Elle devenait l'otage de sa névrose. À mesure qu'il s'engageait, elle devenait la terreur, la goule. La consommation des noces ; la chair abominée des femmes. Sa cour empressée avait quelques étrangetés qui inquiétaient un peu la bonne duchesse. L'envoi de mille roses rouges, à l'aube, la surprit beaucoup. En quel vase incroyable poser ce buisson, ce catafalque, que portaient trois valets vêtus de bleu pâle ? Une nuit, en équipage emplumé, il s'arrêta sous les fenêtres de la jeune fille et fit jouer une aubade. À la fin de janvier 1867, il fit sa demande officielle. Il arriva en calèche, à sept heures du matin. Le duc Max le reçut en robe de chambre, peu formalisé de cette excentricité, bien content d'accorder la main de sa cadette au roi de Bavière. Louis II n'avait pas dormi de la nuit, ravagé d'apprendre le mariage de Wagner. Trahi ! Seul ! Le cœur brisé, il se tournait vers Sophie – vers une impasse. Il avait envoyé à Wagner, le 22 janvier, un message délirant :

« Walther est heureux d'envoyer au cher Sachs qu'il a rencontré Evchen et que Siegfried a trouvé sa Brünnhilde [1]. »

Louis II s'identifiait à Walther, le héros des *Maîtres Chanteurs de Nuremberg*, le musicien devenait « Sachs » le personnage du cordonnier de cet opéra. La pauvre Sophie se confondait avec l'une des Walkyries, fille du dieu Woltan. Tout le monde approuvait ce mariage qui sonnait, lugubre, en cette âme tourmentée d'homosexualité, le glas de ses amours impossibles. Cette décision avait ébranlé Louis II au point qu'il prit le lit, secoué d'une forte fièvre nerveuse. Élisabeth, inconsciente des affres psychiques de son cousin, se réjouissait pour sa sœur. Sophie était heureuse ? Quelle chance ! Elle prit le train pour Munich. Son wagon d'acajou, de velours, au guéridon portant un service à thé en vermeil, était l'enclos roulant d'une bohémienne de haut luxe. Le wagon du roi Louis II n'avait rien à envier à ce luxe. Un train tout entier bleu et or ! Canapés, tables de marbre et de bronze doré, lits de repos, rideaux en velours, lustres en cristal. Pour s'évader du monde, voguer sur le lac, il fit bâtir un vapeur rococo nommé « Tristan » en l'honneur de Wagner. Sissi aimait sa sœur, la Bavière, son cousin. Tout était bien. Le roi, grelottant de fièvre, se précipita à la gare pour l'accueillir. On s'embrassa, on se congratula. Sophie était pâle sous le long foulard blanc noué en gros nœud sur sa casaque foncée. À quand le mariage ? Le roi balbutie, égaré, exalté, la date du 25 août, fête de saint Louis. Sissi rejoignit

---

1. *Sissi*, J. Des Cars, p. 232.

Zurich où Moineau (Mathilde), la comtesse de Trani, venait d'accoucher d'une fille. Le Conseil national de la Suisse voulut recevoir au mieux l'impératrice. On la suit, on l'acclame, elle ne peut, irritée, se promener seule dans la ville – ou si mal. Elle écrit à Rodolphe. Elle a dégusté quelques pâtisseries délicieuses mais ne s'extasie guère sur le bébé de « tante Moineau ».

« Ce poupon n'est pas aussi laid que le sont à l'ordinaire les nouveau-nés... seulement, il ne sent pas bon [1]. »

Elle s'ennuie de ne pas parler hongrois. La Hongrie... « Si tu m'écris que nous allons [en Hongrie], écrit-elle à François-Joseph, j'aurai le cœur en paix. » François-Joseph a fini par évoluer dans le sens de Deák. Sissi a gagné, au grand mécontentement de Beust.

L'empereur est pâle de fatigue. La défaite de Sadowa, les constants départs de Sissi, sa pression insolite au sujet de la Hongrie, la dette, le noir péril de Maximilien l'accablent. C'est un homme affaibli qui reçoit, à la Hofburg, Andrassy et sa délégation. Le 8 février, Sissi était à Vienne. Le 18 février, son époux, en uniforme de maréchal hongrois, fatigué, réticent, lisait au parlement hongrois, le texte qui, enfin, nommait Gyula Andrassy Premier ministre de Hongrie. Vêtue de son costume hongrois, resplendissante d'or, de joie, corsetée serré, si mince, l'impératrice avait définitivement gagné la plus tenace et unique démarche politique de sa vie.

Qui eût dit, ironic de l'histoire, que « le beau pendu », dont la condamnation avait été signée par François-Joseph, recevrait de lui une telle nomination ? Ce « compromis de 1867 » faisait désormais de la Hongrie un royaume à part entière, indépendant de Vienne. L'union était consacrée par la Maison des Habsbourg qui serait à même de leur donner un héritier. La postérité viendrait d'Élisabeth et de François-Joseph. On changea le nom des deux pays trop longtemps ennemis. On se servit des fleuves qui prenaient source commune dans la terre de Leitha. L'Autriche deviendrait la Gisleithanie et la Hongrie, la Transleithanie. On était toujours dans la théâtralité qu'adorait Élisabeth. Images, haute mise en scène : on attendait (elle attendait) le couronnement à Buda-et-Pest. La Hongrie aurait sa reine, Eljen Erzsebet !, flanquée de son époux le roi, Ferenc Jozsef. La Hongrie gagnait sur tous les plans. Elle gérerait seule ses affaires avec un cabinet

---

1. *Élisabeth d'Autriche*, E. C. Corti, p. 159.

SISSI, LES FORCES DU DESTIN

hongrois, responsable devant la Diète. Elle était devenue, grâce à Élisabeth, un grand pays. Sa constitution serait rétablie.

On réglerait en commun avec Vienne les questions financières et militaires. L'archiduchesse en avait mal au foie, au cœur. Elle n'avait pas soupçonné, en sa débile belle-fille, une telle force. Cette histoire hongroise était une rébellion, une vengeance, une emprise sur son fils affaibli. La sincérité d'Élisabeth était totale ; mais que vaut la sincérité en politique ? L'archiduchesse avait peur. Les Tchèques étaient froissés ; à la Cour, une grande partie de la haute aristocratie était tchèque. La jalousie, la colère devenaient une tempête larvée. L'impératrice avait blessé les orgueilleux voisins de la Hongrie. Élisabeth s'était jetée dans la Hongrie à la façon dont Louis II, éperdu, s'enivrait de Wagner et de sa musique. Le sang des Wittelsbach jaillissait jusqu'à ces âmes exaltées, égoïstes, esthètes – proches de la folie. Réalisait-elle que son exploit déchaînerait les nationalismes dans cet empire trop vaste, dont les juifs austro-hongrois seraient un jour les premières victimes ? Son amour pour la Hongrie ne la quitta plus. En 1885, Élisabeth s'était réfugiée dans « son journal poétique », des poèmes féroces, républicains, ironiques, violents, loin de l'image vaporeuse que l'on se fait toujours à tort de Sissi. En 1890, elle écrivit une préface où, prémonitoire, elle devinait les futures meurtrissures de sa Hongrie tant aimée. Qu'eût-elle pensé de l'horreur nazie, du mur de Berlin et de sa chute ? Des guerres en Bosnie ? Elle confiait son « œuvre » à la Suisse – où elle déposait, plus avisée et réaliste qu'on ne l'eût soupçonné, ses capitaux dans leurs banques. Elle écrivait ceci, en 1890, au sujet des trois manuscrits reliés de cuir noir, scellés en trois cassettes (le tout confié à Ida Ferenczy) :

« Le produit des ventes, dans soixante ans, devra exclusivement servir à aider les enfants en détresse des condamnés politiques de la monarchie austro-hongroise [1]. »

En 1951, le président de la Confédération helvétique faisait ouvrir les cassettes de l'œuvre de la défunte impératrice. La violence de Sissi-Titania effara... En 1867, elle avait donc gagné ce pari si difficile. L'empereur, enfin, acceptait le couronnement. Le triomphe de Sissi, d'Andrassy et ses alliés était total. À Vienne la population est meurtrie, appauvrie. L'archiduchesse et son parti

---

1. *Sissi, l'impératrice anarchiste*, C. Clément, p. 90.

sont effondrés. La « belle Providence » est devenue la coqueluche de la Hongrie, confondue à la mère patrie. Que d'années, de sang versé pour oser un tel espoir, un tel exploit ! Le 20 mars, les époux sont attendus à Buda-et-Pest. Une mauvaise nouvelle arriva de Bavière. Sophie de Saxe, l'épouse de Charles-Théodore, Gackel, le frère préféré, était morte de phtisie. Sissi prit le deuil et François-Joseph partit seul en Hongrie. Il ne pensait pas, sans Élisabeth, recevoir un si bel accueil. Andrassy est radieux quand son souverain lui dit (enfin) à quel point les Hongrois sont un peuple chaleureux. Andrassy annonce le magnifique cadeau que le pays s'est cotisé pour offrir à leur reine et leur roi : le château de Gödöllö. Sissi y viendra plus souvent qu'à Vienne, enchantée d'escapades à cheval, de chasses à courre. Parmi les arbres, elle fit installer un banc en pierre qui dissimulait un système de chauffage à bois, quand elle s'y reposait en hiver. En 1901, après son décès, la Hongrie fera ériger, dans le parc, une statue de sa reine. Les meubles sont recouverts de tissus violets, couleur préférée de Sissi. Les écuries hébergent de magnifiques coursiers.

Élisabeth était comblée. Gödöllö ! Elle lisait plus que jamais la poésie hongroise.

Le couronnement est prévu pour le 8 juin 1867. Le 8 mai, le couple impérial est à Ofen. Un couronnement se prépare, on répète, comme au théâtre. Charlotte, à Miramar, se mord les mains, étouffe ses hurlements. L'archiduchesse est dans une mortelle tristesse. Mai est radieux. L'impératrice a demandé, depuis des semaines, au couturier Worth, la robe du couronnement. Une robe qui demande une attention particulière, les ajustements des symboles, des couleurs, de la forme. Une robe travaillée sous scellés, rue de la Paix, véhiculée tel un trésor, sous haute garde. Le corselet est en velours noir sur un bouillonné de tulle faisant corsage, libérant les épaules. Les « lacets » du corselet ouvert sont des rangs de perles rattachés de part et d'autre, par une grosse perle ovale, d'un éclat nacré. Les manches ballon s'arrêtent avant le coude. Le couturier a cousu, avant l'épaule, un gros nœud de soie rosée. La robe est longue, à traîne, en brocart d'argent, largement juponnée à l'arrière. Le brocart est sculpté d'un semis de fleurs, des lilas brodés de pierres précieuses. Le tablier en dentelle rare s'arrête au-dessous des genoux. La même dentelle est accrochée à l'arrière du diadème à neuf pointes en diamants. Les mêmes diamants composent le large collier à dix médaillons. Pas de pendants d'oreilles mais sur les gants blancs, ajustés avant le coude, des bracelets de perles et de diamants. Elle tient dans sa main droite un éventail. Le visage est comme toujours dégagé, coiffé de la même manière. La coiffeuse s'est surpassée. Jamais les nattes en couronne n'ont été aussi raffinées en plusieurs torsades, le long du dos. Erzsebet a trente ans, l'éclat absolu de sa beauté et de sa grâce. Les joues ont la fraîcheur d'une jeune fille au jour sacré de ses plus hautes noces : son grand mariage d'amour avec la Hongrie. La bouche est sérieuse, point triste, un ravissement contenu flotte en ses prunelles châtaigne, largement ouvertes sur ce triomphe d'une âme. Le nez charmant, les longs sourcils, le nez fier, le front haut, la douceur et la volonté, la passion sont rassemblés sur ce visage que le peuple de Hongrie confond avec celui, resplendissant, de sainte Élisabeth. Georg Raab réalisera le portrait d'Élisabeth en reine de Hongrie. Épris de sa belle image, l'empereur le fit installer en son bureau, à la Hofburg.

Elle avait été follement acclamée à son arrivée. On lui jetait des fleurs par milliers. À Gödöllö, elle se reposait enfin à la fraîcheur des allées, des sources, des fleurs. Elle n'hésite pas, attentive, à répondre elle-même au plus grand journal hostile à ce couronnement et à l'Autriche. Elle reçut Horvath, l'auteur de *Lutte pour l'Indépendance*. Elle lui dit, en hongrois, ces paroles qui furent autant de gifles à sa belle-mère, à la Cour meurtrissant autrefois la Hongrie et sa propre vie :

« Je n'étais pas membre de la dynastie lorsque furent ordonnées, au nom de mon époux, bien des choses qu'il regrette lui-même maintenant. Si c'était en notre pouvoir, nous serions les premiers à rappeler à la vie Louis Battyany et les martyrs d'Arpad[1]. »

François-Joseph n'avait jamais su parler à ses peuples. Il visitait des casernes, des armées. Il recevait, impassible, résigné avec hauteur, les hommages, les délégations. Il penchait un front distant, en quelque salut d'officiant froid et monotone. Élisabeth, hors ses fragilités, sa dépossession chronique du plaisir et de la liberté, avait été capable, à sa manière unique, de devenir, aux yeux des Magyars, la seconde Marie-Thérèse. François-Joseph resta, hélas, sa vie entière insensible à ce pouvoir politique qu'elle eût, encouragée par lui, certainement su développer. Un amant maladroit, un empereur naïvement machiste, maladroit. On avait apporté à

---

1. *Sissi, l'impératrice anarchiste*, C. Clément, pp. 88-89.

Ofen et à Gödöllö des centaines de bagages. On logeait des milliers de gens. La police s'activait, l'archiduchesse craignait (souhaitait ?) un attentat. La police surveillait les alliés de Kossuth qui détestait le couronnement et n'avait aucune confiance en l'Autriche. Il pensait peu à Élisabeth. Il préconisait l'impensable indépendance. La cérémonie se déroulerait en l'église de Saint-Matthieu. L'émotion saisissait tout le monde, y compris les évêques, lors de la répétition. L'un d'eux chancela devant Élisabeth, incapable de la mener à son prie-dieu. Elle lui sourit, elle s'appliquait de son mieux. Ce couronnement était son œuvre personnelle, intérieure. Sa revanche heureuse. Son époux montrait une réelle indulgence. Elle avait aidé le malheureux évêque à reprendre sa paix et on éclata en « Eljen Erzsebet », insolites et retentissants en cette église destinée au sacré, au silence, aux grandes orgues. Il y avait, justement, un immense compositeur aux orgues de la cathédrale : Franz Liszt, natif de Hongrie. Il était pâle, maigre, les cheveux blancs, en habit noir. L'« abbé Liszt », selon George Sand. Le père de Cosima Wagner vivait à Rome, dans une semi-retraite et avait pris l'habit monacal. Il avait écrit pour cette sublime occasion, la *Messe du couronnement*. Une composition faite d'un oratorio inspiré de sainte Élisabeth. Il jouait en personne et écrivit à Cosima que, jamais, il n'avait vu un tel resplendissement en la personne de la reine de Hongrie. Au milieu des répétitions, une affreuse nouvelle arriva à Ofen. La Dame blanche, décidément, ne s'éloignait jamais longtemps de ses proies. La petite archiduchesse Mathilde, dix-huit ans, fille de l'archiduc Albert, avait fumé en cachette, avant de se rendre à un bal. Surprise par son père, elle avait eu peur et écrasé sa cigarette derrière elle. Le feu avait pris aussitôt à sa robe de gaze. Tout s'était enflammé, y compris les rideaux, personne ne réussit à éteindre cette torche vive, hurlante, peu à peu silencieuse. Il restait une gisante boursouflée, calcinée. Plus de cheveux, la peau arrachée en lambeaux noirs. La bouche, caverne saignante et cendreuse, avait perdu la force des hurlements. Le regard, lucide, implorait la fin. On avait allongé cette plaie vivante et suffocante sur des linges mouillés. Elle endura son martyr jusqu'en juillet. Une foule immense suivit ses funérailles. Élisabeth avait éclaté en larmes et n'avait pu se rendre au chevet de cette enfant qu'une petite imprudence avait menée au pire supplice. Sissi aimait cette gracieuse enfant, que l'on avait fiancée au prince héritier Humbert de Piémont-Sardaigne, futur roi d'Italie. Il fallait dépasser une telle navrance, justifier la joie, le couronnement, éloigner les images atroces, ce destin révoltant d'une enfant rieuse qui avait fumé, le soir d'un bal, prête à danser, charmante en cette robe plus légère qu'une flamme...

Le cérémonial, écrasant, commença le 6 juin. Sissi confiait à sa mère (on invitait bien peu le duc et sa famille aux grandes cérémonies) l'anxiété de l'inévitable fatigue.

« Ce sera une terrible corvée... être vêtue, dès le matin, de la robe à traîne et coiffée du diadème, recevoir continuellement, parler et cela par cette chaleur ! Qu'il doit faire bon à Possi en ce moment[1] ! »

La vieille fatigue, l'angoisse phobique, trente kilos d'atours et de bijoux. La réception des membres du parlement hongrois eut lieu dans la salle du trône, à Ofen. François-Joseph était en maréchal hongrois, assorti au luxueux costume national de son épouse. La beauté, en double image, un accord des ors et des offrandes. Le prince impérial (huit ans) vivait sa première apparition officielle, entre ses parents, vêtu en hongrois, paré de l'ordre de la toison d'or, cadeau de son père à sa naissance. Erzsebet était entourée des premières dames de la Hongrie, dont la belle Katinka Andrassy. Elle accepta la couronne de Hongrie avec une spontanéité sobre et émouvante. Elle parlait sans hésiter, sans accent :

— C'est avec joie que j'accède au désir que la nation me fait connaître à travers vous... Je bénis la providence de me faire vivre ce moment grandiose.

Il y eut, écho plus sobre, la voix de son époux :

— C'est bien volontiers que je souscris à ce choix[2]...

Le parlement priait ses souverains d'accepter de Gyula Andrassy, symbole du palatin, la présentation de la couronne. François-Joseph recevrait des mains de Gyula Andrassy la couronne de saint Étienne, cette calotte d'or, d'émaux, d'émeraudes, de pierres précieuses, à la croix légèrement tordue. Les ennemis d'Élisabeth, dont Grenneville, s'indignaient de ces « dangereuses bouffonneries ». Andrassy ? « Une canaille », écrivait Grenneville. L'archiduchesse était dégoûtée. Cet Andrassy, ce tzigane, cette canaille, en effet, était le favori de sa belle-fille. La rumeur avan-

---

1. *Élisabeth d'Autriche*, E. C. Corti, p. 165.
2. *Élisabeth d'Autriche*, B. Hamann, p. 267.

çait d'autres propos salaces. Elle ne mourrait pas en paix. Elle avait forgé de ses mains, en provoquant la rencontre à Ischl, le malheur de sa Maison. Elle avait pleuré en cachette l'agonie atroce de la petite Mathilde. La faute incombait à Sissi qui avait montré le déplorable exemple d'une femme qui fume. Les bandits de Mexico oseraient-ils s'en prendre à la vie de Maximilien ? Sa pauvre chère Charlotte avait, disait-on, perdu la raison. Devait-on à Sissi tant de malheurs ? Rien de bon ne viendrait de cette « belle Providence » qui osait s'appeler Erzsebet, reine de Hongrie... Ses espions lui rapportaient que Sissi avait obéi à la tradition en ravaudant elle-même le manteau du couronnement. Ô, quelques points, de-ci, de-là. La robe signée Worth avait coûté une fortune. Vienne était ruinée et on vidait les caisses pour cette... czardas. Cinq mille francs-or à la maison Worth ! Les bas du couronnement étaient, disait-on, si anciens qu'ils étaient entièrement troués. Erzsebet ravaudait et l'archiduchesse était entrée dans la lugubre saison du désenchantement sans issue. On ajustait la couronne, si malmenée, aux mensurations du front de François-Joseph. Ils s'amusaient, tels des enfants à la veille de jouer en public, à ajuster ses cordons compliqués. Erzsebet ne porterait pas cette couronne. Andrassy la présenterait, au-dessus de l'épaule droite de la reine agenouillée. On répétait les gestes augustes, on était prêts. Elle tremblait en secret d'avoir la migraine ou une défaillance.

Le 8 juin 1867, ils se levèrent à trois heures du matin. Les apprêts seraient longs. À quatre heures, vingt et un coups de canon étaient tirés de la citadelle du Mont-Gérard. Une foule de gens arrivait, en cette aube bleue, des campagnes alentours. On portait l'habit national, on affluait vers la cathédrale Saint-Matthieu. Il avait fallut quatre heures pour coiffer et vêtir Erzsebet de la toilette signée Worth. Le cortège quitta Ofen, dont onze porte-enseignes, à sept heures. Gyula Andrassy, paré de fourrure, de velours, la poitrine barrée de la toison d'or, portait entre ses mains le plus précieux symbole du jour : la couronne de saint Étienne. Il y avait quelque chose de sacré dans cette déambulation lente, prestigieuse, que la Hongrie vivait comme un songe. Le rutilement de la robe, la grâce et les parures de la reine composaient une apparition à peine humaine. Tout basculait dans l'ombre devant cette Image unique. On oubliait le roi, la cathédrale, la Hongrie. On ne voyait que cette fée-femme-ange, issue, vivante, d'un vitrail splendide, irréel. Lumière dans la lumière, seule dans l'écrin de cristal et de velours du carrosse. Elle avançait, flanquée de cavaliers du plus beau style médiéval, la peau de léopard sur l'épaule. Chaque cheval était blanc, harnaché de soie et d'or, dont celui, en tête, de l'empereur en costume de maréchal hongrois. On était arrivé à la cathédrale. Le faste ressuscité. La Hongrie ressuscitée. Erzsebet avait les larmes aux yeux « avec les marques d'une profonde émotion sur son noble visage... » selon le journal le *Pester Lloyd*, elle marchait ou plutôt glissait ; on eût dit que l'une des images qui ornaient le sanctuaire était descendue de son cadre [1]...

Sous la nef rutilante, au son des orgues de Franz Liszt, se penchait, respectueux, l'adorant, Andrassy portant la couronne au-dessus de son épaule dénudée... Un *Te Deum* éclata quand les deux souverains déposèrent sur un plateau en or deux épaisses pièces à leur effigie, les alliances de cette union commune : la Hongrie. Où en était son émotion pendant l'oratorio et le symbole de son couronnement ? Andrassy lui offrait une couronne, François-Joseph un empire, tous les deux un amour sans borne – évanescent. Aucun de ces deux hommes n'avait offert à ce corps penché la foudroyante merveille du plaisir. Elle était le mythe, elle perdait en un instant, sous le rutilement de la couronne de saint Étienne, l'ultime chance des royautés charnelles. De soie, d'or, de brocart, de marbre, elle se figerait aux vitraux de la cathédrale. La reine de Hongrie était pétrifiée aux ors des songes. Elle deviendrait, après sa mort, la statue de bronze du jardin de Gödöllö, une figure de pierre à l'orée des grands ponts, au pied d'un escalier de prestige, à l'extrémité d'un corridor de la Hofburg. On la peindrait, allégorie aux ailes d'ange au-dessus de la Hongrie éplorée. Le marbre, le bronze, la pierre. L'absence éternelle de la chair. Elle avait pourtant pleuré de joie à son couronnement et admiré, amoureuse peut-être, son époux qui achevait la cérémonie en gravissant à cheval la colline de Buda composée de portions des terres hongroises. Il brandissait son sabre aux quatre points cardinaux, prêtant serment. Elle avait traversé le Danube sur un vapeur orné de roses pour assister au serment sur la colline. Elle reçut ensuite des offrandes rustiques et touchantes. Des jeunes gens en procession déposaient à ses pieds, des fleurs, des fruits, des veaux et des agneaux vivants, des poissons, des pains... On donna un jeune

---

1. *Élisabeth d'Autriche*, B. Hamann, p. 269.

cheval à Rodolphe. Les boulangers de la ville apportèrent un immense gâteau en forme de la couronne de saint Étienne. Elle pleurait d'un bonheur profond, indicible. Un enfant, donner un roi à sa Hongrie bien-aimée... Il naîtrait en Hongrie, sur leur terre. L'espoir s'emparait d'elle, un enfant, que personne ne tourmenterait ou ne lui prendrait. Un enfant *hongrois,* à elle et à eux... Comme elle avait aimé les *Eljen* en son honneur, à la sortie de la cathédrale et lors de la montée vers la colline sacrée des rois de Hongrie !

Elle est enfin seule dans sa chambre, radieuse et épuisée. On l'a vêtue d'une simple robe de tulle et de soie argentée.

La chaleur est écrasante.

Ils se reposèrent à Ischl. Erzsebet avait exprimé son désir de donner un roi à la Hongrie. Elle acceptait, par amour, disait-elle, cet « immense sacrifice ». En Hongrie, elle était au comble de la popularité en dépit de la suspicion de Kossuth. À Vienne, l'aristocratie la rejetait. L'archiduchesse était au désespoir. On avait fusillé Maximilien.

La nuit, elle ouvrait les yeux et le regardait. Elle refermait les bras autour de son cou, il refermait les siens sous ses reins. À son secours affluaient les images des chevaux tziganes, les ors de la cathédrale Saint-Matthieu, le sourire d'Andrassy. Un enfant pour la Hongrie. Une offrande à la manière dont ils avaient offert leurs fleurs, leurs pains, leurs poissons, leur amour...

Le fossé s'agrandissait entre Vienne et elle. On prenait très mal ce projet et on souhaitait, si grossesse il y avait, que ce fût une fille. Elle avait écrit un poème qui ulcérait Vienne et exaltait la Hongrie :

> *Hongrie, Hongrie terre chérie !*
> *Je connais le poids de tes chaînes.*
> *Que ne puis-je tendre les mains*
> *Et te sauver de l'esclavage !*
>
> *Pour la Patrie et pour la liberté,*
> *Combien sont morts, Ô sublimes héros ?*
> *Que ne puis-je avec vous nouer un lien étroit*
> *et maintenant offrir à vos enfants un roi ?*

Héros de fer et d'airain forgé ;
Hongrois de pure souche il serait ;
Fort serait l'homme, et la tête claire,
Et c'est pour la Hongrie que lui battrait le cœur [1]...

La joie du couronnement s'estompait dans la férocité des deuils. Sissi s'était rendue brièvement à Possi. Elle avait revu Néné, pauvre Néné, prostrée dans son chagrin inguérissable. Louis II ne parlait plus de son mariage pourtant imminent. Il avait partagé son wagon avec Sissi, lors du trajet en Bavière, vêtu de bleu ciel, ondulé, parfumé. Pas un mot sur Sophie. Il avait laissé à Élisabeth une lettre enflammée, dûment cachetée de cire odorante :

« Ma chère cousine, je compte parmi les plus belles les heures que nous avons passées en wagon... Je suis le plus fortuné des mortels ; le sentiment de sincère affection, de respect et de si fidèle attachement que, encore, jeune homme, je te vouais déjà au fond de mon cœur, me fait croire au ciel sur la terre et ne s'éteindra qu'avec la mort [2]. »

Pas un mot sur Sophie-Charlotte-Elsa. Il se dérobait, lui faisait parvenir ses roses, des bijoux, un carrosse magnifique, vide, pour des promenades solitaires dont elle n'avait que faire. Elle pâlissait, maigrissait, ses parents s'agitaient. Une dérobade significative fit murmurer la Bavière et indigna les deux sœurs et leurs parents. Le roi avait fui à Paris, à l'Exposition universelle, flanqué de son nouvel amour, l'écuyer Richard Horning. Sophie éclatait de colère. Il ne l'aimait pas, pleurait-elle, il se jouait d'elle. Sa mère tentait de raisonner l'irraisonnable.

— Que faire, mon Dieu, que faire ? s'exclamait la bonne duchesse, dépassée.

Le duc Max détournait une moue dégoûtée. Ses filles, ronchonnait-il, injuste, décidément, provoquaient des situations impossibles. Il mettrait en demeure ce jeune insolent.

Le 2 juillet, Sissi retournait à Ischl. Elle tenta d'aborder le sujet de son cousin avec François-Joseph. Il crispait une mâchoire militaire, contrariée. Il haïssait les homosexuels, n'osait en toucher mot à Sissi. Savait-elle ce que signifiaient ces choses ? Elle est si jeune. Il parla de l'urgence protocolaire. La pénible et nécessaire

---

1. *Élisabeth d'Autriche*, B. Hamann, p. 275.
2. *Sissi*, J. Des Cars, *op. cit.*, pp. 242-243.

rencontre, le 18 août, à Salzbourg, avec les souverains de France. C'était une manière d'esquiver une impensable fête d'anniversaire (trente-sept ans) en de tels deuils. Sa mère souffrait trop, il dissimulait sa propre peine. Napoléon III et Eugénie se faisaient un devoir, gênés de la mort de Maximilien, de rencontrer en leur pays l'empereur d'Autriche et son épouse. Sissi se repliait. La fatigue revenait, elle se sentait bien à Bad-Ischl. Elle redoutait tout choc dont la visite, à Vienne, de sa tante de Prusse. Elle refusait de voir des Prussiens, écrivait-elle à son mari reparti à la Hofburg. Elle demeurait dans le pur et éclatant souvenir du couronnement. Elle avait aimé les nuits où, enfin, elle avait consenti à partager le lit de son époux. L'amour, entre eux, ses secrets, sa difficulté, son éclosion... Un enfant, un roi pour la Hongrie. Elle se cabrait à l'idée de rencontrer l'empereur des Français, l'impératrice Eugénie. La mort de Maximilien, le désespoir de sa belle-mère, la folie de la pauvre Charlotte, sa nièce brûlée vive, les doutes de Sophie. Quelques indices, dans sa fatigue, ressemblaient à un espoir. Une tristesse et un espoir. L'effondrement et l'envie de vivre. Elle écrivait à Franz, à Ischl, à l'aube, sur la terrasse ouverte devant le frais rideau de verdure odorante.

« Peut-être suis-je enceinte... Dans ce cas, la rencontre de Salzbourg serait très pénible. Je pourrais pleurer toute la journée tellement je suis triste. Console-moi, ma chère âme, car j'en ai grand besoin. Je n'ai plus envie de rien, ni de monter à cheval, ni de me promener, tout m'est égal... »

Sa plume, sonore dans le silence de l'aube. Le goût ferrugineux de l'encre, l'odeur des roses et des eaux vives. Une vague nausée. Une jalousie soudaine lui mord le cœur. Est-il au lit avec sa comtesse polonaise ou une autre ? Elle ne veut pas ! Elle ne veut pas !

« ...Qu'as-tu à faire à Vienne pour l'instant ? Ou bien t'amuses-tu si bien à Laxenbourg[1]... ?

Il aime sa jalousie. Il répond, heureux qu'elle ait aimé (supporté) ses caresses, sa présence contre sa peau qui sentait le lys, la fine sueur des bêtes qui ont soif... Un enfant... Non, il n'y a aucune jolie fille, ni laide, dans sa vie. Il y a elle, encore elle, toujours elle. Il la presse, il la prie de l'accompagner à Salzbourg. Cette visite de Napoléon III le déprime. Le responsable de l'assas-

---

1. *Élisabeth d'Autriche*, E. C. Corti, pp 171-172.

sinat de son frère, cette « canaille de Villafranca ». Il a besoin d'elle. Sissi abhorre la malveillance de Pauline de Metternich, avide de cette rencontre où, enfin, l'Europe comparera la beauté des deux souveraines. Eugénie, assurément, emportera la palme en distinction et belles proportions ! Élisabeth se crispe ; la presse, déjà, véhicule ces ragots détestables. Comparer des images, des miroirs quand palpitent, peut-être point ennemies, deux femmes sensibles, lasses de tels enjeux inhumains, vaniteux.

Elle se rendit donc à Salzbourg, soucieuse pour Sophie-Charlotte. Plus un mot du cher cousin de Bavière alors que la date prévue du mariage – le 25 août – approchait dangereusement. À Salzbourg, l'accueil fut glacial aux souverains français. Ce silence les accusait de la mort de Maximilien. On attendait la rencontre des deux célèbres souveraines. Ce serait une diversion. La chaleur était accablante quand le train français s'arrêta en gare de Salzbourg. Eugénie était plus petite d'une tête qu'Élisabeth, belle et digne, sans servilité. Les deux femmes s'embrassèrent. Eugénie avait relevé sa voilette. La pâleur plombée du teint espagnol, les lourdes paupières bistrées, la bouche bien dessinée, au fard légèrement mauve. À quarante et un ans, elle avait encore des dents. Ses mains étaient jolies, elle avait l'embonpoint nécessaire pour être ce que François-Joseph disait d'elle : une belle femme. Elle avançait un pied menu, coquet, visible exprès sous la jupe trop parisienne, signée Worth, trop courte pour la conception allemande d'une souveraine. Des bas fins, une cheville que la chaleur enflait légèrement, une jambe encore belle... La chevelure noire brillait en un large chignon bouclé sous le chapeau à aigrette. Elle se tenait, digne, assurée sur ses hanches épaissies sans disgrâce, devant la longue et fine jeune femme, en robe lilas. La courtoisie fut totale entre les deux femmes, qui, secrètement, jaugeaient leur mutuelle et flatteuse réputation. Eugénie s'inclinait sans mesquinerie, admirant à son tour la grâce évidente d'Élisabeth. Les Autrichiens méprisaient le manque de quartiers de noblesse de la belle Espagnole – ce qui était le cadet des soucis d'Élisabeth. Le conseil municipal et Salzbourg étaient enchantés de convenir que leur impératrice, une fois de plus, était la plus belle. Leur plus somptueux monument public. Les maris, chacun amoureux de sa belle, étaient contents. La courtoisie régnait, une certaine gaieté aimable s'élevait entre les deux femmes. On avait surtout besoin de détente. Napoléon III s'empressait d'inviter les souverains à

Paris, pour l'automne. Au bout de cinq jours, la gentillesse régnait entre les deux couples. Eugénie y mettait beaucoup du sien. L'ombre de Maximilien obscurcissait parfois le regard d'azur de François-Joseph. Les enfants, sa famille, Ida et ses Hongrois tant aimés manquaient à Sissi. Elle fermait les yeux. Possi... Ischl... Gödöllö... Sa fraîcheur exquise... Non, elle n'aimerait jamais d'amitié complice l'aimable et adroite Eugénie. Ni l'une ni l'autre n'y pouvaient rien. L'amitié comme l'amour a ses coups de foudre, ses élus, ses humeurs, l'indéfinissable loi des affinités. Eugénie avait fait preuve de tact. Sa lourde belle bouche parlait avec mesure. La voix avait le velouté contenu d'une femme qui connaît le plaisir. Son menton était douillet, un peu gras, les bras blancs, admirables. Elle souriait à Élisabeth. « Il n'y a rien d'aussi parfait que vous. » Son admiration était sincère. La femme, point laide, admire volontiers la beauté d'une autre femme. Elle y contemple, mélancolique, un reflet plus proche du sacré que de la rivalité.

Élisabeth rejoignait Zurich le 23 août. Elle retrouvait, soulagée, avec quel plaisir, Mathilde, Marie qui répandait sa gaieté. Le choléra, soudain, menaça la région. On se réfugia dans la verdure de Schaffhouse, sur la rive droite du Rhin. La date du 25 août était passée ; point de mariage en Bavière. Le royal fiancé caché en quelque nid d'aigle de satin couleur de lune... Que faire pour Sophie ? Sissi avait envie de rejoindre ses enfants. Son grand chien Horseguard lui manquait. Elle adorait les grands chiens. Elle se promenait dans la petite ville et abordait sans façon, à leur confusion ravie, tout passant qui promenait un grand chien. François-Joseph trouvait les chiens fatigants. À la Hofburg et en ses palais, elle avait fait nommer un domestique préposé à la propreté de ses airedales. L'archiduchesse et son entourage le nommait avec mépris « le valet des chiens ». Ce court séjour avec ses sœurs dans la belle nature lui restituait son esprit d'enfance. La fatigue ? Elle avait des nausées le matin. Un enfant... Un roi pour la Hongrie... Ses envies de grands chiens et de beaux visages étaient-ils des caprices de femme enceinte ? Elle était reprise de la frénésie de l'album de beautés. Elle traquait partout les beaux visages, au hasard de ses promenades, ses visites. Elle écrivait à Rodolphe avoir croisé à Zurich un enfant très beau. Était-ce son ardent désir d'offrir un enfant très beau à sa chère Hongrie ?

— Nous avons fait la connaissance d'une ravissante petite

malade de douze ans qui a de magnifiques cheveux. Nous lui parlons, souvent même je l'embrasse ! Tu imagines combien elle doit être jolie et gentille.

Fin août, deux mois après le couronnement, Erzsebet-Élisabeth était enceinte.

Chapitre XIII

MARIE-VALÉRIE ET LA SOUVERAINE

Le duc Max est furieux. Il arpente le salon, tirant sur sa pipe en porcelaine. Quelle humiliation ! Il a sommé Louis II d'épouser sa fille. Le 10 octobre, le petit roi a rompu ses fiançailles. Il n'a pu dominer sa répulsion, affolé de l'imminence de ces noces. Il s'est écrié à son secrétaire consterné, Düfflip, « plutôt me noyer que me marier ». Ludowika avait fini par prier Sophie de rendre elle-même sa parole à son cousin. Mystère : Louis l'avait mal pris. Une colère violente l'emporta à hurler qu'il était le roi. Il détesta l'ultimatum de ce duc *en* Bavière. Il recula en novembre, par défi, désespoir, la date de l'improbable mariage. Sa mère, la saine et rustique Marie de Prusse, était désolée. Les deux familles étaient au bord de la brouille. Louis écrivit, enfin, dans sa résidence à Munich, la lettre de rupture à « Elsa ».

Ma bien-aimée Elsa,
Étant donné que l'on me contraint à fixer la date du mariage, un peu comme on oblige une plante de serre à fleurir après m'avoir contraint à fixer la date de fiançailles, je considère comme un devoir sacré de parler maintenant... Je vous aime d'une affection vraie et sincère. Je vous aime comme une tendre sœur... Il y aura toujours pour vous, enraciné au plus profond de mon âme, un amour frater-nel, véritable et fidèle ; mais je sais aussi que ce n'est pas là la forme d'amour indispensable à une union matrimoniale.
Je vous devais cette lettre, ma chère Elsa ; et je vous supplie de

me garder votre amitié quand vous m'aurez rendu votre parole...
Si, dans un délai d'un an, vous n'aviez pas trouvé quelqu'un qui
pût faire votre bonheur... nous pourrions alors nous unir à jamais,
si, bien entendu, vous en aviez encore le désir ; mais il est préférable
de nous séparer maintenant... N'oubliez pas votre sincère, affectueux
et fidèle,

HENRICH [1].

Une lettre déconcertante, loin du baroque wagnérien et qui entraîne sa propre fureur à mesure qu'il l'écrit. Il brûla les missives de la pauvre Sophie et lança son buste en marbre par la fenêtre ! Il se brisa net dans l'allée. Louis le remplaça, à la même place, par celui de Wagner. La Bavière, froissée, apprenait ces nouvelles. Max ne décolérait pas, Ludowika se résignait, fataliste.

— Mon Dieu, il n'y a rien à y faire.

Sophie est calme, secrètement soulagée. Un tel fiancé l'épuisait, l'assombrissait d'anxiété. Vienne le prit très mal. Sissi, dont le docteur Fischer avait confirmé la grossesse, ressentit vivement cette offense. Son cousin et ami préféré l'avait trahie. L'empereur était outré que l'on osât « répudier » sa belle-sœur. Nul, excepté Sophie, n'osait mettre le nom véritable sur le dilemme du jeune homme. Au XIXᵉ siècle, l'homosexualité était un crime à l'église et la société. Pour François-Joseph, tout souverain, quelle que fût sa tare, avait le devoir du mariage, d'assurer une descendance. Le 19 octobre, Sissi écrivait à sa mère, le feu aux joues, totalement éloignée des complexités de la sexualité. N'avait-elle pas subi trois affreuses nuits de noces ? Elle n'admettait pas qu'il fût insurmontable de coucher avec sa charmante sœur.

« Mon indignation est à son comble comme celle de l'empereur. Il n'est d'expression pour qualifier pareille conduite. Je ne comprends même pas que Louis ose encore, après tout ce qui s'est passé, se faire voir à Munich [2] ! »

Qui aimera sa gentille sœur si jolie ? Que Sophie prît si bien cette injure, la rassurait, mais qui l'épouserait ? La chance s'en mêla. En septembre, une visite avait eu lieu à Possi. Ferdinand d'Orléans, duc d'Alençon, petit-fils de Louis-Philippe, s'était épris de Sophie. L'excentrique ex-fiancé se vexa à cette nouvelle. Un

1. *Louis II de Bavière*, J. Des Cars, *op. cit.*, pp 189-190.
2. *Louis II de Bavière*, pp. 196-197.

SISSI, LES FORCES DU DESTIN

an après son étrange mésaventure, Sophie devenait duchesse d'Alençon. Sissi n'avait pas trop de malaises, mais refusa de suivre son époux à Paris. Elle n'a nullement envie de revoir les souverains français, ni de se colleter à l'insolente Mauline-Pauline de Metternich. Elle redoute les regards cannibalesques de cette cour impériale, échauffée à l'idée de la voir. François-Joseph fut surpris du chaleureux accueil au palais de l'Élysée. Paris, embelli de larges espaces et d'immeubles neufs, signés Haussmann, l'émerveilla autant que l'Exposition universelle. L'Autriche y était représentée en ses diverses créations. Il ne fut pas insensible, lui trop souvent délaissé, aux attentions d'Eugénie. Enfin, une femme prenait soin de son repos et de ses distractions. Une femme qu'il pouvait regarder de haut, plongeant le bleu impitoyable de son regard en un décolleté mamelu. Napoléon III savait ce qu'il faisait en confiant l'empereur à sa sûre et séduisante Espagnole. Il connaissait son charme sensuel qu'il avait su grandement épanouir. Eugénie agissait sur les sens de l'empereur fatigué, elle apaisait ses nerfs telle une fragrance opiacée. Elle l'emmena partout. Ils se parlaient en anglais, en français. Il se détendait, insensiblement. Il écrivait à Sissi, à six heures du matin. Il dormait deux heures de plus qu'à Vienne. Il écrivait d'une plume imprudente, libérée :

« J'ai vu le bois de Boulogne avec de nombreux équipages, des cavaliers, des cavalières, et au total beaucoup de petites putains [1]. »

Quel ton ! Paris est là, sa frivolité, sa réputation si loin de la raideur de la Hofburg. Des petites putains ! Une soif inassouvie, une gaillardise de célibataire bien traité, au royaume d'une cité qui raffole d'Offenbach, ses femmes aux jambes roses sous le bouillonné des jupons levés... Qu'eût pensé l'archiduchesse, repliée en dévotions, d'une telle lettre ? Que Sissi se rassure, s'empressait d'ajouter le mari : « Tu es la plus grande et la plus belle. » Il avait vu, dit-il, des femmes très jolies, mais très petites. Lit-elle, entre ces lignes, qu'il a éprouvé l'envie d'un corps habile, agile, fait pour l'amour, le contraire de ce carcan glacial (Sissi) et de son épuisant culte de la beauté ? Est-il sur le point de prendre en aversion cette sorte d'infirmité qu'est l'excès de beauté de sa femme ? La plus belle femme du monde pèse sur sa pauvre chair d'homme tel un marbre sépulcral. Quel mal a-t-il eu à lui faire cet enfant qu'elle réserve à la Hongrie ! Eugénie, les petites putains de l'Ély-

---

1. *Sissi*, J. Des Cars, *op. cit.*, p. 248.

378

sée et du bois de Boulogne, la Metternich vêtue trop court agitent sainement cet homme encore jeune qui pressent les nouvelles absences d'Élisabeth. Il rabougrit ses lettres en un plat élan familial. Il a besoin de se rassurer. Sissi et les enfants, son seul bonheur. Le fils de ses hôtes est bien moins beau que le leur.

« Le petit Napoléon est un garçonnet très intelligent, mais très petit. Il est criblé de tâches de rousseur et porte des bas rouges comme un cardinal. Nous avons mieux ! J'ai vu beaucoup de petites femmes et de très jolies. Sois tranquille, je ne pense qu'à toi[1]. »

La grossesse, ces lettres livrant une joie de vivre parmi d'autres créatures féminines, la jalousie, peut-être, la rapacité bruyante de Pauline de Metternich au bal de l'Élysée assombrissent Élisabeth. Elle ne veut pas qu'il s'amuse loin d'elle. Son courrier s'embourbe en plaintes, l'inconscient chantage qu'il connaît si bien. Elle souffre, dit-elle, elle pleure. Elle ternit ainsi son élan. Elle lui retire son petit bonheur sans venin. Son égocentrisme maladif ne mesure pas qu'il est, après tout, en voyage officiel et qu'elle avait été invitée. Eugénie a convié l'empereur à une plaisante escapade dans le ballon captif, porte de Suffren, sans le dire à son époux. Sissi critique aussitôt l'indépendance d'Eugénie, elle qui va et vient à sa guise depuis des années... Il a peur, s'il la contrarie, qu'elle ne mène pas à bien sa grossesse. Il frémit au souvenir de Madère. Elle est son souci constant. Son imperturbable amour.

— Je t'embrasse, soigne-toi, ma merveilleuse femme adorée.

Il ne peut faire plus, il ne sait faire mieux. Il ne sait pas ce qu'elle veut. Paris lui avait fait du bien. Il modéra son enthousiasme. Il ne songeait pas trop à Maximilien. Ce décès le remettait à sa place d'empereur. Il avait, sans jamais le dire, jalousé ce fils éperdument chéri de sa mère. Sa grande crainte était l'accouchement de Sissi. Il se rappelait ses hurlements à la naissance de Rodolphe. Il écourta son séjour. Les deux souverains s'embrassèrent cordialement mais François-Joseph n'était pas dupe.

— Nous sommes, dit-il à Napoléon III, alliés sans être liés.

Sissi, ravie de retrouver « son petit homme », alla le chercher simplement à la gare, telle une petite bourgeoise aimante. Son ventre s'arrondissait, elle était pâle, exquise, et l'embrassa avec joie. Il revenait, les bras chargés de cadeaux, certains d'Eugénie

---

1. *Élisabeth d'Autriche*, E. C. Corti, p. 177.

dont une broche, oiseau en or, la queue en rubis et un éventail peint par Watteau.

Sissi, au quatrième mois de sa grossesse, voulait accoucher en Hongrie. Il faisait froid, elle plaidait sa crainte de tousser dans un tel climat (Vienne). Elle réussit à convaincre François-Joseph de passer quelques jours à Gödöllö avec elle. N'étaient-ils pas, disait-elle, roi et reine de ce pays ? Les travaux à Gödöllö avançaient, le parc était ravissant. François-Joseph, surpris, s'y sentait bien. Il se reposait, à l'aise dans cette vie de famille. Il retombait dans son admirable entêtement amoureux. Sissi allait et venait, du parc à leur appartement, les joues roses, sans malaise. Il souriait. Si seulement leur vie entière se déroulait ainsi ! Il n'eût pas osé formuler que l'absence de sa mère entrait pour beaucoup dans cette paix heureuse. Les Hongrois étaient enchantés de savoir chez eux leur « belle Providence » grosse de l'enfant qu'elle avait promis. Elle l'appellerait, disait-elle, Étienne, si c'était un garçon, en l'honneur de saint Étienne. Une certitude, secrète, lui chuchotait qu'elle portait une fille. « Marie-Valérie », disait-elle. Une fille, à elle, à aimer. Personne ne la lui volerait. À Vienne, l'agacement et le rejet d'Élisabeth augmentaient. L'impopularité suscitée par la nouvelle qu'elle accoucherait en Hongrie fut immense. Quelle insulte à son pays et à la tradition impériale ! La rumeur que l'enfant était d'Andrassy courait à nouveau. Andrassy avait soutenu le projet d'Élisabeth. Son enfant, fille ou garçon, serait un peu hongrois, s'il naissait en Hongrie. À Vienne, on déplorait la faiblesse de l'empereur. Les autres pays, surtout la Bohême, étaient envieux. Pourquoi n'accoucherait-elle pas à Prague dont elle était aussi la reine ? Sissi, selon son habitude, s'enfuit à Munich. L'empereur revint seul à Vienne, avec ses enfants. Sissi passait Noël chez les siens, dans le salon aux huit sapins. Elle fêtait, loin de Vienne, son trente et unième anniversaire. Pourquoi eût-elle fêté Noël à la Hofburg ? Tout y était glacial, le cérémonial fait de mutisme, d'archiducs arrogants. Un flot de courtisans écrasés contre les murs, inclinés « plus bas, toujours plus bas » selon la landgrave Furstenberg. La dernière enfant de Sissi se souvenait de ses larmes et de sa solitude, en dépit de l'amour de sa mère, de ces noëls viennois. L'empereur ne parlait guère. L'étiquette exigeait que nul ne parlât avant lui – pas même son épouse. Un silence sépulcral régnait sous le précieux sapin. L'ennui, la tristesse, des noëls désolants, désolés où Sissi, muette, immatérielle, impuissante quêtait la fuite.

Son époux ne lui parlait pas, absorbé en ce rassemblement odieux. Voici ce que Sissi écrivait du souper qui suivait :

> *Du groin héréditaire*
> *On fouille diligemment*
> *Dans les assiettes, dans les plats,*
> *Avec de légers couinements*[1].

La tristesse désempare cette sensibilité faite pour la douceur familiale et la gaieté de Possi. Sissi ne sut jamais organiser à Vienne un cercle familial. Tout la glaçait. L'archiduchesse, en dépit de sa rigidité active, avait réussi, à sa manière, à nouer un lien solide avec les siens. Son dîner hebdomadaire, son thé quotidien, les confidences de son fils et de ses petits-enfants (Rodolphe et Gisèle), bon an, mal an, étaient un appui familial – révoltant à Sissi. Elle refusait ce qu'attendait Vienne de son rôle de femme, de mère et d'impératrice. Elle avait souffert comme femme, mère, impératrice. Les noëls à Vienne, cet enclos fourbe et gelé, en étaient le lancinant rappel. Elle fuyait...

Le 5 février, elle écrivit à l'empereur silencieux son désir inébranlable de s'installer en Hongrie pour la naissance. L'archiduchesse était outrée. La landgrave Furstenberg et la Cour murmuraient que ce serait tant pis pour elle si quelque malheur lui arrivait. L'éternel conflit revenait, avec une différence très nette : Sissi s'en moquait. Elle rejoignit Buda-et-Pest, à la mi-février. Le grand bal du 18 février allait se passer de son impératrice, devenue, à la Cour, l'« agent perturbateur ». On concluait que sans elle, la Cour, son bal, reprendraient leur sens et leur dignité. Ses enfants étaient à Vienne, mais elle tenait sa promesse de veiller sur Rodolphe. Ses courriers à Latour étaient quotidiens. Elle exigeait de tout savoir du bien-être de son fils. Elle s'émeut moins que l'archiduchesse que Rodolphe n'aimât guère le catéchisme et les dévotions. Elle était un peu déçue qu'il ne fût pas bon cavalier. Elle est fière de sa grande intelligence.

Elle s'habille de jupes larges, d'un mauve chatoyant, sous la casaque à rayures tourterelle, l'écharpe longue nouée sous le menton trop rond, lié à des mâchoires d'une puissance sans disgrâce. Les hanches sont si minces, la taille si peu épaisse... Croirait-on

---

1. *Le Journal poétique de Sissi*, p. 147.

qu'elle aborde le huitième mois ? On a aménagé Ofen pour ses couches où sera présent François-Joseph. Début avril, sa nervosité revint. La peur d'accoucher. Elle s'apaisait à la mousse sur les arbres, les jacinthes sauvages, les premières hirondelles. Ce sera un enfant du printemps ; un enfant natif du Taureau et du Lion. « Tu me manques », écrivait-elle à son mari redevenu « son cher petit homme ». Il répondait sur le même ton. Loin l'un de l'autre, un vide les tenaille, le lancinant, épuisant grand amour. Elle reçoit, bien sûr, les amicales et respectueuses visites hongroises. Mi-avril, François-Joseph est à Ofen. Ce fut un accouchement heureux ; sans trop de douleurs, entre le médecin, le docteur Balassa, deux sages-femmes et son mari (pas de belle-mère), Sissi met au monde, le 22 avril 1868, une fille. Marie-Valérie. François-Joseph est ému, très content au fond (pas de roi pour la Hongrie et il s'entend si bien avec les filles !). Il écrit aussitôt à sa mère et plus longuement à Rodolphe et Gisèle :

« Elle est bien jolie, elle a de grands yeux bleu foncé, un nez encore un peu trop gros, une toute petite bouche, des joues énormes et des cheveux foncés si épais qu'on pourrait les coiffer. Elle est très forte et gigote vigoureusement [1]. »

L'archiduchesse est indifférente, anéantie par la mort de Maximilien. On a osé se passer d'elle. On l'a bannie de cette naissance. Une fille, elle s'en moque, c'est bien assez pour ces Hongrois, et cela marque un point pour l'Autriche. La Cour persiflait, enchantée, sur la « paternité » de cette enfant. N'avait-elle pas la vigueur tzigane d'Andrassy ? Il faudra peu de temps à l'Autriche pour se rendre compte à quel point Marie-Valérie ressemblait à François-Joseph. Gisèle et Marie-Valérie : mêmes goûts tranquilles, mêmes yeux bleus, rigidité sans faille aux conventions, le nez un peu gros de leur père, agréables sans être belles, très allemandes, si loin de leur mère... Un attachement mystérieux, sans appel, les liaient, complices, à leur père.

Élisabeth était devenue une mère farouche, rattrapant les années des enfants volés. Elle écrivait de Marie-Valérie : « C'est tout ce qu'on m'a laissé au monde », biffant ainsi les autres – dont ses enfants, morts ou vivants. Elle était devenue une mère possessive, soudain révélée – à défaut d'un corps révélé. Combien d'années l'empereur serait-il désormais privé de ce corps-là ? Elle

---

1. *Élisabeth d'Autriche*, E. C. Corti, p. 178.

adora Marie-Valérie du premier regard. Une dilection de fauve femelle, un amour farouche, presque furieux. Elle se fût enfuie à jamais avec l'enfant si on avait osé la lui ôter. Avec Rodolphe (son sosie en homme, qu'elle supportait douloureusement), elle rattrapait, maladroitement, les années de privation maternelle. Elle veillait avec excès sur ses professeurs, l'entraînant en effet sur la pente libérale, contre la dévote archiduchesse. À neuf ans, Rodolphe avait une maturité trop intense. Il était inutile de le punir si une note faiblissait. Il redoublait de travail, répliquant à Matour : « Je ne fais que mon devoir. » Sa mère lui donnait parfois du temps, rien que pour lui. Il l'adorait. Il adorait ses longs cheveux, son parfum naturel et frais, sa grâce, son sourire. Il adorait qu'elle l'eût sauvé du précepteur criminel. Elle était mal à l'aise devant ce regard identique au sien, cet amour qu'elle n'avait pu protéger en ses premières années. Elle souffrait de son ancienne douleur et fuyait, non l'enfant, mais le rappel d'un temps où elle et lui n'étaient qu'un seul et même tourment. Il l'adorait, cet enfant trop pâle, trop maigre, trop beau à qui elle écrivait en hongrois, en tchèque, en croate (mal), en français (mal). Il manœuvrait avec aisance ces quatre langues. Son humeur demeurait fragile. Les premiers traumatismes avaient exacerbé cette âme où se développait, sourde, la folie des Wittelsbach. Sissi avait choisi pour ses leçons de hongrois un frère bénédictin, Hyacinthe de Ronay. Ce n'était pas un hasard. L'archiduchesse haïssait ce bénédictin, autrefois aumônier auprès des révolutionnaires. Très tôt, Rodolphe eut des concepts libéraux et républicains. Il cachait soigneusement le peu d'amour que lui inspirait son père trop froid, qui ne voyait en lui que le mâle héritier d'une couronne écrasante. François-Joseph détestait en Rodolphe son dégoût de la vie militaire, le reflet masculin d'une épouse difficile et adorée. Une rivalité silencieuse, désastreuse, s'installait entre le père et le fils. Sa vieille terreur le reprenait pendant les cours d'équitation ou en salle d'armes. Il était fait pour devenir un savant, un intellectuel très réfléchi, s'enthousiasmer d'un libre et grand amour. L'archiviste Gindely et l'historien Kirieck s'étonnaient de sa maturité. En géographie, son professeur, le géographe Gruen, l'admirait. « Je veux tout apprendre », disait Rodolphe. Il eût voulu tant plaire à sa mère en équitation ! Toute violence le paralysait. Les chevaux pouvaient être un art violent. Sa sensibilité, trop aiguë, augmentait. Une prière était-elle trop sombre ? Il pleurait. Il se demandait s'il « n'avait pas mérité la vengeance de Dieu ». Il glissait, insidieusement, vers l'inéluctable. Il fut content d'avoir une petite sœur. Il n'était pas jaloux mais devinait que la passion de sa mère se fixerait sur la petite aux grands yeux bleus et aux cheveux très noirs. Sissi aimait son enfant jusqu'à la fixation. Marie-Valérie était devenue la « Chérie », en Hongrie, cela se disait « Kedvesen ». Vienne, ironique, la surnommait l'« Unique ». Sissi s'écriait : « Je sais le bonheur désormais d'avoir un enfant. » Personne n'avait le droit de s'aventurer dans ce « bonheur »-là. Pas même l'empereur. Le jour, la nuit, elle veillait, elle surveillait ses nourrices, les tançait à la moindre défaillance, au moindre cri du bébé. Elle endurait la peur névrotique de la perdre. Avait-elle la diarrhée ? Elle crut qu'elle allait mourir, trembla, renvoya la nourrice. Ce n'était qu'une percée de dents. Elle se confiait à Ida et signait ses lettres de « mille baisers à ses chevaux ». Un amour fou, écrasant. Qu'aurait-elle pensé si elle avait su que sa « Chérie » confierait un jour à son journal à quel point l'amour de sa mère lui avait pesé, pire qu'une faute ?

Marie-Valérie, de même nature que son père, était loin d'aimer à ce point sa mère. Une fois de plus, malgré elle, d'une autre manière, Sissi avait égaré un enfant. Les aînés étaient beaucoup plus âgés que Marie-Valérie. Sissi n'avait pas eu la permission de les aimer entièrement. Leur en voulait-elle, malgré elle, d'avoir autant souffert par eux, ces innocents ? Marie-Valérie, l'Unique, devenait l'unique amour fou d'Élisabeth, reine de Hongrie. Rien ne fut trop beau pour elle. Le baptême, à Ofen, fut munificent. Gyula Andrassy fut convié au rang des intimes. Les marraines, du choix d'Élisabeth, étaient ses deux sœurs Marie et Mathilde. Ce baptême hongrois – où n'assista pas l'archiduchesse – indigna Vienne. Le comte de Grenneville commentait aigrement : l'empereur finirait par détester Vienne « pour les beaux yeux de Sissi ». La landgrave Furstenberg renchérissait les rumeurs qui n'étaient pas toutes fausses. L'impératrice s'installa, pour sa convalescence, au bord du lac de Starnberg, chez son frère aîné, l'époux de l'actrice Henriette Mendell. Ils avaient une fillette de neuf ans, ravissante, Marie Wallersee, future comtesse de Larish. À Vienne, on prenait en grippe Sissi, sa fille, sa famille en Bavière. « La Hongrie est une ingrate », s'insurgeait Vienne. Les Hongrois étaient un peu déçus de n'avoir pas eu leur « roi ». Ils se doutaient, à raison, que la reine n'aborderait plus de nouvelle grossesse. Le dernier enfant, l'Unique, la « Chérie », rassemblait tous les amours brisés de Sissi.

La fatigue la reprenait. Son séjour à Ischl, en juin, avait été bref. Elle refusa de passer par Vienne. Son enfant ne la quittait plus. Les soucis de son époux, en butte à la jalousie des Tchèques, l'indifféraient. Les Tchèques exigeaient à leur tour « un roi » pour leur pays. Il se nommerait Wenzel, du nom de saint Wenzel, protecteur de Prague. Saint Wenzel valait bien saint Étienne ? Prague n'était-elle pas plus prestigieuse que Buda-et-Pest ? Marie-Valérie soulevait, à travers l'attitude de sa mère, un tollé nationaliste. L'empereur était las de ces audiences mortelles, ces gens avides, cet empire ingérable, cette épouse ingérable. Il s'en voulait, en silence, d'avoir cédé à la passion de Sissi pour la Hongrie. L'archiduchesse gîtait au fond de l'amertume.

Marie-Valérie poussait bien, sa mère était enchantée. Un ravissement. François-Joseph avait eu trente-huit ans. Une fête sans faste – le délaissement. Sissi était partie en Bavière, avec l'enfant. Sa vieille obsession revenait : échapper à Vienne – qui n'avait toujours pas vu leur nouvelle archiduchesse. Elle passa quelques jours à Possi, où l'été éclatait. Néné, pauvre Néné, était là, vêtue de cette vilaine robe noire qui lui avait coûté, qui sait, la couronne d'Autriche. Ludowika pressait Sissi d'une mission nécessaire à leur paix. Sophie allait épouser le duc d'Alençon. Ludowika comptait sur Sissi afin de renouer, habilement, des bonnes relations avec le royal ex-fiancé, qui demeurait, n'en déplaise, leur souverain.

Louis II était très loin de ces soucis, absorbé dans son exultation. L'Ami Wagner est de retour et, en dépit d'une chaleur étouffante, on a joué, à l'Opéra de Munich, *Les Maîtres Chanteurs de Nuremberg*. Cet opéra, revoir Wagner, qui, bien sûr, n'ira jamais dans son lit, ont déclenché en ce fils des Wittelsbach une frénésie d'architectures plus délirantes que les précédentes. Il entreprend, selon ses dessins et plans, la construction d'un château médiéval (wagnérien), sur l'ancienne ruine de Hohenschwangau, hissée sur un piton. Un vertige de pierre contre les cimes bleuâtres des montagnes qui marquent la frontière avec l'Autriche.

— Je ne veux, a-t-il exigé, rien de symétrique.

Un rêve de blocs, de torsades, de moulures, de « promenades » et de terrasses suspendues, de trompe-l'œil en échauguettes vides, créneaux dentelés. Le résultat, à frais immenses, donnera le château le plus somptueux, inutile et étrange d'Europe : Neuschwanstein. Un délire de pierres, de peintures, de vitraux, de merveilles sans issues. Un éclat plus grandiose que la demeure du roi Soleil, identification de Louis II. Rêvait-il, Louis, d'y loger le soleil et la lune ? Il avait une peur horrible de la nuit. Son cerveau hanté avait imaginé une splendeur de l'Invivable, qu'eussent signé Dali et Jerôme Bosch. Un charivari de marbre, d'or, d'éclats, de satin ciel et de folle angoisse. Le pont-levis ressemblait à celui du château imaginaire du prince Dracula. Les lampes améthyste sont dressées en d'impensables échafaudages sous les plafonds étoilés, une galaxie d'astres étranges et perlés. Le lit, immense nacelle de l'insomnie, voguait, parmi le cristal et l'or des anges, dans le satin bleu des murs et des sols. Les maçons étaient ces ombres courbées, tirant à dos d'âne les matériaux, avec la force fataliste des bâtisseurs de pyramides.

Élisabeth n'eut aucun mal à obtenir la réconciliation du roi avec sa famille. Elle se plaisait en sa demeure, auprès de cette âme sœur, aussi fantasque qu'elle. Le bonheur de Sophie, disait-il à Sissi, était dû à son renoncement ! La Bavière est décontenancée. Flanqué de son cher écuyer, le « divin Hortig », Louis passe ses nuits à faire du manège. Il calcule les kilomètres parcourus en ce tournis qui ne mène nulle part, radieux quand sa course circulaire correspond à l'aller et retour de Munich à Vienne. À l'aube, il se fait servir un fin souper et entraîne l'élu au satin bleu dans sa couche évanescente. Les noces de Sophie et du duc d'Alençon eurent lieu, fin août, à Possi. Louis s'y rendit en bel équipage. La « fiancée Elsa » était devenue, vêtue de blanc, la capote fleurie de camélias, duchesse d'Alençon. Le mari, amoureux, de mâle attitude, déplut à Louis, froissé dans son fantasme.

— Je m'ennuie à mourir, dit-il à haute voix à son écuyer.

Sa présence avait duré cinq minutes. Il avait agrafé à sa cravate une énorme perle rose.

Élisabeth était installée avec sa fille chez son frère aîné, Louis-Guillaume. Le château, Garatshausen, est simple, confortable, sur la rive occidentale du lac. Des incidents se produisaient. Sissi ne pouvait, selon le protocole, dîner à la table d'une ancienne actrice. Soit, dit-elle. Ses dames d'honneur dîneraient dans la salle à manger, elle occuperait le boudoir avec sa famille. Elle riait, heureuse de sa pirouette, de l'air outré des dames de Vienne devant les montreurs d'ours que son frère invitait au château. Marie-Valérie avait trois mois et sa mère ne dormait plus pour mieux veiller sur elle. Une crise de vomissements du bébé la précipita dans les affres. La mort de son aînée avait commencé ainsi. Ida, prudente, était à Vienne, et lui manquait. Sissi s'épanchait auprès d'elle :

« Je ne suis pas tranquille un instant, car c'est un sentiment horrible de savoir que le plus grand trésor qu'on possède au monde est entouré de gens peu consciencieux[1]. »

L'impératrice exagérait cet amour et ses terreurs. Elle appliquait les mêmes excès et la même désinvolture que Louis II quand une situation l'ennuyait. Il était resté cinq minutes au mariage de Sophie ? Elle passa trois heures à Vienne, en septembre, et regagna Gödöllö. Elle passait de l'inquiétude aux fous rires. À Gödöllö, on chassait à coups de balai, Élisabeth aussi, les souris jusque dans sa chambre. Le chien Horseguard était de la fête. La nourrice hongroise chantait des czardas. Le docteur Balassa s'occupait de la petite. La colère grondait à la Cour. Elle avait fait dire à Ischl une messe, spécialement, pour saint Étienne. Elle recevait à Gödöllö, à sa table, Andrassy, Deák, Etvös, Falk et ses amis hongrois. Elle n'y invitait jamais d'Autrichiens, pas mêmes ceux du monde des arts. Sa petite fille était dans ses bras, Horseguard à ses pieds. Elle adorait ses airedales. Quand l'un d'eux mourait, « elle pleurait, disait-elle, un ami ». Le corbillard d'un aristocrate autrichien ne lui tirait ni une larme ni un déplacement. Quand mourut Deák, en 1876, un tableau de l'impératrice en pleurs immortalisa ce moment. La Hongrie en était de plus en plus fière, l'Autriche, atterrée. On avait basculé, blâmaient les nombreux ennemis d'Élisabeth, dans une monarchie austro-hongroise. Vienne n'était plus dominante à cause de son impératrice qui les dédaignait. Le merveilleux saccage de la vengeance était accompli. Andrassy la vénéra jusqu'à sa mort. Il confiait à Ida que, jamais, il n'avait ainsi obéi et vénéré une femme. Erzsebet, en partie son œuvre, sa « belle Providence », demeurait sa plus haute passion.

Marie-Valérie était devenue l'immense passion d'Élisabeth pour qui elle écrivit ces vers :

---

1. *Sissi*, J. Des Cars, *op. cit.*, p. 256.

> *À ton côté ta petite fille*
> *Régal de tes yeux,*
> *Comme une poupée, frêle et fine,*
> *Resplendit dans sa robe rose.*
>
> *Dans ses cheveux se berce avec coquetterie*
> *Étincelante libellule ;*
> *Son cou et ses bras sont parsemés*
> *Comme d'étoiles brillantes*[1].

À Vienne on finissait par détester l'« Unique ». La jalousie mordait les cœurs. La presse autrichienne écrivait, en 1870, qu'un tel comportement faisait de la capitale une bannie. Vienne, bannie, comme autrefois Vienne la bannissait, l'archiduchesse la bannissait. On s'affolait de la faiblesse de l'empereur. Il avait laissé faire ; elle n'en faisait qu'à sa tête, accablée d'une chevelure que le temps embellissait d'ombres fauves. La beauté, sa seule excuse ? Élisabeth n'avait que faire des excuses de ceux qui l'avaient abandonnée aux frontières de la mort. *Sa Majesté l'impératrice n'use d'aucune influence* ? Tout était inversé. L'archiduchesse avait soixante-sept ans. Elle pensait qu'il était grand temps de mourir. Il lui restait la piété extrême, la dureté extrême envers elle. Point de répit ni de repos. Une âme déchirée. Elle compatissait, sincère, au deuil d'Hélène. Sa nièce préférée. Son journal déborde de cette tendre pitié qu'elle n'eût jamais étalée. Elle ose y pleurer son chagrin atroce : la perte d'un fils martyr. Pour la première fois depuis des années, elle avait accepté l'affectueuse invitation de Ludowika. Personne à Vienne ne savait ou n'osait la consoler. François-Joseph était froid envers Maximilien, le fils préféré. Maximilien était populaire, l'empereur avait détesté entendre crier « Vive Maximilien ! » après Sadowa. La solitude, trop contrôlée, dévastait l'archiduchesse. Il était trop tard à Sissi pour la consoler. Elle ne le pouvait plus. Une répulsion vive, ancienne, dressait l'implacable barrière quand elle songeait à faire un effort envers cette vieille femme vaincue. Sophie s'en était allée seule chez sa sœur, en Bavière. La douleur d'Hélène rejoignait la sienne et elle pleurait avec simplicité, enfin comprise, choyée. On lui avait remis, respectueusement, lors de ce séjour, les terribles reliques de son malheu-

---

1. *Le Journal poétique de Sissi*, p. 91 (*Repas de famille*).

reux fils. Un morceau de la chemise qu'il portait pendant son exécution (son sang, Hélène, son sang !), le drap qui avait enveloppé sa dépouille, une petite branche de l'arbre sous lequel on l'avait fusillé. Elle baisait, en larmes, ces biens mortifères. Hélène savait la consoler avec bonté. Hélène, enlaidie de larmes, le teint jaune, la bouche trop dure, les yeux si doux, attifée, généreuse, inconsolable. L'archiduchesse, inconsolable. Il ne lui restait qu'à mourir – et avant de mourir, à regarder, impuissante, monter la souveraine intempestive, injurieuse, parée de cheveux et d'atours extraordinaires. Son aplomb nouveau étendait une ombre sur son fils, l'empereur. Sophie n'y pouvait plus rien. Elle était seule. L'empereur, l'empire s'en allaient. Comme elle... vers où ?

Sissi ne séjournait plus à Ischl. Elle attendait la fin de sa vieille ennemie qui, foncièrement, ne lui avait pas voulu de mal – et l'avait cependant, autrefois, presque mise à mort. Sissi était la défaite absolue de l'archiduchesse. Elle avait le cœur serré aux rapports qu'on lui apportait concernant Charlotte. Carlotta, enfermée à Miramar, toutes fenêtres grillagées, folle.

— Il n'y a rien, hélas ! à y faire, disait la bonne duchesse.

Il n'y avait rien à faire non plus d'Othon, le frère cadet de Louis II, enfermé à cause de ses crises. Sa mère, Marie de Prusse pleurait, Louis aussi, conscient de ce malheur. Un beau garçon de vingt-quatre ans que la démence avait transformé en une bête furieuse et obscène. Il aboyait et criait des profanations sexuelles.

L'archiduchesse était seule. Elle était revenue à Vienne. Son fils l'évitait. Le courant ne passait plus. Les lettres de Sissi accentuaient sa tristesse. Élisabeth passait sa vie avec Marie-Valérie et ses sœurs. Des soirées fort gaies à Possi et en Hongrie. Sissi s'amusait telle une enfant, au lieu d'occuper son poste, d'assumer son devoir. Elle nageait dans le lac, elle riait, marchait, galopait, s'occupait de la petite et de ses chiens. Marpple faisait la lecture à ses sœurs qui s'aspergeaient d'eau. L'insolence du rire alors qu'elle avait perdu Maximilien et qu'Hélène était inconsolable ! Sophie, duchesse d'Alençon, Marie, Mathilde, Sissi, plaisantaient, fumaient, nu-pieds dans leurs chambres. Les liens entre les sœurs n'avaient jamais été aussi forts et passaient avant les maris, les enfants, sauf l'« Unique ». Les sœurs de Sissi faisaient sensation par leur beauté. Elles lui ressemblaient à s'y méprendre quand elles portaient la même tenue et une voilette. Vienne les tenaient pour du demi-monde, un train de gueuses dont la meneuse était l'impératrice d'Autriche... En décembre 1870, Sissi, que lui importait la guerre déclenchée par Bismarck !, alla à Rome aider Marie qui allait accoucher. Un concile se tenait dans la Ville sainte. Le pape était en froid avec l'Autriche depuis la dénonciation du concordat. Sissi rejoignit François-Joseph alors à Trieste, de retour de son voyage en Orient. Élisabeth se précipitait vers Marie, au palais Farnèse. Le couple semblait s'entendre, l'ex-roi de Naples n'avait plus peur de l'amour. Le pape Pie IX tentait, par ce premier concile, d'affirmer le dogme de l'infaillibilité pontificale. Les rebelles italiens s'insurgèrent. Quelques régiments français, ardents catholiques, les « zouaves pontificaux », se battirent en vain pour le pape dont le États se réduisaient au seul Vatican. Le pape rendit visite au palais Farnèse ; en bonnet rouge et manteau écarlate. Les deux sœurs, riant sous cape, l'attendirent à genoux au pied de l'escalier. Sissi regardait, inquiète, le ventre de sa sœur, parmi « cette houle de mitres ». Elle visita Rome, à pied, incognito, en tous sens. Le 24 décembre, jour des trente-deux ans de Sissi, Marie accouchait, assistée de sa sœur, pieds nus, en déshabillé. Tout se déroula au mieux, et, pour éviter un rhume, Sissi buvait du lait d'ânesse. Encore un Noël sans son mari ni ses enfants – excepté la « Chérie ». Elle rattrapait, boulimique, les joies perdues. Marie-Valérie la comblait, elle se détachait de ses aînés. Sissi avait été, on le sait, attentive à Rodolphe. Elle l'avait admis dans sa loge au Burgtheater, en 1869, pour le récompenser d'exceller en toutes les matières littéraires. Il écoutait, vêtu de noir, le spencer blanc, émouvant, attirant à son tour les regards, une pièce qu'elle avait choisie pour lui : *Le Prince enchanté*. Élisabeth déchiffrait-elle au regard velouté, angoissé de son fils qu'il avait traversé une secousse funèbre ? Rodolphe avait assisté, par hasard, au suicide d'un jeune écuyer dans le parc de Schönbrunn. Un coup de pistolet avait brûlé la cervelle de ce jeune désespéré. Une image durable, un cauchemar durable.

Élisabeth n'avait jamais vraiment aimé Gisèle. La privation systématique de ce second enfant avait sensiblement rompu le lien. Sissi avait survécu, paradoxalement, par la maladie et l'exil. Le détachement s'était insidieusement glissé dans cette âme navrée. Onze années séparaient Gisèle de l'Unique. Gisèle était gaie, blonde, ronde, la prunelle trop bleue. Elle ressemblait fortement à son père qu'elle aimait. Elle adorait Rodolphe. Sissi ne lui pardonnait pas son attachement à sa grand-mère, l'archiduchesse.

SISSI, LES FORCES DU DESTIN

Gisèle détestait le hongrois et priait son père de lui parler en allemand. Elle était lasse des courriers de sa mère en hongrois, d'entendre cette langue dès que leur mère daignait rester avec eux. Gisèle était profondément allemande, éprise de Vienne, ses conventions. Elle vivait, tranquille, peu artiste, moyennement intelligente, aimable et remplie de bon sens, charmante et point jolie. Elle aimait l'ordre, le respect, la famille, la bonne humeur. Sissi ne se doutait pas à quel point Gisèle et Marie-Valérie se ressemblaient. La « Chérie » était bien la sœur de cette aînée délaissée par la force des contraintes. Gisèle n'était jamais à l'aise avec sa mère qui devenait injuste, devinant une si profonde différence. Sissi écrivait, en 1886, des poèmes d'amour à Marie-Valérie. Elle osa écrire ces rudes vers, méprisant Gisèle, alors mariée au prince Léopold de Bavière, mère de quatre enfants. Sissi, dans un élan de rancune incontrôlable écrivait ces lignes odieuses où sa fille est comparée à une truie aux côtés de son père (Obéron), aussi porcin qu'elle et son époux. Leurs enfants (ses petits-enfants) sont des « porcelets ».

> *Obéron, à ta droite*
> *Les petits yeux bleus d'une truie desséchée*
> *Clignent honnêtement,*
> *Ils te ressemblent point par point.*
>
> *Ses porcelets, petits et charmants,*
> *Elle les a amenés du royaume voisin ;*
> *Ils ressemblent à leur père cochon*
> *Jusqu'à la dernière soie*[1].

La première communion de Gisèle avait ému son père, Rodolphe et l'archiduchesse. Élisabeth y avait été insensible. François-Joseph trouvait le temps, accablé de labeur, de tristesse amoureuse, de s'occuper de ses enfants. On le voyait en promenade au Prater, avec Gisèle et Rodolphe. Quel impact, quel effroi singulier pouvait provoquer sur une jeune fille terne et douce une mère à la beauté et aux humeurs spectaculaires ? La survie devenait le contre-pied. Attitude qu'adoptèrent Gisèle et Marie-Valérie. Rodolphe, si proche de Sissi, ne survivrait pas. François-

---

1. *Le Journal poétique de Sissi*, p. 147 (*Pour l'anniversaire d'Obéron*).

Joseph peinait dans son amour familial entravé d'une passion sans issue. Il était séparé de sa dernière-née, cette petite fille née en Hongrie. Sissi avait inversé les douleurs, les rituels, véhiculé son anarchie. Le fossé entre Élisabeth et son pays s'aggravait. Une main mystérieuse dessinait les ailes du destin.

Andrassy était allé voir sa souveraine à Munich, à sa grande joie. Parler hongrois avec son meilleur ami !

Le jeudi saint 1869, l'empereur était seul à la cérémonie du lavage des pieds. Élisabeth fit-elle exprès, pour froisser les Viennois, de se décommander à la dernière minute lors de l'inauguration du nouvel Opéra ? L'empereur n'avait plus une seule excuse à fournir. L'archiduchesse, ombre noire, droite, détruite, longe les corridors humides où pendent les insolites et révoltants agrès, *le cirque* de l'impératrice.

Cet Opéra – à l'inauguration ratée – avait été bâti sous le signe du malheur. Un des deux architectes, Vander Nüll, s'était suicidé, le second était malade. L'impératrice n'était jamais là. Une rumeur d'émeute grondait contre elle le jour la Fête-Dieu. Vienne réclamait sans ambages sa présence. Huit années sans elle ! La cérémonie se déroulait à la cathédrale Saint-Étienne. Elle s'y rendit au dernier moment. Elle avait choisi une toilette surprenante de luxe, de soie mauve, la traîne travaillée de fleurs argent, les nattes d'or pourpré sous les lumières, le diadème en diamants... Elle jetait sa présence tel un os à ronger aux chiens. Il faisait froid, ses dames d'honneur étaient décolletées, elle aussi. Son esthétisme travaillait l'ensemble à la manière d'une chorégraphie dont elle était, toujours, l'Étoile. Elle s'était levée à trois heures du matin pour ces apprêts. Le jour, la nuit étaient cousus à la même frontière d'une sourde fièvre qui donnait à son regard un éclat extrême. Elle ne toussa pas, ce fut un miracle.

Elle rejoignit Gödöllö avec Marie-Valérie. Elle retrouvait ses chevaux, les grandes chasses, les galops sans fin. Elle tenait de moins en moins en place, elle allait, en train, à pied, à cheval, sans répit, son enfant préférée avec elle. Titania abandonnait à Vienne son mari, âne principal, les porcs d'archiducs, les antiques volailles admissibles ou non-admissibles – et Gisèle « aux yeux porcins ». Pas un mot sur Rodolphe, sa déchirure. Elle avait refusé d'accompagner François-Joseph en Égypte. Paris l'avait invité à l'inauguration du canal de Suez, merveille de la technique française. Ferdinand de Lesseps avait conçu l'ingénieux système de mêler les eaux de la Méditerranée à celles de la mer Rouge. Ultime triomphe de cet empire français qui, lentement, s'écroulait. Le canal de Suez participait à la gageure de vaincre les obstacles du désert pour relever l'économie. François-Joseph projetait de pousser ce voyage oriental, de Constantinople à la Terre sainte. Vaguement tentée, Sissi, folle de sa fille et incapable d'endurer l'excès des représentations, avait refusé. L'empereur s'en alla avec son nouveau ministre, Gyula Andrassy. La correspondance reprenait entre les époux. Il lui décrivit en détail les admirables pur-sang du sultan Abdul Asis. Le sultan, élégant, avait dissimulé son harem. Sissi eût probablement exigé de rencontrer ces beautés grasses, adroitement voilées, afin de compléter son album de Beauté. L'empereur et Andrassy logeaient au palais du sultan. Il offrit à ses hôtes un feu d'artifice féerique sur le Bosphore. Il fallut cinq cents dromadaires pour emmener tout ce monde en Terre sainte. Ils véhiculaient une caravane somptueuse dont le lit en argent massif du sultan et celui de l'empereur. Un long, lent, épuisant et passionnant voyage. « Je pense à toi », écrivait platement Sissi. Comment rivaliser avec ces récits somptueux où l'empereur s'était incliné devant le Saint-Sépulcre ? Il avait fait remplir des bouteilles de l'eau du Jourdain pour les futurs baptêmes de sa descendance. À Jericho, Andrassy disparut une nuit. On le plaisanta sur ses belles aventures amoureuses. Il le prit mal, il chargea Ida de dire à sa reine qu'il ignorait « comment est faite une Turque de près ».

La jonction est prévue en Égypte, le 16 novembre, par la mer. Une centaine de navires se retrouveront au mouillage, assurant cette extraordinaire réunion des puissances européennes. Il y eut une tempête mais le yacht de l'empereur, *Le Greif*, et celui de Napoléon III, *L'Aigle* (des vapeurs à roues), assurèrent au mieux la traversée. L'impératrice Eugénie représentait son époux, en proie à des calculs rénaux très douloureux et des soucis politiques en tout genre. François-Joseph et Eugénie formaient le couple le plus prestigieux de cette inauguration. Le banquet du soir les réunit, aux côtés du Khédive Ismaïl Pacha. On servit une trentaine de plats, de quoi terrifier Élisabeth. La jalousie, cependant, la tenaillait. Eugénie avait été parfaite, gracieuse et belle dans une robe rouge, parsemée de diamants. François-Joseph s'empressait d'écrire qu'il s'était ennuyé et que la belle Eugénie était trop empâtée.

Les troubles contre l'empereur des Français avaient commencé au printemps 1870. Napoléon était malade. Ses hésitations, ses refus des reformes libérales agaçaient la France. Il décevait, bien qu'on crût encore que « l'empire, c'était la paix ». François-Joseph, prudent, avait chargé son ambassadeur à Paris, Metternich, d'assurer à Napoléon son soutien en cas d'attaque de la Prusse. Beust était pour la guerre : venger Sadowa. Paris attendait le plébiscite du 8 mai. Ce fut le dernier triomphe de Napoléon III. François-Joseph, soulagé, lui fit parvenir ses félicitations. Sissi pressentait la guerre. Elle ne croyait pas à ce semblant de paix. L'empereur jouait une délicate partie politique. Proposer son aide à la France tout en évitant de se mettre à dos la Prusse et son foudroyant chancelier. « Je veux la paix », répétait François-Joseph à sa mère, plus attentive que Sissi, dont l'obsession était de ne pas la rejoindre à Ischl. Elle avait trouvé un singulier subterfuge. Elle s'installa à Mürzzusclag, du côté des voies ferroviaires essentielles. L'impératrice Locomotive naissait. Cet endroit surréaliste comportait à ses yeux une fonction essentielle : prendre au plus vite le train, du côté où la nécessité l'exigerait. Vienne, le Tyrol, la Bavière, la Hongrie...

« Je veux la paix », avait dit François-Joseph. Paris, déchaîné après la dépêche d'Ems, ruse de Bismarck pour déclencher le *casus belli*, hurlait : « À Berlin ! », la fleur au fusil. Le Tsar promettait à l'Autriche, si elle sortait de sa neutralité, de se battre à ses côtés. Tout s'enflammait, Bismarck avait réussi. C'était la guerre. Louis II, ulcéré d'envoyer ses beaux soldats sur le front, dont les frères de Sissi, sanglotait sous ses draps de satin bleu. Il est curieux que Bismarck ait eu une certaine estime pour l'étonnant petit roi de Bavière, absorbé alors par la construction de Linderhof, réplique du « petit Trianon ». Le cabinet bavarois fut consterné. Louis II prétextait des névralgies pour refuser à l'émissaire de Bismarck de s'associer à son grand projet national. La guerre commença, le 4 août 1870, par une victoire française à Sarrebrück. C'était mal se souvenir des Prussiens et leurs fusils à aiguilles. Le 10 août, l'échec sanglant de la France s'appelait Wissembourg, Ferschwiller, Forbach et Gravelotte. François-Joseph fut atterré d'apprendre le désastre final : Sedan. L'empereur des Français, perclus de fièvre et de douleur, y était. Courtois, impassible, Bismarck mena lui-même, en calèche, l'illustre prisonnier chez son roi. Napoléon acheva ses jours en Angleterre. Eugénie, dans un Paris affolé, ne savait plus rien. Elle réussit à rejoindre son époux et son fils. Elle s'était échappée par miracle de l'Élysée, et réfugiée chez son dentiste américain.

Le prince impérial, Loulou, que François-Joseph avait trouvé intelligent mais laid et petit fut tué en 1879, lors d'une reconnaissance de l'armée britannique au Zoulouland. Il avait vingt-trois ans. Eugénie avait tout perdu. Elle mourut à Madrid, en 1920.

Élisabeth devenait cruelle et affaiblissait son époux de son acuité prémonitoire :

— Je suis seulement étonnée que tout cela n'ait pas eu lieu plus tôt... Il est possible que nous végétions encore quelques années avant notre tour, qu'en penses-tu, Franzi ?

L'archiduchesse dissimulait ses larmes amères. Quel serait l'avenir de l'empire, sur les frêles épaules d'un enfant de onze ans, Rodolphe ? Elle se dominait, lui écrivait qu'en Bavière ses oncles et cousins s'étaient battus avec vaillance. Ludowika avait tremblé. Que faire, mon Dieu, que faire ? Ses fils n'avaient pas été blessés, elle remerciait le Ciel. Néné remerciait le Ciel. L'archiduchesse aussi priait, désespérée, d'une autre manière. Elle ne comprenait plus la dureté fantasque de sa belle-fille, ses fugues du côté des voies ferrées, sa phobie de la rencontrer. L'archiduchesse, lucide, savait que Bismarck ne s'arrêterait pas là. Que Sissi, jamais, ne ferait l'effort d'encourager Vienne. La Grande Allemagne, rêve actif de la vieille dame, au phare dominant, Vienne, n'aurait pas lieu. Il y aurait, à sa place, une Grande Prusse qui rabougrirait l'Autriche et son empereur. La Bavière avait un roi inquiétant, sans descendance. François-Joseph perdait lentement sa souveraineté absolue. L'archiduchesse assistait, désespérée, au naufrage de ses fortes et vaillantes illusions. Il avait suffi, pour que tout s'abolisse, du chancelier de fer et de la fine créature, pas plus lourde qu'un pétale sur une ronce : Sissi.

L'archiduchesse ne commentait plus l'attitude d'Élisabeth dont les éternelles dérobades paralysaient l'économie du pays. Chaque fête religieuse, où elle eût dû paraître, favorisait, à coups de quêtes grandioses, des familles pauvres. Sissi abhorrait d'être le spectacle, le troublant élan de la charité. Ce qu'elle voulait portait des noms à faire frémir l'archiduchesse chancelante : la fin de la monarchie et des privilèges – la République. Se serait-elle passé de ses robes, ses chevaux, sa coiffeuse, ses châteaux ? Peut-être... Une bonne cabane, la nature sans relâche, la pitance nécessaire, un cheval, un chien, sa fille et ses aînés, son bel âne aimé devenu un simple tailleur... Ses sœurs, ses parents, son cousin Louis, Ida, les amis hongrois. Elle menait, à sa manière, la charité. Elle surgissait dans les orphelinats, les asiles d'aliénés, les hôpitaux, sans jamais prévenir. Elle savourait le choc de ses arrivées. L'impératrice ! Elle entrait, flanquée d'une seule dame d'honneur, vêtue de noir. Elle allait directement à la couche des plus démunis. Elle relevait sa voilette. L'impératrice ! On s'inclinait, elle exigeait que l'on montât des cuisines ce que l'on servait aux malades et aux orphelins. Elle goûtait, supputait, se fâchait violemment si les mets étaient détestables. Elle laissait les sommes nécessaires, puisées dans sa cassette personnelle, pour remédier aux urgences. Les journaux, élogieux, s'emparaient de ces événements. Le petit peuple l'adorait. On avait rarement l'habitude qu'une grande princesse s'occupât de la potée des misérables. Du cœur, elle en avait toujours eu, ce qui était, à la Cour, la mauvaise tenue. Ses raideurs, ses brusqueries, ses fuites concernaient des êtres de pouvoir, malveillants, empêtrés d'orgueil ou trop dissemblables à sa sensibilité. Elle avait évité Paris, pour fuir la clabaudante Pauline-Mauline de Metternich, au visage lourd, empêtré de fards. Vienne hérita de la commère en 1871. Du cœur, Sissi en avait quand, sans jamais compter, elle aidait les pauvres, au hasard des rencontres, loin de tout protocole. Elle ne demandait rien en échange, ni révérences, ni reconnaissance, ni programme, ni publicité. Si seulement elle avait des ailes, devenir une mouette ! Aller, donner, se réfugier à quelque havre d'amitié sûre. On l'adorait, on la détestait, elle s'éloignait du rôle d'impératrice d'Autriche. Titania, la très bonne Fée, perturbait tout le monde. Grâce à son éducation bavaroise, avait survécu sa belle, maladroite et franche nature. Elle parlait aux gens simples plus longuement qu'au grands de la Cour. On avait apprécié son intrépidité généreuse auprès des blessés de guerre. En 1874, son audace s'accrut. Elle visita, à ses risques, un hôpital de rescapés du choléra. Elle posait des questions, attentive aux améliorations possibles. Marie Festetics l'accompagnait, non sans crainte pour elle. Sissi n'avait rien dit à l'empereur, méprisant cette coutume odieuse qui oblige toute femme « à demander la permission à son mari ». Elle s'exaspérait du conseil de sa mère à ses filles :

— Une princesse doit savoir s'ennuyer avec grâce.

Elle détestait l'ennui, il l'avait menée à une forme d'agonie. Elle était en avance de plusieurs décennies sur les femmes de son temps. La curiosité humaine – et inhumaine – l'emportait toujours. Elle avait autrefois visité en Italie (Vérone) l'institut destiné à l'éducation des noirs (on disait « les nègres »), baptisés chrétiens. Elle regardait, elle réfléchissait, elle prenait pitié, elle s'amusait peut-être. Ces « nègres » ou les aliénés étaient plus bienveillants que la Cour d'Autriche. François-Joseph ne prenait pas au sérieux sa demande réitérée de lui offrir un asile. Quelque chose au fond d'elle lui affirmait une parenté avec les fous. N'avait-elle pas, tant de fois, perdu ses repères, frôlé des angoisses si profondes qu'elle voyait les ombres se mouvoir, les morts se fondre aux vivants ? Elle ne mangeait guère pour rester mince, mais souvent sa gorge se coinçait, incapable d'ingurgiter une gorgée d'eau, d'air. Elle étouffait à la manière de ces fous, qui ouvraient une bouche vide, sur un cri muet ou terrible... À l'hôpital des cholériques, elle assista au décès d'un jeune homme. Il râla longtemps. Son âme peinait à se délivrer de la misère de ce corps souillé qui ne la dégoûtait pas. Il rivait ses yeux peu à peu obscurcis, aux siens. Elle quêtait, anxieuse, l'impensable réponse. Où allait-on au-delà de cette mort qui planait sur chacun ? Que voyait ce mourant, au-delà de l'ultime défaite ? Où allait-on, de l'autre côté de cette terre de misère, misérable, gorgée de sang et de roses ? Dans un hôpital d'aliénés où, lentement, les méthodes évoluaient (elle interdisait toute maltraitance), elle assista, passionnée, à une séance d'hypnose. Elle eût bien voulu qu'on l'hypnotisât à son tour. L'empereur, bien sûr, refusait toujours de lui offrir un asile et proposait un bijou. Elle lui demanda un tigre du Bengale. Il refusa encore. « Elle est si jeune », souriait-il. Elle repartait, irritée. Elle avait perdu son ancienne joie de vivre. Elle éclatait parfois d'un fou rire en public. Ce n'était pas la joie. Un fou rire quand, lors d'un dîner, si rare, à Vienne, ce général maniant un cure-dents le laissa s'échapper. Dans l'assiette de Sissi. Un fou rire terrible, secouait ce corps à la limite d'une crise de nerfs. « Que se passe-t-il ? J'aimerais rire aussi ! » avouait, curieux, jaloux de ce rire, l'empereur qui eût tant aimé, au fond, la gaieté. Sissi, généreuse, n'humiliera pas le malheureux général, qui transpirait de honte. Elle riait davantage, tant pis pour ses dents, tant mieux pour l'air offensé de l'archiduchesse. Elle hoquetait :

— Rien, une idée qui m'est passée par la tête.

Il la regardait, amoureux, désemparé, frustré. Elle allait, plus belle que jamais, vêtue de parme ou de noir, la jambe moulée, la taille si fine. Elle était ce flocon de neige sur ses mains vides d'elle. Elle ne donnait rien de son corps, il l'évitait, trop las de ses refus. Une image perdurait, enchanteresse, fausse. L'enfant d'Ischl aux tresses longues, qui riait sur l'escarpolette. Il aimait la voir se suspendre aux agrès, tourner sur elle-même, long oiseau parfait, le mollet si mince, armé de muscles délicats en forme de cœur. Il ne couchait avec personne. Elle avait dévoré ses forces d'amour. Elle allait, folle de Marie-Valérie, froide envers Gisèle, attentive, de loin, à Rodolphe. Elle allait et Charlotte, Carlotta, sombrait davantage dans la démence. Sissi se jura d'aller la voir à Miramar.

Carlotta, véhiculée de Belgique à Miramar, se heurtait aux notes de *La Paloma*. Elle voulait chanter l'habanera qui lui rappelait un bonheur tout noir, tout rouge, qu'elle ne situait plus. Carlotta criait, riait. Elle attachait un caniche à sa chaise ; elle le confondait avec une volaille. Ses infirmiers ressemblaient à des gardiens de prison. Carlotta modulait, la tête en feu, la première phrase de *La Paloma*.

*Cuando sali de la Habana
Valgame Dios...*

La suite manquait. La suite de *La Paloma* manquait. Qu'avait-on fait de son petit caniche assassiné par le chien-veau de la méchante Élisabeth longue et maigre comme une morte dressée ?

Sissi n'avait pas aimé Charlotte, frénétique d'ambition et qui l'avait autrefois méprisée. Elle aimait, fascinée, pleine de pitié, Carlotta qui tentait de retrouver *La Paloma* égarée...

Elle allait, la mère de Marie-Valérie. Elle allait directement voir les artistes peintres à leurs ateliers. Elle se rendit chez Hans Makart, et demeura silencieuse, devant le portrait de Catarina Cornaro. Froissa-t-elle l'artiste en le priant de lui montrer ses lévriers qu'elle admira passionnément, indifférente à son œuvre ? Elle allait, avec sa brusquerie, sa sauvagerie accentuée, son amour des bêtes, son dégoût des hommes, sa compassion et sa bizarrerie. Elle insultait Vienne sans relâche et sans calculs. Elle évitait la Cour, n'invitait personne – excepté ses sœurs et ses Hongrois. Ses excentricités devenaient, disait-on, de l'insolence. Au fond, renchérissaient la Cour et Pauline de Metternich, elle était peut-être folle. En Bohême, elle était odieuse. Sa nièce, Marie Wallerse, avait observé

SISSI, LES FORCES DU DESTIN

son attitude révoltante, à Prague, chez le prince Kinsky. Elle demeura glaciale, silencieuse, ne but ni ne mangea et s'en alla brusquement. De quoi déclencher une révolte contre l'Autriche et la Hongrie. Une dame tchèque se prit les pieds dans sa robe en faisant sa révérence. Elle se moqua d'elle, ouvertement. Son poème « Repas de famille » décrit avec une vigueur insultante les archiducs, les tantes, les nièces, les cousines, les uns et les autres :

> Le plus jeune frère d'Obéron,
> Dans son corps maladif, avachi,
> Règne une nature de singe ;
> Pour métier, il a choisi
> D'être un vil calomniateur...

> Toutes les tantes, les cousines,
> Même dénuées d'esprit
> Sont gonflées d'orgueil.

> Celle-là, semblable à une vache
> Suisse par ses formes grasses...

> Celle-là ; laide comme
> Une sorcière dans un conte,
> Ne manque pas de déchirer
> A belles dents son prochain !

> L'autre, là-bas, avec sa parure criarde de paon
> Et un faux toupet...

> Son époux alourdi de chair,
> Plie le dos quand elle braille
> Mais il frétille de la queue, très honoré,
> Quand son beau-frère le siffle [1].

Un esprit mordant, violent, rebelle. Une anti-impératrice. La haine n'est pas loin, en cette âme exaspérée, éprise de liberté, de marginaux – et de ses chevaux.

L'archiduchesse se préparait à la mort. Élisabeth, à sa manière l'avait déjà tuée. L'unité allemande, sa grande et noble idée, était

---

1. *Le Journal poétique de Sissi*, pp 92-93.

399

perdue. La Prusse avalerait tout le monde. L'Autriche était affaiblie, le désespoir de Sophie atteignait le dernier sommet. La mort de Maximilien, pensait-elle, avait été le comble de la douleur. Elle s'aperçut que la souffrance est une ogresse. Elle dévorait à belles dents les ultimes espérances. Depuis l'été 1869, Élisabeth avait embarqué ses enfants en Hongrie et en Bavière pour éviter Ischl. Elle avait giflé l'archiduchesse à travers un mot bref à François-Joseph :

— Tant qu'il y aura ta mère, je n'irai pas.

L'archiduchesse avait préparé ses adieux en 1862 à travers une lettre où elle suppliait ses enfants de rester unis. Elle soulignait son rejet du libéralisme, rappelait à son fils la nécessité de maintenir les fermes rituels anciens. Elle insistait sur les dangers de la faiblesse et de la révolution. Son fils, depuis qu'il avait doté la Hongrie d'une Constitution libérale, n'avait que des pouvoirs réduits. Il était devenu, déjà, un monarque constitutionnel. Bismarck était une puissance à part entière (La Prusse dominante). Les ennemis de l'archiduchesse – Andrassy et tous les libéraux – étaient au pouvoir. L'archiduchesse s'en allait dans une extrême solitude. Élisabeth avait longtemps haï Bismarck. Que s'était-il passé pour qu'elle osât écrire, des années après Sedan, cet éloge du chancelier ? Une manière de narguer encore une fois l'Autriche, l'archiduchesse jusque dans ses mânes ? Cet « éloge » date de 1886. Marie-Valérie, âgée de dix-huit ans, avait été charmée de rencontrer le chancelier. Elle l'avait trouvé « simple, jovial, génial ». Sissi marquait-elle ainsi sa préférence aveugle de « L'Unique » ?

> À Bismarck
> Prédestiné et voué à la victoire,
> Tu marches, toi le plus grand esprit du temps,
> Plein d'énergie, dominant notre monde,
> Fauchant les peuples à ta guise.
> O étoile de fer sur ton orbite sanglante.
> Où se terminera ta course victorieuse [1] ?

« Fauchant les peuples à ta guise ». Quelle sombre ironie agitait cette plume ? « La course victorieuse » se terminerait à Sarajevo en 1914, et dans des charniers qu'elle avait entrevus, pressentis.

---

1. *Le Journal poétique de Sissi*, p. 16.

Louis II s'empêtrait dans d'inquiétantes confusions. Il avait fait construire sur le toit du palais munichois une reconstitution de l'Himalaya, éclairé par une lune géante. Un jardin suspendu, de type africain, des fleurs tropicales, des singes, de forêts en carton. Il recevait là ses ministres au complet. « Je vous convie en Nouvelle-Guinée », disait-il. Il avait dressé un perroquet à dire « Bonjour » en français, de sa voix métallique.

A Versailles, Guillaume Ier fut proclamé empereur d'Allemagne. Marie des Deux-Siciles se réfugiait à Possenhofen. Élisabeth, avec sa brusquerie usuelle, emmena ses filles à Méran, ancienne capitale du Tyrol. Marie et Mathilde la rejoignirent. Elle laissa Rodolphe à son père. L'archiduchesse blêmissait, sa belle-fille osa passer presque une année à Méran. L'empereur se déplaçait pour la voir ainsi que ses filles. Élisabeth avait apporté le feu et la division dans toute la famille de Vienne. Ses distractions étaient toujours les mêmes. Les grands chiens, les chevaux, les marches épuisantes. Ses dames ne pouvaient la suivre, il fallait des ânes, des carrioles. Elle allait, rapide, volontairement schizophrène, cinq heures d'affilée. On exhibait dans une baraque foraine, à Méran, une femme pesant deux cents kilos, prénommée Eugénie. Elle la fit venir au château.

Sissi est assise sur un canapé. Elle contemple, pensive, ce « double » monstrueux d'elle-même. L'obèse est vêtue d'un « tutu » en tarlatane, enfoncée dans un siège, sur estrade. Deux nattes blondes courent autour d'un large visage au sourire inquiet. Les paupières à demi fermées éteignent la flamme bleuâtre d'un regard humain à qui la graisse a volé son humanité. Sissi veut palper ces quintaux de viande sous la peau rose, ces plis rembourrés sur le ventre. Les bras l'hypnotisent. Un seul est plus large que toute sa personne moulée d'un « fourreau » violet. Les fessiers dépassent l'ampleur d'un gros tonneau de bière munichoise. L'estrade tourne lentement. Sissi scrute, de face, de profil, les cuisses tremblotantes, aussi larges qu'une porte. On a eu du mal faire pénétrer la créature en voiture fermée, à Trauttmansdorff. Les genoux sont des citrouilles. La poitrine, sous un tulle rouge, est une montagne double, aussi vaste que le fessier. Une écœurante et fascinante gelée de confiture rosée. Chaque doigt, à l'ongle peint en rouge violent, a le volume d'une épaisse saucisse. Quel sexe palpite sous la tarlatane grotesque et ces litres de matière humaine ? L'estrade s'arrête face à l'impératrice. Elle sourit, la grosse, un peu de malice sur ses lèvres peintes. Elle sourit à sa souveraine, la maigre. La belle et la bête de tous les cirques humains et inhumains. Un seul et étrange malheur : deux monstres inversés. Deux pathétiques destins. Élisabeth s'incline avec respect. Une femme, une âme, gîtent sous cette carapace de couenne qui trône. Sissi avait admiré l'obèse, fascinée depuis longtemps par les femmes. L'album de beautés, où elle glissa son portrait, en témoignait.

Elle se sentait bien, entourée de femmes qui l'aimaient. Le rire et les confidences de ses sœurs, la complicité de ses chères Hongroises, Marie-Valérie, et, en 1884, la pittoresque reine de Roumanie. Elle signait ses romans, ses poèmes, ses articles, « Carmen Sylva ». Carmen Sylva et Sissi : un coup de foudre amical ou amoureux d'Élisabeth. Carmen devint l'amie de cœur, le double subtil de l'âme, qui, enfin, s'apaisait aux contours redondants, charnels, de cette reine peu ordinaire. De son vrai nom, Élisabeth Wied, elle était l'épouse, sans amour, de Carol Ier de Roumanie. Elle avait une forte bouche ironique et tendre, dotée de toutes ses dents, exceptionnelles de blancheur. Elle tournait vers Sissi un profil d'homme intelligent et doux, au menton gras, sous un excès de bouclettes rousses. La robe, d'ample velours rouge, à cordons dorés, n'appartenait à aucune mode. Sa toilette, singulière, trop tzigane, avait vaguement l'aspect d'un chapiteau luxueux enveloppant ce corps ramassé, souple et replet. À son arrivée, elle portait un gros manteau de fourrure. Un pince-nez était fixé à la voilette ajustée à un chapeau trop serré. Vienne se moqua, mais ne put rien sur l'engouement impétueux qui lia les deux femmes. Le sourire éclairé, l'œil vert, pénétrant, subtil compensaient ce curieux assemblage de chair trop rose, de laideur attrayante, bariolée. La main délicate, chargée de bagues trop grosses, écrivait sans cesse. Aux poignets, fins et virils, tintinnabulaient des bracelets d'or jaune. Son regard de lumière fauve, couvrait d'une tendresse chaude, naturelle et sensuelle, Élisabeth. Elle avait été reçue à Vienne. Elle aima aussitôt cette ravissante impératrice, de dix années son aînée et qui paraissait la jeunesse même. La reine de Roumanie aimait les femmes avec une innocente volupté. Elles échangeaient, enthousiasmées, les mêmes idées. Elles haïssaient toutes les formes de l'arrogance. La noblesse, les monarchies, les mariages forcés – le mariage en général. La reine de Roumanie vibrait pour la république, l'égalité des droits. Elle abominait la paresse révoltante des soi-disant grands de toute Cour, leur âpreté, leur haine orgueilleuse de l'égalité.

SISSI, LES FORCES DU DESTIN

Sissi et Carmen étaient fascinées par le spiritisme. Sissi, affamée d'amour, inconsciente d'un attrait inconnu, puissant, lui écrivait ces mots troublants :

« Ô Carmen, si tu sais lire dans les cœurs, tu dois savoir que dès cet instant le mien t'appartenait... à toi entièrement [1]. »

Carmen avait connu les mêmes affres du mariage forcé. Carol, son époux, était un rustre. Elle ressentait une compassion lucide, teintée d'un amour grave, envers Sissi. Impose-t-on un harnais à un cheval-fée, une mouette aux ailes noires ? Comme elle comprenait, Carmen, que la mouette s'envolât ! Une soif de culture, de poésies échangées accentuaient ce lien. François-Joseph, irrité par cette amitié impétueuse, n'aimait pas la reine de Roumanie. « Elle lui tapait sur les nerfs », confiait-il à son amie, la belle actrice, Catherine Schratt. Un bas-bleu bavard, engoncée. Elle ne lui plaisait pas, elle l'assommait. Sissi avait l'excuse de sa beauté – et de son amour. Flairait-il que l'amitié entre femmes est une conseillère puissante, la mort des maris qu'elles osaient fustiger en sa présence ? Il prenait ombrage, il était fatigué. Sa mère lui manquait.

Elles aimaient les poètes réprouvés. Sapho, la poétesse grecque et Heine, bien sûr, dont Élisabeth était la totale disciple. Elles divergeaient sur un point important. Sissi détestait régner, la reine de Roumanie, en dépit de ses idées très larges, et du pathos romantique de ses écrits, s'activait avec un grand bon sens et une réelle puissance de travail. Elle adorait régner. Gaie, énergique, elle estimait que le hasard de son rôle se justifiait en se mettant au service de son peuple. Pourquoi son amie l'impératrice d'Autriche, se réfugiait-elle dans le vertige de l'isolement ? Elle eût aimé la persuader de tenir plus fermement son rôle. C'était impossible, Sissi dépliait vite ses ailes de mouette... et Carmen riait, heureuse de la recevoir enfin chez elle, lors de ses pérégrinations.

Louis II aimait les hommes. Son âme sœur, Élisabeth, aimait les femmes. Chastement, triomphalement, elle aimait les femmes de son choix. Avec ses amies, ses sœurs, sa fille, Carmen, elle apaisait ses terreurs, l'ancien affront de ses trois nuits de noces. Sissi avait une horreur définitive du mâle. Elle reprenait pied dans sa tendresse envers son époux, chancelante, à condition qu'il fût loin. Elle avait officiellement lancé à la face de l'Europe qu'elle acceptait « le sacrifi-

---

1. *Elisabeth d'Autriche*, B. Hamann, *op. cit.*, p. 438.

403

SISSI, LES FORCES DU DESTIN

ce » de donner un roi à la Hongrie. Cela signifiait, se livrer, nue (le sacrifice), les yeux fermés, la bouche close, devenir le pré foulé. Il avait compris depuis longtemps l'humiliant message. La défaite intime de leur sexualité. Il la laissait aller vers ses escapades, ses amies, ses sœurs, sa fille trop aimée. Il n'osait plus le refus. Il n'osait plus aborder cette peau qu'elle oignait d'huile d'olive, de lait d'amande, de masques de fraises. Son régime avait changé. Des côtelettes saignantes, du sang de bœuf. Elle buvait de l'eau, souvent. À son cou, pendait, à cet effet, une timbale en vermeil. Elle confiait, en 1871, à Marie Festetics qu'elle était une sorte d'ermite. Andrassy avait soigneusement choisie Marie Festetics, qui faisait partie des disciples de Deák. Elle comprit et accepta l'austérité exceptionnelle de son rôle. Subtile, sévère, bonne, discrète, pas du tout servile, Marie Festetics tint un journal minutieux et lucide sur Élisabeth. Sa misanthropie, ses brusqueries, ses journées trop vides, sa rêverie éveillée, son indépendance dangereuse furent son premier constat. Elle n'osa pas s'aventurer dans l'analyse du trouble de la sexualité.

« Dommage qu'elle n'ait rien à faire et qu'elle gâche tout son temps à rêvasser. Elle a une certaine tendance à la paresse intellectuelle et avec cela un goût de l'indépendance toujours prêt à s'insurger. Dans les dîners intimes, entre amis, elle est charmante. Mais se trouve-t-il un visage qui lui déplaise, son attitude guindée crée une atmosphère de gêne [1]. »

Marie Festetics avait trente-trois ans quand, en décembre 1871, elle entra au service de Sissi pour ne plus la quitter. Le docteur Balassa, qui soignait Marie-Valérie, venait de mourir. La reine, lui avait dit Andrassy, était « bonne et aimable et méritait toute confiance ». Sissi l'avait reçue, vêtue de bleu, Horseguard à son côté. Marie lui plut tout de suite. Sissi ne voulut, désormais, que des Hongrois autour d'elle. Elle se défiait de Paula de Bellegarde. Peu d'hommes, excepté son lecteur grec, son écuyer anglais, laids tous les deux. Un premier chambellan, le baron Nopcsa, venait de Transylvanie. La seule Autrichienne, dame de Palais, que Sissi conserva fut la comtesse Marie Goëss.

L'archiduchesse avait encore la force du rejet. À son dîner hebdomadaire, le 21 janvier 1872, un de ses derniers dîners, elle n'adressa pas un mot à Marie Festetics, impassible. Elle observait Élisabeth, agitée de ce nouvel affront. Marie, nullement impressionnée, admi-

---

1. *Élisabeth d'Autriche*, E. C. Corti, p. 205.

rait la beauté de l'impératrice. Elle portait une robe mauve, plate, à petite traîne, à brocart fleuri, les épaules nues, la chevelure déployée sous le diadème scintillant. Elle irradiait. L'archiduchesse fermait les yeux. La beauté, à ce point, devenait-elle une sorte d'excuse ? Sissi s'empressa, après le dîner, auprès de Marie. N'avait-elle pas trop souffert de ce dédain ? Hélas, prendre son parti, disait-elle, c'était s'exposer à la maltraitance de la Cour. Marie la rassura tout de suite. Elle s'était « sentie seulement un peu impatientée ». Fière, grave, les nerfs solides, Marie Festetics méprisait qui la méprisait. Son choix était fait, absolu : Élisabeth. Une paresse intellectuelle, avait-elle remarqué. Une fatigue, surtout. Le romancier hongrois Jokaï l'encourageait à écrire le plus possible en hongrois et à s'intéresser de plus près à la politique. Sissi avait eu un haut-le-cœur. « Je n'entends rien à la politique. » Jokaï répliquait doucement que la plus belle des politiques avait été d'avoir su gagner les cœurs de la Hongrie. « Le travail, c'est la vie », ajoutait-il. Elle lui enviait cette forme austère et sûre du bonheur. Sa paresse prenait source dans cette paralysie instinctive du public, des ragots, du corps non révélé, des lumières en excès. Sa chevelure, trop lourde, lui arrachait des migraines. Elle éprouvait, sans le savoir, la faim, ajournée dans l'exténuante agitation. Des peurs nerveuses, sans nom, sans forme, l'épuisaient. Le corps s'anéantissait au nom de cette épuisante merveille (la beauté) dont elle ne savait que faire. Que faisait la grosse de ses quintaux de graisse ? Un métier de cirque. Impératrice était un métier de cirque. On lui abandonnait un ou deux « numéros » de prestige et on l'emmurait dans la vacuité. Son seul sursaut salvateur avait été la Hongrie. La presse, Vienne et sa Cour s'indignaient que, désormais, la maison de l'impératrice fût totalement magyare. Marie-Valérie chantonnait des airs populaires hongrois. Vienne, la Bohême, jalouse, surveillaient Élisabeth. Son rôle en Hongrie avait atteint ses limites. Gyula Andrassy, à sa manière (en homme), déambulait plus librement dans la politique avantageuse à son pays sans elle. Il surveillait étroitement Beust en faveur de Prague que favorisait l'empereur. Andrassy sut tirer parti de l'échec de Prague dans sa tentative fédérative. François-Joseph l'avait nommé ministre des Affaires étrangères de l'Empire austro-hongrois. Un poste immense et on soupçonna l'influence de l'impératrice. Élisabeth était trop souvent loin de Vienne, du labeur de son mari. Elle ne pouvait comprendre tous les rouages des incessants dossiers à lire, comprendre, ajuster, trancher. Elle était dans l'émotionnel, jamais dans la froide stratégie d'un grand politicien. Andrassy, habile, avait obtenu de François-Joseph l'émancipation politique des Juifs hongrois. Andrassy connaissait l'ennemi : Bismark. Le chancelier serait satisfait de la déstabilisation des Tchèques. Bismarck, en effet, félicita l'empereur d'avoir choisi un diplomate aussi subtil que Gyula Andrassy. Bismark, Andrassy, l'empereur, dans ces « grandes manœuvres politiques », ne songeaient nullement à Élisabeth. Elle demeurait l'icône, la belle Image, l'obsession d'un désir agaçant, impossible, l'inutile superflu de tout mâle : une trop belle femme. Elle avait la place de l'amour. Un insupportable amour, fait de poussière de diamants et du sel de ses larmes. Elle ne pesait pas plus lourd qu'une mouette sur cet échiquier d'hommes. Une « belle Providence » ne pouvait être ni le roi Marie-Thérèse, ni la compétente archiduchesse... Allait-on confier des dossiers secrets à une impératrice fantasque qui avait fait venir chez elle la plus grosse femme du monde ? Elle avait « fait » la Hongrie, ou plutôt donné à ce peuple la volonté de s'épanouir. Le vrai pouvoir était désormais aux mains viriles des dirigeants hongrois. Elle retombait, mince, trop légère, les mains vides, la proie d'un sourd malaise généralisé. S'était-elle seulement aperçu que Gisèle avait seize ans ? Elle n'aima pas apprendre, en avril 1871, à Ofen, que Gisèle désirait se fiancer au prince Léopold de Bavière (encore un cousin !). Elle fut secrètement mortifiée du manque absolu de confidences de Gisèle.

— Elle est trop jeune ! s'épouvantait Élisabeth qui prenait soudain conscience de son âge.

Trente-quatre ans ? Au-delà de la frontière implacable des trente ans, que devenait une femme ? Le miroir répliquait qu'elle semblait aussi jeune que sa fille. Sissi, mariée au même âge, frissonnait. Les vilaines images revenaient. François-Joseph avait répliqué que Léopold de Bavière, outre le réel attachement qu'il témoignait à Gisèle, était actuellement le seul prince catholique sur le marché des mariages.

Elle en oubliait que c'était elle qui avait invité « le fiancé » de dix ans plus âgé que sa fille, à une chasse à Gödöllö. Marie-Valérie, disait-elle, inconsciente de cruauté, « pouvait épouser un ramoneur si elle l'aimait ». Son bonheur avant tout. Gisèle devait faire un mariage de raison. Léopold était plus ou moins promis à Amélie de Cobourg, dont Max-Emmanuel, le plus jeune frère de Sissi, était amoureux. L'archiduchesse estimait que le bonheur privé de Gisèle serait sûr, mais qu'elle épousait un parti médiocre. Elle avait largement doté sa petite-fille. Les avantages revenaient à Léopold, pas fâché de devenir le gendre de l'empereur, d'être riche et d'aimer suffisamment cette simple, ronde, et gentille jeune fille. Ils furent heureux et eurent beaucoup d'enfants.

Sissi, soudain odieuse à la petite, n'avait pas prévu l'attirance des deux promis. Elle ne s'occupa pas du trousseau. Marie Festetics notait, impartiale et rigoureuse, que chacun blâmait « l'insensibilité si grave d'une mère ». Pratiquait-elle les dures manières de l'archiduchesse envers cette enfant que la vieille femme lui avait dérobée ? Vengeance, rancœurs oubliées, dont celles, refoulées, contre sa propre mère, Ludowika. Elle revoyait, glacée, la bonne duchesse se consacrer avec amour au trousseau d'une Sissi de quinze ans, amoureuse du bel empereur d'Autriche... Malentendu, ironie, rejet de l'enfant volée par sa grand-mère qui la dotait somptueusement. Non, Sissi décidément n'aimait ni Gisèle, ni le mariage. Le temps, désormais, prenait un virage qu'elle haïssait. Elle avait envie d'une île, d'exil, de solitude. Cette solitude, cœur de tous ses poèmes, son deuil lancinant de sa propre vie. Marie Festetics l'écoutait, patiente, « hamlétiser » :

« Tant, dans le grand monde, j'ai été pourchassée, calomniée, diffamée, offensée, blessée – alors que Dieu voit que je n'ai jamais fait le mal. [...] Je me suis retirée en moi-même, et je me suis tournée vers la nature. La forêt ne me fait pas de mal [...] La nature est beaucoup plus généreuse que les humains [1]. »

Elle revint à Vienne à cause d'une épidémie de scarlatine qui pouvait menacer son « Unique ». Élisabeth grondait d'une énergie inemployée. Elle se sentait à nouveau reléguée. Elle gagnait par à-coups quelque émancipation, les rechutes n'en étaient que plus dures. Son amour pour Marie-Valérie devenait frénétique. La Cour et l'archiduchesse redoublaient d'hostilité. Sophie détestait Bismarck et la Prusse ; mille maux l'accablaient. Elle supporta mal l'abolition du concordat. Il coïncidait avec la fin de sa vie et de ses forces. Andrassy sentait le moment venu de reprendre la correspondance avec sa reine. Il écrivait prudemment. Ses missives parvenaient à Sissi grâce à la complicité du baron et général Nopcsa, Ida et Marie. Andrassy la priait de veiller à l'amélioration de leur posi-

---

1. *Élisabeth d'Autriche*, B. Hamann, *op. cit.*, p. 299.

tion dans le royaume allemand en multipliant ses visites officielles. Bref, il utilisait sa « belle Providence », qui n'avait qu'à paraître pour éblouir, affaiblir, conquérir les suffrages. Andrassy exploitait aussi son image. Il manœuvrait bien : le prince héritier allemand avait épousé la princesse Victoria, favorable aux idées du Hongrois. On influençait Sissi qui, à son tour, jouait sur la pièce maîtresse de l'enjeu : l'empereur. Elle le persuada de choisir le Hongrois Tisza, comme nouveau président du conseil. « Ce serait, écrivait-elle, le meilleur de tous. » Répétait-elle les mots d'Andrassy ? Il savait l'indignation de Vienne quand elle était partie trop longtemps à Méran. Il réfléchissait. Il connaissait ses excès, ses faiblesses, ses erreurs stratégiques. Il serait plus astucieux d'écrire à Ida dont raffolait Sissi. Qu'elle transmette à la reine la sagesse de revenir à Vienne. Ida réussit – via Andrassy – là où l'empereur et ses enfants échouaient. En avril 1872, Sissi était à Schönbrunn. Une dépêche avait achevé de la convaincre : l'archiduchesse, à la Hofburg, était dans un état grave.

Dix-huit ans d'hostilité. Dix-huit ans de haine, de malentendus, de folie femelle déchaînée. Sa vieille ennemie allait mourir. L'archiduchesse était couchée depuis le 10 mai. Elle était allée, quelques jours auparavant, à une représentation au théâtre de la Cour. Il faisait très chaud. Au retour, Sophie s'était assoupie à son balcon ouvert. Elle avait pris froid. Son état s'était aggravé en pneumonie. Sa mémoire s'embrouillait. Elle mit dix jours, dix nuits à agoniser. Elle peinait, elle reprenait entre deux crises de la hauteur, de la vaillance. La chambre était un va-et-vient silencieux. La mort avait aussi un protocole. L'archiduchesse, mourante, en épiait, satisfaite dans sa détresse, les rituels. Elle remarqua la présence d'Élisabeth à son chevet, jour et nuit. Elle n'évitait pas, au contraire, le serrement de ses mains sur ses doigts sans force. Le pardon ; essentielle provision de route pour le voyage sans retour. Elle entrevoyait, entre ses accès de fièvre si fort qu'elle grelottait, la silhouette silencieuse, navrée de François-Joseph. Rodolphe et Gisèle, les archiducs, un brouhaha douloureux sous ses tempes. Un souffle de forge brûlant dans ses poumons. Élisabeth perdit la notion du temps. Elle restait immobile, des heures entières. Elle regardait cette vieille femme haleter, le regard par moments si ferme, la bouche amère. Élisabeth oscillait entre le remords et une forme de colère. Il était trop tard pour nouer un lien plus doux. Auraient-elles, l'une et l'autre, le temps du pardon, l'indicible réconciliation ? Élisabeth, regardait, fascinée, désolée, cet effort, en sursauts, de la vie encore palpitante, en proie à la mort, routinière, aveugle. Où se trouvait la lumière, l'espoir ? Il n'y avait pas d'espoir. Un long lien hostile est plus tenace à dénouer que celui de l'amour. Le médecin de l'archiduchesse, le docteur de Bielka, avait murmuré à l'empereur qu'elle était perdue. François-Joseph supportait mal de perdre cet être unique, fidèle. Elle lui manquerait terriblement. Comme ils étaient liés ! Il avait fait répandre de la paille sous ses fenêtres afin d'atténuer les bruits. Elle eut un long répit lucide, le 20 mai. Elle pria son fils de faire approcher tous les siens autour d'elle. Elle balbutia à chacun un mot d'amour, la promesse de respecter l'affection, l'entraide. Une convulsion cérébrale lui coupa la parole. Elle haletait. Rodolphe frémissait ; Gisèle pleurait. Sissi était partie brièvement à Schönbrunn, inquiète d'un malaise de Marie-Valérie. La petite n'avait rien. Sissi n'ôta même pas sa voilette. Elle tremblait de nervosité, d'insomnie, de sanglots refoulés. Une dépêche la rejoignait déjà : l'archiduchesse était entrée en agonie. On était le 26 mai 1872. Élisabeth bondissait, criait au cocher : « Vite, plus vite ! » Elle pleurait, hors d'elle, anéantie à l'idée d'arriver trop tard.

Marie Festetics l'accompagnait. La voiture allait à une vitesse folle.

— Le cocher fit du plus vite qu'il put ; l'impératrice était terriblement agitée... et je craignais que les gens ne racontent que l'impératrice s'était absentée à dessein !

Élisabeth a sauté de la voiture, au risque de trébucher, elle court le long des corridor, elle crie à une ombre :

— L'archiduchesse vit-elle encore ?

Elle vit encore.

— Dieu soit loué ! Ils auraient dit que je l'avais fait exprès, par haine à son égard !

Elle court, le cœur palpitant avec violence. Elle court, vers cette ombre déjà pétrie du drap à la manière d'un linceul. Elle donnerait tout pour effacer ses mots obstinés : « Je n'irai pas à Ischl, tant que ta mère y sera. » Elle ne sera jamais plus avec eux – pas même pour tourmenter cette fille-mouette qui vole, vole jusqu'à elle... Mouette blanche, adorable, la mort est blanche, adorable, la dame d'Orlemonde aussi. Mort et mouette, haine et amour ont les ailes noires. Les ailes du destin. Leur proie, sous le drap ou sur les plaies des champs de guerre... La mort, la mouette, de plus en plus sombre et légère. Un long cri étrange, sifflé, traverse les mers et les terres et les rideaux tirés du lit de l'archiduchesse. Une si lente agonie. Une attente terrifiante. Monseigneur Mayer a administré la mourante. Sissi ne voit pas même cet excès de monde, ces heures qui filent si vite, cette nuit ultime. Elle a envie de haleter au rythme de cette étrange alliée. Elle ne veut pas la perdre ; elle ne supporte plus de la perdre. Il est sept heures du soir. La Cour ose avoir faim.

Journal de Marie Festetics :

« Je n'oublierai jamais cela. [...] Vers sept heures du soir... quelqu'un dit d'une voix assez forte : "Si Leurs Seigneuries veulent passer à table." Cela semblait presque ridicule, mais tout le reste de l'assistance se sentit délivré et déguerpit [1]. »

Élisabeth, sans boire ni manger, respirant à peine ne quitta plus la mourante. Treize heures d'agonie. Dix-sept années auparavant, une petite Sophie adorée expirait dans les bras épouvantés de sa jeune mère. Au si joli mois de mai, maudit mois de mai. À trois heures et un quart d'heure, le 28 mai 1872, la mère de l'empereur était morte. Sissi regardait ce visage fourbu par un si dur passage. Pourquoi tant de chagrins, tant d'heures dérobées, de violences ? Élisabeth pleurait de remords, de souvenirs douloureux, et sur le gâchis. Sa propre vie brisée au joug de cette vieille femme pour qui l'amour ne pouvait en aucun cas se séparer du devoir ; la catastrophe névrotique du devoir appliqué sans nuance. Élisabeth et l'archiduchesse : deux citadelles antinomiques, de même sang, en hostilité perpétuelle. L'archiduchesse eût été sans doute en accord avec la Cour qui se choqua des larmes d'Élisabeth. Une impératrice ne pleure pas publiquement une défunte, cela est vulgaire, déplacé. On admettait l'abattement douloureux de l'empereur. Marie Festetics s'inclinait devant l'âme généreuse, sensible d'Élisabeth. La mort de l'archiduchesse marquait une fracture entre le passé et l'avenir. « Le lien le plus solide entre le passé et le présent est rompu [2] », notait-elle.

Sissi est désormais la seule impératrice. Cela n'est pas vrai au cercle de Sophie. La véritable impératrice demeurait la mère de l'empereur. Aux lendemains des funérailles, cérémonie harassante, on s'interrogeait. Élisabeth saurait-elle, enfin, assumer son rôle ? La

---

1. *Élisabeth d'Autriche*, B. Hamann, *op. cit.*, p. 299.
2. *Sissi*, J. Des Cars, *op. cit.*, p. 293.

mort de son ennemie la catapultait vers un fardeau plus lourd qu'autrefois.

La mouette avait pris l'habitude de fuir les situations étouffantes. Elle avait passé quelques jours à Ischl où l'empereur allait si mal qu'il ne dormait plus. Il allait et venait, elle entendait son pas, la nuit, ses soupirs étouffés. Sa mère était la vive blessure qui jamais ne se refermerait entièrement. Il mesurait la sûreté de son soutien. Il ne songeait pas à Sissi. « Elle est si jeune. » Même morte, l'archiduchesse triomphait. Son fils était tout à son deuil et ses actions. Sissi lui parlait de poésie, de ses réflexions sur la vie, la mort ? Rien ne l'ennuyait autant. Il la vexait souvent. : « Je t'adore mais tu as la tête dans les nuages. »

Elle s'envolait, loin. La tête dans les nuages, ces cumulus en forme de tombes, de profils perdus, de fluctuants nénuphars... Élisabeth était à Possenhofen quand il reprit pied, si vite, dans le devoir. Une entrevue capitale l'attendait, début septembre, organisée par Bismarck. Galerie des Glaces, à Versailles, il rejoindrait Guillaume Ier et le Tsar. La représentation politique demeure lettre vaine pour Élisabeth d'Autriche, reine de Hongrie. Ironie de l'Histoire : le Tsar portait un costume hongrois. L'empereur d'Autriche se demandait à quelle sauce ces gens-là dépèceraient son pays et son pouvoir. Sa mère n'était plus là pour fournir la réponse.

La Cour et l'Autriche sont en deuil. Le mariage de Gisèle fut repoussé d'une année.

Élisabeth est à Possenhofen. Marie Festetics est charmée de la demeure et du bon accueil. Dans le calme et l'amitié, Élisabeth s'épanche sur ses vieilles blessures. L'archiduc Louis, frère cadet de l'empereur, l'a persécutée de ses ragots et de sa malveillance. « Il a tant jasé, tant menti, qu'il a abîmé ma vie », confie-t-elle à Marie qui mesure l'étendue d'une telle souffrance, une solitude qui ne porte aucun nom.

« Il fait délicieux près d'elle. Il suffit de la regarder, c'est le charme personnifié. Elle me fait penser à un lys ou à un cygne ou encore à une fée ou à un elfe. Et encore, non, une reine : elle est racée de la tête aux pieds, fine et distinguée en tout. Et puis tous les ragots me viennent à l'esprit : il y a beaucoup de jalousie, sans doute, car, en vérité, elle est d'une grâce et d'une beauté extraordinaires. Mais ce qui me frappe de plus en plus, c'est l'absence de joie de vivre... Quand elle me raconte combien on a été dur avec elle, sa voix tremble légèrement. Comment peut-on froisser un être pareil [1] ? »

À Possi, Sissi retrouve un peu de joie de vivre. Ses sœurs charmantes. Néné est devenue trop grosse. Marie Festetics observe cette famille chaleureuse, aimante. La table est copieuse, simple, excellente. Pas de protocole, des attentions, de la tendresse.

Les nouvelles de Louis II sont moins bonnes. Othon a basculé dans la folie furieuse. On l'a enfermé. Louis II a rendu visite à Élisabeth. Il est venu en brillant équipage, huit chevaux tintinnabulant de clochettes argent. Il veut la voir seule. Sa misanthropie a augmenté, confie-t-il à Sissi, vêtue de simple mousseline fleurie. Elle acquiesce : elle aussi, sa misanthropie a augmenté. Le monde. Comment supporter le monde ? Le mal de son frère le rend fébrile. Elle remarque le tressaillement nerveux des paupières, ses yeux toujours levés vers le ciel quand il parle. Il empeste de parfum. Un saugrenu ruban bleu ciel flotte à sa casquette de travers. Au moment d'entrer, il s'était coiffé du « shako » autrichien. Il porte une courte barbe et une moustache frisée au fer. Il a grossi. Il mange et boit énormément. Élisabeth croit calmer ses angoisses par l'anorexie, le roi de Bavière est boulimique. Deux âmes sœurs, souffrant, différemment, à travers leur corps. Elle aime profondément son « Aigle de Bavière », mais cette angoisse, si violente, malmène la sienne. Une peur identique obscurcit, nuée basse, innommable, leurs regards soudain croisés.

Menacés ; ils sont menacés. Que l'aigle s'envole vers ses châteaux couleur de lune, accrochés au sommet des rochers roses... Elle veut partir, en Hongrie, ailleurs, en mer. Elle a envie d'écrire un poème ; Il tourne dans sa tête menacée de migraine et d'un autre mal, plus sauvage encore. Un poème. Elle l'écrira plus tard mais déjà les mots se forment, devant cette « horreur intérieure » – ce moi poursuivant le moi. Son âme, dédoublée, hagarde ? Alfred de Musset poursuivi par son « double » dans ses crises de delirium ?

Une horreur intérieure me saisit,
Je ne veux pas en croire mes yeux,
Et pourtant je vois sans aucun doute

---

1. *Élisabeth d'Autriche*, E. C. Corti, p. 207.

Une silhouette qui m'accompagne ;
Cette image de brouillard
Semble planer et non marcher [1].

Elle et lui, aigle et mouette, pourchassés par leurs âmes inquiètes – jusqu'à quelle dame aux voiles blancs, aux ailes noires ?

C'est l'automne. Sissi ne rentrera pas à Vienne mais à Gödöllö. Elle n'avait pas aimé la pâleur de Néné et cette ombre trop jaune dans le regard noyé. Un rien l'épuisait. Le chagrin ? Quelque maladie en forme de rongeur ignoble ?

Marie Festetics, active, rationnelle ne voit pas exclusivement son impératrice. Elle a ses propres amis et profite de son pays pour les revoir. Il y a, bien sûr, Andrassy mais elle vénère le vieux sage, Deák. Pendant que l'impératrice monte à cheval à perdre haleine – et décrit à l'empereur une grande chasse au renard –, Marie se rend chez Deák. Elle a longuement réfléchi au dilemme de leur reine. Quoi qu'elle fasse – y compris son amitié envers son étrange et glorieux cousin –, les ragots l'abîment, courent aussi vite que ses chevaux. Il est trop tard, impossible à cet être sensible et vulnérable de se mouler dans une carapace d'impératrice pure et dure. Elle a, avec ses fougues, ses fugues, ses chagrins innocents et véhéments, son album de beauté, ses étrangetés, suscité le scandale. Le mal est fait. Le mal court. Marie est perplexe. Deák le sage, l'a reçue dans sa chambre d'hôtel. Ni luxe, ni équipage. Des livres, des manuscrits. La vieillesse meurtrit son corps – il a soixante-dix-sept ans – mais épargne cette âme ferme et noble. Deák a écouté Marie et la charge de son message spirituel à leur reine. Quand tout semble perdu, qu'elle fasse appel à la raison. Sans cesse. La raison est pleine de ressources. Un remède austère qui aide à dépasser les vanités dont s'encombrent tant d'êtres. Les vanités ruineuses, meurtrières de ce monde. S'occuper de la fin de sa vie engendre la sagesse – et restitue l'énergie essentielle à la vie. Il serait hasardeux, désastreux, de rechercher la perfection. « Tout est trop vain », dit-il.

Il sait bien que la beauté d'Élisabeth crée l'événement, où qu'elle aille. Est-ce le handicap, le malentendu essentiel ? La

---

1. *Le Journal poétique de Sissi (Un soir à la fin de l'automne)*, p. 169.

« belle Providence » régresse en « la Belle » et rien que « la Belle »...
En costume d'amazone, si mince, si droite, la chevelure confondue aux flammes de l'automne, elle attire tous les hommages. On
oublie le renard : c'est elle que l'on poursuit, fasciné, au galop,
elle, qui a distancié tout le monde, enfin seule dans une clairière
où danse une nappe d'eau, où se cache le renard affolé, qu'elle ne
dénoncera jamais.

Tout est vanité.

Le 20 avril 1873, a eu lieu, à Munich, le mariage de Gisèle et du
prince Léopold de Bavière. La mariée est rondelette, charmante et
bien enlaidie dans une robe trop blanche, trop accablée de dentelles.
Élisabeth fait sensation pendant la cérémonie. Le point central,
c'est toujours elle. On oublie la mariée. Élisabeth resplendit, à
trente-cinq ans, dans une robe à traîne, travaillée finement de brocart et de fleurs. Les diamants de sa couronne, le quadruple câble
des nattes, déployées, brillantes, attirent tous les regards. Elle est de
mauvaise humeur. Elle a évité sa fille depuis le matin, comme une
offense. Elle a répété, bourrue, irritante, l'absurdité de se marier
trop jeune. Journée odieuse. Le roi de Bavière, invisible, a prêté un
carrosse aux jeunes mariés. Une lourde merveille dorée sur toutes
ses facettes – cinquante mille florins – attelée de six chevaux blancs.
Le jeune couple s'en alla ainsi vers la résidence. La nuit tombait,
la nuit allait emporter l'enfant trop jeune, paisible, vers son destin.
Rodolphe éclata en sanglots. Il avait quatorze ans et adorait sa sœur.
Sans sa grand-mère, sans Gisèle, il se désolait de solitude. Élisabeth
était mal à l'aise, la bouche dure. Elle souffrait d'être incapable de
pleurer le départ de cette enfant que pleuraient son fils et son mari.
Elle souffrait d'avoir enterré, le 9 février, une de ses rares amies, sa
tante, l'impératrice Caroline-Augusta. Cette sœur de Sophie et de
sa mère était une des seules à prendre toujours sa défense. « Gisèle
sera heureuse », répétait, platement, le père aimant, quand s'était
ébranlé le carrosse trop doré. Elle le détestait de prononcer ces
mots. Une obscénité, une stupidité. Elle l'assimila à nouveau à une
tête d'âne.

Neuf mois plus tard, date indiscrète qui choqua Élisabeth,
Gisèle accouchait d'une petite fille, prénommée « Élisabeth ». Sissi
expédia le baptême comme une corvée. L'année suivante, naissait
une seconde fille. Sa fille devenait-elle une pondeuse, livrée à ce

maladroit ? Élisabeth écrivait à Rodolphe, décrivant la seconde fille de Gisèle :

« L'enfant est d'une rare laideur, mais plein de vie. Il ressemble tout à fait à Gisèle [1]. »

Elle n'aimait pas l'air épanoui du mari, ni celui de l'empereur, ni les cadeaux qu'il lui avait offerts à la première naissance. François-Joseph l'avait gâtée, flatté, troublé que cette femme si jeune, d'un éclat irréel, fût grand-mère.

Élisabeth enviait, non sans férocité, l'éclat de santé robuste de Gisèle et ses bébés. « Elles vivront cent ans », écrivait-elle à Ida.

Elle n'avait pas envie de vivre cent ans. C'était le lot des imbéciles.

---

1. *Élisabeth d'Autriche*, B. Hamann, *op. cit.*, p. 313.

Luigi Lucheni, assassin d'Élisabeth d'Autriche.

Le 22 avril 1873, deux jours après les noces de Gisèle, naissait à Paris, à l'hôpital Saint-Antoine, Luigi Lucheni. Sa mère ? La Misère. Son père ? Le viol d'un maître de ferme quelconque sur sa servante. Ses repères ? La Misère. Son avenir ? Un grand crime issu de la passion anarchiste. Sa fin ? Les cachots de Genève jusqu'à son « suicide », en 1909.

La mère de Luigi, Louise Mezette, était italienne, native d'un village près de Parme, fille de la Misère. Elle s'est enfuie à pied à Paris à cause de la honte. Elle est grosse, sans mari, d'un enfant. Elle ne porte pas de chaussures. Elle a environ vingt-cinq ans. Elle se réfugie chez une compatriote dans le XIᵉ arrondissement de Paris. Elle travaille en atelier. La pauvreté est telle qu'elle ne peut garder son enfant.

Elle a accouché, d'un garçon, Luigi, maigre, vigoureux, petit, aux yeux verdissants. On l'a aussitôt baptisé. Le 24 avril, Louise l'abandonne au bureau de l'Hospice.

Des années de tribulations douloureuses attendent cet enfant né de la source noire, infamante de la pauvreté et ses affres. Confié à des orphelinats, on le place, en Italie, dans des familles d'accueil. Son enfer continue. À huit ans, il travaille par tous les temps au chemin de fer. Il couche sur des planches, dans des granges. Il a faim, il a froid. Il s'enfuit à pied. On l'embrigade dans l'armée. Les années passent, mornes, sans amour, sans repères, lancinantes. Il grandira dans la haine des classes privilégiées. Ouvrier, journalier, soldat, maçon à Lausanne, il apprend seul à lire et à écrire. Il cache soigneusement son chagrin quand il songe à sa mère inconnue. Brièvement domestique chez des riches au moment de l'affaire Dreyfus, sa haine de la bourgeoisie a augmenté. Le mot d'ordre des anarchistes de France, avec lesquels il se lie, devient le sien : « Qui ne travaille pas, ne mange pas. » L'assassinat du président de la République française, Sadi Carnot, à Lyon, en 1894, par l'italien Caesario, l'enthousiasme. Il accomplira le même sacrifice à cette cause essentielle, celle du peuple. Il tuera n'importe quelle tête couronnée, symbole de l'odieux pouvoir, écrasant le peuple. C'est son sacrifice ; son idéal, sa joie. Après son forfait, sa signature s'accompagne de la mention : « Anarchiste très convaincu. » Il espère, s'il réussit, qu'on le guillotinera. Caesario n'est-il pas mort, en criant, sur l'échafaud : « Vive l'Anarchie » ? En Suisse, ce sera le cachot à vie. Il ne porte aucune malveillance particulière à l'impératrice d'Autriche.

Elle était là, il était là : la jonction du destin se nouait.

L'instrument de mort d'Élisabeth était né. En avril, au printemps.

Chapitre XIV

UNE REINE NOMMÉE CHEVAL

Vienne, 1er mai 1873. Comment supporter l'exposition internationale ? Les festivités du mariage de Gisèle l'avaient assombrie. Quelque chose s'était modifié depuis la mort de sa belle-mère. Elle assumait mieux un minimum de présence. Quand les moments étaient graves pour l'empereur – la guerre, les deuils – elle ne s'était jamais dérobée. Quand explosait la curiosité malsaine des foules, elle fuyait, tel un danger de mort. Généreuse, simple, elle n'avait jamais hésité à se rendre sur les lieux de misères, les bivouacs de la souffrance.

L'Exposition internationale de Vienne rivalisait avec celle qui s'était tenue à Paris. Elles marquaient les grands progrès de la technique industrielle, apanage du XIXe siècle et résultat des chercheurs du XVIIIe siècle. On s'émerveillait du progrès foudroyant du chemin de fer et des moteurs hydrauliques. Un train était désormais un « express », et pouvait atteindre des moyennes de soixante-dix kilomètres à l'heure. Il y avait le risque de verser dans les tournants abrupts, sous les tunnels, mais le chemin de fer ne connaîtrait plus d'obstacles.

Parcourir l'Europe serait simple, Élisabeth ne s'en priva pas. Une belle machine de fer avait été construite à Prague, vert sourd, austère, difficile d'accès. Une locomotive haletant des naseaux, jamais fatiguée. L'intérieur du wagon de l'impératrice était, tel celui de Louis II, le comble du raffinement. Un salon ambulant, des canapés, des guéridons, un service à thé en porcelaine de Saxe.

417

Tout était à son chiffre, y compris la toilette en acajou et porcelaine, les brosses et les peignes en ivoire, l'écritoire en précieux malachite derrière ces rideaux longs et soyeux. Elle écrivait sa correspondance, ses poèmes, elle lisait Heine, Shakespeare et les poètes grecs – et se les faisait lire. Elle dormait toujours sur son sec lit cercueil que l'on emmenait partout, scellé dans sa longue boîte mince, vaguement lugubre. Elle allait dans le wagon vert sourd, doublé de soieries parme. Aux chocs des aiguillages, tintinnabulaient les appliques et les lustres en cristal. Le monde avançait, l'exposition internationale était organisée en ce sens. Il ne demeurait stationnaire que pour les femmes empêtrées de lourds tissus, de tabous rigides, de la hantise de payer par une honte éternelle un ventre trop rond, fruit d'un hasard amoureux. Le hasard faisait partie du désordre. Sissi se fiait au hasard. Une femme convenable ne réglait pas son pas sur celui du hasard. Elle réglait son pas, ses idées sur ceux de l'époux. Sissi avait choisi le hasard, les routes sans fin, qui tournent sur elles-mêmes – sa chasteté faisait partie de son farouche refus de ne plus être la proie de quiconque. Le refus de devenir la Fille-Oiseau qu'un orage amoureux éboule dans le risque mortel du long cri voluptueux, paralysant les ailes, l'envol... Sa cinglante ressource, son indépendance étaient la chasteté – le sacrifice d'un ventre toujours vide, plat, glacé. Le mouvement de la locomotive, cette sexualité ferrailleuse, rappel du galop d'un cheval contre ses cuisses, berçait son anxiété sans nom, la commuait en une vague volupté agressive et sans visage. Elle parlait aux arbres, aux sources et au vent.

La Hongrie participait à l'exposition internationale. Chacun attendait cette grande première dans l'histoire de l'Autriche. On mit des mois à construire le « palais » exposant les diverses merveilles. Soixante-dix mille mètres carrés de galeries et de rotondes. On avait peint l'ensemble de couleurs gaies, du vert, du rose, du jaune, on eût dit un immense gâteau viennois, à étages. Sous les kiosques, on joue avec entrain *La marche de Radetzky*. Les Viennois, toujours festifs, ont appelé le palais de l'exposition « la Pâtisserie ». L'éclairage, ce lustre immense, en forme d'abat-jour coloré, les enchante. Il a coûté dix-huit millions de florins. Tout le monde se demande si l'impératrice sera présente. Elle est une curiosité aussi attractive que le lustre, « la Pâtisserie » aux mille exposants.

François-Joseph s'est donné du mal, soutenu par son cabinet du protocole et la compétence d'Andrassy, pour envoyer ses invitations sans vexer quiconque. On a commencé par inviter les souverains d'Angleterre, du Danemark, de la Belgique. On n'oublie ni Prague, ni la famille de Bavière (son roi), ni la Saxe. La diplomatie nécessite de convier la Prusse, la France, la Russie, l'Orient. L'empereur a eu fort à faire. Élisabeth ne s'est mêlée de rien, rassemblant ses forces pour assumer le minimum. Elle accompagnera son époux. Jusqu'au dernier moment, il n'en était pas plus sûr que les Viennois. Les cortèges et leurs voitures s'en allèrent, solennels, réglementés, de la Hofburg. L'empereur est nerveux depuis le matin. Sissi est son tourment. Son fils aussi : il s'irrite de voir partir la voiture de Rodolphe avant lui. C'est une erreur de Grünne, empêtré dans un tourbillon de recommandations. Il est livide quand l'empereur le somme de s'expliquer. Il est âgé, il est gros, le cœur essoufflé, il est prêt à défaillir. Le secours lui vient de Sissi, resplendissante de soie blanche et or. Elle pose une main apaisante sur le bras de son époux. Elle a tout compris et vu la peine du pauvre Grand Écuyer. Comment ose-t-on torturer ainsi un être humain à cause de l'infect protocole ? Elle vole à l'aide de Grünne, pardonnant d'un seul coup ses maladresses anciennes. « Partons », dit-elle doucement à l'empereur. Il frémissait déjà d'une colère froide, violente, il s'adoucit à la pression de cette main gantée. Il est ému de sentir le pouvoir qu'elle a toujours sur lui. Un étrange bonheur. Son plus grand malheur, il le sait, serait de ne plus l'aimer, de repousser avec indifférence cette petite main d'éternelle fugueuse.

On va, voiture après voiture, jusqu'au Prater, la grande rotonde. Les fanfares sonnent. Le prince héritier d'Allemagne, Frédéric, prononce le discours de l'inauguration. On joue ensuite l'hymne national. La foule remarquait les invités prestigieux. La baroque Isabel, reine d'Espagne, son fils, le prince des Asturies, le prince et la princesse de Wurtemberg... Cette première visite dura trois heures. L'enthousiasme encensait surtout Élisabeth. Elle malmenait le désir des Viennois. Ils revoyaient l'amante dérobée, prestigieuse, radieuse. Elle possédait l'art de la rupture. Au pavillon hongrois, où elle s'attarda, éclatèrent des « *Eljen* » frénétiques, si amoureux qu'elle eut les yeux pleins de larmes. Sa Hongrie, sa fraîche demeure de verdure et de simplicité aimante – sa Patrie de cœur, d'âme. Sa certitude. Sa chimère.

La princesse Victoria ne quitta guère l'impératrice qui lui montra de l'affection, une vivacité aimable. Elle aimait bien cette princesse, belle, intelligente, gentille. Sissi ne mettra pas son portrait dans l'album de Beauté, mais, curieusement, lui offrit – ce qu'elle ne faisait jamais – sa photographie.

Un printemps radieux, frôlant l'été... La fatigue l'avait reprise, elle eut la menace de la migraine, des vertiges. Elle s'enfuit à Ischl. J'insiste souvent sur ces mots : « elle s'enfuit ». Ils auraient pu composer le titre de ce livre consacré à Élisabeth. « Elle s'enfuit. » Sonorité chuchoteuse en frôlement de couleuvre. Elle avait une manière silencieuse et souple de disparaître, marcher, sous la buée d'une voilette ajustée au chapeau incliné. Un grand oiseau de mer, la vague et son écume de brocart argent. Elle s'enfuyait, laissant à la Hofburg la lourdeur d'un prétexte ordinaire, humiliant, qui satisfaisait à demi : elle souffrait de son indisposition mensuelle. À chacun de compter tout bas ses cycles – vrais ou faux. Un cycle dure quelques jours. Elle devait revenir. Sans sa présence, insistait l'empereur, l'économie d'une si vaste entreprise était compromise. Elle soupira et revint à Vienne. « Si je ne revenais jamais c'est que j'aurais cessé d'aimer Franzi. Je serais totalement perdue de ne plus l'aimer. » Elle était sincère. Il était sincère. Un malheur d'aimer irritant, dangereux, les liait pour toujours.

L'exposition continuait mais les soucis de François-Joseph se précipitèrent. Le 9 mai, un « krach » effondra la Bourse. Il y eut plusieurs suicides. Comment faire face au moment où l'exposition avait englouti des millions de florins ? Les ministres de l'empereur lui conseillèrent – et il en convint – de continuer l'exposition, manière de rentabiliser une partie des pertes. Les souverains étrangers ne cessaient d'affluer. Pas de malaises mensuels ou autres, l'heure était grave, Sissi le sentait. Elle recevait, le 1er juin, à la gare de Vienne, le Tsar, en costume hongrois. Rodolphe, aux côtés de sa mère, était mal à l'aise, en uniforme russe. Élisabeth eut un élan jaloux : un officier russe s'empressait autour de Marie Festetics, brune, frêle et charmante. Veuve très jeune, ayant perdu autrefois un enfant en bas âge, Marie avait renoncé à l'amour – sauf celui de sa reine. Ce Russe lui faisait une cour empressée. Élisabeth la prit par le bras. « Je vous interdis de vous marier. » Comment résister à cette adorable, insupportable et attachante despote ? Marie l'aimait assez pour la rassurer et évincer l'admirateur. Marie, sereine, acceptait cet étrange carmel.

SISSI, LES FORCES DU DESTIN

Fin juin, on tenait la grande chaleur. Une rumeur folle agitait Schönbrunn : une épidémie de choléra. La première terreur de Sissi fut pour Marie-Valérie. Mettre à l'abri l'Unique. Ne jamais la perdre. On se rassurait progressivement. Il n'y eut pas de choléra. François-Joseph exposait à Sissi la nécessité vitale de continuer à se rendre à l'exposition. Le moindre signe de panique, fuir Vienne, multiplierait le déficit sans fin du krach boursier. À eux, les souverains, de donner l'exemple du calme, de leur présence. Marie-Valérie non menacée, Sissi se rend à l'exposition, vers sa répulsion la plus sûre : la foule. L'exposition continue. Les florins rentrent lentement.

Aux divers pavillons, ils reçoivent maints souverains dont un encombrant et brillant potentat, chamarré d'or, de soie, de perles et de rubis sur son turban : le Shah de Perse, Nasir es Din. Il est arrivé le 30 juillet, ayant traversé le désert, accablé d'un équipage énorme de dromadaires. La caravane d'un cirque enchanté, venu de loin, aux vives couleurs de l'Orient. Il s'avéra un hôte malcommode, très à l'aise dans les rituels de son pays. Il laissait ses serviteurs camper dans le parc de Laxenbourg, où ils grillaient des moutons. Il était venu exprès de sa Perse lointaine pour admirer de près la beauté légendaire de l'impératrice. Il avait emmené avec lui ses quatre fils les plus beaux, nés de ses concubines les plus belles, enfermées dans ses harems. Il avait l'intention d'installer ses fils à Paris pour qu'ils fassent leurs études. Nasir es Din régnait sur la Perse depuis 1848. Il avait l'esprit vif, curieux et demanda à examiner en détail le chemin de fer, les vapeurs qui descendaient le Danube, le télégraphe et le système de la Poste. Il réfléchissait aux possibilités de moderniser son magique et arriéré pays. Le télégraphe remplacerait le coureur à pied. Le chemin de fer serait-il capable de rivaliser avec le noble dromadaire, la chamelle si belle aux yeux de femme ? On disait dans son pays que la beauté de l'impératrice d'Autriche n'avait d'égale que la beauté quasi sacrée de la chamelle. Il voulait la voir, cette sublime chamelle aux longs cheveux couleur des crinières de ses plus beaux coursiers. Il veut la voir de la même manière qu'il a admiré les nouveaux moteurs, et les belles machines. Elle fait partie, pour lui, de l'exposition.

Il porte des lunettes rondes à monture en or, une barbe noire, des culottes bouffantes blanches sous un long vêtement chamarré, ceinturé de soie. Mi-agacée, mi-riant, Sissi s'exécute de bonne grâce. Elle pensait au cirque Renz. Elle aimait bien examiner de

421

près des curiosités humaines. Elle aimait ses clowns, Beau et Price, qui portaient des noms de chevaux. Elle aimait les belles écuyères. Pourquoi ce Persan – comment peut-on être persan ? – ne la traiterait-il pas en objet de curiosité merveilleux ? Il tournait autour d'elle et elle se sentait prise de ses rares fous rires. Il tournait et répétait en français (langue courtoise internationale) :

— Qu'elle est belle ! Qu'elle est belle !

Il eût volontiers tâté l'intérieur de sa bouche, palpé un sein, une épaule. Il la trouvait trop maigre. Il était près à donner cent tonneaux d'or à l'empereur (la totalité de son krach boursier) pour qu'il la lui vendît. Il l'installerait dans un palais des mille et une nuits. Il lui ferait savourer lentement, patiemment, les jeux du corps. Il lui ferait manger des boulettes de miel et de pâtes de roses confites, elle épanouirait ses hanches, ses fesses, son ventre. Grosse d'un fils, chaque année grosse, grosse tout court, elle deviendrait l'unique étoile, plus brillante que le soleil du vaste firmament... Il la vêtirait de tuniques constellées de rubis, de gros bijoux d'ambre et de cornaline. Sous les voiles de Mossoul, elle répandrait en entier sa chevelure ointe d'huiles précieuses. Il lui offrirait des bains de lait d'ânesse. Elle aurait des esclaves, eunuques et vierges ravissants.

— Elle est magnifique !

Il se repaissait à la vue de la longue femme, riante et irritée, vêtue de blanc, ceinturée de parme. Elle tournait comme une guêpe prise dans un verre de miel. Fuir, s'enfuir. Au secours, Marie ! Le Shah penchait vers elle sa bouche trop rouge et humide qui sentait le jasmin et l'oignon cru. Elle eut envie de vomir quand le Persan tendit une main respectueuse, à la manière dont on palpe un tissu rare, vers la chevelure annelée. Elle avait fui mais le soir les avait réunis pour le dîner inévitable. Son irritation fait place à un fol amusement quand le Shah soulève le couvercle de chaque saucière, trempe la cuillère, goûte, commente sans ménagement, remet la cuillère dans la sauce. Il estime que si ses hôtes étaient reçus chez lui, ils auraient tous les droits d'améliorer leur confort à l'extrême. Leur moindre désir serait un ordre. Fou de l'impératrice, il se tourna soudain vers elle, vida sur le tapis une coupe de fruits, la remplit lui-même de champagne et voulut trinquer avec elle.

Il y avait bien des jours que François-Joseph n'avait ri franchement. Ce Shah malcommode, curieusement éduqué, est si drôle !

422

Il roule de beaux yeux noirs, baignés de blanc bleuté. Comment s'en débarrasser sans l'humilier ? Sissi est très attentive à l'humiliation. Elle ne rit plus, elle réfléchit à la manière de faire partir le Shah sans le blesser. Elle lui rend visite quotidiennement. Elle se montre gracieuse, délicate. Elle est flanquée de ses dames. Elle le remercie de sa visite. Hélas ! d'autres visiteurs sont attendus. Elle aimerait tant qu'il restât plus longtemps. Elle lui sourit. Il a les yeux mouillés. Il s'incline, une main sur le cœur. Il s'en ira, subtil et point dupe. « Dieu te garde », murmure-t-il. Il ne veut pas lui déplaire ; elle sera son rêve, son étoile à lui. Il lui laissera un magnifique présent : trois chevaux de grande beauté. Il lui confia avec une ultime coquetterie que dans son pays on le nommait le « centre du Monde ». Elle lui sourit. Il s'en alla.

— Ce fut ma plus belle fête en Europe, confia-t-il à Grenneville.

Dans la cuisine de Laxenbourg, le Shah avait demandé que l'on ouvrît un foyer pour rôtir à la broche ses moutons. Il eût beaucoup plu au roi de Bavière.

On reparlait du choléra. Sissi emmena vivement Marie-Valérie à Ischl. Elle s'alita quelques jours. Elle grelottait davantage de fièvre nerveuse que d'une menace de choléra. Elle souffrait de diarrhées, la migraine l'accablait. Le roi Victor-Emmanuel ne put la rencontrer. Trop de monde, trop de regards la dévastaient au plus profond de ses entrailles. Elle avait fait, socialement, de son mieux. Elle avait aidé son époux – et Vienne – au maximum de ses forces mais ses phobies revenaient. L'angoisse gîtait aux entrailles, à l'estomac, en crises de tachychardie, au cerveau si lourd, à l'élancement du nerf sciatique. Qui la croyait ? On murmurait qu'elle voulait éviter de rencontrer le symbole de leur échec, l'empereur d'Allemagne Guillaume Ier. Elle se sentait mal à Ischl. Elle était mal partout – Gödöllö ou Possi, seuls, l'apaisaient. Elle avait besoin de sa solitude. Elle sanglotait tout bas de sa fatigue, cette infirmité de la migraine, ces entraves qui la catapultaient dans un bain amer qu'elle ne savait nommer. L'été est mort ? Elle écrivait intérieurement ce poème – *L'été est mort* – qui prit forme quelques années plus tard.

Ô été mort ! Si je pouvais m'étendre
À côté de toi, recouverte de feuillage jaune,
Et dormir, attendre l'abondance des fleurs,

Le jeune printemps qui m'éveillera en m'aimant.
Mais non, je dois marcher au-devant de l'hiver
Et porter le printemps caché en mon cœur,
Je le garderais ainsi à travers le froid et ses douleurs,
Et à la fin, pourtant, il ressuscitera[1] !

Son ennemi, c'est son corps ; elle ne peut jamais compter sur lui. Son corps intrinsèquement lié à son esprit meurtri. Elle n'a ni les nerfs d'acier de la grande Marie-Thérèse, ni son estomac d'autruche, ni la vaillance de Ludowika. Elle est hantée de douleurs diffuses. L'été est mort : sa belle joie de vivre, son insouciance d'enfance. François-Joseph acheva seul ses réceptions. À la Cour, on commentait. Pauline-Mauline de Metternich déplorait la disparition de l'archiduchesse. On ricanait des malaises de l'impératrice. Une grande impératrice n'a pas de corps. Une autre souffrance – plus ordinaire – la hantait. Elle ne veut pas vieillir. Le miroir, quelle frayeur quand, à trente-six ans, on s'y poste trop longtemps ! Derrière ce front encore pur de rides, il y a un réseau invisible, une craquelure inévitable, les fils mystérieux et odieux qui tirent un visage par le bas. Au-delà des seins ronds et bien attachés, il y a la caverne des côtes saillantes. La jambe, haute et noble, dont elle s'amusait, avec l'impératrice Eugénie, à mesurer la longueur avec un ruban, dévoile la chair peu à peu décharnée. Il y a dans le miroir, derrière le miroir, la mort. Le cadavre. La décomposition. La cendre si lente à devenir cette poudre fine et noire. La beauté devenue charogne.

Vienne fête les vingt-cinq ans de règne de son empereur, en décembre 1873. Il avait quarante-trois ans. Ce serait aussi l'anniversaire de l'impératrice, l'occasion (l'idée l'épouvante) de tirer un immense feu d'artifice. Ô foule hideuse, supplice complet, masse infecte qui lui fait haïr l'humanité et qu'aucun acide ne dissout. Il y aura, elle le sait, le lent, terrible dîner. Ce « jubilé » permit à la presse de faire le point sur ce quart de siècle de règne. Il y avait de bons atouts. Vienne avait été modernisée et embellie. L'Académie des beaux-arts, le nouveau théâtre, l'opéra s'achevaient. Vienne devenait une ville-phare aussi vibrante que Paris. On avait ajouté onze nouveaux ponts et le chemin de fer était des plus

---

1. *Le Journal poétique de Sissi*, p. 170 (*L'Été est mort*).

modernes. Le train de Sissi était agencé à la manière de celui de Louis II. Cousin/cousine, si proches, jumeaux virtuels d'une même errance mentale baroque, esthétique, schizophrène, sensible à l'extrême. Elle ne resta que deux jours au jubilé et repartit à Gödöllö. Sorte de maison natale, seconde naissance, retour à l'adolescence égarée. Elle se perdait dans la verdure, s'asseyait sur le banc qu'un poêle chauffait. Les arbres, en ombres de stèles, devenaient de plus en plus ses confidents. L'impératrice leur parlait tandis que l'empereur serrait des mains, lançait un mot bref et poli à longueur de cérémonies.

> *Je l'ai dit aux hêtres, je l'ai dit aux sapins,*
> *Je l'ai dit au vent rapide et fugitif,*
> *Mystérieusement il a emporté mon aveu ;*
> *Et les arbres n'étaient pas enclins à bavarder.*
> *[...]*
> *Je l'ai dit au lierre, mélancolique et vert,*
> *Qui dans le deuil et la fidélité enlace là-bas le mort* [1].

Le silence bruissant, délicat des végétaux. Qui peut la comprendre ? Marie Festetics ? Ida ? Elle frémissait à un rude souvenir. Lors de la promenade sur le ring, pendant l'exposition, elle fut presque tuée par la foule. On l'entourait, on l'encensait, on l'adorait. La foule grossissait, nid de guêpes acharnées. Une vague si noire qu'un spasme la mena au bord de la syncope. « Marie, au secours ! » balbutiaient ses lèvres d'où ne sortait aucun son. Marie se débattait pour lui ouvrir un passage. Élisabeth sentait cette pieuvre humaine la soulever, la précipiter dans un vertige puant la sueur et l'oignon cru. Une terreur sans nom l'étouffait. La torture d'être tuée par une foule. Amour, haine, le résultat était le même : la foule est une bête innommable qui tue son idole.

— Nous étions en danger de mort, reconnaît Marie Festetics... La sueur coulait sur nos fronts...

Une sueur froide ; Marie avait eu la force de hurler :

— Au secours ! Vous étouffez l'impératrice !

L'évasion suprême – outre la mort – ne pouvait être que la cime des arbres, des montagnes, devenir la mouette ou encore s'en aller d'un bond prestigieux, entre ciel et terre, sur un cheval loti lui

---

1. *Le Journal poétique de Sissi*, p. 168.

aussi d'ailes noires et furibondes. Rien ne sera donc jamais possible entre elle et les autres, ces étouffeurs, ce lierre contre sa peau, ce chiendent entourant ses chevilles ?

Marie Festetics devenait sévère. Elle partageait avec l'empereur l'avis que l'impératrice prenait de tels risques en refusant toute escorte. Plus d'une fois, François-Joseph avait frémi de cette sorte de mésaventure « Elle se fera assassiner. » Marie Festetics eût aimé lui voir davantage de bon sens – et le sens, réaliste, de son rang.

« C'est une rêveuse et sa principale activité est de ruminer. Comme c'est dangereux[1] ! »

Dans son wagon vert sourd, Sissi écrit à son cousin. Lui seul sait la comprendre. Son écritoire est surmonté d'un aigle, elle écrit à l'encre noire ou violette. Ses livres sont les poèmes de Heinrich Heine et Shakespeare. Une somptueuse « coiffeuse », de matériaux précieux, contient en ses alvéoles tous les objets du culte de la chevelure d'Élisabeth. Brosses et peignes d'or, d'ivoire. L'objet sacré du wagon vert est cet autel capillaire. Elle a parfois des sursauts conviviaux qui déconcertent son entourage. Ils sont liés à ses humeurs, ses replis, ses brusques élans. Elle a été malade, fatiguée ? Voilà qu'elle demande, en 1874, à visiter un hôpital de cholériques. Marie Festetics est au bord de se fâcher. A-t-elle songé à son époux, ses enfants (sa « Chérie »), sa famille de Bavière, son pays ? Compte-t-elle pour rien ses amis au dévouement absolu ? Le choléra est une laide maladie mortelle. Que cherche-t-elle à la fin ? Sissi n'a jamais eu la même notion du risque que son entourage. Le seul risque, à ses yeux, est l'humiliation, l'indifférence, l'arrogance, la Cour, la foule. Ni les malades, ni les fous, ni les pauvres. Louis II abordait avec une grande simplicité les montagnards, les paysans, tous ceux qui croisaient son traîneau de fée. Il leur donnait de l'argent, sans les offenser. Le petit peuple l'adorait. Les grands le détestaient. Il en est de même pour Sissi. La mouette aux ailes noires se pose au chevet des grands malades – sans jamais attraper leur mal. Une immunité d'amour simple et sincère ? Elle observe, elle compatit, elle suppute les affres. Elle prodigue les bontés, les encouragements ; elle accompagne des agonies. Celui qui s'en va retient en son regard obscurci l'indicible resplendissement de la longue femme penchée sur lui, l'impératrice aux cheveux de bronze doré. Sa mission n'ap-

---

1. *Élisabeth d'Autriche*, B. Hamann, p. 325.

partient pas aux codes du grand monde mais à une éthique supé-
rieure-mystique, peut-être. Une compassion mystérieuse,
puissante, malmenée par le commun des mortels : la poésie. Elle
cherche toutes les occasions de voir la mort en face, l'apprivoiser,
s'y apprivoiser, en saisir l'incompréhensible obstacle. « Une dangereuse rêveuse », jugeait Marie Festetics.

Le 17 janvier, d'un hiver de neige et de stalactites, elle rend
visite à la mère de Louis II. Marie de Prusse dissimulait son
angoisse. Son fils Othon est menacé de démence. Comment survivre à un enfant devenu fou ? On l'avait rendu à sa famille, il
traversait une rémission. Un abattement agité de tics, de brusques
éclats obscènes. Quels traitements possibles à part l'opium et des
bain glacés ?

« On songe à l'enfermer au château de Nymphenbourg », chuchotait la mère désolée à sa nièce vêtue de noir. Elle aime le noir,
ce costume tailleur qui devance toute mode, et sera de plus en plus
son uniforme de voyageuse. La jupe longue, la casaque ajustée, du
beau linge blanc, un « jabot » en dentelles, des chaussures de
marche, lacées à la cheville, son éventail, un chapeau d'amazone,
la voilette et des gants... Un grand manteau de fourrure sur le
tout. Marie Festetics n'aima pas l'arrivée intempestive d'Othon.
Ce regard trop sombre, trop fixe. Elle eut l'impression qu'il allait
précipiter Élisabeth dans les escaliers. Comme ça, sans raison et
parce que sa raison s'en était allée. Sissi ne montra nulle crainte.
Marie de Prusse eut un geste de calme fatalisme. « Que faire, mon
Dieu, que faire ? » disait de loin la bonne duchesse. Il n'y a rien à
faire. La folie, hydre vorace, suivra son cours, engloutira bientôt
l'aîné. Sissi a regardé en face, non la mort, mais cette menace
qu'elle sent rôder en elle, autour d'elle. La folie des Wittelsbach.
De près, on en a moins peur. C'est une triste visite, adoucie par
celle, le soir même, au roi son cousin. Sissi, cependant, préfère ne
pas dormir à la résidence dans une chambre au baldaquin soutenu
par des anges androgynes, joueurs de trompettes et verseurs de
lumières couleur de lune. Elle a voulu échapper à l'exigence amicale de son cousin, qui, la joue gonflée d'une fluxion, voulait lui
parler toute la nuit. Elle a besoin de son lit, à Possi, de sa solitude.
Marie Festetics a su l'aider à se défaire de l'intempestif cousin.

— Sa Majesté l'impératrice, disait-elle, doit se lever tôt afin de
continuer à remplir ses devoirs.

Louis II le prit mal. Sa sensibilité exacerbée devinait le sens des refus, des rejets. Il avait un besoin éperdu de parler avec sa cousine préférée. Sissi était déjà loin, les deux frères l'affolaient. Quel bonheur de retrouver, à Possi, ses sœurs, surtout Marie de Naples, décidément sa préférée dans la gaieté ! Marie rejoint de plus en plus Sissi. Marie de Naples est une errante à sa manière. Une errante de luxe, sûre de sa beauté. Elle sait placer ses capitaux en Angleterre et en Suisse grâce aux Rothschild. Marie aime l'amour, la liberté, celle de nuire, celle de rire. Sissi demeurait pensive. Elle n'oublierait jamais l'ironie de sa tante de Prusse quand Sissi l'avait priée, ne mesurant pas encore la gravité mentale d'Othon, de lui faire visiter l'asile d'aliénés de Munich.

— Comme il te plaira, avait dit Marie de Prusse.

Elle avait commis, par étourderie, une profonde indélicatesse. Marie de Prusse feignait une gaieté trop fébrile en menant sa nièce en ce lieu de misère, cette caserne où erraient des ombres grimaçantes.

— Regardons, ma fille, disait Marie de Prusse. Tu as raison. Cela nous distraira.

Élisabeth regardait avec une attention douloureuse ces enchaînés, elle entendait ces rires insanes, ces grognements, ces cris de canards que l'on égorge. La folie pétrissait ces âmes en une clôture sans droits. Othon, fils et frère de roi, aboyait. Soudain, une pauvre fille en chemise lacée dans le dos s'approcha de Sissi et de sa tante. Elle fixait Élisabeth :

— Tu es reine et tu portes une robe de toile ; c'est honteux.

Marie de Prusse ne bronchait pas : son calvaire maternel commençait. Cette visite avait rempli Élisabeth de malaise. Elle avait pourtant le besoin irrésistible de revoir Charlotte – *Carlotta* – dont on disait qu'elle faisait peur à voir et à entendre. Elle aimait les fous. C'était plus fort qu'elle.

Quelques jours à Ofen, quelques jours dans la nature allégeaient cette morbidité. François-Joseph l'avait rejoint. C'était un calme et bel hiver. La cime des arbres composait cette heure rose quand, du ciel de cristal, tombe la neige.

Fin janvier, Sissi était à Vienne. Elle ne pouvait échapper à la tradition du Mardi gras. Pourquoi ne se déguiserait-elle pas en domino masqué ? Une irrésistible envie de subterfuge, de jeux anonymes, d'enfance pétrie du besoin de séduire la saisit. Cette idée l'excite délicieusement. Aller anonyme et masquée... Une envie de petite fille qui veut s'amuser. La folie serait-elle l'étrange bal masqué d'une âme trop blessée ? Elle ne veut pas vieillir, cette belle femme si jeune d'allure, au teint éclatant et naturel, dont Fanny Angerer peigne et brosse la chevelure qui atteint les genoux.

Les complices de l'aimable escapade (non sans risque, comme toujours) furent la joyeuse Ida, Marie, assez réticente, la coiffeuse, la femme de chambre Schmidl, astucieuse et active. Un complot de femmes jeunes, saisies de la gaieté de pensionnaires enfermées qui palpitent à l'idée de faire le mur. Le mur de la Hofburg ! Elle l'avait fait cent fois, le mur, Élisabeth. À sa manière. Cette fugue a un autre sens ; elle veut savoir si on lui donne son âge. La plus jeune grand-mère d'Europe ? Non, non, elle a besoin qu'on lui dise qu'elle a vingt ans.

Elle a vingt ans, peut-être quinze. Tout s'est joué quand elle avait quinze ans. Les « masques » rencontrés lui diront la vérité. Est-elle aussi jeune qu'elle le paraît et qu'on le dit ?

C'est la nuit. Elle palpite à l'idée de « se déguiser ». Quel charmant jeu, quelle délicieuse petite peur à cultiver ! Imaginer croiser l'empereur qui n'y verra goutte ! Élisabeth a revêtu un luxueux domino jaune, à traîne, semé d'or. Fanny, pour dissimuler la chevelure trop célèbre, a déniché une perruque de théâtre, argent. Le masque est un « loup » précieusement ciselé, ajusté à une longue dentelle noire couvrant le cou, la nuque, les épaules. Ida a revêtu un domino rouge. On a convenu qu'elle appellerait sa reine « Gabrielle » – subterfuge en cas de soupçon. La femme de chambre, sensiblement de la même taille que Sissi, se prénommait Gabrielle. Tout le monde se tutoierait (autre forme de masque), le temps du bal.

Ida et Sissi, le domino rouge et le domino jaune s'en vont, discrètement, avec des fous rires, dans une voiture sans éclat, par une porte dérobée.

La chaleur est étouffante, il y a du monde. Ida repère la galerie du haut où l'on voit tout le monde. Le bal bat son plein. Il est onze heures. Personne n'aborde les deux « dominos » de la galerie. Sissi sent retomber son enthousiasme de collégienne.

— Rentrons, dit-elle, je m'ennuie.

Ida dissimule un petit clin d'œil amusé.

— Allons, Gabrielle, dit-elle à haute voix, choisis donc dans la salle quelqu'un qui te plaise, je te l'amènerai[1].

Les violons jouent M. Strauss. Une ribambelle de dominos multicolores dansent en riant une farandole. Sissi a remarqué un jeune homme seul, réservé, mince, élégant. Il lui plaît et elle ne le connaît pas ; elle le montre à Ida. Quel gentil cadeau à offrir à sa reine ! Un roman d'amour, une amourette, davantage ? Ida aime l'amour. Elle ne se mariera peut-être pas, mais elle adore les baisers, les danses. Attention à une grossesse, susurre la sage voix de Deák. Elle sait, sans doute, qu'il y a bien des caresses qui entraînent la volupté sans la grossesse. Elle s'est précipitée vers l'inconnu du parterre et l'aborde franchement :

— Qui es-tu ?

La voix chantante, la gaieté intempestive de cette femme certainement jeune et charmante, bien masquée, mettent en confiance le jeune homme. Ce sont toujours les femmes qui enferment les hommes dans leur piège de Mardi gras. Mardi gras ou le bal ; tout le monde pense à l'amour et les mâles sont ravis des entreprises féminines. Ida apprend du jeune homme qu'il se nomme Fritz Pacher de Theinburg. Il est fonctionnaire civil à la Cour. Ida est enchantée. Tout ce qu'il faut à sa reine qui eût tant aimé que l'empereur fusse un simple tailleur !

— J'ai une amie très jolie, là-haut.

Elle pointe un doigt ganté, impertinent, vers la fine silhouette perruquée d'argent. Elle le prend par la main, il sourit ; il veut bien distraire son amie elle aussi, pourquoi pas ? Elle est bien gentille et alerte dans son domino rouge. Elle a le pas vif d'une brune qui ne craint pas les hommes. Le jeu se met en route et l'esprit vient aux filles de tous les âges quand il s'agit d'une romance à l'allure de beau garçon. Fritz s'incline devant le gracieux domino jaune. Quelque chose dans sa personne, sa voix voilée, lui souffle qu'il s'agit d'une grande dame. Sissi entre dans le jeu telle une actrice en scène. Avec trac et délice.

— Je suis étrangère ici... Il faut m'orienter... Que dit-on de l'empereur ? Est-on satisfait de son gouvernement ?

Elle joue mal, Sissi. Fritz est saisi d'une raideur prudente. Est-ce une espionne de la Cour ? Il étudie finement, sans insolence, l'éclat d'un regard brillant au-delà du masque. Il tend une oreille

---

1. *Élisabeth d'Autriche*, E. C. Corti, p. 231.

430

experte à cette voix, ce mouvement gracieux du bras sur l'éventail. Le ton est doux mais impétueux, habitué à donner des ordres.

— Connais-tu l'impératrice ? Te plaît-elle ? Que pense-t-on d'elle ?

Elle, elle, toujours elle... L'enfer de la hantise de soi. Elle joue de plus en plus mal, reprise par son anxiété égocentrique. Elle est avide qu'on lui dise des mots attendus. Avide d'un trouble amoureux qui ressemblerait, l'espace du bal de Cendrillon, à un fallacieux enchantement. Une intuition traverse le jeune homme. « C'est l'impératrice, se dit-il rapidement, c'est elle. »

Étrangement, il prend de l'assurance. Il est prêt à jouer. Des détails révélateurs lui sautent aux yeux. Une chevelure si opulente que la perruque a du mal à tenir. Cette taille svelte, élevée, légendaire. Oui, c'est l'impératrice. Il manœuvre à son tour.

— L'impératrice, je l'ai vue comme tout le monde, au Prater.

Il s'enhardit, sans quitter la salvatrice banalité.

— Elle est d'une beauté merveilleuse mais tout le monde lui reproche de préférer ses chiens et ses chevaux.

Il lui plaît. Elle penche vers lui son profil et l'effleure d'un léger coup d'éventail. Depuis combien d'années n'a-t-elle caressé la joue d'un jeune homme ? Il a une belle bouche vermeille, des favoris noirs, un œil velouté.

— Quel âge me donnes-tu ? dit-elle avec sa brusquerie qui effare souvent Marie Festetics.

Il la gifle d'une voix suave. Il répond ce que les femmes, passé vingt ans, détestent entendre : le chiffre exact de leur âge – trente-six ans.

Il s'amuse beaucoup. Elle s'agite, vexée, inquiète. Elle s'enferre.

— Tu n'es guère poli.

Elle s'irrite de son impassibilité à la limite d'une injure voluptueuse. Il s'incline mais ne la quitte pas des yeux.

— Va-t'en ! crie-t-elle.

Quelque chose d'intime se lève entre eux. Une querelle, l'antichambre de la volupté errante ? Il sourit. Il connaît les femmes. Elle avoue, dans ce cri, sa faiblesse et son désir de lui plaire. Il continue sa suave flagellation.

— Trop aimable, domino jaune ! Tu me fais monter, tu me questionnes et tu me chasses ? Laisse-moi serrer ta main.

Sissi est ravie et déconcertée. Elle a l'habitude des admirateurs éperdus, ses têtes d'âne, sa collection, d'après ses écrits intimes, pour son cabinet de Madame Barbe-Bleue. Elle ne sait pas mener un flirt où on la domine. Elle a envie de tant de choses confuses, fourmillant entre ses mains vides. Elle a tendu sa main des milliers de fois, indifférente, effarée. Elle a soutenu des agonies, elle n'a jamais offert sa main – excepté à Franz – ou à son cousin Louis II, dans l'esprit d'aimer. Elle tend sa main gantée au jeune homme. Il baise cette main, avec l'autorité d'un jeune amour prêt à éclore. Il sent la peau sous le gant. Il aimerait mordiller cette peau, baiser chaque doigt.

— Assieds-toi, ordonne-t-il.

Elle a soudain quinze ans, elle est enchantée, elle fend la foule, Fritz sur ses talons. Ida est un peu inquiète. Élisabeth ne veut pas gâcher sa fête. Elle s'épanche sans prudence en propos sur l'empire, l'empereur, l'enfer du protocole. Elle s'étonne que la foule ne s'écarte pas sur son passage et la bouscule sans ménagement. Un masque parmi les masques... Elle est heureuse, elle s'amuse, le jeune homme à ses côtés. Oui, elle a trente-six ans et il la trouve belle, elle le sait. Il la réconcilie avec son âge. Que signifie l'âge qui n'est cruauté qu'à ceux qui souffrent ? À seize ans, elle était cette vieille qui pleurait des journées entières lors de sa lune de miel. À vingt-trois ans, elle était cette vieille, mourante, à Madère. Il n'y a pas d'âge, il y a la vie et la mort. Il y a le bal. Elle a soudain peur ; elle a reconnu le comte Esterhazy, maître d'équipage à Gödöllö. Il a tourné vers elle un regard interrogateur, insistant. Elle se replie vers le jeune homme. Qu'il montre d'adorables gencives dans le sourire !

— Qui suis-je, jeune homme, où me places-tu ?

Il a les beaux yeux du chasseur épris de la biche. Il a deviné ses craintes et l'entraîne plus loin. Elle se rassure. Elle lui confie adorer Heine. Il lui récite, à son ravissement, quelques vers du poète.

— Tu es une grande princesse, dit-il.

— Je n'ai pas de patrie.

Il a cru qu'elle allait pleurer. Ne rien dire, s'enfuir. Toujours. Il est temps que cesse la délicieuse récréation. Elle joue encore. Le faire courir, le faire danser.

— Tu finiras par me connaître... Viendrais-tu à Munich si je te donnais rendez-vous ?

— Je te rejoindrai partout où tu iras.

Minuit ; l'heure où le carrosse devient citrouille. Les horloges de la Hofburg ont sonné douze coups de cristal doré. Il est temps de fuir, savourer seule cette gourmandise illicite, insolite. Elle a demandé à Fritz son adresse. « Je t'écrirai. » Il a promis de répondre. Elle a laissé une adresse poste restante. Sissi a oublié Ida qui fait des signes d'inquiétude. Sissi exige un geste du jeune homme, soudain jalouse. Qu'il l'accompagne à sa voiture et renonce au bal ! Pas d'autre femme qu'elle ! Elle vole dans les escaliers, il la suit avec peine. Il ne veut pas la perdre ; peut-être est-il déjà amoureux ? Il veut la suivre, savoir, entravé dans ses invisibles fils de soie.

— Qui es-tu ? répète-t-il à voix basse.

À la manière d'un elfe, elle a disparu en fiacre avec le domino rouge. Elle demande au cocher de faire un détour. Elle se méfie, le jeune homme peut tenter de la suivre. Elle ne veut pas qu'il sache qu'elle loge à la Hofburg. Elle a aimé la chaleur de sa main. Une secousse d'amant jaloux.

Fritz a vingt-six ans. Il resta éveillé toute la nuit, dans sa modeste demeure, derrière le Prater. Il logeait avec sa mère et sa sœur. « Gabrielle », mumurait-il, pensif. « Élisabeth », dit-il aussi. Il a le sûr instinct de l'amour. Il rôda les jours suivants, en vain, du côté de la Hofburg, et au Prater où chevauchait parfois l'impératrice. Une semaine est passée. Un matin, une lettre signée « Gabrielle » parvient à sa petite demeure. Fiévreux, il regarde le timbre : Munich.

« Cher ami, vous serez étonné de recevoir mes premières lignes de Munich ; j'y suis de passage pour quelques heures et j'en profite pour vous donner le signe de vie que je vous ai promis. Avec quelle angoisse vous l'avez attendu, ne le niez pas ! Mais soyez sans crainte, je ne vous demande pas d'explications [...] Votre esprit n'est jamais tombé sur l'âme sœur. Enfin vous avez trouvé, dans un mirage étincelant, ce que vous cherchiez depuis des années, mais pour le perdre sans doute à jamais [1]... »

La modestie ne l'étouffe guère y compris une pointe de sadisme. Faire souffrir en disparaissant, brouillant les pistes. Le jeu peut mener Fritz au désespoir. C'est ce que souhaite Gabrielle : être éperdument aimée, ne rien donner, braconner un rêve. Elle mènera pendant des semaines, le jeu cruel d'une enfant de seize ans, non d'une femme sensuelle de trente-six ans. C'est un jeu de piste, une marelle sans paradis charnel. Fritz a répondu, amou-

---

1. *Élisabeth d'Autriche*, E. C. Corti, p. 235.

reux, empressé. Elle accentue ses exigences, les « preuves » d'un chevalier à sa dame invisible : qu'il lui raconte tout ce qu'il fait, heure après heure. Quelle est son amoureuse ? Vit-il seul ? Marie Festetics n'est au courant de rien. Les chuchotements, les rires d'Ida et de sa reine l'agacent. Perspicace, elle devine qu'Élisabeth mène une vaine et folle histoire liée à ce bal. Elle ignore, cependant, ce flirt épistolaire qu'elle eût vivement blâmé. Fritz a répondu, poste restante, à « Gabrielle ». À la fin de l'été, désinvolte et insouciante des âpres soucis de son époux avec le Tsar, Élisabeth s'en va à Londres. Il y a Marie de Naples, des chevaux et ses airedales. Elle aura Marie-Valérie toute à elle. Elle écrit à Fritz mais fait poster la lettre par Ida de Vienne pour égarer l'impensable amour. Le jeu n'a pas tourné si bien pour son mental. Elle est reprise d'un repli mélancolique que Marie Festetics observe de près. L'« ermite » Élisabeth en a assez. Gabrielle s'est lassée. Elle charge sa sœur Marie de poster encore une missive de Londres. L'amoureux s'assombrit, rempli de doutes mais tâtonnant vers l'identité éblouissante de la joueuse. Il lit :

« Cher ami, tu poses des quantités de questions et pourtant tu crois tout savoir. Pourquoi ne m'appellerais-je pas Gabrielle, as-tu des préventions contre ce joli prénom d'archange ? Et puis tu t'es mis en tête que je ne suis pas en Angleterre... Le pays est superbe mais je déteste Londres, j'en deviens mélancolique et je ne puis me débarrasser du spleen. J'ai dit adieu à mes vieilles tantes et me voici installée chez mon frère... Je lis beaucoup et mes lectures sont sans méthode, comme ma vie – au jour le jour. Je lis *Amour allemand* de Müller... Sais-tu que tu es très indiscret ? Tu me demandes pas moins que ma biographie... La période la plus saillante de ma vie a été un certain hiver que j'ai passé en Orient... Je sais, que, malgré ta mère et ta sœur, tu penseras aussi à moi, là-bas. Je me suis insinuée dans ta vie... Dis-moi, veux-tu rompre ces liens ? C'est encore possible maintenant mais plus tard, qui sait ? Crois en mon amical souvenir. Gabrielle [1]. »

Elle ment. Elle n'a jamais été en Orient ni chez des vieilles tantes. Elle manœuvre, elle ignore qu'elle creuse davantage sa frustration. Il lui écrit sans cesse. Il l'appelle un jour de ses vrais noms : Élisabeth d'Autriche, reine de Hongrie. L'amour n'est pas aveugle. Elle coupe alors tout lien. Le jeune homme hantera plu-

---

1. *Élisabeth d'Autriche*, E. C. Corti.

sieurs bals, en quête du domino jaune. En vain. Un jour, long-temps après, lors d'une exposition de fleurs au Prater, il croisera son cortège. Il la regardera longuement, elle lui sourit et disparut si vite... Elle n'appartient pas à la balourdise des hommes. Le cabinet de Madame Barbe-Bleue compte une victime de plus, une « peau d'âne » qui séchera sans elle.

> *Je me nomme Madame Barbe-Bleue,*
> *J'ai aussi un cabinet secret ;*
> *Nombre de peaux y pendent gracieusement*
> *Bien propres et gentilles.*

> *Les peaux ont encore leurs têtes*
> *Avec des oreilles longues et grises ;*
> *Les pauvres nigauds me font presque peine,*
> *Quand je les contemple.*

> *Le premier était une belle bête,*
> *Sauf ses oreilles démesurées [...]*
> *Il mangeait des bananes dans ma main*
> *Mais je fus bientôt lasse* [1]...

Fritz ne l'oubliera jamais. Il se mariera, aura des enfants et mourra très âgé à Vienne, en 1934. Le domino jaune accompa-gnait, en silence, la doublure de son cœur. Il eût volontiers brouté des bananes dans sa main.

Quand, en 1885, il osa lui écrire qu'il « était désormais marié, heureux, chauve et honorable », elle le fustigea ainsi dans son *Cabinet* :

> *Non, quelle sale bête !*
> *Un animal tout à fait vulgaire ;*
> *Il était chauve et laid à faire peur,*
> *Au fumier ! C'est tout ce qu'il mérite* [2].

En juillet, François-Joseph marque des signes d'épuisement. Le travailleur sans relâche se repose à Ischl. Il y a eu, le 29 avril 1874, le mariage, en seconde noces, de Gackel (Charles-Théodore) avec

---

1. *Le Journal poétique de Sissi*, p. 52-53 (*Le Cabinet*).
2. *Idem*, p. 53.

l'infante Marie du Portugal. Une belle dot et une jeune fille simple et gentille qui plaît à Sissi. Elle n'est pas allée au mariage, à Munich (la fatigue) mais a fait parvenir de merveilleux présents. Marie-Valérie, continue à tenir toute la place vigilante de sa tendresse. La fatigue de l'empereur, le repli d'Élisabeth... Marie-Valérie, trop gâtée par sa mère, intimement inquiète de cet amour excessif est devenue capricieuse, irritable. Sa gouvernante anglaise a osé l'admonester ? Sissi la renvoie sans autre forme de procès. La solitude se referme sur l'enfant, qui eût aimé sentir une résistance, une éducation lucide. Sissi emmène Marie-Valérie en Angleterre, sur l'île de Wight. Elle voulait, disait-elle, faire prendre des bains de mer à la petite afin de la fortifier. Marie de Naples lui avait vanté la douceur exceptionnelle de l'île de Wight. La voilà donc partie avec ses indéfectibles Hongroises, sa « Chérie » et sa coiffeuse – et une nombreuse suite. François-Joseph ne dit plus rien et lui accorde même de passer par Strasbourg pour éviter Paris et les inévitables cérémonies. Il ne veut pas de querelles, il est las, la politique l'accable. Il chasse un peu mais vite, retourne à son bureau. Il avait bien remarqué (un âne, surtout épris, est capable de finesse) les cernes de Sissi, sa maigreur, sa nervosité. Il redoute le souvenir de la période Madère. Il endure de plus en plus mal sa misanthropie. Qu'elle aille, qu'elle se réjouisse, si elle en est capable, c'est le mieux de leur amour qui tient à un fil de soie mystérieux. Il finit par mieux l'aimer quand elle est loin. À lui, le labeur, le singulier marasme de sa solitude. Elle a fini par en faire un solitaire qui n'approche même plus le lit des femmes.

Mais quand, dès l'aube, il lève les yeux sur le portrait où cascade une sauvage chevelure femelle au-delà d'une blanche épaule charnelle, il sourit.

— Elle est si jeune, dit-il.

Le 2 août, elle était dans l'île anglaise avec sa suite. Elle a embarqué au Havre, sa sœur Marie l'accueillit avec une joie bruyante. Marie était ravie de faire prospérer ses capitaux grâce à l'appui des Rothschild et suggéra à Élisabeth d'en faire autant. La possibilité de faire du cheval sans retenue, la douceur, la verdure, les fleurs abondantes et rouges, les fragrances de roses et des embruns, tout séduisit l'impératrice. Les magnolias ont la finesse des porcelaines de Limoges, flanqués de lauriers en velours vert. Un havre, un refuge où elle est magnifiquement logée. Beust a loué, au sud de l'île, le château de Steephill, à Ventnor. Se baigner, chevaucher, chouchouter la « Chérie »... A-t-elle, cavalièrement, évacué la présence omnipotente de l'auguste reine Victoria ? La reine loge tout près, au château d'Osborne. Elle a oublié cette puissante matriarche qui règne si fermement depuis des années. C'est mal connaître la reine Victoria, souveraine absolue jusqu'au bout de l'âme. Le jour de son installation, la souveraine anglaise se fait aussitôt annoncer. Elle entra, vêtue de noir, d'une grosseur éléphantesque, le menton triple sur le col très haut, fermé d'un camée. L'œil petit mais perçant sous la paupière tombante ne perdait rien de ce qui se passait et se disait. Elle observait de près Élisabeth, soulagée de ne pas la trouver si belle que ça. Sa visite ressemblait à une leçon de politesse. Une impératrice n'a pas à se comporter en personne privée sur le territoire d'une souveraine aussi puissante que le Tsar, Bismarck et l'empereur réunis. Sissi décelait, sans voix devant une femme aussi énorme, la curiosité. L'infamie de la curiosité. Victoria n'avait pas échappé, quoi qu'elle en eût dit, à une midinette et cruelle curiosité. On regarde Sissi tel un cacatoès merveilleux aux plumes délicates, un singe rare et fin. Victoria prend son temps à contempler de haut en bas cette longue femme qui, à trente-sept ans, elle le reconnaît, en paraît vingt.

Sissi qui a voyagé, la naïve, sous le pseudonyme « comtesse Hohenembs » s'est imaginée que cela suffirait à semer les limiers de l'auguste Victoria. La reine a tout vu, y compris l'équipage hongrois de Sissi, pâtissier et masseurs compris.

Assises l'une en face de l'autre, elles contemplent, fascinées, un aspect féminin, humain totalement opposé. Victoria se tait, suppute, admire et méprise. Sissi retient son ennui, sa nervosité et un fou rire. Elle avait déjà contemplé tout son saoul la plus grosse femme du monde, mais, confie-t-elle à Marie-Valérie, « Je n'ai jamais encore vu une femme aussi forte. » Élisabeth est frappée par cette impression de puissance totale qui émane de la reine, impassible et en deuil. Elle a enfanté une dizaine de fois. Elle régente l'Inde lointaine. « C'est effrayant », se dit Élisabeth. Oserait-elle la glisser dans son album de beautés ? Victoria, accompagnée de son fils aîné, le prince de Galles, futur Édouard VII, a compris qu'elle devait rompre le silence. D'un sourire aimable et d'un œil froid, elle s'enquiert du confort de son invitée. En Angleterre, Élisabeth, ne lui en déplaise, est son invitée – tout comme elle a été attentive à loger au mieux le malheureux Napoléon III, sa femme. Par quelques propos subtils, elle fait comprendre qu'il eût été séant à l'impératrice, au demeurant plus jeune qu'elle, de se manifester la première. Elle opine, d'un sourire anglais, devant la salle de gymnastique et ses anneaux de cirque, la salle de bains avec eau courante. La gymnastique ! Victoria aime par-dessus tout régner et travailler. Elle ressemble à la grande Marie-Thérèse et Sissi se sent vaguement coupable. Cette énorme dame s'est même offert le luxe d'avoir passionnément aimé le lit de son époux. Devant la plus belle, la vaste reine sans beauté est la plus forte.

Victoria jette un regard de vague bonté sur Marie-Valérie.

— Elle aura du bon lait, promet-elle. J'ai veillé à vous fournir une excellente vache de Jersey.

La reine prend congé ; il était temps. L'impatience de Sissi devenait visible.

— Je reviendrai, ajoute Victoria, à qui rien n'échappe. Votre solitude sera respectée.

Sissi a retenu ces derniers mots et écrit à son époux que l'accueil a été parfait. La reine a été charmante, après tout. Attentive et veillant à ce que personne ne dérange la solitude de l'impératrice. Quinze jours plus tard, Victoria, à la fois fascinée et décidée de contrarier la belle oisive qu'elle estime impolie, la prie de prendre le thé au château d'Osborne. Sissi ose refuser. Pas de thé ! Pas de grosse reine et sa cour ! C'est à pleurer et à fuir ! Qu'ont-ils tous, toutes, à la faire pleurer et fuir ? Victoria pince sa bouche devenue molle. Quelle offense de refuser de prendre le thé avec elle ! Serait-elle folle comme on le prétend parfois ? Il n'y a pas d'autre excuse à oser se dérober au minimum du devoir de la politesse royale. Sissi n'intègre pas l'immensité de son erreur. « Elle est paresseuse », estimait à juste titre Marie Festetics. Paresseuse jusqu'à une forme de grossièreté. La reine d'Angleterre se vengera à sa manière. Elle est trop fine et fière pour attaquer de front. Quand Élisabeth, enfin, trop tard, la priera, mollement, de lui rendre visite, elle refusera sèchement. Victoria la disait bien moins belle que sa réputation. Elle savait que remettre en cause la beauté d'Élisabeth était un sûr moyen de la déstabiliser profondément. Elle était, disait-elle en son cercle (qui s'étendait jusqu'en Inde) éblouissante uniquement dans ses atours impériaux. En cheveux et en robe simple, elle était banale. Son nez était laid, son menton trop large. Ses dents, jaunes. Sa fille aînée, la princesse Victoria, était authentiquement bien plus jolie. François-Joseph pinçait une bouche amère. Sa sauvagerie et sa paresse lui avaient coûté tant d'aversions, rejaillissant directement sur sa politique. Offenser une reine d'Angleterre, c'est aller droit contre un mur qui broie, mortellement, l'insolence. Exaspérée de la visite royale et sa menace de récidive, la mouette a ouvert ses ailes. Elle s'échappe, peu ou prou incognito, avec sa fille pour visiter Londres à pied. Marie et Ida ont du mal à suivre. La seule sagesse qu'elle ait – elle ne mange presque plus – est de boire de l'eau. Un gobelet au bout d'une chaîne, elle remplit ce verre aux fontaines. Du lait, quelques brins de gâteaux, de l'eau, une nourriture de passereau... Elle a visité avec une grande curiosité le musée de Mme Tussaud. Elle a été stupéfaite, égayée et effrayée devant son époux, grandeur nature.

— C'était follement amusant mais horrible, lui écrit-elle.

Fascinée par ces figures de cire, ces monstres. Comme on devient vite un monstre, figé dans la cire ! Elle n'eût pas toléré de se voir ainsi. Bien sûr, elle veut visiter l'asile d'aliénés, à Bedlam. Il dépasse en horreur tous ceux qu'elle a vus jusqu'à ce jour. Les Anglais seraient-ils plus cruels avec la misère mentale ? Est-ce un effet du protestantisme ? Une impression de gel absolu. Rien n'est chauffé, pas même en hiver. Dans un parc trop grand, des centaines d'errants, sans soins, poussent des cris ou se taisent, les poings levés vers le ciel et ses brouillards. Othon semblait plus vivant, moins seul que ces hagards mal vêtus, sales, aux yeux hallucinés ou éteints. Un étau serre les tempes de Sissi. La folie, mon Dieu, la folie. On dit que Carlotta chante, comme on pleure, quelques phrases de *La Paloma*.

Soudain, une ombre s'approche de l'impératrice. « Je suis saint Pierre », dit l'ombre. Sissi a les larmes aux yeux. « Allez vite au Paradis », murmure-t-elle. La pitié ; la dangereuse pitié sans issue. Un grand médecin, un bon chirurgien n'ont pas la pitié. Les monstres, ses pauvres chers monstres... À Gödöllö, elle invite des tziganes à danser et des romanichelles en guenilles à bivouaquer dans son parc. Des gueux, un train de gueux, murmure-t-on, comme toujours. Elle aime tant leurs violons sauvages, leurs chants éclatants, eux qui n'ont jamais appris la musique ! Des chants qui ne parlent que d'amour passionné. « Elle se fera assassiner », frémit en silence l'empereur. Comment empêcher une mouette d'aller dans le sens du vent fou et des orages grandioses ?

François-Joseph avait détesté qu'elle fit venir à Gödöllö une attraction qui la ravissait sombrement. Deux sœurs siamoises noires. Elle eût adoré *Elephant Man*, qui déchaîna, à la fin du siècle, la curiosité de l'Angleterre. Tous les monstres – *freaks*, en anglais – avaient son amitié inconditionnelle. L'homme chenille, l'homme tronc, si habile sur ses mains palmées, la femme phoque, la femme à peau de serpent, la naine au derrière de poule, l'homme fil de fer, l'obèse Eugénie... Ses doubles, elle à l'envers, à l'endroit. La main de Dieu et celle du diable sur ses créatures. Sur elle.

Elle tâtonnait, à travers ce voyeurisme halluciné, cette compassion inquiétante, vers une vérité que la science n'avait pas encore élucidée. L'accident génétique. Elle poétisait ces difformes visions inhumaines et humaines. Elle devinait quelque chose autre qu'une malédiction. Sa beauté était aussi un accident. On eût pu l'exposer dans les baraques foraines. Les *freaks* et la toute belle. Un dilemme inversé, fatal. L'angoissante question de la création et son non-sens. Elle aimait les roses et ne dédaignait pas les épines, la chenille rongeuse. Tout était lié.

Elle s'apaisa en visitant le somptueux chenil du duc de Rutland, à Belmore. À Melton, elle s'enchante d'une chasse à courre et de la beauté des écuries. Elle a une terrible envie de faire sans cesse du cheval. Dès les années 1873, le cheval deviendra sa définitive seconde peau, la frémissante alliance de leurs muscles et sa chair soudés. La cadence amoureuse du galop. La volupté diffuse le long des cuisses, entre les cuisses. Le cheval compose les ailes qui lui manquent, l'entraîne dans une fugue enchantée, exaltée. Ses galops foudroyants sont des risques mortels. Elle adore ça. Elle écrira un poème, *Clochettes*, qui exprime où se situe le bonheur de l'amazone sans répit :

> *Si le monde me devient trop amer,*
> *Les hommes trop sinistres,*
> *Je bondis sur mon cheval ailé,*
> *Et me détache de la terre,*
> *Je fuis les méchants bâtards*
> *Et toutes les canailles.*
>
> *Je les laisse japper avec rage*
> *et cracher vers moi leur venin ;*

440

Je me balance là-haut dans le bleu,
C'est tout juste si je vois encore la terre,
Aucune flèche immonde ne m'atteindra
Ici l'air est trop pur...

L'amazone galope à Hyde Park. Elle a fait venir son cheval blanc de Hongrie. Son favori qui saute les obstacles d'un élan si vif qu'on dirait un éclair suspendu, entraînant vers les nues cette fine femme en noir, scellée à ses flancs susceptibles. Elle améliore ses prouesses. Elle avait fait construire à Gödöllö, décidément son « petit Trianon » personnel, un manège-cirque comme l'avait fait son père. Elle peaufinait ses prouesses en prenant des cours avec les plus célèbres écuyères du cirque Renz. Émilie Loiret et Élise Renz. Elles lui enseignèrent à faire agenouiller sa monture et la faire danser, sauter à travers des cerceaux, franchir des obstacles insoutenables. Élisabeth d'Autriche, reine de Hongrie, était passée à l'acrobatie. Un plaisir de saltimbanque, clabaudait la rumeur qui soutenait qu'elle couchait avec ses écuyères, admises dans l'album de beautés. Sissi s'était particulièrement engouée d'Élise Renz jusqu'à lui offrir un de ses plus beaux chevaux, Lord Byron (Sissi adorait Byron). Émilie eut moins de chance : elle se tua lors d'un saut d'obstacle à l'âge de vingt-cinq ans, consternant sa protectrice. Sissi recevait avec la plus grande amitié le directeur du cirque, Ernest Renz. Il la conseillait sur l'achat de se chevaux. Elle le comblait de bienfaits, il était reçu à la Cour. On s'indignait, on regrettait tout haut l'archiduchesse. La coiffeuse, les gens de cirque, les Tziganes, ses sœurs folâtres, l'entourage hongrois, les aliénés, Louis II et les monstres, voilà la Cour de Titania-Sissi. Elle compte sur sa sœur Marie et ses Hongroises pour passer à peu près inaperçue lors des chasses anglaises. Improbable incognito : la haute société anglaise s'entiche d'elle, lui offre des chevaux rapides, couleur feu, le sabot leste, le hennissement ailé. Elle écrit à son époux, économe, délaissé et lucide :

— J'ai vu un cheval qui me plaît. Il coûte vingt-cinq mille florins.

Le mari, prudent devant les fragiles finances de l'empire, refuse. Les guerres coûtent cher, il faut sans cesse prévoir la solde de l'armée.

Melton, fin août, la chasse à courre, à la limite du danger. Marie Festetics tremble pour cette amazone sans frein. Marie apprécie peu de voir sa reine monter parfois à califourchon. Elle a « grande honte » de la voir vêtue en garçon. Chez le duc de Rutland, à Nottingham, Sissi s'épanouit à fouler ses terres immenses et verdoyantes, dépasser tout le monde, en galop fou. Elle double les nuées, l'orage, elle dépasse le vent... Elle parle aux nuées, à l'orage, au vent – à son cheval. Elle a oublié les autres. Elle est ravie que la reine Victoria soit loin, à Balmoral. Plus de visite assommante pour contrarier le plaisir de Titania-amazone. Le cheval est son véritable adultère. Elle en adore tout : la forme divinement parfaite, la force qui, à mesure, transforme la bête en un dieu volant, en secousses exultant son corps consentant. Elle aide sa monture comme une amoureuse accompagne l'amant vers la foudroyante extase.

Elle eût peut-être aimé que François-Joseph accompagne ses galops. Elle est sûre et soulagée de ses réponses. Il est trop occupé à gérer cet empire de plus en plus complexe, difficile. Il lui en veut, elle le devine entre les lignes, de refuser son rôle de souveraine. L'amazone nargue la souveraine qu'elle devrait être. L'amazone le nargue. Il frôle, à sa manière réservée, une forme de dépression. Sa mère... comme elle serait précieuse en ces heures si solitaires ! Sissi... Elle est intempestive, brusque telle une rivière de montagne. La fuir ? Qui l'aime en ce monde, à part Gisèle ? Rodolphe se raidit dès qu'il le voit. Marie-Valérie est une favorite que Sissi lui a dérobée. Il est las d'assumer son devoir avec une si dure constance. Quatre heures du matin, parfois trois heures. À neuf heures du soir, il tombe de sommeil. Au moins, sa déchirure amoureuse ne prend pas toute la place. Il est fatigué, il a vaguement mal au cœur. Il est découragé. En fuyant, elle lui ôte le peu d'oxygène qui se nommait la joie. Il aimerait la détester. Il n'y arrive jamais. Il n'est pas un vulgaire bureaucrate mais un homme de sacrifice. Le plaisir, tous les plaisirs passeront après son devoir. Sissi est sa folie, son joyau, sa méchante, sa douleur – hélas, son grand amour. Il lui écrit brièvement qu'il n'ira chasser ni à Gödöllö ni en Angleterre. Il refuse qu'elle introduise chez eux ces affreuses sœurs siamoises. Le 31 août, épuisé, enroué, seul et courageux, il prononce le discours du Trône pendant que la reine saute une haie si haute que, l'espace d'un instant, elle crut appartenir au ciel.

Il n'aimait décidément pas la Hongrie. Elle avait fait de Gödöllö une sorte de pétaudière personnelle qui finissait par le déprimer. Elle y invitait, outre des saltimbanques, ses ennemis mortels. Le jeune comte Battyany, dont le père avait été pendu. Il osait ne pas saluer l'empereur quand il le croisait à Gödöllö. Lui se sentait désemparé dans le fief si personnel de son épouse. Il s'en voulait de ne pas protester quand on l'offensait. Affaibli, il revenait vite à Vienne. Il n'aimait pas que Sissi invitât avec trop de fougue sa nièce (fille à ses yeux d'une grave mésalliance), Marie Wallersee. « C'est une extraordinaire cavalière ! », plaidait l'amazone. Il soupirait : toujours, en elle, la futilité avant la rigueur réfléchie. Marie Wallersee était très jolie (elle fournit l'album de beautés), calculatrice, trop familière avec son illustre tante. Sissi avait tout chamboulé, tout exagéré dans son intime rébellion. Il ne savait plus comment atténuer ce déchaînement. Elle gâtait outrageusement cette nièce – autant que Marie-Valérie. De la provocation ? Marie Wallersee, longue, mince, blonde à ravir, le teint de porcelaine de sa mère, les yeux azurs, apparemment si purs, était vêtue, aux frais de l'impératrice, à la dernière mode. Habile, joueuse, Marie Wallersee manipulait, encore si jeune, la chance. Sa chance se nommait Élisabeth d'Autriche. Elle la suivait partout à cheval. Elle imitait sa tante qui portait trois paires de gants pour mieux manœuvrer ses montures. Son éventail, son bouclier, était glissé dans une poche de la selle. Sa cravache, dont elle usait peu, ne la quittait pas.

Le cheval ! Il la détachait au mieux des hommes, et là-haut, elle pouvait enfin d'un tour magique les coiffer d'un ridicule bonnet à clochettes. Des minuscules bouffons, des insectes sous les sabots endiablés.

C'est tout juste si je vois encore la terre.
Mais moi je vous tisse des bonnets
et j'y attache des clochettes ;
Allez maintenant, habillés en bouffons,
On se retourne pour vous regarder en riant ;
Et quand vous serez enterrés depuis longtemps,
Elles continueront à sonner [1].

---

1. *Le Journal poétique de Sissi*, p. 151 *(Clochettes)*.

Qui pourrait la lasser du cheval ? En Hongrie, les steppes de bruyères et de sable étaient un pur encouragement. La saison des chasses était trop brève, achevée en novembre à cause des pluies et du vent. Elle voudrait galoper sans répit, traverser les cerceaux et qu'ils soient enflammés ! Elle voudrait bondir au-delà des obstacles les plus fous. Un jour, en compagnie de son écuyer anglais, elle sauta un mur si haut qu'ils se retrouvèrent dans le jardin d'un monastère...

À cheval, l'amazone quitte sa lancinante angoisse de vivre et de mourir.

Un autre bonheur physique lui rend l'apesanteur : le bain. L'enfer est toujours cette irritation d'être pour les autres un spectacle. Le bain de l'impératrice, à Madère, était déjà un spectacle, mais, en Europe, les ruses sont insuffisantes à détourner les badauds. On ajuste pour elle un tunnel en toile comme on le fait au cirque quand entrent les fauves. Elle rejoint ainsi, en robe de flanelle blanche, la cabine que l'on roule jusqu'à la mer. Sous son heaume protecteur de la chevelure, elle se jette à l'eau. Qu'elle aimerait nager, quasi nue, les nattes la suivant telles des algues vives ! Marie et Ida la protègent à mi-corps. Elles n'iront pas plus loin mais tremblent toujours de la voir s'éloigner d'un rythme harmonieux, singulièrement puissant. Elle nage, longue mouette fendant les flots, angoissant ses dames quand parfois elle disparaît entre les vagues, entre les nuages.

Elle ajouta à ses célèbres écuyères, grâce à sa sœur Marie, de hautes figures de l'art équestre. Des initiateurs dangereux, car ces Anglais chevronnés avaient aussi dépassé toutes les audaces. Marie Festetics eut peur quand elle convia les frères Balatzzi, de Vienne, champions de l'hippodrome. Il était aisé d'éblouir l'impératrice, de s'en faire une amie – une alliée – si on excellait en équitation. Les frères Balatzzi étaient éblouissants, flanqués d'une jeune sœur ambitieuse, prête à tout, Hélène Vetsera. Ces intrigants et habiles roturiers faisaient parti de l'entourage insolent, toujours en fêtes arrosées de champagne, de Marie de Naples. Il leur fut aisé de conquérir Élisabeth. Marie de Naples – dont le bébé était mort et qui, décidément, n'aimait guère son triste époux qui, lui, l'admirait à en perdre le souffle – manœuvrait sans scrupules sa luxueuse liberté. Elle avait conquis les riches milieux anglais et charmait les Rothschild, en leur confiant ses capitaux. Ils lui prêtaient, sans grand risque, des sommes folles, habilement négociées. L'équitation coûte une fortune. Marie de Naples entraînait sa sœur sur sa pente favorite. Marie Festetic détestait cette sœur de l'impératrice, apparemment étourdie, futile, âpre au luxe et entraînant dangereusement sa reine dont elle avait la précieuse, discrète et sévère garde. Marie de Naples, oisive, activait, nuisible, l'ennui où s'étiolait aussi sa sœur. Le truchement hors de prix avait été le cheval.

Marie Festetics fut impuissante à ramener Élisabeth à un peu de raison, à renoncer à ses chevauchées où elle risquait sa vie. Elle tentait de la convaincre de revenir à Vienne, près de son époux et de son fils. Gisèle et ses fillettes n'étaient pas des arguments pour l'égoïste cavalière. Élisabeth redoublait d'audace et de périls aux applaudissements de sa sœur et de leur cour. Elle rencontra le plus grand cavalier anglais : le caractériel, laid, roux, court sur jambes, Bay Middleton. Élisabeth fut éblouie de son habileté. Elle n'avait jamais rencontré une telle perfection. Il est brusque, sans éducation ? Il lui plaît. La séductrice est aux aguets. Une nouvelle tête d'âne pour son « cabinet ». Il accepta, non sans arrogance, de l'accompagner à une grande chasse. Galoper au rythme d'un tel maître ! Il la regardait à peine, dédaigneux, absorbé par sa monture. Qu'elle le suive si elle le peut, ou qu'elle se casse le cou, il s'en moquait. Malicieuse, elle laissa faire, le dépassa et rit tout bas de sa folle admiration qu'il dissimulait son un air bourru. Il l'adora sans le dire. Son « cabinet » s'enrichissait d'un nouveau scalp :

Couleur de rouille était mon ami Longue-Oreille,
Son hennissement clair et sonore [1]...

Son époux est, bien sûr, « le petit âne pur-sang ». Il a cependant, merci pour lui, « la place d'honneur dans son cabinet secret ». Même si, « finalement, c'était un cher trésor, malgré la peine qu'il donnait ».

Bad Meddleton lui offrit – ce qui était contraire à toute étiquette – trois sublimes chevaux. Il accepta de lui rendre visite en Hongrie. L'amazone avait gagné. Il était devenu fou d'elle. Il lui écrivit des lettres passionnées. Le « cabinet » s'agrandissait. Le froid cavalier était devenu le prisonnier de la mouette. Il fit une

---

1. *Le Journal poétique de Sissi*, p. 54.

fin digne de lui. Il mourut, en 1892, d'une chute de cheval, à la manière d'un grand capitaine qui coule avec son vaisseau.

La reine nommée Cheval galopait et ignorait les effondrements divers de la société.

Elle coûtait cher, Sissi. Elle eut de la chance. L'été 1875, s'éteignit à Prague l'ex-empereur Ferdinand. Sa fortune était immense et François-Joseph fut son légataire universel. « Me voilà riche ! » s'exclama, non sans naïveté, l'empereur. Il respirait, surtout. Sissi devenait une sorte de Marie-Antoinette, insouciante à la dépense. Les chevaux étaient plus onéreux que des parures. Les bijoux restaient, songeait l'empereur, et se transmettaient aux filles de leur Maison. Les chevaux mouraient et leurs soins étaient exorbitants. L'époux aimant se priva pour augmenter la cassette personnelle de la cavalière : deux millions de florins ! Sissi était devenue riche grâce au mari épris. Le parcimonieux était généreux dès qu'il s'agissait d'elle. Elle disposait d'une fortune qu'elle plaça, en Suisse, selon les conseils des Rothschild. Elle acheta des actions des Chemins de fer nationaux, ouvrit des livrets sous un prête-nom à la Caisse d'épargne autrichienne. Elle voyait beaucoup ses banquiers – sans jamais le dire à l'empereur. Concoctait-elle de nouvelles fuites ? Un sûr instinct lui dictait qu'une souveraine en exil a tout intérêt à ne pas être pauvre. L'argent venait du mari, soit, mais elle avait vite assimilé que la liberté des femmes est une bourse bien garnie. Élisabeth d'Autriche, reine de Hongrie, pétrie de phobies mélancoliques, n'était pas une écervelée. Une froideur hors d'âge et de sexe lui dictait l'implacable conduite des intérêts financiers personnels. Elle acheta des actions à la compagnie des eaux du Danube. Elle s'enchantait quand ses gains fructifiaient. François-Joseph avait toujours été économe et modeste dans ses goûts. Cet immense héritage l'effrayait moins devant les caprices de sa femme. Elle multiplia des demandes de chevaux exceptionnels. La Kaiser Villa s'achevait, bien meublée, gorgée de bibelots luxueux. Un cendrier fétiche en forme de fer à cheval, des tableaux (de chevaux), des miroirs, des grands chiens en porcelaine, un bric-à-brac de grand luxe. François-Joseph la couvrait de cadeaux. Lui faire plaisir, la ramener près de lui : il lui fera construire, selon ses désirs, autant de demeures qu'elle le souhaitera. Qu'elle redevienne la petite fille d'Ischl qui riait et lui laissait embrasser sa bouche, ces « deux fraises adorables »... Il se trompe lourdement. Cette fortune accroît sa boulimie de fantasmes insatisfaits. Peut-être le méprise-t-elle de le voir céder si vite. Il est décidément son cher petit âne dont elle tire les favoris pour en obtenir tout ce qu'elle désire. Le seul désir-plaisir qui eût fait de la mouette une femme gémissante, reconnaissante, à la chair vibrante, mendiant ses caresses d'homme, n'a pas été possible. Ils en sont toujours au même traumatisme. Le fil de soie d'amour, seul résiste...

Elle se lasse vite de tout, la reine nommée Cheval. Elle a écumé les galops en Hongrie et en Angleterre. Elle se persuade qu'en France, elle trouvera mieux pour galoper et se baigner. Son choix s'était fixé sur la côte normande dont on lui avait vanté le climat assez proche de celui de l'Angleterre. Elle donna du mal à l'Autriche pour lui trouver une demeure digne d'elle et les soixante personnes de sa suite. Un endroit, une demeure avec suffisamment de sécurité en ce pays résolument républicain – qui avait enduré les Prussiens en 1870. On lui trouva le château de Sassetot-le-Mauconduit, entre Dieppe et Fécamp. En juillet 1875, le château et sa plage privée, « les Petites Dalles », ont été loués fort cher au propriétaire, M. Albert Perquer. Une longue façade ocre aux volets verts, un décor simple et raffiné, une porte dérobée pour qu'elle puisse sortir sans être harcelée, un vaste parc ombragé qui regorge d'hortensias. La foule, déjà, se presse vers Sassetot. L'endroit lui plaît et elle y passera tout l'été avec ses Hongroises et Marie-Valérie. Gisèle est grosse d'un autre enfant (« un porcelet ») et elle s'en moque. Le parc était assez vaste pour qu'elle pût faire du saut d'obstacles. Elle se baignait avec sa fille, dans les mêmes conditions qu'en Angleterre. Sassetot était officiellement une cure de santé, mais le pays s'aperçut vite qu'elle était là pour ses plaisirs – et pas malade du tout. On n'avait jamais vu, en ce coin retiré, une telle fourmilière de personnel, de gens d'écurie. Les Hongroises surprenaient. On n'avait jamais rencontré de Hongroises, au village. Voir l'impératrice était la principale obsession. Elle prenait mieux les choses, sa misanthropie était devenue du mépris. C'était sans compter avec la sensibilité collective qui la prenait en grippe quand elle osait chevaucher à travers les champs normands, insouciante des moissons. Elle avait beau argumenter, ce qui était vrai, qu'on (l'empereur) avait largement dédommagé ces paysans, ils la haïssaient. Des poings invisibles se crispaient. On la traitait tout bas « d'Autrichienne » du même ton que leurs aïeux avait molesté la ci-devant reine Marie-Antoinette. Bien des villages se souvenaient de la maltraitance des Prussiens, ravageant leurs maisons, massacrant les habitants. On n'aimait pas cette « Allemande » ; on n'aimait pas les terres offensées par ses chevaux. L'argent donné ne dédommageait rien. Aucun paysan ne supporte de voir sa terre bafouée. Elle osait courir le lièvre, fouler le blé, la betterave. Envoie-t-on promener l'impératrice d'Autriche ? Ils acceptaient le dédouanement mais la rancœur montait. On murmurait qu'un jour une guerre, plus féroce que l'autre, éclaterait contre l'Allemagne, cette brutale assaillante. Elle voulut rassurer son époux (il avait ses espions) en décrivant ses bains de mer, le matin. Elle se baignait, disait-elle, avec tout le monde. L'après-midi était consacré aux longues marches et aux galops effrénés. Elle était étonnée du mécontentement des paysans et de leur guet :

« Bien que la France soit en république, les gens d'ici sont plus curieux et importuns que dans aucun autre pays, de sorte qu'on m'ennuie partout où je vais [...] À cheval, j'ai eu des désagréments ; sur les routes et dans les villages, des enfants et des cochers font tout pour effrayer les chevaux ; et quand on traverse les champs, ceux bien sûr où l'on ne peut faire des dégâts, les paysans se montrent terriblement grossiers [1]. »

Elle avait un nouveau maître d'équitation, venu d'Angleterre, Mr. Allen. Il la poussait, dans le parc, à des sauts vertigineux. Marie Festetics en avait des battements cardiaques. Elle effraya tout le monde quand elle traversa un pont en bois qui faillit s'écrouler. Les Autrichiens détestaient ses prouesses et blâmaient les heures qu'elle consacrait, en plus, à l'escrime. « Elle est folle. Elle ne vit que pour son cheval », écrivait sans ambages la femme de l'ambassadeur de Belges. La lettre appuyait que si la république n'éclatait pas en Autriche à cause d'elle, c'était grâce à la bénignité de ce peuple. Qu'elle s'estropie gravement un bras de manière à cesser cette démence équestre. L'accident, en effet, arriva. Le 11 septembre, au matin, elle fit une si rude chute de son cheval, Zouave, qu'elle avait l'air, inanimée, d'une morte. Le cheval avait-il eu peur d'une ombre ? Élisabeth fut violemment désarçonnée. On retrouva la selle plusieurs mètres plus loin. Marie Festetics s'épouvantait, on alla chercher à grands cris le médecin Widerho-

---

1. *Élisabeth d'Autriche*, op. cit., p. 338.

fer. On avait transporté l'impératrice sur une chaise longue. Le docteur Widerhofer palpe, inquiet, le trop gros hématome sur le front. Pour mieux la soigner, examiner attentivement le crâne, la nuque, il suggère de lui couper entièrement les cheveux. Autant la laisser mourir, frémit Marie Festetics. Elle ne survivrait pas à l'ablation de sa chevelure... À coups d'eau de Cologne, de serviettes imbibées de vinaigre, de sels, on la réanime. Elle ouvre des yeux hagards, elle balbutie avec peine : « Où suis-je ? » Ses lèvres tremblent, bleuies, gonflées. Elle est en état de choc. On retient son souffle quand elle murmure : « Quelle heure est-il, qu'est-il arrivé ? » Marie et le médecin sont très inquiets. Ils lui parlent doucement.

— Que fait-on en France ? articule-t-elle.

Élisabeth semble avoir perdu tout souvenir.

Elle s'évanouit à nouveau après avoir murmuré : « N'inquiétez pas l'empereur. » Marie et ses dames la couchent, la veillent. L'hématome grossit. Le médecin voudrait l'inciser dans les heures à venir. Tant pis pour les cheveux. Marie-Valérie sanglote. Elle voudrait être à Vienne, elle voudrait voir son père, son frère, Gisèle et ses bébés... Elle voudrait retourner dans un monde familial, paisible, convivial. Elle déteste ces chevaux, ce risque permanent de sa mère qui s'envole et qui est tombée – et qui peut mourir. Elle se sent mal avec sa mère et elle déteste parler hongrois.

Le baron Nopcsa finit par envoyer une dépêche à l'empereur. Il atténue les termes. L'impératrice a fait une chute de cheval mais va déjà mieux. La commotion a été sérieuse et elle souffre d'une jambe et de nausées. Elle a réussi à affoler l'époux amoureux. Il était alors au Tyrol et voulut à tout prix rejoindre la France. Andrassy voit plus loin : la politique ne doit pas détourner l'empereur de ce voyage officiel si utile à la Hongrie. Il n'aime pas les dangereux caprices de la reine. Il sait que jamais ils ne seront amants. Il s'investit au service de son pays – et de ses avantages. Une subtile rancune dicte peut-être cette nouvelle dureté. Il eût aimé l'aimer. Il n'aime pas ces chevauchées fantastiques, ces impurs ragots du Gotha au sujet de la passion saphique de la reine pour ses belles écuyères. Andrassy raisonne son souverain avec un ménagement habile. L'impératrice va mieux, il en est sûr. Cet accident modérera sans doute ses imprudences. Débarquer en république française serait une erreur stratégique. Cela alarmerait le président Mac-Mahon dont les limiers pullulent. Ce n'est pas le bon moment. François-Joseph fait les cents pas, toute la nuit, à Schönbrunn. Il reconnaît la raison parfaite d'Andrassy. Sissi... Il imagine la poupée floche, brisée sur le sol. « Elle est si jeune. » Un sanglot sec et retenu. Qu'il serait bon de frapper aux appartements de sa mère, désormais vides et noirs...

Elle va mieux et l'amoureux indéfectible écrit : « Que ferais-je sans toi, mon ange ? »

Un ange aux ailes noires ; terrible, terrassant, terrassé... Elle lui écrit quelques mots affectueux, bien décidée à reprendre son genre d'existence même, dit-elle, « s'ils doivent s'attendre encore à ce genre d'accidents ». Que faire pour lui arracher la promesse de se tenir plus tranquille ? Que lui donner ? Elle a hâte de quitter la France, l'ennui l'a reprise. Simple et excentrique, c'est selon, elle reçoit gracieusement le maire et le curé qui n'en reviennent pas d'émotion. Elle leur laisse spontanément une belle somme pour améliorer l'habitation de pauvres gens dont la chaumière a brûlé. Elle laisse des dons, malicieuse derrière son éventail, aux fonctionnaires qui ont aidé ce séjour. Elle est prête à doubler la somme aux paysans dont elle a foulé les terres. Elle déconcerte et suscite une fascination émue. Sa beauté – en dépit de l'hématome – rend silencieux tous ces hommes – même le curé qui bénit un peu au hasard. Impatiente, elle n'a soudain qu'une hâte : le train, revoir son cousin Louis, ses sœurs, l'empereur (brièvement), Rodolphe et tenter un rêve qui commence à la hanter : la mer, la mer, la mer... ou les nouveaux espaces gorgés de coraux invisibles, là où flotte la légende d'Ulysse et le chant des sirènes. Elle croit aux sirènes. Elle est peut-être, au fond, plus une sirène qu'une mouette. Une sirène est une créature magnifique, à la chevelure agrafée de perles, d'étoiles de mer et qui ne peut écarter les jambes.

Elle n'ose déplaire trop fortement à son époux qui la prie de passer par Paris où le président de la République est désormais fort aise de les recevoir. Comment blesser le vainqueur de Magenta, l'honorable maréchal Mac-Mahon ? Il assistait alors aux manœuvres dans l'Eure. La rencontre est organisée à la gare de Vernon. Un incident se produit. Chacun, sur le quai de la petite gare, attend ardemment l'impératrice. Quel embarras de faire savoir que, tous rideaux baissés, le train à l'arrêt, l'impératrice dort et ne veut pas être dérangée ! Effets secondaires de sa commotion accentuant sa désastreuse misanthropie ? Elle murmure un ordre à déclencher une guerre franco-allemande. Dans un élan de ferraille, de fumée, le train s'ébranle, laissant, froissé et en grand uniforme, Mac-Mahon et son état-major. On est le 26 septembre.

À Paris, un appartement avait été préparé pour elle à l'Élysée. Élisabeth ne s'y rendit pas. Elle fit louer, place Vendôme, une suite à l'Hôtel du Rhin, où descendait son cousin, son aigle bien-aimé, flanqué de son écuyer d'amour. Il se faisait appeler « le comte de Berg ».

Il est étonnant de constater la rapidité de récupération d'Élisabeth, secouée par cette chute, et toujours anorexique. Aussitôt à l'hôtel, elle piaffe de visiter Paris. Marie Festetics est sa seule suite. L'impératrice adopte un costume sombre qui sera le sien lors de ses équipées pédestres. Une casaque, une jupe plate atteignant la cheville. Jamais de corset, mais une simple brassière sur la poitrine, des « pantalons » courts, c'est-à-dire des culottes fermées serrant le genou sec et fin. Elle a inventé une forme du tailleur trotteur. Une blouse en organdi blanc en dessous, la chaussure de marche lacée aux chevilles, pas de bas, un court chapeau de cavalière loti d'une voilette... Quand il fait froid, elle jette un manteau en zibeline sur ses épaules ou une simple cape en laine noire. Un gobelet pendu au cou, une croix catholique, son éventail, un parapluie. Elle va, rapide, suivie de Marie au souffle court. Elle va aux Invalides, grimpe les marches jusqu'au sarcophage de Napoléon Ier, même s'il s'agit d'une provisoire erreur de tombeau. Elle s'émerveille et s'étonne. Elle aime le jardin d'Acclimatation, le jardin des Plantes. Elle monta avec plaisir la rue Mouffetard, ses vignes, ses goualantes et ses marchands d'allumettes. Elle était curieuse de l'église Saint-Médard où s'étaient agités, en 1715, les convulsionnaires inspirés du diacre Pâris. Le spiritisme l'attirait. Sa sœur Sophie, duchesse d'Alençon, vivait à Neuilly, chez les d'Orléans. Elle s'y rendit, marquant un arrêt recueilli à la chapelle qui avait été élevée à l'endroit où s'était tué, à cause d'un attelage emballé, le duc d'Orléans, fils aîné de Louis-Philippe. Marie Festetics en profitait pour insinuer le terrible danger du cheval.

— On n'échappe pas au destin, répondait Élisabeth.

À cheval ou à pied, en mer, en chemin de fer, elle ignore en quelle chambre, de soie, d'eau ou de terre, la Mort saura la retrouver...

SISSI, LES FORCES DU DESTIN

À Auteuil, on la voit à nouveau sauter des périlleux obstacles. Marie Festetics n'aime pas cet éclat trop vif du regard, ces constantes prises de risque. Quelle terreur, ce cheval soudain dressé trop haut sur ses pattes arrière, lançant un hennissement sauvage ! La femme et le cheval : un couple d'enfer qui va vers quelles issues rougeoyantes ? À Vienne, son cheval préféré se nommait Nihiliste. François-Joseph a beau envoyer dépêche sur dépêche pour la modérer, rien n'y fait. Elle aima revoir sa sœur Sophie. Elle était aussi jolie, gaie, heureuse, somme toute, avec son duc et un entourage familial empressé. Elle s'occupait de bonnes œuvres, songeait à perfectionner le Bazar de la Charité. Un reste d'angoisse flottait dans ses yeux horizontaux, si semblables à ceux de Sissi. L'ombre fantasque, attachante, de Louis II. Il était mal dans sa vie, répondait Sissi. Il s'enfermait, de plus en plus solitaire dans ses châteaux, effrayé à la tombée de la nuit. Il aimait, avec désespoir, de beaux jeunes gens. Wagner demeurait sa passion unique.

Sophie et Sissi ont retrouvé la bonne gaieté d'antan. Les deux sœurs s'encanaillent avec un rare bonheur : elles se rendent, le visage dissimulé, au bal Mabille gorgé de mauvais garçons et de filles de joie. Les mauvais garçons, très gentils avec les dames, dansent, la casquette sur l'œil, les mains posées sur les fesses de leurs danseuses. Au bal Mabille, on aime l'amour, on a l'œil ardent, on boit du vin clairet, on fume le cigare, on s'amuse beaucoup sur ce parquet où se lève la poussière. Les dames mûres y espèrent le gigolo et le gigolo cherche leur argent. Le sexe, le sexe que connaît si mal l'impératrice qui danse, ravie, au bras d'une louche beauté en casquette à carreaux. Elle eût volontiers fréquenté tous les soirs ce bal. Elle craint trop d'être reconnue et y envoie à sa place Ida et Marie, peu satisfaites de la mission. Marie Festetics a été écœurée de cette faune indigne et de ce drôle de bandonéon qui miaulait des rythmes agités. L'urgence de partir saisit Élisabeth. Elle s'en va, en principe à Vienne, mais file directement à Gödöllö. François-Joseph ne l'a pas vue depuis trois mois et, en dépit de son travail écrasant, il la rejoint avec Rodolphe. Un élan d'amour simple les unit un court moment. Cet automne-là, son fidèle Shadow meurt. Elle le pleure avec violence et le fait enterrer dans le parc. L'empereur et son fils sont repartis, elle s'enferme en larmes dans sa chambre. Elle songe à écrire un poème sur la solitude, le glacial automne qui la gèle plus que la neige.

> *C'est l'automne, froid et triste ;*
> *Un chuchotement parcourt la forêt*
> *Comme venu du royaume infernal des ombres.*
> *Sans relâche tombent des feuilles jaunes,*
> *Des brumes lourdes et grises*
> *Descendent, sombres draperies funéraires*[1].

Elle devenait mystique, depuis sa chute en Normandie. Elle portait au cou un extrait du psaume 91 où Dieu se nommait Yahvé. Il la protégerait. Sa sympathie ardente pour Heine croisait celle des Juifs, ces persécutés qu'elle estimait et aimait. Sa phobie qu'il arrivât malheur à sa fille préférée la reprenait. Elle avait peu fait attention à Rodolphe, aux beaux dix-sept ans, le visage fin et grave, si proche de celui de sa mère. Un sourd malaise les paralyse. Eux que tout (excepté l'équitation) aurait dû réunir. Mêmes idées libérales, grand goût pour la république, la liberté des peuples. Le prince-héritier n'a-t-il pas rédigé une audacieuse réflexion, loin du goût de son père, *La Situation de Vienne et notre avenir* ? Elle lui en veut peut-être de ne pas aimer la poésie ni le cheval. Elle lui en veut d'avoir été si impuissante à le défendre quand il était si jeune. Leur amour est douloureux, Rodolphe a une passion désolée pour cette mère trop souvent absente, qui idolâtre sa sœur Marie-Valérie. Rodolphe a plus de peine que de jalousie. C'est un noble cœur, passionné, fragile, que la vie brisera. Rodolphe pose des questions essentielles qui choquent son père.

— Sommes-nous des animaux, ou avons-nous un potentiel plus élevé ?

Rodolphe, inquiet, intelligent, beau et insomniaque accentue le tourment de sa mère. Le fuir... Elle s'est absentée trop longtemps, elle le sait. Elle adore Marie-Valérie, à fond perdu. Elle le sent. L'amour est une torture partielle et sans limite.

Elle a trente-huit ans. Quoi, les années se sont envolées, aussi implacables que ces lointains oiseaux de mer ? Des mouettes mortes sur les rivages ensablés. Elle aimerait bien retrouver Shadow et ses bêtes aimées, disparues, en quelque paradis fait à sa

---

1. *Le Journal poétique de Sissi*, p. 169 (*Un soir à la fin de l'automne*).

mesure délicate, où serait à jamais bannie la rude présence de l'homme. Elle a envie de pleurer.

« La mer me tente dès que je la regarde [1] », a-t-elle écrit à sa mère.

Marie Festetics s'émerveillait de l'amour sans faille de l'empereur. « Elle sait se faire désirer », notait-elle, en français, dans son journal.

L'occasion de pleurer revint vite. Le 31 janvier 1876, son cher Deák s'est éteint, quasiment paralysé. Il avait soixante-treize ans. La Hongrie est en deuil. Élisabeth déposa en pleurant une gerbe au pied de son catafalque, où était inscrit : « *La reine Élisabeth à Ferenk Deák.* » Le réconfort lui vient du rythme incessant du voyage. La tolérance de François-Joseph devenait un crédit illimité. À la fin de l'été, peu avant le décès de Deák, son cousin Louis II lui manquait. Le revoir, parler ensemble. Serait-il son âme sœur ? Il l'inquiète et il l'angoisse mais elle adore le retrouver. Elle était allée à Munich, dans son train personnel. Elle n'avait pas échappé à une courte visite, sans tendresse, à Gisèle, qu'elle trouva guindée, froide, distante. Elle n'eut aucun élan envers ses fillettes. Elle fut soulagée de retrouver Possi – et bientôt son cher cousin. Elle ne savait jamais à quoi s'attendre avec lui. Il avait disparu depuis quelque temps ; obsédé par la construction d'un château, semblable, en tout point, au Trianon (Linderhof) et un immense palais, un « Versailles » reconstitué en l'honneur fou de Louis XIV (Herrenchiemsee). Sissi n'a qu'indulgence (de l'amour) pour son aigle, comme se définit lui-même Louis II. Il est l'aigle, elle est la mouette. Leur orgueil étrange les hisse ainsi au sommet des nuées inatteignables. Il fuit toutes les femmes excepté les actrices dont beaucoup ont l'âge de sa mère. Elle est seule, elle aime ça, a tous les pouvoirs sur lui. Ils se savent, à leur intime soulagement, à l'abri d'une attraction sexuelle. Il la voit en fée, en reine du ciel. Elle n'appartient, dans son rêve éveillé, pas plus que lui à la vulgarité des réalités. Selon son habitude, il fait ouvrir Possenhofen à minuit pour offrir à Sissi cent roses, du blanc le plus pur au rouge le plus ardent. Elle ne dormait pas, elle fut enchantée des roses. Un billet signalait qu'il la priait de venir le

---

1. *Sissi ou la Fatalité*, J. Des Cars, *op. cit.*, p. 311.

voir le lendemain, à sa résidence. La bonne duchesse et le duc sont depuis longtemps indifférents à ces remue-ménage.

Louis ou sa pure passion poétique. Elle s'inquiète cependant de le trouver si appâté, vêtu d'un vilain costume bourgeois, coiffé d'un trop petit chapeau rond, les yeux constamment levés au plafond. Elle suit assez mal les circonvolutions de son discours. À minuit, il s'asseoit avec elle dans la loge de son théâtre personnel.

— Je ferai jouer, dit-il, toutes les plus belles œuvres en l'honneur du roi Soleil.

Devant la salle vide où les machinistes se font silencieux et invisibles, le rideau se lève et rien que pour lui, pour elle (ainsi autrefois pour sa fiancée Sophie), on joue la tragédie *Narcisse*. Le rôle de la Pompadour était tenu par la plus fastueuse actrice du Burgtheater, Mlle Charlotte Wolter. Il est quatre heures du matin. Tout le monde est épuisé sauf les deux complices, les deux cousins, émus d'un monde artiste où a enfin disparu la foule haïssable.

Élisabeth a quelque inquiétude devant l'exaltation de son cousin pour ce théâtre vide, et son projet d'introduire une authentique chasse, avec fusils, au milieu de la pièce. Il désigne, bouche d'ombre dans l'ombre de leur loge, les machines du décor qui peuvent faire surgir des rochers, de cascades, une forêt. Un système déclenche des averses. Elle applaudit, fascinée par son minuscule chapeau rond. À l'asile des aliénés, elle avait remarqué qu'un signe de la folie était de porter un minuscule couvre-chef, parfois une boîte d'allumettes.

Elle l'aime mais le malaise la saisit. Sa fragilité est interpellée. Deák est mort, Andrassy la déçoit de trop mener son jeu politique sans elle ; son pouvoir est mort. *Sa Majesté l'impératrice n'use d'aucune influence.* Elle est lasse, elle n'a plus envie de se battre pour empêcher son époux de rencontrer le roi d'Italie. Elle devine, en Italie, une haine implacable contre l'Autriche. Elle a peur mais que faire sinon étendre ses ailes, s'envoler encore... « J'appréhende un malheur », confie-t-elle à Marie Festetics.

Deák avait été peut-être son allié plus profondément qu'Andrassy. Elle leur doit la couronne de Hongrie ; ils lui doivent sa généreuse intervention. Grâce à ces deux hommes, sa passion pour la Hongrie avait porté ses fruits. On parlerait désormais hongrois dans les écoles. Elle est bien leur reine de cœur, mais est-ce suffisant ? Le président du conseil hongrois, Coloman Tisza, était plus écouté qu'elle quand il s'agissait de prendre de grandes décisions.

S'envoler, encore : l'Angleterre. Pour ses chevaux, n'en déplaise à tous, même à Marie-Valérie à qui, pourtant, elle avait promis de cesser ses intrépidités équestres. Fin février, elle est à Londres. L'ambassadeur de François-Joseph est choqué. Rien, décidément, ne retient l'impératrice à Vienne. Elle étouffe aussitôt. « Ma vie est une cage », dit-elle à son époux, ce qui aurait pu le fâcher gravement. Il l'entend mais ne l'écoute pas et ne lui interdit rien. Elle a vexé la reine Victoria, il le sait. La puissante souveraine n'oublie jamais rien. La preuve : elle refuse sèchement de recevoir d'Élisabeth, ce qui dépite l'étourdie. Elle s'en plaint, le 5 mars, à son époux. « Cette reine, écrit-elle, est bien mal élevée ! La revoilà à cheval, follement entraînée aux côté de Bay Middleton. Il y a beaucoup de chutes lors de cette chasse. La reine Victoria, diplomate à l'extrême, suppute que la punition suffit. Elle invite l'impératrice à Windsor. Elle a fait sentir les limites à ne jamais dépasser. Élisabeth se rend au palais. Du taffetas noir moulant le corps parfait, un col entouré du sautoir de perles, la chevelure parsemée de camélias blancs... La reine s'émerveille. Elle est décidément bien belle, cette étourdie qui, paraît-il, saute au-delà des pires obstacles. Le cheval, sa drogue. Ses adorateurs se multiplient. Elle oublie son *spleen*.

François-Joseph reçoit de réguliers et affectueux courriers. Il trouve le temps de répondre, absorbé par la dangereuse politique dans les Balkans. Le Tsar rêve de prendre sa revanche. Il n'a jamais pardonné la guerre de Crimée. François-Joseph a besoin de l'Angleterre. Que cette folle enfant de bientôt quarante ans, comprenne qu'il ne faut jamais blesser la reine Victoria ! Il est soulagé d'apprendre qu'elle a déjeuné à Windsor. Une flotte entière à son secours dépend de son amazone. Le pouvoir des hommes serait donc une fable ?

Début avril, elle est à Vienne où tout l'insupporte si vite. Elle endure mal la visite de la reine des Belges, celle des souverains grecs. Ils ont le bon sens de parler chevaux et elle se détend un peu. Il n'y a rien d'autre, observe la Cour, qui suscite l'intérêt de l'impératrice d'Autriche, reine de Hongrie. Vienne la rend sourde, idiote, muette, indélicate.

Elle a reçu une lettre qui agite son cœur. Son cher cousin est malade. Une rage de dents si forte qu'il a failli se faire arracher sa dentition. La lettre est datée d'avril, deux heures du matin. Louis II est épouvanté. Il a trop dépensé en finançant le théâtre spécial pour l'Ami (Wagner) à Bayreuth. Son frère Othon a totalement sombré dans la folie. Louis II le pleure et a peur. Sissi est « son alliée, chère et précieuse »... Leurs âmes ont « ce lien étroit de haïr toutes les bassesses humaines... jamais vous ne douterez de moi », signe le douloureux ami.

« Je suis une éternelle énigme », dit-il. Il préfère « énigme » à malaise mental. Il prépare le glissant terrain où il semble avoir deviné qu'il ne pourra, un jour peut-être proche, plus rien contre « les bassesses des autres ». L'internement, la perte de ses pouvoirs, ses demeures, sa musique, qui sait, l'assassinat... « On te tuera ! » chuchotent ses démons. La lampe couleur de lune est allumée sans répit. L'obscurité le fait gémir et trembler. Othon court à quatre pattes, aboie et mord ; on le lie, on le douche sans douceur. Marie de Prusse accentue son supplice maternel en narrant à Louis qu'une de ses tantes était persuadée d'avoir avalé un piano. Oui, ils sont fous. Complètement fous. La mère, de désespoir, appuie sur toutes les plaies. Élisabeth est saisie d'un lent effroi. Ce sang, ce sang des Wittelsbach qui coule en ses veines menues, ce sang la mènera-t-il comme Othon, Louis au fond d'une chambre verrouillée ? Que fait-on, à Vienne, d'une impératrice devenue folle sinon la boucler à la Hofburg ou, pire encore, à Laxenbourg ? Yahvé aura pitié, la mort viendra, au hasard de ses routes et de ses heures. La mouette dépliera à jamais ses ailes noires ; personne ne l'enfermera. Le Destin y pourvoira.

Quelquefois, seule sur le banc, à Gödöllö, elle sanglote avec violence. Marie Festetics la regarde, navrée.

— Pourquoi tant de chagrin, Majesté ?

— Je ne sais pas, dit-elle.

L'été 1876 est difficile à l'empereur. Les Balkans s'enflamment. La Serbie et le Monténégro font alliance et le Tsar espère vaincre ainsi la Turquie. Andrassy déteste Alexandre II, ce qui paralyse la politique de François-Joseph prêt à un compromis avec son ancien et ombrageux allié. Élisabeth ne veut plus se mêler de rien. Elle a besoin de Possi, du bord de son lac. Elle redoute la rencontre de François-Joseph et du Tsar, au nord de la Bohême, en une zone peu sûre : Reichstadt. Elle doute qu'il « sorte quelque chose de valable » de cette rencontre. Les Balkans... Ils la terrifient lentement. Elle a l'intuition qu'un incendie sans limite y éclatera un jour. Qu'on évite, dit-elle à Néné de plus en plus grosse et le teint trop jaune, de toucher à cette poudrière ! Cette poudrière, s'appellera, en 1914, l'attentat de Sarajevo – le déclencheur de la première guerre mondiale.

Est-ce pour se consoler qu'elle se fait construire un manège à Ischl ? Wagner écrit son *Parsifal* tandis que, le plus discrètement possible, François-Joseph négocie avec Alexandre II. Le Tsar aimerait vassaliser l'Autriche-Hongrie, utiliser ses troupes pour conquérir les Balkans. Son intention est simple : François-Joseph occuperait la Bosnie-Herzégovine pendant que ses soldats russes envahiraient la Bulgarie. La guerre, encore. Que faire de la Roumanie et de l'Albanie ? Les deux empereurs sont tentés par cet Orient fastueux, menaçant et qu'ils menacent. La prudence de François-Joseph agace le Tsar toujours prêt à la conquête. Il aime la guerre.

Sissi déteste la guerre et comprend mal que son époux ne la rejoigne pas en Bavière, n'admire pas avec elle l'aube rose et la forêt. Elle a un nouveau chien de berger, Platon.

Louis, son cousin. Il la hante d'une perturbation poignante mais elle ne résiste jamais à lui rendre visite. Il est joyeux, vêtu de satin bleu, sa rage de dents est calmée, son dieu aimé, Wagner, a fait jouer pour lui *L'Or du Rhin*. Munificence ! Le théâtre, à Bayreuth, est grandiloquent, laid, mais Louis atteint l'extase. Il y avait huit années qu'il n'avait revu l'Ami, parfait exploiteur du tendre mécène. *L'Or du Rhin* ! La musique monte d'une fosse invisible où cent musiciens font merveille. Une musique envoûtante, étourdissante, affolante. Un baroque gothique, grandiose. Une musique à la limite d'une angoisse extrême, d'un cataclysme universel. Louis II est transfiguré et tend ses mains, par-delà sa loge, comme on prie, comme on supplie. Épuisé d'une émotion trop violente, à la limite d'un foudroiement, le roi mécène ne reviendra jamais à Bayreuth. Il a le sens aigu, dans son excès esthétique, qu'il a aidé à découvrir la musique du futur. La musique de la race supérieure...

« La mer », avait dit Sissi à la bonne duchesse à demi sourde, lasse des excentricités de ses enfants et inquiète de la santé de Néné ; la mer... devenir une île à soi toute seule. La brusque envie de revoir Corfou. Est-ce son lecteur grec qui l'enthousiasme vers la littérature grecque ? Ulysse, Nausicaa, *L'Iliade* et *L'Odyssée*, le dieu mortel, Achille et son talon funeste ? La Méditerranée. La mouette déploie ses ailes. Plus de cheval, une île ! L'empereur cède avec trop d'empressement. Elle le perturbe dans ses périlleuses négociations. Il l'éloigne comme on met un enfant aimé et turbulent dans un magnifique lieu de vacances. Il lui achète, l'amoureux résigné, devenu riche, un yacht personnel, *Le Miramar*. La mer, la mer. Il y avait des années qu'elle n'avait refait ce chemin vers le soleil et tout ce bleu. Que souffle le vent, les imprévisibles tempêtes en Méditerranée, elle adore ça ! Le bonheur est d'aller au rythme du « vapeur » à plusieurs « nœuds ». Elle n'aime pas arriver, retrouver la statique terre ferme, avec ses hommes, ses curieux, ses monotones ennuis. Corfou la déçoit. Son rêve en avait déformé le souvenir. Elle y reviendra, mais elle enchaîne son vol, le 9 septembre, vers le Pirée et Athènes. Son lecteur grec l'a convaincue. Athènes est le vivier des dieux, des plus anciens et prestigieux philosophes. Platon, Aristote, Socrate, sans parler de l'immense Homère. Elle applique la littérature à ces vestiges que le temps a meurtris sans les détruire. La joie de vivre l'avait reprise, remarquée par la comtesse de Furstenberg qu'on n'a pu éviter d'emmener. Le consul d'Athènes la confondit avec Sissi, à son immense fou rire. Elle s'était fait relire *L'Odyssée* en grec par Christomanos. Elle s'était écriée à quel point elle aimerait qu'il fît d'elle la déesse qui transformait les hommes en porcs. Elle se contentait d'en faire des ânes dans son « cabinet » personnel – il lui arrivait de les traiter aussi de cochons. Circée-Titania n'en avait pas fini avec son implacable rejet. Elle aimait bien que Christomanos fût bossu et boiteux. À Athènes, elle se délecte des ruines prestigieuses. La comtesse admet que l'impératrice est devenue charmante et gaie. Puisse durer cette éphémère et gracieuse bourrasque ! La mouette hume dans le vent doux à parfum d'oliviers et de jasmin l'ombre merveilleuse des dieux. Sur le pont, tête nue dans l'air transparent, elle écoute Constantin Christomanos lui lire un extrait du chant XIII de *L'Odyssée* :

> *Il est deux portes,*
> *L'une vers le Borée, par où descendent les humains,*
> *L'autre vers le Notos, plus divine, par où les hommes*
> *Ne passent pas ; c'est le chemin des Immortels.*

Il fallut rentrer à Vienne.

On y abhorrait le pauvre Rustimo, ce Nègre contrefait, que Sissi avait offert à son fils. Rodolphe l'aimait bien et fut son parrain lors de son baptême. Marie-Valérie le traitait en égal. Fut-ce une provocation quand elle l'emmena au mariage de sa cousine morganatique, Marie Wallersee, qui épousait l'ambitieux comte Larish ? Marie-Valérie entra dans l'église de Gödöllö, Rustimo à son bras. Comme il avait dû les haïr, ce misérable que la vie avait contrefait et dont on s'amusait tel un singe bien traité ! Rodolphe avait beau le considérer avec respect, on se moquait à la Cour de Rustimo – du goût déplorable de créatures de cirque que l'impératrice avait hérité de son père.

Que faire de Rustimo quand disparut Rodolphe, puis sa mère ? L'empereur se souciait peu de conserver ce « monstre » en son palais. En disgrâce, amer, Rustimo mourut, en 1890, à l'hospice d'Ybbs.

Pendant que Sissi courait les mers et que Louis II tremblait de passion pour Wagner et ses œuvres, les troupes autrichiennes, en Bosnie, étaient reçues en ennemies. C'était prévisible. Bismarck avait encouragé Andrassy dans sa stratégie. C'était bien la guerre... la charpie. Le coût du yacht *Miramar* eût suffi à compiler les innombrables béquilles nécessaires. Les Turcs et leur nouveau sultan, Abdülhamid, étaient cette masse redoutable, fous de massacres et de conquêtes. Le danger frôlait Vienne. Sissi tremblait pour ses chers soldats hongrois. On dut à nouveau ouvrir des hôpitaux de fortune dans les différents palais – et, comme toujours, Élisabeth fut vaillante, dévouée, attentive à la souffrance. Elle avait toujours su écouter la plainte, aider la douleur. Vienne ne lui était jamais insupportable quand elle s'y sentait humaine et utile – même si sa présence active passait par le malheur. Elle redevenait « l'ange » dont parlait son époux et Marie Festetics s'émerveillait de son dévouement. Cet élan ne durait jamais longtemps. Sa bougeotte la saisissait. Poursuivie, poursuivie par la déchirure de vivre... La mer l'appelait, le cheval l'emportait, l'ailleurs, sans forme définie, reprenait son joug.

Bay Middleton était venu chasser à Gödöllö, invité aux noces de Marie Wallersee. Marie Festetics se méfiait, à juste titre, de cette nièce trop jolie et fourbe, aux calculs tordus destinés à perdre la réputation de l'impératrice, sa bienfaitrice. Elle voudrait pouvoir l'aimer, confie Marie à son journal, mais elle a l'intuition que tout en elle est faux, dangereux à sa souveraine et au prince Rodolphe. « Un talent de comédienne », souligne la subtile Marie. Marie Wallersee, comtesse Larish, est une intrigante. Son journal regorge de malveillances douteuses au sujet de sa tante. Elle avait deviné sa frigidité liée à un culte excessif de l'esthétisme personnel. Jouait-elle le jeu de la Cour dans des buts fumeux et vénaux ? Sa beauté, elle le savait, ne laissait pas insensible Rodolphe. Elle saurait, avec son entourage d'ambitieux arrivistes, manœuvrer ce jeune homme trop sensible, ployer la mère et le fils à leurs intérêts. Marie Larish complote, insinue et organise les troubles. La générosité de Sissi s'était trompée sur cette nièce qu'elle avait favorisée par rébellion. La rébellion commet aussi ses erreurs. Une fille née de mésalliance n'est pas forcément une victime à l'âme délicate. Sissi avait souffert d'humiliation, elle commettait des fautes de jugement. Marie Festetics devinait ces erreurs mais comment déjouer cet entourage sulfureux que choisissait sa reine ?

Rodolphe suivait avec une attention méticuleuse la guerre, les articulations du conflit. En 1877, il a dix-neuf ans, sa majorité est déclarée, plus de précepteur mais sa Maison personnelle. Rodolphe est resté fidèle à son idée exprimée à dix-sept ans : l'Autriche ne doit jamais se soumettre à la Prusse et se méfier de Bismarck. Avec l'appui des États slaves du Sud, le prince songe à fonder un puissant empire du Danube. Il partageait avec sa mère une passion pour Louis II. Il aimait écrire à ce roi douloureux, génial et blessé. « Le pauvre roi », comme il disait, avait été bouleversé de sa visite à Munich. Louis avait adoré sa sagesse, sa délicatesse, son amour de l'art. Le prince était anticlérical, sympathisait avec les francs-maçons de France, son modèle était l'Angleterre. Il détestait le conservatisme autrichien. Leurs sensibilités se comprenaient. Leur malheur indicible les rapprochaient. Rodolphe avait mal choisi l'intendant de sa Maison : le comte de Bombelles. Il avait servi le malheureux Maximilien. Bombelles aimait les fêtes, les bordels de luxe, les filles douteuses aux couches avenantes. Marie Larish et son engeance le savaient. Il entraîna Rodolphe vers tous les plaisirs. Il y avait, en ces maisons aux couches rougeoyantes, la chair des filles, leur syphilis, la pourriture sous la peau rose et les boucles blondes. Il y avait, dès l'accueil (quel hôte d'exception !), la coupe de vin rare, l'opium ou la poudre blanche qui atténue toutes les peines. Bombelles fut dangereux à ce prince si jeune, qu'habitait déjà la fragilité des Wittelsbach. Il adorait les femmes, il avait adoré sa mère, l'absente, qu'il quêtait en toute chevelure vénale et magnifique. Il bannissait cette absence, cet exil sourd, aux bras blancs, adorables, ouverts pour lui. Il devenait la coqueluche de bien des femmes – des mieux nées à celles des bouges que fréquentait Bombelles. François-Joseph ne voyait pas d'un mauvais œil que son fils aimât l'amour. Il se souvenait d'un temps lointain et gaillard où les comtesses hygiéniques composaient le bref et indispensable bataillon nécessaire à l'initiation d'un jeune prince – en attendant un grand mariage. Sa santé de fer, le guet vigilant, autrefois, de l'archiduchesse l'avaient mis à l'abri du drame où Bombelles entraînait son fils : les mortelles et transmissibles maladies vénériennes. L'empereur avait apprécié que Rodolphe s'intéressât à ses armées, ses manœuvres militaires. L'amitié avec Louis II n'inquiétait que Sissi, au courant des troubles attraits de son cousin pour les jeunes hommes trop beaux. Rodolphe était un jeune homme très beau, qui ressemblait à l'égérie de Louis : Sissi.

Bombelles croyait satisfaire pleinement son prince en organisant ses plaisirs. La Cour jasait ; un scandale avait outré l'empereur. Il avait dû exiler son jeune frère, l'archiduc Louis-Victor, l'ennemi de Sissi. La police de l'empereur l'avait surpris en des ébats homosexuels au bain turc de la ville. L'archiduc s'était fait photographier vêtu en fille. Ces preuves s'étalaient sur le bureau de l'empereur. Le chef de la famille des Habsbourg vit rouge. La honte l'empourprait à la limite de l'apoplexie. L'homosexualité était un crime, une abomination contre l'honneur, l'armée, la religion. Il lui fit une scène d'enfer et l'éloigna. Ah, que n'était-il mort à la place de Maximilien ! Élisabeth, dans *Repas de famille*, décrit ainsi le fatal archiduc :

> *Le grand globe terrestre ne porte pas*
> *Une seconde crapule comme lui*[1].

Rodolphe aime trop les femmes pour se sentir en danger quand Louis II l'invite dans son jardin d'hiver, à un concert et une exposition d'œuvres d'art. Le prince a une tendresse réelle pour ce parent chargé de rêves, de chaînes invisibles, dont le frère est fou...

---

1. *Le Journal poétique de Sissi*, p. 91.

Rodolphe partageait avec sa mère le goût des voyages. Elle l'avait convaincu de la beauté de Corfou. Elle avait été tentée de partager cette croisière avec lui. Rare bonheur qui s'acheva en échec. Il s'était rendu à Corfou, curieux de sciences naturelles, d'y observer la flore. Il avait préféré continuer sa route, sans sa mère, en Sicile. Il regardait, fasciné, l'Etna. La nature forgeait de redoutables œuvres pétries de fleurs et de feux dévastateurs.

La bonne duchesse s'irrita que Sissi vînt à Possi avec Rustimo, cadeau du Khédive d'Égypte, désormais compagnon de jeux de Marie-Valérie. La fillette était d'une grande nervosité. Elle regrette sourdement Vienne, la langue allemande, son père qu'elle adore et dont sa mère la prive. Elle déteste la Hongrie et leur langue. Elle détourne la tête quand les dames hongroises l'approchent. Elle pleure, elle boude, le malentendu est immense. Sissi s'est entièrement trompée. Cette enfant idolâtrée préfère son père et lui en veut de la priver de ses véritables goûts. Sa sœur Gisèle lui manque, elle a un sentiment de malaise avec Rodolphe. Elle abomine, en puissante native du Taureau, terrienne et conviviale, toutes les formes d'instabilité et d'errance. Elle préfère la famille à l'art. Les voyages l'assomment, les chevaux et les poètes aussi. Elle n'aime pas la mer. Elle est totalement la fille de François-Joseph, dont elle prend progressivement les traits. Sa haine contre la Hongrie est issue aussi des ragots sur sa naissance imputée, horreur, à Andrassy. Elle exècre Andrassy. Elle lui préfère grandement Rustimo. Elle lui tourne franchement le dos quand il la croise. Elle tâtonne, violente, vers son identité que sa mère, possessive, adorante, lui a, en partie, dérobée. Elle aime Bad Ischl, les vacances avec son père, sa sœur, la famille proche. C'est la demeure où elle aimerait tant vivre, flanquée d'un bon époux et d'une ribambelle d'enfants.

La bonne duchesse, peu dupe, s'agite. « Que faire, mon Dieu que faire ? » Néné a le teint terreux et se plaint de douleurs intercostales. Marie de Naples court les fêtes et les banquiers juifs. Mathilde est suspectée d'avoir un amant. Sophie est une bonne fille, mais il y a trop longtemps qu'elle ne l'a vue. Sissi... Elle n'ose plus commenter cette étrange impératrice. Le duc Max se moque de toutes ces femmes. Il se réfugie dans ses écrits républicains, ses amis prolétaires, sa maîtresse en titre, la bière et son cirque.

L'exil mental d'Élisabeth s'accentue. Le cheval devenait à nouveau la passerelle unique, en attendant la mer et l'île unique, pour quitter, un moment, le sol si lourd.

Elle repartit en Angleterre. Noël et son anniversaire, à Schönbrunn, ont été d'une singulière brièveté. Quoi, quarante ans ? Sa beauté est à son comble, elle paraît si jeune ! Sa chevelure rutile, pas un seul cheveu blanc, pas une ride, la minceur délicieuse, les muscles finement travaillés par le sport continuel. Elle a le corps qu'auront les filles, cent ans plus tard – et leur terrible névrose de minceur, de jeunisme. Ce noël-là, elle porte une robe en pur brocart d'or, qui épouse étroitement sa taille, ornée, du décolleté à la traîne, d'une fine guirlande d'hermine blanche. Les épaules, dénudées, sont retenues d'un rubis plat que l'on retrouve au collier, au bandeau qui retient la chevelure déployée. Les mêmes rubis aux bracelets agrafés sur les courts gants blancs... Que peut-on dire, négocier, refuser à une femme si étrangement belle ? Elle foudroie jusqu'à l'absence de désir. Elle erre dans la vaste prison de l'admiration sans frein et sans affection. Seul l'empereur l'aime d'un grave, terne, et constant amour. Qui l'aime si ce n'est son cher âne préféré dont les favoris sont aussi blancs que la chevelure ? Qu'il a l'air âgé auprès de son inquiétante jeunesse ! On eût dit qu'elle était sa fille aînée. Quand elle avait émergé, en Normandie, de sa chute, son premier mot avait été pour lui. Il est son seul allié. Les enfants sont une passion, une douleur, une fracture. Les autres sont ses esclaves, ses adorateurs, mais (excepté les dames hongroises) sont-ce des amis ?

Elle a emmené Rodolphe en Angleterre. Il est hors de question de blesser la reine Victoria. Rodolphe de Habsbourg, prince de Lorraine, est l'héritier de l'immense couronne que péniblement, travaillant de l'aube à la nuit, son père tente de retenir entre ses mains.

Le voyage a lieu en partie dans le train de l'impératrice Locomotive. Rodolphe expose à sa mère ses concepts libéraux, qu'elle apprécie fortement. Il veut quérir en Angleterre l'apprentissage d'une monarchie plus ouverte. Il entrevoit ainsi son rôle de futur souverain. Il dépoussiérera la monarchie si raide d'Autriche, chère à son père. Sissi n'a qu'une seule inquiétude : qu'il renonce à la suivre à cheval. Il risquerait de se tuer. Il n'est pas assez bon cavalier pour la suivre. Rodolphe est l'unique héritier ; elle ne supporterait jamais de perdre un autre enfant.

Rodolphe est meurtri de la nouvelle fugue de sa mère, dès Londres. Elle va de son côté, le laissant à son entourage. Elle évite son fils autant qu'elle l'évite à Vienne, partout. N'a-t-elle plus la force de l'amour, de la séparation et la souffrance ? Sa passion pour Marie-Valérie a pris source dans la frustration mais aussi dans la différence absolue de leurs caractères. Elle aurait pu adorer Gisèle ; la séparation a tout détruit. Gisèle aimait sa grand-mère, Rodolphe aussi. Cela joue sourdement dans son impuissance maternelle.

Sissi a retrouvé sa sœur Marie et sa nièce, Marie Larish, revenue de son voyage de noces. Sissi abomine les noces et les voyages de noces. Le séjour anglais durera sept semaines, à Cottesbrook park, dans le Northampshire. Le maximum de ce voyage se passe au milieu des chasseurs et des courses folles. Il y aura plusieurs chutes parmi ces cavaliers d'élite – Sissi ne chutera pas. Rodolphe se passionne pour la politique anglaise, curieux d'apprendre. Il se rend à la Chambre des communes, apprécie leur sens de la démocratie. C'est une monarchie, certes, gouvernée par une grande reine, mais quel précieux respect de l'individu, et de sa liberté ! Il rend de nombreuses visites aux entreprises économiques dont les ateliers de filatures. Il étudie tout, considère la misère ouvrière mais aussi les progrès techniques supérieurs à ceux de l'Autriche. Courtois, il s'empresse auprès de la reine Victoria qui fête ses quarante années de règne. Elle est totalement séduite par ce beau jeune homme, ce prince cultivé, intelligent, au regard d'ardoise... Il lui fait oublier le refroidissement causé par la désinvolture de sa mère. L'impératrice est sans doute un peu folle ; Rodolphe mérite toutes les attentions. Il faudra un jour, elle ou son fils, composer avec ce futur empereur. Il lui plaît. Elle eût bien aimé lui donner en mariage une de ses filles.

Marie Larish ne perd pas son temps pour agiter sa mauvaise langue. Elle insinue que la reine Victoria est amoureuse du prince – et que l'impératrice file une liaison avec Bay Middleton. Tout se sait. Rodolphe, outré, tourne violemment le dos à l'écuyer stupéfait. La tension augmente entre la mère et le fils. Marie Larish, satisfaite, a semé la zizanie. Mortifiée, Élisabeth ignore d'où vient la calomnie. Marie Festetics se tait prudemment. Le 24 février, Élisabeth revient à Vienne. Rodolphe lui fait de froids adieux. Il veut continuer son voyage en Prusse. Il prend à cœur son métier de futur empereur et souhaite rencontrer, à Berlin,

Bismarck et le général Moltke. Il a le sens du règne, des alliances à travailler. Affronter courtoisement l'ennemi, comprendre ses stratégies, approfondir le sens de la diplomatie. Un grand prince que tout allait détruire...

À Vienne, Élisabeth trouve son époux (il a quarante-huit ans) pâle de fatigue et de soucis. La Russie avait vaincu la Turquie. L'Angleterre avait prêté sa flotte pour contenir Constantinople mais la Russie avait réussi la division. La Turquie et la Russie imposent à l'Autriche-Hongrie leur traité particulier, le *Stan Stefano*. Fini le rêve européen de dominer l'Orient ! Le Tsar a su jouer habilement. Le pape Pie IX, décédé en février, avait été remplacé par Pie XIII, bienveillant à François-Joseph.

Un deuil, fin 1878, assombrit François-Joseph : un homme presque oublié, falot, son père l'archiduc François-Charles s'éteignit. L'empereur a nommé Rodolphe colonel. Il est en garnison, à Prague, au 36e régiment d'infanterie. Bismarck, appuyé par les conservateurs, développe une législation antisocialiste. Le chancelier profite de la colère de l'Autriche et de l'Angleterre contre la mainmise russe pour assurer un rôle de médiateur. Nietzsche a publié ses *Constitutions inactuelles* et Sissi, consciente de la peine de François-Joseph, reste quelque temps auprès de lui. Une fraternité hors d'âge les unit, la chambre conjugale (deux lits de camp) est celle du silence, du bref repos, de l'insomnie, du souci échangé, sous le portrait de Deák. Une chambre désertée depuis si longtemps par la sensualité. À force de refus, elle a tué le désir. Ils prendront ensemble, si tôt, le petit déjeuner, elle se contente d'un café très fort, ou de thé sans sucre. Quatre heures du matin, François-Joseph atteint son bureau, sanglé dans sa veste plus dure qu'une armure.

La reine Cheval peut bien repartir. François-Joseph est empêtré d'obstacles plus redoutables que de périlleux sauts de haies. Le 13 juillet, il se rend à Berlin. Il souhaite négocier l'annexion de la Bosnie-Herzégovine. Andrassy tente de modérer l'empereur : rien de sûr ne peut venir de Berlin. L'empire est affaibli, Gyula Andrassy le sait. Bismarck est trop fort. Ce Congrès de Berlin, dont le but est le démembrement de l'Empire ottoman, n'a qu'un maigre résultat pour l'Autriche. Elle obtient le protectorat sur la Bosnie-Herzégovine. C'est peu devant les avidités de l'Allemagne de Bismarck. Cette fallacieuse alliance austro-allemande, *la Duplice*, ne satisfait pas l'empereur ni son ministère Taaffe. Les

Magyares sont en danger, ces peuples sont trop faibles devant la férocité organisée de Berlin. François-Joseph n'est plus l'homme le plus puissant de son époque. La première locomotive électrique de Von Siemens foudroyait quelques lignes ferroviaires. En 1879, le savant Nesser découvrait le gonocoque. Le monde changeait. Élisabeth s'enivrait, amère et exaltée, dans le même personnage. Elle ne changeait rien, ni ses goûts, ni l'arrangement de sa coiffure.

Elle chassait en Écosse.

Elle fuyait Bad-Ischl, où le Shah de Perse (le centre du Monde) était revenu la voir. Déçu de son absence, il s'enivra de danseuses à l'Opéra. François-Joseph, toujours courtois, est attentif à l'ex-impératrice Eugénie, veuve depuis cinq ans. Elle est descendue à l'Hôtel Impérial sous le nom de « comtesse de Pierrefonds ». L'empereur l'invite à Schönbrunn. Une amitié simple et sincère les unit. Délicate, très croyante, vêtue de noir, Eugénie, que le malheur menace, sans doute soulagée de l'absence d'Élisabeth, ne prolonge cependant pas son séjour. Eugénie a remarqué l'extrême isolement de l'empereur, père de trois enfants, tellement fait pour la famille ! L'absence récurrente d'Élisabeth a fait de lui un mal-aimé. L'empereur se console en choyant sa seconde grande famille : son armée.

Le sens de la famille, chez Sissi, est relié à Possi et à Munich, chez son cousin préféré. Le 9 septembre 1879, ses parents fêtent leurs noces d'or. Cinquante ans de mariage sans le moindre dialogue ! Les gais compagnons du duc le plaisantent. Ce jour-là, il sera, exceptionnellement, auprès de sa duchesse. Ludowika est gaie, indifférente, contente, en somme, que sa liberté ait été respectée et d'avoir mené une existence conforme à ses goûts simples. La présence de ses enfants et petits-enfants compose une fête où elle oublie ce volage époux. On a fêté les noces d'or, non à Possi, mais au sud de Munich, devant un charmant lac tout rose. L'endroit est une ancienne abbaye du XVIIIᵉ siècle, aux ravissants jardins. Une des ailes de l'abbaye est un château où Charles-Théodore fait office de maître d'accueil. Sissi, Rodolphe sont entraînés dans cette atmosphère si chaleureuse. Tout, ici, diffère de la Cour compassée de Vienne, où chaque fête est une solennité harassante. On ne compte pas sur la présence de Louis II. Son mal mental accentue ses phobies. Sa terreur de la nuit est devenue telle qu'il ne peut plus présider le moindre dîner. Il suffoque, il transpire d'angoisse. Il erre dans son traîneau de fées, enrubanné de rubans bleus, de grelots en argent et de lampes vénitiennes. Il a changé de costume. On le rencontre, la nuit, vêtu en prince oriental. Un acteur dont il est amoureux lui récite la pièce de Schiller, *Guillaume Tell*. Louis pousse parfois un long cri sangloté. Othon ! Il a une telle peur de devenir comme Othon qui bave et crie des blasphèmes abominables ou s'anéantit dans la prostration.

Élisabeth sait que l'empereur ne viendra pas en Bavière, absorbé de soucis. Aussitôt achevées les noces d'or, elle se rend seule avec sa fille à Gödöllo. Des belles chasses se préparent. Bay Middleton, invité, est là, avec ses cavaliers anglais. Elle écrit pourtant à François-Joseph à quel point elle eût aimé avoir des vacances, seule avec lui. Se souvient-il de leur rare voyage au Tyrol, il y a si longtemps ? Elle avait presque aimé faire l'amour avec ce jeune homme que le dur mariage lui avait donné...

Il finit, l'amoureux, par la rejoindre une courte semaine. Il n'a la tête ni à la chasse ni à la courtiser. La colère du Tsar, les calculs ténébreux de Bismarck, l'incompréhension d'Andrassy le détournent de tout plaisir.

Rodolphe leur causa une grande peur. Il avait toujours aimé les armes à feu. Les manipuler, les toiser, les fourbir lui-même. Le 11 septembre, un des deux coups de sa carabine partit tout seul, blessant son poignet et sa main gauche. Marie Festetics l'avait souvent surpris à tirer sans raison sur des oiseaux. La haine des oiseaux ? Les oiseaux fous martyrisant parfois ses tempes douloureuses ? Ce prince, sage, éclairé, sombrait quelquefois dans d'étranges paroxysmes de fureurs morbides. Le souvenir mal évacué de sa rude enfance ? Roldophe, remarquait Marie Festetics, à la fois détestait la chasse, tuer des bêtes, et soudain abattait un oiseau inoffensif. « Une nature d'homme obsédé, à la longue, par l'envie de tuer », notait la fine Hongroise.

Sissi a mal pris cet accident, ce coup qui visait l'oiseau innocent. Elle tente de se rassurer puisqu'il est à ses devoirs, à Prague, absorbé par l'étude de la société bourgeoise. Rodolphe remplit sa mère d'ombres mal définies. Sa mélancolie l'assaille, quand elle pense à son fils. Il est la source d'une grande peur innommable.

En Italie, à la même époque.

L'enfant abandonné, Luigi Lucheni a six ans. Jusqu'à l'âge de neuf ans il souffre, livré à une famille qui l'exploite en bête de somme. Il pleure, en secret, grelottant sur de la paille et une planche, vêtu de hardes, sa mère disparue. Où est-elle ? Qui est-elle ? Il l'aime telle une étoile dérobée. La famille « d'accueil » se nomme Monici. Le père est cordonnier, alcoolique, la mère, dépravée. Il n'y a qu'une seule pièce, si noire, où l'âtre est souvent froid. On y mange la polenta brûlée quand il y en a. On chasse l'enfant à cause de la grande misère. À neuf ans, le voici chez les Nicasi, à demi paysans, à demi mendiants. Ils ont besoin d'un esclave-enfant qui besogne, mendie, ramasse les châtaignes sauvages, glane, blesse ses mollets nus aux branches des chemins afin de faire un peu de feu... Luigi a faim et froid. La soupe est parfois composée de racines et d'orties. S'il a mal glané, mal mendié, on lui lance : « Che non lavora, non mangia » (celui qui ne travaille pas, ne mange pas). Il mord ses poings et se désaltère à la mare, troublée de boue et de bacilles. Il y a longtemps que bâillent les semelles de ses chaussures informes. Sent-il seulement la dureté du chemin contre la corne de sa peau ? Un pauvre n'a même pas le droit à une peau normale. Par miracle, il fréquente, irrégulièrement, l'école de la commune. On mésestime son intelligence : il apprend vite à lire, compter, écrire. Il n'a ni livres, ni cahiers personnels. L'école lui a fourni le minimum élémentaire. La misère reprend vite sa proie. Il quête quelques sous. Il aimerait dessiner un ange sur le mur affreux de sa tanière : sa mère. À Varano de Melegari, près de Parme, il apprend que quand on a trop faim, on peut lécher le tronc des arbres, sucer les herbes folles.

La mélancolie n'est pas seulement la maladie luxueuse d'Élisabeth d'Autriche et de son cousin Louis II. Elle est le lot d'une multitude d'Italiens trop pauvres.

Les aberrantes études de Lombroso sur les caractéristiques morphologiques des assassins (L'Homme criminel), *composées en 1876, décrivent ainsi Luigi Lucheni, futur assassin de l'impératrice d'Autriche, reine de Hongrie :*

« Il est de taille moyenne, 1 mètre 63, membré, les yeux gris, voilés, mobiles, les arcades sourcilières très fortes, la chevelure épaisse, avec zygoma, mâchoire forte et grande, front bas, exagéré, brachycéphalie 88. Il offre un grand nombre de caractères de dégénérescence communs aux épileptiques et aux criminels purs [1]. »

---

1. *Mémoires de l'assassin de Sissi,* S. Cappon, p. 46.

Rien de plus faux que ce genre d'études. Une mode désastreuse, qui soumit à plus d'une erreur tout repris de justice. Des bourgeois sans histoire (des archiducs) avaient le même profil. La misère est le crime implacable. Ainsi survivait le misérable enfant en ces années où l'impératrice atteignait le comble de sa royauté équestre...

L'Irlande tente maintenant l'amazone qui a écumé le pays anglo-saxon. Bad Middleton est affirmatif. Les plus extraordinaires chasses ont lieu en Irlande. L'empereur est fort ennuyé. Il y a de quoi offenser la reine Victoria. La catholique Irlande ne l'a jamais aimée. Élisabeth n'écoute rien, toute à son bonheur de femme Cheval. Fin janvier 1879, elle est à Summerhill, près de Dublin, au glacial château de Meath, chez Lord Langford. Marie Festetics est atterrée. Jamais elle n'avait vu autant d'obstacles périlleux. Élisabeth est enivrée. Dans son défi, elle ôte ses triple gants, adopte le contact direct avec les rênes, savoure ses mains en sang après ses galops inouïs – qui impressionnent ces cavaliers pourtant aguerris. Elle galope six heures d'affilée, de quoi tuer la bête et s'exténuer avec elle. Devançant tout le monde, la reine Cheval est seule, on la voit passer, elle a la rapidité de l'éclair. La bête, la femme, on ne distingue rien dans cette foudre centauresque. Libre ! Libre d'égarer tout le monde, se perdre jusqu'au fond de l'océan gorgé de homards. Libre d'égarer ses mouchoirs en dentelle que, pieusement, ramassent les paysans éblouis. Libre ! Le mot – si faux, en fait – orne toutes ses lettres à sa mère qui frémit : « Que faire, mon Dieu, que faire... » La chute en Normandie n'a servi à rien. L'amazone est déchaînée.

L'Irlande, en automne, est plus rustre que l'Angleterre et l'Écosse. Peu de grands seigneurs, beaucoup de paysans et de pêcheurs. Élisabeth est enchantée. Elle passerait bien des années à galoper sans fin sur cette île verte et mauve, à la mer houleuse, brodée d'argent. La seule raison de son retour est l'annonce d'inondations catastrophiques à Szedegin, en Hongrie. Une digue a cédé, charriant avec violence les eaux des deux rivières, la Thiess et le Maros. Dans la nuit du 11 au 12 mars 1879, tout a été dévasté. Szedegin, à une centaine de kilomètres de Buda-et-Pest, ses maisons, ses commerces ont été anéantis. Deux mille morts, des centaines de sans-abri... L'empereur, homme de devoir, a rejoint immédiatement la zone sinistrée qu'il parcourt en péniche. Il promet aux Hongrois de les aider, sur sa cassette personnelle, à reconstruire le plus urgent. Élisabeth, à la déception des Hongrois, arriva une semaine plus tard. L'Irlande est loin, mais on a remarqué l'empressement loyal de l'empereur. L'impératrice ne fut pas en temps et heure sur les lieux de tant de douleurs. Elle ose écrire à son époux, « le sacrifice nécessaire », évoquant le renoncement à son bonheur équestre pour assister son cher pays de cœur. La passion de l'amazone avait tout fait oublier : la promesse à sa fille bien-aimée de modérer ses prouesses Rodolphe avait été nommé général du régiment à Prague.

Elle est à Vienne le 24 avril 1879. On fête les noces d'argent du couple impérial. Un jubilé exceptionnel où, de bonne grâce, elle accepte l'afflux des festivités et des hommages. Un sourire heureux flotte sur la bouche de l'empereur. Elle est son inaltérable passion d'amour. Madame Barbe-Bleue a quelque tendresse pour son âne favori. Elle sourit derrière l'éventail, et, loyale, tente d'assumer son horreur de paraître. Les présents affluent de tous les côtés de l'empire. La Hongrie, qui, en dépit de son malheur, a fait parvenir ses fleurs les plus rares – aussi rares que celles de Louis II. À Vienne, chaque porche, chaque rue regorgent d'arceaux de fleurs. On joue dans tous les kiosques les polkas et les valses de M. Strauss. Le Prater n'est que chants et danses. Une folie populaire, d'hymnes de joie, d'amour, dédiés surtout à cette impératrice qu'on adore dès qu'elle consent à offrir un peu de présence.

Elle frémissait, la veille, quand Marie et Ida lui annoncèrent qu'il fallait compter sur quatre mille invités. Sa robe vert tendre, sa chevelure déliée, retenue d'un diadème en rubis, tout exaltait. Elle paraissait vingt-cinq ans, cette femme encore jeune qui en comptait quarante-deux. Une très jeune femme, vraiment, auprès de son époux blanchi, au front dégarni qui semblait porter le double de son âge. Une crise d'angoisse, d'agoraphobie, la saisit très vite. Elle se mit à trembler et courut, vite, vers ses appartements. Elle en aurait sangloté. La foule, c'était horrible. Le malaise était si vif qu'elle le crut cardiaque. Marie et Ida l'entouraient avec soin. Elle eut grand mal à reprendre son souffle. Quatre mille invités, c'est trop pour la solitaire qui galope, seule, en Irlande. La foule la fait mourir. Quelle souffrance, ces crises d'étouffements. Elle en pleurerait, elle a tant voulu complaire au jubilé de leurs noces. Elle, l'immense sportive, n'a jamais su acquérir le dur entraînement social. Elle avait à peine supporté le couronnement hongrois mais il s'agissait d'un choix personnel et passionné. Marie et Ida sont son seul recours. Elle se vit une sorte d'infirme qu'une foule, même bienveillante, met à mort. Il y a encore, le lendemain (comment y déroger ?), la messe du jubilé, dans une église nouvelle, de style moderne – le néo-gothique. Les deux tours, hautes de deux cents mètres, la déstabilisent. L'espace devient aussi un malentendu. Les cathédrales la suffoquent, lui font songer à la mort, à son cercueil fermé, elle encore vivante, prisonnière des tentures noires semées de larmes argent.

Elle ira, pourtant. Son regard se distraira, tant qu'elle le pourra, sur la décoration baroque, comble du rococo, digne de Rubens et de Véronèse, signée du peintre Hans Makart. Le décor séduit Titania-Circée. La messe n'est pas trop longue, elle pense se dérober au défilé des chars décorés par le peintre luxuriant grâce à une averse violente. Impassible, l'empereur a fait ouvrir parapluies et ombrelles au-dessus du dais de l'estrade impériale. Sissi n'échappe pas au défilé. Elle boit ce qu'elle peut de la pluie désaltérante qui la sauve en partie de sa phobie. Le défilé est devenu ce tourbillon de couleurs éclatantes, cette palette de peintre, fraîche, sans forme définie. Elle ferme le yeux, s'enfonce dans un autisme programmé. La foule est devenue un lointain bourdonnement de ruche. L'empereur et son fils, debout, rendent hommage à tous ces étendards, ces corps de métiers qui offrent ce qu'ils ont composé de mieux. Un énorme gâteau, un pain géant, un baril de bière immense... Makart a réussi son défilé, il a veillé à l'aspect rubicond des porte-enseignes. On se croirait dans un tableau espagnol ou flamand. La luxuriance, l'abondance, la Ville-Fête-Phare... Le jubilé en l'honneur de la plus belle femme du monde, trop pâle sous la pluie. Les Viennois sont enchantés, leur goût de l'opérette, de la parade, est comblé. Opulence et encore opulence pendant qu'en Hongrie, les rescapés de l'inondation grelottent sous des abris de fortune.

L'empereur a fêté vingt-cinq ans d'amour profond. Élisabeth traverse, le souffle court, une des formes les plus aiguës de ses cauchemars. « La mer », avait-elle dit.

Vienne offrira au couple un cadeau commun : un paravent délicat, de nacre, de soie, où on été peints, sur ses cinq faces, les différents aspects du jubilé. Quel est le bilan de ce jubilé ? Un grand respect pour l'empereur et vingt-cinq ans de cheval et d'absences fréquentes de leur impératrice. La délégation qui acclama

Élisabeth avec, selon la Cour, « des cris sauvages » fut celle des Hongrois.

François-Joseph est très ennuyé au sujet de Gyula Andrassy. Il reconnaît ses grands mérites. En cette période délicate à sa politique, le Hongrois le gêne. Il aimerait qu'il donnât sa démission. Comment progresser du côté des Balkans avec ce frein qu'est Andrassy ? Andrassy a su agrandir son pays, le consolider, mais s'est mis à dos – contre l'Autriche – la Russie. La disgrâce le frôle. Élisabeth, désolée, sent qu'elle n'y pourra rien. Andrassy est fort intelligent et préfère devancer l'humiliation. Il souhaite demeurer en termes amicaux avec sa reine et, le 8 octobre 1879, propose lui-même de se retirer. Soulagé, ému, l'empereur lui promet que ce retrait ne lui ôte en rien son activité politique. Élisabeth, les larmes aux yeux, lui jure ce dont il n'a jamais douté : son amitié profonde et éternelle.

On va encore parler du cheval car Élisabeth est retournée à son démon favori. En janvier 1880, la revoilà en Irlande, sûre d'être l'élite de ce groupe de grands cavaliers. Sissi laissait ses meilleurs chevaux – Lord Byron, Nihiliste – là-bas, de manière, disait-elle, à voyager le plus légèrement possible. Soulignons, tout de même, que les wagons de son train croulaient sous cinquante tonnes de fret divers !
François-Joseph retrouvait son anxiété à chacun des courriers de Sissi. Elle sautait plus haut que d'habitude, elle narrait de nombreuses chutes autour d'elle. Elle était même tombée avec Bay Middleton mais, soulignait-elle, « le sol était très mou ». Lord Landford, basculé dans un fossé, repêchait tant bien que mal sa monture affolée. « Elle se tuera ou on la tuera », se disait l'empereur. Le jubilé n'avait rien résolu – au contraire, une rancœur étrange l'avait menée à retrouver les plus hauts risques. Peut-être ne lui pardonnait-elle pas la démission d'Andrassy ? Elle galopait avec la fureur d'une Walkyrie. La fin de ses courses extravagantes, déclenchait, comme souvent, en cette nature maniaco-dépressive, une retombée désolée. Marie Festetics l'écoutait avec patience, dissimulait qu'un tel désespoir lui faisait peur. Elle souhaitait, disait la reine, « se tuer d'une chute, pour de bon et d'un seul coup ». Mettre fin à tout, à l'effrayante souffrance de vivre. Scellée à un cheval, aller vers un royaume d'ombres ou peut-être de vaste

473

lumière... Quand elle mettait le pied au sol, l'immobilité soudaine, la terre si dure, les hommes à portée de regard la catapultaient dans une douleur morale extrême.

Marie Festetics, silencieuse, la voyait souvent sangloter avec violence. Elle ne lui demandait plus : « Pourquoi, Majesté ? » Il n'y avait pas de réponse. Le désespoir de l'impératrice était une maladie chronique, avec ses rémissions, ses secousses, ses rechutes. Les premiers travaux de Freud – élève de Charcot en 1886 – ne s'imposeront qu'après le décès de l'impératrice. Rien ne permet d'affirmer qu'elle eût supporté la démarche difficile, obscène – parfois efficace – du divan où se livre la parole menteuse, masque de la rude hystérie. « Mélancolie », « dépression », « poitrinaire », « folie », à la rigueur... On ne connaissait que ces termes. Si l'Amazone n'évite jamais de visiter les asiles d'aliénés, c'est qu'elle y puise l'obscure interrogation à son mal.

Elle devenait odieuse à force de misanthropie. Excepté ses rares familiers, on n'osait plus l'approcher ni lui parler. Marie Festetics s'affolait de ce mépris insolite, capable de provoquer des incidents diplomatiques sans précédents.

« [Elle] méprise [les autres] comme des marionnettes... C'est là pour elle un grand danger, car ceux qu'elle ne respecte pas, elle n'a pas besoin d'avoir d'égards pour eux et c'est bien confortable [1] ! »

L'empereur, équilibré, était, à sa manière, simple et sans mépris – toujours poli. Marie Festetics avait mis en garde sa reine. Elle la rabroua. Marie se froissa, prit quelque distance. Allait-elle continuer à sacrifier son existence à une telle égocentrique qui devenait désagréable ? Élisabeth se radoucit. Son hypersensibilité lui indiquait qu'elle avait exagéré. Personne, hors ses chères Hongroises, n'aurait la force de supporter sa compagnie constante. Marie-Valérie, ô angoisse, se marierait. La solitude, que faire de la solitude ? Elle fit un effort. Avant de quitter l'Irlande, elle s'arrêta à Londres afin de rencontrer Disraeli, le grand ministre de Victoria. Lui plaisait-il parce qu'il était juif ? Elle fut charmante avec lui, la reine et le prince de Galles. Marie Festetics était déconcertée mais soulagée. Élisabeth aima moins une dépêche qui l'attendait à Londres. Rodolphe avait engagé ses fiançailles avec la princesse Stéphanie, fille du roi des Belges. Une Cobourg

---

1. *Élisabeth d'Autriche*, B. Hamann, *op. cit.*, p. 361.

comme la malheureuse Charlotte ! Stéphanie avait seize ans. Marie Festetics présentait à sa reine, sous les meilleurs angles, ce projet. Rien à faire ; elle frissonnait d'indignation et de rejet. Une grande répulsion l'agitait envers ces Cobourg touchés à ses yeux de malédiction. Rodolphe était à Bruxelles. Élisabeth, de Londres, était obligée de rendre visite à la fiancée et ses parents. Rodolphe semblait charmé, à l'étonnement de sa mère, par cette trop jeune fille impubère. Une grande fillette, charpentée, bouclée serré de blond pâle, l'œil trop rond, trop bleu, le sourire timide et niais, fagotée de lourds tissus démodés et sans grâce... Ainsi la jugea Élisabeth qui ne l'aima jamais. Rodolphe avait écrit à Latour qu'il la trouvait jolie et qu'il était prêt à l'aimer.

« Elle est bonne, intelligente et sera une loyale sujette et une bonne Autrichienne », écrivait-il. Entrait-il, dans ce déconcertant engouement pour cette lourde fillette immature, le constat douloureux que sa mère n'avait jamais été « une bonne Autrichienne » ? Rodolphe avait l'habitude des femmes dissolues, cette fraîche enfant lui faisait du bien. Il rêvait, au fond, d'un foyer, d'un amour simple et confiant. Stéphanie n'était pas la sotte que Sissi avait cru jauger lors de son trop bref passage en Belgique. Des années après le drame de son mariage, Stéphanie notera dans son journal ses impressions très attentives, lors de ces premières approches. Elle avait certes, remarqué la beauté de Rodolphe mais aussi certains éclats en dur silex du regard trop fixe. « Quelque chose de cruel », notait-elle. Elle avait peur, mais l'idée enfantine de devenir future impératrice d'Autriche l'encourageait. Elle ne mesurait pas les risques, elle ignorait tout, comme tant de filles d'alors, de ce que signifiait le mariage. On dut lui parler « des règles », ce qui lui fut pénible et la gêna vis-à-vis de son futur époux. Était-on obligé de lui faire part de cette honte ? Sa mère, la reine Henriette, avalait sa salive.

— Cela est nécessaire à la naissance des enfants.

La malheureuse petite oie blanche ne devinait rien d'autre, sa candeur eût jugé abominable les autres réalités. Au sujet de la puberté tardive de Stéphanie, Rodolphe affirma qu'il se comporterait en « homme du monde ». On attendrait une année. Il fallut, selon l'usage, instruire en toute hâte la princesse. Musique, langues étrangères, histoire, et surtout le comportement nécessaire à la future épouse de l'unique héritier de la Maison des Habsbourg.

SISSI, LES FORCES DU DESTIN

La visite d'Élisabeth froissa tout le monde. La famille belge, dont Rodolphe et Stéphanie, l'attendait sur le quai de la gare de Bruxelles. Rodolphe sauta au cou de sa mère. Élisabeth reçut froidement le choc, épia la grande petite fille. L'enfant rougissait, souriait sans parler. Sissi se força à l'embrasser. Stéphanie éclata d'admiration naïve :

— Que vous êtes belle, madame !

Elle rougissait mal, le cou un peu grenu, et chacun, fasciné, n'avait d'yeux que pour la future belle-mère. Élisabeth, c'était courant, éclipsait tout le monde. Elle séjourna quatre heures seulement au palais royal. Le temps d'un petit déjeuner. Elle marquait sa désapprobation même si l'empereur était satisfait de ce choix : Stéphanie apportait une immense dot à l'Autriche. Pubère ou non, elle était riche et bien née. Élisabeth marquait du mépris à ces Cobourg, au triste souvenir de Charlotte qui l'avait autrefois humiliée. Quatre heures l'épuisaient ; une réunion où tout était faux, où rien ne plaisait à Sissi, décidément dans une phase de rejet. Si seulement Stéphanie était belle ! Elle lui rappelait, férocement, Gisèle en plus lourd. Elle ne glisserait certes pas le portrait de Stéphanie dans son album de beautés. Roldophe cachait sa mortification du déplaisir visible de sa mère. Stéphanie était son choix, sa mère dédaignait ce choix. Il n'était pas amoureux de la grande fillette mais empressé, avide de créer une union harmonieuse. Stéphanie disait : « Oui, oui » à tout cet arrangement dont l'attente de la puberté. Elle espérait sa part de chance, d'amour. Elle avait eu la fugace impression qu'ils étaient deux sortes d'orphelins que le marché des alliances précipitaient l'un vers l'autre. Élisabeth voulut absolument rendre une courte visite à Charlotte-Carlotta. Son voyage prenait son sens dès qu'on la mena à la forteresse, près du palais royal de Laeken, où on avait transféré la malheureuse. Elle n'était plus à Miramar depuis deux ans, trop difficile à surveiller. On l'avait d'abord enfermée, près de Bruxelles, au château de Tervueren, où elle avait mis le feu. Tout s'était embrasé, on l'avait sortie des flammes in extremis. Elle hurlait : « Comme c'est beau ! Comme c'est beau ! » On la surveillait étroitement ; son calvaire était lent, sans répit. Elle avait oublié son fils, qu'un brave gendarme, Weygand, élevait à la campagne. Élisabeth pénétra dans la pièce aux fenêtres grillagées, gardée d'ombres de toile blanche et muscles solides. Charlotte-Carlotta, folle, la fascinait. À quarante ans, elle avait perdu sa beauté, grossi,

476

blanchi. Il lui manquait des dents. Sa bouche, souillée d'un reste de nourriture, bougeait dans tous les sens. Son regard errait, apathique ou fulgurant. Son front était dégarni. Elle sentait mauvais. Il était difficile de la changer et la laver. Elle se débattait et mordait. Sissi voulut rester seule avec elle.

— Charlotte, dit-elle doucement, je suis Sissi.

La femme sans âge leva un regard méfiant, rapetissé sous une paupière agitée de tics.

— Tu n'es pas Sissi, elle est morte à Madère.

Elle était assise sur une chaise en fer scellée au sol. Des poules étaient attachées aux quatre pieds de la chaise. On lui accordait cette étrange distraction qu'elle réclamait.

— Pourquoi n'es-tu pas à Madère ? dit-elle encore.

Elle chantonna quelques mots de *La Paloma* et retomba la tête sur la poitrine. Un peu de bave glissa sur son menton.

Élisabeth était revenue à Vienne, sombre, mécontente du choix de Rodolphe et de son époux.

— Tu compliques tout, s'emporta l'empereur qui n'aimait pas que l'on contestât de graves décisions impériales.

Ce mariage était une grave décision. Il en avait tout soupesé, à la manière dont, autrefois, le faisait sa mère.

— Elle n'est même pas réglée ! éclata Élisabeth.

L'empereur s'échauffait et soudain la vouvoyait.

— Vous étiez impubère quand je vous ai rencontrée. Ils attendront comme nous l'avons fait, voilà tout.

Elle faillit claquer la porte.

Le débat était clos.

À la mi-avril, eut lieu le traditionnel grand carrousel. Les plus hauts gradés de l'armée de François-Joseph défilent. Trois mille personnes l'acclament ; c'est un grand bonheur pour l'empereur qui ne s'intéresse guère au voyage de Sissi à Munich. Son cousin lui manque, elle a besoin de son confident. Néné est devenue taciturne, lointaine, triste et souffrante. Elle n'est plus « la petite maman » si attentive, jadis, à sa jeune sœur. Peut-être Néné, si discrète, aurait-elle besoin de secours, de s'épancher ? Sissi se sent incapable de ce rôle. Les fiançailles de Stéphanie, la froideur de son époux, Andrassy écarté du pouvoir, tout l'éloigne dans une misanthropie que Louis II, seul, peut comprendre. Marie et Ida échappent au rejet qui marque cette saison de sa vie, clôt ses lèvres sur l'absence du sourire. Ses dents jaunes, dont certaines sont tombées... L'éventail est plus que jamais déployé devant son visage. Une douleur diffuse à sa jambe gauche ralentit sa folle envie de galoper. Rhumatisme, sciatique ?

Elle a traversé directement le lac de Starnberg pour rejoindre l'île aux roses, le château de Berg, chaque endroit où elle pense trouver son aigle caché et meurtri. Personne ! Elle est déçue, où se trouve l'ami absent ? Il est, lui dit-on à Chiemsee, le plus vaste lac de Bavière, absorbé par la construction de son troisième château qu'il souhaite plus extraordinaire que les autres. Marie Festetics et Ida ont toujours sur elle des cartes de visite ornées de ses titres : « L'impératrice d'Autriche et reine de Hongrie. » Elle glisse une branche de jasmin dans l'enveloppe de sa carte et la fait déposer au château en dentelles de pierre, échafaudages hallucinants, où circule le roi Louis. Il est bouleversé que sa mouette aux ailes noires ait pris tant de peine à le revoir. Il baise le jasmin, pleure en lui écrivant à Possi. Elle lui répond aussitôt par un ravissant bouquet de jasmin et de roses où se niche le portrait en photographie de Marie-Valérie.

La petite a douze ans et n'est point jolie. Elle a la lèvre épaisse des Habsbourg, les joues trop larges de son père, le bleu de son regard, un corps bien charpenté mais sans la grâce de sa mère. Sa chevelure, longue, sombre, vigoureuse, n'a rien à voir avec la célèbre merveille capillaire de l'impératrice. Son humeur oscille entre l'emportement, la bouderie, l'affection dès qu'elle est avec son père. Loin de Vienne, loin de son père, elle est à peine aimable, souvent triste, agitée. Elle a du mal à étudier.

Le 18 août 1880, François-Joseph fête, à Bad-Ichl, ses cinquante ans. Une trêve dans sa vie privée : Sissi est là, ses enfants aussi. Une trêve internationale en guise de cadeau et de respect. Plus de canons, de discours vitupérants, de rancœurs. Une fête fragile, un fragile maître d'un empire trop vaste, dont on veut honorer la droiture et qui va bientôt marier son fils unique. L'empereur d'Allemagne et de Prusse, Guillaume Ier, quatre-vingt-trois ans, rare marque d'honneur, est venu en personne rendre hommage à François-Joseph. Élisabeth l'a gracieusement accueilli à la petite gare d'Ischl... Un séjour aimable, une si rare gaieté charmante, une paix familiale. Une douce trêve adoucit le regard ardoise de Rodolphe. Il continue son roman d'affection aimante avec Stéphanie. Missives, petits présents, envoi de fleurs et de bonbons... La jeune fille est toujours impubère, Rodolphe refuse qu'on la tourmente d'indélicates et trop pressantes questions. « On attendra », dit-il. Marie Larish en profite pour distiller ses perfidies. La Belgique a déjà porté malheur aux Habsbourg. Élisabeth renchérit. Irrité, François-Joseph assure que ce mariage sera heureux. Pour la première fois, il oppose son refus à son épouse. Elle n'ira pas faire du cheval en Irlande. Il tient à une excellente relation avec la reine Victoria. Sissi le prend très mal et s'en va sans crier gare en Angleterre, chez Lord Combernmere. Elle s'est exercée à l'escrime, à des marches plus forcenées, à dominer cette douleur de la jambe gauche. Comment survivre sans son allié principal, le cheval ? C'est pour lui, le cheval, qu'elle aguerrit si rudement son corps.

Le mariage de Rodolphe la perturbe intensément. L'insomnie, les maux de tête l'assaillent. Son anorexie est à son comble. Elle boit du jus de viande, un peu de lait, de l'eau. Sa peau a pris l'aspect d'un parchemin trop fin, tiré de-ci de-là des ridules. L'Angleterre ne lui apporte aucune satisfaction profonde. Tout la déçoit chez son hôte, y compris la chambre d'aspect gothique, trop froide. Les chevaux, oui, même les chevaux ne lui apportent plus cette extase remuante, cette agitation heureuse. Sa jambe souffrante, l'impression d'un âge inconfortable. Est-ce déjà ce que la bonne duchesse et tant de commères autour d'elle, nomment, à voix basse, du vilain terme « le retour d'âge » ? Précipice sur la seconde pente où la dentelle de la jeunesse s'effrite, où le miroir sera la déploration et le corps ce porteur de banales misères... On continue à la trouver, en tous ces royaumes, la plus douée des amazones. Elle s'essouffle, lasse, au bord de crises de larmes. L'habile coiffeuse dissimule les cheveux qui tombent, quelques fils blancs, si fins, si longs, la soie d'une toile d'araignée d'argent pur. Élisabeth fait coudre de plus en plus ses robes sur elle. Pas de jupon, de corset ni de bas. L'inconfort de la peau nue contre la toile-cilice. La minceur extrême, à un millimètre près. Grossir serait une pire déchéance que celle de Charlotte. On aime moins Élisabeth, hantée d'elle-même, dédaigneuse, agitée, mécontente de tout et de tous. Capricieuse, malheureuse, dépressive, dépensant follement pour sentir qu'elle dépasse au galop le vent lui-même. Un violent mal de vivre, vibrer au moindre souffle, pleurer au moindre nuage... Un pressentiment de mort l'étouffe. Elle a des palpitations. Elle ne sent même plus sa sciatique, douleur et vitesse, froid et brûlure, tout est mêlé. En mars, une missive timide et triomphante de la reine des Belges annonce que Stéphanie, à près de dix-sept ans, a eu un premier cycle. Les deux monarchies se dépêchent de fixer la date du mariage. Ce sera en mai 1881. Un cycle, ce n'est rien ! s'emporte Sissi. Un cycle, répond le protocole, est le signe suprême que le mariage est consommable. Élisabeth avait bien traversé un arrêt des règles après ses noces, cela n'avait en rien empêché ses maternités. Elle se détourne, impuissante, consternée. Carmen Sylva est la seule à la comprendre. Comment peut-on supporter cette canaille que sont les rois ? Ce printemps-là, le Tsar Alexandre II, qui avait réchappé à trois attentats, a succombé au choc d'une bombe.

Élisabeth a quitté l'Angleterre sans regret. Elle est lasse, elle a besoin de revoir ses sœurs. Le rendez-vous avec Marie de Naples, Mathilde Trani et Sophie d'Alençon est fixé à Paris, début avril. Sissi est à son hôtel, place Vendôme. Les quatre sœurs sont ravies. Comment éviter la visite du président de la République, Jules Grévy ? Les sœurs ont une crise de fou rire quand le chef de l'État se rend, rouge d'émotion, d'un élan bourgeois et simple, aux appartements de l'impératrice. Coquet, il dissimule son âge (soixante-dix ans). Anticlérical, antimonarchiste, loin de toute éducation aristocrate, au grand plaisir de Sissi et ses sœurs, il arrive bien trop tôt, ce matin-là, pour une visite de ce poids.
Ébloui par Élisabeth, il s'incline, la félicitant du mariage imminent de son fils et, galant, la complimente sur sa jeunesse.
— À vous voir, madame, on s'y tromperait ; c'est vous la fiancée.
Mme Grévy, bourgeoise bien assortie à son Jurassien d'époux, menait rondement l'étiquette à l'Élysée.
— Jules, disait-elle à son époux, reconduis donc le prince de Galles.
Cette visite a égayé Sissi, qui ne s'en formalisa nullement. Elle s'assombrit du télégramme qui fixait au 10 mai les noces de Rodolphe et de Stéphanie de Belgique.

Les noces de son fils...
Tout rappelle à Sissi le calvaire somptueux de son mariage. Les quatre jours de festivités où Vienne déploie le meilleur de son

accueil. Tout rappelle à Élisabeth la cérémonie religieuse à l'église des Augustins. La toilette de la mariée, à peine plus âgée qu'elle ne l'était alors. Cet excès de dentelles blanches, ce voile trop long, trop lourd, cet excès de roses blanches – le deuil insoutenable du blanc. Dès son arrivée, Stéphanie – qui ne sait rien de Vienne et ses palais – avait été conduite à Schönbrunn. Élisabeth sombrait dans l'intolérance. Une colère retenue, une révolte intérieure si véhémente, jusqu'à l'hostilité. Elle devenait injuste, frôlait la détestation de cette enfant de dix-sept ans, qui souriait à peine, levait vers son fiancé, cet inconnu en grand uniforme, un visage trop rond et désarmé. Le bal de la Cour, le dîner si lent, la présentation, debout, de la jeune mariée aux dignitaires et au cercle des dames... Sissi revivait ce cauchemar jamais oublié. Stéphanie souriait, pâlissait de fatigue. Rodolphe devenait de plus en plus un étranger. Il ne lui avait presque pas parlé depuis ces heures. La nuit, leur première nuit les attendait. Elle ignorait tout, excepté une vague crainte mordant son ventre, coupant son souffle. Ses oreilles bourdonnaient de fatigue, elle entendait à peine la valse de M. Strauss composée exprès pour ses noces : *Bouquets de Myrtes*. Rodolphe, qui avait désiré cette union, tirait une mine lugubre. Marie Festetics était désorientée. « Un malheur, un malheur se prépare » – mais lequel ? Elle a trouvé sa reine bien dure de ne s'occuper en rien du confort de la jeune mariée. La solitude enferme la jeune fille et le jeune homme dans un étau incompréhensible. Qui les aime et les soutient en ces heures arides ? Au moins, François-Joseph, au jour de ses noces, adorait sa jeune épouse dont l'aimable famille était présente. Rodolphe a deviné que sa mère les abandonne, fait payer au destin une facture qui n'est pas la sienne ni celle de cette trop jeune femme. La nuit de noces, la lune de miel auraient lieu à Laxenbourg. Est-ce la dépression, une tardive, absurde et aveugle vengeance, qui ont rendu Élisabeth d'Autriche aussi féroce au sort de sa belle-fille ? Il appartient au journal de Stéphanie, écrit des années après le drame, de nous éclairer sur cette lamentable nuit à Laxenbourg, ce lamentable abandon. La voiture allait, Rodolphe ne parlait pas. Stéphanie était absolument seule. Elle eut un mouvement de terreur quand la voiture pénétra dans le parc de cette île-forteresse. Élisabeth n'avait veillé à rien. Elle se montra pire que l'archiduchesse, qui s'était donné beaucoup de mal pour installer au mieux l'épouse de son fils.

« En entrant dans la pièce, témoigne Stéphanie, désormais archiduchesse de Lorraine de Habsbourg, nous fûmes saisis par un air glacé de cave à couper la respiration, par une odeur de moisi. Pas une plante, pas une fleur pour fêter mon arrivée... rien ne semblait préparé. Il n'y avait nulle part de tapis moelleux, de table de toilette, de salle de bains, tout juste une cuvette placée sur un trépied. Sans doute rien n'avait-il été changé à Laxenbourg, depuis l'accouchement de l'impératrice Élisabeth en 1858. Les lits, les matelas, les rideaux devaient dater de ce temps-là [1]. »

Et ce fut la nuit et l'horreur. Rodolphe, habitué à des filles faciles, ne ménage rien. La suite du journal est un cri triple d'enfant malmenée :

« Quelle nuit ! Quel supplice ! Quel dégoût ! »

Les trois nuits d'Élisabeth réunies en un seul pugilat dont la jeune femme émergeait, terrifiée.

Il y eut un mystère dans la suite de ces premières offenses. Stéphanie réagit avec une intelligence et une grâce qui surprirent tout le monde – Rodolphe en premier. Elle sut tenir, si jeune et blessée, le rang exigé d'elle. Elle sut atténuer la véhémence de ce garçon sensible, maladroit, qui ne demandait qu'à savoir aimer. Elle lui donna de la tendresse et il apprit à la ménager, la mener à l'amour. Il avait besoin de sa présence, ils se souriaient. Le regard très bleu de Stéphanie l'embellissait, sa peau était éclatante, elle avait perdu sa disgrâce d'enfant fagotée, poussée trop vite. Elle sut, au cours des semaines qui suivirent, se faire attentive à ses idées, ses travaux. Elle l'écoutait. C'était la première fois, depuis le départ de Gisèle et la mort de sa grand-mère, qu'une créature féminine lui prêtait autant d'attention. À la surprise générale, ils s'éprenaient l'un de l'autre. Rodolphe avait enfin un foyer. Élisabeth boudait. Son rejet envers sa belle-fille empirait. Jalousie, dépit, égocentrisme contrarié de ne plus être l'unique objet d'amour de son fils ? On n'aime pas lire ces mots sous sa plume vindicative, au sujet de sa belle-fille. Elle la traite de « chameau » et ne lui pardonne pas d'accompagner les obligations mondaines, aux côtés de l'empereur et de son mari, enchantés, tous deux, de sa bonne grâce :

Obéron, aïe ! À ta droite
Quel énorme chameau,

---

1. *Rodolphe et Mayerling*, J.-P. Bled, pp. 136-137.

Au lieu des fausses longues tresses
Tu vois maintenant un pelage blond[1] *!*

Stéphanie sut organiser à leur couple une intimité, un endroit bien à eux. Les présents de Rodolphe à sa fiancée avaient été de beaux meubles. Elle composa, avec eux, le décor de leur demeure, au palais de Hradschin.

— Je suis amoureux d'elle, confie Rodolphe à Latour.

Il signe ses lettres d'amour « Coco » et la presse de partager ses ardeurs, ses nuits. Elle le surnomme, amoureusement « Rudi » et confie à sa sœur Louise : « Nous nous comprenons admirablement ; je suis heureuse[2]. »

Leur belle histoire d'amour allait durer quatre années. En avril 1883, elle est enceinte. Il déborde d'attentions. Elle s'offusque de son anticléricalisme mais il interrompt son interrogation par des baisers. Il la trouve belle, coiffée de boucles blondes, l'œil adouci et de belles dents en son sourire de chair rosée. Elle s'habille mieux. Elle a vite délaissé les robes démodées, trop roses, à triple volants, de son trousseau belge. Elle adopte la robe droite, simple, à tournure discrète, couleur tourterelle. Le col monté épouse bien le menton décidé. Son nez est fier, charmant, elle a redressé ses épaules courbées. Elle dépasse même son époux de quelques centimètres. L'oreille, bien ourlée, est ornée d'une simple perle de grand prix. Sans réelle beauté, elle a grande allure et l'amour l'a maquillée de son éclat particulier. Elle salue gentiment en public, à table, elle est d'une parfaite éducation. Sa grossesse se passe bien, l'accouchement sera pénible. Pendant une trentaine d'heures, à Laxenbourg, tradition si dure, Rodolphe ne la quittera pas un instant. Les prénoms ont été décidé avec François-Joseph : Wenzel (contraction de Wenceslas, héros tchèque) si c'est un garçon et Élisabeth, si c'est une fille. Le 2 septembre 1883, Stéphanie mettait au monde, dans un grand cri, une petite fille. Rodolphe est fou de bonheur même si le canon a sonné moins de vingt et une fois et que Stéphanie pleure de déception. « Une fille, dit-il, c'est tellement plus gentil. » François-Joseph a offert une émeraude de grand prix. Sissi est restée distante.

---

1. *Le Journal de Sissi*, p. 146.
2. *Rodolphe et Mayerling*, J.-P. Bled, *op. cit.*, p. 138.

Est-ce cet amour trop éclatant, cette sciatique qui peu à peu la lancinait ? Dès 1882, Élisabeth perdit le goût du cheval. L'amazone avait égaré sa monture. Elle quitta Vienne très vite après les noces de son fils. Elle rejoignit, en Bavière, son frère, Louis-Guillaume, au château de Garastshausen. Elle se rendit chez son cousin bien-aimé. Il avait sombré dans une misanthropie absolue. Il ne supporte que sa cousine – et encore ! Il se manifeste toujours, code entre eux, par son envoi de cent roses. Ses visites ont lieu à minuit précise ; parler de la nuit sombre à l'aube pâle... Il a encore grossi. Sa voix est fêlée, son discours obsessionnel. On le persécute, la folie de son frère le hante. Leurs rencontres ont lieu souvent dans l'île aux roses. Rustimo accompagne l'impératrice, qui, parfois, est vêtue d'une tenue bariolée d'écuyère de cirque. Il lui importe peu qu'on la prenne pour une folle ; au contraire. Elle croise, lors d'une marche solitaire, une fillette sur un chemin et lui donne spontanément son écharpe.

Elle restera peu de temps à Gödöllö : sa famille était au complet.

Le nouveau Tsar, Alexandre III, au soulagement de l'empereur, s'entendit avec lui. L'accord se fait entre les trois grandes puissances. Russie, Autriche, l'incontournable Prusse ont conclu la neutralité entre elles, en cas de conflit. L'Autriche-Hongrie rêve d'annexer la Bosnie-Herzégovine. Pas de Russie ni de Prusse pour entraver cette stratégie. La paix semble flotter et l'empereur s'empresse d'inviter à Vienne le roi Humbert Ier d'Italie et son épouse, la reine Marguerite. Un incendie éclata à Vienne. On jouait au Ringtheather, ce 8 décembre 1882, *Les Contes d'Hoffmann* d'Offenbach quand, soudain, le feu prit sur la scène et se propagea aussi vite que la foudre. Les portes étaient fermées, la pénombre régnait : cinq cents morts. François-Joseph paya de sa cassette pour reconstruire le ravissant théâtre, aider les familles en deuil. Vienne, amoureuse de tout art, porta longtemps la trace de ce malheur. L'empire murmurait, superstitieux, que c'était le signe de catastrophes à venir. On cessa, pendant plusieurs jours, toute festivité, en respect aux victimes. Le désaccord résolu de Rodolphe avec les idées de son père n'arrangeait rien. Son rejet de l'église, de la monarchie absolue, ses amitiés avec tous les milieux libéraux, dont le journaliste Moritz Szeps, ennemi de l'empereur, semaient le trouble. Les idées de Rodolphe seront le premier germe de mésentente avec la très conservatrice Stéphanie. La

presse profitait de cet incendie et des idées du prince pour attaquer la monarchie de François-Joseph. On l'accusait d'égoïsme,
d'irresponsabilité. Rien de bon ne peut venir de Vienne. « Jamais »,
répète Élisabeth. Elle trouve arrogante les représentations officielles, trop bien assumées, de sa belle-fille. Une vaniteuse, sans
grâce, qui profite de son horreur de la foule pour lui dérober sa
place ! Un chameau. Marie-Valérie n'aimait guère la jeune-femme
et s'éloignait de son frère. Comment faire, se dit-elle (elle n'a que
quatorze ans) pour les empêcher d'hériter de Bad-Ischl ? François-Joseph eut un sursaut de fermeté. Il exigea, au nom de la
pérennité, la présence de son épouse et de Marie-Valérie quand
on donna à l'Opéra la représentation d'une œuvre de Carl Maria
von Weber.

Plus de cheval. Élisabeth a-t-elle été vexée d'apprendre le
mariage de Bad Middleton ? Elle n'était donc pas l'unique en son
esprit ? Les ragots de Marie Larish continuaient. La perfide avait
fait courir le bruit que Sissi était retournée secrètement à Sassetot-
le-Mauconduit pour accoucher... d'une fille ! Malveillance,
mythomanie, qu'a donc la nièce morganatique qui rôde aussi
autour du couple de Rodolphe et Stéphanie ? Élisabeth n'était
jamais revenue en Normandie après sa chute. François-Joseph
songeait à l'avenir de son fils quand le ministre Tisza proposa de
le faire proclamer roi de Hongrie. Cette année-là, 1882, un génie
scientifique, Koch, isolait le bacille de la tuberculose, tandis que
Sissi, mal partout, se rendait à Paris. Marie Festetics est épuisée
du rythme pédestre de sa reine. La sciatique n'empêche pas des
marches essoufflantes à travers la capitale. Stéphanie assurait, plus
que jamais, au grand plaisir des Viennois, toutes les cérémonies
officielles. Élisabeth, d'un sursaut jaloux, revint à Vienne pour
apparaître, elle qui détestait l'armée, à la traditionnelle parade
militaire. Sculpturale auprès de son époux, immobile sur son cheval. Nihiliste, elle redevenait, l'attraction, l'émotion, l'icône que
le temps stratifiait pour toujours. Elle accepta de se rendre avec
l'empereur et Marie-Valérie à Trieste. La jeune archiduchesse
détestait l'Italie. Elle avait peur du pénible silence qui signait, en
Italie, chaque apparition autrichienne.

Pieds nus sur la semelle fendue, râpant le sol, Luigi Lucheni est
courbé du matin à la nuit à glaner, vendanger, quand on l'emploie
comme journalier. Il dévore du pain plus dur que de la pierre. La

Misère de ses ancêtres siffle à ses oreilles gelées, on a tondu ses cheveux et il n'a pas de bonnet. La misère vient de loin. Il est ivre de tout le mauvais vin qu'il n'a pas bu, il est blême de la nourriture dont la Misère les a à jamais privés. Son baptême fut celui de l'eau d'une mare et de la salure du monde. Qui n'a pas pitié d'un enfant ? Personne n'a pitié de Luigi Lucheni. Si le temps remonte son horloge injuste, il est issu des créatures les plus pauvres entre les pauvres – de la bête au caillou du sol, de l'inceste au viol, à l'abandon qui rend fou, il est le frère, dans sa Misère, des rois fous, en Bavière, des reines folles, en Bavière, du roi qui aboie, en Bavière, et blasphème. Ils sont tous frères et tous maudits.

Élisabeth et Luigi.

Ils se rencontreront au rut ultime de la mort. La justice de la mort. La justesse de la mort.

L'amazone n'était plus, Vienne se sentait soulagée mais vaguement frustrée du spectacle palpitant (la vue de qui frôle la mort enivre mieux que le vin) de leur reine-centaure. Il lui est impossible de rester immobile. Sa marche est devenue une course. Un imperméable jeté sur une laide robe en laine, en gros godillots de montagne, la chevelure sous un chapeau tyrolien, elle court sept heures d'affilée... Ses dames hongroises, à dos d'âne, suivent mal. Des policiers la prennent en chasse. Une folle, sans doute une voleuse. Marie Festetics, le cœur dans la gorge, n'a que le temps d'intervenir entre de rudes mains qui s'abattent sur les épaules de la Femme qui court.

— Je vous en prie, messieurs, c'est l'impératrice.

Chapitre XV

SI LE ROI NE MEURT

Louis II poussa un cri terrible quand il apprit, en 1883, le décès, à Venise, de Wagner. L'aigle berçait sa peine niché dans ses palais-alvéoles de pierre. Il berçait sa peine à la couche de son palefrenier, Richard Horzig. Marie-Valérie avait quinze ans et se rapprochait plus franchement de son père. Elle reitira sa demande qu'ils se parlassent uniquement en allemand. Elle en avait assez du hongrois et François-Joseph cachait mal son plaisir. Il aimait cette très jeune fille, si proche de lui, et que la passion de Sissi lui avait dérobée. Marie-Valérie ne manquait aucune occasion de se rapprocher de son père. Elle se glissait dans son bureau – ainsi l'avait autrefois fait sa très jeune épouse – et le priait de la laisser près de lui lors des interminables audiences. « Belle distraction ! » bougonnait-il, fou de bonheur de partager avec elle un simple et frugal repas, trouver un lien si tendre, si simple. Une enfant, au fond, pleine de patience. Il fallait une immense patience pour aimer Élisabeth. Devenait-elle son enfant préférée avec son sourire proche du sien, son regard bleu profond, son affection sans détour ? Comme ils se ressemblaient et que c'était bon de remarquer cette ressemblance ! François-Joseph, grâce à Marie-Valérie, était moins seul – paradoxe de cette petite fille née en Hongrie dont la mère s'était farouchement emparée. Elle devenait la joie de son père vieillissant. Il aimait Gisèle, mais elle était mère de famille, en Bavière, loin de lui. Rodolphe... Il n'osait approfondir son malaise envers ce fils unique, qu'il sentait si loin, presque hostile.

Marie-Valérie aimait sa mère, mais pas de cette folle passion. Son adolescence était perturbée par les incessantes angoisses d'Élisabeth. Une aura de malheur planait sans répit sur cette mère qui exigeait de cette enfant trop jeune, naturelle, un amour exclusif. Elle étouffait. Elle était mal. Elle ne suivait pas ce rythme maternel passionnel, destructeur. Sa mère la remplissait d'une vague culpabilité, accrue avec le temps. Les crises de larmes de sa mère déclenchaient les siennes. Jamais une enfant aussi choyée n'avait autant pleuré de voir sangloter sa mère. Rien en elle ne se hissait à la hauteur d'un amour aussi violent. Elle n'osait plus aimer franchement son père, sa sœur, son frère qui d'abord, jaloux de la préférence aiguë de leur mère, rabrouait la « Chérie ». Marie-Valérie attendait l'âge de vivre enfin sa vie propre (un mari, des enfants) – loin de sa mère. Elle aimait Vienne et par-dessus tout l'Allemagne. Elle avait trop souvent tremblé devant les crises nerveuses de sa mère, ses audaces à cheval. La mort rôdait autour de la belle ombre et le cœur de la petite battait à grands coups. Le bon sens inné de Marie-Valérie s'inquiétait du comportement de sa mère. Elle entendait rôder l'inquiétante rumeur « la folie des Wittelsbach », quand il s'agissait de sa mère – ou des sœurs de sa mère, ou du cousin de sa mère. Mathilde (Tante Moineau) donnait quelques signes d'agitation forcenée, Marie de Naples avait des crises de silence pétrifié. Sophie d'Alençon se perdit dans d'étranges frasques avant son décès effroyable. Rodolphe... On se détournait de ce qui serait leur pire tragédie. Ces affres familiales augmentaient l'anxiété d'Élisabeth – qui ne cachait rien à sa fille préférée, son double, croyait-elle, qu'elle avait d'emblée, sans lui demander son avis, cousue à son âme. Dès 1884, Élisabeth souffrit d'une sciatique si douloureuse que son angoisse augmenta. Louis II allait très mal, Rodolphe glissait dans une neurasthénie active. Il disait à Stéphanie, à la grande ignorance de sa mère :

— Je ne vivrai pas longtemps, je ne serai jamais empereur.

Rodolphe allait moins bien qu'au début de son mariage. Fils œdipien, sa passion pour sa mère était sans cesse contrariée. Elle le fuyait – comme elle fuyait l'empereur et Vienne. Qui pourrait la retenir enfin auprès d'eux ? Un tombeau ? Un asile ? Elle aimait les fous et la mort... Voulait-il qu'elle remarque à quel point leurs idées étaient proches ? Quitte à déplaire violemment à son père, il s'entourait de libéraux dont le journaliste hostile à l'empereur, Moriz Szeps, directeur du Wiener Tagblatt. La fille de Moriz

Szeps épousera le frère du député Georges Clemenceau, chef du parti radical français. À Vienne, on surnommait le prince, l'Insondable. On le cernait moins que sa mère, bien moins que le très net empereur. Un mal mystérieux le ravageait. Lors d'une chasse, il avait lancé à son cousin François-Ferdinand :

— Tu seras le futur empereur d'Autriche.

Il signait son précoce acte de décès où on reconnaissait la mélancolie morbide de sa mère. Mourir jeune. Pourquoi ?

Il était moins heureux avec Stéphanie. Ses idées, à la longue, révoltaient la très conventionnelle archiduchesse. Elle tenta de le comprendre mais, très croyante, s'effrayait de son anticléricalisme, de ses goûts choquants pour les tripots. Il l'entraîna, à sa grande honte, dans une sordide guinguette, près de Vienne. Il aimait y boire plus que son saoul, manger des saucisses et tutoyer les filles si louches, teintes, dénudées – qui le tutoyaient.

Journal de Stéphanie :

« On resta assis, jusqu'à l'aube à des tables sales... non desservies. Des cochers jouaient aux cartes, sifflaient et chantaient. On dansait, des filles sautaient sur les tables et les chaises... chantant de rengaines vulgaires... Je ne comprenais pas ce que le prince héritier y trouvait[1]. »

L'incompréhension, la solitude. Elle croyait qu'ils allaient approfondir leurs liens. Elle retrouvait le pénible souvenir de leur nuit de noces. Un viol ; cette soirée abjecte était un viol mental. Au milieu des années 1880, il la rabrouait, elle se repliait. La chute de leur mariage... Élisabeth allait-elle, amère, s'en réjouir ? Marie-Valérie observait la mine de plus en plus défaite de son frère. Élisabeth ne voyait rien. Il s'était rapproché de sa sœur, il avait dépassé sa première jalousie. Marie-Valérie remarquait ce masque terreux, malheureux. Qu'arrive-t-il à son frère ? Elle n'aime guère Stéphanie, à cause des discours de sa mère, mais a pitié de son isolement. Rodolphe n'a plus aucun tact envers elle. Il l'a brisée et humiliée en reprenant sa vie dissolue de célibataire. Stéphanie ne dort plus. Elle éclate en larmes et en scènes de jalousie quand, à l'aube, il titube vers ses appartements. C'est encore une femme amoureuse, elle ne sait qu'attendre et pleurer. Elle a l'âge des maladresses, elle traverse un violent chagrin de trop jeune femme, doublé des offenses faites à son rang. Ses rivales sont des filles

---

1. *Rodolphe et Mayerling*, J.-P. Bled, *op. cit.*, p. 141.

de tripot ou de vénales demi-mondaines. Elle est trahie, affaiblie, désolée. Que faire, se dit-elle, mon Dieu que faire... Ainsi parlait la bonne duchesse, devenue divinement indifférente à tout. Stéphanie est au bord de mépriser Rodolphe que Disraeli avait admiré. « Quel prince brillant ! », disait-il à la reine Victoria. Rodolphe devenait l'ombre de lui-même. Il aimait la France, il s'était, déjà très jeune, apitoyé sur le sort de l'armée française en captivité. Il préférait à tout l'Autriche, détestait la Prusse et les Hohenzollern. Il se méfiait de Bismarck et abominait le Kronprinz. Ses ennemis devenaient multiples en Allemagne, les ennemis que son père avait su, diplomatiquement, juguler. Quel incendie implacable le prince est-il en train d'allumer ? Quel feu va dévorer tous ces feux qui couvent ? Il n'aime pas vivre à la Hofburg où il a conservé, dans l'aile opposée aux appartements de Stéphanie, sa garçonnière de jeune homme. Ses maîtresses l'y rejoignent, avec la complicité de Bombelles. Il n'est pas aisé d'en trouver seule le chemin, franchir ce dédale de corridors, d'escaliers de plus en plus étroits jusqu'à une certaine porte en fer. C'est là. Un bureau, un salon, une chambre obscure. Dans l'entrée, un corbeau empaillé ; sur le bureau du prince, un revolver noir, un crâne humain qu'on lui a donné lors d'une visite à l'institut médical. Cette macabre mise en scène effraye et fascine les femmes qui entrent ici pour coucher avec lui. Marie Larish, sulfureuse complice de la rencontre en ces lieux du prince et de son dernier amour, Mary Vetsera, était perversement excitée par cet étalage morbide. Stéphanie ne s'est jamais aventurée du côté de l'« aile de l'adultère ». Ses genoux tremblaient quand la tentation la prenait d'y foncer, encolérée, abaissée, suppliante. Son éducation et le sentiment de son rang prenaient le dessus. Les amours du prince... Peut-être est-il temps de présenter Mary Vetsera, ainsi les personnages d'une tragédie inexorable dont on attend l'entrée de l'actrice principale ? Discrète Mary, triste enfant née à Vienne en 1871, qui n'a rien compris aux manœuvres de ces jeux. Elle n'a entendu que sa passion immense pour ce prince condamné, décidé à la condamner avec lui.

Rodolphe, même souffrant, jouissait d'un grand succès auprès des femmes, surtout les intrigantes, où le menait son dangereux anticonformisme. Dans les années 1879, il avait subi, avec volupté, la cour effrénée et quelques heures torrides avec la comtesse Hélène Vetsera, mère de la petite Mary alors âgée de

490

huit ans. Hélène, brune, de type oriental, langoureuse, belle, sensuelle, aux lourds cheveux noirs, cambriolait en Rodolphe une passion de fils envers une mûre maîtresse. Élisabeth avait brièvement connu ces Vetsera, parents des frères Baltazzi, dont elle adorait les compétences équestres. Hélène Vetsera et ses oncles, les frères Baltazzi, l'avaient accompagnée en Angleterre, en 1874, lors de ses grandes chasses. Qui étaient ces Vetsera dont la mère et la fille, si jeune, furent les maîtresses du prince Rodolphe ? De la petite noblesse hongroise mêlée de sang slovaque, turc, allemand, anglais... Des intrigants habiles – sauf Mary, l'enfant manipulée. Le père de Mary Vetsera, l'époux de la somptueuse Hélène, née Baltazzi, avait été courtier à l'ambassade d'Autriche au Caire. Sa mère était riche, fille d'un grand banquier levantin, Thémistocle Baltazzi, enrichi à Smyrne. Tous habiles en affaires, ils ambitionnaient d'être reçus à la Cour la plus prestigieuse : Vienne. Trop mal nés pour y accéder ainsi, ils manœuvrèrent les alliances avec la même prouesse qu'ils avaient manipulé l'argent. Les oncles de Mary Vetsera, les frères Baltazzi, s'étaient insinués dans les bonnes grâces de l'impératrice grâce aux chevaux. Marie Larish s'entendait bien avec eux – même goût des intrigues, de l'argent et des ambitions – elle fut l'agent principal qui attira les Vetsera du côté du prince impérial. Rodolphe fut, d'une certaine manière, le jouet de la mère maquerelle qui lui amena Mizzi Caspar et celui de sa cousine douteuse, Marie Larish, qui lui présenta, le 5 novembre 1888, Mary Vetsera. Les Vetsera, grâce à la fortune obscure des Baltazzi, étaient fort bien installés à Vienne. Bernhard Baltazzi, le grand-père de Mary, et son fils Albin, avaient eu l'habileté, lors de la révolution en 1848, de déployer un zèle intempestif au service de l'empereur et de l'Autriche. Diplomates en Orient, hommes d'affaires, négociateurs au service de l'empereur, on les hissa au grade de « barons » – ce qui arrive aux grands banquiers. Théodore Baltazzi, le grand-oncle de Mary, légua à ses neveux (dont les Vetsera) dix millions de florins. Albin Vetsera avait épousé la voluptueuse Hélène Baltazzi. Cela devenait aisé, soudain, de gravir des échelons à Vienne. Ils habitèrent, dans un des plus beaux quartiers, le Leopoldstadt, un petit palais, trop fleuri, surchargé de meubles luxueux, de tapis et de lustres. Les signes extérieurs sont un bon début quand on ambitionne une entrée à la Cour. Ils accentuèrent d'un cran leur stratégie en se trouvant des protecteurs prestigieux. Leurs millions, dont tout le monde parle, ne laissent pas indifférents quelques grands aristo-crates qui ont des enfants à marier et peu d'argent. Le comte Prokesch-Osten, ancien supérieur, à Constantinople, d'Albin Vet-sera, ouvre pour eux son palais, à Vienne. On les introduit dans un salon très fermé, très coté, celui de la princesse Eléonore Schwarzenberg. Les nièces des frères Baltazzi firent de grands mariages. L'une d'elle devint comtesse de Saint-Julien, les autres eurent aussi des titres de comtesse. Les voilà liés, peu ou prou, à d'anciennes familles aristocrates dont certains ont seize quartiers de noblesse. L'impératrice n'a-t-elle pas accepté le cadeau des frères Baltazzi, trois magnifiques chevaux ? C'est déjà un lien, une serrure qui tourne sur elle-même, laisse la voie ouverte à de nou-velles manigances. Hélène Vetsera a été reçue à la Cour, on l'a présentée au prince impérial. Elle parviendra à ses fins : coucher avec lui, comble voluptueux de leur tableau de chasse. Ils ignorent que Mary sera la flammèche mortelle de leur sale histoire. La petite Mary était la troisième enfant du comte Baktazzi et d'Hé-lène, qui sera veuve en 1887. Un frère aîné, Ladislauss, une sœur, Hanna. Mary est la moins jolie et la plus touchante. C'est une enfant gracieuse, petite, trop ronde, à la magnifique chevelure châtain foncé, aux beaux yeux d'un bleu profond, cillés de soie noire. Le nez est un peu gros, les oreilles trop larges, la bouche sérieuse. Elle tient de sa mère la passion langoureuse, orientale, du regard, une peau éclatante, le cou parfait et robuste. Un trait de ressemblance unit ces trois visages des femmes – Mizzi, Hélène, Mary – aimées par Rodolphe : le chaud regard passionné, la peau sensuelle et la troublante chevelure sombre qui, défaite, bat les reins. Quelque chose d'Élisabeth ? La mode, à la fin des années 1880, ramenait la chevelure des femmes en un épais chi-gnon tourné sur le sommet du crâne. Une frange en éponge, frisée au fer, des épingles en écailles et perles, le haut chapeau orné d'une plume en torsade... Stéphanie était ainsi coiffée. Élisabeth est la seule à conserver sa coiffure si longue en tresses et boucles. Elle tolérera, unique dérogation à son éternelle coiffure, une petite frange souple, que Fanny Angerer eut du mal à ajuster sans rien couper de la chevelure « sacrée » de l'impératrice. Mary Vetsera est une petite fille d'à peine dix-sept ans quand éclatera le drame de Mayerling, en 1889. Une âme forcenée, pure et totalement désintéressée, amoureuse à en mourir de son prince si las...

Le fantasme populaire, le romantisme exacerbé placent

Rodolphe et Mary Vetsera dans la légende de Mayerling, les amants morts d'amour, ensemble, puisque aucun autre sort ne leur était permis. Mary, l'enfant, qui s'était donnée entièrement, âme comprise, le crut.

La réalité fut bien plus sordide.

Rodolphe, dans les années 1886, réussit quelques voyages officiels non sans embûches. Accompagné de Stéphanie, ils vécurent leurs ultimes complicités sociales. Les Balkans, Constantinople, le Monténégro, la Grèce. François-Joseph freinait, méfiant, les initiatives de son fils. Il accéléra en partie ce désespoir latent. Sa police le renseignait au plus près des « amitiés » de son fils. Il appréciait son intelligence en lisant, sans sauter une ligne, ses rapports circonstanciés, à chaque voyage. Jamais, cependant, le père n'introduisit le fils lors de ses audiences et ses secrets d'état. L'empereur se confiait et prenait l'avis du comte de Taaffe – non de Rodolphe. Le fossé (la tombe) se creusait de plus en plus entre le père et le fils. La santé de Rodolphe se détériora brusquement en 1886. Il avait vingt-sept ans. Tout commence par une toux spasmodique qui n'est pas sans rappeler celle de Sissi au temps de Madère. La tuberculose ? Un homme, surtout un futur empereur, n'a pas de maladies nerveuses, que cette honte reste du côté des princes Wittelsbach ! Rodolphe est devenu irritable, il tourmente Stéphanie. Il la tarabuste, la supplie de l'aimer, lui fait une étrange proposition qui l'épouvante : se tuer avec elle.

Stéphanie, atterrée, tente de se confier à l'empereur qui l'aime bien. Paisible, évitant de creuser un tel souci, François-Joseph la réconforte gentiment :

— Ne te monte pas la tête pour rien, il a besoin de toi, reste auprès de lui.

Elle secoue ses minces épaules, redresse son menton sanglé dans le col officier de satin blanc, entouré du sautoir en triple rang de perles. François-Joseph n'a pas tout dit pour ne pas accentuer les inquiétudes de sa belle-fille. Sa police lui a remis de douteux rapports. Son fils entretient une liaison avec Mizzi Caspar, que tout Vienne appelle « la grande cocotte ». Il l'a installée dans une somptueuse demeure coûtant cinq cent mille florins. Il est de plus en plus l'ami des ennemis politiques de son père, ces libéraux haïssant le régime impérial. Rodolphe et ses amis détestent les réactionnaires prussiens et russes, ce qui augmente le rejet de son père. Rodolphe avait déjà écrit, en 1883, à son ami Szeps (l'empereur en a eu copie) ses doutes sur l'avenir de l'Autriche.

« Je suis curieux de savoir combien il faudra de temps à un édifice aussi antique et solide que l'Autriche pour craquer dans toutes ses jointures et s'effondrer [1]. »

Rodolphe et sa mère partageaient certaines antipathies. Ils détestaient le vieil archiduc Albert et le comte Édouard Taaffe, président du conseil, sûr allié de l'empereur. Rodolphe, ce prince qui allait mourir, songeait à une reforme absolue : fondre tous les biens du clergé et de la noblesse en un partage égal entre les plus dépourvus. L'exemple de la fortune dont il couvrait Mizzi Caspar était mal venu.

L'empereur se taisait, consterné. Il n'a que ce seul fils... Sorte de sosie d'Élisabeth mais supporte-t-on deux fois une épouse aussi écrasante d'absence, de mélancolie, d'emprise funeste ? C'est trop, c'est mal. Qui régnera après lui ? Que deviendront les fruits de son honnête labeur acharné ? Il sait bien, qu'à la Cour, Rodolphe pratique à la manière d'Élisabeth, le suprême dédain des « grands ». Ceux qui sont, et seront, ses sujets peuvent un jour renverser un souverain qui les déteste. Rodolphe ne cache pas son ironie et son mépris à ses « cousins », ces archiducs arrogants, qu'il estime de vains insectes pourris de vices et d'orgueil. Ses ennemis croissent, colportent des rumeurs dégradantes sur le prince qui ose leur tourner violemment le dos en public. Des hauts salons au dernier gargotier, on dit que le prince est dépravé, malveillant à son père et à l'empire. Un bon à rien. Il aurait reçu, à la Hofburg, Clemenceau et des radicaux français. Il endure le même rejet dont avait autrefois souffert sa mère. Il a de moins en moins de rôle précis à la Cour. Son père le relègue à un rôle de représentation, aux bals et aux dîners à Schönbrunn, tout ce qu'il déteste et qu'apprécie Stéphanie. Enfin, elle tient son grand rôle, et, quand elle passe, chacun s'incline. Elle exaspère ce prince malmené. Sa toux, ses malaises augmentent. De la débauche, au travail sans relâche, il se surmène. Ses rapports sont de plus en plus travaillés, jamais son père ne l'en félicite. Sa toux persiste et d'autres symptômes l'éclairent avant que le médecin n'ose prononcer le mot à connotation mortelle : la syphilis. Les sciences naturelles, la

---

1. *Élisabeth d'Autriche*, H. Vallotton, *op. cit.*, p. 149.

science tout court, l'intéressent suffisamment pour qu'il sache donner un nom aux signes qu'il déchiffre sur son corps.

Il souffre d'une inflammation de l'urètre, dont la douleur est lancinante jusque dans la vessie. Il urine mal et avec difficulté. Du sang, du pus se mêlent aux urines. Une petite plaie indolore et vilaine sur le pénis confirme son doute. La fièvre s'est installée, et la plaie, quoique résorbée, s'est transformée en un chancre, puis un autre. Les chancres ont gagné le coin de sa bouche, la paume de ses mains, la plante de ses pieds. Un autre se développe à l'orée du rectum. C'est le mal inguérissable – jusqu'à la découverte, en 1950, des antibiotiques. La syphilis fait beaucoup souffrir. Des maux de têtes affreux, une infection généralisée. Les ganglions se répandent dans le sang, la dégradation physiologique est visible, les douleurs articulaires sont insoutenables, la fièvre perdure accompagnée de maigreur, nausées, d'hallucinations et de folie. La souffrance, sans trêve. La honte, sans trêve. Une maladie transmissible – que les filles, au bordel, ont léguée à l'unique héritier des Habsbourg.

Stéphanie, archiduchesse de Lorraine de Habsbourg, sera contaminée par son mari.

Les même signes, en moins graves, sont apparus chez la princesse. Le médecin s'était empressé d'envoyer Rodolphe en cure, au large de la côte dalmate. Les bains, la prise des eaux n'apportent aucune amélioration. Seul l'opium, la cocaïne, la morphine que lui fournit Bombelles calment un peu ses maux. Il est pris parfois, à la grande inquiétude de son médecin, de violentes colères. Pourquoi a-t-il osé continuer de criminels rapports avec Stéphanie, ignorant tout de son mal ? Autodestruction ? Obsession du « suicide » à deux ? Désespoir nihiliste ? Rejet de son père, absence de sa mère, immense solitude ? Folie déjà engagée ? Il a perdu sa beauté, ses cheveux, une partie de ses dents. Sa vue baisse, ombragée d'un funeste nuage. Il est revenu à Vienne où son médecin lui prescrit du sulfate de zinc. Que faire contre cette bactérie qui se nomme, en latin, *treponema pallidum* ?

Stéphanie fut très gênée de se confier à son médecin. Elle souffrait d'une infection vaginale (un chancre), et de douleurs vives au bas-ventre. On préféra croire à une péritonite. Elle n'était pas si sotte pour n'avoir pas observé la dégradation physique de son mari et compris le sens des ragots terrifiants qui lui parvenaient. À ses souffrances urinaires se mêlaient une fièvre et une fatigue qui l'oppressaient. Elle eut très peur de la chaîne de ganglions, sous le bras, sur le cou, de persistants maux de tête. Elle accepta d'humiliants examens et le médecin avalait péniblement sa salive. Il est de son devoir de parler, cette plaie particulière, ce chancre, cette suppuration... Il n'a pas le droit de taire la vérité, lourde de conséquences pour la dynastie déjà ébranlée : Son Altesse Impériale a la syphilis. L'inflammation, chez une femme, gagne les trompes, compromet à jamais la fécondité. Stéphanie a poussé un cri horrifié, elle si contrôlée. Elle est en danger de mort, on l'a assassinée. Elle n'a qu'une fille et la dynastie est à jamais éteinte. La voilà en proie à toutes les malveillances, elle, l'innocente. Seule, souffrante, fragilisée, impopulaire, abhorrant cet homme qui l'a mise en risque de mort. Le fuir ! Le fuir à jamais ! La reine Henriette est consternée, Louise, la sœur de Stéphanie, aussi. La robuste santé de Stéphanie la fera survivre à ce marasme. Elle se soignait au mercure, le mal stationna, mais sa vie de femme, sa vie de mère s'achevaient à l'âge de vingt-trois ans. La nouvelle retentit aux oreilles de l'empereur comme un glas. Désabusé, Rodolphe sent rôder la mort. Élisabeth est totalement, à cette époque, hantée des malheurs de son cher cousin. Elle n'aime pas Stéphanie. Les chemins se séparent, Rodolphe sait que sa mère est indifférente et que jamais Stéphanie ne lui pardonnera. Mizzi Caspar, au beau corps de brune sculpturale, circonspecte, se méfie de lui. La solitude et la maladie l'enferment dans un projet lugubre auquel il se met à rêver sombrement. Mizzi Caspar avait été présentée au Prince par l'intermédiaire d'une puissante mère maquerelle, rôdant autour des fils des grandes maisons : Frau Wolf. Mizzi est extrêmement savante aux jeux du plaisir. Bombelles appréciait ses prouesses. Mizzi sait fort bien ce que signifie la mine défaite de son prince-payant. Elle mit, non sans mal – il devenait violent –, un terme à ses services de bonne courtisane. La grande cocotte de Vienne n'était pas née pour rien de la dernière eau trouble. Quand, un jour, Rodolphe la supplia de se suicider avec lui, elle prit son chapeau, son fiacre doublé de gros satin violet et s'en alla tout raconter à la police... qui ne prit rien au sérieux et n'osa pas en avertir l'empereur.

Ainsi s'ébauchait le drame pendant qu'Élisabeth entrait dans celui de son cousin l'aigle menacé de toute part.

Élisabeth se tenait alors loin des affres de son fils. C'était la faute de Stéphanie, cette Cobourg orgueilleuse et ambitieuse comme ils l'étaient tous ! « Un malheur viendra », avait dit Marie Festetics, écho de sa reine. Le rejet de Stéphanie, celui de son père, la mère absente, la dérobade de Mizzi Caspar, tout précipitait Rodolphe vers la plus noire des issues. Il est en échec et il sait ses jours comptés. Son exultation (sa vengeance désespérée ?) passera par la mise en scène d'une mort où il ne sera pas seul. Il doit trouver quelqu'un qui l'aimera assez pour oser un si total sacrifice.

Il voit de moins en moins Stéphanie et ne lui chicane pas une bluette platonique avec un prince polonais, le comte Arthur Potocki. Six années après leur mariage, le couple est brisé. Rodolphe va vers son destin.

Tout le monde, dans cette histoire, va vers les ailes de son destin.

Depuis 1884, la sciatique est la plus vive douleur d'Élisabeth. La souffrance marque son corps qu'elle a surmené de gymnastique et d'équitation excessives. La sciatique signifie l'immobilité forcée, le face-à-face avec ce « moi », son tourment perpétuel qu'elle croit anéantir dans l'agitation sans répit.

— Je préfère me suicider que de rester paralysée, dit-elle à l'empereur.

— Alors tu iras en enfer, répond-il, le sourire raide, agité.

— La vie est déjà un enfer, dit-elle.

Elle lui fait peur, il la sait capable de se détruire. La nature hait le vide, la nature d'Élisabeth hait l'immobilité. Elle bouge trop, elle voyage en tout sens pour une pathologie qui exige tant de ménagements – les anti-inflammatoires n'existent pas. On s'en sortait alors, quand on en avait les moyens, avec des cures d'eau, de boue, des massages, la chaise longue à outrance. Elle crut châtier son mal en marchant plus que jamais – vingt-cinq kilomètres en cinq heures ! Elle refit, sans plaisir, du cheval. Le cri involontaire s'échappait de ses lèvres scellées derrière l'éventail ouvert. Elle persistait. Marie Festetics et Ida perdaient tout pouvoir sur elle. Marie-Valérie s'effarait.

Elle a emmené sa fille, de Francfort à Heidelberg. Elle traîne une jambe au genou enflé. Marie Festetics la persuade de rencontrer un grand spécialiste des maladies articulaires, le docteur Metzger. Il est installé en Hollande ; l'impératrice Locomotive se rend d'une traite à Amsterdam. Sur le canapé de son wagon-salon, elle ne sait comment poser sa jambe pour moins souffrir. Allongée sur le lit-cerceuil, elle ne dort presque plus. Son peu de goût pour la nourriture s'est encore accentué. Un verre de lait, une orange, de l'eau, du thé. L'anorexie est à son comble. Le docteur Metzger comprend immédiatement à quel genre de patiente (névrosée) il a affaire. Il l'examine sans douceur et lui parle sans ménagement. La sciatique lui semble moins grave que ce refus de la nourriture. Il a tout remarqué : sa nervosité extrême, les rides finement creusées sur sa peau trop parcheminée, son dentier, elle est désormais édentée, l'agitation de sa jambe valide, l'enflure du genou, ce regard d'animal traqué, traversé d'éclairs soudain. Il la trouve laide, vieille, fagotée.

Elle aime à paraître parfois laide, vieille, fagotée. C'est le repos de son image exténuante. Elle aime ressembler à un long garçon accablé de cheveux. Le peintre Anton Romako – qui mourut de manière douteuse en 1891 – avait réalisé, en 1883, d'après des photographies, un portrait ultra-moderne de l'impératrice. La modernité angoissante, la fin d'un siècle, la fin d'un monde et même la fin du monde se lisent dans le regard ouvert à donner mal au cœur, fixant les hommes, par-delà leur vide. La robe d'Élisabeth, dans les bruns rouges, appartient plus à un costume de scène, qu'à une impératrice. Une séduction asexuée, sous la sauvage chevelure que retient un serre-tête, non un diadème. C'est l'impératrice d'une tragédie en mouvement. La fin de son empire – qui ne fut jamais son empire. Le mal de vivre viennois qui fut sa lèpre et sa malédiction. Les manches en léopard, sept ou dix sautoirs de perles sur le col trop haut, l'éventail-trophée, elle est la beauté absolue et la laideur absolue. Une figure de fresque, au plafond d'une église désertée par Dieu et Démon. La solitude au brasier de cet excès de rouge. Le mal de vivre. Vivre est un mal. Les jambes ont disparu sous la minceur longiligne, enflammée, du tissus. La seule humanité du tableau est le grand chien airedale, au regard d'homme aimant, humain. Sissi, au corps de garçon aimant les garçons, aux beaux yeux de Juive, de Tzigane, de défi anarchiste, est totalement abandonnée. Seule la mort voudra d'elle. La mort et son chien. Comme il lui sied d'apparaître aussi, la plus laide, la plus mal habillée, la boiteuse désarçonnée pour toujours de son cheval, la folle édentée, à qui il suffit d'une pirouette sur ses pieds douloureux pour devenir à nouveau l'implacable beauté. Sans âge, se sentant infâme de survivre, empoisonnée d'angoisse, ce venin, auquel elle ne s'attendait pas, cette enfant née un dimanche, née pour rien. Sissi oscille de la laideur à la splendeur et c'est bien ainsi : la vie, la mort, la splendeur et les hideurs sont sexuellement soudées et sont devenues sa défroque.

— Vous êtes trop maigre, dit le médecin hollandais. Vous risquez l'infirmité, si vous ne cessez immédiatement vos marches et l'équitation. Votre peau est ridée, vous allez paraître encore plus âgée si vous ne mangez pas. Il vous faut de la viande, des légumes, des fruits, un peu de vin, du pain. C'est urgent. On ne peut guérir une sciatique et ses articulations si on se nourrit si mal. Votre jambe enflera à mesure du mal et il sera trop tard.

Paralysée, vieille, ridée ! On ne lui avait jamais parlé avec une aussi rude franchise. Il a dit les mots qui la séduisent et l'épouvantent. Les rides, la jambe enflée, l'immobilité hideuse.

— Vous êtes libre, chacun est libre de sa mort, a-t-il ajouté.

Elle accepta le protocole de ses soins. La cure d'eau auprès de la mer du Nord, le régime amélioré. Elle avait du mal à ingurgiter la viande mais elle constata, comme éveillée de ses songes permanents, l'ampleur de ses rides. Elle continua ses marches et l'escrime. L'inflexible Hollandais haussait les épaules ; le pire était peut-être dépassé. Elle souffrirait souvent, longtemps, mais échapperait à la paralysie. La gymnastique avait développé en elle une musculature très souple. L'obésité eût été plus catastrophique que la maigreur. Il lui conseilla, quand elle irait mieux, un séjour dans un climat chaud. Les douleurs articulaires n'aiment pas l'humidité. « Une île », avait-elle dit. Corfou ?

Elle s'enticha de la mer du Nord. Une extase inconnue. Elle y retrouvait sa passion pour la poésie de Heine, le héros mythique, Achille qui le fascinait et qu'elle adorait. La fragilité d'un dieu qu'une flèche au talon peut tuer... Cela déclencha une vague de poèmes où la mer du Nord devenait la demeure mouvante de la mouette immobile.

Elle souffre, en dépit d'une modération obligée, d'un régime amélioré. Comment rester longtemps quelque part, même devant la mer du Nord ?

Elle se rend en pèlerinage à Mariazell prier la Vierge si petite et si gentille, de guérir sa sciatique. L'indéfectible médecin hollandais s'irritait. Ce n'est pas la Vierge qui guérira une personne aussi agitée. Un protestant ne croit pas à ce genre de pèlerinage et le dur médecin répétait ses conseils – tous excellents, mais quasi insurmontables à une nature pétrie de bougeotte. De la Bavière à Gödöllo – où elle retrouve avec bonheur sa chère Carmen Sylva, flanquée de son époux, le roi de Roumanie, Élisabeth ne reste guère en place. Carmen Sylva a tout remarqué, la douleur, la jambe qui boite, la fatigue qui ravage ces traits. Sissi a confiance en cette amie si rare, Carmen, fine, lui assure que la fatigue vient rarement de la vie, mais assaille « si l'on est fatigué de soi-même ».

Achille, son nouvel héros. Bouger encore, même souffrante et menacée de paralysie. Traîner plus loin « la fatigue d'être soi-même ». En janvier 1885, elle est à Miramar, où elle fait élever une statue de son héros. Elle relit *L'Iliade,* s'identifiant au héros de Troie, elle est Achille, un rien peut la tuer. La blessure au talon, la sciatique, une petite lame en plein cœur. Un rien.

L'élancement du nerf est parfois si électrique, si pénible que, le souffle coupé, elle trébuche vers un fauteuil, les larmes aux yeux. Marie Festetics l'encourage à consulter encore le docteur Metzger. Quand il la revoit, il n'est pas content du tout. Elle lui a si mal obéi que le genou est énorme, l'inflammation bien installée.

— Vous voulez donc vraiment finir paralysée ?

Il ne lui dit pas « Majesté », il n'emploie pas la troisième personne. Cet homme de science déteste perdre son temps et s'offusque d'une telle légèreté à ses prescriptions. Le frère de l'impératrice, l'oculiste Charles-Théodore, disait de sa sœur : « Sissi a un grain ! » Metzger le croit. Il eût bien plu à François-Joseph, rempli d'inquiétude et content qu'elle soit au loin. Elle assombrit sa vie, son bel ange de malheur, elle lui a donné un fils sur lequel il préfère se taire. Il n'est pas content. Il a détesté qu'elle eût osé évoquer le suicide si la sciatique (par sa faute) gagnait du terrain. Quelle honte, un suicide ! Quelle damnation éternelle ! L'empereur d'Autriche abomine le suicide et les suicidés. Ils entraînent tous les leurs dans leur malédiction.

La mer du Nord...

Élisabeth loge avec sa suite dans une villa près de Harlem, à Zandvort. La mer du Nord ravive les plus beaux poèmes de Heine. Elle n'en a pas fini avec son poète favori, « son Maître », à qui elle a dédié des vers d'admiration absolue. Vers troublants, non dépourvus de sourde sexualité :

À mon maître,
Mon âme sanglote, elle exulte et elle pleure,
Elle était cette nuit unie à la tienne ;
Elle se tenait enlacée si intimement, si fort,
Tu l'as pressée contre la tienne avec ardeur.
Tu l'as fécondée. Tu l'as comblée de bonheur,
Elle frissonne et tremble encore, bien qu'apaisée [1]...

Elle sait tout de Heine, elle est sa totale disciple, elle s'identifie à cette âme inquiète. Cette âme lyrique, instable, qui avait connu si vite l'humiliation d'être juif. Né à Düsseldorf en 1797, mort à Paris en 1856, sa vie entière fut un tourment. L'insécurité, l'exil, l'errance, la rébellion brûlante. La conscience d'une mortelle différence. Élisabeth ou la mortelle différence. Heine s'était converti au protestantisme comme on se donne, disait-il, ironique, « un billet d'entrée donnant accès à la civilisation européenne ». Sa poésie lyrique exaltait l'impératrice. Journaliste, Heine avait fait scandale avec ses idées libérales. Etre juif l'empêchait de trouver, en Allemagne, au fort courant antisémite, un bon emploi. Il s'exila à Paris. Il eut la chance d'être prisé dans les milieux mondains, ses idées ravissaient les républicains. Rien, cependant, ne consolait Heine, si intimement juif, athée et panthéiste. Sa déchirure augmentait à mesure de son œuvre. Le héros Achille au blanc talon de femme... On le disait, il se disait « un romantique défroqué » ce qui enchantait Élisabeth. Il n'eut jamais de plus fervente adoratrice. Sa connaissance du poète était telle, que des spécialistes du poète la priaient, respectueusement, de les éclairer sur la poésie de son « maître ». Les nazis le rayèrent de l'histoire littéraire. La mer du Nord ravive la folle admiration d'Élisabeth pour Heine qui l'a si bien chantée. Il guide la formule de sa désolation, l'espérance que la nature seule console les grands solitaires dont elle fait partie. Achille devient le « bien-aimé » littéraire d'Élisabeth et la mer du Nord une issue d'écriture, d'enfermement sublimé. La sciatique sert de rythme lancinant, entre la douleur d'exister et le va et vient de la mer argent, glacée, amère, insaisissable :

---

1. *Le Journal poétique de Sissi*, p. 104.

SISSI, LES FORCES DU DESTIN

I

Et sur les vagues sauvages de la mer,
Bien-aimé, tu gisais étendu ;
Mille fibres en moi t'aspirèrent
Couvert de sel et d'écume.

2

La mer est furieuse, les vagues mugissent
Et s'écrasent de toute leur énorme puissance
Sur le rivage désert, dans la nuit noire.

Extasiée, j'écoute la rumeur du camp,
La voix du bien-aimé parvient à mon oreille,
Lui, le magnifique, l'homme fort !

3

Mon aimé repose au bord de la mer
Le divin, le magnifique,
Avec son bouclier et sa lance[1] !

La sciatique s'améliore, elle a accepté le traitement avec plus de docilité. La solitude s'épaissit. Elle est, mentalement, sans cesse dans le même drame. Elle pourrait demeurer des mois devant cette mer du Nord, mais déjà elle se lasse. La mouette veut partir, de l'autre côté des flots. Qu'on ne la fige jamais longtemps toute vive sur un rivage. Le supplice est plus vif que l'élancement chronique de sa jambe. Elle sent rôder la mort, elle la devine dans l'écume blanche, le ciel plombé. Quel est ce vide atroce vers lequel elle penche ? Où vont la mener les ailes du destin ?

---

1. *Le Journal poétique de Sissi*, pp. 22-23.

SISSI, LES FORCES DU DESTIN

Extrait du journal de Luigi Lucheni, l'assassin de l'impératrice d'Autriche :

« *Le 19 février 1882 – date mémorable, pour moi, vu les conséquences qu'elle eut sur ma destinée –, l'hospice a dû m'envoyer à l'hôpital des malades pour y guérir quatre de mes doigts couverts d'engelures : l'annulaire et le petit doigt de la main droite, l'index et le petit doigt de la main gauche ; je porte encore à tous ces doigts, de très visibles cicatrices.*

« *En hiver, par insuffisance de chauffage, cette maladie était très familière aux enfants de l'hospice [...] Ordre du surveillant [...] "Lucheni, prenez avec vous vos livres" [...] Je restais comme foudroyé ; cet ordre signifiait mon congé de l'hospice [...] je suis conduit le temps de prendre mon repas, à la direction... Je vis une espèce d'individu. [...] Il portait une barbe jaunâtre... Un chapeau crasseux...*

« *[Je détachais] avec rage l'insigne de l'hospice... Mon nouveau père habitait Varano de'Melegari... à vingt-cinq kilomètres de Parme. C'est à pied que nous parcourûmes cette distance... [La chaumière des Nicasi] était... une unique pièce qui servait à la fois de cuisine, de salle à manger, de chambre à coucher, de dépôt pour les chiffons et de poulailler... (Près du feu, une vieille femme édentée, la Nicasi)... Mon nouveau père, après m'avoir ôté mon bonnet, me rapportait celui-ci plein de châtaigne sèches : "C'est pour te faire plaisir que je te les donne crues..." Ce fut tout mon souper. [Nicasi étendit] sur le sol, l'un sur l'autre deux sacs de chiffons, et ayant décroché du mur un vieux paletot, il me dit montrant les deux sacs : "Pour cette nuit tu coucheras ici..." Hélas ! Six années devaient s'écouler avant que je couche à nouveau dans un lit. À partir de ce soir-là, j'aurais pu non seulement dire adieu au lit et aux habits neufs, mais aussi perdre l'habitude que j'avais eue tous les dimanches : ...changer de chemise... Lorsque les Nicasi me sortirent de l'hospice, ils se trouvaient dans la misère absolue [sortir un enfant de l'hospice servait de caution à ne pas être chassé de son taudis]. Hélas ! Quel changement dans ma condition pourtant déjà assez malheureuse*[1] *!* »

---

1. *Mémoires de l'assassin de Sissi, Luigi Lucheni*, pp. 127-138.

La sciatique fait trêve, Élisabeth a rejoint Marie-Valérie à Heidelberg. La petite archiduchesse a encore grandi, mûri. C'est une jeune fille capable d'accompagner gravement sa mère, être à son écoute, mieux gérer leur complicité. Elles s'enthousiasment ensemble de la citadelle d'Heidelberg, elles empruntent, devisant sur de hauts sujets, son « chemin des Philosophes ». Le Neckar a les reflets moirés du Danube. Tout enchante Sissi – à condition de repartir très vite. La Suisse, le canton d'Argovie où se situe le château de Habichtsburg, qui eût été le berceau des Habsbourg. Ce voyage n'aura pas lieu : le canton suisse se méfie de cette visiteuse. On leur a dit que l'empereur songeait à racheter ces ruines qui auraient abrité ses ancêtres. « Habsbourg » serait une contraction de « Habichtsburg » La Suisse entend bien conserver, sous toutes les formes, sa totale indépendance. Élisabeth se rabat sur la Bavière. Revoir son cousin, son aigle que l'on dit malade...

Elle fuit Vienne plus que jamais et a très peu vu, depuis des mois, l'empereur et son fils. Elle s'enfonce dans son isolement qui clôt sa bouche figée, baisse une voilette sur son visage ridé. Une ombrelle blanche est ouverte en permanence au bout de son bras. L'autre main déploie l'éventail noir. Impopulaire (son fils aussi), auprès des frères de son époux, elle apprend, méprisante, que les fils de l'archiduc Louis-Victor ont jeté en ricanant son portrait et celui de François-Joseph par la fenêtre de leur palais.

Une peur innommable serre son ventre creux.

Comment résister à l'ennui, ce mal si grave ? L'ennui la pousse, puérilement, à écrire au fameux Fritz Pacher, lui rappelant la nuit du « domino jaune ». Elle est joyeuse, telle une enfant, de recevoir, poste restante, une longue lettre où elle apprend qu'il s'est marié (sa femme a la taille d'Élisabeth), père d'une petite fille. Il a grossi, il est chauve et respectable. Mme Barbe-Bleue, on le sait, le cloue dans son « cabinet » privé, très contente que les années n'aient pas biffé « Gabrielle » dans la mémoire de sa conquête d'un soir de bal masqué.

Ces petits jeux ne mènent à rien, sa solitude a augmenté. Gisèle est venue la voir, Marie-Valérie est avec elle, la chère famille de Possi aussi, mais la solitude a vissé un nouveau tour d'écrou. Une maladie de l'âme. Une maladie sans limite qu'elle a déchiffrée aux tristes hôtes des asiles d'aliénés. C'est la première fois, depuis des années, que Gisèle et Marie-Valérie sont toutes les deux avec elle. Les deux sœurs s'entendent fort bien. Et si elles allaient rendre

SISSI, LES FORCES DU DESTIN

visite à leur cousin-oncle, l'aigle niché à Berg, de l'autre côté du lac ? Les voilà toutes les trois, en vapeur, vers l'île aux roses. Elles espèrent y trouver le roi qui s'obstine à se cacher. Personne. Élisabeth, en plein élan poétique, laisse sa carte de visite à son cousin, sur son bureau en bois précieux. Dans l'enveloppe, elle a glissé sa fleur préférée : du jasmin et un petit poème où la mouette « reine des vagues écumantes » salue « l'aigle des montagnes. Cet hôte des neiges éternelles [1]... »

Que fait-il ce malheureux souverain, tandis que qu'Élisabeth et ses filles le cherchent ? Sa misanthropie s'est accrue, ses phobies aussi. Caché dans son palais-piton, il ne peut plus supporter ni ministres, ni notables. Personne ; il survit entouré de laquais en perruques grand siècle. Quand il a faim – il dévore et boit sans mesure –, une table somptueusement servie monte du sol par un système mécanique. Seul, seul, seul. Excepté son amant, le palefrenier Richard Horzig. Il règne sur une centaine de salles vides, surchargées d'or, de statues, de meubles baroques, de plafonds peints, de hauts miroirs. Il règne sur un peuple muet et moqueur de serviteurs qui le savent fou. Il dîne en tête à tête, vêtu de satin bleu, avec le buste de Louis XIV et celui de Marie-Antoinette. Il leur tient de longs discours, éperdu d'admiration aimante. Il leur fait servir du champagne dans des coupes du plus beau cristal. À la fin du dîner, ayant absorbé à la santé de ses hôtes muets une quantité énorme d'alcool, il prend congé de ses chers et grands défunts. Il les remercie d'être si peu encombrants et toujours attentifs à ne jamais lui nuire. La table redescend au sous-sol. La nuit est tombée ; il a peur. La lampe couleur de lune ne suffit plus à calmer ses craintes. Il hurle des ordre insensés au travers les portes closes à verrous triple, les volets qui battent dans l'obscurité. Qu'on lui amène ses vêtements orientaux ! Il apprivoise la nuit vêtu en oriental, et babouches à pompons. Qu'on ajuste son turban, qu'on ouvre son opéra ! Qu'on apprête son traîneau d'argent, à grelots et angelots ! Il fait froid ? Ses valets gèlent ? Ils sont si beaux perruqués d'argent, vêtus de soie bleue, assortis à son esthétisme. Vite ! Dehors, le long des chemins de la montagne, le long du lac, là-bas, où, de l'autre côté, sa chère mouette a deviné sa présence ! Avant de rejoindre la nuit, qu'on lui mène son narguilé et qu'on laisse danser devant lui ses éphèbes les plus beaux !

---

1. *Sissi ou la fatalité*, J. Des Cars, *op. cit.*, p. 379.

La rumeur, si fausse, prétendra qu'il faisait danser nus certains jeunes serviteurs.

La nuit passe et vers l'aube, il ne sait plus, il rentre en son gîte tortueux. Il demande du café, un bain chaud. Il pousse des cris épouvantables, profère de cruelles menaces verbales. Son café est froid, son bain est glacé, veut-on l'assassiner ? Il les fera tous pendre et fouetter !

Il s'apaise et oublie sa colère ; sa promenade matinale dans son parc l'enchante. Il a fait creuser une grotte à l'image de celle du Venusberg dans le *Tannhäuser*. Il parle à l'Ami. Il mêle les morts et les vivants. Il s'installe, si gros, si lourd, les yeux fous, dans une nacelle dorée en forme de cygne, doublée de satin bleu. Ses rameurs lui font faire le tour du lac. Il règne sur des fantômes, des fantasmes, du carton pâte et l'imminente tragédie.

Ses fantaisies ont ruiné son pays en milliers de florins. Il a oublié son cabinet ministériel. Il ignore qu'on l'espionne étroitement, décidé à le destituer et le faire interner – tel son frère. Il est le roi de satin et de rêves, une chimère d'aigle, proche de son heurt ultime et noir.

— J'ai peur, dit-il parfois.

— J'ai peur, répond, en écho, Élisabeth.

Elle a enfin réussi à rencontrer son cousin. Il était dans son cygne en carton. « Quelle bonté, ma cousine », dit-il.

Il pleure d'émotion. Il revient vers la rive. Sissi le trouve essoufflé à l'extrême, sous un ventre obèse. Il regarde le ciel.

— Quelle bonté que celle de la mouette, dit-il encore.

Ce seront presque leurs derniers mots.

— J'ai peur, dit-elle à ses filles.

Comment sauver un aigle dépourvu d'ailes, totalement isolé en ses demeures, où rôdent des ombre policières et médicales ?

Il n'a que Sissi au monde pour le défendre. Que peut-elle faire, si démunie en ses propres solitudes ? Il est seul, elle est seule ; déjà, l'aigle aux ailes misérables a disparu.

La Bavière était fermement décidée, pour sa survie, à destituer et enfermer son roi catastrophe. Marie de Prusse s'est repliée dans un total silence. La douleur des mères est ce gouffre sans limite. Le cabinet ministériel notait les étrangetés du roi pour mieux épaissir l'implacable dossier. À chaque visite officielle de souverains européens à Munich, il s'enfuyait et se cachait dans sa grotte.

La Bavière et ses politiciens sont mortifiés. Le pays natal de l'impératrice perd tout prestige. Les excentricités de Sissi, l'étiolement suspect de Rodolphe n'arrangent rien. Louis II fait répondre, toutes portes closes, aux pressions de son ambassadeur à recevoir quelques hauts personnages :

— On ne descend pas impunément du banquet des dieux pour rejoindre les mortels.

Il exige d'être servi avec un masque noir. Il trouve l'air sot à un de ses garçons d'écurie ? Il l'oblige à porter un sceau en cire sur le front. Sa garde-robe empire : du satrape, il passe au costume Louis XIV, incrusté de pierreries. On le voit aussi en clown. La nuit, il a fait ajouter au baroque de son traîneau une couronne suspendue, sorte de lustre éclatant. Quatre anges en or flanquent les lanternes et ses domestiques-piqueurs en bleu ciel et bas de soie grelottent sur ces chemins de montagne, perruqués et chapeautés à la manière du XVIIIe siècle. Son chef de cabinet peut, parfois, l'approcher : le roi le reçoit vêtu en paysan bavarois. Il s'encolère d'un rien et récite du Schiller si on l'agace. Il signe tous ses documents et ses ordres « Moi, le Roi ».

Richard, son cocher, a toute sa passion, et bien des avantages qui pèsent sur les finances. Le petit peuple bavarois adore son malheureux souverain qu'il sait dépourvu de toute méchanceté.

Le 5 mai 1886, le cabinet des ministres décide une solution énergique. Le débat fut long, difficile. On commença par un courrier au roi le priant fermement de cesser toute dépense en architecture. On le pria, ce qui le révulsait jusqu'à la convulsion, de songer au mariage afin d'assurer une dynastie. Il frappa du pied, saisi d'une colère épouvantable. Il s'entêta à vouloir faire construire un palais hindou.

— Moi, le roi, dit-il, on n'a rien à me refuser.

Il complète ainsi son message au cabinet ministériel :

— Moi, le roi, je forme ce jour un nouveau cabinet de ministres.

Il les a tous renvoyés. Son nouveau cabinet est composé de son coiffeur, son barbier, son palefrenier chéri, son premier valet, son cuisinier et son perruquier.

Le cabinet réagit aussitôt. Le 8 juin, on rassemble quatre grands psychiatres, les docteurs von Gudden, Grashey, Halwick et Hagen. Ils n'ont pas examiné le roi – était-ce possible, pensable ? Leur rapport fut établi au hasard de tous les commentaires. Les témoins ne manquaient pas, on avait vu le roi, la nuit, vêtu de manière extraordinaire. Le rapport le plus angoissant était celui de ses dépenses insensées. On argumenta la folie furieuse de son frère. On conclut le pénible document en stipulant qu'il fallait, vite, l'enfermer à Berg afin de le soigner et l'empêcher de nuire. Il serait remplacé par un cabinet d'urgence. Le régent serait son cousin, le prince Luitpold, beau-père de Gisèle.

La situation créait l'urgence donc la maladresse. Le rapport de Grashey soulignait « la paranoïa » du roi. Il mettait la Bavière (ses finances) dans un danger illimité. Il n'y aurait aucune descendance, tout le monde savait sa relation avec son palefrenier. Il était devenu énorme, les yeux fixes, la parole embrouillée de colères soudaines. Il avait perdu une partie de ses dents, les autres étaient cariées. De ses paupières gonflées et rouges s'échappaient des éclairs, des larmes. La conclusion des quatre éminents psychiatres aboutissait à un diagnostic sans appel : il ne pouvait plus régner, sa maladie mentale avait anéanti « tout libre arbitre ». On allait s'emparer de lui tel un criminel dangereux.

Élisabeth était alors à Felfading, près de Possenhofen. Elle ignorait ces huis-clos redoutables. Elle se doutait d'un danger très grave sur son malheureux aigle, dissimulé en quelque grotte de carton dérisoire...

Le bruit romantique, c'est-à-dire entièrement faux, courut qu'elle avait tenté d'enlever son cousin. On rêva beaucoup et à tort, sur les traces des roues de la voiture d'Élisabeth sur le chemin de Felfading vers Berg. Rien de cela n'était possible. Élisabeth ne fut jamais mise au courant du rapport des psychiatres et de la rapidité de la décision.

Le 9 juin 1886, une angoisse extrême s'empare d'Élisabeth. Elle ne sait quel nom lui donner. Un double d'elle, une intuition affreuse la tournent du côté de son cousin menacé, de l'autre côté du lac. On a l'habitude des angoisses de Sissi, qui s'imagine voir flotter la Dame blanche. Elle a sans cesse la hantise de la mort, nul n'y prête plus grande attention.

Il reste cinq jours à vivre au misérable aigle pétrifié.

Onze membres – dont des hauts magistrats de Munich et les quatre psychiatres – sont envoyés en force pour aller chercher (arrêter) le roi de Bavière.

La première étape fut de lui demander d'abdiquer. Un dignitaire ose s'approcher de la porte principale de Hohenschwangau.

Son palefrenier les a vus venir, sait pourquoi ils sont là, et prévient son aimé qui éclate de rage. Quels sont ses alliés, à ce misérable prince, en forme d'ogre furieux, dont la raison chancelle en éclats et cris ? De paysans, des artistes, des cochers – et sa chère cousine, de l'autre côté du lac.

— On m'a trahi, hurle-t-il. Saisissez-vous de ces gens, jetez-les au cachot, coupez-leur la langue et les pieds !

— Scalpez-les ! hurle-t-il en courant aux étages, ouvrant et claquant les portes immenses, longeant les corridors.

Il tourne, il tourne, la folie, c'est tourner dans un lieu fermé, jusqu'à la suffocation.

Les commissaires, brièvement **coursés** par les valets, ont réussi, vexés, un peu effrayés, à rejoindre Munich. Le cachot, les oubliettes ? Qui sait, avec ce fou et le plan intérieur de son château mal connu... Louis II délira longtemps. Le cabinet des ministres fit une déclaration ferme et officielle à la Presse. La déchéance de Louis II, ci-devant roi de Bavière, est proclamée. Sa folie est reconnue. La régence échouera au prince Luitpold – que Rodolphe et Sissi détestaient.

Louis II erre, hurle, dans sa cage de marbre et d'or pur. La folie a ses agencements lucides. Il se précipite à son bureau. Il a parfaitement compris le message que lui a transmis, navré, vaguement épouvanté, son palefrenier. Il écrit d'une large écriture en coups de sabre sa contre-réponse : il n'est pas fou, pas plus malade qu'un autre monarque. Il rappelle le serment de ses dignitaires et de ses sujets. Il est le roi, leur unique roi. À eux de l'aider à combattre « les traîtres » qui l'ont vendu !

Malheureuse proclamation non advenue, aussitôt saisie par le cabinet des Ministres.

Le temps est venu d'enfermer le roi. On ne négociera rien. C'est un malade, dangereux, un fou qui deviendra aussi furieux que son frère capable d'arracher avec ses dents la chair humaine si ses gardiens ne savaient pas le maîtriser...

On le sait éveillé la nuit, prêt à ses sorties insensées. On agira de nuit. Le 11 juin 1866, le docteur von Gudden, entouré de hauts fonctionnaires et de solides infirmiers capables d'assommer, ligoter, emballer ce genre de malade, arrivent à Neuschwanstein, flanqués d'une escorte militaire.

L'aigle est prisonnier de sa tanière. L'aigle qui va mourir...

Il attend, caché derrière ses innombrables alvéoles. À quatre heures du matin, l'escorte s'est, apparemment, éloignée. Louis II ose sortir de chez lui : tout cela n'était qu'un mauvais rêve. Il monte dans sa calèche jusqu'à Berg. Il n'a pas vu les précautions militaires qui ont été agencées autour de sa demeure. Des hautes palissades, des grillages pointus. On a soudain forcé et brisé avec violence toutes les portes. Il n'a rien entendu, obsédé dans son exaltation. Il doit rebrousser chemin. Une crise d'ironie s'empare de lui quand il constate qu'on a ôté de sa demeure tous les objets tranchants.

On referme sur lui toutes les issues. Le docteur von Gudden est avec lui. Des ombres solides, menaçantes, sont postées à tous les étages. Le roi et son psychiatre sont enfermés ensemble. Que se sont-ils dit ? Le psychiatre fait envoyer une dépêche rassurante à Munich. Tout semble aller bien. Le roi a repris son calme. Von Gudden observe attentivement les yeux trop fixes levés au plafond, la bouche édentée souillée d'un peu de bave, l'obésité. Il sent l'acide urique, une forte transpiration d'angoisse. On lui parle avec ménagement. On ne prononce pas les mots « internement », « asile ». Von Gudden, habile, parle d'attente, d'examens, de cure de repos. Le roi peut demeurer à Berg, ce château est un lieu comme un autre où on lui prodiguera les meilleurs soins. Le psychiatre avance avec précaution ces informations. La réalité est entièrement différente. Von Gudden quitte promptement la pièce où le roi est étroitement surveillé dans l'attente de la voiture qui va l'enlever. À six heures du soir, Louis II a demandé et avalé un repas pantagruélique, bu force liqueurs et vins, en compagnie du sobre von Gudden. Il réclame une petite promenade au bord du lac de Starnberg. En face, dans le brouillard tremblé d'un début de canicule et d'orage, on aperçoit Possenhofen. Élisabeth... Que fait sa mouette si chère tandis que son hypersensibilité a deviné le sort qui lui est réservé ?

Il est devenu un détenu à qui on permet une promenade surveillée, en compagnie du geôlier principal : le psychiatre. Von Gudden ne le quitte pas d'un pas dans l'allée du parc qui mène au lac. Le chemin est sinueux, bordé de sapins. Il va fuir, l'aigle, il va s'envoler. Personne au monde n'a le droit de le retenir, l'enfermer dans cette vilaine voiture de laitier, le réduire à la cellule où survit, en enfer, Othon. Le lac est presque noir sous un ciel soudain si bas, qui crève en un orage violent. On est le 13 juin, le dimanche de la Pentecôte. Plus de promeneurs à l'horizon. Où sont passés le roi et son médecin ? Sept heures et demie ; l'orage a viré à une obscurité de déluge. Le docteur Mülkerets et sa suite s'inquiètent. Ils n'avaient pas été d'accord pour cette promenade.

— Le roi est dangereux, imprévisible, avaient-ils conclu.

Von Gudden avait préféré jouer la confiance et la détente. Erreur fatale. On parcourt le parc, on descend sous la pluie, on glisse dans la boue jusqu'au lac obscur. Au loin, l'île aux roses a l'air d'un ancien tombeau flottant. L'inquiétude est grande, les domestiques cherchent, armés de lumières. Il est dix heures et demie. On télégraphie à Munich la disparition du roi et de von Gudden. « Ils ne sont toujours pas rentrés. » Soudain, au bord de l'eau, un domestique bute contre un chapeau. Il reconnaît l'agrafe en diamant du couvre-chef de Louis II. Un peu plus loin, le parapluie et le chapeau rond du médecin. On s'approche, on se penche, ce qui flotte est la redingote et le manteau du roi. On frémit, devant le lac si noir. On lève des lanternes très haut, un groupe s'avance en barque afin de fouiller les eaux. Ils n'ont pas loin à aller. Une rame heurte vite un corps, puis, un peu plus loin, un autre corps. L'eau est si peu profonde qu'elle n'atteint pas la ceinture. On reconnaît le roi Louis II. Noyé, mort. À son poignet, la montre est arrêtée à six heures et cinquante-quatre minutes. Quelqu'un crie : « Le docteur ! » C'est le cadavre de von Gudden. Il porte une large trace de strangulation et des ecchymoses sur le visage.

On est allé chercher des civières, on ramène les corps qui seront dûment autopsiés au scalpel.

Ni assassinat, ni suicide. L'autopsie révèle beaucoup de choses. Les cadavres racontent le dilemme. L'heure arrêtée au cadran de la montre de Louis II aussi. Le roi nageait très bien. Il a voulu échapper à von Gudden, gagner à la nage Possi – Sissi. À fond perdu, nager, puisqu'un aigle aussi malheureux n'a pas d'ailes... Von Gudden l'a rattrapé de force, une bagarre a eu lieu. Les deux hommes se sont heurtés dans l'eau si peu profonde. Von Gudden n'est pas de taille à résister à cet homme, fou, devenu furieux. Sa force est décuplée, aveugle. Il ne ménage pas ses coups, serre la gorge de son agresseur sans se rendre compte qu'il est en train de l'étrangler. Louis se lance dans l'eau, libre. L'orage éclate avec une rare violence. Un malaise soudain paralyse son bras gauche, tétanise son cerveau d'un brouillard rouge. Il a envie de vomir, il étouffe. Il a trop bu et mangé. L'émotion extrême précipite la congestion cérébrale. Le roi Louis II de Bavière s'écroule, le corps rebondi, visible. Il est déjà mort quand son visage s'enfonce dans l'eau brouillée de boue et d'herbes molles.

Élisabeth ne tenait pas en place, ce jour-là. Le malaise, la nervosité extrême à cause de cette pluie noire, les rumeurs si graves et trop vagues au sujet de son cousin. Elle ne sait rien de tout ce qui se trame de l'autre côté du lac. Elle comprend qu'un malheur est arrivé quand Gisèle, troublée, pâle, trébuche sur le seuil de sa chambre.

— Le roi s'est noyé !

Le désespoir d'Élisabeth est effrayant. Elle s'est précipitée le front contre le sol, poignardée de douleur. Marie-Valérie s'est jetée à ses côtés, étreint son cou : « Maman ! Maman ! »

Journal de Marie-Valérie :

« Elle se jeta par terre de tout son long ; je poussais des cris... et m'accrochais à elle avec une telle angoisse que nous finîmes par être... prises de rire. Maman me dit qu'elle voulait seulement demander pardon à Dieu car elle se sentait pleine de remords et d'humilité, pour ses idées de révolte [...] "Jéhovah, tu es grand, tu es le Dieu de colère, de grâce, de sagesse"[1] ! »

Elle ne supporte pas la mort violente de son aigle. À son chagrin houleux a succédé une immense colère contre « ses assassins ». La suite n'est que douleur et encore douleur. Elle chancelle, proche de l'évanouissement devant son aigle aimé cloué au satin blanc de la bière. Le grand visage a les yeux clos. Sissi a déposé sur la poitrine scellée dans l'habit royal une branche de jasmin blanc. Elle éclata en sanglots et délira longtemps qu'on l'avait noyé exprès. À moins qu'il ne fît semblant d'être mort ? Un opéra dont il tenait le grand rôle funèbre. Ses filles sont navrées et elle s'aperçoit, soudain, de la mine ravagée de son fils : le prince impérial Rodolphe mène le deuil de son royal et infortuné parent. Le cortège traversa Munich silencieuse et bouleversée. Gisèle, Marie-Valérie et Rodolphe sont anxieux du regard trop fixe (le regard de Louis II ?) de leur mère. Elle ne put supporter la messe – elle étouffait, elle sanglotait – ni la descente de l'énorme bière plombée dans la crypte des Wittelsbach.

---

1. *Élisabeth d'Autriche*, B. Hamann, *op. cit.*, p. 410.

Quelques jours plus tard, elle y déposera une gerbe de jasmin. Elle écrivit un poème à son « aigle mort ».

À L'Aigle mort

L'aube t'a vu à des hauteurs vertigineuses
Et te voilà raidi et gisant sur le sol,
Ton vol t'emportait près du dieu soleil
C'est le rayon de lune qui joue avec la mort ;

Pourtant oui, pourtant je t'envie,
Tu as vécu si loin des hommes,
Et même si le soleil divin s'est retiré de toi,
Les étoiles là-haut te pleurent [1].

Élisabeth se brouilla à jamais avec le nouveau régent, le prince Luitpold – ce qui refroidit davantage les rapports avec Gisèle. Ce deuil entraîna d'autres brouilles. Sissi en voulut violemment à sa mère d'exprimer un réel soulagement de la fin du malheureux souverain. Au fond, argumentait la pragmatique duchesse, c'était mieux ainsi. Louis était devenu impossible à supporter et la Bavière en souffrait. L'excellent Luitpold, disait Ludowika, avait pris les mesures d'un gouvernement sain et paisible. Le frère préféré de Sissi, Charles-Louis, avait depuis longtemps diagnostiqué la folie de son cousin. Le duc Max renchérissait qu'au fond l'oisiveté était la mère de tous les vices, en y comptant la folie. Quand les grands et *les grandes* de ce monde se décideraient à travailler, ces cas désolants disparaîtraient. Élisabeth se sentit visée et froissée. En plus de ce deuil dont elle savait ne jamais se remettre, il régnait dans sa famille une totale incompréhension.

S'enfuir mais poursuivie par sa totale mélancolie et une crainte obscure, plus trouble que les troubles eaux du lac : elle est du même sang que ce cousin mort dans un délire extrême et son frère, enfermé dans la folie furieuse. Échapperait-elle au véhicule sournois de leur hérédité si proche ? Elle s'obstinait dans sa révolte qui agaçait sa famille : on avait assassiné son aigle. Était-ce une manière de repousser l'effarant dilemme de basculer à son tour dans la folie ? Sa mélancolie était extrême ; elle eut des hallucina-

---

1. *Le Journal poétique de Sissi*, p. 175.

tions. Elle avait voué un culte mythique à son aigle mort. Une nuit, son angoisse fut si grave qu'elle s'éveilla brusquement. Elle traversait ce que l'on nomme aujourd'hui une crise de spasmophilie paroxystique. Une « panique » psychique. Elle étouffait, suffoquée d'une eau glacée dont elle crut la chambre envahie. Les eaux du lac mortel. Elle voyait son cousin se débattre, avancer vers elle, ruisselant. Sa bouche ne proférait aucun cri, elle fit des efforts surhumains pour reprendre son souffle. Elle croyait qu'elle mourait noyée avec lui, emportée avec lui. Elle grelottait de froid et d'épouvante, persuadée que son cher mort l'entraînait. Elle frôlait la folie et inquiétait ses proches.

Elle crut trouver les indicibles réponses en fréquentant les grands médiums de l'époque. Elle confondait les séances de spiritisme avec une réponse apaisante. Ses morts frappaient, la nuit, au coin d'une vitre, d'une table. Victor Hugo et les mânes de Léopoldine, sa fille noyée à Villequier ? L'esprit des défunts faisait mouvoir les guéridons, inscrivait des signes incompréhensibles au moyen de l'écriture automatique... Marie-Valérie avait dix-huit ans et son adolescence s'achevait dans ce trouble. Foncièrement chrétienne, pratiquante, elle tremblait pour le salut de sa mère, fascinée de telles séances que réprouve l'église. Sa mère, vêtue de noir, plus mince que jamais, ombre du côté des ombres. Rodolphe déplorait officiellement ces pratiques morbides – ce qui éloignait sa mère davantage de lui. Élisabeth fréquentait le mage et spirite Bastian. Il était doué d'évocations si précises qu'Élisabeth croyait parler avec ses morts – et voir son cousin bien-aimé. Heine aussi lui parlait et lui apparaissait. Marie-Valérie, déconcertée, admettait qu'un certain calme résultait de ces sulfures mentaux. Sa mère était moins malheureuse quand elle pensait avoir établi le contact avec « les âmes de l'au-delà ». Fut-ce en ce sens qu'elle dédicaça ses poèmes, tous écrits en cachette de l'empereur, « aux âmes du futur » ? Passé, présent, futur, la mort rattrapait chacun.

La mouette était persuadée qu'il y avait un autre monde où ses grands défunts l'attendaient et lui feraient accueil.

La comtesse Paumgarten, autre spirite, pratiquait l'écriture automatique. Quelques grands Européens – dont Bismarck – ne niaient pas l'écriture automatique si elle devenait une science utile à éclairer les stratégies ennemies. L'empereur s'inquiétait du pouvoir de ces « charlatans » sur son épouse. Elle était si fragile qu'il était aisé de l'exploiter, de s'assurer ainsi un pouvoir sur elle. Élisabeth avait emmené Marie-Valérie à ces séances. La jeune fille était assez solide pour ne jamais entrer dans ces errances mentales. Un guéridon bougeait vaguement, des lettres s'inscrivaient sous une plume que tenait fiévreusement sa mère ? Ce n'était rien, quelques broutilles à la mode, dues à l'extrême émotion de sa mère, qui après tout, tout le monde le savait, parlait avec les arbres... La comtesse Irène Paumgarten posait à l'au-delà des questions à faire frémir une jeune fille de dix-huit ans et une femme aussi perturbée que Sissi. La spirite appelait tous les morts et, comme peu répondaient, elle s'en sortait par une banalité qui glaçait Élisabeth :

— Ils sont dans de sombres régions.

Élisabeth s'engouait de ces douteux moyens pour fuir l'extrême mélancolie. Elle faisait tomber un blanc d'œuf dans un verre d'eau et tentait d'y déchiffrer un message posthume. Si elle croisait une pie, ou un corbeau, elle les saluait. Tout devenait symboles et prodiges, langage de l'au-delà. Jamais, elle n'avait autant « hamlétisé ».

Élisabeth d'Autriche, reine de Hongrie, avait déjà franchi un pas vers l'autre monde. Son état mental empirait ; elle songeait au suicide (la noyade ?). Qu'importait l'enfer, l'aigle lui avait affirmé qu'il l'accueillerait. Marie-Valérie frémissait du délabrement intérieur de sa mère.

— La vie lui pèse et papa est malheureux, soupirait-elle.

Elle était partie, le printemps suivant, à Mehadia, aux bains d'Hercule. On nommait ainsi, depuis les Romains, cette station thermale, dans les Carpates, au sud de la Hongrie. L'eau y était très chaude, presque brûlante, ce qui allégeait sa sciatique, et peut-être engourdissait sa dépression. Le seul danger du pays, magnifique et complexe, était une abondance sournoise de scorpions et de serpents sous les pierres. Élisabeth aimait braver ce genre de danger et se promenait dans les chemins les plus exposés. Elle était sûre que, jamais, la nature ne lui ferait le moindre mal. Elle continuait ses dialogues avec les arbres, les pierres, et ses ombres enfuies... Le 27 avril 1887, pendant ce séjour, lui parvint une nouvelle désagréable qui faisait clabauder toute la presse. Sa sœur Sophie d'Alençon, mère d'une jeune Louise, provoquait un scandale. Elle s'était enfuie, depuis Monaco, avec son médecin, son amant, le docteur Glaser. Il était munichois, marié, et son épouse porta dûment plainte. Les d'Orléans réagirent sévèrement.

SISSI, LES FORCES DU DESTIN

Le couple s'était enfui en Suisse où la police les rattrapa. La famille du mari bafoué fit même interner un moment l'épouse adultère. L'honneur exigeait de faire croire à de l'égarement, non à une authentique passion charnelle. Élisabeth prit très mal l'aventure de sa sœur. Elle détestait tout ce qui évoquait le plaisir des sens. Elle applaudit à son provisoire « enfermement ». Elle écrivit, dans les Carpates, des vers médiocres, fustigeant cette histoire. « Lourd d'un quintal, écrivait Sissi sans la moindre indulgence, mon cœur tomba de l'Olympe au récit de cette faute[1]. »

La mort de son aigle la tient éveillée de longues nuits. Sa royauté d'enfance est à nouveau ébranlée. Plus jamais le tendre cousin ne s'approchera avec ses cent roses rouges.

— Bonjour, ma cousine.

Plus jamais, elle ne glissera la branche de jasmin dans son buvard avec ces mots :

— Bonjour, mon cousin.

Elle a pris en horreur le lac de leur enfance, le lac de sa mort. Elle a écrit un adieu à ce lac. Va-t-elle s'y jeter, a-t-elle enfin choisi son suicide, tentation de l'issue ?

> *Ô ne m'en veuillez pas de ce que j'ai fait,*
> *Je ne pouvais plus supporter le doute,*
> *J'ai confié mon corps au fond de l'eau froide,*
> *L'esprit s'évade, pour interroger l'avenir.*
>
> *[...]*
>
> *Chaque vague me chuchote doucement :*
> *Accorde donc dans notre lit vert*
> *A ton corps fatigué, halte et repos ;*
> *Et tu donneras à ton âme, enfin, la liberté.*
>
> *[...]*
>
> *Si tu entres maintenant sans hésiter dans l'eau*
> *Ma lumière d'or couvrira ta tombe verte*
> *Mais un jour plus clair envahira ton esprit[2].*

Mais « lâche comme un chien », conclut-elle, elle est rentrée chez elle... Elle relit Heine et souligne cette phrase qu'il avait écrite sur la folie dans son texte *Les Bains de Lucques* :

---

1. *Le Journal poétique de Sissi*, p. 105.
2. *Le Journal poétique de Sissi*, p. 193 (*Tentation*).

516

SISSI, LES FORCES DU DESTIN

« La vraie folie est aussi rare que la vraie sagesse ; elle n'est peut-
être rien d'autre que la sagesse, irritée, car elle sait tout, par les
ignominies de ce monde, et qui a pris la sage résolution de devenir
folle. Les Orientaux sont gens avisés, ils honorent le fou comme
un prophète. Nous, nous prenons les prophètes pour des fous[1]. »

Plus de paix, Nulle part. Ni en Hongrie, ni en Autriche, où
l'empereur tente par tous les moyens de la gâter, la retenir. Il
faisait achever pour elle, à énormes frais, dans le parc zoologique
de Lainz, la villa Hermès. Le comble du rococo, conçu d'après
l'architecte Hasenauer. Un palais petit mais luxueux d'art
baroque, convulsé d'étouffantes dorures. Elle y avait fait agencer
une salle de gymnastique. À l'entrée, une statue d'Hermès, sur un
des balcons, le buste du cher Heine. Le hall est occupé par un
Achille mourant. Un très jeune peintre en vogue, élève de Makart,
Gustav Klimt, recouvrit murs et plafonds de la chambre d'Élisabeth de la fresque complète du *Songe d'une nuit d'été*. Titania
règne sur son monde d'ânes, ses anges, ses fontaines, ses capitons,
ses cristaux... à sa manière, elle a fait construire une demeure
digne des goûts du malheureux Louis II. Marie-Valérie détestait
la villa Hermès. Elle pleurait de fatigue et d'inconfort dans sa
chambre trop bleue, ce lit trop haut, ces murs surchargés qui sem-
blaient se refermer sur elle. L'irrespirable, la demeure de la folie.
François-Joseph n'aimait pas plus loger à la villa Hermès, où nulle
part le regard et le corps ne pouvaient se reposer. « J'ai peur,
disait-il, de tout abîmer. » Sissi se lassa de la villa comme elle se
lassait de chaque lieu. Peut-être dans une île (Corfou) construi-
rait-elle enfin la demeure apaisante qu'elle ne quitterait plus ? Elle
frôlait l'illusion de son Odyssée personnelle confondue à son
amour littéraire pour la Grèce. Son intime mythologie, son
Ithaque à elle... Elle devenait Ulysse, Achille, Hermès, Hélios,
Sapho se jetant d'un rocher.

Elle ne résista pas, avant sa nouvelle équipée, à visiter encore
l'asile d'aliénés de Brünfeld, près de Vienne. Une femme hagarde
se jeta sur elle.

— Usurpatrice, hurlait-elle, prête à lui griffer le visage.

On s'était élancé pour protéger l'impératrice mais Sissi, les
larmes aux yeux, regardait la démente et l'approuvait. Qui avait

---

1. *Le Journal poétique de Sissi*, pp 70-71.

517

raison ? Qui était fou, qui ne l'était pas ? Sa place n'était-elle pas aussi dans cet asile ? Cette malheureuse n'avait-elle pas raison de la traiter d'« usurpatrice », d'avoir volé un rôle qui n'avait jamais été la sien. Élisabeth souriait à la folle, ce double qui fondit en pleurs. Elle lui parla avec douceur, baisa sa joue. Honorer la folie, lui rendre la place d'honneur qui était celle, à jamais, de son aigle...

Qui est fou ? Le poète ? Le révolutionnaire ? La femme en deuil ? L'anarchiste Luigi Lucheni ? Un empereur enchaîné soixante années à un annuaire d'officiers ? Son fils dévoré de tristesse et de syphilis ? Marie-Valérie qui enfantera neuf fois ?

Elle a trouvé un dérivatif grâce au grec ancien et à la lecture des grands poètes autres que Heine. Elle étudie presque sans relâche. Elle a lu à Marie-Valérie tout Goethe, dont son *Faust,* ce qui était scandaleux, alors, dans l'éducation d'une jeune fille. Elle prend autant de plaisir que quand, autrefois, elle apprenait le hongrois à se faire lire, en grec ancien, *L'Odyssée.* Elle épuise son jeune lecteur grec, qui a du mal à la suivre dans ses harassantes promenades. Il lit à en perdre son souffle trop faible. Elle ne s'en aperçoit pas, enchantée de plaisir égoïste et littéraire. Elle ne s'aperçoit même plus de sa sciatique et de ses pieds enflés. Elle a près de cinquante ans et dédaigne les avanies de la ménopause. Il y a longtemps que ses règles ont cessé. Elle a mille ans, elle a quinze ans. Elle est un rêve de marbre devant la mer. Nausicaa. Une sirène ou l'étoile au fond d'une grotte. L'aigle aimé a touché le fond de l'eau, le fond d'une grotte aux étoiles multiples. Le petit lecteur lisait les vers d'Homère et elle s'enchantait, prête à s'envoler, comme Icare :

Ô Muse, conte-moi l'aventure de l'Inventif :
Celui qui pilla Troie, qui pendant des années erra,
Voyant beaucoup de villes, découvrant beaucoup d'usages,
Souffrant beaucoup d'angoisses dans son âme sur la mer[1]*...*

Elle contait à Marie-Valérie qu'Heine lui apparaissait au même titre que son cousin.

— Ce sont, dit-elle, des rêves éveillés où je ne dors pas.

La jeune fille a une impression pénible. Comment oser vivre,

---

1. Homère, *L'Odyssée*, La Découverte, p. 12.

rire simplement de jeunesse avec une mère aussi compliquée ? Elle l'éprouve davantage en lui affirmant, le regard mouillé, la voix rauque :

— Je n'aime que toi au monde ; que deviendrais-je sans toi ?

Comment la jeune fille oserait-elle dire qu'elle est amoureuse de son cousin (encore un cousin), l'archiduc François-Salvator ? Elle a dix-huit ans, il en a vingt. Ils s'aiment discrètement. Élisabeth le pressent mais détourne l'image de sa fondamentale répulsion : le mariage. Le mariage de sa fille adorée. La jeune fille a épanché ses craintes à la mère supérieure du couvent du Sacré-Cœur de Vienne, la mère Mayer. Elle lui a confié son attirance pour le jeune archiduc. La religieuse la console doucement. Le plus important est d'influencer sa mère afin qu'elle retrouve la piété de l'Église. Il suffirait de si peu pour que tout le monde l'aime profondément ! concluait la religieuse. Moins de sauvagerie, moins de bizarrerie, moins de rancune aussi, d'un passé douloureux où le pardon serait le meilleur remède. Marie-Valérie ne répond rien. Elle connaît l'entêtement dramatique de sa mère. Ce sera miracle qu'elle lui laisse accomplir son choix amoureux.

Son culte des morts entraîne Élisabeth à rendre visite, à Hambourg, à la sœur de Heine, Mme Charlotte Emdem. L'émotion d'Élisabeth est immense quand la sœur de son « maître » lui montre les lettres et les manuscrits de son frère. Sa tombe est à Paris. Élisabeth y fait parvenir une gerbe où elle a fait inscrire sur la bande en soie violette : *L'impératrice Élisabeth à son poète favori.* Il lui fut impossible, à cause du violent courant antisémite en Allemagne, de faire ériger une statue de Heine, dans sa ville natale, à Düsseldorf. La presse antisémite et conservatrice cria au scandale et traita Élisabeth de « servante à Juifs ». Les libéraux, dont Rodolphe, encourageaient ce projet. La statue de Heine le représentait assis, vieux, en chemise, désabusé. On avait toléré son buste à la villa Hermès, mais le grondement fut si hostile que la statue sera embarquée à Corfou, à la villa de l'impératrice. Cela eût fait ironiser l'éternel exilé, sans illusion sur l'humanité, de se retrouver, à Corfou, aux côtés d'Achille, dans le jardin d'une impératrice que l'on disait folle. La statue, signée du sculpteur Ernst Herter, fut payée par Sissi. Cette statue, ironie de l'Histoire, et ses ribambelles de statues érigées, renversées, brisées, se retrouve aujourd'hui à Toulon, place des Morillons.

Élisabeth était à Bad-Ischl pour les cinquante-sept ans de François-Joseph. Elle invita François-Salvator, l'amoureux de Marie-Valérie. Elle veut précipiter le destin, accélérer cette séparation qui lui est cependant infernale. Pâle et si mince dans sa robe fourreau en satin parme, les épaules hautes, le col serré, les perles longues, elle lève une coupe de champagne à la santé de son époux et à celle « des amoureux ».

« Vous êtes si jeunes tous les deux, dit-elle... Voyez-vous beaucoup. On ne se connaît jamais assez... Ne va pas croire que je veux te faire épouser Marie-Valérie pour la garder auprès de moi. Une fois mariée, qu'elle parte en Chine ou reste en Autriche, ce sera la même chose [1]... »

Le ton est amer, François-Joseph a hésité à trinquer. Il eût aimé un sort plus riche, plus glorieux à sa cadette. Ils semblent s'aimer, c'est important, il en convient. Les propos de son épouse sur les belles-mères, « charmantes au début, infectes au fil du temps », lui déplaisent. La rancune d'Élisabeth envers sa mère est intacte. Elle dissimule, en quelques vers, à quel point elle est ulcérée de savoir sa fille amoureuse.

Amoureuse, amoureuse ! Et donc sotte ;

Ce qui t'enlève loin de moi
C'est l'amour d'un pâle garçon ;
Je te l'avoue, en vérité,
Pour moi, je n'en voudrais pas

Tu vois en esprit autour de toi
Déjà bouger une douzaine d'enfants.
Tu aimeras donc douze morveux
Plus que moi qui t'avais dorlotée.
L'amour est bête ! L'amour est aveugle [2] ! »

François-Joseph s'habitue mal au spectacle qui lui serre toujours le cœur, et celui de son fils : un excès de malles jamais défaites. L'impératrice est toujours prête à repartir. Son rêve grec est tenace. Cette séparation sera longue. Elle n'a même pas voulu

---

1. *Sissi ou la Fatalité*, J. Des Cars, *op. cit.*, p. 393.
2. *Élisabeth d'Autriche*, B. Hamann, *op. cit.*, p. 514.

visiter le ravissant pavillon de chasse où son fils va passer son premier automne de chasse : à Mayerling.

Élisabeth avait lu et s'était fait lire en entier *L'Iliade* et *L'Odyssée*. Corfou. Autrefois, elle était trop jeune, trop blessée pour embrasser cette île que sa maturité et sa mélancolie recherchaient. Voir au plus près et d'un œil différent, les sites où aimèrent, guerroyèrent, moururent et ressuscitèrent, dans l'aube aux doigts de rose, ses héros favoris. En octobre, elle embarquait à Trieste sur le yacht impérial, le *Grief*. Elle palpite au but promis : l'escale à Ithaque, tel Ulysse. Cette traversée aux sérieux désagréments pour Marie Festetics. La santé de la fidèle Hongroise est trop ébranlée pour suivre une « croisière » en novembre, quand la Méditerranée n'est qu'orages et tempêtes. Le froid en Méditerranée est plus cinglant qu'en mer du Nord. Marie Festetics, toujours dévouée à sa reine, n'a plus de santé. Ida, souffrante, est restée à Vienne. Elle échappait à l'enfer du roulis et du tangage. La pauvre Marie se demande, aux secousses du rafiot malcommode (le *Miramar* n'est pas plus confortable que le *Grief*), si elle va arriver vivante en Grèce. Elle a froid, elle a le mal de mer, le cœur dans une tenaille. Elle écrivit à Ida une lettre agitée, s'interrogeant, effarée, sur la santé mentale de leur reine. Élisabeth adorait les tempêtes et se faisait attacher sur une chaise, au mât du navire, pour mieux jouir du spectacle déchaîné. Elle recevait en riant des tombereaux de vagues glacées tandis que l'embarcation penchait dangereusement. Elle levait vers un ciel troublé d'éclairs violets, traversé de coups de tonnerre épouvantables, un visage extasié. Le pont était vide, les marins à leur office, la suite de la reine, vaincue au fond des cabines. Cette ombre de femme, liée, trempée, riant, les cheveux en algues flottant sous le déluge, avait quelque chose de surnaturel, de fou. Marie Festetics tremblait, malade à mourir sur sa couchette, abîmée d'impuissance à raisonner sa glorieuse exaltée...

À cette époque, Marie, en accord avec Ida, dénicha une troisième comparse hongroise, jeune et solide, dévouée à l'extrême à leur reine : la comtesse Irma Sztaray. Elle avait le pied marin, marchait longtemps et sans fatigue. Élisabeth l'appréciait infiniment. Elle finissait par admettre que ses chères Hongroises ne pouvaient plus la suivre sans répit et sans repos. Ida demeurait sa préférée. Marie était sûre, bonne et lucide. Irma devint l'ombre indéfectible d'Élisabeth, le témoin déchiré de sa dernière heure.

Le petit lecteur grec, parfumé, maniéré, tarabusté gentiment par sa reine, crut aussi mourir d'une telle traversée. L'impératrice, ravie, avait le teint rose, les idées claires, un franc sourire sans éventail. Aussitôt débarquée, elle voulut absolument se rendre sur la route escarpée de *L'Odyssée*, qu'exsangue, le lecteur récitait à mesure de la marche accélérée de son auguste maîtresse. Tempête, littérature, chemins tortueux, tout exaltait celle que les Grecs appelaient avec admiration « la Locomotive ». Le train, à peine connu en Grèce, était associé à une magnifique bête de la mythologie.

Sissi exulte de bonheur littéraire. Elle raffole de *L'Odyssée* mais elle a lu, en anglais, l'œuvre de Byron. Il avait défendu l'indépendance de la Grèce. Elle avait bien organisé son voyage. On lui avait parlé, à Vienne, d'un vieux savant qui adorait Corfou, où il vivait. Ce fou de culture hellénique était l'ancien consul d'Autriche à Corfou, Alexandre von Warsberg. L'impératrice lui avait écrit de la guider en littérature et mythes grecs.

Leur première rencontre n'avait pas été un succès. Elle le dérangeait dans sa paix, sa littérature, sa solitude heureuse. Le baron Nopcsa, qui aimait Élisabeth d'une tendresse paternelle, avait averti le bougon Warsberg qu'il fallait la connaître pour l'aimer. Il convenait de l'approcher sans s'offusquer de sa brusquerie liée à sa timidité, sa crainte des autres. L'impératrice était gentille et naturelle, cela demandait un effort indulgent. Son moral avait été mis à rude épreuve depuis des mois, il se pouvait que le premier contact ne fût pas aisé. Elle n'aimait pas les longs discours. Il fallait aller à l'essentiel pour la convaincre. Elle avait la fragilité des grands oiseaux de mer qu'effarouchent les hommes. Le consul, tout à sa littérature, son amour du silence, de la contemplation d'un pays aussi radieux, se moquait pas mal des états d'âme d'une telle capricieuse. Il se renfrognait à l'obligation de cette visite. Elle fut brève avec lui, aimable et discrète. Il eut la même réaction que le médecin hollandais. Il la trouva vieille, fagotée, ridée, l'élocution gênée par son dentier. C'était évident qu'elle portait un dentier ! On l'avait vue, assise à une simple table d'auberge, poser tranquillement son dentier dans un verre d'eau. Où diable avait-elle acquis la réputation d'une beauté sans réplique ? Il n'était ni devant Vénus, ni Junon, mais une femme très maigre, au menton trop saillant, âgée de cinquante ans et qui paraissait davantage. Une peau jaunie, des mains ivoire... Mais soudain la magicienne agissait, philtre entêtant. Le vieux consul s'émut et s'enroua. Elle ne fit rien de spécial sinon lui sourire, tourner les talons de cette grâce si particulière. Il se sentit saisi d'admiration quand la chevelure déployée brilla de tout l'or des bronzes glorieux, l'or des plus troublants secrets... Elle s'éloignait et il regardait fasciné, non plus une femme âgée et efflanquée, mais une jeune fille mince à ravir. Il n'avait jamais vu une taille aussi fine. Une épée dans un fourreau de soie, une flamme sur son chemin. Le mouvement du bras était celui d'une nymphe à la fontaine. C'était toujours ainsi quand on approchait d'Élisabeth. Quoi qu'on en dît, même dans le rejet, elle subjuguait. Elle devenait la plus belle, l'unique. Elle enjôlait. Elle laissait une trace de feu, une image à jamais fixée dans l'âme. L'empereur n'y échappait jamais et Rodolphe en mourait à petit feu. Elle n'avait pas d'âge, elle était un principe éternel ; une déesse parmi celles de *L'Odyssée*. Son sourire donnait envie de pleurer et on avait envie de boire ses larmes, les monter en joyaux si cela eût été possible. Elle frôlait quelque chose de surnaturel. Une habitante de l'Olympe, une amie de Poséidon, qu'une tempête ravissait.

Warsberg admira sa vive intelligence. Confiante, elle échangea volontiers ses impressions sur *L'Odyssée*. Elle avait tout compris des aventures d'Ulysse, le départ et le retour à Ithaque, sujet qui avait toujours passionné le consul. Ils aimaient Achille et Élisabeth analysait finement la fragilité du héros. Elle avait parfaitement saisi l'intention d'Homère, apparemment penché sur le passé, mais dont les vers – et les dieux – étaient totalement pétris des mondes à venir. Ulysse, Achille, les dieux de la mer Égée, le piège des nymphes et des sirènes, l'épouse fidèle, l'arrogance des prétendants, la droiture du fils, ces symboles étaient éternels. La Grèce était éternelle. La mort était immortelle. Sissi avait besoin du goût de ces absolus. Les aubes roses et les enfers. Elle s'enchanta du sommet si rose, si bleu, de l'île dont les cyprès et les oliviers murmuraient leur mystère odorant. Le vieux savant était aux anges. Elle épuisait son admirateur en escaladant, comme une biche, le rocher où Sapho s'était précipitée. Marie Festetics crut y perdre la vie. C'était un supplice de suivre sa reine sur des chemins si rudes ; c'était pire que la traversée. Au sommet du rocher de Sapho, Élisabeth exultait. Le petit lecteur, Warsberg et Marie suffoquaient d'épuisement. Le consul n'avait jamais, de sa vie, pourtant gorgée de voyages culturels, mené une escalade à ce rythme.

L'infatigable envoya à Marie-Valérie des cyclamens sauvages, cueillis à l'endroit où avait abordé Ulysse. L'empereur s'était, pour une fois, vivement opposé à ce que sa cadette partît si loin. Il trouvait dangereuses ces côtes albanaises infestées de pirates. Ithaque ! Quel vivier d'images, de poésie, de mythes ! Sissi reprenait pied dans une vie aimable, odorante : une villa à Corfou. Y vivre de longues années. Elle logeait au palais de type vénitien, dans la capitale de Corfou, à Kerkyra, haut perchée, découpée sous le ciel soudé à la mer.

— Corfou, explique avec feu le consul amoureux, n'est grecque que depuis vingt-cinq ans, grâce au roi d'origine danoise, Georges Ier.

Corfou était sous la domination anglaise, russe, française à travers une foule de protectorats.

« À Corfou, j'espère renier mon principe de perpétuelle errante », écrit-elle à son mari, dans le but de se faire accorder une villa en cette île dont, d'après elle, « la mer est comme un lac ». Réminiscence du lac de son enfance, patrie enfin trouvée ? L'empereur est sceptique (la Hongrie n'a pas suffi), mais il lui accordera tout ce qu'elle voudra. Amour fou ? Envie éperdue d'avoir la paix ? Ne pas contrarier cette fugueuse qui a toujours détesté son pays à lui, dont elle est l'impératrice en fuite perpétuelle ? Elle l'agaçait avec sa passion grecque, nouvelle preuve de son rejet de Vienne, auquel il s'assimile. Son courrier se fait blessant. Ce montagnard n'aimait pas « cette Grèce toute pelée », cette chaleur détestable, la Méditerranée si loin de la splendeur de leurs lacs, leurs glaciers et leurs forêts. Quant à la mythologie, il suffisait de lire Homère, assommant du reste, et voilà tout. Cela ne valait pas *Le maître des Forges*, au Burgtheater. Il était fâché de cette nouvelle lubie où s'enfuyait l'Insaisissable. Corfou-la Grèce serait « sa future patrie », ce qui froissait aussi la Hongrie. Andrassy, qui souffrait d'un cancer des reins, s'en attristait mais sa passion contrôlée pour Sissi perdurait. Il l'aimait telle qu'elle lui était apparue la première fois. La « belle Providence » grâce à laquelle, il avait réussi à élever son pays. Il lui en était profondément reconnaissant et comprenait sa fuite en avant. Sa mélancolie, il le savait, empirait. Il n'ignorait pas la maladie du prince impérial, lui-même ne vivrait guère longtemps pour consoler la « belle Providence » d'un malheur peut-être abominable. Il lui fallait son beau jouet grec, son palais de chimères et de marbre. Un rêve magnifié l'encourageait à supporter, sait-on jamais, un deuil autrement plus grave que la perte de son cousin. Ainsi raisonnait le vieil ami hongrois, qui trouvait « sublimes » les médiocres poésies de sa reine. Elle avait suffisamment confiance en lui pour lui avoir lu quelques-uns de ses poèmes. Elle ne lut jamais un seul vers à l'empereur. Sa confiance le bouleversait. Il avait sans doute aimé plus qu'il ne le pensait sa belle souveraine aux yeux couleur de miel, débordant de larmes quand elle lui disait ses peines.

« Une île, avait-elle dit. Son palais-villa, tout de marbre blanc, s'appellerait l'*Achilleion*, en l'honneur d'Achille. Hermès, gardien des ruses, demeurera au parc zoologique de Lainz. Elle emmènera Heine à Corfou. Elle chargera Warsberg d'être l'architecte et le jardinier de son merveilleux projet. Elle ne dit pas « Corfou » mais « Skherié », comme l'écrivait Homère.

Elle serait si longtemps absente qu'elle accomplit un geste généreux envers son époux trop délaissé. Elle a conscience de sa solitude, de son éloignement envers son fils. Gisèle est loin, Marie-Valérie, bientôt mariée ne sera plus à Vienne. Rien ne la détournera de son projet de Corfou. Elle est généreuse et a dépassé toute possession amoureuse. Il faudrait à son époux une amie dévouée, une compagne simple, belle, fidèle, de naissance modeste et qui lui plaise à elle aussi.

Élisabeth d'Autriche, reine de Hongrie est en train d'organiser un ménage à trois.

Elle a déjà choisi l'amie de l'empereur. Sissi sait très bien saisir tout frémissement passionnel. Elle a déniché la beauté dont elle a remarqué que son époux était timidement épris. La plus ravissante actrice du Burgtheater : Catherine Schratt. La démarche de Sissi n'est pas exempte de culpabilité. Elle se dédouane ainsi de sa chronique absence. Elle agit de manière intrépide, aucune femme de son temps et de son rang n'eût osé une telle initiative. Les maris avaient tous les droits de cuissage, l'épouse ne s'en mêlait pas. Stéphanie avait déplu à la Cour avec ses crises de jalousie. Élisabeth prend soin de l'amour – du fil de soie – qui la lie à son époux. Sans son « feu vert », François-Jospeh n'eût jamais osé établir une liaison suivie, et se fût contenté de quelques comtesses hygiéniques, aussi furtivement possédées que délaissées. Elle est sûre, désormais hantée de poètes, de ses chers morts, de voyages, que jamais elle ne donnera à son époux ce qu'il eût osé espérer.

SISSI, LES FORCES DU DESTIN

Il n'espère plus rien, d'ailleurs – excepté qu'elle revienne auprès de lui. Il est une sorte de veuf d'une vague vivante qu'il a adorée. Il étreint l'ombre. Le lit de camp près de son lit est une couche vide et funèbre. Sa solitude a atteint d'atroces sommets, aussi douloureux, en leur genre, que ceux de Sissi. Il travaille ; il visite ses armées. Sa foi sincère lui interdit la tentation du désespoir. Il a biffé de sa vie si terne le désir d'amour. Il appartient, automate à brandebourgs et favoris blanchis, à cette ombre gracieuse, qui jamais ne défait ses bagages. Une voyageuse assise sur le bord d'une malle, l'ombrelle et l'éventail entre ses mains gantées, la voilette baissée. Corfou est terriblement loin de Vienne. Gödöllö, relativement aisé d'accès, n'avait pas suffi à cette âme agitée. Elle va mal supporter le mariage de sa fille trop chérie. Qu'il est seul, dans l'aube grise ! C'est toujours gris, une aube, quand jamais ne sont présents pour lui une caresse, un baiser, la douceur d'une voix dorée, le blond récif d'un corps échoué près de lui... Elle sait tout cela, Sissi. Son amour, son empereur, son âne chéri, son petit, aura une amie. Une belle friandise à la chair opulente. Elle y pourvoira, bonne fée Titania, attentive à son Obéron.

Elle joue autant avec les ombres qu'avec le feu. Elle est l'intrépidité même, l'amazone des grands sacrifices. Quel saut d'obstacle quand une épouse offre à son mari une autre femme, plus jeune qu'elle ! De quoi aurait-elle peur en ce monde si ce n'est de l'insupportable douleur morale, et des basses mesquineries ?

Elle n'a jamais été mesquine.

Il y avait une dizaine d'années que l'empereur avait remarqué, dans *La Mégère apprivoisée,* la toute jeune et ravissante Catherine Schratt. Elle avait alors vingt ans, la fraîcheur éblouissante d'une belle pêche. La chevelure est opulente, bouclée et blonde. Défaite, elle atteint les genoux. Le regard est d'un bleu de bleuet, cillé de soie noire, la bouche, « deux fraises », celles dont, autrefois, dans le jardin d'Ischl, un jeune empereur avait été fou amoureux. Les seins, hauts placés, attirent tous les regards. Fruit, fleur... Contempler Catherine, c'est penser à tous les trésors impudiques de ses atours. Les bras, piège de chair blanche, ont la grâce des nymphes de fontaines. Les épaules attirent l'empereur mieux qu'un aimant. Cette parfaite rondeur, battue de rose, cette petite clavicule où il aimerait mordre. La mordre, la dévorer de baisers. Qu'il aime ce cou solide et pur, d'un éclat plus émouvant que la perle. Quand elle se tourne, en scène, sa nuque têtue, ravissante,

526

casquée d'or, l'agite de désir. Sous la robe, que la mode plaque contre le corps opulent mais souple, excessivement féminin, les mollets, les cuisses sont visibles. Un éclat de chair sous la soie émeut l'empereur : la cheville de Catherine Schratt. Apercevoir une cheville était alors le comble de la lubricité. Un peu à l'écart, sur une banquette, dans la loge impériale, dans l'ombre afin que personne ne la dévisage, Élisabeth, armée de jumelles de théâtre a vu tous ces détails. Elle est enchantée. Elle aime la beauté et ne manquera pas de faire réussir son projet et d'ajouter le portrait de Mme Schratt à son album de beautés. Elle se rassure du manque d'aristocratie de Catherine. Elle sait trop que toute grande dame rêverait à ce rôle dans le but de l'humilier. Catherine sera sa protégée. Une sorte de nièce adoptive un peu perverse, la consolatrice aimable et sans venin de l'empereur délaissé. Catherine est la fille d'un boulanger, ce qui enchante Élisabeth. Elle eût bien aimé que Marie-Valérie épousât un simple ramoneur. Depuis 1883, Catherine Schratt était devenue la meilleure et la plus belle actrice de Vienne. On l'avait engagée, comble de l'honneur, au Burgtheater, le théâtre de la Hofburg. L'empereur – qui s'ennuyait à mourir au théâtre – se rend presque chaque soir au Burgtheater. Il ne suit pas les péripéties du drame romantique, *Le Maître des Forges*. Il va voir Catherine Schratt, le mouvement de sa bouche, de sa nuque, de ses jambes, ses seins.

Il est amoureux.

Peu lui importe que la belle actrice soit mariée et mère d'un jeune garçon. Mme Schratt avait vite été nommée « sociétaire » à la Burgtheater. Le protocole voulait qu'un nouveau sociétaire remerciât en personne l'empereur. Les appointements des acteurs du Burgtheater étaient versés de la cassette personnelle du couple impérial. Tout étant cérémonieux à Vienne, Mme Schratt se préparait à remercier ses souverains. Elle suffoquait de trac et avait demandé conseil à son directeur de scène et ami. Il lui avait indiqué la révérence à faire, « le compliment et le remerciement » à formuler quand l'empereur lui aurait adressé, en premier, la parole. Elle avait répété plusieurs fois devant son ami, en toilette destinée à cette occasion. Un fourreau de soie rosée, une courte traîne, les gants indispensables (on ne touche pas la peau de ses souverains), des longs pendentifs en perles, un simple sautoir, une modestie sans servilité ni insolence. Un vrai rôle, plus difficile que celui de *La Mégère apprivoisée*.

Elle était si charmante et l'empereur déjà si sensible à sa personne dorée, rosée, qu'il lui dit, surprenant chacun, sauf Sissi :

— Pourquoi ne vous asseyez-vous pas ?

Il était empourpré à la manière d'un jeune homme. Elle répondit si naïvement (ou en géniale actrice) que son ami le directeur du théâtre le lui avait formellement interdit. Elle séduisit définitivement le sensible délaissé. Il avait le double de son âge. Elle engrangeait tous les triomphes. Au Burgtheater, rapidement, Mme Schratt fera la loi. Elle fera trembler toute actrice plus jolie et jeune qu'elle. Acquérir un si violent pouvoir (le faveur absolue de l'empereur) déclenchait l'inévitable despotisme. Nul n'osait tenter une démarche, une initiative auprès du théâtre impérial sans complaire à Catherine Schratt. Elle comprit vite les avantages d'une telle aventure. Autrefois, la bonne duchesse avait dit à la toute jeune Sissi : « On n'envoie pas promener un empereur d'Autriche. » La sentence, à défaut du héros de l'enjeu, n'avait pas pris une ride. Catherine Schratt fut félicitée par son mari, un certain von Kiss. Conquis, épris, François-Joseph acceptait tout. La collection personnelle des bijoux de Mme Schratt, au fil des années, finit par devenir une des plus belles de Vienne. François-Joseph accordait toute sa générosité en amour. Cet homme bourru, réservé, était, en amour, la délicatesse même. Il avait adoré Sissi ; il était amoureux de Catherine Schratt. Ces deux femmes savaient admirablement manœuvrer sa munificence. Parcimonieux de nature et pour lui-même, il ne leur refusait rien. L'égérie fut, évidemment, surveillée de près. Tout Vienne en parlait, les dames de la Cour étaient jalouses. Le Burgtheater affichait complet. On épiait au visage de l'impératrice la contrariété. Elle était sereine, détendue, elle déconcertait une fois de plus. L'actrice logeait au Burgtheater – et dans une villa-palais offerte par l'empereur. Il était aisé, dans la journée, à François-Joseph de se rendre à pied chez son égérie. Le soir, elle avait toute permission de faire une brillante et brûlante visite dans la loge de son remarquable protecteur. Sissi surveillait Catherine, ne serait-ce que pour calmer les ragots. Elle voulut la voir chez elle, mieux la connaître. Elle emmena Marie-Valérie qu'elle ne mit pas au courant, afin de ne pas la choquer, sur le sens de cette « amitié » très particulière.

François-Joseph était sous le charme. Il fut bouleversé que Sissi fût l'instigatrice du bonheur qui lui manquait. En 1885, il y avait eu, à la Hofburg, un grand bal en l'honneur des Industriels. L'empereur, à l'immense dépit des admissibles et non-admissibles, fit inviter Mme Schratt. Elle arriva, chatoyante de chair blonde, de prunelles bombées sur le bleuet du regard. Elle jaillissait, souple, charnelle, d'une robe-fleur couleur de perle, peau contre peau. L'empereur lui parla longtemps. C'était la marque d'une intimité et la liaison devenait officielle. Tout Vienne s'exclamait ; François-Joseph, enfin, aimait une autre femme que la sienne. Rodolphe s'étonnait, non scandalisé, que la belle Catherine fût invitée à leur table familiale, adorablement traitée par sa mère.

On ignore exactement ce que les deux femmes se sont dit en privé. Sissi confiait à Catherine son mari. On a beaucoup affirmé que cette liaison ne fut que platonique, selon les vœux de l'impératrice et de son époux. C'est impensable, pas même souhaitable. L'empereur était las, peut-être en dépression du traitement conjugal (la frustration). Il avait près de soixante ans, un âge où la prouesse virile est plus fragile. Les constants refus de sa femme l'avaient peut-être traumatisé sexuellement. La liaison avec l'amie passa sans doute par un temps de chasteté. Ce que demandait l'empereur était la gaieté, la simplicité, rien de morbide, jamais de maladie. Il avait soif de chaleureux accueil, avant que cet accueil ne devînt sensuellement plus cordial. Sa soif intense était d'abord celle d'une amitié aimable, ravissante. Une compagnie sûre, adorable. La fin de son ennui, de sa vie trop austère, sa solitude poignante.

Il se sentirent merveilleusement à l'aise ensemble. Ils avaient, tous les deux, la bénédiction de l'impératrice. Elle eut l'habileté de hisser Mme Schratt au rang de « lectrice personnelle », ce qui obligeait les langues à se taire. « Lectrice de l'impératrice » était un sûr moyen officiel d'admettre Mme Schratt en promenade avec eux, à Schönbrunn, ou à goûter à leur table intime. La mouette préparait élégamment son beau voyage. Marie-Valérie n'était pas très à l'aise de cet engouement de son père pour une actrice. Elle admettait que Mme Schratt était ravissante, bien éduquée, fort aimable, mais elle avait remarqué une vulgarité indicible sur toute sa personne. Elle l'avait dit à sa mère ; son père avait souri, sans oser répliquer. Oui, oui, la belle Catherine n'avait pas tout à fait l'air d'une archiduchesse, mais était-ce important ? Marie-Valérie s'était épouvantée quand sa mère lui avait confié :

— Si je meurs, ce serait une consolation que ton père l'épouse.

La jeune fille avait alors deviné le rôle de Mme Schratt. Sa mère, ne passait-elle pas, une fois de plus, les bornes ? Marie-Valérie avait soudain hâte d'être mariée, en paix, en famille, vite entourée d'enfants. Sa mère creusait en son esprit une angoisse de plus en plus difficile à endurer, à laquelle la mère supérieure Mayer n'avait plus de réponse. Une pensée culpabilisante, trop lourde, assombrissait la jeune fille. Son travail de deuil commençait. Les tristes confidences de sa mère, l'intrusion voulue par elle de Catherine Schratt aboutissaient à une conclusion atroce pour une enfant : sa mère ne serait en paix que morte. Marie-Valérie pleurait souvent. Elle aimait cette mère étrange sans jamais avoir pu atteindre, à son grand malaise, ce sommet passionné que lui vouait Élisabeth. Le désir de mort d'Élisabeth, lié à celui de ses fous voyages lointains... On eût dit que Sissi proposait cette seule solution, étendait des ailes noires pour s'envoler trop loin de ceux qui l'avaient le plus aimée. À Londres, elle avait entraîné Marie-Valérie et explosé à nouveau dans son douloureux amour :

— Tu es mon seul amour, que ferais-je sans toi ?

Elle l'avait emmenée à Bayreuth, écouter *Parsifal* en souvenir de l'aigle aimé. Elles avaient rencontré Cosima, la veuve de Wagner, décevante, oublieuse des générosités de Louis II. La musique de *Parsifal*, la douleur extasiée de sa mère, tout attristait Marie-Valérie. Sa mère distillait l'enchantement et les mortelles solitudes. L'arrivée de Catherine Schratt et l'amour de François-Salvator avaient été la survie de la jeune fille.

Qui se souciait de la mine ravagée de Rodolphe ? Sa mère se doutait qu'il allait mal. Elle lui posa une simple question à leur dernier Noël :

— Es-tu malade ?

— Non, dit-il, seulement fatigué, à bout de nerfs.

Ils ne surent jamais comment l'émotion les saisit tous les trois. Une poigne si suave et si rude que Marie-Valérie, Élisabeth et Rodolphe se retrouvèrent, en larmes, dans les bras les uns des autres. Sissi bénit son fils d'une croix sur le front. Elle lui confia tendrement sa fille chérie et son futur gendre.

— Sois bon pour eux quand ils dépendront de toi.

— C'est ainsi que nous devrions toujours être, pleurait Marie-Valérie.

Le bonheur si rare de s'aimer en même temps ; d'être une famille simple et unie. La jeune fille lisait au visage de sa mère et de son frère le même ravage secret. Elle ne savait pas que son père aimable, un peu distant, avait écrit à Mme Schratt de « bien vouloir l'honorer d'une nouvelle année d'amitié ».

L'empereur amoureux n'avait pas pour cela dérogé à ses devoirs. Il avait reçu, à Innsbruck, la reine Victoria. Elle était arrivée abîmée d'une forte migraine, mais le déjeuner fut agréable, les accords entre les deux grandes puissances consolidés. Rodolphe avait été nommé inspecteur général de l'Infanterie. Il demeurait distrait, distant, maigrissait encore. Ses cheveux, à vingt-neuf ans, blanchissaient. L'émotion de ce Noël intime était dépassée. Le trouble du prince reprenait dès qu'il croisait, si rarement, son amour le plus grand : sa mère. Il détestait ses voyages lointains, ces brefs retours. Il la blessait d'un mot brusque, et elle s'exclamait, amère : « Voilà ce qui se nomme rentrer chez soi. » Rodolphe, à sa manière, préparait son immense fuite vers l'Ailleurs...

En janvier 1888, en tuant un cerf, lors d'une chasse, il avait blessé au fusil un garde-chasse. À Laxenbourg, il avait failli se tuer en renversant sa voiture lancée au galop. Il courait bien des nuits chez les filles de Frau Wolf. On l'avait envoyé à Berlin représenter son père lors des funérailles de Guillaume Ier. Son entrevue avec Bismarck avait été houleuse.

Marie-Valérie était restée sur l'impression magnifique de leur rare étreinte à trois. Ce sera la seule douceur quand les grands deuils assombriront à jamais ses souvenirs.

La mort approchait, la belle île aux dieux ironiques aussi.

La survie de Rodolphe appartenait déjà aux ombres.

Depuis 1886, François-Joseph avait pris ses initiatives personnelles envers la belle Catherine. Il ne demandait qu'à vivre, ce pauvre homme de cinquante-huit ans, et s'offrir de belles matinées aimables. Catherine savait fort bien le recevoir. Le chocolat était mousseux, le canapé le meilleur était offert à l'illustre ami. Le petit déjeuner qui suivait était à son goût. Il venait toujours à neuf heures du matin, personnage aux actes définitivement réglés, même dans une passion. Mme Schratt savait choisir la charcuterie la meilleure, les pains les plus croustillants, le beurre exquis, la crème fraîche, les « viennoiseries » toutes chaudes. Elle riait et le servait, penchait, excellente actrice, ses beaux seins visibles sous le voile, tendait la tasse, et son sourire charnu, bien endenté. On devinait une petite langue rose entre les lèvres entrouvertes. Elle papotait, futile, gaie, rieuse. Il riait ; elle l'amusait de ces petits riens auxquels l'impératrice était incapable de s'adonner.

Élisabeth devinait que l'empereur était prêt à aimer sa gentille amie. Elle donna le second signe de liberté – de libertinage ? Sissi offrit à son époux un portrait de Catherine Schratt. La jolie femme posa quelques matinées pour ledit portrait, en tenue mousseuse. Le peintre Angéli avait accepté la commande. Sissi fit savoir à l'empereur les heures de « pause » de l'Amie. Elle proposa qu'ils aillent ensemble y assister. Enchanté, intimidé, très jeune lieutenant amoureux, François-Joseph pria le peintre de le laisser assister aux séances « du portrait que vous a commandé l'impératrice ». Le mari, apeuré, plaçait bien vite le nom de l'épouse dans cette aventure qui eût été scabreuse sans la classe exceptionnelle des partenaires.

François-Joseph était transporté que Sissi se joignît aux séances de pause. Elle assurait ainsi, plus officiellement que jamais, la protection de l'égérie. L'empereur adora davantage Sissi et aima sans crainte la belle Catherine.

Ils étaient un peu émus, tous les trois. Impassible, le peintre Angéli continuait son œuvre.

L'empereur se taisait, éperdu d'admiration. Sissi évaluait sa charmante rivale qui levait vers elle le filial bleuet de son regard. L'impératrice l'émotionnait davantage que le timide admirateur. Sissi contemplait calmement cette fraîche beauté à la manière dont elle eût palpé un beau marbre de Vénus. Catherine n'était pas un marbre. Le sang sous ses joues la rosissait adorablement. Sissi souriait ; son amour de la beauté féminine affluait. Elle eût aimé frôler cette chevelure, cette bouche. Que la beauté était donc une œuvre sublime de la puissante nature ! Mme Schratt avait les proportions parfaites que les hommes aiment étreindre et que les femmes admirent. La courbe, la chair, le vallonnement mystérieux, les impudiques replis évoqués... Plus petite qu'Élisabeth, plus ronde, elle était la jeunesse même. À la scène comme dans la vie, elle semblait plus proche de vingt ans que de ses trente ans probables. Elle provoquait l'envie de la pétrir, la humer, la goûter, à la manière d'un savoureux et désaltérant fruit d'été. Une jolie « mégère » tout à fait apprivoisée, et l'amoureux signait ses courts billets « votre admirateur dévoué ». Catherine souriait, il était en son pouvoir. Elle savait comment s'y prendre avec ce grandiose timide, dont l'épouse, la plus belle et impressionnante femme du monde, lui faisait cadeau.

Les premières lettres de l'empereur sont d'une parfaite correction. Il la prie, avec tact, de lui accorder la présence, la gaieté, l'amitié. Un repos adorable, une offrande charnelle diffuse, entêtante. Une passion, en apparence calme. Nul ne saura jusqu'où le feu flambait sous la glace et la raideur trop contenue de l'homme des grands devoirs, qu'avait délaissé sa trop belle femme. On situe la première rencontre intime de l'empereur et de Mme Schratt un mois après la mort du malheureux Louis II. Juillet, si lourd de canicule. L'empereur se rendit chez l'Amie, dans la villa-palais, vite offerte, près de Vienne.

Il se reposait, moins raide dans sa veste d'officier. Il regardait cette bouche douce, ces épaules rondes. Elle parlait peu (quel repos !), elle souriait et on eût dit qu'elle n'avait jamais pleuré de sa vie (quelle chance !). Il s'exprimait avec la couardise immémoriale des maris qui ne veulent rien briser de leur mariage :

— J'aimerai toujours mon épouse par-dessus tout.

Catherine était bien contente. Elle eût été fortement ennuyée qu'un empereur brisât son union pour elle. Elle aimait la paix, le confort, les jeux d'argent, les avantages. Une vie de cocotte magnifiquement rentée. Elle aimait moyennement le théâtre et songeait à ses vieux jours. Quelle tristesse, une vieille actrice sans emploi et sans argent ! Ses beaux trente ans, son mari peu encombrant, coopératif, sa maternité sans histoire, cette superbe aubaine la comblaient. Elle n'était pas amoureuse de l'empereur mais n'éprouvait aucun dégoût. Elle s'abandonnait avec une froide gentillesse. L'amitié s'affirmera, plus profonde et sincère, quand les pires épreuves marqueront le vieil amant. Elle demeura ce qu'il avait un jour demandé : l'Amie. Elle s'appliqua à ce nouveau « rôle » avec l'énergie efficace qu'elle déployait, chaque soir, en scène. La vie n'était pas un songe mais un perpétuel théâtre. Mme Schratt tenait plusieurs rôles, avec un lien commun, le plus difficile entre tous à entretenir : la séduction. Plus qu'un rôle, il s'agissait du grand métier de courtisane. Donner peu et recevoir beaucoup. Elle fut douée, au service de sa troublante mission. Sissi l'avait bien jaugée. Sa faiblesse était le jeu. Son adresse fut grande quand, dans les années 1890, elle perdit des sommes folles au casino de Monte-Carlo. L'empereur paya. Il avait fait, à cette époque, sans doute pour elle, un voyage à Menton, en 1894, où il revit brièvement Élisabeth... « Cette pauvre chère petite », disait Sissi, mi-moqueuse, mi-affectionnée.

Le ménage à trois fonctionnait bien.

Sissi se rendit avec Marie-Valérie à la villa de Saint-Wolfang, prendre le thé chez la belle égérie. Elles furent délicieusement reçues. Mme Schratt était simple et généreuse. Elle portait une robe fluide, rosée, les bras visibles sous la dentelle, les cheveux dorés, adorablement bouclés sur le front, la nuque dégagée. Le thé venait de Chine, les pâtisseries du traiteur de la Hofburg. Des fruits rafraîchis reposaient dans une coupe en épais cristal. Les liqueurs reflétaient un éclat mordoré dans les flacons ciselés. Le sourire chaleureux et modéré, la grâce sans ostentation de Catherine Schratt séduisaient ses illustres hôtesses. Elles se reposaient, à l'ombre douce des voilages. On entendait, du jardin, le grelot d'une fontaine. Marie-Valérie était encore indécise sur le rôle exact de Mme Schratt. C'était sans doute une nouvelle lubie de sa mère qui choisissait ses confidentes et « lectrices » loin du milieu guindé de la Cour. Le journal de la petite archiduchesse note que la maison était ravissante, l'accueil chaleureux et simple. La jeune fille n'a pas encore tout compris. Mme Schratt, quand elles s'en allèrent, leur prêta l'argent nécessaire pour « le vapeur » du retour ! Élisabeth était venue seule avec sa fille. Marie Festetics ou Ida tenaient toujours la bourse quand leur reine se promenait. Sissi, comme toutes les souveraines, avait dans son réticule un mouchoir, des sels mais jamais d'argent ni la moindre pièce d'identité. Sissi, Marie-Valérie et Catherine Schratt se quittèrent, enchantées de leur après-midi. Rêveuse, Catherine pétrissait sa taille qu'elle trouvait soudain épaisse en comparaison avec la finesse exceptionnelle de celle de son impératrice. Quelle minceur exquise chez une femme qui avait vingt années de plus qu'elle ! Catherine se sentait un peu grasse. Il lui faudrait faire du régime, hélas ! elle adorait manger, et serrer au minimum son corset. Elle demanderait à Fanny Angerer le secret des shampoings de l'impératrice. Quelle brillance fauve, luxuriante, et pas un seul cheveu blanc ! Sissi riait sous cape, rien ne lui avait échappé. Il ne lui déplaisait pas que la plus jeune, la favorite, la copiât et lui enviât ses atours de femme vieillissante. Le miroir du royaume et de toutes les cocottes de Vienne ne rivalisa jamais avec celui de la mouette – même quand on osait la trouver laide, vieille et fagotée...

Les entrevues s'accéléraient. L'empereur avait besoin de la

complicité accrue de sa femme. Elle multiplia ses visites à la villa Saint-Wolfang, sa forme de « gloriette » délicieuse. Marie Festetics cachait sa jalousie. Elle n'aimait pas partager son idole et savoir qu'Ida était complice de l'impériale entremetteuse. Irma Sztaray fut longuement reçue par Ida et Marie Festetics. Le trio des chères Hongroises refermait son cercle aimant, dévoué sur la mouette déjà prête au puissant envol. Mme Schratt lui rendait un immense service : sa liberté sans concession et sans reproche.

L'empereur reçut enfin le portrait de Catherine des mains de sa femme. Élisabeth voulut aussi « son portrait » de Catherine pour sa villa Hermès. L'Amie servait de puissant catalyseur au couple, et probablement évita une définitive rupture.

— Nous nous aimons de plus en plus, s'exclamait le naïf mari, que bernaient deux femmes.

Mme Barbe-Bleue ne pouvait s'empêcher, en vers, de railler Obéron amoureux. Elle raillait l'égérie qui se forçait à faire fine taille pour imiter son éclatante aînée. Elle la surnommait « la douce fille de Thalie » quand une vague jalousie l'irritait. Le jeu à trois n'est jamais innocent. Obéron devenait « Potoka » ce qui signifie « le dindon » en hongrois. Elle se moquait de son âge, son âne favori, son Potoka, était « un coucher de soleil ». Elle écrivit avec insolence, et toujours en cachette, *Ce que fait Obéron*. Aux « âmes du futur » de s'en gausser.

Ce que fait Obéron, Titania ne s'en soucie guère,
Sa maxime : ne pas se gêner les uns les autres.
S'il aime brouter chardons et châtaignes,
Elle ira même jusqu'à lui en offrir.

Cinquante-huit hivers n'ont pas passé
Sans laisser de traces sur ta tête.
Ils lui ont depuis longtemps volé
L'abondance de ses boucles blondes.

Cinquante-huit années ont blanchi
La parure de tes favoris...

Tu voudrais qu'aujourd'hui pour te plaire
l'astre s'enfonce plus tard dans la mer.

> *Car marche à ton côté*
> *La reine de ton cœur,*
> *C'est la douce fille de Thalie*
> *Qui t'a fait perdre l'esprit*
>
> *Cinquante-huit années ont passé*
> *Sans laisser de trace en ton cœur,*
> *Car il bat encore aujourd'hui*
> *Comme un coucou amoureux, au mois de mai[1] !*

Catherine Schratt jouait à « l'enfant » docile, offerte, et choyée du couple. Si elle recevait des bijoux hors de prix, elle offrait, modeste, telle une fiancée virginale, un bouquet de violettes à l'impératrice et un trèfle à quatre feuilles à son amoureux. Tout cela contre un déjeuner intime à Schönbrunn suivi d'une promenade dans le parc. Il payait, Obéron. Il payait, le dindon. Il payait la difficulté innommable de son mariage. La faute de son mariage. Il payait ce bonheur si mince, un peu de plaisir avec une actrice. Il payait ; et, comble de l'habileté de Mme Schratt, il s'excusait de payer. Il rougissait en lui offrant les bons de caisse et les joyaux. Elle rosissait, adorable, confuse, les mains sur les yeux, le regard bleuet bien ouvert sur le miroitement des chiffres...

La « lectrice » de l'impératrice avait ses entrées en ces palais si austères, ses impensables accès. L'archiduchesse en eût été révulsée. Élisabeth, non sans sadisme, enfermait les amis-amants. Elle fit servir du champagne à sa table, à l'anniversaire de Catherine Schratt dûment invitée et fêtée d'un bandeau de saphirs du même bleu que ses yeux. Catherine était parfois inquiète. C'était trop, trop beau.

L'empereur s'enrouait d'émotion pour rassurer sa belle inquiète :

— Vous ne pouvez pas imaginer à quel point l'impératrice est une femme extraordinaire... On ne peut que l'aimer...

Elle acquiesçait ; celle que l'on trompait n'était pas l'épouse mais la douce fille à la croupe trop large. Sissi observait d'une fenêtre de Schönbrunn la promenade des amoureux. Elle riait. Elle avait puisé dans Heine quelques vers où il est question « d'un roi qui promène sa vache ». Le roi, c'est l'empereur, la vache,

---

1. *Élisabeth d'Autriche*, B. Hamann, pp. 190-191.

SISSI, LES FORCES DU DESTIN

Catherine. « Cette pauvre grosse Schratt, écrivait-elle, se prenait-elle pour Titania, imitant, en vain, la minceur de sa prestigieuse aînée ? » Marie-Valérie prenait de plus en plus mal cette histoire. Des lettres anonymes, sales et tristes, étaient parvenues, en 1892, au fils de Catherine, Toni Kiss, âgé de douze ans. Marie Larish se régalait de ces troubles dont elle alimentait les mesquins ragots. Elle colportait à qui voulait entendre que l'actrice tentait de soudoyer (en vain) Fanny Angerer pour obtenir la formule exacte du shampoing de l'impératrice. Marie-Valérie se sentait mal entre ses parents tant aimés. Son frère s'éloignait, enfermé dans sa plus terrible histoire d'amour et de mort. La situation devenait irrespirable pour la petite archiduchesse au cœur simple. L'histoire Schratt, peu à peu, l'écœurait. Elle s'en remettait à son journal.

« Je voudrais ne plus jamais devoir rencontrer cette brave dame, et que papa ne l'eût jamais aperçue... Ce qui me rend le plus amère, c'est de ne plus pouvoir comme autrefois donner toujours raison à papa du plus profond de mon cœur... Oh, pourquoi maman a-t-elle favorisé cette relation et comment peut-elle encore dire qu'elle y trouve un apaisement ?... Mon Dieu, qu'elle est triste notre vie de famille !... Maman ne cesse de me raconter ses chagrins. Et je ne vois plus papa avec enthousiasme [1]. »

Élisabeth présida deux derniers grands bals. Celui de Vienne, en janvier 1888, et, un autre, en février, à Buda-et-Pest. Elle demeura quatre heures au centre d'un cercle de dames. Une robe couleur d'aurore, peu de paroles, ses étoiles en diamant sur les nattes en quatre câbles relevées... Stéphanie, aussi blanche que sa robe, semblait terne auprès de l'éblouissante belle-mère. Stéphanie, fiévreuse, amaigrie, dédaignée de son époux qui lui tournait le dos, se forçait à sourire, à relever un front souffrant, alourdi d'un lourd chignon trop haut piqué de perles.

La sciatique avait repris son joug douloureux. Élisabeth souffrait beaucoup et c'est en larmes qu'elle vendit ses meilleurs chevaux, ses fougueux amis aux yeux horizontaux. L'adieu de l'amazone, l'adieu n'est jamais si loin. Il lui est impossible désormais de tenir longtemps en selle. La trituration électrique de sa jambe, l'enflure des chevilles l'en empêchent. Le cheval, qui avait été, trente-six ans durant, son fol élan, sa royauté ne touchant pas

---

1. *Élisabeth d'Autriche*, B. Hamann, *op. cit.*, pp. 479-480.

le sol, était devenu un supplice. La reine Victoria avait parlé avec chaleur d'une cure aux eaux de Dorset. Ce bord de la Manche comportait des douceurs inattendues et Sissi y alla. Elle était toujours contente de partir. Elle était restée trop longtemps à Vienne, à cause de cette affaire Schratt, son douteux passeport pour la liberté. Ida lui écrivait de Vienne. La maladie du cher Andrassy avait empiré. C'est à cette époque que Sissi lui avait envoyé une simple montre, aussi simple que la profondeur intacte de leur amitié. Les remerciements du Hongrois seront la dernière lettre à sa « reine bien-aimée ». Il a tout à fait compris le message sensible de son simple cadeau : le temps (une montre sans faste) ne défera jamais une si parfaite alliance. Élisabeth serait pour toujours sa « souveraine bien-aimée », ainsi doit-elle demeurer en Hongrie et dans le cœur hongrois.

Elle serrait contre elle, contre sa robe de bain en laine, cette missive qui la bouleversait. Son ami de toujours. Le bel Andrassy déambulant, fièrement, il y avait vingt ans, à la Hofburg, léopard gracieux, couché sans servilité à ses pieds de femme si belle, chaussés de soie. Elle pensait à son aigle mort, à son Hongrois bien-aimé dont l'opium ne calmait pas les tortures rénales. Le temps lui dérobait ses grandes amours. C'était insupportable de survivre, à mesure, à ses aimés. Elle souffrait sans répit. Les pressentiments prenaient le sinistre relais de sa dépression. Le prénom de son fils si beau, qui s'étiolait déjà, si vite – Rodolphe – ouvrait en elle une insurmontable brèche saignante. Elle n'arrivait pas à aimer Stéphanie et la chargeait injustement d'une obscure responsabilité. Qui donc attirait son fils vers des affres inconnus ? Stéphanie, elle l'ignorait, s'épouvantait de lui voir sans cesse sur lui ce pistolet chargé, de l'entendre dire, entre deux crises, deux violences, deux retours nocturnes de chez les filles : « Meurs avec moi. » Il a trois chancres sous les aisselles et prend de la morphine. Il va, botté, vêtu, caché jusqu'au cou en officier, en prince impérial, en habit du futur mort qui consternera le monde.

— J'ai l'intention de me fixer à Corfou.

Octobre, d'or, de lourdes vendanges. Va-t-elle se retirer de la Cour pour toujours ? La mouette a ses plans pour faire construire sa nouvelle niche de marbre au-dessus de la mer. Les dieux ont gorgé l'île d'oliviers et de vignes. C'est pour les dieux, Heine et son mirage éveillé qu'elle s'en va, accompagnée de Warsberg.

Marie Festetics, plus morte que vive, est révulsée à l'idée de ce voyage « affreux ». Élisabeth a dit au revoir à son empereur. Il a baisé ses joues, sa bouche, ses mains.

— Tu es si gentille, dit-il au hasard.

Cela ne veut plus rien dire. Elle est gentille de lui laisser une aimable et charnelle compagnie. Elle est gentille de l'abandonner avec, apparemment, moins d'égoïsme. Le seul point où il lui a, une nouvelle fois, résisté est leur fille. Il ne veut pas que Marie-Valérie s'en aille en ces contrées douteuses. Sissi n'a aucune réaction. Sa « Chérie » va se marier ; « amoureuse, donc sotte ». Il est temps d'apprendre la douleur à laquelle on ne se fait jamais : la séparation d'un enfant très aimé. Le syndrome du nid vide. Que la Grèce remplace tout ! Que les dieux habitent son âme et sa poésie ! Achille, Heine, oui, Heine est aussi un dieu. À elle, les sources vives, celle où naquit Nausicaa, la mer, le chuchotement des arbres, la foison insolite des camélias, des fleurs étranges et pourprées. Elle ne sera jamais seule, elle, décharnée d'abandons...

La traversée fut heureuse. Warsberg avait déniché un nouveau lecteur grec pour aider Constantin Christomanos – qui en fut jaloux. Il s'appelait Thermojanis et était féru en droit. On s'installa à la villa Braila, à Gastouri, en attendant la construction de *L'Achilléion*.

« *Le palais d'Achille* » fut achevé en 1890. Les ânes et les hommes courbés portèrent, sous les canicules et les rudes pluies, les matériaux si lourds, le marbre, la pierre, le verre, le bois, les meubles, les statues. Ils bâtirent ce miracle assez laid, à quelques kilomètres au sud de Gastouri. Tout en haut d'un site escarpé, à plus de cent mètres de hauteur. En bas, à perte de vue, la mer d'un violet profond, la ligne rosée des côtes de l'Épire. Que dire de la puissance animale et de celle de ces hommes sans espoir, lestés, payés quelques sous par jour, afin de bâtir ce temple païen, destiné à un luxueux mirage ? Une série de terrasses sous la végétation est gorgée de statues idolâtrées : Achille mourant, Heine et les dieux, nus, et les déesses, nues. C'est une villa sublime et laide, terrasses et colonnes de l'entrée, neuf marches pour accéder au vestibule encombré de bustes antiques. Le cyprès et la rose abondent dans les allées. Sommes-nous au cimetière d'une déesse qui fut mortelle ?

La chambre de l'impératrice est au premier étage. Dès l'aube, elle voit la mer, d'un bleu profond, liée au ciel si rose. L'aube et le crépuscule sont les voûtes de l'Olympe. C'est trop vivement beau, c'est inhabitable. Elle n'y habitera pas longtemps. On n'entre pas impunément dans un palais de marbre au pays des dieux et leurs légendes. Tout est faux ; dieux en pierre que le temps effrite si vite et si mal, un site trop harassant au visiteur. Le vide, la beauté inhabitable. Sissi, le vide, la beauté inhabitable. Un palais pour l'aigle mort, la mouette sans paroles. Les meubles, grecs, sont trop bariolés, parfaitement inconfortables, excepté le lit-cercueil qui ne quitte jamais la voyageuse. Sissi a disposé un décor. Elle n'habite pas, elle n'habite rien. Elle ne dort pas, elle ne mange pas. Elle traverse des songes éveillés où elle se croit enlevée par des pirates. La main de l'homme, enfin rude et refermée sur sa chair gelée ? Qu'est-ce que Corfou, sinon des fantasmes et des fantômes issus d'Hélios, la mort sublimée, Achille « le Magnifique » entre le feu et la cendre ?

Des oliviers cernent la campagne vallonnée,
Mêlés aux fuseaux sombres des cyprès.
Alors émerge de la mer avec une lumière scintillante
L'étoile qui reçut son nom de l'amour,
L'étoile où séjourne le vaillant, le magnifique [Achille]
Vers lequel mon âme, ailes ouvertes, vole [1].

Rien de reposant ni de paisible. Un tombeau de colonnes et de stucs au nom de son unique habitante. La Grèce ne donne à profusion que ses fragrances, ses cyprès et ses oliviers, sa vigne pourpre, la mer, violette... L'invisible sublimé, la solitude à qui en est digne. La mort adorable, hissée à un culte de statuaire déiste. La Grèce n'offre, à profusion, que l'indicible.

Un vestibule immense, un grand escalier, une série de vastes pièces aux plafonds peints de fresques mythologiques. Dans les jardins, Achille, blessé à mort par Pâris, s'effrite lentement. Un peu plus loin, l'autre Achille, debout, triomphant. Le mort, le vif, l'éternelle blessure. Une profusion de lauriers-roses, un banc circulaire devant la mer... Sissi avait acheté au prince Borghèse cet excès de statues. Canova en signa quelques-unes, en marbre de Carrare, dont un Apollon, une Vénus. Élisabeth y séjourna six fois

---

1. *Le Journal poétique de Sissi*, p. 201.

en six ans... À cinquante-cinq ans, la mouette quittait Corfou, à bord du *Miramar,* pour toujours. Ce fut sa dernière tentative d'avoir une demeure. D'y croire. Il lui restait l'errance, les grands hôtels – la fin des heures.

François-Joseph n'eut jamais le cœur de supporter *L'Achilléion* après le décès de Sissi. Dans son testament, Élisabeth donnait cette villa, trop lointaine, si malcommode, à Gisèle, sa fille la moins aimée. Gisèle vendit le tout, en 1907, à grande perte, à l'empereur d'Allemagne Guillaume II.

En 1916, le palais et les jardins, flétris, délaissés, furent transformés en hôpital par les Français.

Aujourd'hui, au début du troisième millénaire, c'est un affreux casino où perdure la forme du mirage, les jardins mal entretenus, un vague musée. Au loin, la silhouette grisâtre des navires militaires albanais. Seule la mer est immuable, le ciel sublime d'indifférence. Tous les dieux sont partis, la mouette en premier, effrayés de l'ignoble cliquetis des machines à sous et à Coca-Cola. Dans les chemins vers Gastouri, d'incessants cars de touristes crachent la fumée et le bruit. L'atroce foule des congés en mouvement de mouches... Corfou est devenue une déchetterie pour touristes, où abondent les vulgaires et médiocres « camps-hôtels », hideux, tonitruants. Kirkera, tout là-haut, est un peu à l'abri car tout y est cher. *L'Achilléon* horrifie lentement. Un désastre sous la pollution proliférante, la foule, insecte rongeur qu'abominait l'impératrice.

Dans l'attente de sa villa, Élisabeth passe ses après-midi sur la terrasse pour approfondir le grec ancien avec Thermojanis. Christomanos penche sa bosse, sa laideur intelligente et sa jalousie délicate. L'impératrice a pris goût au ménage à trois, y compris en amitié. Ses Grecs, ses Hongroises. Les chants d'Homère la transportent. L'amour n'est point jaloux. L'amour, c'est la poésie ; l'amour, c'est ce que personne ne peut vous dérober et qui s'offre, conque gratuite, munificente. Le vent, la mer, les tempêtes, le clair de lune, la vigne, les arbres, les sources...

Marie Festetics était loin d'apprécier un tel paradis. Les pluies d'automne tombaient. Elle écrivait à Ida qu'elle supportait mal le spectacle de sa reine, ravie et trempée sous l'orage, secouée dans une barque de fortune par gros temps. Elle avait frémi de l'entendre crier de joie à chaque vague furieuse l'enveloppant en entier, attachée sur sa chaise, au mât de ses navires aux moteurs fatigués. Devenait-elle, hélas ! folle ? Marie se désolait de la voir marcher tête nue au long des chemins, telle une paysanne. Sa sciatique empirait, elle avait remplacé le cheval par cette forme de violence physique : entrer dans la fureur des éléments. Elle se fit tatouer une ancre sur l'épaule.

— Heureusement, déplorait Marie à Ida, son médecin l'accompagne toujours.

Un deuil profond toucha Élisabeth lors de ce séjour. Le 15 novembre 1888, son père, le duc Max, était mort d'une apoplexie. Il expira à quatre heures du matin. L'empereur avait tant bien que mal fait parvenir une première dépêche alarmante. Il était trop tard et Corfou trop loin quand arriva la nouvelle définitive. Sissi n'assista pas aux obsèques, à Munich. Sa réaction était ambiguë. Elle oscillait entre le choc de ne jamais revoir ce père si gai, si vivant, si original – et la sourde vexation qui l'avait humiliée, lors de leur dernière rencontre, à Noël. Il l'avait proprement traitée, entre autres personnes de haut rang, d'oisive inutile. Il n'avait rien compris, admis du drame du malheureux roi de Bavière. Elle souffrait trop pour encaisser avec humour ces reproches. L'incompréhension de son père avait brisé un lien précieux. Les humains, décidément, surtout ses proches, ne la comprendraient jamais. On critiqua beaucoup l'absence d'Élisabeth aux funérailles de son père. L'empereur s'en tirait piètrement, en plaidant que la Grèce « calmait les nerfs de l'impératrice ».

La pluie, à Corfou, était torrentielle ; une île déserte, des chemins vides et boueux. Il faisait froid. Tout le monde s'ennuyait comme autrefois à Madère. Elle écrivait des vers morbides. La dépression la submergeait par vagues insoutenables. Sa mère avait eu quatre-vingts ans l'année précédente, Sissi lui avait écrit un gentil compliment. La mort de son père ravivait la blessure si vive, qui saignait de l'intérieur.

Adieu !
Adieu, fût-ce pour l'éternité,
Adieu, il le faut bien,
Retourne au pays du brouillard,
Loin de la lumière dorée d'Hélios ;

Adieu, fût-ce pour l'éternité,
Adieu, il le faut

Froid et glacé est ton avenir
Le mien n'est que solitude[1].

Elle dit à Warsberg : « Accélérez la construction de la villa. »

Elle revint à Vienne, par Trieste. Marie-Valérie lui manquait jusqu'à la déchirure.

Vienne l'étreint ; elle est en proie à son deuil mal ajusté. Rodolphe a d'abord été brusque. Il en veut tellement à cette mère trop aimée de n'être jamais là ! « Le retour chez soi est bien amer », se plaint-elle, inconsciente que la famille est un travail laborieux, une présence par tous les temps, y compris les temps ingrats de l'incompatibilité, des malentendus. Elle ne sait pas faire ce travail, pour lequel ses sages filles excelleront. Ce travail est le contraire d'un envol de mouette sans attache, sans repères, heurtant un jour de ses ailes son vol, seule, un écueil sombre et définitif... Elle redoute ce noël lugubre, où tout est triste, tout est larmes sous les sapins de la Hofburg. 1888. Le quarantième anniversaire du règne de François-Joseph. Franz Liszt est mort à Bayreuth, Nietzsche a publié *L'Antéchrist* et Richard Strauss, son *Don Juan*. Sissi a cinquante et un ans. L'empereur est tout à sa romance, content que son épouse, toujours aimée, soit si mince et bien faite dans sa robe couleur de pêche. Rodolphe, amant depuis peu de la petite Mary Vetsera, prépare sa tragédie. Élisabeth est trop enfermée dans sa détresse pour savoir le remercier de son magnifique cadeau : onze lettres manuscrites de Heine.

Répétons leurs adieux, la seule scène d'amour fou, où ils se sont serrés, ce Noël 1888, ivres de larmes, dans les bras les uns des autres. Marie-Valérie, Élisabeth et Rodolphe. Elle a béni son fils ; c'étaient les adieux. C'était la foudre d'amour. Il n'y avait rien à comprendre, rien à dire. Ce ne serait plus jamais ainsi. Sissi remarque à peine la fille de son fils, la petite Élisabeth âgée de cinq ans. L'enfant, en dentelles roses, blonde et gentille, est accrochée à la main de sa mère. Stéphanie est blême dans sa robe trop pâle, le bord de yeux rougis par les larmes récentes.

Élisabeth ressent une certaine douceur à revoir sa mère. Elle s'est rendue à Munich avec Marie-Valérie et son fiancé. Il faut composer maintenant avec ce jeune homme réservé, qui plaît

---

1. *Le Journal poétique de Sissi*, (*Adieu !*), pp. 202-203.

beaucoup à la bonne duchesse. L'accueil à sa fille a été chaleureux. En dépit du grand deuil, la duchesse et les filles avaient quelques fleurs sur leur toilette noire. La solide duchesse n'a pas perdu son entrain. Elle connaît les grands rituels d'une existence, elle est souriante, résignée, contente de vivre. Elle assistera peut-être encore à des fiançailles, des mariages, des naissances ; hélas ! des funérailles. Elle sait que l'infidélité des maris est inévitable. Elle ne veut pas évoquer l'affaire Schratt. Que les femmes, princesses ou bergères, se débrouillent et s'en sortent, paisibles, peu atteintes. C'est là leur grand métier de femme. Stéphanie a eu tort de faire des scènes à son époux. C'est vulgaire et tellement inutile ! François-Salvator a l'air bien épris de sa petite-fille, point jolie mais charmante, un air doux et heureux, qu'elle ne lui avait jamais vu. Sissi a mauvaise mine, mais depuis combien d'années n'a-t-elle vu cette enfant difficile bien portante ou contente de son sort ? Jamais. Hélène la remplit de crainte, son médecin a secrètement émis un terrifiant diagnostic : Néné a un cancer au foie, au sein. La duchesse a frémi et préféré le silence. Quitteront-elles ensemble ce monde, cette vallée de larmes mais aussi de roses ? Elle n'a pas dit : « Que faire, mon Dieu, que faire ? » car il n'y a rien à faire. Se taire ; unique générosité qui peut-être repousse tout malheur d'une coudée. Sa fille d'Alençon est retournée dans sa famille d'Orléans et c'est bien ainsi. Marie de Naples place ses capitaux et trompe son mari. Ne rien dire, ne rien commenter. La duchesse relit, émue, les vers que Sissi lui avait écrits pour son anniversaire. Il y avait de bien jolies phrases qu'aimait se faire lire le duc :

Je prie Dieu qu'il ait la bonté de t'envoyer
Bien des étés encore, comme tu les aimes,

Celle à qui la nature sait fleurir si aimablement,
Verra longtemps encore l'âge fuir devant elle[1] *!*

Quand on y pense, que c'est charmant, un temps de roses, un temps aimable, la tendresse si sensible de sa glorieuse et turbulente enfant du dimanche, le noël 1837 !

Ludowika s'égaye. L'âge rend plus joyeuses les vieilles dames

---

1. *Le journal poétique de Sissi*, p. 152.

bien portantes comme elle. Elle s'amuse de l'entourage de Sissi, du culte de sa minceur. Une masseuse énorme, à allure d'homme, qui fume en cachette, la frictionne avec des « han » terribles. Le masseur qui la pétrit à lui arracher sa peau si fine est danois, impassible et sans concession au moindre milligramme de graisse. Tôt le matin avant le déjeuner, la lecture et la famille, il y a la gymnastique. Sa fille en longue robe-maillot entreprend des « ciseaux » frénétiques, au-delà d'un ventre plus plat qu'une cosse vide. La sciatique lui arrache quelques cris mais elle pédale, Sissi, elle compte ses abdominaux, elle châtie sa minceur.

— Quelle ménagerie ! rit la bonne duchesse.

Elle veille elle-même au chocolat mousseux pour Marie-Valérie, décidément une bonne petite.

Le jour de l'an 1889, on s'est tous embrassés sous les huit sapins. Sissi a reçu une lettre très tendre, débordant de confiance de son empereur. Il est seul, Mme Schratt a une famille et il convient de respecter au mieux le protocole. Une maîtresse d'empereur ne s'aventure pas dans les dates trop rituelles. La lettre est touchante de tendresse, de foncière honnêteté. Au fond, il donnerait bien toutes les Catherine Schratt du monde contre l'amour ardent, présent, de la petite fille d'Ischl, adorée, égarée...

« Mes meilleurs vœux pour tous mais surtout pour toi, mon ange adoré... Conserve-moi ton amour, ton indulgence, et ta bonté. J'ai le sentiment, et j'en éprouve une profonde gratitude, que ton amour, loin de se refroidir avec les années, comme le mien, augmente avec elles et j'en suis très heureux. J'ai reçu hier de l'amie le télégramme ci-joint [1]. »

Sa seule et triste visite – outre le tombeau de son père, à Munich – est la crypte de son cher aigle, à l'église Saint-Michel. « *Jamais plus*, a-t-elle écrit dans le poème *Adieu !*, *nous ne ferons voile côte à côte...* » Elle porte à son cou, outre son gobelet, sa croix catholique, une tête de mort en métal précieux. Une impératrice gothique, que la mort intéresse au plus vif de son angoisse.

La neige tombe doucement sur la Bavière quand elle revient à Vienne, le cœur très lourd, étreint de prémonitions.

Elle ne savait pas que la douleur et l'adieu s'appellent l'illimité.

---

1. *Sissi ou la fatalité*, J. Des Cars, *op. cit.*, p. 403.

Chapitre XVI

LA MORT AUX DOIGTS DE ROSE...

La maladie. Le désespoir accru de Rodolphe du rejet de son père. L'empereur s'obstine à ne pas l'initier aux secrets de ses dossiers. Écarté du pouvoir, son humiliation ressemble à celle, autrefois, de Sissi bafouée, jamais intégrée au cercle de l'archiduchesse et de l'empereur. « Une petite oie de Bavière. » Qu'en est-il du prince héritier ? Le même mépris ? L'amertume l'inhibe, Stéphanie le déteste et le fuit. Il voit peu et si mal leur petite fille. Un exclu, un marginal, un mal-aimé. Le prince s'était donné beaucoup de mal pour enrichir sa culture, rédiger ses rapports, comprendre les armées de son père, réfléchir à un avenir moins borné. Son audace en faveur de la démocratie, ses amitiés avec des hommes de la gauche française déplaisaient. Rodolphe a la brusquerie de sa mère devant l'injustice, l'arrogance, la bêtise. Il ne ménage pas ses propos violents à son vieil oncle, l'archiduc Albert, ni à Taaffe. Taaffe, l'allié trop sûr de son père, l'initié aux secrets d'État que lui, le prince, estime être en droit de connaître. Froissé, isolé, Rodolphe se confie à Latour et à ses rares amis. Ses recoupements sur la politique sont d'une grande finesse. La politique extérieure, dit-il, est un désastre. Taaffe et son père ont une vue trop courte sur la situation réelle d'un empire fragilisé. L'empire s'engouffrera dans un sanglant cul-de-sac. Il y aura la poudrière des Balkans, Bismarck et sa détermination guerrière de construire une « Grande Allemagne ». L'Autriche ne sera plus rien. Élisabeth, à sa manière, avait les mêmes prémonitions. Son intuition agissait, Rodolphe réfléchissait, étudiait, supputait. Qui l'entend, qui l'écoute ? Il s'est fait un excès d'ennemis. Le clergé, qu'il abomine, les privilégiés de la Cour. Il ose admirer David Strauss qui avait fondé sa doctrine sur le matérialisme. Le prince est de plus en plus isolé par la Cour, sa femme et son père. Latour a soixante-dix ans. Il vénère son élève, mais, très croyant, s'épouvante de le voir s'éloigner avec une telle violence de la foi catholique. Le prince est ostensiblement du côté des libéraux, ennemis des nationaux-Allemands, des nationaux-Tchèques, des nationaux-Hongrois – une immense partie de l'empire de François-Joseph. Rodolphe serait-il un traître à son père et à son pays ?

L'ironie lucide du prince est insoutenable. Il a quelque chose, en si sombre, de son grand-père le duc Max et de tous ces Wittelsbach révoltés, fous... Il est bien le fils d'Élisabeth d'Autriche, l'impératrice sans cesse en révolte contre Vienne. La fugueuse, l'errante, l'insoumise – l'insolente. Vienne n'aime pas ces Wittelsbach et avait déploré la sort lamentable du roi Louis II, la folie furieuse de son frère. On détestait en l'impératrice ce qu'on reprochait sourdement au fils. Il traitait ouvertement les archiducs « d'incapables et de flagorneurs ». Il n'aimait pas la Hofburg, il étouffait dans le protocole, il abhorrait présider de stupides bals à Schönbrunn au lieu d'être aux côtés de son père, dans les vraies affaires de l'État. L'ennui, un sentiment d'inutilité le saisissaient. Quand serait-il empereur ? Jamais. Sa fatigue l'inhibait, son père était solide et régnerait, têtu, jusqu'à l'extinction de ses forces. Rodolphe, l'insondable, était seul. En 1889, ses ennemis le traitaient d'« incapable » et l'écrivaient dans leur presse. Il le savait. Il trébuchait dans la dépression, l'intime défaite.

Le mal a empiré dans son corps et dans son esprit. Ses jours, ses heures sont insupportables. La morphine, consentie par son médecin pour le soulager, devient sa drogue. Il abuse de cognac et de champagne. Il a la maigreur de sa mère, il est insomniaque, le regard sombre, brûlant. Les douleurs articulaires le torturent. Il augmente les doses de morphine ce qui déclenche d'autres marasmes. Des nausées, des dévoiements intestinaux. Il n'a plus d'appétit, plus d'espoir, plus de plaisir. Sa maladie inhibe sa sexualité. Il a des crises d'impuissance, il se réfugie chez Mizzi Caspar. Elle est prudente, elle ne veut pas de contagion. Cette experte manœuvre leur plaisir à sa manière. Elle le caresse, elle le fait boire. Elle lui parle, et surtout l'écoute. Il se sent bien avec elle. La maquerelle, Frau Wolf, surveille les avantages de ces rencontres. Aucune prostituée, fût-elle la grande cocotte de Vienne, n'a à faire la dégoûtée ! La syphilis ? C'est le risque du métier. Qu'elle se débrouille, Mizzi, et ne se permette jamais le refus. Mizzi, en effet, est habile.

Rodolphe se sait diminué. Qui l'aimerait assez pour partager un peu de sa vie, lui offrir une passion enthousiasmée ? Il a perdu ses forces, non sa furieuse désolation, et la hantise d'un partage, fût-il celui des ténèbres.

Il est partisan d'une guerre contre la Russie au grand scandale de Taaffe. Il n'aime pas la Russie, ce pays trop obscur, despote, rempli de serfs que le fouet du moindre maître peut mettre à mort. Bismarck s'est vanté qu'en cas de guerre, l'Allemagne écraserait à nouveau la France, cette France, cette république qu'aime tant Rodolphe. La Serbie et la Bulgarie sont une fournaise – cela servira les desseins brutaux du chancelier. Bismarck mènera son jeu anti-Français, anti-Slovaque. L'empereur ne voit-il rien ? Où sont les repères du prince trop lucide, déchiré d'impuissance ? Si, au moins, il avait le repos infini de mourir sur un champ de bataille !

Les journaux allemands, la presse italienne le maltraitent. Un suspect dont les excès ont joué contre sa réputation, sa fiabilité. La dernière photo de Rodolphe, en feld-maréchal, botté, en manteau, est navrante. Où est passé le beau jeune homme des années précédentes ? De taille moyenne, parfaitement proportionnée, fragile et puissant à la fois, l'iris mordoré tel celui de sa mère. Il a la passion de l'ornithologie, la capacité de rire et d'exprimer chaleureusement ses émotions. En 1884, une délégation de l'Université lui avait remis le diplôme de « docteur ». Le droit, la littérature, la science de la politique, l'histoire, la géographie... Où est passé l'éblouissant jeune homme qu'aimaient tant les femmes, même la sienne ? On se trouve devant un vieillard de trente ans à peine, la bouche amère, le regard traqué, le front dégarni. Un visage dévasté. Une maigreur dévastée. Un homme que rongent la maladie et le désespoir. Sissi au temps de Madère et de Venise ?

Rodolphe caresse, obsédé, une pensée morbide qui prend toute la place : le suicide à deux. Trouver une compagne suffisamment généreuse, aimante pour un aussi terrible voyage. C'est un officier, il sait bien manier les armes. Son revolver ? Tuer d'abord l'amie, ensuite lui. Quelle amie ? On n'y pensait plus, on l'observait furtivement ; devenait-il fou ? Rodolphe est au comble de sa souf-

SISSI, LES FORCES DU DESTIN

france. Marie-Valérie le devine, mais ne sait comment l'aider. Il hausse les épaules, allons, elle l'aura son Bad-Ischl et tout ce qu'elle voudra, même le bonheur ! Elle a eu, celui, infini, d'être adorée de leur mère. Il est temps de quitter ce monde. Tout a été joué et si mal pour lui, dès l'enfance. La brutalité, la maltraitance, l'épouvante. Gisèle lui manque, sa grand-mère lui manque. Sa mère le hante d'une absence trop cruelle. Le voilà, à trente ans, à nouveau dans la maltraitance, l'abandon, la peur. Une peur existentielle. Il y a désormais, inscrites dans sa chair, les abjections de la maladie. Rodolphe est à bout de force. Il avait eu beaucoup de peine au brutal décès de Louis II. La pensée du suicide soulage sa trop grave souffrance.

Marie Larish continuait ses intrigues. Les Vetsera, on le sait, l'avait connue à Gödöllö, lors des grandes chasses d'Élisabeth. Hélène Vetsera et sa fille Mary fréquentaient les Larisch dans leur résidence près de Vienne. Mary avait été baptisée « Marie » mais sa famille tenait à orthographier « Mary » pour souligner leur ascendance anglaise. Elle raffolait, cette enfant de dix-sept ans lors du drame, en petite fille éblouie et ignorante, des paillettes de la vie mondaine. Elle était fascinée par la Cour où Marie Larish avait ses entrées. Mary avait reçu une excellente éducation réservée aux filles de l'aristocratie. Sa mère la préparait adroitement à quelque grand mariage. Mary était intelligente, sensible. Elle apprit avec facilité le français, signe de distinction. Elle lisait beaucoup, férue de poésie, de littérature. Elle eut un professeur de piano, Hermine Torbis, qui fut sa confidente, amie et complice. Elle se confiait aussi à sa cameriste qui l'avait connue toute enfant. Elle eut un professeur de danse, de chant. Elle apprit à patiner avec élégance, la patinoire était un lieu de rencontres mondaines. Elle montait à cheval. Sa mère la préparait à une belle alliance. Elle eut une garde-robe délicieuse qui allait bien avec ses magnifiques cheveux noirs, roulés en un épais chignon jusqu'au front bombé et pur. Ses yeux étaient vastes comme ceux des cavales, d'un orient bleu foncé, lotis de cils noirs. Son teint bistre, ses joues roses, sa bouche sensuelle... Les oreilles portaient des perles longues. Elle n'était ni belle ni académiquement jolie, trop petite, trop ronde, mais la taille joliment tournée, le teint frais, le sourire adorable, les robes si charmantes qu'on la remarquait. Sa réputation de jeune fille ravissante progressait. Sa mère, forte de son ancienne liaison avec le prince et de sa complicité avec les Larisch, exploita toutes ces pistes, sans scrupule, pour introduire Mary, « sa belle enfant », comme elle l'appelait, dans les milieux fermés et les cercles mondains de la Cour. Ce sont les femmes, Marie la première, qui construisirent la toile d'araignée, le guet-apens voluptueux où la folle petite fille allait s'enferrer jusqu'à la mort avec la proie convoitée : Rodolphe. Marie Larisch fut le meilleur chaperon. Elle emmenait Mary à la patinoire, aux courses, au Prater où se promenait volontiers le prince, au théâtre de la Cour. Voir, être vue... Sa mère veillait à ses toilettes, ses bijoux. Au Burgtheater, elle portait une robe de tulle blanc, les épaules nues, un diadème en quart de lune, de diamants sur ses lourds cheveux. Elle fixait, l'enfant qui veut un grand amour, la loge du prince. Elle est amoureuse, un coup de foudre de petite fille – et de femme. Stéphanie, de sa lorgnette de théâtre, avait tout deviné. Quelle femme, si sotte soit-elle, ne voit-elle pas ce que son mari ne sait pas encore ? Stéphanie surnomme avec dédain « la petite » cette jeune gourde, attifée en fausse princesse, écrasée de son ridicule diadème de fille de harem. Mary découpe dans les journaux les photos du prince qu'elle conserve pieusement dans sa chambre. Son album secret, son album d'amoureuse. Son extase. Elle l'aime ! Elle l'aime ! Elle a tout confié à Hermine Torbis, à sa camériste, bien sûr, à Marie Larisch. Elle n'a rien dit à sa mère, par un sûr instinct de prudence. Mary a eu « le coup de foudre », mot français. Elle a lu et relu le texte de Stendhal, *De l'amour*. Rodolphe ignore l'ardeur de la jeune fille sombrée dans la « cristallisation ». Elle l'aime ! Elle l'aime ! L'esprit vient aux filles amoureuses, soudain douées d'une intrépidité farouche. Mary forge son destin, va provoquer la tragédie de Mayerling. Rodolphe n'a jamais remarqué et parlé à la jeune fille. Sans Mary Vetsera, y aurait-il eu Mayerling ? Il y aurait eu, sans doute, tôt ou tard, par maladie ou suicide, le décès du prince, mais la mise en scène de mourir ensemble ?

Hélène Vetsera est satisfaite de la réputation flatteuse que provoque sa fille. Marie Larisch frétille d'impatience de mettre au point la rencontre tant attendue de l'enfant amoureuse avec le prince. Élisabeth, à Corfou, ne se doute de rien. Elle n'a jamais imaginé une telle trahison de la part de sa nièce. Une telle affaire et son « montage » affolant. Tout va se jouer au retour d'un voyage au Caire d'Hélène et sa fille, en octobre 1888. Ce voyage avait décuplé la passion de la jeune fille au lieu de l'en distraire. C'est

SISSI, LES FORCES DU DESTIN

un amour fait de rêveries, d'images inaccessibles, à la manière d'une très jeune fille devant une idole lointaine. Un prince ou, de nos jours, une vedette de cinéma, de la chanson. Mary est en plein dans le fantasme du prince charmant. Aucune réalité, un amour fou. Mary aperçoit pour la première fois, de près, son idole au champ de course. Sa passion n'a plus de limite. Que Marie Larisch arrange un rendez-vous ! Elle est prête à toutes les imprudences. Elle l'aime ! Elle l'aime ! Mary va forcer l'amour. Il est trop brûlant, trop évident en elle. Lui, qui ignore tout, ne peut que l'aimer. Elle en est sûre. Elle va agir avec l'audace d'une femme. Marie Larisch s'en émoustille. Mary monte son plan, la jonction indicible. Tout va tragiquement réussir. Elle ne peut oublier la soirée au Burgtheater, le 14 octobre 1888. Elle ne peut oublier, dans sa robe de tulle blanc, et son croissant de diamants retenant sa chevelure, son attraction sans limite, vers le prince, blême, indifférent, si las... Marie Larisch se met en œuvre. Elle parle à Rodolphe avec abondance et attrait de sa jeune protégée. Tenté, il accepte une première rencontre au Prater. C'est vrai, qu'elle a l'air adorable et si jeune. Quels beaux yeux épris et sincères elle levait vers lui ! Marie Larisch accélère les événements. La grande rencontre, à la garçonnière de la Hofburg, aura lieu le 5 novembre 1888. Le plan mené par les deux femmes tenait d'un véritable complot. Ne pas se tromper d'alliés, de rendez-vous, organiser la voiture, à certain carrefour, à une certaine heure... Mary Vetsera était si amoureuse qu'elle voulut absolument que Marie Larisch la menât d'abord chez « Adèle », photographe de la Cour. Elle voulait offrir son portrait à Rodolphe. Ce sont là les rares photographies que nous possédons de Mary Vetsera quelques semaines avant sa mort. Un visage palpitant de sincérité, le regard brûlant de passion. Marie Larisch et l'enfant se retrouvent ensuite derrière le Grand Hôtel, axe central de la capitale. Une voiture anonyme, fermée, attend les deux femmes. Elles ont entouré leur cou jusqu'au menton d'un boa, elles ont tiré au maximum sur leur visage la voilette de leur haut chapeau torsadé. Mary palpite autant que l'entremetteuse. Le prince les attend à la Hofburg. Marie Larisch sait exactement par quelle porte dérobée, quel escalier et corridor dissimulés mener sa jeune protégée jusqu'au prince, son antre à tête de mort, revolver, morphine et corbeau empaillé. Mary est entrée dans l'appartement si privé du jeune homme (sa mère a-t-elle couché ici ?) comme dans un temple : religieusement. Elle est ivre d'amour extrême. Rodolphe n'aimait certainement pas Mary de cette force absolue, mais son ardeur, sa jeunesse, son charme, sa chevelure luxuriante, sa propre tristesse réactivèrent ses sombres projets. Il vit qu'elle l'adorait sans concession. En forcenée. Elle était la proie idéale, la compagne parfaite pour l'aider dans ce dessein de mort qu'il eût, sans elle, peut-être abandonné. Mais l'enfant d'amour et de mort était là. Mayerling ouvrait la porte de leur dernière chambre à tous les deux...

Il fut amoureux, non de Mary Vetsera dans sa réalité, mais de l'âme sœur qui aiderait à son trépas. Il ne serait pas seul pour quitter cette vie effroyable. Cela valait bien un amour. Lui faire l'amour. Cela réanimait en lui le désir, l'émulation, l'envie de Mary. L'envie d'aimer et de finir. Il lut à son regard l'orgueilleuse soumission à leur destin. Elle obéirait sans répliquer. Il obéirait sans se retourner. Ils étaient devenus, follement, un couple au pacte de sang. Il était trop malade pour avoir des scrupules, elle l'aimait trop pour éveiller un sursaut de sa conscience. Plutôt mourir qu'un refus de lui. L'amour, tout en malentendus, a tracé la fin des heures du prince et de Mary Vetsera.

Il approcha Mary en tout et pour tout cinq fois. Une liaison de quinze jours. Quinze jours sont parfois plus profonds qu'une vie entière. Leur accord passa vite à la totale discrétion. Un tel plan ne doit pas filtrer et Rodolphe était entouré d'espions. Tout allait se jouer du 5 novembre à la nuit du 29 au 30 janvier 1889.

Rodolphe accélère les rencontres. Marie Larisch est le lien. À sa décharge, elle n'a pas soupçonné un tel dénouement. Elle n'a vu que l'intrigue et ses intérêts. Hélène Vetsera est dans un malaise diffus, un vague soupçon mêlé d'un espoir de belle alliance. Elle est loin de la vérité. Élisabeth a le cœur serré, sans certitude ni information scabreuse. Son éternel dialogue avec les morts, la séparation, les affres d'Achille, les chants d'Homère, cet état lui est tellement habituel. Rodolphe a très mauvaise mine, elle le voit bien, elle s'en est inquiété mais elle sait son fils malheureux « à bout de nerfs ». Le nom de Mary Vetsera n'était pas dans son esprit. L'empereur a une police active et on l'informe sur son fils. Cette bluette avec Mary Vetsera, la petite baronne, n'est rien du tout. Une distraction, une aventure. Il avait déjà remonté, avec bon sens, croyait-il, le moral défaillant de Stéphanie, qui soupçonnait une confuse tragédie. Allons, allons, Rodolphe avait besoin

SISSI, LES FORCES DU DESTIN

de repos et de la présence de sa femme. Qu'elle soit indulgente à ces petits coups de canif au contrat conjugal : ce n'était rien.

Mary a de sûrs complices. Bratfish, le cocher, Loschek le valet du prince, la camériste, Hermine et Marie Larisch. « Les amants » veulent une chambre à eux – loin de la Hofburg. Rodolphe a négocié d'un ami banquier, le richissime Palmer, de lui prêter un de ses appartements, derrière le Grand Hôtel. La prudence convient de perdre les limiers en se retrouvant quand tout le monde les croit à l'opéra. Mary feint d'être souffrante, sa famille se rend au Burgtheater sans elle et la croit à la maison. Rodolphe use du même subterfuge. On joue alors du Wagner – quatre heures de musique. Les rendez-vous sont programmés le temps d'un opéra (Rodolphe et Mary, un opéra). Des rendez-vous assez courts. Quatre heures où tout doit se dérouler – y compris les allers et retours. Le romantisme de la situation, un tel interdit, exaspère les passions. Les jeunes gens se rejoignent dans l'appartement de Palmer. Noël approche, Rodolphe a offert un cadeau symbolique à Mary. Elle baisera avec transport ce médaillon qui contient une goutte du sang du prince, et ces mots de sa main : « Unis dans l'amour jusque dans la mort[1]. » Ont-ils déjà parlé du suicide ensemble ? C'est probable. Elle s'exalte, Mary. Elle dit : « Tu es mon Dieu... mon Tout[2]... »

Mary lui confie ses peines intimes. Son frère aîné avait péri dans l'incendie qui avait détruit l'opéra. Son père vient de mourir au Caire. Sans ses confidences, sa vie serait très solitaire. Son frère est trop jeune, sa sœur aussi. Elle se méfie de sa mère.

L'amour, ils l'ont fait.

La soirée du 13 janvier, pendant que l'on joue le *Tannhäuser*. Une enfant de dix-sept ans, une enfant... Le choc émotionnel est absolu. Il fera d'elle ce qu'il voudra. Elle ne peut s'empêcher d'écrire à Hermine :

« Chère Hermine, je dois vous faire aujourd'hui un aveu qui vous mettra très en colère contre moi. J'ai été hier chez lui de 7 à 8 heures. Nous avons tous les deux perdu la tête. Maintenant nous nous appartenons corps et âmes[3]. »

---

1. *Rodolphe et Mayerling*, J.-P. Bled, *op. cit.* 1989, p. 202.
2. *Idem.*
3. *Élisabeth d'Autriche*, Vallotton, p. 166. (Source : *Rodolphe et Mayerling*, J.-P. Bled, *op. cit.*)

Elle court le plus beau quartier de Vienne pour lui offrir un cadeau. Un étui à cigarettes en or où elle a fait graver : « *13 janvier 1889. Merci au Destin* [1]. »

Il lui a dit : « Défais ta chevelure. » Il regardait sa bouche, ces mains, ce corps peu à peu dénudé. Peut-être l'aimait-il. Tout se confondait ; la chair dont il retrouvait le goût, la certitude des issues du noir repos, cette petite compagne magique, née d'un hasard miraculeux. La pitié miraculeuse. Une enfant si jeune – dont le regard ne se dérobait jamais quand il l'étreignait.

Ses yeux l'émeuvent. Ses yeux confirment ce que sa bouche a osé demander. L'amour, la mort. Elle l'aime ! Elle l'aime ! Il a fait d'elle une femme éprise, folle d'imprudence, d'impudence.

Ils se reverront deux fois, le 19 et le 24 janvier, avant l'ultime rendez-vous à Mayerling. Le 24 janvier sera une simple promenade en voiture au Prater. Au retour, Mary semblait bouleversée. Sa mère, plus tard, sera convaincue que, ce soir-là, le prince lui avait proposé son plan terrifiant qu'elle avait accepté. Hélène Vetsera n'est pas tranquille, quoique loin du compte. Mary veut-elle fuguer avec un amant ? Elle n'aime pas la mine extasiée et défaite de sa fille. Pourquoi se lave-t-elle les cheveux, si longs à sécher, juste avant d'aller avec sa mère à l'opéra ? Serait-ce un prétexte pour rester seule à la maison, ou hors de la maison ? Elle va et vient, Mary, distraite, distante, trop pâle ou trop rose. Pourquoi a-t-elle acheté un présent destiné à un homme aimé, un étui à cigarettes en or, au fournisseur de la Cour, « les frères Rodeck » ? Hélène, troublée, en parle à ses frères, les Baltazzi. Peuvent-ils surveiller leur nièce ? Ils suggèrent d'envoyer Mary, en février, chez les Larish, à Monte-Carlo. Cela lui changerait les idées et calmerait les ragots. Elle s'est entichée du prince impérial, on jase à ce sujet, surtout depuis qu'elle s'est si mal conduite devant la princesse Stéphanie. Lors du bal, à Schönbrunn, où, grâce au prince, la mère et la fille avaient été invitées, Mary a osé ne pas faire la révérence à la princesse impériale. Elle toisait sa rivale, d'une insolence insupportable. Stéphanie eut le bon goût d'ignorer un tel affront. Le prince, au cercle des hommes, tournait le dos. Eût-il défendu Stéphanie ? On en doute. Il parlait avec ani-

---

1. *Élisabeth d'Autriche*, Vallotton, p. 166. (Source : *Rodolphe et Mayerling*, J.-P. Bled, *op. cit.*)

mation du succès, en France, du général Boulanger. Il est temps, disaient les oncles de Mary, d'éloigner Mary, cette petite écervelée. Il reste aux amants, à Vienne, quelques sûrs complices. Marie Larisch, Hermine, Agnès, la camériste, le valet Loschek, le cocher du prince, Bratfish, qui attend la petite baronne à tous leurs rares et cruciaux rendez-vous.

Un insoutenable bonheur, un insoutenable malheur.

Le 18 janvier, Mary Vetsera avait fait son testament. Le rendez-vous du 24 confirmait ce qu'ils s'étaient promis. Le suicide ensemble.

Rodolphe eut, à huis clos, une scène d'enfer avec son père. Il proposait l'annulation de son mariage, d'après lui, une révoltante hypocrisie. François-Joseph avait éprouvé une grande colère, jeté un refus absolu. Quoi, ce stupide et médiocre adultère cautionné par un scandale encore jamais vu chez les Habsbourg ? On entendait des éclats de voix, on ne sut jamais quelle malédiction le fils et le père s'envoyèrent. Ils se jetèrent, ce jour-là, à la porte de leur vie.

Cette scène si dure eut lieu le 28 janvier, après la réception chez le prince de Reuss, ambassadeur à Vienne. Il représentait le roi Guillaume II dont on fêtait l'anniversaire. Stéphanie remplaçait, avec satisfaction et compétence, l'impératrice alors à Possenhofen. Mary Vetsera avait osé la toiser... Hélène Vetsera devenait perplexe. Sa fille avait l'air si sereine, si sage ! L'empereur, de son côté, le lendemain de la scène, plaisantait avec son fils de son enfantin emportement à cause d'une petite maîtresse. Allons, il est bon à tout homme digne de ce nom de se montrer galant et gaillard avec les femmes, mais, de là à rompre un sérieux mariage, la marge est immense, même si la maîtresse est enceinte. Si on devait répudier de parfaites épouses à chaque bâtard de semé !

Au théâtre, le soir du 27 janvier 1889, le père et le fils avaient l'air en bons termes. Le dernier dîner en famille avait eu lieu. Rodolphe était le seul à être singulièrement détendu, à cette table de famille où Marie-Valérie avait une vague envie de pleurer.

Le lendemain, Élisabeth et François-Joseph partaient pour la Hongrie.

Sissi était mal ; elle déchiffrait une ombre innommable au regard brun doré de son fils. Elle avait peur, elle avait si souvent peur... Son fils allait chasser à Mayerling. Rodolphe avait acheté cette propriété en 1886, aux moines de l'abbaye de Heiligenkreuz, à trente kilomètres du pavillon.

— C'est un beau pavillon, disait l'empereur et le gibier abonde. Nous possédons depuis longtemps cet excellent territoire de chasse. Tu as de la chance.

— J'ai de la chance, dit-il.

Il revoyait le pavillon. Trois corps de bâtiments. Une large distribution de pièces bien meublées, sur deux niveaux. Le bâtiment du centre, aile sud, contient son logement personnel. Sa chambre est à l'angle sud-est. Au premier étage, les appartements de Stéphanie. L'antichambre qui précède la chambre de Rodolphe est occupée par le dévoué Loschek.

La chambre du prince, la chambre des amants. Son arrangement en salon turc. Étouffante, close de toute part.

Plusieurs chambres pour les invités. Une salle de billard sert de salle à manger.

Rodolphe a invité à la chasse, le 30 janvier, son ami le comte Hoyos et le prince Philippe de Cobourg. Un plan destiné à détourner tout soupçon.

Mayerling ou le tombeau.

Il neigeait.

Rodolphe et Mary s'y rendirent le 30 janvier. Afin de brouiller les pistes, égarer quelque suiveur malencontreux, le prince a organisé leur parcours. Il retrouva Mary à vingt kilomètres de Vienne, près d'une auberge, à Breitenfurt. Bratfish avait mené, en premier, seule, la jeune fille. Elle arriva au carrefour de l'auberge vers midi. De la Hofburg, en phaéton privé, Rodolphe la rejoignait. Elle attend, chapeautée, sous la pelisse, émue et si calme. Elle a dépassé l'amour ; elle est dans le fasciné. Il est treize heures quand Rodolphe arrive. Ils grimpe dans la voiture de Mary, tout près d'elle. Le phaéton retourne à la Hofburg, les amants s'en vont vers Mayerling. Les chemins sont verglacés, défoncés, la neige embourbe tout. Rodolphe est obligé, plusieurs fois, d'aider Bratfish à pousser le véhicule qui peine autant que les chevaux. Mary et Rodolphe se séparèrent à un embranchement, près du pavillon, convenu avec Bratfish. Il était à peu près quatre heures de l'aprèsmidi, la nuit d'hiver tombait, lorsqu'ils arrivèrent à Mayerling.

Bratfish mena Mary à une porte discrète du pavillon. Rodolphe acheva à pied sa route dans la neige, noire sous le ciel noir. Ses derniers pas sur une route de campagne. Rodolphe, libre, et entièrement entravé.

Marie Larisch publia, en 1935, ses Mémoires. Elle était alors séparée de son époux Larisch, leur fils était mort. Elle s'était remariée à un chanteur sans gloire. Ce qu'a écrit Marie Wallersee-Larisch est-il entièrement crédible ? Bannie de la Cour par Élisabeth elle-même après le drame, sa rancune et sa disgrâce étaient grandes. La partialité mène sa plume amère mais, à tâtons, dans le violent marasme que fut Mayerling, certains faits sont plausibles dont sa violente dispute, le 27 janvier 1889, avec Rodolphe. Elle avait frémi de la tournure que prenaient les événements. Mary s'était-elle confié à elle ? Marie Larisch tenta de dissuader Rodolphe d'un tel projet sous peine de tout révéler à l'impératrice. Il l'avait saisie, dit-elle, à la gorge et pointé son arme sur son front. Il menaça de la tuer si elle parlait. Un petit revolver noir et plat... Marie Larisch se tut, atterrée que le « jeu » eût pris cette effarante ampleur. Ce fut elle, pourtant, qui supplia le préfet, le baron Krauss, de retrouver Mary Vetsera dont la mère s'inquiétait de l'insolite absence. Le préfet était ennuyé, l'embêtement de cette affaire était le scandale. On fit silence.

Mary est de plus en plus amoureuse de Rodolphe. Les préparatifs de Mayerling l'exaltent autant que ceux de ses noces. L'horreur de leur situation – l'impossibilité sociale de partager ensemble une vie d'amour – a déterminé son choix. Ce sont les autres qui les ont mis à mort au lieu de les laisser s'aimer longtemps, totalement ! Elle n'a pas décelé que le prince, épuisé, écarté du pouvoir, veut mourir. Il a besoin d'aide pour se tuer. Il a besoin d'elle. Dès qu'il aura tiré sur elle, le courage lui viendra d'achever son crime.
Elle l'aime ! Elle l'aime !
À dix-sept ans, la mort, la vie ont une si mince frontière. L'amour est si fort. La véritable mort serait la séparation. Elle en mourrait, de toute manière. Oui, ils iront à Mayerling. Tous les deux. Oui, ils feront l'amour et ils s'en iront de l'autre côté de ce monde où existe, elle en est sûre, un frais paradis d'absolution pour les amants. Elle a écrit sur un cendrier de Rodolphe : « Plutôt un revolver, pas de poison. Le revolver est plus sûr[1]. » Les femmes

1. *Rodolphe et Mayerling*, J.-P. Bled, *op. cit.* p. 232.

SISSI, LES FORCES DU DESTIN

préfèrent le poison et craignent les armes. Rodolphe a dû certainement la convaincre de la sûreté du revolver. Il érotiserait au maximum leur fin : il la tuerait d'abord, il se tuerait ensuite. Elle mourrait de sa main d'amant. Elle n'a plus peur, mourir de sa main est un choc à peine plus voluptueux que la déchirure en soie de leur première étreinte. Ils seront ensemble sur le lit non défait. Il aura l'air de veiller sur sa bien-aimée. Il a prévu de glisser une rose entre ses mains et des fleurs dans ses cheveux.

Ils sont prêts.

Le 30 janvier, la neige tombe, drue et serrée. Rodolphe et Mary, seuls, dans le salon turc. Il s'est déjà exercé avec un miroir et un coussin afin de bien caler son bras et viser sa tempe sans se rater. Surtout ne pas se rater quand la petite sera morte... Un seul coup de feu devrait suffire pour chacun. Élisabeth, anéantie pour toujours, se souviendra, après le drame, à quel point son fils vantait souvent les bienfaits de la mort. Le comte Hoyos, François-Salvator, Marie-Valérie, Gisèle, Stéphanie n'y prêtaient plus attention. On ne s'attardait pas plus à la rumeur d'une nouvelle dépression de l'impératrice. Stéphanie s'était bien alarmée auprès de l'empereur mais il l'avait benoîtement rassurée, refusant une réalité qui tuerait tout avenir de sa Maison.

« Je l'aime, avait dit Marie à sa confidente, et nous serons unis jusque dans la mort... Si je pouvais donner ma vie à Rodolphe, je le ferais avec joie car pourquoi attacher de l'importance à l'existence[1] ? »

Il y eut beaucoup de rumeurs autour de la tragédie. On a prétendu que ce fut un crime ourdi d'un complot hongrois, on parla d'assassins allemands, des espions à la solde de Bismarck. La chambre, dit-on, était un véritable carnage, les meubles renversés. On aurait, prétendit la rumeur, coupé les mains du prince. Il y avait du sang sur les murs. Il avait dû se défendre désespérément. Mary était-elle nue, habillée ? La rumeur se déchaînait et laissait ses traces jusque dans la légende qui rôde encore de nos jours. La réalité est sordide, liée à la dépression et à la maladie de Rodolphe, l'exaltation romanesque, morbide, d'une enfant entraînée par sa passion et sa grande jeunesse.

Deux balles à sept heures du matin. Un seul revolver, le salon

---

1. *Rodolphe et Mayerling*, J.-P. Bled, *op. cit.*, p. 203.

558

turc de Mayerling, les amants ensemble, à minuit, quand le ciel et la terre sont noirs de neige. Oui, la neige est noire. Du feu rougeoyant dans la cheminée, de l'alcool dans un grand verre sur la table près du lit. La tendresse fébrile de deux amants déjà égarés vers une sombre hâte. S'ils s'éveillaient de leur songe d'enfer, s'ils renonçaient, ils se haïraient et tout serait pire.

Le 30 janvier était un mercredi.

À Vienne, la mère de Mary s'inquiète. Où est sa fille ? Mary lui avait confié avoir consulté une voyante sur son destin. Elle avait aussi rédigé (si jeune ?) son testament. On a vu, une dernière fois, le 27 janvier, le prince à Vienne, dans sa voiture, derrière le Grand Hôtel. Hélène Vetsera est loin de la vérité. Elle s'inquiète de la liaison probable de sa fille avec Rodolphe – ce qui l'agace quand elle songe à son aventure ratée avec lui –, elle pense au scandale, pas une seconde à un suicide à deux.

En fin de journée, le 29 janvier, le prince de Cobourg et le comte Hoyos sont à Mayerling. On leur dit que le prince a pris froid sur la route et garde la chambre. Ils ignorent – excepté le valet et le cocher – la présence de Mary Vetsera. Le prince de Cobourg, déçu, retourne à Vienne. Hoyos occupe un logis à une centaine de mètres du bâtiment de Rodolphe. Dans la soirée, à vingt heures, le prince apparaît, fort gai, et dîne avec Hoyos dans la salle de billard. Mary est dans la chambre. Que se sont-ils dit pendant ces heures ardentes, ultimes ? Le prince a prié Bratfish de leur chanter des vieux airs du pays. À vingt et une heures, le prince, qui a touché mot à Hoyos de menaces hongroises et allemandes à son égard, rejoint son amour – sa longue nuit.

Plus tard, Loschek dira qu'il a entendu, de la chambre fermée, de éclats de voix. Une dispute ? Mary aurait-elle pris peur ? Le ton monte, baisse en un soprano si doux, une basse musicale, le sanglot léger d'une seule source, puis rien. C'est la nuit épaisse du 30 janvier 1889. On ne saura jamais ce que se sont dit les amants. La réalité aboutira à la découverte des corps et à la lecture d'une froide et médicale autopsie du prince.

Les témoins directs du marasme sont le comte Hoyos et le valet Loschek. Rodolphe avait laissé trois lettres – à sa mère, à Stéphanie et à Marie-Valérie. Des lettres d'amour tendre, demandant la compassion et que Mary soit inhumée avec lui. Rien à son père, il ne se juge pas digne de lui écrire. Il a laissé une missive à son fidèle valet. Hoyos s'empressera de la fournir à la Police qui la donnera ensuite à l'empereur.

« Hoyos ne doit pas télégraphier à Vienne, mais faire chercher un prêtre à Heiligenkreuz pour que celui-ci prie près de moi [1]. »

Le matin du 30 janvier. Loschek a vu son maître sortir hâtivement de la chambre à six heures passées, il s'est vite replié dans sa chambre le priant de le réveiller une heure plus tard. Plus un seul bruit – sauf, vers sept heures, un double coup, très net, de revolver. Loschek croit deviner et, bouleversé, court chercher Hoyos. Ils bondissent à la porte qui est verrouillée de l'intérieur.

Le valet apprend à Hoyos que la petite baronne de Vetsera est avec le prince. Leur premier souci est la discrétion et d'éloigner tout serviteur (des témoins gênants) des alentours. Vite, une hache, les poings ne suffisent pas, et, d'un coup violent, Loschek brise la porte. La fente déchirée dans le bois révèle un affreux spectacle. Le prince est à genoux devant le lit, le buste basculé en avant. À ses pieds, une mare de sang. Sur le lit, la petite baronne, habillée, le crâne fracassé d'un coup de revolver dans la tempe. Une rose entre ses mains jointes.

Cet excès de sang fait penser d'abord à une forte absorption de strychnine, un poison qui déclenche des hémorragies spectaculaires. Le prince aurait-il été empoisonné par sa jeune maîtresse qui se serait ensuite brûlé la cervelle ? Cette thèse conviendrait mieux à l'empereur, à l'empire, que le scandaleux suicide accompagné d'un meurtre. Dans la lettre destinée à Élisabeth, Rodolphe a nettement écrit : « J'ai tué... » Il s'est tué et il a tué Mary. Loschek tremble pour son maître. Dieu ne pardonne pas le suicide, l'église non plus. L'enfer... L'enfer de la honte pour l'empereur. La désolation sans fin pour l'impératrice.

Hoyos a retrouvé sans peine l'arme à feu.

Les volets étaient fermés, sur la table, près du lit, un miroir et un verre rempli de cognac – non de poison. Un vague sourire sur la bouche décolorée de l'enfant qui étreint le vide et une rose. Hoyos s'est précipité à la gare qui mène à Vienne. Loschek ne touche à rien, personne n'approchera – hors la police impériale et le médecin. Hoyos est arrivé, hagard, à la Hofburg. Il est huit heures passées. Tout est sombre, un peu triste. Hoyos court chez

---

1. *Rodolphe et Mayerling*, J.-P. Bled, *op. cit.*, p. 228.

le comte Paar, aide de camp de l'empereur. Jamais de leur vie une mission aussi atroce ne les attendait. L'émotion est telle que Paar, pétrifié, préfère en parler d'abord à l'impératrice. À elle le triste devoir d'avertir son époux. Dans sa chambre qui est aussi son salon, Sissi est levée depuis longtemps. Elle prend sa leçon de grec, son lit cercueil n'est pas encore refermé. Sa chevelure est démêlée, non coiffée. Le comte Paar met au courant le baron Nopcsa dont il connaît le profond attachement à l'impératrice. Il saura la ménager, prononcer l'impensable sans la voir périr de chagrin sous le coup. Il fait froid, sombre, tout est sombre. Le baron Nopcsa a parlé à Ida, l'alliée si aimante. Ida a tant de douceur et d'amour parfait pour sa reine ! Ida domine un immense sanglot (tous sont en larmes), et attend de se ressaisir avant d'entrer chez sa reine. Comment faire sortir de ces lèvres l'innommable ? Ida frappe à la porte, dit que le baron Nopcsa insiste pour la voir. Sissi s'impatiente, qu'on la laisse tranquille ! Plus tard ! Elle est avec Homère, elle est devant la mer inimitable et bleue, l'aube aux doigts de rose...

— C'est urgent, Majesté, balbutie la pauvre Ida.

Seul Homère est urgent, seul Achille mourant est digne de la soudaine approche.

Que le baron attende, qu'il revienne plus tard.

Elle va et vient dans la chambre ; la chevelure aux chevilles, la sciatique endormie, en robe du matin vert sourd, fermée haut sur le cou cerné d'une large croix d'or et de perles. Elle ne veut pas entendre la voix humaine – hors les chants d'Homère. Ida tremble ; Sissi ne veut pas qu'Ida, si ferme, tremble ainsi.

— Le baron Nopcsa apporte une mauvaise nouvelle...

— Quelle mauvaise nouvelle ?

Le brusquerie de Sissi correspond à ses angoisses. Quelque chose en elle a deviné.

— Une mauvaise nouvelle de Son Altesse le prince héritier.

Le lecteur grec, le gentil bossu, celui qui sait par cœur les chants d'Homère, se fond dans l'ombre de la chambre. Il assiste à une tragédie ; la tragédie est totalement grecque. Achille mort... La chambre a tout à coup l'odeur ferrugineuse du sang, du gel mêlé de boue, du sel des larmes.

— Le prince est mort.

Ida a parlé si doucement qu'on entendait à peine mais Élisabeth a tout compris – et dans un long cri s'est jetée sur le lit étroit.

Quand son aigle bien-aimé était mort (ils l'avaient assassiné !), elle s'était ainsi jetée à terre de tout son long. Les immenses douleurs foudroient. L'impératrice, frappée d'une foudre noire, brûlée de l'intérieur. Pour toujours. On entend un pas souple approcher. L'empereur. Chez cette grande dépressive si blessée, surgit une totale énergie généreuse. Elle ne veut pas que son époux apprenne tout de suite un si grand malheur.

— Qu'il n'entre pas, pas encore[1].

Elle l'aime, oui elle l'aime, mal, maladroitement, mais elle veut bien devenir le bouclier saignant de leur malheur.

Ida se précipite, le baron Nopcsa aussi. Vains remparts contre le coup mortel qui est obligé d'atteindre le père et l'empereur, on ne sait plus en quel ordre écrire ces mots. Élisabeth, en larmes, se lève péniblement. Que n'est-elle morte ! Il y a si longtemps que vivre la crucifie sans relâche... Elle est responsable, responsable d'avoir livré aux veines de son enfant, son petit garçon, le sang maudit des Wittelsbach. C'est de sa faute. Elle se hait. Jusqu'où iront la colère et la vengeance du grand Jéhovah, ses foudres, ses tempêtes qui clouent les hommes telles des chouettes contre une porte noire ? Quel péché immense a été le sien ? Quel péché immense a été celui de son fils ? Quel péché immense est celui de tous les hommes ?

Elle a parlé très vite, elle a dit : « Rodolphe est mort. » Ils pleuraient, la porte battait dans le vide. Ils pleuraient d'avoir engendré un seul fils aimé, mal compris – anéanti. Élisabeth et François-Joseph touchaient au point culminant d'un astre noir.

L'empereur est si pâle que le baron Nopcsa craint un malaise. Il balbutie :

— Venez avec moi, baron.

Élisabeth atteint une dimension absolue. Elle prie Ida qu'on aille vite chercher Catherine Schratt et qu'on la mène directement auprès de l'empereur. L'amie est la seule à adoucir les premiers instants d'un tel chagrin. Catherine Schratt vient régulièrement saluer le couple impérial à neuf heures du matin. Sissi est seule, aux affres de sa maternité qui s'est achevée en une étoile de sang.

---

1. Ces dialogues concernant l'annonce de la mort de Rodolphe et ceux qui vont suivre ont été consultés dans l'ouvrage de E. C. Corti, *Élisabeth d'Autriche*, Payot, à partir de la p. 370 et dans les ouvrages précités sur Élisabeth d'Autriche. Les appels de notes cessent un moment pour le repos du lecteur. Les références précises se retrouvent dans la bibliographie.

Une autre mission cruelle attend la mère : porter ce coup si dur à Marie-Valérie.

La douleur ; lente hémorragie qui saignera de l'intérieur. En quelques secondes, Élisabeth d'Autriche, reine de Hongrie, est devenue à jamais la *Mater Dolorosa*. Il lui faut, encore un peu, la force de parler, de bouger, d'agir. Un jour, bientôt, celle d'enfin mourir. Une image fulgurante la plie en deux. Le dernier sourire de son aigle dans sa nacelle en carton dorée : sa bouche était défigurée de chicots noirs. Il avait perdu, comme elle, ses dents. Plus de dents ; comme les cadavres. Rodolphe, ce cadavre.

— Marie-Valérie...

Elle serre contre elle la « Chérie », la prend sur ses genoux telle une enfant. La jeune fille est en larmes, elle a deviné une secousse sans fin.

— Rodolphe est très malade...

La petite fille de vingt et un ans s'accroche au cou de sa mère, fortement. L'empêcher de continuer.

— Rodolphe est mort.

— Maman, est-ce qu'il s'est tué ?

Élisabeth sanglote, non, non il ne s'est pas tué, pourquoi dis-tu cela ? On l'a empoisonné, sans doute... assassiné... Il n'était pas seul, il y avait avec lui la protégée de Marie Larish, Mary Vetsera. Oui, oui celle qui s'est entichée de Rodolphe au point de se montrer si insolente avec Stéphanie.

Elles pleurent avec une telle violence qu'elles n'ont pas entendu entrer l'empereur. Ils se serrent tous les trois. Une famille brisée, une dynastie brisée, dont héritera un Habsbourg, ce qui mortifie à jamais Élisabeth.

Le futur empereur sera un neveu de l'empereur, l'archiduc François-Ferdinand, fils aîné de Charles-Louis. Il ne régnera jamais. L'empereur mourra vingt-quatre années après Mayerling, le 21 novembre 1916. François-Ferdinand et son épouse Sophie périront assassinés à coups de revolver, à Sarajevo, une matinée de juin 1914. L'assassin se nommait Gravilo Princip, les coups avaient été tirés à bout portant. La monarchie austro-hongroise expirait à jamais.

La grande guerre commençait. Qui avait épargné François-Joseph, à la longue route lugubre, solitaire, jalonnée de malheurs aussi violents.

Le destin a frappé trop fort cet homme bon, besogneux, rigide et incapable de haine. Il avait ardemment travaillé jusqu'aux limites de ses forces, méprisant ses fatigues, dans le but de faciliter le chemin futur de son fils. Il l'aimait ; il n'avait jamais su le dire, jamais su comprendre qu'il le tuait en croyant l'endurcir pour son bien, en n'admettant aucune de ses idées libérales. Il attendait qu'il fût « plus raisonnable », afin de l'introduire aux côtés de Taaffe. Il s'était psychologiquement gravement fourvoyé – comme autrefois avec la toute jeune Sissi, en laissant sa mère lui dérober ses enfants. L'empereur refusait d'admettre, chez son fils, une maladie doublement honteuse : la syphilis et la dépression. François-Joseph continua à travailler à sa manière, sans défaillance, mais l'âme n'y était plus. Il travaillait dans le vide, le cœur dévasté, blessé d'une épine qui jamais ne cicatrisait. L'âme de son labeur s'était anéantie dans le double coup de revolver, le 30 janvier 1889, à Mayerling. Quand il apprendra l'assassinat de François-Ferdinand et de son épouse, à Sarajevo, il sera presque indifférent. Il demeurait cloué tout vif, en silence, au décès des êtres qui lui avaient été le plus cher.

Il murmure qu'on aille chercher Stéphanie. L'impératrice évoque les desseins si cruels du Grand Jéhovah. Ida, les fidèles Hongroises, le baron Nopcsa pleurent. La Hofburg en entier y compris les murs ne sont qu'une plainte. La neige, cette cendre, le peu de lumière, ce suaire. Il n'y a pas de miséricorde, sanglote Élisabeth. Il n'y a pas de pardon. Il y a la faute et encore la faute, celle d'avoir vécu, et osé survivre. Stéphanie est entrée. Sissi éclate en un rejet haineux contre sa bru. Tout a eu lieu à cause d'elle. Elle n'a pas aimé son fils, elle n'aime personne, ni son père, ni sa fille, elle n'aime que paraître, elle n'est qu'une Cobourg ivre d'ambition et de vanité ! L'empereur penche une tête vaincue entre ses mains. Il ne sait ni ne peut défendre Stéphanie dont les genoux tremblent de solitude et d'effroi devant une telle injustice. Sissi, ivre de chagrin, serait-elle devenue plus féroce que sa défunte belle-mère ?

Journal de Stéphanie :

« L'empereur était assis au milieu de la pièce ; l'impératrice, vêtue de noir et blanche comme la neige, le visage figé, était auprès de lui. Dans l'état où j'étais, défaite, bouleversée, je crus qu'on me regardait comme une criminelle. Un feu de questions,

SISSI, LES FORCES DU DESTIN

auxquelles je ne pouvais répondre parce que j'en étais incapable ou parce que je n'en avais pas le droit s'abattit sur moi[1]. »

Stéphanie était blessée à mort par toute cette famille. Sa santé résista à la maladie, elle fit son devoir auprès de l'empereur quand mourut Élisabeth. Sa vie tourna mieux vers sa maturité. Retirée de Vienne avec sa fille, elle épousa le comte Lonnay. Il était hongrois, Stéphanie vécut et mourut en Hongrie en 1945. Elle avait quatre-vingts ans passés. Élisabeth, sa fille et celle de Rodolphe, épouse-rait avec bonheur le prince Otto de Windischgrätz.

La mère et la fille, étaient-elles, l'une et l'autre, hantées par l'hiver 1889 ?

Revenons à la terrible matinée du 30 janvier 1889. Une nouvelle visite troubla davantage ceux qui étaient si touchés. Hélène Vetsera avait franchi tous les barrages, y compris celui si ferme d'Ida. Où est son enfant disparue depuis deux jours ? Elle sanglotait quand, soudain, l'impératrice fut près d'elle. Elle se jeta à ses pieds.

— Je l'ai perdue, qui peut me la rendre ?

Avait-on enlevé sa fille, séquestrée quelque part ? Elle n'ose son-ger à sa mort. Élisabeth était devenue cette mouette abattue en plein vol. Les sons, à peine audibles, expiraient sur ses lèvres.

— Votre fille est morte.

Hélène Vetsera étreignit les genoux de l'impératrice avec des cris déchirants.

— Mon enfant, ma belle petite enfant.

Élisabeth, si pâle, allait à son tour frapper cette mère au plus vif de son sang. Elle répondait avec la mortelle douceur des horribles certitudes.

— Votre fille est morte mais mon fils aussi est mort.

Hélène Vetsera étreignit ses genoux. Il sortait d'elle la sauvage voix de la douleur. Il y avait déjà, en ce cri, la folle supplication, l'affolement d'un affreux soupçon.

— Mon enfant, qu'a-t-elle donc fait ?

Le doute ; Mary, folle d'amour et de désespoir aurait-elle, avant de périr elle-même, empoisonné le prince ? Quand Hélène s'était précipitée à la Hofburg, les murs, les portes chuchotaient cette abomination. Élisabeth caressait doucement cette tête éplorée, cette femme, cette mère comme elle, frappée à jamais. La pitié du

---

1. *Élisabeth d'Autriche*, B. Hamann, *op. cit.*, p. 517.

565

péché infini... Mais l'impératrice se ressaisit. Le plus atteint est l'empereur. Que d'heures dures, humiliantes, l'attendent autour de la triste dépouille ! Élisabeth n'a pas encore le droit de flancher, d'oser l'éternelle errance, de tenter sa bienheureuse mort. Son devoir est sa présence d'un bout à l'autre auprès de l'empereur, autour du déroulement effarant des funérailles. Revoir Rodolphe. Mon Dieu, comment approcher son enfant mort ? Elle s'est relevée et s'adresse de haut à Hélène Vetsera. Ses mots claquent comme un ordre nécessaire à l'honneur. Pas de ragots mais cette seule phrase à répandre sur la fin du prince :

— Sachez que le prince héritier est mort d'une crise cardiaque.

Elle ne veut rien savoir de Mary Vetsera. Que sa famille fasse au plus vite avec sa dépouille. Élisabeth compte sur eux pour protéger l'honneur de son fils, celui de son époux anéanti.

Une crise cardiaque, pas de scandale. Elle, la fille des Wittelsbach, la rebelle, l'indépendante, va, par amour, jusqu'au camouflage. François-Joseph... Elle l'aime, oui, elle l'aime. Si mal... Pardon, pardon. Rodolphe assassin par désespoir, assassin de luimême et d'une délirante enfant de dix-sept ans. Pardon, pardon. Assassin de l'amour tué en lui, sans doute à cause d'elle, Élisabeth d'Autriche, née Wittelsbach.

Pardon, pardon.

Le lendemain, le médecin de la famille et de Rodolphe, Widerhofer, confirmait, consterné, la vérité sur le décès. Le suicide. La jeune fille (aucun doute sur l'identité de Mary Vetsera) avait été trouvée, habillée, étendue sur le lit non défait, une rose entre les mains jointes, des fleurs dans ses cheveux. Un trou rouge dans les deux tempes, sinistre trajet de la balle visant la tempe gauche. Le verre, sur le guéridon près du prince, contenait du cognac et non du poison. Le revolver avait glissé sur le tapis. Le médecin fit allonger (aidé de Lodschek) le corps du prince et l'examina attentivement. Il portait les mêmes blessures que celles de Mary. Le même geste de mort. On retrouva les deux balles. Le crâne de Rodolphe, au contraire de Mary, était particulièrement abîmé. On l'enveloppa de gros pansements après avoir lavé son visage. Il s'agissait de le transporter à la Hofburg, où sa famille l'attendait.

Le miroir, le petit coussin sont tragiquement explicites. Rodolphe avait voulu s'assurer de son coup.

Un immense scandale, qu'Élisabeth essaye de contenir au maximum avec ces mots : « une crise cardiaque ».

L'empereur est au désespoir. Son fils coupable d'un double crime. L'âme de son fils perdue, l'impossibilité, sans doute, de l'inhumer chrétiennement. Où trouver la force inouïe – ce que fit François-Joseph – de dicter au pape Léon XIII, au moyen du télégraphiste de la Hofburg, la dépêche la plus longue et la plus tragique de sa vie ? Des centaines de mots, deux mille mots pour convaincre le Vatican que le prince impérial est mort à cause des troubles mentaux, doublés d'un impossible et grand amour ? La dépêche parle aussi d'un accident de chasse. Le malheureux père, l'empereur anéanti, se bat comme il le peut.

Rodolphe avait laissé une lettre désirant que Mary fût inhumée avec lui, au cimetière des moines, à Heiligenkreuz. « Je dois quitter la vie... C'est une question d'honneur. »

Il avait désespéré tout le monde.

Léon XIII hésita peu. C'était une question politique. Refuser au prince héritier des funérailles chrétiennes serait froisser l'Autriche et les catholiques des grandes familles d'Europe et de l'Empire. Les arguments de l'empereur étaient plausibles, la miséricorde, principe même de la Chrétienté. Le rapport d'autopsie emportait la pénible conviction que le prince ne jouissait plus de toutes ses facultés. L'aliénation n'est pas un crime contre l'âme. On n'évoqua jamais Mary Vetsera, la rouge et gracieuse étoile filante, plus essentielle qu'une passante insignifiante.

Rodolphe s'en irait, muni de posthumes sacrements, à la crypte des Capucins, sans Mary. C'était le protocole. Sissi avait exprimé le souhait d'être enterrée ou immergée à Corfou. Les usages la coucheront, elle aussi, à jamais dans la crypte des Capucins.

Le vieux précepteur de Rodolphe, le comte de Latour, pleurait sans retenue. Il avait perdu son cher enfant.

Le glas n'arrête pas de sonner dans toutes les églises de la ville – et celles de l'empire. La bonne duchesse dit : « Mon Dieu, que ta volonté soit faite. » L'empire est mort. Les âmes du futur fêteront des choses étranges, des rêves étranges, des guerres abominables – mondiales.

Le printemps suivant la tragédie, le 20 avril 1889, à Braunau sur l'Inn, Haute Autriche, naissait dans une famille de douaniers et de paysans, un quatrième enfant. Un garçon chétif. Son père était sûr qu'il ne ferait pas même un petit fonctionnaire. Il s'appelait Adolf Hitler. La naissance de ce bébé, pas plus lourd qu'un poulet écorché, était une catastrophe plus sidérale que la mort du prince héritier.

Sonne le glas, tombe la neige, pleure Élisabeth... La Mort aux doigts de rose est l'infinie Odyssée. Pourquoi la craindre ?

Mary Vetsera fut enterrée de manière hideuse, honteuse. Une souillure, une bête immonde à faire vite disparaître dans la terre noire, boueuse, gorgée d'eau et de vers. Pas de scandale, n'est-ce pas ? La lâcheté hâtive de ses oncles, les frères Baltazzi, la terreur foudroyée de sa mère qui jamais ne revit « sa belle enfant ».

Le commissaire de Police Habdra avait été chargé de cette « exécution » post-mortem. Les frères Baltazzi déployèrent un zèle immonde. Voici ce que l'on fit à l'enfant morte, la gisante à la rose, qui souriait, les tempes trouées, la chevelure mêlée de fleurs déjà fanées. Il fallait, ordonnait le commissaire aux oncles en chapeaux et manteaux noirs, accourus sous la pluie aveugle, que l'on crût aux villages alentour que la jeune femme était vivante. Avaient-ils prévu la robe montante, le chapeau à épaisse voilette ? Oui ? Parfait. Son manteau était ici. Il ferait l'affaire. Elle était chaussée, à eux de la camoufler au mieux. Habillée, chapeautée, la voilette tirée. Lequel des deux oncles enfonça le chapeau sur le misérable visage aux tempes trouées ? Du sang était caillé au niveau des oreilles. Le sang humain est brun. On monta le col de la pelisse jusqu'aux yeux. Il fallait qu'elle se tînt droite, une vivante, n'est-ce pas, jusqu'au cimetière des moines où un trou l'attendait. Ses chers oncles attachèrent avec une corde une planche le long de son dos. Ils la hissèrent entre eux. La route était épouvantable, la pluie cinglante, la neige, la grêle, le gel... Les chaos innombrables, les chevaux harassés. Le cadavre de Mary oscillait à droite et à gauche contre ses oncles. Ils la repoussaient, la maintenaient, elle et son bâton. Ils préféraient la haïr que s'attendrir. On la mettait à mort une deuxième fois. Ils s'horrifiaient de ce cadavre qui avait été cette gentille enfant si vive.

Qui, au fond, avait vraiment aimé Mary Vetsera ?

Ils avaient hâte qu'on la dissimule, vite, sous la terre, sans trace, sans inscription. Que l'accusation d'avoir assassiné le prince ne retombe pas sur eux et leur or ! Ils obéirent point par point au commissaire. Ces courtiers tremblaient pour leurs intérêts et de la secousse répulsive du cadavre lié à son bois. L'infect corbillard transportait, derrière ses vitres aux rideaux baissés, une poupée floche, mal gantée, une silhouette brouillée, rigide, les bras trop raides glissés dans un manchon. Le cocher conduisait, bien entendu, sourd, muet, aveugle. Qu'il faisait noir dans cette voiture !

Les Baltazzi eurent-ils peur quand, soudain, la tempête devint si forte qu'on crut entendre mugir des loups, sangloter des vouivres inconnues ? Voiture et chevaux glissaient, ahanaient. Ils avaient mis des heures pour ce court et effarant trajet. Ils arrivèrent à minuit, à l'aveuglette, grâce aux torches des moines, au couvent de Heiligenkreuz, tout au bout d'un chemin défoncé. Cela prit encore du temps. Les moines savaient. En silence, le frère menuisier cloua quatre planches disjointes, sans capiton, sans linceul. Le cercueil de Mary Vetsera. Une misérable caisse où, déjà, l'eau et la neige s'infiltraient. On avait jeté plus que couché l'enfant en chapeau, voilette, manteau. Une voyageuse sans la moindre provision de route, pas même un baiser, une absoute. Le frère fossoyeur creusait péniblement sous les tornades, une fosse au coin de leur cimetière, modeste entre tous. Plutôt un trou qu'une fosse, vite on glissa la caisse que déjà se disputaient les molles créatures du sol. La punition de la petite fille qui avait dit « oui » sans prudence à l'amour fou continuait.

Il était onze heures et demi du matin quand ce forfait fut achevé.

Rien, pas une croix, pas une prière, pas une trace... Il fallut des années pour que l'on autorisât sa mère et ses proches à établir une pierre et une inscription sur ce qui devenait enfin la tombe de la légendaire enfant morte d'amour.

> *Ci-gît Mary, baronne de Vetsera,*
> *née le 19 mars 1871,*
> *morte le 30 janvier 1889.*
> *Telle une fleur, l'homme éclôt et passe*[1]*...*

À Vienne, on avait davantage pitié de l'empereur que d'Élisabeth – excepté ses amis dont le comte Andrassy, appuyé sur ses

---

1. *Élisabeth d'Autriche*, H. Vallotton, *op. cit.*, p. 179.

cannes, si malade. Il vint au plus vite offrir sa compassion aimante, ses larmes sincères à sa chère reine. Sourdement Vienne et la Cour accusaient Élisabeth de ce malheur. Ses fuites, ses voyages, son égoïsme – une mauvaise mère pour son fils, hantée par sa fille hongroise. On récapitule, non sans délices morbides, les cas de folie chez les Wittelsbach. Que lui importe, elle n'est que douleur. Elle est, déjà, devenue une ombre. Elle se souvient de sa blessure sans fin quand sa petite Sophie était morte. Elle aurait, la petite, aujourd'hui, trente-quatre ans.

Au tour du fils, vive le fils.

La nuit du mercredi au jeudi, on ramenait à la Hofburg le corps de Mayerling. Le glas, sans répit. La grande place de Vienne, devant le palais, était noire de foule. Le silence. La sympathie vouée à l'empereur était l'autre glas mystérieux qui lui est adressé. Les hommes, en dépit de la neige, avaient ôté leurs chapeaux. Le deuil est dans tous les cœurs. On respecte infiniment le père. Les femmes plaignent l'impératrice.

Le battement constant et sourd des tambours de la garde cogne dans la migraine d'Élisabeth. Marie-Valérie se bouche les oreilles. Elle frissonne au spectacle de la chambre mortuaire qui a été préparée à l'étage du prince. Ce lit trop haut, cet excès de fleurs, de cierges. Le fils, le frère, comment endurer ce spectacle du corps offensé ? L'usage et la loi exigent que l'autopsie ait lieu, à la Hofburg, la nuit du 1er février. Marie-Valérie refuse d'y songer. Sans son fiancé, sa sœur, son père, quelle souffrance serait la sienne ! La douleur de sa mère lui est insupportable. Elle ne peut pas en venir à bout, pas plus qu'elle n'a pu atteindre le trop violent amour que sa mère lui voue.

L'empereur espère encore que son fils a été empoisonné par la petite baronne.

— Je veux tout savoir, répète-t-il à Widerhofer.

Jamais mission n'a été si dure au médecin. Il affirme seulement que « le prince n'a pas souffert ». Il parle d'une seule traite :

— La balle est entrée directement dans la tempe et la mort a été instantanée.

Le glas, le convoi si lent... La chambre mortuaire du fils au crâne bandé. François-Joseph, si contrôlé, a crié au médecin :

— Quelle balle, quelle balle ?

— Majesté, nous avons trouvé une balle avec laquelle le prince s'est tué [1].

L'empereur, au comble de la révolte, répète : « Non, non il ne s'est pas tué, on l'a empoisonné. » Le médecin assène la vérité. C'est un suicide au revolver. La jeune fille a d'abord été tuée (un coup dans la tempe), ensuite le prince a tourné, de même manière, l'arme contre lui. L'empereur éclate en sanglots violents. Le prince ne lui pas laissé un seul message. Ses trois lettres sont adressées à l'impératrice, à la princesse Stéphanie, à l'archiduchesse Marie-Valérie.

L'empereur a eu connaissance de ces lettres : celles à Élisabeth et Stéphanie leur conseillaient l'exil. L'empire était bien mort.

Quant à l'enfant qui l'avait assez aimé pour l'accompagner dans l'autre monde, il espérait la rejoindre grâce à la pitié du Ciel. Dormir près d'elle, à Heiligenkreuz, chez les moines cisterciens.

Le glas, les tambours, les hussards.

Mary au fond d'un trou. Mary sans sépulture.

Dans la chambre d'apparat, Élisabeth et Marie-Valérie se sont approchées. Le prince semblait dormir et Marie-Valérie éprouva un intense soulagement à le trouver si beau, si calme, le rose aux joues, point défiguré sous son triple bandage autour du crâne. Un léger sourire errait sur la bouche que la mort maquillait de couleurs si vivantes, en sa fallacieuse et abominable régression. La beauté, la jeunesse retrouvées avant la pourriture. On l'avait vêtu de son grand uniforme de feld-maréchal. On avait joint ses mains sur la couverture et l'empereur s'était écrié, comme devant un petit garçon menacé d'avoir froid, ou parce qu'il ne supportait pas la vision de ses belles mains intactes qui avaient par deux fois donné la mort.

— Tirez la couverture sur lui. Couvrez-le bien.

Une couverture en flanelle blanche. Les couleurs autrichiennes, le blanc et le noir... Un peu de rouge, aussi... La rumeur, fausse, que le prince avait eu les mains coupées, persistait. Rien dans les propos d'Élisabeth, le journal de Marie-Valérie, le rapport d'autopsie, les témoins dignes de confiance, l'empereur en premier, ne confirment cette mutilation qui eût donné au drame de Mayerling, assez aisé à suivre, une connotation entièrement différente. De quoi solder d'un coup l'honneur des Habsbourg. Un assassinat

---

1. *Élisabeth d'Autriche*, E. C. Corti, Payot, p. 372.

étranger et non un double suicide. Ses belles mains intactes, qui avaient su donner la mort, on les gantera pour l'ultime voyage. Il y a, dans la chambre, un prêtre et le baron Arthur de Giesl, aide de camp du prince.

L'impératrice alors se pencha et baisa son fils sur les lèvres.

L'autopsie se déroula pendant la nuit du 31 janvier. Une nuit où, dans la Hofburg, tout mugissait, tout craquait. Une tempête de fin du monde qui dura plusieurs jours.

Le compte rendu de l'autopsie, d'abord soumis au père navré, se devait d'être publié en entier dans le grand journal de Vienne, le *Weiner Zeitung*. Deux sommités officiaient, assistées du médecin Widerhofer. Le professeur Hans Kunfrat, de l'institut anatomico-pathologique de la ville, et le professeur en médecine légale, Édouard Hofmann.

Passons sur les linges déployés, les scalpels fouillant ce crâne traumatisé, ce cerveau délabré par la balle, examiné en détails, sans doute posé à part, dépassons l'horreur pour Élisabeth et les siens de cette vision charcutée, détrônée du prince.

Voici ce que lurent les Viennois, les Français, tous les sujets de l'Empire – jusqu'en Russie :

« Vu les prescriptions de la loi, il a été, le 31 janvier 1889, à la Hofburg de Vienne et par les médecins auxquels il incombe légalement cette mission, procédé à l'autopsie du cadavre de S.A.I. le Prince héritier archiduc Rodolphe. En voici le procès-verbal authentique signé des médecins qui ont rempli ce funèbre devoir.

« 1. Son Altesse impériale et royale le Prince héritier a succombé d'une fracture du crâne et des parties antérieures du cerveau.

II. Cette fracture a été occasionnée par un coup de feu tiré de très près contre la région temporale droite.

« III. Un coup de feu provenant d'un revolver de calibre moyen était de nature à faire la blessure en question.

« IV. Le projectile n'a pas été retrouvé, parce qu'il est sorti par l'ouverture constatée au-dessus de l'oreille gauche.

« V. Il est hors de doute que Son Altesse impériale et royale s'est tiré elle-même le coup de feu et que la mort a été instantanée.

« VI. L'ankylose prématurée des sutures sagittale et coronale, la profondeur extraordinaire de la cavité crânienne et la dépression digitiforme des surfaces antérieures des os du crâne, le sensible aplatissement des

circonvolutions cérébrales et la dilatation des ventricules du cerveau sont autant de phénomènes pathologiques, qui, selon l'expérience, accompagnent d'ordinaire un état mental anormal et permettent par conséquent d'admettre que l'acte a été accompli en état d'aliénation mentale[1]... »

Pas un mot sur Mary Vetsera.

L'empereur obtiendra les obsèques catholiques. « L'aliénation » bannit le péché mortel. Élisabeth se tord les mains de douleur. Le péché mortel d'avoir légué son sang pourri à son petit garçon... Léon XIII accorda par télégramme ses condoléances et sa bénédiction apostolique. Une messe avait été déjà dite à Rome pour le prince.

Rodolphe livré aux embaumeurs. Le haut du crâne est si défoncé, qu'ils y coulent un crâne en cire. Aromates divers, à nouveau les scalpels pour ôter le cœur, les viscères qui gîtent en des urnes en deux églises. Sissi a toujours exprimé son horreur d'être ainsi manipulée après sa mort. Demeurer intacte jusqu'à la divine poussière. Mieux encore, la jeter, à Corfou, au fond de la mer qu'aimaient Homère et Ulysse. Ainsi apprêté, le prince est encore plus rose qu'à son arrivée. Monstrueusement attrayant, si mince et beau dans son costume de parade, ses bottes. Immobile et si calme, cerné de fleurs et de cierges à la molle odeur suspecte. Les portes sont grandes ouvertes. Le chapelain Mayer est en prières. Le protocole a repris son corps de ballet implacable. Le 3 février, la dépouille est exposée dans la chapelle de la Cour de la Hofburg. Une chapelle ardente, des buissons de cierges allumés. Toute la ville peut défiler et s'incliner devant son prince au crâne de cire, menacé de fondre car la foule donne chaud. De l'aube à la nuit, on défile, on s'incline, on pleure, on est ivre de curiosité et de ce vague érotisme cannibalesque qu'allume le spectacle de la mort.

Faste et encore faste des grandes funérailles ; faste des armes et d'une douleur atroce. Élisabeth, Marie-Valérie, Stéphanie n'assisteront pas à la trop longue messe – Gisèle et son mari, François-Salvator, seront aux côtés de l'empereur. Il sait que son épouse n'aurait pas la force nerveuse d'endurer quatre heures de cérémonie, jusqu'à la descente rituelle à la crypte. L'église des Capucins

---

1. Extrait de l'ouvrage et des recherches de Jean-Paul Bled, *Rodolphe et Mayerling, op. cit.*, p. 247.

est entièrement tendue de draps noirs aux larmes d'argent. Un catafalque géant. Le 5 février, à quatre heures de l'après-midi, dans le froid, le brouillard, le glas, le silence et des monceaux de couronnes, le cercueil noir, orné d'une simple croix argent, s'en va vers la crypte des Capucins. Le cercueil, dans cette lourde voiture noire, tirée de huit chevaux blancs, les Lippizzans, entourés de gardes en grand uniforme. Au pas, ces chevaux, au pas. Ils emmènent depuis toujours leurs princes, leurs empereurs, leurs impératrices, leurs archiduchesses, et leurs archiducs, sans frémir, vers leurs noces ou le lieu d'où nul ne revient jamais.

Six laquais en noir portent la bière. L'empereur, raide, pleurait à grosses larmes dans son grand uniforme sans confort. Il émouvait tout le monde. Qui songeait à Élisabeth, à demi folle de chagrin ? La rumeur continuait. On disait, aux villages alentour, dans les tavernes où la bière est grise, le vin trop vert, que Rodolphe avait eu une aventure avec la femme d'un garde-chasse : celui-ci s'était vengé. On parlait même d'un assassinat des frères jésuites !

Des légendes de bazar engendrèrent, au fil du temps, des films outrageusement romancés. Il y eut, en 1949, *Le Secret de Mayerling* de Jean Delannoy, celui, en 1968, où Mary Vetsera était interprétée par Catherine Deneuve et Rodolphe par Omar Sharif. Il y eut surtout les tenaces clichés, toujours très prisés, de la série signée, de 1957 à 1959, par le réalisateur Ernst Marischka, *Sissi*. Il s'agissait, sans doute, en réhabilitant une figure exquise, de faire ainsi oublier les horreurs nazies, autrichiennes et allemandes, de la Seconde Guerre mondiale. Le visage d'Élisabeth devint celui, ravissant, de Romy Schneider. La grande actrice sut, à force de talent, se débarrasser de cette dangereuse arlequinade qui avait fait rêvasser des milliers de spectateurs. On s'engouait plus de Romy Schneider et de son prince charmant, l'acteur Karl Heinz Böhm, que de la véritable Sissi dont l'existence avait été une progressive tragédie, un authentique cauchemar.

Romy Schneider redevint Sissi, de plein gré, majestueuse, douloureuse, proche de son véritable modèle, dans le chef-d'œuvre de Luchino Visconti, *Ludwig* (*Le Crépuscule des dieux*). Jean Cocteau avait pressenti qu'on pouvait approfondir un scénario entre Élisabeth et son assassin. Ce fut *L'Aigle à deux têtes*... Sissi inspira des comédies musicales, des ballets. Béjart en fit, en 1993, un ballet où sa danseuse (Sylvie Guillem) représente *l'anarchie* [1].

Que devint Élisabeth après les funérailles de son fils ?

Elle n'a plus dormi depuis le drame. Quatre jours après l'enterrement, le samedi 9 février 1889, elle s'est retirée tôt dans ses appartements. Elle veut être seule. Elle n'a guère envie qu'on l'aide à se défaire de ses vêtements désormais et pour toujours noirs. Une longue robe plate au col haut, aux manches longues, simples, un voile à la hongroise, noir, quand elle sort. Un « tailleur » de même sorte lors de ses voyages. Elle est devenue « la dame noire » de Vienne et de tous les lieux où elle se rendra. Ses chères Hongroises ont tenu à l'aider à enfiler un vêtement de nuit. Elle se laisse faire, ce sera mieux pour ruser, aller là où il l'appelle. Une tempête a éclaté, plus violente que la précédente. Tout craque, tout mugit. Les fenêtres semblent s'ouvrir, les rideaux se gonflent sur des souffles qui soulèvent les lattes des planchers. C'est la fin de cet empire, se dit-elle, la fin de tout, de tous. Une nuit de fin du monde. Pour Élisabeth, c'est la fin du monde.

C'est une nuit où elle forcera le silence des morts – son mort chéri. Elle ira le voir, tout en bas de la crypte, elle exigera la réponse. Elle n'a besoin de personne pour enfiler son uniforme noir, franchir ces portes, sortir de ce palais honni. Elle n'a besoin de personne pour épingler à la hâte, comme quand elle était si jeune, ses nattes sous le voile sombre. Une mouette aux ailes noires, qui va, ailée, sombre, d'escaliers en corridors. Cette nuit sans la moindre lueur lui convient. Ce n'est rien, à cette fine femme furtive, de héler un fiacre jusqu'à la crypte des Capucins – gardée par les moines, jour et nuit. Elle y serait allée à genoux s'il l'avait fallu. Les moines sont réticents. La grille est fermée. Elle se présente, elle se dévoile, elle insiste avec une si véhémente ferveur – elle veut se recueillir seule sur la tombe de son fils – qu'ils n'osent refuser. L'un d'eux, armé d'une torche oscillante, l'accompagne. Rodolphe, dans la cent douzième allée. Près de lui, le tombeau de Maximilien.

Quel silence lors de cette descente au royaume de ces morts ! Elle franchit ces catafalques, ces aigles déployés sur les plus éclatants défunts de ce très ancien empire. Elle dépasse cet étrange

---

1. *Sissi, l'impératrice anarchiste*, Catherine Clément, pp. 163-166.

navire de marbre et de pierre, orné de têtes de mort, où gisent la grande Marie-Thérèse et son époux, François de Lorraine. Que reste-t-il de la grande Marie-Thérèse, cette excellente ménagère politique, hors la poussière ?

La cent douzième place, le cent douzième Habsbourg, Rodolphe. Un tombeau plus simple. Qu'as-tu fait, Rodolphe, pour giser parmi une nef de marbre et d'aigles déployés ? Les fleurs en excès sentent le lys et le cadavre. Élisabeth décèle l'affreux travail sous le plomb, le bois luxueux, la pierre. Un cadavre enturbanné de cire grotesque, digne du célèbre musée, un cadavre dont les joues trop roses ont encore gonflé. Le travail minutieux, rongeur de notre propre substance, quelles que soient les aromates et l'éviscération, continue son œuvre effarante. La chair produit toute seule ses propres vers, son eau putride, sa décomposition. Élisabeth se tord les mains et hurle :

— Rodolphe ! Rodolphe !

Elle crie, dans le silence absolu de ces quinze impératrices, ces inconnues en cendres mêlées de quelques os, parfois une mâchoire intacte, des cheveux...

— Rodolphe, dis-moi... Un signe...

Un souffle a bougé, une couronne de fleurs s'écroule. Est-ce le signe ? Ce n'est que le vent, ce n'est rien que le temps qui dérange à peine les ornements hideux de ces coffres inutiles.

Se frapper la poitrine, s'arracher les cheveux, se griffer le visage comme elle l'a vu faire, à Corfou, par une mère qui avait perdu son enfant.

Les morts ne répondent jamais. Jamais. Ils vont, peut-être du grand envol des mouettes, sans aucun domicile, quelque part au-delà des nuages... Quelque part... Ils vont, ils voguent dans le souvenir des vivants déchirés, et, derrière leurs yeux, au tombeau, tout est noir.

Elle se cogne le front contre le sol. Rodolphe est parti. Rodolphe est muet.

Une poignée de cendres.

Elle ne sait pas pourquoi elle a raconté à Marie-Valérie et son époux la scène d'une nuit pareille. L'empereur a grondé avec douceur. Plus jamais ces extravagances morbides ! Elle a supplié Jéhovah de la rappeler à lui. Elle n'écoute pas les conseils. On l'offense en s'irritant et en se moquant des formes étranges de son désespoir. L'empereur la brusque, cependant :

— Ne me parle jamais de Rodolphe.

Elle a lu dans ses yeux une telle désolation qu'elle a compris qu'il traversait aussi un enfer. Elle ne s'épanchera sur Rodolphe, seule, que dans la nature adorée, auprès de Marie-Valérie, ses chères Hongroises, Andrassy et son lecteur grec. Même la bonne duchesse, à Possi, croyant adoucir le chagrin de sa fille, a passé le mot à ses enfants et sa vingtaine de petits-enfants, allemands, français, italiens autrichiens : pas un mot sur Rodolphe. Sissi s'est éprise du silence. Que Rodolphe dorme en son cœur où elle le berce et que nul ne le réveille.

Élisabeth n'est pas pour autant résignée. Les morts sont plus silencieux que le bois des cercueils. Seules « les âmes du futur » ont quelque chance d'obtenir une réponse posthume. La mort de son fils arrêta net l'écriture de ses poèmes. Elle ajouta de sa main, léguant son œuvre « aux âmes du futur » – qui allaient connaître en novembre 1989 l'écroulement du mur de Berlin – cette indication qui signalait à nouveau la reprise incessante de ses voyages :

« Écrit en plein été 1890, dans un train spécial filant à toute allure[1]. »

L'empereur avait toujours, à sa manière, adoré Sissi. Il ne peut pas grand-chose pour sa désolation mélancolique et anorexique – excepté lui accorder une très grande liberté de mouvements. Il a bien conscience de ses premières et graves maladresses. Trop de désœuvrement imposé à cette petite épouse intelligente, sensible, douée pour les langues, l'intuition d'amour d'adopter tout un peuple (la Hongrie). *Sa Majesté l'impératrice n'use d'aucune influence.* Rodolphe en est aussi, en parti, mort. On avait, dès son arrivée à Vienne, refusé à la petite impératrice de diriger sa maison, d'élever ses enfants. La Cour la bafouait. L'empereur faisait la sourde oreille. L'amour de l'homme est plus lâche que celui des femmes. L'empereur, accablé de travail, hanté de son devoir, lui accordait trop peu de temps. Il avait cru, naïf, que son immense amour suffisait. Il n'avait jamais songé au travail de l'amour. Faire l'amour, avec une patience infinie à ce corps merveilleux... Leur si rare et délicieux voyage de noces au Tyrol ne s'était jamais reproduit. La très jeune femme suivait l'élan chaleureux de cet

---

1. *Le Journal poétique de Sissi*, introduction de Catherine Clément, p. 11.

homme aimé, mais déjà Vienne et la mère de l'empereur brisaient le délicat élan. Trop tard, trop tard. Il eût fallu un peu de temps, de douceur, répéter les escapades d'amour, donner à Élisabeth de vraies responsabilités. Elle avait fait ses généreuses preuves pendant les guerres, veillant elle-même sur les blessés – et tout eût été amélioré. La gaieté naturelle de la fille du duc, le joyeux *Phantasius*, se fût exprimée. Elle aimait les fous rires, quand un invité faisait une gaffe. Elle aimait donner son écharpe, son ombrelle, sa monnaie, la moitié de son goûter, à qui lui offrait un verre de lait, un sourire, une rustique et aimable présence. Elle avait réussi à convaincre l'empereur de faire cesser toutes peines corporelles et de rendre leurs biens confisqués aux révoltés de 1849. Elle avait, en 1865, sauvé Rodolphe des griffes de Gaudricourt.

Tout s'était écroulé. On l'avait progressivement remisée – dans le même sens où l'empereur éloignait son fils des affaires, ignorant qu'il le mettait ainsi à mort. Élisabeth avait été rapidement mutilée au fond de la chair si sensible de son âme.

L'empereur confiait à Catherine Schratt à quel point son épouse avait de la dignité dans sa souffrance extrême. Il ne dira pas tout à l'Amie. L'impératrice tient la place unique et principal de son amour. Elle est « son ange adoré », jamais il ne sortira de cette fusion si particulière. « Elle lui est d'un grand secours », écrit-il à l'Amie.

Il ignorait qu'elle allait provoquer un noir destin qui le crucifierait à jamais.

Elle s'en va, la mouette aux ailes si sombres. L'errance finira bien par mettre sur sa route le suprême donateur : une mort soudaine et si douce, où son âme s'envolera par son cœur...

SISSI, LES FORCES DU DESTIN

Journal de Luigi Lucheni, assassin de l'impératrice d'Autriche :

« *De tous les maigres salaires que je gagnais avec tant de peine, le misérable [Nicasi] ne me laissait jamais la consolation de jouir d'un centime de gain... Je m'enfuis de ce village avec l'intention de me rendre directement à Gênes. Je n'ignorais pas, en effet, que la large route qui passait près de Rubiano, mais sur l'autre rive du Taro, conduisait à Gênes, car j'avais souvent lu cette indication sur une des bornes de cette route. Le mot Gênes, du reste, était très familier dans tous les villages de cette vallée, puisqu'on y voyait des affiches... apportées par des agents d'immigration pour convier les habitants à émigrer en Amérique du Sud, et à s'embarquer à Gênes sur tel ou tel vapeur... Je partis donc, emportant avec moi toute ma fortune, c'est-à-dire les pauvres habits que j'avais sur moi... J'avais eu soin, aussi, de remplir toutes mes poches de pain. Ce fut armé de cette manière, à l'âge de quatorze ans moins un mois, que j'allai à l'aventure courir les chemins du monde. Où me conduiront-ils* [1]*... ?* »

---

1. *Mémoires de l'assassin de Sissi*, pp. 170-171.

Chapitre XVII

LA FIN DES JOURS

Et si un jour je dois mourir,
Alors couchez-moi sur la plage,
Que mon dernier regard
Soit tourné vers ma mer chérie

J'entendrai une dernière fois
Le murmure aimé des vagues,
L'appel plein de nostalgie
Du fiancé à la fiancée.

Et au plus profond de la mer
Laissez-moi alors m'enfoncer ;
La tempête pourra alors hurler là-haut,
Tout en bas, ce sera le repos.

Les mouettes sont mes sœurs,
Elles ressentent tout comme moi,
Elles ne peuvent ni s'arrêter ni se reposer,
Il [Achille] les attire toujours à lui

Si je vois à l'horizon lointain
Glisser une voile blanche ;
Je voudrais qu'elle m'emporte !
Si je vois le coursier écumant des vagues
Les mouettes chevaucher en riant ;
Je voudrais les rejoindre[1] !

---

1. *Le Journal poétique de Sissi*, pp. 29, 30, 32 (*Salut*).

Elle a tout donné à ses filles. Ses robes, ses toilettes de bal, son linge le plus fin, ses sauts-de-lit couleur d'aurore, ses ombrelles et ses gants trop clairs, ses plus fines chaussures et ses parures. Elle a privilégié Marie-Valérie mais Gisèle a eu largement sa part. Elle a donné les étoiles en diamants, si rares, qui ornaient la chevelure de Titania-Élisabeth, immortalisées au portrait de Winterhalter. Elle n'a pas oublié ses chères Hongroises, qui une broche, qui une robe, qui un collier, qui une montre... Les couturières ont pratiqué les ajustements nécessaires : comment égaler une taille de cinquante centimètres ! Il a fallu élargir, raccourcir, mais la garde-robe prestigieuse s'en est allée, intacte, aux filles de la mère en deuil. Elle n'a conservé qu'une robe de cérémonie gris perle, une autre, en faille, finement travaillée, le col et les épaules hautes, la traîne ornée de plumes d'autruche noires. Sa garde-robe comporte désormais quelques robes courtes (à la cheville), simples, à manches longues, noires, y compris les voiles et les chapeaux, les ombrelles et les gants. Quelques « tailleurs » noirs pour ses pérégrinations. Des blouses en mousseline blanche ou noire, sous la veste, bas et jupons sont noirs, la chaussure est le plus souvent celle des montagnards. Elle a conservé une seule ombrelle blanche. La mouette sait que le blanc est aussi le deuil des reines.

Plus de bijoux, sauf cette croix catholique qui ne la quitte jamais et la tête de mort en or doublée du gobelet au bout de sa chaîne quand il lui faut boire de l'eau, elle qui ne mange rien... Elle a si soif, l'eau se mange, l'eau nourrit cet arbre, cette plante maritime qu'elle se sent devenir – cette mouette qui ouvre un bec assoiffé. Les oiseaux meurent davantage de soif que de faim.

Le peintre Horowitz a su rendre d'elle, en 1890, ce portrait de *mater dolorosa* où, excepté la pâleur de marbre du visage, tout est noir, même sa chevelure.

Elle a fait son testament. Elle a largement distribué son immense fortune entre ses filles, ses petits-enfants, privilégiant la fille de Rodolphe. Les plus grands legs allèrent à Marie-Valérie. Rien à Stéphanie. Sissi n'a pas oublié ceux qui l'ont aimée et entourée jusqu'au bout. Ses frères et sœurs. Ses Hongroises chéries jouiront d'une bonne pension ainsi que ses lecteurs grecs, ses rares amis. Ses filles n'avaient pas soupçonné ce côté pragmatique de leur mère : placer astucieusement ses capitaux en Suisse et sur divers livrets bancaires. Une immense fortune dont l'empereur ignorait l'étendue. Elle lui avait tout laissé payer, ses palais, ses caprices. Il payait la faute jamais pardonnée de l'avoir livrée sans recours à sa mère, et fermé les yeux sur le rapt des enfants. Il payait d'avoir abandonné Rodolphe, si jeune, à une irréversible maltraitance. Il payait d'avoir laissé sa chair glacée, son flanc si vide.

Comment peut vivre Vénus sans chair ?

Il payait.

Elle ne voulait plus rien posséder. Tout donner excepté le palais à Corfou. Est-elle sûre, seulement d'y demeurer sa vie entière ? Elle a la terreur de survivre à son époux. Elle ne lui a jamais pardonné mais elle l'aime, sans lui, quel serait l'allié sans défaillance ? Déjà ses filles sont si loin, dans leur plat bonheur. Quant à Rodolphe... Non, non, elle évitera de prononcer son nom. Elle ne s'était même pas rendu compte, l'année de sa mort, que naissait le Parti social-démocrate autrichien et que, peu de temps après, Bismarck était congédié par l'empereur. Elle appartient en entier aux ailes noires de son destin. Elle s'y est enfermée. Elle s'émeut à peine de la démission de Tisza en Hongrie. Un jour, se promenant avec Marie-Valérie, elle s'est, une fois de plus, jetée de tout son long sur le chemin, invoquant la cruauté du grand Jéhovah. Chacun est prédestiné, pleurait-elle. Les desseins du grand Jéhovah sont inaccessibles et sans pitié à ses créatures. Marie-Valérie est navrée qu'aucune résignation chrétienne n'adoucisse une telle peine. Son chagrin est lourd à tous. Il interdit de vivre, de rire, de mettre des bébés au monde dans la joie. Elle porte, c'est vrai, à son cou, depuis sa chute de cheval à Sassetot, un psaume de la Bible, mais plus le temps passe, plus toute espérance s'évanouit. Elle est dans la terreur religieuse, le goût de la mort, salaire du péché de vivre. Elle a égaré le sens salvateur du sacrifice christique. Elle est superstitieuse, éprise d'occultisme, saisie de prémonitions. Elle a le goût des goules et de la sombre poésie. Elle est malade.

— Je ne veux pas survivre à l'empereur, je ne le supporterais pas.

Elle refuse de passer désormais un seul Noël en famille. Plus de sapins, plus de fausses fêtes pendant que se préparait la mort. L'empereur de même ne tient plus à Noël. Le coup de revolver de Mayerling a tué Noël. Tout est deuil.

— Je vais devenir folle, confie-t-elle à Ida, Marie et sa fille.

Marie-Valérie s'inquiète de l'enflure de son genoux. Le matin, ses yeux sont bouffis. La sciatique est revenue. L'empereur connaît l'influence de sa fille sur Sissi. Qu'elle la persuade de faire une cure d'eaux à Méran. Élisabeth s'est repliée dans une si totale mélancolie qu'elle ne veut même plus quitter Vienne. Elle veut rester auprès de l'empereur. « Il a besoin de moi. » L'Amie, Mme Schratt, est en vacances, la Gloriettegasse, au quartier de Hietzing au nº 9, est vide. La charmante maison ocre aux volets verts, délicieusement meublée, générosité de l'empereur, a pour quelque temps ses portes closes. L'amour profond, bizarre de Sissi pour l'empereur la rive à Vienne. Elle est là, comme au temps des guerres, quand elle ouvrait leurs palais pour soigner les blessés au risque de sa propre vie.

Le printemps est arrivé. Les arbres de Schönbrunn sont en fleur. Elle éclate en sanglots. Rodolphe ne reverra plus jamais le printemps.

Ofen, la Hongrie au printemps. Sa mélancolie redouble. Elle a besoin de Marie-Valérie dont les noces – ô effroi – sont reculées d'une année à cause du deuil. Elle se sent moins mal entre sa fille, son époux, ses chères Hongroises, son lecteur grec. Elle pleure sans relâche dans le parc de ses demeures. Elle ne sait plus où elle se situe exactement. Les larmes tracent les allées de sa route navrée. Rodolphe... On a fini par la persuader de se rendre à Ischl. Elle ne prononce plus le nom de Rodolphe devant l'empereur. Il rougit à la limite de l'apoplexie sous ses favoris blancs. C'est sa manière, intense, pudique, de souffrir. Le travail le sauve, on le voit à son bureau parfois à trois heures du matin. Le désœuvrement tue Élisabeth.

Le silence, partout le silence.

La rumeur va bon train. La presse européenne – dont *Le Matin,* à Paris, et Vienne en premier – taxe l'impératrice de « folie raisonnante » (le mot est écrit en français). On prétend qu'elle se promène avec un coussin entre les bras. Elle rit et le présente en disant à quel point son nouveau-né, son nouveau prince est beau. Ida, avec une grande douceur persuasive, la convainc de couper court à cette grossière malversation. Qu'elle se promène, en calèche, avec elle et Marie, au Prater. On emmènera la comtesse Sztaray. Elles sont le sûr rempart de la protection amicale. Aux eaux de Wiesbaden, ces promenades seront quotidiennes, courtes pour ne pas la fatiguer, et les ragots cesseront d'eux-mêmes. On s'apercevra vite que l'impératrice est misanthrope, déprimée mais pas folle. Quelle mère n'éprouverait pas une déchirure aussi profonde ?

Ida insiste. Ce serait trop odieux que l'on profitât de sa peine pour alimenter les gazettes hostiles, qui ont souvent tenté de la réduire. Ses ennemis en profiteraient pour rappeler le triste rapprochement avec son cousin Louis II et son frère cadet Othon. Le dévoué Maljath, le petit lecteur grec font partie des promenades. À leur discrète joie, ils voient un peu de paix se répandre sur le beau visage finement ridé, la chevelure si jeune et éblouissante... Mince silhouette noire, le voile flottant à l'arrière de son chapeau, qu'elle a l'air jeune à cinquante-deux ans, lestée pourtant d'une telle détresse ! Elle tente de lutter à tout prix contre l'oisiveté. Elle reprend ses cours de grec avec une assiduité excessive. Elle s'applique à ses soins avec le médecin Metzger. Massages, eaux diverses. Metzger tente en vain de la faire manger davantage. C'est le vrai point noir de son épuisement, ses œdèmes et sa fatigue nerveuse. Quarante-six kilos ! Elle se pèse plusieurs fois par jour (l'empereur et le médecin abominent sa balance), elle boit du sang dans son potage trop clair, mange une côtelette quasi crue, une orange, boit le soir un verre de lait, le matin, du thé ou du café sans sucre. Elle n'écoute pas le sage conseil de faire de la chaise longue. Elle remue sans cesse, elle marche pendant des heures. Elle n'a pas changé. Elle a un chagrin affreux en plus.

Sissi a confié au baron Nopcsa son irrépressible besoin de voyager. Sans répit. Toute installation, excepté à *L'Achilleion* à Corfou, la rend malade. Son époux a trop de labeur, trop de responsabilités (de chagrin aussi, sans doute, il avait même travaillé le jour du décès de leur fils), pour lui consacrer du temps. Elle est seule ; à peine entourée et sincèrement aimée. Elle est adorée en icône par des inconnus, excitant la curiosité des foules. Sa fille adorée rêve de François-Salvator. Ses sœurs sont loin, l'époux de Mathilde, le comte Trani, est dépressif – il se suicidera quelques années plus tard. Elle n'a pas la fibre d'une grand-mère. Elle est seule.

Son recours est de redevenir la mouette, lotie à jamais de longues ailes noires. Elle ira, au-delà des grandes traversées, entre ciel et tempêtes... Corfou ? Le malheur est une tenaille obstinée. Il se répète. Les voiles vaporeux, la Dame blanche – ou d'Orlamonde – lui étaient apparu, dit-elle, quelques jours avant la mort de Rodolphe. Cette vapeur dans le parc, cette buée en forme de

SISSI, LES FORCES DU DESTIN

femme sans réalité, glaçait l'air déjà si froid. Elle l'a revue, flottant dans sa chambre. À qui en parler ? Folie raisonnante ? Le « signe », elle l'avait entrevu.

Un accident va lui arriver au retour de Wiesbaden à Lainz, dans un train spécial composé de wagons autrichiens et bavarois.

On est le 22 mai 1890.

Neuf wagons. La locomotive va à trop grande vitesse. Le wagon de l'impératrice est en tête. Avant Francfort, une courbe dangereuse est prise sans ralentir. Les wagons sont secoués avec une telle violence que Sissi a glissé et s'accroche à un canapé. Tout penche, tout déraille. On tombe, on se retrouve sur le côté, sur le dos. On va être écrasés. La machine fait un bruit d'enfer. Le dernier wagon a rompu son attelle et va tout seul. Il a glissé sur le flanc en un hurlement de ferraille. On entend des cris, des gémissements. On aperçoit le pâtissier et quelques laquais sortir par les fenêtres. Enfin, dans un crissement étourdissant, tout devient immobile. Il y a eu plus de peur que de mal. Marie-Valérie hurle : « Où est François ? »

Sa mère ressent douloureusement la force amoureuse de ce sauvage appel qui ne lui est pas destiné.

À la gare d'Oberhetzendorf, l'empereur, déjà au courant, fou d'inquiétude, s'est précipité. Il saisit sa femme dans ses bras, Il l'aime, oui, il l'aime.

— Cela aurait pu mal tourner, dit-il... C'est une chance [1]...

Il n'est pas resté longtemps avec elle : trop de dossiers. L'ennui et son mal de vivre referment sur elle leur étau. Elle monologue plus qu'elle ne parle avec sa fille qui n'en peut plus de tant de malheur, tant de discours sur la mort. Nous ne sommes pour le grand Jéhovah, dit sa mère, que « des misérables moucherons ». Elle n'a jamais oublié le terrible silence de la crypte des Capucins. Le terrible silence du fils disparu.

Elle se sent si vieille pour lutter. Lutter pour qui, pour quoi ? Une fois mariée, sa fille ne sera plus jamais à elle.

Elle a éclaté en larmes à la nouvelle de la mort de Warsberg. Il

---

1. *Élisabeth d'Autriche*, E. C. Corti, Payot, p. 383.

avait cinquante-trois ans. Il est mort quand au printemps, à Corfou, tout embaume, tout est splendeur.

Elle souhaite que l'on continue l'architecture de son palais. Elle en confie les plans, le goût italien, à Bukovich, authentique artiste, ancien officier de marine.

Elle entreprend avec son lecteur grec un projet audacieux : traduire Shakespeare en grec moderne. Elle établit un lien intéressant entre la tragédie de Shakespeare et celle d'Homère. Le lien est la folie et la passion forcenée des hommes, face à la nature sublime et indifférente.

Quand le train avait déraillé, elle avait dit à sa fille :

— Les hommes ne sont nés que pour le malheur.

Elle n'avait pas vu la crispation de sa trop large mâchoire autrichienne. Marie-Valérie se réjouissait que personne ne fût blessé. Il fallait que sa mère ramène toute secousse au « malheur » existentiel de vivre. Marie-Valérie n'était pas loin de ne plus la supporter.

Quand Warsberg était mort (n'avait-elle pas surmené ce cardiaque en lui faisant grimper les durs chemins de Corfou ?), elle avait sangloté :

— Mes ailes sont brûlées, je n'aspire plus qu'au repos [1].

Sa sciatique allait mieux, elle se rendit au Tyrol, avec Widerhofer. Aimait-elle l'interroger sur tout ce qu'il avait vu de son fils à Mayerling ? Sur les sentiers, suivie du lecteur trébuchant sur les cailloux, elle récite Homère. Widerhofer, pas très content, suit en mulet, incapable de soutenir ces heures de marche. Elle est de plus en plus dans l'indifférence sociale, ivre de la liberté de tous ses mouvements. Il fait chaud. Elle enlève, à l'effarement de ses compagnons, tout en récitant ses vers, son jupon, retrousse sa robe jusqu'aux genoux. Elle rappelle George Sand qui jetait sa robe à la volée sur un buisson et se précipitait à la nage, en jupons, dans l'Indre. Elle fumait ensuite un petit cigare allongée sur l'herbe tiède... Widerhofer, choqué, se retourna sur son mulet. Il tenait mal et perdit l'équilibre. Il tomba et se brisa une clavicule. Pas de petites misères pour Sissi : elle évoque aussitôt « la malédiction dont elle touche ceux qui l'approchent ».

Ainsi parlait la reine Marie-Antoinette quand les événements se

---

1. Propos recueillis dans *Sissi ou la Fatalité*, J. Des Cars, *op. cit.*, p. 426.

durcirent. Elle était convaincue de porter malheur à ceux qui l'avaient aimée.

Marie-Valérie, Gisèle, autrefois, sont bien décidées à ne pas entrer dans cette mortelle spirale. Leur mère leur fait peur ; surtout quand elle s'approche dangereusement des cascades et des rivières trop profondes. À cheval, déjà, elle les terrifiait.

L'été. La mouette est à Corfou. Elle a embarqué sur le *Miramar* qui craque, au mât douteux. Que dire quand on sait, qu'éprise de lait pur, quasiment sa seule nourriture, elle a fait embarquer une vache bretonne et une chèvre ? Quelle fatigue pour le personnel et ces malheureux bestiaux qui meugle ou bêle à tant de secousses... Marie Festetics est du voyage mais la terreur saisit ses dames à toutes ces traversées. La comtesse Sztaray est plus solide. En 1895, Élisabeth la hissera au rang de première dame d'honneur. La coiffeuse a le mal de mer. Le lecteur grec aussi. C'est un nouveau jeune homme qui remplace par moments son favori. Il se nomme Rhoussopoulos et n'a pas son pareil pour les traductions. *L'Achilléion* est en plein chantier mais progresse au mieux. Hélas ! la sauvagerie innée de Sissi est perturbée par la visite de Guillaume II. Curiosité, compassion, attirance très allemande pour la splendeur des sites grecs, l'empereur d'Allemagne croit honorer l'impératrice en faisant tirer des salves d'honneur de sa dizaine de navires ! Une épouvantable canonnade à cette femme éprise de silence et de solitude.

La mouette ouvre ses ailes et s'enfuit. On a l'impression en décrivant ses dernières années de nommer des sites, encore des sites, des mers, des tempêtes, le soleil, les arbres, les fleurs mais jamais d'humains. Elle ne peut pas, elle ne peut plus. Son errance, l'irréversible, a commencé. Ce ne sont pas des voyages mais une fuite à tâtons, la tête dans les nuages et les orages. Une errance vers la compassion suspecte d'une main qui portera le coup ultime, indolore, celui qui mettra fin à ces jours et ces heures insupportables.

Elle cherche, à colin-maillard avec le destin, Luigi Lucheni.

Qu'a-t-elle vu, entendu, humé, de Palerme, Malte, Tunis, Carthage ? Des ports interchangeables, d'autres dialectes, une fragrance de jasmin et de lait de chèvre. Des ombres d'hommes et de femmes voilés, des marchés croulant de mouches, des fruits délicieux, du braiment des ânes. Elle va, elle va, sa demeure est son navire mal fichu, ce mât où on l'attache sur sa chaise, où enfin elle rit, éclaboussée de vagues. Tout arrêt est un supplice. Elle trouve la parade en marchant des heures d'affilée sous un soleil de plomb. Son égotisme est à son comble. Elle ne se rend pas compte que ses compagnons sont dangereusement malmenés par ces secousses.

Ce voyage a été long. Sissi a rejoint Vienne début décembre. Le cauchemar de toute fin d'année, désormais liée pour toujours à la mort du fils. L'empereur l'écrivait à Catherine Schratt.

Il n'y aura plus jamais de fêtes.

Ils furent d'accord pour établir une cérémonie symbolique et douloureuse à Mayerling, le 30 janvier 1890, date du premier anniversaire de la tragédie. Élisabeth n'était jamais allée au pavillon fatal. Ils s'y rendirent tous les trois, l'empereur, Marie-Valérie et Sissi. Un trajet dans un absolu silence. L'empereur avait donné certains ordres. Une grande partie du pavillon fut abattue et transformée en couvent de carmélites. Le « salon turc », ou la chambre des amants morts, était devenu une chapelle. Un autel était érigé à l'endroit exact où se trouvait le lit sur lequel on avait retrouvé le prince et la jeune Mary Vetsera. Les carmélites, en dépit du refus absolu de l'empereur, établirent un timide musée contre l'église. Quelques fauteuils, une chaise longue, le guéridon sur lequel on avait trouvé le verre de cognac, des gravures, une théière...

Élisabeth s'était agenouillée devant l'autel, mortellement émue. Rien ne la consolait, pas même les effigies des saints patrons et patronnes des Habsbourg. Autour de saint Joseph, il y avait saint Étienne de Hongrie, saint Rodolphe, sainte Élisabeth et son manteau de roses, sainte Sophie, sainte Gisèle, sainte Valérie... Que faisaient donc tous ces saints aux yeux si vides ? Un portrait de sainte Thérèse d'Ávila, fondatrice du carmel, était placé au-dessus des autres. Le père Mayer dit une messe qu'Élisabeth écouta entièrement à genoux.

Sa chair, son sang sont blancs, glacés. Elle n'a plus une larme. Elle ne peut pas pleurer ici. C'est elle qu'on a mise au tombeau.

Elle n'en a pas fini avec son ombre familière : la mort. Elle savait son cher Andrassy si malade, son cancer progressait, l'immobilisait depuis un mois. La douleur était extrême, les calmants si faibles. Le 18 février 1890, âgé de soixante-sept ans, le fringant Hongrois, le beau pendu, le noble jeune homme qui avait ardemment approché la « belle Providence » mourut par secousses, perdu d'inquiétudes pour l'avenir de sa Hongrie. Il connaît la souffrance de sa reine. Elle est désabusée, perdue. Qui peut défendre la Hongrie avec la fougue qu'elle avait déployée ? Rodolphe, roi de Hongrie. Son pays est la menace de nouveaux groupes hostiles à sa politique. L'œuvre d'Erszebet, qu'il a en grande partie conçue, va-t-elle s'écrouler ?

Elle est allée se recueillir, en Hongrie, auprès de sa dépouille. Elle pleure. « Mon seul ami est mort. »

Il y a, heureusement, toujours les savoureuses visites de Catherine Schratt. L'Amie est particulièrement délicate, attentive à l'impératrice – ce qui touche l'empereur et augmente sa générosité. On ne peut nier que Mme Schratt ait sincèrement aimé Élisabeth, plus que son fastueux admirateur, trop âgé, dont elle s'occupe avec une charmante habileté. Élisabeth avait même eu le projet délirant de faire construire deux cabines de sudation à la villa Hermès, pour elle et l'Amie qui s'identifie à l'impératrice et tente de maigrir – ce qui fâche l'empereur. Il veut, justement, avoir affaire à une « ronde » au solide appétit, rieuse, en parfaite santé. Il déteste quand elle se prend à imiter l'impératrice : régime, mélancolie, petits malaises... Mme Schratt comprit promptement qu'il serait bon de redevenir ce que François-Joseph avait aimé d'elle. Sissi s'était moquée, autrefois, de cette crise d'identification. Personne n'a le droit ni le devoir de l'imiter. Catherine Schratt reprit au mieux son rôle. Elle égayait l'amant de son babillage, bien dosé, léger tel ce chocolat viennois dont elle a le secret plein de saveurs. Elle ose de voltigeantes caresses qui amollissent voluptueusement le consentant captif... Son rôle, et elle sait y faire, est d'adoucir ceux qui sont écorchés jusqu'au sang de l'âme. À mesure des années, elle éprouvera une réelle tendresse pour François-Joseph, et sera, jusqu'à sa mort, en 1916, sa fidèle amie.

Le malheur se développe autour de Sissi tel un virus. À peine achevée la triste cérémonie à Mayerling, Sissi est appelée en toute hâte à Ratisbonne, au somptueux château de Néné (feu son époux était fort riche). Le cancer au foie d'Hélène s'est développé au maximum. Elle a atteint ce que l'on nomme aujourd'hui « la phase finale ». Distraite, le ventre énorme, coiffée et habillée n'importe comment, il ne reste plus rien de la belle jeune fille brune qui avait failli devenir impératrice d'Autriche si sa cadette ne lui avait pas, malgré elle, volé François-Joseph. Néné se rend-elle compte de son état réel ? Elle est restée inconsolable de la mort de son mari. Elle étreint sa sœur. Á Sissi de devenir « la petite maman » de celle qui va mourir. Les deux sœurs se parlent en anglais. On a éloigné les enfants.

— My old Sissi, répète Néné.

Ses cuisses sont épaisses, ses bras aussi. Son teint, trop jaune. Sissi ferme les yeux. Aura-t-elle assez de ressources pour accompagner jusqu'à la fin la sœur mortellement atteinte ? Elle avait eu ces pénibles nouvelles par Gackel et la bonne duchesse qui dit désormais : « Que la volonté de Dieu soit faite. »

Sissi est seule avec sa sœur.

— My dear old Néné...

Elle cache ses craintes devant l'excès de fioles sur le guéridon près du lit. Néné est couchée. Le médecin va et vient, quelques religieuses aussi. On ne quittera plus cette chambre pendant les quelques jours où Hélène entra dans une rude agonie. Le ventre était tendu tel un tambour. On l'entendait crier jusque dans le parc. Il y avait de rares accalmies.

— Hélène, disait Sissi, nous avons toutes les deux traversé bien des épreuves dans la vie.

— Yes, my old Sissi, c'est parce que nous avons un cœur[1].

Et, soudain, ce fut l'ultime crise. Néné haletait, s'accrochait au cou de sa sœur tant aimée. Elle étouffait, vomissait, elle évacuait du sang, des sanies, elle s'en allait dans les déjections, l'angoisse et la douleur. Sissi la berçait comme, autrefois, Néné la berçait, toute enfant, à Possi. Elle mourut dans ses bras. Sissi chantonnait, bouche close, une berceuse de leur enfance. Elle berça longtemps celle qui n'était plus qu'un cadavre.

Hélène, la plus dévouée de ses sœurs, qui était allée, il y avait trente ans, jusqu'à Madère pour l'empêcher de mourir...

À Vienne, elle ne veut plus voir personne. L'ambassadeur de l'empereur remarque à quel point il souffre de cet isolement plus grave que ceux d'avant. Mme Schratt est là pour sa survie, mais qui peut remplacer la petite fille aux longues nattes, qui riait, à Ischl, autrefois, sur l'escarpolette ?

---

1. *Élisabeth d'Autriche*, E. C. Corti, Payot, p. 392.

Elle a sombré dans une phase aiguë de mélancolie. Un silence forcené. À Ischl, elle exige le silence, dans le parc, partout. Que rien ne trouble le murmure des arbres, le cristal des sources, le brusque pépiement de l'oiseau. Elle ne veut plus de la voix, des cris et des pleurs humains.

Elle est torturée par le mariage imminent de Marie-Valérie. Elle mortifie tout ce qui touche aux noces, jamais de bonheur quand une enfant, au nom des conventions, est vendue à l'homme. Une entrave d'où la femme émerge, les ailes brisées. Elle est prise d'une intense intolérance. Sa fille croit aimer, la réalité sera différente. Elle sombrera, à son tour, comme toutes les filles du monde, sous les plâtras de la déception, la mutilation, la prison à vie. Elle exprime ses dures pensées à la fiancée qui se crispe de plus en plus. Elle ose à peine se réjouir de ce destin si simple qu'elle a choisi, cet homme jeune, doux et amoureux d'elle. La voix de sa mère est devenue l'amère gouttière sans fin :

— Je ne comprendrai jamais que l'on songe à se marier... Qu'as-tu à en espérer ?

Sa morbidité pèse à la fiancée. Elle lutte pour que le doute ne s'insinue pas dans son ferme désir de mariage et de postérité. François-Salvator est aimant, sensible, délicat. Point de bégueulerie dans leurs conversations. Marie-Valérie ne craint pas le mariage. Ces caresses que sanctifie son grand amour, ces caresses qu'elle attend, sans appréhension. Marie-Valérie a confiance en son fiancé, sa solide nature fait le reste. Elle tente de fuir sa mère, incapable de s'occuper du trousseau sans pleurer.

Le mariage sera très simple en raison du grand deuil de la famille. Cette absence de faste convient aux fiancés et à Sissi. La cérémonie a lieu le 31 juillet 1891 dans la petite église d'Ischl où, en 1853, avaient été bénies les fiançailles de Sissi et de François-Joseph. Élisabeth porte une discrète toilette gris perle. La mariée est gentille sous ses voiles en dentelles de Bruxelles. Le marié est très ému. Peu de monde, excepté à la porte de l'église où le pays est venu par sympathie. Depuis tant d'années, ce sont davantage des amis que de simples curieux qui veulent ovationner les jeunes époux. On aimerait que ces noces mettent un peu de baume sur le cœur désolé des parents. La voiture des mariés, découverte, est gracieusement ornée de myosotis, et de fleurs d'été. Tout est un peu gâté pour Marie-Valérie par la pâleur extrême de sa mère – qui l'avait menée en voiture, seule avec elle, jusqu'à l'église. À la Kaiser-Villa, ses larmes coulent quand elle aide sa fille à changer de toilette. Ce sera le train, le départ des jeunes époux vers leur demeure personnelle, au château de Lichtenegg – où François-Salvator est en garnison, au 15ᵉ dragon. Marie-Valérie prie discrètement son oncle Charles-Théodore de veiller sur sa mère. L'intense bouleversement d'Élisabeth gâche tout déploiement joyeux. Elle eût tant aimé être joyeuse, la petite fille née en Hongrie, trop farouchement aimée par sa mère. Sissi pleurait ; elle perdait sa « Chérie », sa bien-aimée, qui ne l'avait jamais quittée depuis vingt-trois ans.

« Je suis si lasse », dit la mouette.

Elle repartira. Elle est persuadée qu'on « lui a pris » tous ses enfants.

Journal de l'assassin de l'impératrice Élisabeth d'Autriche :

« Je marchais nus pieds pour la simple raison que je ne possédais pas de souliers [...] On me demandera, je le suppose, si, étant resté une année chez le curé, je n'ai pas emporté avec moi une certaine dose de croyances religieuses ? Je réponds que non... Depuis ma sortie de l'hospice, personne ne m'avait parlé de religion – et à l'hospice même il y avait pénurie de ces préceptes... Cette... doctrine, qui au fond, est plus nuisible qu'utile... puisqu'elle ne produit que des hypocrites. C'est ce que j'ai toujours remarqué et que je remarque encore à présent chez ceux qui se disent chrétiens...

Et cela non seulement par l'avarice de mon maître, mais aussi que pendant les douze mois que j'ai passés chez lui, il ne m'a jamais permis, sauf le jour de la Madone, d'aller soit à la messe, soit aux Vêpres.

Cela me prouve une chose pour laquelle, du reste, je ne lui donne pas tort – C'est que ses vaches devaient l'intéresser plus que mon âme...

Je me suis demandé bien des fois ce que les Nicasi auraient fait de moi si par hasard j'étais tombé malade[1]*... »*

---

1. *Journal de l'assassin de Sissi*, pp. 159, 162, 163, 165.

La mer, seule la mer l'apaise. La Bavière l'angoisse. Trop de souvenirs douloureux. Son cher Aigle... Papa Max... Néné... Elle a un regain d'enthousiasme devant le vilain navire (un cotre anglais), le *Chazalie*, ancré à Douvres, disponible pour sa traversée en Méditerranée. Il est petit, mal entretenu, à peine fiable : il l'enchante. Un cotre est un voilier qui comporte un seul mât, avec grand-voile, foc et trinquette (*Petit Larousse*). Elle est sûre d'écoper de belles tempêtes, de verser périlleusement, de tous côtés, d'entendre craquer la voile et le mât. Ida ne sera pas du voyage. Marie Festetics accepte, atterrée de suivre sa reine insupportable et trop aimée.

Le voyage fut d'abord court. La tempête se leva, le cotre pencha vertigineusement, le pont était inondé. Le capitaine et les marins s'activaient en silence. Un naufrage était possible. Elle riait, la mouette attachée au mât qui déjà se fendait par le bas. Les vagues la submergeaient. Elle éclatait d'une joie sauvage, minérale, élément ressourcé aux éléments... Dans leur « cale », ses dames criaient de frayeur et de malaises. Marie Festetics, pour la première fois, frôlait une vraie colère. Une telle inconscience égoïste dépassait les bornes. Il fallut rejoindre au plus vite le port où l'on répara tant bien que mal ce méchant navire. Sissi aimait, en voyage, les pseudonymes. Elle s'appelait parfois « la comtesse de Hohenembs ». Lors de cette escapade, elle était devenue « Mrs Nicolson ». Elle s'amusait beaucoup de ces puériles mystifications. On savait toujours, tôt ou tard, que c'était l'impératrice d'Autriche, dont on disait que la raison s'en allait de plus en plus.

Le *Chazalie* s'en va tout droit vers le Portugal. « Mrs Nicolson » se moque bien de vexer les souverains espagnols. Elle ne fera pas escale, elle ne rendra aucune visite en leur palais. Une mouette meurt si on la lie quelque part. Elle est déjà sur la pente du non-retour.

Tout le monde, sauf elle et les marins, a le mal de mer. Elle est divinement seule, en silence, elle s'habille seule, se coiffe quasiment seule, la coiffeuse ne tient pas debout, elle se nourrit, si peu, seule... Vite son fauteuil, les liens, le mât, la mer agitée. Elle jouit du spectacle de ces infinis moirés qui la livrent au ciel, aux vagues, confondent un vol de mouettes aux ombres pâles de la Dame blanche. Elle est heureuse, on se fait même au malheur, on y puise des infinis indicibles, on s'émeut de tout cadeau qui vient de la nature, l'émotion d'amitié, la poésie. Son lecteur grec est malade, elle récite seule Homère, ravie de sentir qu'elle maîtrise bien le grec. Shakespeare, Heine, Byron, elle déclame de larges extraits, dans le grand vent et ses grelots furieux. Elle est dans son élément le plus mystérieusement pur et vivifiant. L'amnésie des chagrins intolérables. La nature déchaînée, œuvre éternelle, sacrée, vivante, risque de mort, goût salé, délicieux de la vague sur ses lèvres, sa peau et sa chevelure trempées. Belle Gorgone hélant Poséidon et ses dons, Pan, Éole. Sa peau a bruni, elle a le goût des embruns.

« Nous sommes des passagers à moitié crevés [1] », écrit, excédée, Marie Festetics à Ida.

On fait escale au Portugal. Élisabeth est enchantée du soleil, de visiter Porto avec si peu de suite. Elle marche, de son pas somnambulique, sa sciatique balayée par les tempêtes. Marie Festetics, quoique affaiblie, se réjouit de ce sourire qui flotte sur ce visage reposé. Quelle récompense de voir sa reine, si éprouvée, traverser, rudement il est vrai, une zone de calme pur. Cela est si rare depuis des mois et des mois... Elles ont eu si peur, toutes, quand le prince est mort, ensuite la pauvre Hélène. Le mariage de Marie-Valérie n'arrangeait rien. À Lisbonne, Élisabeth a marché huit heures d'affilée à travers les ruelles de la vieille cité. On la vit entrer, au hasard, dans quelques magasins. Elle achetait un foulard, un petit bijou, une friandise locale, un souvenir. Marie payait. On a su, au palais royal, que l'impératrice était à Lisbonne, en escale. La reine mère du Portugal, Maria Pia, issue de la famille de Savoie, transmet une invitation à son navire. Elle la prie de l'honorer de sa visite. Dérobade absolue, presque grossière de la mouette. Elle fuit vers son rafiot, elle veut partir. Blessée, Maria Pia lui fait savoir qu'elle ira la saluer à bord s'il le faut.

Vite, le cap ailleurs, plus loin ! Il est, heureusement pour l'empereur et la diplomatie, trop tard pour échapper au minimum de courtoisie. La reine a fait parvenir une voiture et Sissi consent à une visite, quasi muette et trop rapide, chez la reine du Portugal. Tout lui est pardonné. Maria Pia a l'âme élevée et connaît le deuil si grave qu'elle vient de traverser. Sa chevelure, sous la dentelle noire, scintille d'un reflet doré, elle a le visage et la silhouette d'une femme si jeune. La pression de sa main dégantée est si douce, si simple qu'elle amollit suavement le cœur de son hôtesse.

Marie Festetics, à peine le pied sur ce vilain cotre, rejoint sa

---

1. *Élisabeth d'Autriche*, E. C. Corti, Payot, p. 396.

cabine et « s'affale sur sa couchette ». Son cœur va-t-il résister à un tel régime ?

Peut-on nommer « voyages » la suite de cette navigation sans répit, aux brèves et épuisantes escales ? Le choléra traîne sur les côtes espagnoles ? « Je ne crains pas la mort », réplique Sissi. La voici à Gibraltar, dix heures de marche à pied ! Que voit-on en dix heures de marche rapide, au rythme tintinnabulant de sa timbale au cou contre la tête de mort en or ? Aller, flotter, aller... Tanger, même programme aveuglé, aveuglant. Elle a tout vu et elle n'a rien vu. Marie ressent son souffle au cœur. Le cotre longe les côtes africaines. Escale à Oran. Même déambulation égarée. La bougeotte de Sissi a tellement augmenté que le baron Nopcsa l'écrit à l'empereur. Il n'y peut rien, penché sur des dossiers de plus en plus menaçants. De tous côtés s'échauffent à nouveau les peuples qui ne veulent plus d'un régime absolu. Des révoltes nationalistes, l'obstination impitoyable du chancelier, l'obscurantisme de la Russie, l'affaiblissement de la Hongrie, tout menace cet empereur de plus en plus isolé – qui, à sa manière, a aussi perdu ses enfants. La bouche amère, il travaille. Il ne peut aimer celui qui succédera à son fils disparu. Il relit l'annuaire des officiers quand le désespoir, sourd, dévorant car trop caché, fait parfois trembler sa bouche sous les moustaches entièrement blanches.

Le 25 septembre, le *Chazalie* craque si dangereusement que l'on fait escale à Ténès. Marie Festetics a beaucoup souffert de cette « croisière », tremblé de fièvre, de malaises, d'arythmie. L'inconfort rendait les rapports insupportables entre les fidèles de l'impératrice. Marie se plaint de l'insolence de la coiffeuse, ivre de vanité et mécontente du mal de mer. La coiffeuse a remplacé une fois ou deux l'impératrice à bord pendant que Sissi se promenait tranquillement dans les ports. Cela la rend odieuse à Marie dont le rôle, si sûr, est, apparemment, plus terne. Le navire est trop petit, on se heurte à chaque seconde. Marie remarque avec peine que l'impératrice est à nouveau retombée dans la mélancolie et sa sauvagerie sans issue. Elle ne fait même plus attention au grave inconfort de ses compagnons.

Alger, Ajaccio. Elle admire la maison de Napoléon et le personnage. « Un grand homme », dit-elle, sans autre discernement ni analyse que l'aura autour du personnage. Sa rêverie éveillée la mène jusqu'au port d'Hyères, les îles devant la ville aux palmiers.

Plus loin, l'Italie. On abandonne le cotre, à l'immense soulagement des passagers, on se rend en train à Florence. L'Italie s'agite d'une telle visiteuse. Léon XIII, neutre, est prêt à bien recevoir l'épouse de l'empereur d'Autriche, la mère en grand deuil. Rome, le Vatican sont un État dans l'État. Le parti du président Crispi déteste l'Autriche et tant d'années d'avanies. L'empereur craint un attentat contre son épouse. L'Italie est devenue un fief d'anarchistes – Luigi Lucheni fréquente certains de ces groupes. Ils essaiment en Europe, jusqu'en Suisse.

Il n'y aura pas d'attentat. Élisabeth se repaît de Pompéi, de Capri. Elle évite une visite aux souverains italiens. Elle se contente de leur faire parvenir une courte lettre aimable.

L'empereur se sait sans pouvoir sur une rebelle de la trempe de sa femme. Même ses lettres d'amour, pressantes, qui répètent à quel point la vision de ses meubles houssés dans ses appartements l'accablent, ne font pas revenir l'errante.

« Elle est si jeune », soupire-t-il. Il lève les yeux vers le portrait à la blanche épaule nue et l'émotion le saisit. Elle est son ange adoré. À peine vivante, si peu présente et qui pourtant envahit chaque fibre de son être. Il ne veut pas qu'elle soit gisante et dévorée par les poissons au fond de la mer.

La visite chez Catherine Schratt lui fera du bien. Il a besoin d'un chocolat chaud, de son rire un peu bête qui découvre sa langue rose. Il se délasse à ses doux frôlements, son babillage si vain... Elle a grossi, ce qui lui fait des seins en belles pêches mûres. Mordre ces belles pêches de chair rosée. Il leur arrive de se disputer car il refuse de se mêler de sa vie au théâtre. Elle aimerait tout régenter. Le nouveau directeur la trouve trop âgée pour certains rôles. Il n'est point ému de ses vexations et de ses menaces d'en parler à l'empereur. François-Joseph est très ferme sur ce point. Il ne veut pas s'abaisser à des querelles de comédiens. Il paye ses dettes de jeu, il reste fort généreux. Mme Schratt ravale ses humeurs, comprend ses vrais intérêts. Elle se glisse, blonde et fraîche, aux pieds de son prestigieux amant. Il se repose, il cesse un moment de penser à son bel ange si inquiétant... À son étrange veuvage.

Corfou. Il est temps pour elle de se blottir dans son palais quasi achevé. Elle croit encore que ce sera sa dernière et constante demeure. Le *Chazalie* est expirant, elle est à bord du *Miramar*, un peu mieux agencé. Elle y a fait monter d'étranges caisses. Elle a acheté à Capri et à Carrare des statues pour les terrasses de sa villa. Sapho, un buste d'Homère aveugle, Socrate, Sophocle, Aristote, ces immenses penseurs et tragédiens que les sculpteurs imaginent, ces belles têtes antiques dont on ne sait rien de leur vrai visage.

Elle ne resta pas longtemps à Corfou. L'ennui ? Elle déteste Vienne mais une cité, même abhorrée d'où ne bougera jamais son seul amour, l'empereur, la hèle sans cesse. Elle veut revoir l'homme qu'elle aime, l'homme qui l'aime, l'homme qui l'attend, imperturbable, patient, heureux de ses retours. Elle veut revoir la chambre où son fils, mort, a reposé. L'empereur vient la chercher en personne à la gare, il la serre en jeune militaire épris dans ses bras – et, à nouveau, tout s'évanouit. Leur singulière incompatibilité les ressaisit. Elle est déjà lasse de ce ménage à trois. « Ridicule », estime-t-elle. Elle n'est pas jalouse de Catherine Schratt mais consciente de sa particulière impuissance.

Elle a décliné l'invitation de Marie-Valérie à passer Noël chez eux.

« Il faut passer le 24 décembre chez soi, écrit-elle à sa fille. Dans son nid, le célébrer avec un sapin et le reste... Mon plaisir sera de penser à vous de loin... Le plaisir n'existe que par l'imagination [1]. »

Le 17 janvier 1891, elle consent à paraître, exceptionnellement depuis la mort de Rodolphe, à un grande réception. Elle a revêtu sa longue robe moirée, noire, à traîne en plumes d'autruche noires. Avant la réception, elle fait quelques mouvements de gymnastique aux anneaux. Christomanos, le lecteur grec passionné d'elle, dit qu'elle ressemblait à la fois à « un grand oiseau et un serpent majestueux ». Constantin Christomanos, l'adorateur constant, écrivait son éblouissement [2] :

« Elle était un peu penchée en avant, sa tête se détachait sur le fond d'une ombrelle blanche que traversaient les rayons du soleil et qui mettaient une sorte de nimbe léger autour de son front. De la main gauche, elle tenait un éventail noir, légèrement incliné vers sa joue. Ses yeux d'or me fixaient [3]... »

Il l'avait surprise faisant de la gymnastique en cette tenue. Elle souriait. De quoi choquer violemment ces dames de la haute aris-

---

1. *Élisabeth d'Autriche*, E. C. Corti, Payot, p. 399.
2. *Sissi ou la Fatalité*, J. Des Cars, *op. cit.*, p. 431.
3. *Idem*, p. 432.

tocratie qu'elle allait recevoir. Elle s'en moque, elle est si naturelle, qu'elle se situe au-delà des plus grandes reines.

Elle parcourt Vienne en landau noir, doublé de bleu. Ce bleu qu'aimait tant Ludwig...

En octobre 1891, *L'Achilléion* est enfin achevé. Des fauteuils « romains », des tapis rouges et bleus, beaucoup de marbre, des grands espaces, peu de logements. La mer, une maison théâtre, son théâtre de toujours.

La mer...

Son argenterie est gravée d'un dauphin. Le linge, la verrerie, la porcelaine, tout est marqué d'un dauphin sous la couronne impériale dont elle se serait passée. Le 18 mars, elle a emmené Marie-Valérie et son époux à bord du *Miramar*. Marie-Valérie a posé quelques conditions : que sa mère se nourrisse davantage même si elle prétend « qu'elle deviendrait grosse comme une barrique ». C'est un séjour assez heureux mais, rapidement, Marie-Valérie et son époux souhaitent regagner l'Autriche, leur vraie vie. La correspondance entre la fille préférée et sa mère a repris. Élisabeth semble toujours séduite par ce pays, le plus beau écrit-elle qu'elle ait vu de sa vie. Ses progrès en grec occupent ses heures.

Un matin, très tôt, à l'aube, une angoisse diffuse la saisit devant la mer trop rose, le ciel trop rose ; la mort aux doigts de rose. Elle ne supporte plus le profil d'Achille mourant. Elle pleure, elle n'habite nulle part. Ses morts... La nature ne ramène qu'à soi-même. Elle ne se supporte plus. Ce palais est inhabitable comme tout le reste – excepté Possi, la défunte demeure de son enfance défunte. Dans la journée, on appareille le *Miramar*.

Elle s'en va. Corfou aura été sa plus cruelle désillusion. Quand elle annoncera, l'année suivante, à l'empereur, son désir de se défaire de *L'Achilléion*, ne plus revenir à Corfou, elle l'effondrera. Il a peur, à juste titre, pour elle. Il avait espéré qu'elle possédait au moins cet ancrage pétri de ses rêves les plus chers et les plus vains. Elle a beau argumenter que la river de force quelque part la précipite en enfer, il tremble de déception, d'inquiétude et d'une vraie peine :

— Encore un espoir qui tombe. Te voilà destinée à vagabonder de par le monde [1].

---

1. *Sissi ou la Fatalité*, J. Des Cars, *op. cit.*, p. 436.

Cap vers l'Égypte, arrêt au Caire. L'empereur a veillé à ce qu'une police discrète la suive en permanence, mais elle est si rapide, si imprévisible, si difficile à suivre que les policiers se découragent. Ils la perdent au milieu d'un marché d'Arabes et d'ânes. Ils renoncent à cette impossible mission. François-Joseph se replie dans un silence pétri de tristesse. Il ne peut plus rien pour elle. Pas même la protéger contre elle-même.

1892. Marie-Valérie est grosse d'un bébé, ce que sa mère déteste. Marie-Valérie n'est pas fâchée de son éloignement. Elle souhaite une grossesse heureuse, continuer ce bien-être naturel qui est le fond de sa nature. Une grave tristesse va encore frapper Élisabeth. Les nouvelles de la bonne duchesse sont mauvaises. Elle a quatre-vingt-quatre ans, une maladie qui a avalé une partie de sa mémoire, elle a perdu sa légendaire robustesse. Plus petite, le regard absent, elle est devenue silencieuse. La mort de Néné a précipité sa fin. Elle a presque oublié feu le duc Max, mais ce qui anéantit ses enfants la bouleverse. Les temps sont venus de quitter les roses de Possi. La vie a été ce songe lent, douloureux au début, paisible et réaliste longtemps, parfois ourlé de vagues noires. Que la volonté de Dieu soit faite... Le 26 janvier elle s'éteint à Munich. Élisabeth est bouleversée. La source essentielle n'est plus. Elle avait, sans doute, toujours préféré son père mais quelle fille supporte la mort de sa mère ?

Le lendemain, avec un mois d'avance, Marie-Valérie accouchait d'une fille que l'on appela « Élisabeth » et « Ella » pour ne pas la confondre avec la fille de Rodolphe. Le commentaire de Sissi sur la nouvelle-née n'aidait pas la jeune accouchée. La naissance de tout enfant n'était qu'un malheur de plus.

La mort, partout ; y compris dans ce frais berceau de satin blanc aux nœuds de soie rose.

Elle perd de plus en plus tout intérêt pour les nouvelles découvertes : M. Diesel a créé un moteur loti de combustion interne. Elle se désintéresse des émeutes à Prague et que Taaffe, qui avait prôné le suffrage universel, soit écarté de sa charge.

Le malheur est devenu son cloître et son cilice permanents.

On a dit qu'elle se rendit encore une fois, en mai, à Corfou – mais c'était pour dire adieu aux statues du jardin, à la mer inimitable. Au rêve égaré. Tout est consommé en cette splendeur sous laquelle gîte un grand vide : celui d'une âme enténébrée, spoliée d'une essentielle substance de vie. Elle demeure sensible aux lettres d'amour de son époux qui enferment le même cri soupiré : « Reviens... »

Marie-Valérie, le douloureux amour perdu d'Élisabeth. Qu'a-t-elle à dire, à faire d'une pondeuse ! Sa « Chérie » bien-aimée est à nouveau enceinte.

Elle a recommencé ses cures. Carlsbad, une excursion en Suisse, un séjour à Gödöllö l'angoisse vaguement ; la mort de Deák, celle Andrassy... Parler aux arbres... Qui peut mesurer qu'elle est en train d'égarer les sites, les chemins, les uns après les autres ? Ischl a encore un peu de sens pour elle, la villa Hermès plus du tout. Tout lieu, depuis son mariage, a été, à la longue, un échec. Une mouette aux ailes palpitantes, presque épuisée.

Son anorexie a pris une telle ampleur (des journées à boire un peu d'eau) que Marie Festetics l'a obligée à se nourrir un peu. Elle l'a tendrement menacée, tendrement tancée et ne l'a laissée en paix que lorsqu'elle a consenti à avaler du potage, un fruit, un œuf.

Depuis le renoncement de Corfou, du dernier rêve, la certitude de ne jamais revoir ses parents et ses aimés disparus, elle s'est laissée vaguement mourir.

Elle a un regain d'énergie – à la manière des grands dépressifs. L'empereur reçoit à Vienne le fils du Tsar, le Tsarevitch. Elle consent à se tenir à ses côtés, lors du dîner. Il est timide, elle est aimable. 1892 est la date de la vingt-cinquième année de son couronnement en Hongrie. Elle est émue aux larmes en lisant le télégramme de félicitations, où, courtois, aimants, même les opposants hongrois ont tenu à lui témoigner leur amitié respectueuse. Sa Hongrie, si proche, si loin.

Vivre, posséder quelque chose en ce monde, toujours le renoncement ?

Elle fuit à nouveau la Hofburg où l'étiquette est toujours la même. Elle fuit en mer, sans souci d'escales précises ni longues. Le *Miramar* où sa chambre est tendue de blanc, va de l'Espagne à ses parcours habituels, en évitant la Grèce. Plus que jamais, elle est une mouette.

SISSI, LES FORCES DU DESTIN

Retourne vers ton rivage !
Retourne vers ta mer !
Ici dans les Alpes sauvages
Tu ne trouveras qu'une amère douleur !

Sang chaud du cœur, cercles rouges
Dans l'eau profonde et verte
Et l'écho gémit doucement :
« Une fois enfui, c'est pour toujours [1] *! »*

L'empereur organisa quelques jours pour la rejoindre en Suisse, à Territet. François-Joseph s'est arrêté chez Marie-Valérie qui vient d'accoucher d'un fils. Les larmes aux yeux, il songe à Rodolphe. Le bébé se nomme « François-Salvator ». L'empereur a la fibre familiale.

Un peu de bonheur erre de Sissi à François-Joseph. Ils se promènent à Genève, avec une grande simplicité très prisée des habitants. L'empereur achète des cigares, du vin, ôte son chapeau quand il entre, avec Sissi, chez les commerçants bouleversés. Marie Festetics est alitée, prise d'une bronchite due à ces voyages épuisants. Le baron Nopcsa a près de quatre-vingts ans. Il ne peut plus suivre de telles équipées. La Suisse, quel repos, à côté du tangage incessant de ces maudits navires !

François-Joseph et Sissi sont en vacances. Une vie simple et unie. Le petit déjeuner est pris ensemble, très tôt, le dîner, aussi. Pourquoi annonce-t-elle dans une telle paix son projet de rupture définitive avec Corfou et son palais ? François-Joseph s'assombrit. Jamais on ne peut compter sur une longue accalmie, ni la satisfaire entièrement. Il soupire, commente peu, s'effraye secrètement et... rejoint Vienne et son devoir.

La voyageuse ne resta pas longtemps à Genève. La voilà du côté du lac Léman, des lacs suisses et italiens. Elle atteint Gênes, Naples. Ses fidèles Hongroises soupirent. L'impératrice s'est-elle seulement aperçue qu'Augusta, la fille aînée de Gisèle, allait se marier ? Elle ne s'est jamais occupée d'Augusta ni des filles de Gisèle. Elle se contente de soupirer à l'ambassadeur d'Allemagne qu'elle allait devenir arrière-grand-mère... C'est monstrueux... La terrible vieillesse... À cause de ces sottes filles qui grandissent,

---

1. *Le Journal poétique de Sissi*, p. 40 (*La Légende de l'Almsee*).

obsédées de se marier et d'enfanter au plus vite. Quand donc les femmes choisiront-elles de conserver un beau ventre plat et une inflexible indépendance ? Marie-Valérie a de la peine, mais elle connaît, mieux que quiconque, les facettes permanentes et extrêmes de sa mère. Tout oscille en cette âme généreuse troublée, rompue trop jeune, trop vite.

Elle a perdu toute joie, elle est si décharnée, les chevilles grevées d'œdèmes tels que, parfois, elle peine même à marcher, elle qui va, si souvent, au pas exténuant des extravagants. Quand donc ses frayeurs cesseront-elles ? Elle est allée quelques jours à Ofen quand on lui apprend qu'Othon, le malheureux cadet de son cher aigle, ne quitte plus la position d'un chien. Il aboie sans répit. On doit souvent le lier car il mord ses infirmiers.

La mer, la mouette, la mer... François-Joseph a été ferme sur le choix du navire : ce sera le *Drief* (son navire) à peine plus fiable que le *Chazalie*, mais il a l'impression qu'elle s'en va avec un peu de lui. Où veut-elle encore s'enfuir, son ange aux ailes noires ? La terre est trop ronde, elle tourne, Sissi tourne, la folie est ce tournis...

« Madère », dit-elle. Que signifie cette régression vers une île où elle avait tant souffert à la suite du deuil de sa petite Sophie ? Elle avait alors vingt-deux ans et on la croyait tuberculeuse, perdue.

Aller, voguer, s'envoler, aux prises, parfois, devant le médecin impuissant, à de navrantes crises de nerfs dues à la sous-alimentation et à l'épuisement nerveux.

Il y avait trente-trois ans qu'elle n'avait revu Madère. C'est Noël, elle a cinquante-cinq ans. Elle a mille ans. Elle reconnaît les chemins, les fleurs, les larmes jaillissent de ses yeux – Néné était venue la voir, la sauver. Une tendre lettre de l'empereur est arrivée en même temps qu'elle. Il passera Noël seul, bien sûr. Plus de fêtes, ont-ils dit. Il y a Catherine Schratt, et ces mots timides et amers, remplis d'un sous-jacent amour que rien n'affaiblit :

« Le terme de bonheur ne nous convient guère, il nous suffit d'un peu de calme, de bonne entente et d'une vie moins lourde de malheur[1]. »

Quand il était venu la voir à Territet, elle avait fleuri tous les

---

1. *Sissi ou la Fatalité*, J. Des Cars, *op. cit.*, p. 437.

vases. Des fleurs pour son aimé, son fidèle et patient ami... Elle ne dit plus « Obéron » ou « dindon » ou « son âne ». Il signe toujours ses lettres « Ton petit ». Elle a abandonné toute dérision. Elle l'aime, oui, elle l'aime. Un songe d'amour, un frôlement léger. Elle n'a qu'à venir : il ouvre les bras, sans reproches et sans questions. Elle devine qu'elle quittera bientôt ce monde. Il le faut. Elle lui fera de la peine. Pardon, amour. Elle les soulagera tous par son élan vers l'invisible. Un élan de mouette. Que la mort lui soit rapide, inattendue ! Pas de maladie affreuse, défigurante, comme celle de Néné, pas le feu qui avait dévoré sa jeune nièce ou la folie atroce de Charlotte, celle de ses chers cousins de Bavière. Elle ne veut pas, non plus, d'une vieillesse trop avancée comme sa mère.

N'est-on exaucé que dans ses pires supplices ?

Qui aura pitié d'elle pour ravir sa vie d'une main plus douce que celle d'un enfant ?

Le retour de Madère fut terrible. De grandes secousses dans le golfe du Lion. La chèvre n'y survivra pas et la vache devenait folle de terreur. L'impératrice rejoignit François-Joseph au Cap-Martin. Quelques jours ensemble, oui, elle fleurira à nouveau leur demeure – il aime tant les roses rouges ! Elle baisera sa tendre bouche, elle a oublié ses moustaches blanches. Elle va si mal, si peu nourrie, ses mains tremblent. Elle alterne des bains glacés et des bains très chauds. De quoi périr d'une crise cardiaque. Plus personne n'a le pouvoir de la raisonner. Les médecins y renoncent. Le séjour au Cap-Martin comportera des douceurs. Une amie commune, installée en Méditerranée, est heureuse de revoir le couple impérial. Une vieille dame de quatre-vingts ans, lourde et de belle allure, les yeux magnifiques, les cheveux blancs, le pas alerte. C'est l'ex-impératrice Eugénie que François-Joseph avait toujours respectée. Il avait même éprouvé une certaine attirance pour cette beauté brune, altière, éclatante, qui remplissait si bien son devoir, lors de ce voyage officiel en Orient, où Sissi s'était dérobée. Elle émouvait l'empereur par sa dignité, sa grande foi, son calme aimable, souriant, son altruisme, elle qui avait tout perdu : son époux, son fils, son trône et traversé l'exil. Il appréciait sa fermeté lucide, sa curiosité en politique. Elle aimait voyager, elle aimait la mer « son élément » et ce fut un lien qui rapprocha les deux femmes. Eugénie appréciait les longues marches, les trois amis s'en donnèrent à cœur joie. Sissi fut presque calme lors de ce séjour au Cap-Martin. Sissi avait perdu toute méfiance envers celle qui fut si longtemps « la belle Eugénie », presque sa rivale, et qui était devenue cette dame âgée, en deuil, alerte, aux propos délicats. Elle eut le tact de ne jamais poser la moindre question sur la santé d'Élisabeth qui, visiblement, se portait très mal. Elle abordait les sujets qui plaisaient à la malheureuse impératrice. Elle adorait les grands voyages en mer, elle avait vu l'Afrique, l'Égypte, la Mésopotamie, Ceylan. Elle se rendait souvent en Espagne. Elle se faisait construire une villa, au Cap-Martin, nommé *Cyrnos* (en grec, cela signifie : la Corse). Elle aimait toujours la vie, l'alerte vieille dame que la vie avait aussi tellement rudoyée. François-Joseph ne renonça jamais à l'inviter à Vienne. Elle ne parle jamais de la mort, elle qui a tant et discrètement pleuré les siens, mais de l'« infinie bonté de Dieu ».

Elle sourit à Sissi.

— Je ne suis plus grand-chose socialement...

Plus le terme approche, plus ses jours sont précieux. Elle rend grâce, elle ne se plaint jamais.

Une bonne visite, en somme, mais le mal d'Élisabeth est trop profond. Eugénie ne pourra jamais la convaincre des infinies richesses qui lui restent. Un époux aimant, des filles exquises, des petits-enfants. Eugénie a compris qu'il est mieux de faire silence. François-Joseph lui en sait gré.

Élisabeth a légèrement modifié son régime. Un verre de lait d'ânesse et un gâteau sec. Elle livre ensuite, pendant deux heures, sa chevelure à Fanny Angerer bien contente de ce calme séjour. À huit heures, c'est la promenade avec son époux – et le président Félix Faure qui accourut pour honorer ces visiteurs. Grand amateur de femmes, il admire la grâce si particulière d'Élisabeth au point de la comparer, grand compliment de sa part, à une « Française ». La comtesse Irma Sztaray, désormais devenue la compagne active de l'impératrice, a subi, telles Ida et Marie, « le charme inouï » de leur reine. Cela ne s'explique pas et on a beaucoup décrit Sissi. Le charme, c'est cette aura des yeux dorés, cet éclat d'une personne si mince et bien faite, une princesse, point de doute là-dessus, venue des nuées, ou du monde des sirènes. Elle semble en permanence au bord du gouffre et en rejaillit, la chevelure de fée, le pas léger d'un elfe.

Le séjour au Cap-Martin sera court, l'empereur est repris par ses préoccupations. Va-t-il réussir à faire aboutir ce projet rempli d'embûches, un accord austro-russe dans les Balkans ? Des dossiers, encore des dossiers y compris ceux concernant l'égalité linguistique consentie à la Moravie et la Bohême. Von Titpitz, danger pour l'empereur, soumet à Bismarck et l'Allemagne un vaste projet de constructions navales.

Qu'importe tout cela à Élisabeth pétrifiée d'oisiveté, anéantie par l'ennui et la peine. Carmen Sylva avait bien vu cette oisiveté, à quel point une collaboration plus hardie avec la politique de son pays (elle sait si bien manœuvrer l'empereur) eût été un immense cautère – utile à la misère d'une couche sociale qui s'étendait, inéluctable, engendrant la violence.

Elle est entrée dans une sorte d'autisme bien à elle et le confort destructeur de la névrose. Elle repart, pesant à peine quarante-six kilos, d'Ischl à la Bavière, à nouveau en mer jusqu'à Alger. Elle a semé tous les policiers, l'empereur a cessé d'en vouloir à sa police. Élisabeth est impossible à surveiller. On risquerait on ne sait quel coup de tête si elle s'en apercevait. Elle va, elle confond ses allées et venues, la mer, le ciel, les nuages. Elle a besoin de plus en plus de ce qui touche au brouillard, à la vapeur, à l'aérien – à l'irréel (à la mort). Entre les vagues, elle guette la goule, le « signe » de la Dame blanche. La paix.

Assise auprès de Christomanos, elle partageait sur un chemin quelconque, au Sud, un fruit avec lui. Un corbeau, encore une fois, avait heurté sa main. « Mauvais présage », dit-elle. Elle sourit. Est-ce si mauvais d'enfin finir ce périple où chaque rose la heurte d'une épine ?

Le 4 janvier 1895, Élisabeth est arrière-grand-mère, ce qu'elle déteste. Augusta a accouché d'un garçon. Elle n'ira pas le voir. Sa réaction est un regain d'anorexie. Du café noir, de l'eau, une orange. Ses chevilles sont gonflées, le dessous des yeux aussi. Elle a atteint le minimum possible de son poids : quarante-cinq kilos. Arrière-grand-mère ! Le malheur continue avec ces bébés, ces êtres qui entreront un jour dans les affres de la mortelles vie et celles de l'agonie. Ses filles ont de moins en moins envie de la voir. Elle assombrit leur vitalité heureuse, leurs espoirs, leur joie de vivre. Elle tue tout. Marie-Valérie est consternée, culpabilisée, dégoûtée quand sa mère insiste : en cas de veuvage, l'empereur devrait épouser Catherine Schratt.

Marie-Valérie ose à peine lui faire savoir qu'une troisième grossesse est peut-être en cours.

L'empereur retournera la voir une dernière fois au Cap-Martin. Ils feront quelques excursions. Elle marche mal. Leur complicité est faite de silence. Le moindre mot les heurte trop fort. Ils se promènent doucement, ils appliquent mille précautions de part et d'autre. De face, l'empereur a l'air si vieux, de dos, sa silhouette et sa démarche sont celles d'un jeune homme. Cousin, cousine, frère, sœur : une ressemblance les lie. Ils n'ont rien d'autre à espérer ni à se dire, que la paix mutuelle sur leur façon de vivre. La tendresse jaillit parfois en une furtive pression de main de l'un à l'autre.

Il n'eût pas supporté cette histoire de statue qu'elle a fait ériger à *L'Achilleion,* en 1895, avant d'y renoncer à jamais. Un buste de Rodolphe, signé Chiattone. Rodolphe, son Achille mourant... Elle atteignait l'insupportable. Les statues, la nature, une île si vide aux habitants discrets, tout parlait d'absence et de crise profonde.

L'Europe finit par devenir son dernier jardin à parcourir. La Suisse, surtout. Genève et Territet la reposent. La comtesse Sztaray ne la quitte plus. Il est temps de se rendre en Hongrie où l'on va fêter, en juin 1896, le millénaire de ce pays qu'elle a passionnément aimé.

1896 : le docteur Freud a quarante ans. Il n'a jamais rencontré son compatriote austro-hongrois, Theodor Herzl, âgé alors de trente-six ans. Herlz, en 1896, est le fondateur du sionisme. Il publie son manifeste *L'État des juifs.* Trois ans plus tard, Freud écrivait *L'Interprétation des rêves,* texte essentiel à la naissance de la psychanalyse [1].

Juin 1896. Élisabeth n'a plus goût à rien, plus même à cette fête grandiose qui rassemble le plus beau et féodal cortège magyar. Ce 8 juin correspond au couronnement du roi et de la reine de Hongrie, en 1867. Franz-Josef et Erszebet. Les Hongrois ont déployé le même faste que pour le couronnement. Neuf mille chevaux déambulent du palais au parlement. Des carrosses d'or, d'orne-

---

1. *Le Monde,* 5 juillet 2003, article signé de Henri Tincq.

ments précieux, des caparaçons brodés comme les pourpoints dont sont vêtus les plus anciens gentilshommes du pays. Un amour sincère pour leur reine, leur « belle Providence » qui avait tant voulu leur donner un roi. François-Joseph a revêtu ses atours royaux, Élisabeth, particulièrement meurtrie, est en précieux tissu noir, les manches gaufrées, le long voile en dentelle noire, que retient un diadème en diamants. Sa seule parure. Pâle, longue, la taille plus fine que jamais, le souffle à peine perceptible, elle se sent mourir. Le soleil cogne fort et les épées étincellent. Le carrosse de Charles Quint transporte un seul objet lourd de tous les symboles : la Sainte Couronne hongroise.

Les deux Chambres sont là pour honorer leur roi et leur reine. François-Joseph est debout, Élisabeth assise, immobile, livide, à peine vivante, à peine présente. On lit un long discours en l'honneur des souverains. Au nom d'Élisabeth-Erzsebet – un cri unanime jaillit de tous :

— Eljen Erzsebet ! Eljen Erzsebet ! (Vive Élisabeth !)

Elle a tressailli, lentement réveillée de sa sombre absence. Elle a soudain conscience d'un amour si vrai, une fidélité si absolue. Ce fut son œuvre, aidée Andrassy, de Deàk. Des larmes d'émotion coulent le long de ses joues. La reconnaissance, la joie et la déchirure mêlées. Ses larmes sont la délicatesse de son adieu.

Aucune souveraine avant elle, pas même la grande Marie-Thérèse, n'avait suscité une ovation pareille, un tel cri d'adoration. Élisabeth d'Autriche, Erszebet, reine de Hongrie, a su créer en Hongrie une œuvre unique d'amour, de confiance et d'élévation.

Ils avaient tous remarqué sa souffrance intense, sa pâleur de morte. Elle était toute entière pétrifiée au souvenir de son fils. Cette ovation, ce cadeau unique, gratuit, cet électrochoc, éclatait pour raviver le sang en ses veines, les larmes si vivantes. Rappeler à quel point, pour les Hongrois, sa vie est précieuse ?

Au retour, elle se rend à Lainz. Elle a encore maigri. En 1897, sa santé est si éprouvée qu'elle fait mal à voir. L'empereur se demande si elle peut vivre ainsi encore longtemps. Marcher si peu, si mal, elle qui marchait si bien, si loin. Bien sûr, il renouvelle à Catherine Schratt, qui doit les rejoindre au Cap-Martin, la ferme prière de ne jamais lui parler de sa santé.

— Si jamais l'aspect, malheureusement navrant, de l'impératrice, vous choque, n'en montrez rien, je vous en prie. De même façon, évitez d'aborder le sujet de sa santé avec elle... Vous allez trouver l'impératrice absolument épuisée, très souffrante et le moral tout à fait bas. Vous imaginez quelle inquiétude je peux ressentir[1]...

François-Joseph eût tout donné pour qu'elle n'apprît pas l'horreur qui avait à nouveau frappé sa famille. Le 4 mai 1897, sa sœur, Sophie d'Alençon, périssait à Paris, brûlée vive au bazar de la Charité.

Le caractère imprévisible de Sophie-Charlotte avait évolué après ses frasques. Son mari avait « pardonné » son escapade amoureuse. Élisabeth s'était montrée si sévère – plus que le duc d'Alençon qui avait vite mis fin à la provisoire « geôle » de l'infidèle. Le duc était généreux, très chrétien, tout avait été pardonné. Leurs deux enfants, la princesse Louise et leur fils, le futur duc de Vendôme, remplissaient leur vie ainsi que la charité. Le duc appréciait que son épouse eût, à mesure du temps, perdu le caractère dangereusement fantasque des Wittelsbach. Il avait, au début de son mariage, souvent frémi des sautes d'humeur de sa trop jolie Sophie. Elle était presque aussi belle que Sissi. Elle s'était adoucie avec le temps. L'épisode de ses fiançailles avec le roi de Bavière, sa fin tragique l'avaient peut-être plus ébranlée qu'on ne l'eût pensé. Elle appréciait désormais sa calme vie familiale. Altruiste, généreuse, sa foi avait augmenté au contact d'un époux aimant et dévoué. En 1897, elle avait cinquante ans, une silhouette jeune, un teint frais, un sourire avenant. Elle partageait la charité avec son époux. Une noble complicité les unissait. Lui restait-il quelque dangereuse chimère héritée de sa famille ? Elle agitait le duc quand elle affirmait qu'une prémonition la persuadait qu'elle mourrait jeune et de manière violente. Qu'avaient-ils donc dans cette famille à se complaire dans la morbidité ? Elle avait même fait (comme Sissi) son testament. Son plus noble souhait était d'être enterrée auprès de son époux mais dans le corbillard des pauvres : pas de fleurs, une caisse en bois ordinaire sans capiton, la chevelure entièrement coupée sauf une mèche donnée à son époux bien-aimé... On n'aimait pas l'entendre affirmer ses vœux ultimes. Elle angoissait, à la manière de Sissi, ceux qui l'aimaient.

---

1. *François-Joseph*, J.-P. Bled, *op. cit.*, p. 568.

SISSI, LES FORCES DU DESTIN

Le duc d'Alençon se disait, que c'était une monomanie familiale – et il n'y pensait plus. Elle avait une si belle santé !

Ils avaient organisé, le 4 mai 1897, rue Jean-Goujon, un immense bazar de la Charité où étaient conviés les Parisiens. Les dons de cette bonne œuvre iraient aux pauvres. La duchesse avait désiré que l'on tende une toile derrière son stand. Elle représentait Jeanne d'Arc au bûcher. Le local était long, tendu de velum goudronné, les issues mal conçues. Une seule porte principale, rue Goujon, ouvrant de l'intérieur et que l'on avait imprudemment doublée d'une porte à tambour. Le fond du « bazar » donnait sur des terrains vagues. On avait barré, par sécurité, les deux modestes issues de ce côté. Une nouveauté faisait sensation dans la salle du fond, obscure, étouffante (inflammable). Le cinématographe, ou « les premières images animées ». C'était une idée pour attirer le plus de monde possible. Il y avait foule de ce côté quand, soudain, la pellicule prit feu. Le feu se répandit à une vitesse folle du sol au plafond. On hurlait « au feu ! » et la panique s'empara des visiteurs – en grande majorité des femmes. On se bousculait vers la porte qui agissait en obstacle. On étouffait, on brûlait, on hurlait. Il y eut beaucoup de victimes. Le duc d'Alençon avait sauté par-dessus son comptoir pour aider au mieux les uns et les autres. Ne voyant pas sa femme, il fut persuadé qu'elle était dehors.

Elle avait crié, affirmèrent les témoins survivants : « Sauvez d'abord les jeunes filles » à ceux qui tentèrent de l'enlever en premier. Elle était tombée dans son allée, entourée de flammes. On retrouva dans la cendre noire, sa forme en cendre, liée à une forme identique. Sans doute avait-elle tenu par le cou une jeune fille éperdue, vouée comme elle à cette mort affreuse. Sans doute lui avait-elle murmuré des paroles de résignation et d'espérance.

Son dentiste identifia sa mâchoire. On retrouva une bague, une médaille et sa chaîne consumées.

Sophie d'Alençon, que Cosima Wagner avait osé traiter de « petite duchesse », était une grande dame, si simple dans le sacrifice. Ses cendres reposent à Dreux, dans la crypte de la famille d'Orléans.

Son époux n'eut même pas une mèche de ses cheveux.

Sissi était à Lainz quand parvint le télégramme de ce drame.

Elle crut devenir folle. Elle rendit visite à son malheureux beau-frère. Il tentait, en vain, de l'apaiser, d'invoquer le paradis de Dieu pour une créature aussi noble d'âme et de cœur. Sissi secouait la tête. Il n'y avait que l'enfer. Partout.

— Nous mourons tous de mort violente[1], sanglotait-elle.

Un an plus tard, presque jour pour jour, elle mourrait de mort violente...

Qui donc les avait maudits ?

Le chant de l'anarchie ou la route de Luigi Lucheni, assassin de l'impératrice d'Autriche.

L'anarchisme est un mouvement social, le contraire du désordre. Une construction d'idées, un projet global de société plus juste. Une organisation militante dont les fondateurs sont Proudhon, le russe Bakounine. Le grand précurseur fut, pendant la révolution française, l'Anglais William Godwin. (Chaque individu porte en lui la raison – il peut donc remplacer la loi.) Stirner, le Bavarois, XIXᵉ siècle, individualiste, voyait en le « moi » individuel la suprême valeur. Le « moi » de Lucheni, la suprême valeur. Débarrasser enfin l'individu du carcan des lois, de l'État et des Églises. Tout ce qu'idolâtre la bourgeoisie, nourrie du sang des pauvres.

« C'est moi, écrit Stirner, qui suis mon espèce. Je suis sans règle, sans loi, sans modèle[2]. »

Bâtir une cathédrale du monde ouvrier. Rêve actif, sacrifice de Louise Michel. Dénoncer tout « État » comme l'authentique oppression dont profite le riche. L'anarchisme est une tentative d'organisation d'hommes et de femmes en « communes » s'autogérant, pratiquant l'entraide. Un mouvement où la situation inférioriée des femmes est tenue en compte. Éviter l'excès de naissances (la contraception ?), établir une aide aux mères pour les empêcher d'abandonner leur nouveau-né à l'hospice. Luigi Lucheni, l'enfant abandonné, ayant eu pour mère la misère. L'anarchisme évoque la nécessité d'instruire les filles et les garçons, de créer des écoles, des bourses de travail et des maisons du peuple pour les plus défavorisés. Un concept aussi audacieux avait échoué, à Paris, en 1871, dans le sang. Un dur idéal, généreux, abominé de tous ceux qui ont quelque intérêt ou le goût du pouvoir. Établir des syndicats serait l'essentiel bouclier pour se défendre de toute exploitation. L'anarchisme aura ses élans brisés, les uns après les autres. Ils eurent leurs « sacrifiés », dont Ravachol, Caesario, Luigi Lucheni... y compris « la bande à Bon-

---

1. *Élisabeth d'Autriche*, H. Vallotton, *op. cit.*, p. 216.
2. Tous ces renseignements sur l'anarchisme, ces citations, ont été puisés sur le site internet http//:jccabanel.free.fr/th-chants révolutionnaires. htm.

not ». *Luigi Lucheni, après avoir erré de ville en port, de pays en pays, s'était retrouvé en 1894 à Budapest. Il survivait en Suisse, jeune maçon de vingt-trois ans, depuis 1897, grâce à l'entraide de « compagnons ». Une importante colonie d'anarchistes était établie dans le Jura, surveillée par la police. Des Italiens anarchistes avaient émigré au Brésil.*

Lucheni a déambulé, lui aussi, au nom de cet idéal où, en Italie il a définitivement acquis la conviction que l'anarchisme est la seule issue pour soulager la misère ouvrière. Ils admirent, lui et les siens, que Ravachol et Caesario soient montés à l'échafaud en criant : « Vive l'anarchie ! »

Leur journal, clandestin, est Le Père peinard. *Leur drapeau est rouge, « rouge du sang de l'ouvrier ». À Genève, Lucheni, en 1898, est maçon. Il lit attentivement la presse locale pour être au courant de tout visiteur important. Il le tuera. Aucune haine personnelle, un symbole à occire. Il avait d'abord songé au comte de Paris qui prévoyait un séjour en Suisse. Le destin amenait Élisabeth d'Autriche.*

Luigi rêve de monter à l'échafaud en criant : « Vive l'anarchie ! » Il espère bien être jugé à Lucerne où il peut être guillotiné. Il n'avait pas prévu que Genève est un territoire qui a aboli la peine de mort. Il écrira ses Mémoires en prison et en français. Universellement haï, sauf des siens, enfermé à vie à la citadelle, prison de Genève, de plus en plus maltraité, on l'aidera à se pendre avec une ceinture, dans sa cellule, en 1909. Il avait trente-six ans. Sa tête flotte dans du formol à l'institut médical de Genève. C'était la grande mode d'étudier les « têtes d'assassin ».

Miseria, en italien, veut dire aussi « malheur ». Élisabeth d'Autriche, reine de Hongrie, était, en 1898, au comble de la miseria. *Le geste prompt, indolore, de Luigi Lucheni l'a libérée. Sans doute l'eût-elle remercié – et peut-être compris.*

Voici le chant des anarchistes en cette fin du XIXe siècle, chant que Lucheni, savait par cœur, autant en italien qu'en français. Cette « Internationale » datait de 1871. Les paroles sont de Paul Burani et Isch-Wall, la musique d'Antonin Louis. À ne pas confondre avec L'Internationale *de Pottier et Degeyter.*

L'Internationale

Fils du travail obscur, farouche,
Debout à la face du ciel !

Viens que ton cœur et que ta bouche
Proclament ton droit immortel.
Plus de parias, plus d'ilotes,
Regarde l'avenir prochain
Plus de tyrans, plus de despotes,
Devant le peuple souverain.

Refrain
Le drapeau de l'Internationale
Sur l'univers est déployé
C'est la révolution sociale,
C'est la révolution sociale,
Par le travail et la fraternité.

Que veut dire ce mot : Patrie
Que veut dire ce mot : soldat
La guerre n'est qu'une infamie,
La Gloire un grand assassinat.
Avec l'enclume et la charrue
Il faut combattre désormais :
Que l'univers entier se rue
Sous la bannière du progrès.

Le travail, c'est la loi commune,
Le devoir : aimer son prochain.
Que la misère ou la fortune
N'arment plus le bras de Caïn !
Le hasard fait le prolétaire,
La richesse est un bien d'en haut
Il faut, citoyen sur terre,
L'égalité pour seul niveau.

Religion, divine flamme,
Des mondes sublime flambeau,
Partout c'est l'ignorance infâme
Qui s'abrite sous ton drapeau ;
Tes ministres qu'on doit maudire,
Peuvent dérober la clarté,
Les peuples apprendront à lire
Au livre de la liberté.

Rois vous élevez les frontières
Séparant peuples et pays

Et de tous les peuples, des frères,
Vous avez fait des ennemis ;
Ce n'est plus la bête de somme
Des tyrans saisissant des lois
Le peuple avec les droits de l'homme
Va briser le sceptre des rois.

Laboureur, paysan, la terre
C'est ton outillage, ton pain ;
L'ouvrier des villes ton frère
Ne demande pas d'autre bien.
Plus de veau d'or, plus d'exploiteur,
Le capital n'est qu'un esclave
Le vrai roi c'est le travailleur.

« Chi non lavora, non mangia » *(celui qui ne travaille pas, ne mange pas)*, lança Lucheni à l'impératrice en même temps que son poinçon dans le cœur d'Élisabeth d'Autriche, une lime de huit centimètres, qu'il avait lui-même soudée à un manche en bois.

Chapitre XVIII

ET CE FUT LA FIN DES HEURES...

Quand elle avait quitté Corfou pour toujours, un vol de mouettes suivait le navire. L'une d'elles, entièrement noire, disparut soudain. Les autres ne s'en étaient pas aperçues. « Les ailes du destin », disait Sissi. Personne ne s'apercevrait de sa disparition et ce serait bien ainsi.

Elle passa une grande partie de son dernier été à Ischl. La Kaiser-Villa était son ultime repère. Tout y parlait de simplicité, de promenades, d'eaux vives. Elle aimait rejoindre son *cottage*, ce ravissant petit palais, attenant à la villa, du côté des frais chemins boisés. Elle écrivait sa correspondance, elle songeait à ceux qu'elle aimait. Elle s'apaisait. Le silence devenait une eau désaltérante. Il lui revenait, par vagues douces, le tendre souvenir de ses fiançailles. Son meilleur temps, sa plus troublante illusion. Les années trompent la mémoire, embellissent le passé. À Ischl, elle redevenait, dans un demi-songe, la petite fille aux longues nattes qui riait sur l'escarpolette que poussaient les bras de l'homme, l'amoureux ardent, prêt à étreindre ce corps ignorant, y compris de sa grâce si rare. Elle aimait, à la Villa, contempler, en son salon-bureau, le paravent comblé de photographies de Marie-Valérie. Elle aimait les souvenirs ramenés de ses voyages, les gravures de ses chevaux. Elle aimait l'aube qui descendait, rose sur la montagne et les grands arbres. Du sol si frais, montaient les parfums mêlés de jacinthes sauvages, d'églantiers, de fer et de mousse, venus des

614

sources bleues. Elle partageait la chambre de l'empereur. Lit de fer, lit de camp, lit cercueil ou grand lit conjugal ? Ils ne se quittaient guère. Ils aimaient leur sommeil chaste, court, complice. Il savait ne rien lui demander sinon cette présence longue et légère, ce tâtonnement parfois vers la chevelure dénouée. La tendresse remplaçait tout. Catherine Schratt tenait l'autre rôle nécessaire à maintenir leur amour. Le désir de François-Joseph n'était plus l'élan sexué vers ce corps demeuré étonnant d'élégance, mais vers la paix de ce corps, la présence de cet être unique dans sa vie d'homme, d'époux amoureux. Qu'elle fusse là, à peu près calme et en meilleure santé, sans disparaître trop vite et c'était déjà un bonheur très grand. Ils avaient appris à dormir ensemble, dans la quiétude. Ils aimaient savourer leur café matinal sur la terrasse ouverte sur la belle nature. Le silence était leur allié. Ils se désignaient l'un à l'autre, d'un geste léger, le frôlement d'un coq de bruyère, l'ombre d'un cerf, le chuchotement des eaux vives...

Existe-t-il, miséricorde indicible, une suavité de vivre chez un être destiné à sa fin si proche ?

Une douceur inconnue habitait Sissi.

François-Joseph la retrouvait à l'aube, sur la terrasse, blottie dans le large fauteuil à gros coussins. Elle était enveloppée d'un saut-de-lit, un châle en soie des Indes. Elle repliait sous elle ses belles jambes nues, à peine défigurées à la cheville par ses œdèmes. Elle aimait être pieds nus ; des pieds blancs, longs, fins, parfaits. C'était le meilleur moment de leur journée – avec, souvent, le dîner du soir, seuls tous les deux, sur la même terrasse. Le premier rayon du soleil jouait sur l'argenterie de la théière et de la cafetière. Quelle intimité parfaite entre ces deux moments où la chevelure non coiffée, le parfum vanillé de sa peau, ses pieds nus, son corps confiant, tout parlait d'une entente singulièrement puissante. Elle ne souffrait pas (pas encore). Que signifiait cet étrange répit ? Mais les heures passaient et, peu à peu, ses malaises revenaient. L'empereur allait chasser et reprenait si vite son travail. Il en aurait jusqu'au soir – excepté une courte promenade avec elle en calèche ou à pied, sous les arbres.

Le médecin Widerhofer n'était pas satisfait de l'état d'Élisabeth. Elle s'était plainte du cœur – ce qui avait donné lieu à des articles excessifs dans la presse. Widerhofer l'ausculta longuement. Son cœur battait de manière irrégulière, précipitée ou trop lente. Il avait décelé une dilatation. Était-elle devenue cardiaque ? Ses malheurs, ses excès pouvaient y faire songer. Son anémie n'arrangeait rien. Elle s'obstinait à se nourrir de quelques oranges par jour, le café noir le matin, un verre de lait le soir... Son bien-être n'était qu'une illusion si elle n'acceptait pas le repos, une nourriture carnée, boire du sang de bœuf, des pâtisseries. Le mot si redouté à l'empereur fut à nouveau prononcé par le médecin : une cure.

Une cure proche de Vienne, plus douce, accessible en train de manière aisée : la Suisse. Des petites excursions, du repos, des promenades en « vapeur », le calme des lacs. La nourriture devrait être plus copieuse ; sinon à quoi bon quitter l'Autriche ? Le médecin devinait qu'un voyage, raisonnable, s'avérait nécessaire à la structure psychologique de l'impératrice. Dès Vienne et la Hofburg, elle retomberait malade. L'anomalie diffuse de son cœur pouvait empirer.

— Tu vas encore partir ? dit François-Joseph, désolé.

Cet été radieux lui avait tant fait espérer une vie plus sereine. Il était presque convaincu qu'elle resterait près de lui, au moins l'automne...

Un bel été. Deux mois avec elle ! Mme Schratt prenait ses vacances coûteuses sur la Riviera, quelque peu agrémentées de jeux au casino.

Jamais il n'oublierait ces semaines ravissantes, sans heurt, sans dépression – excepté cette fragilité physique. Elle était, à près de soixante et un ans, sa « très chère Sissi, son ange adoré ». Son armée, son empire, sa très chère Sissi... Ses filles paisibles et bonnes, attentives, si proches de lui, leurs petits-enfants... Combien cela eût suffi à faire de lui un homme résigné dans leur malheur, calme, peut-être encore heureux.

Sissi et François-Joseph. Ils se sont aimés, il y a exactement quarante-cinq ans. Quelle suavité, leurs matins dans l'aube baignée de rosée. Quelle suavité, ce dernier été. La douceur d'un adieu particulier. Un premier et un dernier regard.

Quand la voiture quitta la longue allée, fin août, pour la Suisse, elle s'était brusquement retournée et lui avait envoyé un baiser. Il resta longtemps sur le balcon en bois. La voiture avait disparu depuis longtemps, il était toujours là. Quelque chose de confus, de poignant le remplissait d'anxiété – bien plus que les voyages autrement plus dangereux qu'elle avait souvent entrepris.

Ils ignorent, l'un et l'autre, qu'ils se sont vus pour la dernière fois.

Le train fatigue ses battements cardiaques. Elle longe le couloir, elle étouffe, trop immobile, trop enfermée. Elle est accompagnée de peu de monde. Une dizaine de personnes dont la comtesse Sztaray, Marie Festetics, deux cameristes, une dame de Cour, le docteur Eugène Kromar. Widerhofer est resté auprès de l'empereur. Le docteur Kromar est aussi le secrétaire particulier d'Élisabeth. Le baron Nopcsa est trop âgé, le nouveau chambellan qu'elle a choisi est le général Berzeviczy. À Genève, on ajouta à la suite de l'impératrice qui s'installa, quai Mont-Blanc, à l'hôtel Beau-Rivage, un ministre autrichien, qui était en poste à Berne, deux autres comtes, au titre de chambellans. M. Mader, contrôleur du train impérial, était l'indispensable comparse. Curieusement, elle n'a pas emmené sa coiffeuse. Les services de ses cameristes suffiront. C'est si simple, désormais de peigner et tordre en nattes cette chevelure qui a pris le pli devenu naturel des boucles et des tresses. Quelque chose a changé, simplifie à l'extrême la vie quotidienne. Ce n'est qu'une modeste cure de repos. L'hôtel, quelle liberté ! Le moins de monde possible. Une quinzaine de personnes pour accompagner l'impératrice d'Autriche, ce n'est rien. Sa garde-robe, noire, est modeste – excepté « sa belle robe en soie » qu'elle espère ne jamais porter. Du linge, l'ombrelle, l'éventail, les gants, quelques voilettes à ses chapeaux, de solides chaussures... Aucun bijou excepté ses « talismans ». La croix en or, le médaillon qui contient les cheveux de Rodolphe, le psaume qu'elle porte toujours sur elle depuis sa chute de cheval en Normandie. Sa timbale au cou, un petit cygne en cristal serti d'une poudre de diamants, cadeau de Ludwig, une montre ronde, au bout de sa chaîne, une médaille de la Vierge. Ni diadème ni coiffure extraordinaires. Point de paix réelle sans le dépouillement.

La chambre de l'impératrice d'Autriche, reine de Hongrie, à « Beau Rivage » porte les numéros 34 et 35[1]. Une « suite » modeste. Elle s'y sent bien. Un calme intérieur, inexplicable. La fin des jours, la fin des heures. Le cadeau des mondes invisibles

---

1. Ces détails ont été consultés dans l'ouvrage de Jean Des Cars, *Sissi ou la fatalité, op. cit.*, p. 446.

quand ils sont miséricordieux : offrir à celle qui a tant souffert, et qui va bientôt mourir, les précieuses heures de la simplicité, le repos du corps et celui de l'esprit. Elle n'a plus peur, elle sourit souvent. Sans raison. Ses chères Hongroises sont ravies.

Le temps est radieux.

Les lettres de François-Joseph la rejoignent en ses différentes excursions – jusqu'à son dernier hôtel. Des lettres d'une grande tendresse. Il aimerait la rejoindre, mais on doit fêter, à Vienne, le jubilé de ses cinquante ans de règne – où elle sera absente. Catherine Schratt est de retour, François-Joseph demeure un homme d'habitude. Il se rend, chaque matin, à neuf heures, à la Gloriette-gasse. Il s'irrite que Catherine « imite » à nouveau les maux de son impériale modèle. Des vapeurs, des tristesses. Pas de régime surtout, ordonne l'ami. Qu'elle reste rose et ronde, charmante, blonde, rieuse, la bouche charnue débitant de gais potins qui le détendent. C'est le principe même de leur contrat – de leur sincère amitié. L'empereur aime l'Amie, il adore Sissi au-delà de tout. Il est à l'aise dans cette sereine polygamie que son « ange » a organisée et qui rassure les Viennois. Ils sont en majorité plus attachés à leur empereur qu'à l'impératrice. François-Joseph n'est donc pas tout à fait seul pour son jubilé. Il y a ses filles, leurs époux, Stéphanie pour qui il a de l'amitié et qui sait remplacer l'impératrice avec élégance. Qu'il aime donc son armée ! Elle le console de bien des tristesses. Son armée, sa fille puînée, sacrée. Son immense jouet, son honneur, son austère amour.

Sissi a beaucoup aimé le site de Caux, les calmes promenades autour du lac Léman. Elle n'a pas résisté à son goût de l'excursion. Tout est si beau, vu de haut ! Tout est si serein ! Son cœur bat une chamade étrange dont elle ne souffre pas. Quelque chose en elle refuse que rien ne ternisse cette suavité inconnue. Quel beau mois de septembre, plus clair encore que le cœur de l'été, embelli de teintes moirées, argent, vert tendre, et ce bleu, ce bleu presque aussi intense que celui de la mer, à Corfou... Il fait à Vienne un temps aussi beau qu'en Suisse. Journées et soirées bénies. Avait-elle déjà traversé, sauf autrefois, enfant, à Possi, un mois de septembre aussi ravissant ?

Elle se repaît de tout. Une faim nouvelle, tout voir, tout engranger. Une moisson unique. Le paysage vaudois, les lacs, les Alpes, plus loin le Jura se découpe, bleu sourd, loti de promesses de chemins aux grands arbres. Même son appétit est revenu !

Le 9 septembre, elle a accepté, de belle humeur, l'invitation à déjeuner à Pregny, Territet, au sud de Montreux, près de Genève, chez la baronne de Rothschild. La comtesse Sztaray, Marie Festetics sont enchantées. Elle s'est habillée très simplement, elle tient absolument à prendre le vapeur ordinaire, c'est tellement plus amusant ! Les Rothschild mettaient leur yacht à sa disposition, mais elle ne voulait aucun protocole. Quelque chose l'ennuyait à prendre ce bateau trop luxueux : les Rothschild interdisaient que l'on donnât des pourboires à leur personnel. Sissi est généreuse, cela ne lui convient pas. Le vapeur l'enchante. Elle est radieuse de naviguer ainsi pendant quatre heures, contempler les rives, le moutonnement des vignes, écouter le clapotis des eaux si bleues. Elle est enchantée des mouettes qui les suivent. Elles sont toujours là quand elle navigue. Ses chères mouettes, elles piaillent, elles tournent, elles dérivent, elles reviennent, elles se dispersent... Ses dames hongroises craignaient un retour de misanthropie une fois chez ses hôtes. Surprise ! Jamais ils ne l'ont vue aussi aimable, presque gaie et gourmande. Les Rothschild ont eu le tact d'inviter très peu de monde. Elle est à l'aise, elle a goûté de tous les plats. La timbale aux truffes, la mousse de volaille du Périgord, les truites farcies de foie gras, trois sortes de glaces dont une « marquise » au chocolat (Sissi adore les glaces). Elle a bu du champagne sec, de grande qualité. La baronne lui fait ensuite visiter sa serre tropicale, remplie d'orchidées et d'oiseaux rares.

L'unique point qui avait un peu irrité Sissi était le drapeau autrichien hissé, en son honneur, sur la demeure de ses hôtes. Rien n'altère ce plaisir si rare de manger, boire, se réjouir de tout, éprouver une dilatation heureuse (son cœur ?), mais il va très bien son cœur ! Il bat d'un rythme heureux qu'elle n'a plus éprouvé depuis cet extraordinaire été.

Il lui reste vingt-quatre heures à vivre.

Elle demande à la baronne le menu afin de l'envoyer à l'empereur – il sera si content de lire qu'elle a goûté et largement à tant de mets exquis ! La baronne lui propose à nouveau son yacht pour la raccompagner à son hôtel. Non, non, elle préfère le vapeur. Elle a signé, avant de partir « le livre d'or » de la maison. A-t-elle remarqué, quelques pages avant la signature de son cher fils ? Elle n'a pas songé un seul instant au malheur. Elle est dans un bain béni, une récompense mystérieuse. Cette joie inconnue dote son pas d'une légèreté nouvelle.

Irma Sztaray, étonnée, vaguement inquiète d'un tel regain, s'étonne aussi du changement de son discours. Elle ne parle plus du grand Jéhovah ni des forces implacables du destin. Elle a envie de redevenir croyante, simplement, avec confiance. Elle n'a pas une seule fois prononcé le mot « mort ». Elle n'a eu mal nulle part – pas même l'étau de la migraine, des palpitations ou le gonflement douloureux de ses chevilles.

L'hôtel Beau-Rivage est le plus luxueux de la ville – sans pour cela être un palace oriental. Il est, ce 9 septembre 1898, presque entièrement occupé par l'impératrice et sa suite. On attend d'autres personnalités après le 11 septembre, dont l'actrice Sarah Bernhardt. Sissi a tenu – chose toujours improbable – à conserver son incognito sous le nom de « comtesse de Hohenembs ». L'étage qu'elle occupe est au premier et fait l'objet de soins particuliers. Ne seraient-ce que les petits déjeuners. Les propriétaires se nomment Mayer et sont aux petits soins d'une telle cliente. Le département fédéral de la Justice du Canton bernois murmure un peu : la police suisse préférerait qu'on installe un « cordon » protecteur en permanence autour de l'hôtel, et sur le vapeur. Sa Majesté sort avec une seule de ses dames, n'est-ce pas d'une folle imprudence ? Une vague d'attentats anarchistes se répand. Des groupes anarchistes sont organisés en réseaux dans le Jura et en Suisse. Ils viennent d'Italie.

L'impératrice, à qui on a touché mot de sa protection, le prend mal. Qu'on ne ternisse pas sa joie, sa liberté chérie ! Pas de police, non, pas de police ! Rien que le mot la ferait fuir... Elle était bien plus en danger au Caire ou à Alger : il ne lui est rien arrivé. L'empereur, mis au courant, confirme qu'il est quasi impossible de surveiller officiellement son épouse. Elle n'a pas son pareil pour « semer » les plus fins limiers. Il s'agit, après tout, d'une petite escapade sans danger, dans un pays tranquille, organisé. Un pays naturellement policé et doué pour l'autosurveillance. Que peut-il arriver en ce territoire si propre et loti de si belles banques ? Marie-Valérie s'inquiétait seulement que la Suisse fût « une république ». Elle détestait toutes les républiques. Sa mère allait, disait-on, très bien.

Le bouche à oreille fonctionne depuis l'hôtel. On sait vite, dans la ville, que Beau-Rivage a une illustre visiteuse. La presse locale s'empare de la nouvelle – Luigi Lucheni, qui glane tout ce qu'il peut d'informations de ce genre, lira les lignes qui seront fatales à Élisabeth. On avait parlé d'une éventuelle visite du comte de Paris, proie visée par Lucheni. La presse annonçait mieux encore : l'impératrice d'Autriche. À l'hôtel Beau-Rivage, sans policiers. Sa décision est prise. Il n'a plus qu'à épier le bon moment, confectionner à l'aide d'une lime fichée dans un manche en bois une sorte de poignard, dont l'unique coup sera mortel.

La dernière nuit de Sissi a été d'une extrême douceur. Cette bénignité incompréhensible continue. Elle aime dormir la fenêtre ouverte. Il y a de grands rideaux épais. On a installé une bonne table pour sa correspondance et son petit déjeuner. Elle veut un service commode et sans prétention. Sa chambre, à une seule fenêtre, comporte un lit à simple alcôve, un paravent derrière lequel il y a « une toilette » et une « chaise » pour les eaux sales. Une sonnette électrique, seul objet moderne, permet d'appeler. Les lampes sont des quinquets, des lustres à chandelles et des chandeliers en argent. Chaque étage est fleuri, des anges rococos ornent, entre des guirlandes de marbre, le haut des portes. Le balcon de l'impératrice donne sur le quai, le lac.

Une nuit transfigurée, de lune, d'étoiles, de scintillance. Elle est sûre, sans la moindre crainte, d'avoir vu flotter la goule si fine, la bien connue, la Dame blanche, cette nuit-là, couleur de lune... La lampe de Ludwig, couleur de lune... Une si belle nuit... La comtesse Sztaray la trouvera endormie sur le balcon, sur sa chaise longue – probablement vers trois heures du matin. Fatiguée de sa courte nuit, elle demande à déjeuner vers neuf heures. Elle a envie de goûter à une série de petits pains suisses, croustillants. On les lui apporte sur un plateau en argent.

Il fait déjà chaud, ce 10 septembre. Cette dernière matinée avant de prendre le vapeur, à une heure quarante, jusqu'à Montreux, sera ainsi organisée.

— J'ai envie, dit-elle à Irma, d'aller écouter, à onze heures, les boîtes à musique, les orgues de barbarie, acheter des rouleaux de ces airs charmants et si connus... Cela fera un cadeau à l'empereur. On se chargera de les transporter avec nos malles. Nous reviendrons vers midi, et nous serons prêtes pour le vapeur.

Une partie importante de son personnel emballe les dernières malles et, vers midi, ils s'en vont tous – y compris Marie Festetics qui a le cœur serré, sans doute jaloux, mais sa chère reine veut tellement s'offrir une escapade quasi solitaire.

— Je n'aime pas les cortèges, avait-elle dit en riant à Marie pour ne pas la peiner.

Elle l'avait tellement surmenée lors de ses grandes traversées ! Marie soupire, mais elle a confiance en la solidité d'Irma Sztaray en cas de malaise. Ils se retrouveront pour le train de six heures du soir, de l'autre côté de Genève.

Luigi Lucheni a commencé sa surveillance, minute après minute, jusqu'au départ du dernier laquais, de la dernière malle. L'impératrice est seule avec Irma Sztaray.

Elles se rendent au magasin de musique, chez Baecker, rue Bonnivard. Sissi est enchantée de ces mécaniques à manivelles, signées, à Berne, par son inventeur M. Heller. Elle se souvient, si jeune, si triste, à Madère, l'empereur lui avait fait parvenir une boîte à musique qui répétait l'air célèbre de *La Traviata*... L'air du plaisir et de la joie de vivre, elle qui se sentait alors mourir... Elle a acheté une vingtaine de rouleaux, dont les airs qu'elle préfère : *Le Trouvère, Lohengrin, Tannhaüser*. Le marchand, souriant, a deviné qui était cette gracieuse acheteuse – ne serait-ce que par l'adresse où il doit faire parvenir ses achats. Elle parle en hongrois à sa compagne. Il lui demande, timidement, de signer son « livre d'or ». De bonne grâce, Élisabeth se penche et écrit en hongrois « Erzsebet Kyràlyné ». *La reine Élisabeth.*

Elle a envie, comme au retour de chez la baronne Julie de Rothschild, de manger une glace. Elles entrent dans une pâtisserie, quai du Rhône. Elle est bien contente d'offrir à son époux et à Marie-Valérie, bien sûr, ces rouleaux à musique et leur appareil à manivelle. « Cela fera plaisir aux enfants », dit-elle aussi. Elle n'avait jamais vraiment songé à ses petits-enfants.

Il reste encore une heure et trente minutes avant le départ du vapeur.

Il fait si doux !

À une heure et demie, l'impératrice et Irma rejoignent l'hôtel. Irma Sztaray manifeste quelque inquiétude. Il est tard, il reste dix minutes pour rejoindre l'embarcadère. Sissi a envie de boire un verre de lait. « Goûtez-en avec moi », propose-t-elle à Irma, lui offrant son propre gobelet. Tout partager, tout donner. Aurait-elle peur de quitter les lieux ? Irma est un peu nerveuse. Sa reine n'a pas l'air de se rendre compte qu'il faudra courir pour ne pas rater l'embarquement. Elle semble avoir le temps, tout le temps.

— Je n'ai jamais vu le mont Blanc aussi nettement [1], dit-elle.

L'impératrice est habillée d'une jupe et d'une veste noire sur une chemisier violet. À son cou, les accessoires qui ne la quittent jamais. Elle ajuste son chapeau, son ombrelle, son éventail, ses gants blancs...

Il lui reste une heure et quelques minutes à vivre.

Le soleil est devenu brûlant, ce samedi 10 septembre 1898.

Irma frémit en entendant sonner le premier coup de cloche du vapeur. Elles ne doivent pas le rater, l'impératrice se rend-elle compte qu'elles ne seraient que toutes les deux, seules, à Genève ? C'est d'une complication dangereuse, impensable ! Sissi a jeté un dernier regard à la galerie de marbre rose de l'hôtel, son patio à colonnes qui a quelque chose d'un palais vénitien. Beau-Rivage a été un séjour délicieux.

Elles pressent le pas devant le monument qui représente le duc de Brunswick.

Quel est ce jeune homme qui court vers elles, si vite ? Sissi s'écarte, tente en vain d'ouvrir son ombrelle pour éviter elle ne sait quel choc. Elle pense qu'il ne les a pas vues. Au moment de la croiser, le jeune homme a levé le poing droit et l'abat de toutes ses forces au-dessus du sein gauche de l'impératrice. Tout est allé si vite qu'elle n'a rien compris, rien senti. La violence du geste la fait chanceler et tomber en arrière, la tête sur les pavés. Son épaisse chevelure amortit la chute. Irma, effarée, se penche, et crie. L'inconnu s'est sauvé. Un cocher, devant le jardin Brunswick, a vu la scène. Il s'est approché de ces dames afin d'aider Irma Sztaray à relever l'impératrice. Elle tremble un peu, elle a eu peur, elle tient son ombrelle fermée. Ses joues sont roses, elle parle avec netteté. Que lui voulait cet homme ? Sa montre ? Non, elle est à son cou. Les aiguilles sont arrêtées à treize heures et cinquante-quatre minutes.

---

1. *Sur les pas de Sissi*, J. Des Cars, *op. cit.*, p. 94.

Au-dessus d'elle, les marronniers sont en fleur, comme ceux de Schönbrunn...

Luigi Lucheni a réussi son acte. Il est l'apôtre de sa cause. Il est l'Assassin. Il est l'impardonnable, le non-admissible perpétuel. Il se pense esprit de justice. Nul n'a le droit de faire ainsi la justice. Le sang retombera sur lui et tous les siens. Il est le non-aimé, il est celui qui a tué l'impératrice d'Autriche, reine de Hongrie. Il est depuis toujours le débiteur du non-amour. La grâce, la sienne, n'appartient pas aux hommes et leurs geôles. Il est la brebis qui a tété l'eau putride des chemins sans tendresse. Il porte le péché de n'avoir jamais été aimé.

Il sourit, ralentit son pas. Un jour « les droits de l'homme » triompheront. Il a agi seul. Un doute le saisit. A-t-il bien tué l'impératrice ? Il l'a vue se relever et marcher d'un pas assez vif vers l'embarcadère. « Justice, dit-il, égalité, partage. »

« Chi non lavora, non mangia. »

Il avait murmuré ces mots en la frappant. Elle n'avait rien entendu.

Sissi ne veut pas rater le bateau, il reste si peu de minutes pour l'atteindre. Le second coup de cloche a sonné. « Je n'ai rien », dit-elle à Irma qui la voit soudain pâlir. Elle a rajusté elle-même son chapeau et les voilà sur la passerelle. Elle ne sait pas qu'elle est entrée en agonie. Il y a sans doute si longtemps qu'elle est loin des vivants... Il fait une chaleur étouffante.

— Je suis pâle, n'est-ce pas ?

Elle sent ses jambes faiblir. Une petite douleur au côté gauche, l'envie de s'évanouir. La difficulté à parler. Elle a soif, elle chancelle. Irma tente de la rassurer, elle-même très inquiète.

— Vous êtes pâle, Majesté, c'est vrai, mais c'est l'émotion.

— Oui, j'ai eu peur[1], dit-elle.

Le bateau se nomme le *Genève*. Elle parle encore un peu... On entend le grondement des chaudières.

— De l'eau ! demande Irma au capitaine, M. Roux.

Il a compris qu'il s'agissait de plus qu'un malaise. On demande si une infirmière, un médecin sont à bord. Une dame se présente,

---

1. Ces derniers propos d'Élisabeth, y compris ceux qui se diront lors de sa mise en bière, ont été consultés dans les ouvrages de J. Des Cars et ceux des auteurs précités. J'ai cessé les appels de notes, tout en signalant mes sources afin de ne pas suspendre l'émotion de la mort d'Élisabeth.

Mme Dardalle, infirmière à la retraite. Le bateau est déjà engagé vers le milieu du lac. Le capitaine propose qu'on porte la malade dans une cabine. L'infirmière et Irma sont d'avis que le grand air est indispensable. On a étendu Élisabeth sur le pont, sur un banc. On a glissé un sucre entre ses lèvres. Elle murmure quelques mots – ses dernières paroles.

— Je crois que j'ai un peu mal à la poitrine... Je ne me sens pas bien.

Un ultime murmure.

— Votre bras... Merci... Que m'est-il donc arrivé ?

— Un malaise, dit Irma pour la rassurer. Mais Sa Majesté va mieux, n'est-ce pas ?

Sissi a tenté de se redresser. Elle dit encore : « Oui, merci. » Irma a dégrafé le chemisier, la chemise en batiste.

Et ce fut l'étrange panique d'un incroyable vol de mouettes qui volaient en tous les sens...

Élisabeth a perdu connaissance. Horrifiées, Irma et Mme Dardalle aperçoivent sous le linge, au-dessus du sein gauche, une déchirure dans la brassière, une tache d'un rouge-brun, pas plus large qu'une pièce de monnaie. La blessure est un petit triangle où se fige déjà une goutte de sang.

Irma pousse un cri terrible que répétera le monde entier :

— L'impératrice a été assassinée !

Le capitaine s'effare, Irma explique d'une traite que « pour l'amour du ciel, il faut accoster au plus vite... cette dame est l'impératrice d'Autriche ».

Quelques marins ajustent avec de la toile de voile et des rames une civière de fortune. On allonge Élisabeth qui respire encore. Elle est entrée dans le coma sans issue. Le capitaine donne l'ordre de revenir sur Genève. Irma, les femmes sur le pont se sont agenouillées. On prie ; les hommes ont ôté leur chapeau. Le cri des mouettes, le ronflement des chaudières. À l'embarcadère, le concierge de l'hôtel, au courant, ôte son chapeau pour protéger le visage en sueur de l'agonisante. Irma tient son bras qui pend d'un côté. Un inconnu porte son ombrelle. On arrive ainsi à Beau-Rivage.

L'affolement, la tristesse sont générales. Mme Mayer, vite, a fait ouvrir et préparer sa chambre. On l'allonge sur ce petit lit, perpendiculaire à la fenêtre, où elle avait été si heureuse, la nuit passée, de contempler le ciel, ses prémonitions solaires, lunaires...

Vite, on a appelé un médecin. Le docteur Golay. Il est deux heures et dix minutes. Mme Mayer et Irma ont déchaussé l'impératrice, libéré le linge afin qu'elle soit examinée au mieux. Élisabeth râle encore. Le médecin sonde la plaie. Irma ose un espoir. Peut-on la sauver ?

C'est impossible. Un second médecin tente une incision à la saignée du coude. Pas une seule goutte de sang. Soudain, ce fut le silence... Il est deux heures et quarante minutes.

La mouette est morte.

Et ce fut pour elle la fin des heures.

Un prêtre est entré. L'absolution est donnée à cette innocente, aux mains trop pleines, et si vides. Elle payait le prix fort, cette princesse en sabots qui aimait la liberté, les fleurs, les bêtes, les faibles, les fous, les poètes et les petits. Tout ce qui vibrait d'affection vive et sincère. Tout ce qui, à la Cour de Vienne, lui avait été compté tel un crime. Elle payait le prix fort d'avoir aimé l'innocence de marcher, simplement, avec une amie, sur une route, vers un navire sans prétention. Elle payait le prix fort d'avoir dédaigné les « honneurs » de son rang, cet orgueil ostentatoire, arrogant, sans aucun sens pour elle. Elle payait le prix fort d'avoir osé déplorer les abrutissants protocoles, la vanité de la Cour et sa sécheresse d'âme.

Luigi Lucheni avait frappé un cœur de chair, non un cœur de pierre.

Mme Mayer avait clos les volets. L'ombre descendait. Irma recouvrit son visage d'un voile en dentelle. Le coussin sur lequel reposait ce visage devenu d'une beauté sans âge, déesse des Ombres et de la Lumière, était bordé de rouge et de noir.

— Nous mourons tous de mort violente, avait dit l'enfant du dimanche.

Le lendemain auraient lieu l'autopsie et les atroces rituels des embaumeurs. Le lendemain était un dimanche.

Irma joignit les mains de sa reine. Elle passerait la nuit en prières, près d'elle. Comment survivre à un tel être ? Comment survivraient Marie, Ida et l'empereur ? Mon Dieu, l'empereur ? Marie-Valérie ?

À Irma le devoir terrible d'envoyer les fatales nouvelles.

Sissi lui avait confié qu'elle voulait mourir le plus discrètement

SISSI, LES FORCES DU DESTIN

possible, loin de l'empereur et de ses enfants. Une mouette disparue, quelque part, entre le ciel et le fond de la mer...

> *Mais quel est ce miracle !*
> *À peine l'âme inerte fut-elle portée sur la mer,*
> *À peine les douces brises l'ont-elles entourée*
> *Qu'elle s'éveille de la froide mort.*
> *Elle fête sa résurrection sur les vagues*[1]*...*

On a arrêté Luigi Lucheni. Deux gendarmes l'ont emmené au
commissariat. Il avait jeté au loin son arme qui fut aisément
retrouvée. Il riait, ce n'était ni de bonheur ni de joie – ni de ce
que l'on a cru être de la vanité. Il riait de l'immense et affreux
sacrifice accompli. Il riait de n'avoir pas manqué son coup et
d'avoir frappé « un grand » de ce monde. Il ne savait rien de la
longue femme qu'il avait tuée sans haine. Un symbole, une mission dont il était prêt à subir les rudes conséquences.

— Vive l'anarchie ! A bas les aristocrates ! disait-il au commissariat.

Il avait été déçu de ne pas subir la peine de mort. Enfermé à
vie à l'ancien évêché de Genève devenu une prison, il portait le
numéro 5855. Grâce à une première direction intelligente, il devenait un prisonnier exemplaire. On lui accorda des livres en français, des cahiers, un crayon, un almanach. Il apprit peu à peu à
écrire le français et entreprit de rédiger ses Mémoires intitulées :
*Histoire d'un enfant abandonné à la fin du XIXᵉ siècle racontée par
lui-même.* Cinq cahiers bleus et un almanach où il dessinait une
silhouette de femme noir... La maltraitance sera son lot après un
changement de direction, jusqu'à le pousser à un « suicide »
contestable, en 1909. On le trouva, nous l'avons dit, pendu avec
sa ceinture dans sa cellule. Ses cahiers ont été découverts, en
1938, par une descendante du premier directeur de la prison. Ces
Mémoires ont été publiés en 1998 grâce aux travaux, entre autres,
de Santo Cappon. L'éclairage de Luigi Lucheni a permis une
approche différente moins diabolisée ou lamentable que celle que
les biographies ont faite de lui. Se pencher sur le mouvement anarchiste et revisiter ce personnage offre une vision moins mani-
chéenne de cette tragédie. Elle fut double. Celle de l'impératrice,

---

1. *Le Journal poétique de Sissi*, p. 171 (*Ombres*).

mais aussi la tragédie de la misère et la condition ouvrière, traquée en une seule résistance liée au désespoir de ne pouvoir se faire entendre : l'anarchie.

La Suisse fut très ennuyée que sur son si paisible territoire ait eu lieu une telle « abomination ». Il y eut une polémique au sujet du refus de l'impératrice d'une protection policière.

Irma la contempla toute la nuit. La jeunesse éclatait, mystérieuses sur le visage de cette femme qui atteignait bientôt soixante et un ans. Un visage d'enfance, une royauté d'enfance... Un léger sourire flottait sur la douce bouche qu'aucun éventail n'aurait plus à mettre en sécurité.

Les premières orchidées étaient arrivées, envoyées par la baronne de Rothschild. Peu à peu des couronnes de fleurs s'amoncelaient sur le quai, devant l'hôtel.

Le 11 septembre, trois médecins légistes arrivèrent à la première heure. Il fallait pratiquer l'autopsie nécessaire. Déshabiller entièrement ce corps sans vie, étaler des linges, contrôler qu'il n'y avait pas d'autres blessures que celle portée au cœur. Irma assista à cette scène si pénible avec une nurse et Mme Mayer. La lame avait pénétré quatre centimètres au-dessus du sein gauche. Elle s'était enfoncée à une profondeur de huit centimètres et cinq millimètres. Le poumon gauche avait été perforé ainsi que le ventricule gauche. Le sang s'était écoulé, peu à peu, dans le péricarde, d'où la lente, invisible hémorragie. Tout fut soigneusement noté. Ces pièces parviendraient à Vienne et seraient versées au procès de l'assassin.

La veille, Irma Sztaray avait envoyé un premier télégramme au comte Paar, l'aide de camp de l'empereur, afin d'éviter un choc trop violent à François-Joseph :

Sa Majesté l'impératrice grièvement blessée. Prière de l'apprendre à Sa Majesté avec ménagements [1].

Le comte Paar a la gorge serrée : il a déjà reçu la seconde dépêche, impensable à prononcer.

Sa Majesté l'impératrice décédée à l'instant [2].

---

1. *François-Joseph*, J.-P. Bled, *op. cit.*, p. 570.
2. *François-Joseph*, J.-P. Bled, *op. cit.*, p. 570.

Il faisait si beau, à Schönbrunn, cet après-midi-là. La même douceur qu'à Genève. La douceur des roses quand elles préparent leur ultime éclat, la douceur des marronniers, la douceur d'un espoir de vivre mieux, plus sereinement...

Il est là, l'empereur de soixante-huit ans, le vieux et si jeune amoureux de la petite fiancée d'Ischl. La nouvelle l'a pétrifié. Immobile, sans un souffle. Vit-il encore ? Le comte Paar a les larmes aux yeux. Il a entendu deux cris d'amour échapper à cette bouche aux paroles toujours si contrôlées. Il l'a vu éclater en larmes. Il taira ensuite toute plainte et séchera ses yeux pendant près de vingt années. Sa blessure saignera, elle aussi, de l'intérieur. Sans fin.

« Rien ne m'aura été épargné sur cette terre... Nul ne sait combien nous nous sommes aimés[1]. »

Nul ne sait combien ils se sont aimés, pas même ses filles, absentes lors de la terrible nouvelle. Comment survivre ? C'est le devoir essentiel, celui d'un empereur, d'un chrétien et de l'amoureux d'Élisabeth. Recevoir sa dépouille, honorer ses funérailles, honorer en secret à jamais sa pensée. Espérer la rejoindre au plus vite. Sa place est réservée près d'elle, dans la crypte des Capucins, à sa droite. Il se met au travail tel un forcené, plus encore qu'il ne l'avait fait à la nouvelle de la mort de Rodolphe. Il donne l'ordre que les manœuvres en Slovaquie aient lieu, mais en son absence. Tout l'empire est déjà au courant du malheur. Marie-Valérie, Gisèle et leur famille arrivent en toute hâte.

Il écrit, François-Joseph, des centaines de messages de remerciements, de dépêches. Son bras est celui d'un automate. Son cœur bat à grands coups. On a eu l'habileté de faire venir au plus vite Catherine Schratt qui faisait de l'alpinisme (décidément, elle imitait de plus en plus Élisabeth). L'Amie a éclaté en pleurs. Une douleur sincère. Elle est bien la seule à pouvoir adoucir un chagrin qui vrille d'un fer rouge invisible cet être d'apparence impassible.

Il sait qu'il ne la verra pas, plus jamais. Il n'ira pas à Genève. Elle reviendra scellée en sa lourde bière. Il refuse de voir cette image figée, mutilée, assassinée.

Il a engrangé à jamais l'image de l'enfant d'Ischl, de la jeune femme à l'épaule blanche et nue... De la jeune femme de soixante

---

1. *François-Joseph*, J.-P. Bled, *op. cit.*, p. 570.

ans qui lui lançait des baisers, sur la route de la Kaiser-Villa, avant de disparaître au mystère du non-retour.

Une légèreté d'oiseau blanc et noir, le regard voltigeant, couleur de miel. Elle pleurait souvent ; il la rabrouait parfois, il l'étreignait avec fougue, délaissé, déçu, toujours épris. Il s'en allait, il claquait la porte de son bureau et se penchait sur l'annuaire des officiers. Il soupirait ; quoi de plus terrible qu'un « ange adoré » ?

Où est-elle donc partie, cette fois ? Qu'est-ce qu'elle a osé lui faire de disparaître en un voyage étrange d'où personne ne peut revenir ? Il l'aime assez pour lui en vouloir, osciller entre l'enfer de la désolation et une immense colère.

Elle l'a condamné aux galères de la souffrance à perpétuité. Il y aura l'Amie, il y aura sa chère armée, ses enfants, ses petits-enfants. Qu'est-ce que tout cela puisqu'il n'y aura plus jamais elle, l'unique ? Il est seul, seul. Au cœur des périls sans répit – jusqu'à sa propre fin si lente, si longue.

On a veillé l'impératrice toute la nuit du 11 au 12 septembre. La chambre et son petit salon sont devenus une chapelle ardente.

Les embaumeurs, assistés des médecins légistes, d'Irma Sztaray, ont accompli leur triste office. Les viscères ont été ôtés. On a rempli la cavité d'aromates et d'essences nécessaires. Les viscères iront, enfermés dans un coffret spécial, à l'église Saint-Étienne. Le cœur, si petit, blessé, embaumé, déposé en plusieurs linges fins dans une urne ouvragée, prendra la direction de l'église des Augustins où l'impératrice s'était mariée. On a déversé divers aromates et essences sur le reste de la dépouille. Depuis sa mort jusqu'à sa descente au tombeau, le 17 septembre, sept longs jours ont passé.

Tout est consommé. L'enfant du dimanche a été habillée par Irma. Elle porte « sa belle robe noire » qu'elle espérait ne pas mettre. Irma a peigné doucement la magnifique chevelure, son éclat surnaturel. Irma a joint ses mains, laissé à son cou ses accessoires sacrés pour elle. La montre sera remise à l'empereur. Mme Mayer a déposé des fleurs blanches à ses pieds.

On a monté par les escaliers la triple bière en plomb. On a couché l'enfant du dimanche dans un premier cercueil capitonné. On l'a glissé dans la seconde bière plus résistante. Le troisième « coffrage » est très lourd, orné d'une croix, posé sur des griffes léonines.

De Vienne, est préparé le train spécial chargé de ramener la dépouille. Un wagon en fer, entièrement clos.

Avant que l'on entende le bruit effroyable des marteaux, du plomb coulé, des clous spéciaux, la délégation officielle de Genève est venue gravement constater qu'il s'agissait bien d'Élisabeth, Élise, Eugénie, princesse en Bavière, impératrice d'Autriche, reine de Hongrie.

Irma a glissé auprès d'elle sa cravache et son éventail, symboles de ses voyages, sa solitude, sa discrétion, son amour du cheval – de la légèreté à peine terrestre...

Elle eût tant aimé disparaître au fond de la mer, ou en quelque nuée boréale... Quelle est cette triple prison de plomb où tout est noir ? Mais non, il n'y a plus aucune prison. C'est la douce mort. L'adorable mort. L'espérance d'une infinie lumière. La paix.

Partout, des fleurs, des roses rouges, des fleurs blanches. Des chandeliers sont allumés. Un prêtre est à genoux.

Il est temps au cercueil, au long et triste cortège, de s'en aller vers la gare Cornavin. La ville est en silence. Des messes sont dites en toutes les paroisses, y compris les protestantes.

À Vienne, sonne le glas et les mêmes ovations ont lieu dans toutes les églises et les chapelles. La Bavière est en grand deuil. En Hongrie, la désolation est générale. On a perdu plus qu'une reine : on a perdu une sainte. On croit la voir lotie d'ailes d'ange. En certains villages, on la prie, on l'invoque.

Elle est leur chère Providence.

— Je l'ai frappée avec préméditation et dans un but exemplaire, dira Lucheni lors de son interrogatoire.

En 1986, sa tête, conservée à l'institut de médecine légale de Genève, a été donnée à l'Autriche...

— Comment a-t-on pu tuer une femme qui n'avait jamais fait de mal à personne ? répétait l'empereur.

Le mal ne venait pas d'elle mais des exactions autrichiennes, de l'envie de supprimer l'impérialisme des Habsbourg, tous les rois et tous les jougs.

« Comment nous supporte-t-on, nous, les rois ? » avait confié un jour la reine de Roumanie à Sissi. Seule la république est décente...

Le prince Rodolphe pensait de même.

Élisabeth aussi.

Dès sa mort, des commerçants italiens, à Vienne, seront molestés avec violence. Cette violence s'étendit aussitôt à Venise, à Milan, à Trieste, à Gênes.

On meurt aussi d'être italien.

Tous les partis politiques – excepté les anarchistes – ne sont qu'un seul cri d'horreur et de réprobation. On eût dit que cette mort signait la fin d'un certain monde, l'entrée en des guerres aux éclats les plus étrangement meurtriers.

La reine Victoria, tous les souverains, l'ex-impératrice Eugénie envoyèrent à l'empereur des condoléances touchantes.

La reine de Roumanie était la plus sensiblement proche de la défunte.

Il y eut, au jour des funérailles, plus de cinquante chefs d'État et souverains.

À Vienne, la consternation générale entoure surtout l'empereur. On avait pris l'habitude de voir très peu l'impératrice. On respectait et aimait cet homme vieillissant, honnête, patient, que la vie éprouvait si rudement. La presse de Vienne écrivit longuement sur l'« épouvantable nouvelle ».

Un misérable Italien, âgé de vingt-quatre ans, venu de nulle part, avait tout bouleversé ?

On haïssait l'Italie.

Le 15 septembre, le train contenant le cercueil arrivait, à onze heures du soir, en gare de Vienne. La nuit était tombée, on accueillit la dépouille avec le faste relié au protocole de Charles Quint. Jusqu'à la Hofburg, les troupes impériales formaient une ligne silencieuse, ininterrompue. La garde est composée de nobles hongrois et de hussards vêtus de bleu. De la même manière, neuf années auparavant, on avait ramené de Mayerling le corps du prince impérial.

La Hofburg : la cour et la chapelle sont tendues de noir, avec les armes de l'impératrice et cette inscription en latin :

Élisabetha Imperatrix Austriae Regina Hungariae [1].

Le 16 septembre, une grande foule défile devant le cercueil de

---

1. *Élisabeth d'Autriche*, H. Vallotton, *op. cit.* p. 227.

celle que l'on n'oubliera plus jamais – emportée malgré elle dans une mystérieuse éternité.

Marie-Valérie et Gisèle, en larmes, ne quittent pas leur père. Elles savent qu'il est allé, à l'aube, baiser le cercueil trop lourd, trop clos, de son aimée. Marie-Valérie est en partie soulagée. Sa mère, elle le savait, ne supportait plus sa souffrance endeuillée. Elle se pensait une gêne pour ceux qui l'aimaient. Le souvenir de Rodolphe, superposé à celui de Ludwig, de ses sœurs, dont Sophie brûlée vive, la torturait. Marie-Valérie savait que sa mère n'eût pas voulu d'une agonie trop longue, une vieillesse sans fin, et surtout survivre à François-Joseph. C'était, chez elle, une véritable terreur.

Peut-être eût-elle remercié son assassin ?

Ses chères Hongroises sont dans une désolation violente. Marie et Ida s'en veulent de n'avoir pas été présentes. Elles ne se lassent pas de se faire raconter chaque détail par Irma. Ce souvenir – leur chère reine – justifiera leur survie. Vivre pour conserver cette mémoire qui leur est sacrée... Leur culte, leur « sainte », leur reine à elles.

Des milliers de fleurs, de tous les pays – y compris d'Égypte, d'Orient, de Grèce, de Madère. Des fleurs qui arrivaient séchées, des fleurs à couvrir toute la ville...

Et ce fut, le 17 septembre, la descente à la crypte des Capucins. Le rituel qui avait accompagné cent treize Habsbourg se passait ainsi, et se déroula de même pour Élisabeth, impératrice d'Autriche, reine de Hongrie.

Le cortège fait halte devant la grille de l'église des Capucins. Le dialogue se met en place avec le grand maître de la Cour et le père abbé. Il en fut de même pour Rodolphe, le rituel sera identique, dix-neuf années plus tard, pour François-Joseph : la puissance des Grands doit devenir poussière et encore poussière devant la volonté divine.

— Qui es-tu ? Qui demande à entrer ici ?

— Je suis Sa Majesté l'impératrice d'Autriche, reine de Hongrie.

— Je ne la connais pas. Qui demande à entrer ici ?

— Je suis l'impératrice Élisabeth, reine de Hongrie.

— Je ne la connais pas. Qui demande à entrer ici ?

À genoux, le maître de cérémonie dit ces mots :

633

— Je suis Élisabeth, une pauvre pécheresse, et j'implore la miséricorde de Dieu.

Derrière la grille, la voix du frère moine répond :

— Alors, tu peux entrer.

La porte est lourde. La descente se fait à la lumière flottante des torches. François-Joseph est en larmes. On dépose le cercueil d'Élisabeth auprès de celui de Rodolphe.

La Hongrie fut indignée de savoir que sur son tombeau ne figurait pas le titre « reine de Hongrie ». On avait inscrit seulement « Élisabeth, impératrice d'Autriche ». Probablement pour ne pas exciter la jalousie de la Bohême et des autres pays de l'Empire dont elle était aussi la souveraine.

La rumeur fut telle, l'attachement d'Élisabeth si connu pour la Hongrie, que la nuit même (volonté sans doute de l'empereur), on grava sur son tombeau, son titre en hongrois : Erzsebet Kiràlyné.

Les Hongrois ne l'oublieront jamais. Eljen Erzsebet ! De nos jours, il y a toujours des fleurs blanches, fraîches, liées au drapeau hongrois au pied de son tombeau.

L'empereur n'avait pas prévu qu'il survivrait près de vingt années à Sissi. Il mourra en pleine guerre, le 21 novembre 1916. Il avait repris ses habitudes auprès de son amie Cathcrine Schratt. Il avait repris ses habitudes de travailler à l'aube.

L'Amie a vieilli, grossi. Parfois, ils se disputent, ils se séparent. Il la prie d'être indulgente. Tout en lui est pétrifié. Il y a son armée... Il travaille plus que jamais à un empire menacé de tous les côtés et qui échouera à des neveux qui lui sont indifférents. Guillaume II a acheté *L'Achilleion* en 1908 et, à la place de la statue d'Achille mourant, il fit ériger sa propre statue, une hideur en bronze de plusieurs mètres de hauteur. La Grande Allemagne ? Il fait vite reléguer le buste de Heine, de grands mouvements anti-sémites agitent l'Allemagne.

Il n'appartient plus à ce texte de tracer les événements, souvent tragiques, des dix-neuf années qui restent à vivre à François-Joseph. L'empereur est devenu si vieux, une vieillesse concentrique, cernant sa chair, chacune de ses cellules. Le plus vieil empereur du monde. Le plus vieux souverain de son temps... Il y a le téléphone, désormais, à la Hofburg, que lui importe ? Il demande à être réveillé à l'aube, on le rase, on l'habille. Le même habit, le même valet. Le même barbier, les mêmes gestes. À Ischl, il caresse chaque objet qui a appartenu à Sissi. Une statuette, un fer à cheval, une théière, une pipe en porcelaine, le paravent à photographies, ses rouleaux à musique, ses carnets minuscules, sa timbale, la montre qui marque un certain arrêt « cardiaque »... Peut-être l'a-t-il oubliée, figée en une image unique, indéfectible ? Peut-être, pense-t-il parfois, qu'elle est à Schönbrunn. C'était si souvent ainsi. Est-elle à Madère, à Corfou ? Que fait-elle à Genève ? N'était-elle pas plus tranquille à Caux ou à Évian ? Ses chères Hongroises ont l'air d'oiseaux déplumés. Il vieillit, il se tait. Le silence, de plus en plus, le silence... L'aube au balcon, à Ischl. La chaise longue où elle se tenait près de lui. Il y a peu de différence entre sa présence et son absence. Une vapeur, une buée, un chagrin diffus, engourdi. Il aime bien ses filles, Gisèle et son bon sens, Marie-Valérie et sa tribu d'enfants. Que d'enfants ! Est-ce qu'il travaille pour eux ? Stéphanie, au début, l'a bien aidé à assurer les mondanités pendant le deuil... Toujours le deuil. Que fait-elle en Hongrie ? Il vieillit, en cercles concentriques, en cellules concentrées. Sa vue a baissé, sa voix est fêlée. Il tousse souvent mais se tient toujours aussi droit. Il sommeille quelques heures sur son lit de camp. Il s'attriste quand un de ses officiers est marqué « décédé » dans son cher annuaire. La nuit du 20 novembre 1916. Pourquoi cette grande guerre ? Il demande à son valet fidèle de le réveiller à trois heures. « J'ai un travail à terminer. » Il est brûlant de fièvre et mourra d'une grave bronchite, entouré de ses filles, le 21 novembre. On acceptera que Catherine Schratt dépose deux roses blanches sur sa dépouille en grand habit d'apparat de *feldmarschall* – tunique blanche, pantalon rouge à revers or. Il sera inhumé dans la plus grande pompe, neuf jours plus tard. À la droite de Sissi.

Pour longtemps, pour toujours.

Dix-neuf années sans elle, que c'est long... Chaque jour, dans son bureau, il la retrouve. Il lève les yeux vers le portrait favori. Elle a les cheveux défaits jusqu'aux reins et une épaule si blanche. Elle sourit, elle lui sourit, de profil. Sa bouche, ses lèvres sont des petites fraises. Il la regarde.

Où est passée la petite fille d'Ischl qui riait sur l'escarpolette ? Encore en voyage ? Elle rirait de le voir si vieux.

— Elle est si jeune, dit-il.

Et tout serait fini.

Paris, septembre 2003.

BIBLIOGRAPHIE

BIBLIOGRAPHIES SUR ELISABETH D'AUTRICHE

AVRIL, Nicole, *L'Impératrice*, Paris, Grasset, 1992.

CLÉMENT, Catherine, *Sissi, l'impératrice anarchiste*, Paris, Gallimard Histoire, collection Découvertes, 1992.

CORTI, Egon César, *Élisabeth d'Autriche*, Paris, Payot, collection Prismes, Histoire, 1987. La première édition française fut publiée en 1936.

DES CARS, Jean, *Élisabeth d'Autriche ou la fatalité*, Paris, Perrin, 1983.

HAMANN, Brigitte, *Élisabeth d'Autriche*, traduit de l'allemand par Jean-Baptiste Grasset, avec la collaboration de Bernard Marion, Paris, Fayard, 1985.

VALLOTTON, Henry, *Élisabeth d'Autriche*, avant-propos de Yvonne Rosso, préface de Guy Le Clec'h, Paris, Fayard, 1971, distribué par le Cercle du Bibliophile.

ALBUMS

CLAIR, Jean, sous la direction de, Catalogue de l'exposition *Vienne 1880-1938, l'apocalypse joyeuse*, Ed. du Centre Pompidou, 1986.

CONTINI, M., *La Mode à travers les âges*, traduction de Fochier-Henrion, texte français de Y. Deslandres, préface de Jacques Heim, Hachette, 1965.

DES CARS, Jean, *Sur les pas de Sissi,* Paris, Perrin, 1989.

DES CARS, Jean, *Les Châteaux fous de Louis II de Bavière,* Paris, Perrin, 1986.

(Les albums de Jean des Cars sont illustrés des photographies de Jérôme da Cunha.)

HAMANN, Brigitte, *Élisabeth, Bilder einer Kaiserin,* Ed. Almachea, 1986

Le Livre de l'Autriche, publié par Ernst Marboe, éditions de l'Imprimerie nationale d'Autriche, Vienne, 1962, traduction française : Léon Van Vassenhove et Roger de Craon-Poussy.

OUVRAGES HISTORIQUES

AUTIN, Jean, *L'Impératrice Eugénie ou l'empire d'une femme,* Paris, Fayard, 1990.

BERENGER, Jean, *Histoire de l'empire des Habsbourg, de 1273 à 1918,* Paris, Fayard, 1998.

BLED, Jean-Paul, *François-Joseph,* Paris, Fayard, 1987.

BLED Jean-Paul, *Rodolphe et Mayerling,* Paris, Fayard, 1989.

CASTELOT, André, *Napoléon III,* Paris, Perrin, 1985.

DES CARS, Jean, *Louis II de Bavière ou le roi foudroyé,* Paris, Perrin, 1997 pour la présente édition.

MIQUEL, Pierre, *Le Second Empire,* Paris, Plon, 1992.

MORAND, Paul, *La Dame blanche des Habsbourg,* Paris, Robert Laffont, 1963.

POLLACK, Michael, *Vienne 1900,* Gallimard-Julliard, collection archives, 1984.

MOUROUSY, Paul, *Charlotte de Belgique, impératrice du Mexique,* éditions du Rocher, J.-P. Bertrand, 2002.

DOCUMENTS

Le Journal poétique de Sissi (Élisabeth, impératrice d'Autriche), éditions du Félin, 1998. Poèmes choisis et traduits de l'allemand par Nicole Casanova, édition établie et annotée par Brigitte Hamann, préface de Catherine Clément.

LUCHENI Luigi, *Mémoires de l'assassin de Sissi, Histoire d'un enfant abandonné à la fin du XIXᵉ siècle racontée par lui-même,* édition établie et présentée par Santo Cappon, Paris, Le Cherche Midi éditeur, 1998.

ETUDES ET ESSAIS

Abrégé de psychiatrie de l'adulte (l'anorexie mentale), par T. Lemperrière et A. Feline, coll. de A. Gutmann, J. Ades, C. Pilate, Paris, Masson.

CIORAN, « Sissi ou la vulnérabilité », in *Vienne 1880-1938, l'apocalypse joyeuse*, Paris, éditions du Centre Pompidou, 1986

DADOUN, Roger, *Freud,* Paris, Belfond, 1992.

LEVY-VALENSI, *Précis de psychiatrie,* Bibliothèque Gilbert et Fournier, Baillère, 1926

FREUD, Sigmund, *Sur le rêve,* Paris, Gallimard, Folio, 1988.

RAIMBAULT, Ginette et ELIACHEFF, Caroline, *Les Indomptables Figures de l'anorexie,* Odile Jacob, 1989.

YOURCENAR Marguerite, *Le Temps, ce grand sculpteur,* Paris, Gallimard, 1983.

LITTERATURE

Correspondance de George Sand, Tome II (1832-1835), Paris, Classiques Garnier, édition annotée et présentée par G. LUBIN.

HEINE, Heinrich, *Nouveaux Poèmes,* Poésie Gallimard, 1998, éditions de Gerhard Höhn, traduction d'Anne-Sophie Astrup et Jean Guégan.

HOMÈRE, *L'Iliade,* La Découverte, traductions et notes de P. Jaccottet, 1992.

L'Odyssée, Paris, La Découverte, traductions et notes de P. Jaccottet, 1992.

MUSIL, Robert, *L'Homme sans qualités,* 2 volumes, Seuil, 1956, 1961 ; *Les Désarrois de l'élève Törless,* Seuil, 1960.

ROTH, Joseph, *La Marche de Radetzky,* roman, Paris, Seuil, 1980 ; *La Crypte des Capucins,* roman, Paris, Seuil, 1983.

STENDHAL, *Lamiel,* Paris, Bouquins, Robert Laffont, 1980.

SHAKESPEARE William, *Œuvres dramatiques,* traduction par G. Duval, Flammarion, tome VII, « Le songe d'une nuit d'été ».

FILMS

VISCONTI Luchino, *Ludwig*, 1973.
COCTEAU Jean, *L'Aigle à deux têtes*, 1948

Note de l'auteur : Je ne saurais trop insister sur l'appui précieux de tous ces documents, qui ont permis de cerner au plus près certains propos d'Élisabeth d'Autriche et de son entourage. Ses poèmes, et le journal de son assassin, Luigi Lucheni, revisitent la complexité attachante, déroutante d'Élisabeth d'Autriche.

TABLE

Chapitre I : LA JEUNE FILLE ET LES MORTS 9

Chapitre II : *TU FELIX NUBE, AUSTRIA* (MARIE-TOI HEU-
REUSE, AUTRICHE) 54

Chapitre III : SPLENDEUR ET MISÈRE D'ÉLISABETH 98

Chapitre IV : LES BEAUX VOYAGES DE NOCES 130

Chapitre V : LES ENFANTS VOLÉS 152

Chapitre VI : SECOUSSES 189

Chapitre VII : LA PUNITION 210

Chapitre VIII : LA FUITE IMMOBILE 251

Chapitre IX : L'ÉCHEC AU SOLEIL 270

Chapitre X : VULNÉRABILITÉS 293

Chapitre XI : RESPONSABILITÉS 306

Chapitre XII : ERZSEBET, REINE DE HONGRIE................... 327

Chapitre XIII : MARIE-VALÉRIE ET LA SOUVERAINE......... 376

Chapitre XIV : UNE REINE NOMMÉE CHEVAL 417

Chapitre XV : SI LE ROI NE MEURT 487

Chapitre XVI : LA MORT AUX DOIGTS DE ROSE................. 546

Chapitre XVII : LA FIN DES JOURS 580

Chapitre XVIII : ET CE FUT LA FIN DES HEURES... 614

BIBLIOGRAPHIE 637

CET OUVRAGE
A ÉTÉ REPRODUIT
ET ACHEVÉ D'IMPRIMER
SUR ROTO-PAGE
PAR L'IMPRIMERIE FLOCH
À MAYENNE EN SEPTEMBRE 2003

N° d'éd. FF814201. N° d'impr. 58186.
D. L. septembre 2003.
(Imprimé en France)